Impressum

Herausgeber: Norwegisches Fremdenverkehrsamt (NORTRA), Hamburg

Verlag: NORTRA Marketing GmbH, Mundsburger Damm 45, D-2000 Hamburg 76

Text: NORDIS Redaktion GmbH
Gert Imbeck (verantw.), Arnt Cobbers, Reinhard Ilg, Bjørg Klatt, Marie-Luise Paul, Andreas Schmitt

Bildredaktion: Peter Bünte

Grafische Gestaltung:
Ralf Fröhlich, Hans-Josef Knust

Typographie/Umbruch: Peter Borgmann, Hans-Josef Knust, Holger Leistner, Frank Paikert, Martin Stark-Habla

Karten: Holger Leistner (S. 14, 103, 163)

Koordination: Peter Borgmann, Bjørg Klatt

Kundenbetreuung:
Bjørg Klatt, Sølvi Panzenhagen-Schöttler

Produktionsleitung:
Wolfgang Stankowiak

Beilagekarte:
Terrac, Karthographischer Verlag, Essen

Litho: B + F Offset Team, Essen

Druck: Busche, Dortmund

Gesamtherstellung:
NORDIS production Werbeges. mbH, Christophstr. 18-20, D-4300 Essen 1

Copyright:
NORDIS Holding GmbH und NORTRA Marketing GmbH 1990
Jede Form der Wiedergabe, auch auszugsweise, bedarf der schriftlichen Genehmigung der Herausgeber. Die Artikel (S. 71-102) geben die Meinung der Autoren wieder. Der Herausgeber übernimmt dafür keine Verantwortung.

Diese Publikation präsentiert im Auftrag des Norwegischen Fremdenverkehrsamtes sowie der regionalen und lokalen norwegischen Fremdenverkehrsorganisationen das touristische Angebot Norwegens. Folgende Firmen und Organisationen haben zusammen mit dem Fremdenverkehrsamt dieses Handbuch finanziert und stellen hier ihre Produkte vor:

Hotel Alexandra, Best Western Hotels Norwegen, Braathens SAFE, Briksdalsbre Fjellstove, Color Line, Dale A/S, Herm. G. Dethleffsen GmbH & Co, Fjellheisen A/S, Fjord Tours a/s, Fjordhytter, FJORDTRA Handelsges. mbH, franks Charter, Fred. Olsen Lines, Fylkesbaatane i Sogn og Fjordane, Hardangerfjord Hotel, Inter Nor Hotels A/L, Juhls Silvergallery, Langseth Hotell, Larvik Line, Lillehammer Gruppen A/S, made in hotellene a.s, Mitt Hotell, Namsskogan Familiepark A/S, Neset Camping, Nordlichtplanetarium, Norsk Olje a.s, Norsk Stålpress A/S, Den Norske Hytteformidling A.S., De Norske Hyttespesialistene A/S, Norske Statsbaner (NSB), Den Norske Turistforening, Norske Vandrerhjem, NOR-WAY Bussekspress, Norwegische angelferie a.s, Norwegisches Lachs-Center, NSA Norwegische Schiffahrts-Agentur, Nye Polarsirkelen Høyfjellshotell A/S, Olavsgaard Hotell, Peer Gynt Hotellene, Postens Frimerketjeneste, Ranten Hotell, Reenskaug Hotel, Restaurant »Sydvesten«, Rica Hotell- og Restaurantkjede A/S, Royal Christiania Hotel, SAS, Scandi Line, Scandinavian Seaways, Scandinavian Tours, Silk Hotels A/S, Spitsbergen Reisebyrå, Stena Line, Stiftelsen Fullriggeren »Sørlandet«, Stryn Sommerskisenter, Svalbard Polar Travel A/S, Tregaardens Julehus, Tromsø Museum, Turistfondet/Handelens Hovedorganisasjon, Vassfarfoten a.s, Widerøe sowie zahlreiche regionale und lokale Fremdenverkehrsämter.

Alle Angaben nach bestem Wissen, aber ohne Gewähr.
Den Fotonachweis finden Sie auf S. 250.

Editorial

Es ist so weit: Das Offizielle Reisehandbuch erscheint zum fünften Mal und feiert damit ein kleines Jubiläum. Ich freue mich, Ihnen wieder einen aktuellen, kompakten und informativen Reisebegleiter für Ihren Norwegenurlaub an die Hand geben zu können. Alle Daten wurden überprüft, neue Artikel aufgenommen. Ein neuer Kurzreiseteil ergänzt unseren Service für Sie. Insgesamt kann ich sagen, daß das Reisehandbuch in großen Zügen neu für Sie geschrieben wurde.

Ein ereignisreiches Jahr liegt hinter uns. Die deutsche Vereinigung stellt auch das Norwegische Fremdenverkehrsamt vor neue Aufgaben. Ein veränderter, größerer Reisemarkt ist entstanden, dessen Bedürfnisse zufriedengestellt werden müssen. Nach Umfrageergebnissen steht das Reisen nach wie vor auf Platz 1 bei den Konsumwünschen. Durch viele, viele Anfragen auf Messen und in Briefen haben wir erfahren, daß es ein reges Interesse der Menschen in den fünf neuen Bundesländern an Norwegen gibt. Darüber freuen wir uns besonders. Norwegen präsentiert sich Ihnen als ein Land, das über eine reiche Natur, eine faszinierende Landschaft und eine weitgehend intakte Umwelt verfügt. Hier können Individualisten nach Herzenslust auf Entdeckungsreise gehen.

Denjenigen, die dem Reisehandbuch schon länger die Treue halten, wird aufgefallen sein, daß sich der Titel und auch die Schrift im Innern verändert haben. Das ist Teil eines neuen, großangelegten Konzeptes, mit dem Norwegen in den nächsten Jahren im Ausland auf sich aufmerksam machen will. Schließlich richten wir 1994 in Lillehammer die Olympischen Winter-spiele aus. Mehr über das neue Norwegenprofil erfahren Sie auf S. 54.

Lillehammer 1994

Nun wünsche ich Ihnen viel Spaß beim Lesen und heiße Sie herzlich willkommen in Norwegen!

T. Wahlstrøm
Trond Wahlstrøm
Direktor des
Norwegischen Fremdenverkehrsamtes
in Hamburg

Inhalt

Das Reiseland Norwegen präsentiert sich mit all seinen landschaftlichen und kulturellen Perlen. Folgen Sie uns auf einer interessanten Reise von Süden nach Norden. Vielleicht entdecken Sie dabei Ihr Traumziel - wenn Sie es nicht schon längst kennen. S. 14

Mit 6.000 PS durchs Gebirge - immer noch abenteuerlich und zugleich reizvoll ist eine Fahrt mit der Bergenbahn von Oslo nach Bergen. Reinhard Ilg fuhr auf der Lok mit und kennt jetzt die Gerätschaften, die ein norwegischer Lokführer braucht: Kochplatte, Waschbecken und Gewehr. S. 78.

Spitzbergen sagen die meisten - und meinen eigentlich Svalbard, Norwegens Inselgruppe im Eismeer, auf der seit Jahrzehnten auch etwa 2.600 Russen leben und arbeiten. Christine Reinke-Kunze war dort und liefert eine sachkundige Schilderung dieses riesigen, faszinierenden Landes. S. 87

Jahreszeiten
Ein Bilderbogen durch das Jahr   **6**

Reiseland Norwegen
Die schönsten Reiseziele von Süden nach Norden   **14**

Oslo		**15**
Oslofjord		**17**
Hedmark		**20**
Oppland		**23**
Buskerud		**27**
Telemark		**30**
Sørlandet		**32**
Rogaland		**37**
Hordaland		**41**
Sogn og Fjordane		**45**
Møre og Romsdal		**52**
Trøndelag		**55**
Nordland		**59**
Troms		**61**
Finnmark		**65**
Svalbard		**69**

Reportagen über Land und Leute

**Drachenfliegen über dem Polarkreis -
kaum bekannt, aber sehr zu empfehlen**
Von Dirk Schröder   **71**

Von Häusern und Hütten
oder: Wie wohnen die Norweger eigentlich?
Von Gert Imbeck   **74**

Norsk Rock
Norwegische Rockmusik - unbekannt, aber interessant
Von Arvid Skancke-Knutsen   **76**

**Ein norwegisches Meisterstück -
die Bergenbahn**
Von Reinhard Ilg   **78**

Die große prähistorische Überraschung
Von Amy van Marken   **82**

Im Schatten von Munch?
Zeitgenössische Kunst in Norwegen
Von Thomas Fechner-Smarsly   **84**

Svalbard - Land der kalten Küste
Von Christine Reinke-Kunze   **87**

**In Schwierigkeiten:
Vier große und ein kleiner Räuber**
Von Norbert Schwirtz und Winfried Wisniewski   **90**

Lillehammers Weg zu Olympiade 1994
Von Ola M. Mathisen   **92**

Straßenbau in Norwegen
Eine technische und finanzielle Herausforderung
Von Ragnar Lie   **94**

»Den Store Styrkeprøven«
Eines der ungewöhnlichsten Radrennen der Welt
Von Kristian Evensen   **96**

Emigration - ein Volk in Übersee
Von Marianne Molenaar   **100**

Rundreisen mit dem Auto
11 Routenvorschläge auf reizvollen Strecken ... **103**

Kurzreisen
»Raus aus dem Trott« heißt das Stichwort ... **134**

Aktiv in Norwegen
Aktivitätsmöglichkeiten zum Nachschlagen ... **137**

Nimm mich mit auf die Reise, Kapitän!
Die Anreise und weitere Kreuzfahrten ... **163**
Fähren statt fahren ... **164**
Mit Kreuzfahrtflair in den Urlaub ... **166**
Stena Line
Die schönste Seereise der Welt ... **168**
Hurtigrute
Steile Gipfel, tiefe Fjorde **170**
Scandinavian Seaways
Keiner fährt schneller nach Norwegen ... **172**
Fred. Olsen Lines
Larvik Line – Urlaub nach Maß ... **174**
Color Line macht die Meere bunter ... **176**
Scandi Line – die schnelle Norwegen-Schweden-Verbindung ... **178**

Reisen in Norwegen
Mit Bahn, Bus und Flugzeug komfortabel zum Ziel ... **179**

Wie man sich bettet
Übernachtungsmöglichkeiten ... **184**

Norwegische Produkte
Das Reich der Gleichzeitigkeit ... **196**
Norwegen im wirtschaftlichen Aufbruch
Von Egil A. Hagen

Alles, was Ihnen weiterhilft
Reiseveranstalter ... **204**
Reisebüros ... **220**
Bücher und Karten über Norwegen ... **250**
Die Deutsch-Norwegische Freundschaftsgesellschaft ... **227**

Norwegen von A–Z
Wissenswertes von »Abenteuerparks« bis »Zoll« ... **235**

Autofahrer-Info
Tips für Motorisierte ... **241**

Was Sie sonst noch wissen sollten
Weitere Informationen und Bestellmöglichkeiten ... **242**
Veranstaltungskalender und Fremdenverkehrsämter ... **244**
Firmen-, Orts- und Sachregister ... **249**

Radfahrer aufgepaßt! Eine echte Herausforderung wartet auf Sie: Das Radrennen »Den Store Styrkeprøven«, zu deutsch die große Kraftprobe. 540 Kilometer von Trondheim nach Oslo. Wer denkt da an Sieg? Dabeisein heißt die Devise. Kristian Evensen war dabei. S. 96.

Wer mit dem Auto unterwegs ist und Norwegen »rundum« kennenlernen möchte, findet im Rundreiseteil 11 fertige Tourenvorschläge, die auch untereinander kombiniert werden können, ganz nach Belieben. S. 103

Kurzreisen werden immer populärer. Es muß ja nicht gleich ein Wochenendtrip nach Sidney sein. Warum in die Ferne schweifen: Norwegen liegt näher, als Sie denken. Wir haben eine Reihe von attraktiven Vorschlägen für Sie zusammengestellt. S. 134

Am See Lovatnet

Wenn in den Bergen noch Schnee liegt und manche Paßstraßen noch gesperrt sind, wenn zugleich unten am Fjord die Obstblüte in voller Pracht einsetzt und die Tage länger und wärmer werden - dann ist Frühling in Norwegen. Die Sonne gewinnt an Kraft, und in Nordnorwegen beginnen die Nächte sehr kurz und hell zu werden. In Hammerfest etwa oder auch sonst in großen Teilen des Bezirks Finnmark kann man schon ab Mitte Mai die Mitternachtssonne genießen, die die Nacht zum Tag macht. Jetzt ist die richtige Zeit für einen Kurzurlaub, um zum Beispiel den 17. Mai, den Nationalfeiertag, in Oslo zu erleben oder Ende Mai nach Bergen zu den berühmten Internationalen Festspielen zu fahren. ■

Frühling in Norwegens Fjordland. Wie hier bei Rosendal am Hardangerfjord beginnen Tausende von Obstbäumen zu blühen, während die Bergspitzen noch Schneehauben tragen.

Paßstraße im späten Frühjahr

FRÜHLINGSERWACHEN

Mehrere Reedereien sorgen dafür, daß schon die Anreise zum Urlaubserlebnis wird

Utvik am Nordfjord

SOMMERLICHT

Hafen in Risør

Sauberes Wasser lädt zum Baden ein

Campingplatz an der Sørlandsküste

Surfregatta auf den Lofoten. Dank des warmen Golfstroms ist Norwegens gesamte Küste ein einziges Wasserparadies.

ommer, Sonne, spritzige Aktivitäten. Die Südküste, Norwegens traditionelle Badeküste, lädt mit all ihren Angeboten im und auf dem Wasser ein. Aber baden, surfen oder fischen kann man beileibe nicht nur im Süden! An den fast 57.000 km Küste (mit allen Inseln und Buchten) findet sich unerwartet manch schöner Sandstrand, bis hinauf auf die Lofoten und noch weiter. Im Fjordland heißt die Devise hingegen: morgens in den Bergen Ski laufen und mittags im Fjord baden. Man könnte ergänzen: nachmittags auf der Hochebene wandern gehen und nachts in einem behaglichen Ferienhaus oder einem komfortablen Hotel schlafen gehen. Die einen bleiben dabei lieber am Ort und machen von einem festen Quartier aus ihre Ausflüge, die anderen wollen viel vom Land und seiner faszinierenden Natur sehen und gehen deshalb mit dem Auto auf Entdeckungsreise. ■ ■ ■ ■

In einem der einladenden Gartenlokale
(hier in Oslo) läßt sich der Sommer
noch besser genießen

Herbstliche Pracht im hohen Norden. Unendlich ist das Spiel der Farben, wenn die warme Herbstsonne sie zum Leuchten bringt.

er glaubt, mit dem Hochsommer sei die Reisezeit in Norwegen zu Ende, hat noch nicht das Farbenspiel in den Monaten September und Oktober erlebt. Altweibersommer im Gudbrandsdal, dem Tal der Täler: Nachts kann es schon einmal Frost geben, dann zaubert Rauhreif seine weißen Kristalle über die Natur. Birken, Ahorne und die anderen Laubbäume haben sich herbstlich verfärbt, die noch warme Sonne vertreibt den Morgennebel, der sich in Schwaden in der Landschaft verteilt hatte. Im Hochgebirge fällt der erste Schnee, der aber noch nicht liegen bleibt. Er schafft einen interessanten Kontrast zu den Herbstfarben im Tal. ■ ■ ■

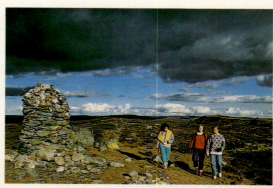

Im Hafjell bei Lillehammer

HERBSTPRACHT

Am Gjende-See (Jotunheimen-Gebirge)

Segelerlebnis in Nordnorwegen

Rundreisen mit dem Auto sind bei Norwegenreisenden besonders beliebt

SCHNEEWINTER

Reiterfreuden in Telemark

Leise rieselt der Schnee ... In den Bergen oberhalb 800 Meter bleibt er sogar liegen. Unberührter Schnee, soweit das Auge reicht. Eine ausgedehnte Wintersaison von Dezember bis nach Ostern macht Norwegen zu einem bevorzugten Winterurlaubsland. Langläufer kommen ebenso auf ihre Kosten wie die Fans der schnellen Piste. Hundeschlittentouren vermitteln den Reiz des Abenteuers. Und wo gibt es das noch: keine Schlangen am Lift, und preiswert ist er auch. Neugierige können in und um Lillehammer schon die ersten Anlagen testen, die für die Olympischen Winterspiele 1994 gebaut werden. Die Vorbereitungen für das große Ereignis laufen bereits auf Hochtouren. Schließlich will man der Welt mehr bieten als »nur« ein Wintererlebnis. ■■■■■■■■■■■■■■

Lillehammer 1994

Winterlandschaft in Südnorwegen. Hier stand die Wiege des modernen Skisports.

Auch im Tretschlittenfahren gibt es eine Weltmeisterschaft

Schneevergnügen für die ganze Familie

Winterabend in Lillehammer

Reiseland Norwegen

Die Karte liegt ausgebreitet auf dem Tisch und die Qual der Wahl ist groß: wo um alles in der Welt soll die Norwegen-Reise hinführen? Die Vielzahl der landschaftlichen Schönheiten, kulturellen Sehenswürdigkeiten und Aktivitätsmöglichkeiten ist fast erdrückend.

Und wenn selbst eingefleischte Norwegenspezialisten jedes Jahr die Erfahrung machen, daß es noch so unendlich viel Neues und Schönes gibt, was sich zu entdecken lohnt, wo soll dann erst ein »Frischling« seine ersten Norwegenerfahrungen sammeln?

Um Ihnen die Orientierung zu erleichtern, wollen wir Ihnen im folgenden Teil Norwegen ausführlich darstellen, und zwar durch eine umfassende Präsentation der 19 Bezirke (»fylker) des Landes. Tips und Anregungen sollen dabei ebensowenig fehlen wie einige interessante Daten und Fakten.

Beginnen wollen wir zunächst mit der kurzen Vorstellung der Regionen.
Der am dichtesten besiedelte Teil Norwegens ist das *Oslofjordgebiet*, das die Bezirke Oslo, Akershus, Vestfold und Østfold umfaßt.
Auch wenn hier rund 1,3 Millionen Norweger zuhause sind, kann von Enge nicht die Rede sein: neben den Städten mit ihren vielen Museen machen weites, hügeliges Bauernland, der Oslofjord, stille Wälder und große Flüsse diese Region zu einem abwechslungsreichen Feriengebiet.

Breite Talzüge, ausgedehnte Waldgebiete und über 2.000 Meter hohe Gebirgsmassive sind die Kennzeichen für *Ostnorwegen*, zu dem die Bezirke Hedmark, Oppland und Buskerud zählen.
Diese Region ist nicht nur für Aktivurlauber wie Bergwanderer, Angler und Kanuten interessant. Kulturhistorisch Interessierte finden hier die vielfältigsten Zeugen norwegischer Geschichte.

Sørlandet und *Telemark* sind zwei ausgesprochen kontrastreiche Feriengebiete ganz im Süden des Königreiches, die auch bei den Norwegern sehr beliebt sind. Die Ferienpalette reicht hier von einem sommerlich warmen Badeurlaub an der Schärenküste bis zu ausgedehnten Wanderungen in einer herrlichen Hochgebirgslandschaft. Und dazwischen laden große wald- und seenreiche Gebiete zu einem ausgesprochenen Aktivurlaub ein.

Westnorwegen ist das eigentliche Land der Fjorde: Hardangerfjord, Sognefjord und Geirangerfjord sind ein »Muß« jeder klassischen Fjordreise.
Aber die Bezirke Rogaland, Hordaland, Sogn og Fjordane und Møre og Romsdal haben noch mehr zu bieten: interessante Hafenstädte, idyllische Fischerorte und einige der größten Gletscher des Landes.

Die Bezirke Nord- und Sør-Trøndelag bilden die Region *Trøndelag* in der Mitte Norwegens.
Die alte Bischofsstadt Trondheim mit dem prächtigen Nidarosdom ist das Zentrum dieser Region, die für die norwegische Geschichte von größter Bedeutung war. Davon zeugt nicht zuletzt auch die alte Bergwerksstadt Røros.

Nordnorwegen ist der größte Landesteil.
Aber obwohl er mehr als ein Drittel der Gesamtfläche Norwegens umfaßt, lebt hier, in den Bezirken Nordland, Troms und Finnmark, nur ein Zehntel der norwegischen Bevölkerung. Das »Land der Mitternachtssonne« steckt voller Superlative, die es zu entdecken lohnt.
Die Wunderwelt des Lofoten-Archipels und die weitläufige Finnmarksvidda sind nur zwei Gebiete, die zu einem Aktivurlaub verschiedenster Art einladen.
Auch Gletscher, Gezeitenströme, das Nordkap, die Eismeerküste und die überwältigend schönen Nationalparks an den Grenzen zu Finnland und zur Sowjetunion gilt es zu entdecken.

In diesem Jahr ist auch *Svalbard* vertreten, die Inselgruppe im Nordmeer, die es noch zu entdecken gilt.

Oslo

Den Vigelandpark sollte man beim Oslobesuch nicht auslassen

Reisenden, die auf dem Wasserweg in Oslo ankommen, nämlich mit einem der großen Fährschiffe aus Kiel, Kopenhagen oder Frederikshavn, bietet sich bei der Ankunft ein großartiges Panorama. In sanfte Hügel eingebettet, liegt die Hauptstadt vor ihnen. Zur Linken erhebt sich der Holmenkollen, auf dem man den Funkturm Tryvannstårnet und die berühmte Holmenkollen-Sprungschanze erkennt. Man passiert die Museumshalbinsel Bygdøy und sieht im Stadtzentrum das mächtige Rathaus mit seinen beiden Türmen, das zu einem Wahrzeichen der Stadt geworden ist. Die Festung Akershus erhebt sich über dem Hafen mit seinem betriebsamen Schiffsverkehr und erinnert an alte Zeiten, als Stadt und Hafen von hier aus beherrscht wurden.

Oslo gehört zu den kleineren europäischen Metropolen, was die Einwohnerzahl betrifft. Den gut 450.000 Einwohnern, die in der Stadt leben, steht aber reichlich Platz zur Verfügung, und das erhöht bekanntlich die Lebensqualität. Oslo ist eine grüne Stadt. Zahlreiche Parks, unter anderem der Schloßpark und der Vigeland-Park mit den Skulpturen des berühmten Bildhauers Gustav Vigeland, laden zu erholsamen Spaziergängen ein. Rund um die Stadt - aber noch auf Stadtgebiet - liegen ausgedehnte Wandergebiete, die Oslomarka.

Und Oslo ist eine quicklebendige Stadt, die zum Bummeln, Schauen und Einkaufen einlädt. Als Stichwörter seien nur genannt die »klassische« Promenade Karl Johan, die zum Einkaufs- und Kulturzentrum umgebaute ehemalige Maschinenfabrik Aker Brygge oder die Einkaufszentren Oslo City und Galleri Oslo.

OSLO

Gesamtfläche km²: 454
Einwohner: 454.000

Entfernungen:
- Bergen: .... 484 km
- Kristiansand S: .... 328 km
- Larvik: .... 129 km
- Stavanger: .... 584 km
- Trondheim: .... 539 km
- Narvik: .... 1.447 km
- Nordkap: .... 2.163 km

Verkehrsflughäfen:
Fornebu und Gardermoen

Bahnverbindungen:
Oslo ist ein Verkehrsknotenpunkt mit Bahnverbindungen in alle Landesteile und nach Schweden. U.a.: Oslo - Kongsvinger - Stockholm, Oslo - Göteborg - Kopenhagen, Oslo - Hamar - Trondheim, Oslo - Bergen, Oslo - Stavanger

Fährverbindungen:
Oslo - Kiel
Oslo - Kopenhagen
Oslo - Frederikshavn

Sehenswürdigkeiten:
- Wikingerschiffe, Fram Museum, Kon-Tiki Museum, Norwegisches Volksmuseum, Norwegisches Seefahrtsmuseum, Bygdøy (Bus Nr. 33)
- Holmenkollen mit Sprungschanze und Skimuseum, Holmenkollen
- Vigelandpark und Vigelandmuseum, Frogner
- Schloß Akershus mit Festung, Widerstands- und Verteidigungsmuseum, Oslo Zentrum / Vippetangen
- Munch Museum, Tøyen
- Henie-Onstad-Kunstzentrum, Høvikodden
- Königl. Schloß und Schloßpark
- Norwegisches Technik-Museum, Kjelsås
- Nationalgalerie
- Aussichtsturm Tryvannstårnet, Station Voksenkollen
- Abenteuerpark TusenFryd, Vinterbro (Bus Nr. 541)
- Frognerseter, Station Frognerseter
- Theatermuseum
- Aker Brygge (Einkaufs- und Kulturzentrum), Hafen
- Bogstad gård, Sørkedalen (Bus Nr. 41)
- Internationales Museum für Kinderkunst, Lille Frøens vei 4
- Basarhallen, an der Domkirche
- Stadtmuseum, Oslo (Straßenbahn Nr. 2 bis zum Frognerplatz)
- Schloß Oscarshall, Bygdøy (Bus Nr. 30 und Fähre ab Rathausbrücke)
- Rathaus
- Museum für Gegenwartskunst

Ausflugsmöglichkeiten:
- Minicruise »Oslo vom Fjord aus«, 50 Min. Bootstour
- Vestfjordsightseeing, 2stündige Rundfahrt durch den idyllischen westlichen Teil des Oslofjords
- »Fjordcruise mit kaltem Buffet« (2std. Bootstour inkl. Mittagessen im Restaurant)
- »Abendcruise« (zweistündige Bootstour, inkl. kaltem Buffet im Najaden, Bygdøy)
- »Oslo Selected«, (Bustour, 3 Std. zum Vigelandpark, Holmenkollen Sprungschanze, Wikingerschiffe, Kon-Tiki)
- kombinierte Boots- und Bustour, ca. 7 1/2 Std. inkl. Mittagessen. Besuch des Polarschiffes Fram, Kon Tiki, Norwegisches Volksmuseum, Wikingerschiffe, Vigelandpark und Holmenkollen
- »Ein Hochsommerabend auf dem Fjord«, (2std. Bootstour, serviert werden Krabben, Kaffee und Gebäck, Verkauf von Bier, Wein und Mineralwasser)
- Schärentour im Oslofjord auf der M/S Piberviken, 2 Std., Verkauf von Meeresspezialitäten
- »Reise ins Schlaraffenland« (Nachmittagstour auf dem Oslofjord mit der M/S Piberviken), 1 1/2 Std.
- Landroversafari in der Oslomarka (Halbtages- und Tagesausflüge)
- »Vormittagsrundfahrt« (3 Std.) Akershus, Blumenmarkt, Dom, Reichstag, Universität ...
- »Nachmittagstour« (3 Std.), Bussightseeing zu den Museen auf Bygdøy
- »Oslo Highlights« (3std. Bustour), Morgentour mit Besuch des Vigelandparks, Holmenkollen, Wikingerschiffe und Kon-Tiki / Ra-Museum

Mit öffentlichen Verkehrsmitteln:
- In die Umgebung Oslos: z.B. nach Ekeberg, Bygdøy, Frogner mit Vigelandpark, Tøyen, Munch Museum und Tøyen-Schwimmbad, St. Hanshaugen

Veranstaltungskalender S. 244 ff.

Weitere Informationen:
Oslo Promotion
Grev Wedels Plass 2
N - 0151 Oslo 1,
Tel. 02 - 33 43 86
Fax: 02 - 33 43 89

Oslo

Oslo: eine Stadt, die es verdient, Hauptstadt von Norwegen zu sein! Denn Oslo ist sicherlich keine normale, durchschnittliche Hauptstadt. Sie ist eine grüne Metropole, die von ihrer Fläche die größte Europas ist, die aber, was ihre Einwohnerzahl anbetrifft, zu den kleinsten gehört. Innerhalb ihrer Grenzen treffen wir sowohl den Oslofjord als auch die Oslomarka an: Meer, Felsküste, Strände, Wälder, Hügel und Seen. Hier bieten Strände, Jachthäfen, idyllische Inseln und Ausflugsdampfer ruhige sommerliche Ferienerlebnisse im und auf dem Wasser. Dort kann man den ganzen Tag zu Fuß, mit dem Fahrrad oder sogar mit dem Geländewagen durch die Wälder streifen; das weiträumige Hinterland reizt auch zum Pick-

Königliches Schloß

An jeder Ecke ist was los!

nicken, zu einem Sprung in einen stillen See oder zu einem Angelabenteuer an einem idyllischen Fleck. Es ist sogar nicht ausgeschlossen, daß man dabei einem Elch begegnet. Die City selbst ist verhältnismäßig klein, was zur Folge hat, daß sie auch angenehm übersichtlich ist. Hier trifft man keine weite, verlassene Bürolandschaft an, sondern beschwingte Viertel, in denen die Menschen das Straßenbild prägen: Zauberer, Gaukler, einfach nur gemächlich herumschlendernde Touristen, in aller Gemütsruhe einkaufende Norweger. Um hektisches Treiben zu erleben, muß man doch in südlichere Breiten fahren.

Die ansteckende Betriebsamkeit beschränkt sich übrigens schon lange nicht mehr auf den Tag. Oslo ist keine Provinzstadt mehr, auch abends pulsiert hier gegenwärtig in den vielen Straßencafés, den zahllosen Kneipen, Discos und Nachtclubs das Leben. Verschiedene Festivals, Sportwettkämpfe und andere Ereignisse ziehen weitere Besucher in die Stadt und sorgen für noch mehr Gesellschaft. Auch das kulturelle Leben der Stadt blüht wie nie zuvor. Die Musikszene reicht von Hardrock und Trash über Jazz bis zu klassischen Konzerten mit international bekannten Größen. In Hülle und Fülle werden Theater, Ballett- und Opernvorstellungen angeboten, und in den Kinos laufen die neuesten Filme in Originalsprache. Kurz, ein Angebot, wie es sich für eine Hauptstadt gehört.

Oslo ist jedoch in erster Linie nicht wegen des lebendigen sommerlichen Straßenbildes bekannt, sondern wegen seiner zahlreichen, international bekannten Sehenswürdigkeiten und Museen, die sich innerhalb der Stadtgrenzen befinden. Weltberühmten Künstlern wie dem Maler Edvard Munch und dem Bildhauer Gustav Vigeland sind ein ganzes Museum bzw. ein ganzer Park gewidmet. Aber noch viele andere Museen sind einen Besuch wert. Zum Beispiel das neue Museum für moderne Kunst, »Samtidsmuseet«, oder

Im Wikingerschiffsmuseum

das Theatermuseum, das Norwegische Technikmuseum, das Museum für Kinderkunst usw. Zu den Attraktionen gehört natürlich auch das Skimuseum im Turm der international bekannten Holmenkollen-Skischanze, wo im März jeden Jahres das Holmenkollen-Skifestival stattfindet.

Vergessen wir nicht, daß Oslo auch eine Hafenstadt ist. Eine Rundfahrt mit dem Schiff durch den Hafen und den Fjord ist besonders abends ein Erlebnis. Und will man einen Sommerabend auf norwegische Art genießen, so kauft man sich vom Fischtrawler eine Tüte frischer Garnelen und bereitet sich mit frischem Weißbrot, Garnelen, Mayonnaise und Weißwein ein schmackhaftes Mahl zu. Last but not least gibt es noch die Fähre zur Insel Bygdøy, auf der ein wichtiger Teil des kulturellen Erbes Norwegens in interessanten Museen zusammengetragen worden ist. So zum Beispiel im Wikingerschiffsmuseum, in dem drei Originalschiffe aus der Wikingerzeit ausgestellt werden oder im Kon-Tiki-Museum, wo die Expeditionen Thor Heyerdahls dokumentiert sind. Aber auch das Polarschiff Fram und das Seefahrtsmuseum bieten interessante Stunden, und auf dem Rückweg dürfen wir natürlich nicht einen Besuch im Norwegischen Volksmuseum auslassen, wo man sich u.a. einen Eindruck von den Wohn- und Lebensbedingungen im Norwegen früherer Jahrhunderte verschaffen kann.

Eine Sache wollen wir aber doch noch erwähnen, nämlich, daß Oslo lange nicht so teuer ist, wie viele aus südlicheren Gegenden Europas befürchten. Bei Kleidung und Schuhwerk kann man hier echte Schnäppchen machen und es lohnt sich, als Souvenir Qualitätsprodukte aus Norwegen mit nach Hause zu nehmen. Mit der Oslokarte wird der Aufenthalt noch attraktiver; sie bietet die einzigartige Möglichkeit, die Vielseitigkeit der norwegischen Hauptstadt auszunutzen, ohne daß Ihre Reisekasse zu sehr strapaziert wird. Mit dieser Karte stehen Ihnen die meisten Museen und Sehenswürdigkeiten der Stadt offen. Auch die öffentlichen Verkehrsmittel, die Sie überall dort hinbringen, wo Sie in Oslo etwas sehen und erleben wollen, sind kostenlos. Außerdem bekommt man als Inhaber einer Oslokarte Ermäßigung auf Ausflüge mit dem Bus, dem Schiff oder dem Geländewagen und abends kann man sogar das ausgedehnte kulturelle Programm zu ermäßigten Preisen genießen. Die Oslokarte können Sie für einen, zwei oder drei Tage kaufen; sie kostet dementsprechend NOK 90,-, NOK 130,- und NOK 160,-. Kinder und Senioren (über 65) bezahlen die Hälfte. Die Karte ist in Hotels, auf Campingplätzen und beim Fremdenverkehrsverein in Oslo erhältlich. Eine andere Art und Weise, Ihren Osloaufenthalt preiswert zu gestalten, ist das Oslopaket, das aus Übernachtung mit Frühstück in einem Hotel und der Oslokarte besteht. Das Paket gilt am Wochenende, von Mitte Juni bis Mitte August sogar jeden Tag. Das günstigste Angebot beläuft sich auf NOK 300,- pro Person für ein Doppelzimmer, Kinder erhalten eine Ermäßigung. Das Oslopaket kann in Ihrem Reisebüro oder über Oslo Pro bestellt werden.

Oslofjord

Rund um den Oslofjord reihen sich die Bezirke Østfold, Akershus, die Hauptstadt Oslo und Vestfold. Auch Buskerud berührt den Fjord mit einem Zipfel, doch von diesem Bezirk wird an anderer Stelle (S. 27 ff.) die Rede sein.

Die Verbundenheit mit dem Wasser ist in dieser Region selbstverständlich. So verwundert es nicht, daß die beiden stolzen Wikingerschiffe, die im Wikingerschiffsmuseum in Oslo zu besichtigen sind, in Vestfold gefunden wurden, nämlich bei den Höfen Oseberg bei Tønsberg und Gokstad in Sandefjord. Fisch- und Walfang, Schiffsbau und Handel haben hier eine lange Tradition. Heute betreiben sieben Reedereien acht Fährlinien, die entweder den Fjord kreuzen oder Verbindungen zum Ausland herstellen.

Die (für norwegische Verhältnisse) dichtbesiedelte Oslofjord-Region ist ein Gebiet mit hohem Freizeitwert. Der Fjord lädt zu allen Arten von Wassersportaktivitäten ein, und die zahlreichen Ferienhäuser zeigen, daß das Angebot auch genutzt wird. Auf Flüssen und Binnenseen wird gern gepaddelt und geangelt. Die relativ flache Landschaft lädt zu Fahrradtouren ein.

Die Festung in Halden ist ebenso einen Besuch wert wie die vielen alten Herrensitze mit schön angelegten Gärten. Die historische Altstadt von Fredrikstad, die auf das Jahr 1663 zurückgeht, gleicht einem lebendigen Museum. Aus vorgeschichtlicher Zeit stammen die Felszeichnungen an der sogenannten »Vorzeitstraße«. Sie sind ebenso sehenswert wie das Henie-Onstad-Kunstzentrum mit seiner Sammlung moderner Kunst und die Galerie »F 15« bei Moss mit wechselnden Ausstellungen zeitgenössischer Künstler.

Vor allem Akershus ragt weit ins Land hinein und berührt im Norden sogar die Spitze des Mjøsa-Sees. Im Sommer lädt der »Skibladner«, der älteste fahrplanmäßig verkehrende Raddampfer der Welt, zu einer Fahrt auf dem Mjøsa-See ein. Hier im Norden liegt auch Eidsvoll, wo im Jahre 1814 im Herrenhaus des wohlhabenden Eisenfabrikanten Carsten Anker die gesetzgebende Versammlung tagte und dem Land seine noch heute gültige Verfassung gab. Einen Besuch des Eidsvoll-Gebäudes sollte man sich nicht entgehen lassen.

Festung Fredriksten in Halden

OSLOFJORD

(Østfold, Akershus, Vestfold)

Gesamtfläche km²: 11.315 (ohne Oslo)
Einwohner: 841.000 (ohne Oslo)

Städte / Ballungsgebiete: Einwohner:

Asker / Bærum: 128.347
Fredrikstad: 27.000
Halden: 26.000
Larvik: 38.142
Tønsberg: 31.380

Entfernungen (von Halden):
- Oslo: 118 km
- Bergen: 551 km
- Lillehammer: 302 km
- Stavanger: 559 km
- Trondheim: 600 km
- Nordkap: 2.224 km

Verkehrsflugplätze:
Oslo: Fornebu und Gardermoen
Sandefjord

Bahnverbindungen:
(Fernverbindungen s. Oslo)
Oslo - Ski - Mysen - Sarpsborg,
Oslo - Ski - Moss - Sarpsborg - Halden,
Oslo - Lillestrøm - Eidsvoll - Hamar,
Oslo - Lillestrøm - Kongsvinger,
Oslo - Roa - Hønefoss, Oslo - Roa - Gjøvik,
Oslo - Drammen - Tønsberg - Skien

Fährverbindungen:
Larvik - Frederikshavn (Dänemark)
Sandefjord - Strömstad (Schweden)
Moss - Frederikshavn (Dänemark)

Sehenswürdigkeiten:
Østfold
- Festung Fredriksten, Halden
- Gamlebyen (Altstadt), Fredrikstad
- Galerie F 15, Jeløy, Moss
- Felszeichnungen, »Oldtidsveien«, Str. 110 zwischen Skjeberg und Fredrikstad
- Haldenvassdraget (Wasserlauf), zwischen Halden und Ørje (Kanalmuseum)

Akershus
- Eidsvollgebäude, Eidsvoll
- Skibladner, der älteste noch verkehrende Raddampfer der Welt, Eidsvoll
- Henie-Onstad-Kunstzentrum, Bærum
- Aurskog-Hølandsbahn »Tertitten«, Sørumsand (Sørum)
- Drøbak
- Roald Amundsens Haus, Oppegård
- Abenteuerpark TusenFryd, Ås

Vestfold
- Fossekleiva Künstlerzentrum
- Königsgräber, Borre Nationalpark
- Edvard Munchs Sommerhaus
- Tønsberg: Oseberg Grabhügel, Vestfold Fylkesmuseum, Schloßberg mit Ruinenpark und Aussichtsturm
- Høyjord Stabkirche, Andebu
- Sandefjord: Stadtmuseum, Seefahrt- u. Walfangmuseum, orig. Walfangschiff am Kai, Gokstad Grabhügel

Ausflüge:
Østfold
- Bootstour auf dem Haldenvassdraget mit M/S »Turisten«
- Bootstour auf der Glomma mit M/S »Krabben« (Sarpsborg - Valdisholm) (Hin- und Rückfahrt)
- Besuch der Anlage von Storedal (Str. 110 zwischen Skjeberg und Fredrikstad - »Oldtidsveien«): akustisches Monument mit botanischem Garten für Blinde; auf einer Freilichtbühne Vorführung des Theaterstücks über Magnus den Blinden

Akershus
- »Rund um den Oslofjord«: Oslo - Bærum - Asker - Slemmestad - Storsand - Fähre an das Ostufer - Drøbak - Son - Vestby - Ås - Ski - Oppegård - Oslo (Tagestour, viele Kulturangebote)
- Entlang der Glomma: Oslo - Lillestrøm - Fetsund - Sørumsand (Tertittenbahn) - Årnes - Nes - Hvam - Frogner - Skedsmo - Oslo (Tagestour durch die fruchtbare Landschaft Romerikes, interessante historische Sehenswürdigkeiten)
- E6 nach Eidsvoll, von Eidsvoll Abstecher nach Hurdal

Vestfold
- Schärenkreuzfahrt mit dem Dampfschiff »Kysten 1« von Tønsberg
- Tagesfahrt mit der M/S Akerø, Tønsberg - Strömstad
- Tagesfahrt mit der M/S Bohus II, Sandefjord - Strömstad
- Str. 665 von Undrumsdal nach Ramnes, Brår Heimatmuseum, und Str. 306 zur Høyjord Stabkirche
- Von Tønsberg Str. 308 ans »Ende der Welt« auf der Insel Tjøme
- Von Horten Str. 310 nach Løvøya, mittelalterliche Kirche und St. Olavsbrunnen, Wanderwege, Str. 669 zum Borre Nationalpark

Veranstaltungskalender S. 244 ff.

Weitere Informationen:

Østfold Reiselivsråd
Fylkeshuset
N - 1700 Sarpsborg
Fax: 09 - 11 71 18
(nur schriftlich)

Turistinformasjonen SveNo E 6
Svinesund
N - 1760 Berg i Østfold
Tel. 09 - 19 51 52
(auch telefonische Beratung)

Akershus Reiselivsråd
St. Olavs plass , Postboks 6888
N - 0130 Oslo 1, Tel. 02 - 35 56 00
Fax: 02 - 36 58 76

Vestfold Reiselivsråd
Storgaten 55
N - 3100 Tønsberg
Tel. 033 - 10 220

Oslofjord-Erlebnisse

Eines der schönsten und abwechslungsreichsten Gebiete Norwegens ist die Region rings um den Oslofjord. Hier findet man vieles von dem, was Norwegen so attraktiv macht: Wasser, Küste, Schären, Wald, bezaubernde kleine Städte und mitten im Herzen die Hauptstadt - der Verkehrsknotenpunkt für das ganze Land. Überhaupt ist die Region um den Oslofjord verkehrsmäßig gut erschlossen. So erreichen Eisenbahnfahrer mit modernen Inter-City-Zügen alle umliegenden Städte und Regionen. Ein gut ausgebautes Straßennetz sorgt für problemlosen Autoverkehr, und mit verschiedenen Autofährlinien, z.B. Moss-Horten und Strömstad-Sandefjord gelangt man bequem und ohne große Umwege auf die andere Seite des Fjordes. Aber schauen wir uns doch mal genauer an, welche Erlebnisse die Oslofjord-Region zu bieten hat.

Østfold

Ein herrliches Meeresparadies liegt gleich im Süden Norwegens - die unzähligen kleinen und großen Schären und Inseln vor der Küste Østfolds. Das Herzstück dieser fazinierenden Welt ist sicherlich die Hvaler-Inselgruppe, die seit 1989 durch Tunnel- und Brückenanlagen mit dem Festland verbunden und damit gut zu erreichen ist.

Frederikstad

Die südöstliche Region Norwegens war schon in den vergangenen Jahrhunderten Anziehungspunkt für Fremde, die allerdings oft nicht erwünscht waren. Davon zeugen die vielen Forts und Festungen. Sie liegen nicht selten an den strategisch wichtigen Mündungen der großen Wasserläufe am Oslofjord. So schlängeln sich z.B. die Flüsse Glomma und Haldenvassdraget mit ihren vielen kleinen Seitenarmen durch das Land und machen Østfold auch für Freunde jeglichen Wassersports attraktiv. In dieses manchmal majestätisch anmutende Bild passen auch die vielen Herrenhöfe, die größtenteils aus dem 18. Jahrhundert stammen, z.B. der »Hafslund Hovedgård«, Norwegens schönstes Rokokogebäude. Noch viel älter sind die Felszeichnungen, Grabhügel und Steinringe, die man am »Oldtidsveien«, dem Altertumsweg, findet, wie man die Straße 110 zwischen Fredrikstad und Skjeberg nennt.

Das Høvikodden Kunstsenter

Oslo

Die norwegische Hauptstadt hat viele Markenzeichen - ihr wichtigstes aber ist ihr Erscheinungsbild: »Die grüne Hauptstadt« wird Oslo auch genannt, denn ausgedehnte Wälder, Wasser und zahlreiche Parks bestimmen das Bild der quirligen 500.000- Einwohner-Stadt. Bei Natur- wie Kunstliebhabern gleichermaßen beliebt ist der Vigelandpark, der 192 Skulpturen des norwegischen Bildhauers Gustav Vigeland (1869-1943) beherbergt, die teilweise zu Wahrzeichen der Stadt geworden sind. Ein ganz anderes, alles überragendes Wahrzeichen ist die weltberühmte Holmenkollen-Schanze auf dem gleichnamigen Hausberg Oslos. Holmenkollen - das ist für viele das »Mekka des Skisports«. Auf ganz andere Weise populär sind die vielen Museen, die Oslo auch zu

Im Vigelandpark

einer Stadt der Wissenschaft und Künste machen. In einem der aufregendsten zeitgeschichtlichen Museen, dem Kon-Tiki Museum, können die Besucher Thor Heyerdahls Floß »Kon-Tiki« und sein Papyrusboot »Ra II« sowie eine Vielzahl von Dokumenten dieser Reisen erleben. Eine Reise - allerdings in das Innere des Menschen - machte auch Norwegens berühmtester Maler Edvard Munch. Die rund 1.100 Gemälde und 18.000 Grafiken umfassende Sammlung seiner Werke ist ein Muß eines Oslo-Besuches.

Akershus

»Oslos grüner Gürtel« - das ist Akershus, ein Landstrich voller Sehenswürdigkeiten und Besonderheiten. Da ist zum Beispiel das Høvikodden Kunstsenter, Norwegens führendes Zentrum für moderne, internationale Kunst. Vor den Toren der Hauptstadt bietet das von Sonja Henie und Nils Onstad gestiftete Kunstzentrum aber auch Musik, Tanz, Theater, Video und Film. Wie anders ist da doch der Großbauernhof »Gamle Hvam« aus dem 17. Jahrhundert: ein lebendiges Stück Geschichte mit Gebäuden und Einrichtungsgegenständen, die seit Hunderten von Jahren unverändert blieben. Nicht weniger geschichtsträchtig ist Bærums Verk, die ehemals größte Eisenhütte Norwegens, deren Grundstein im Jahr 1610 gelegt wurde. Große Teile des ursprünglichen Werksgeländes sind hier auch heute noch zu sehen. Eine industriehistorische Attraktion für Eisenbahnliebhaber ist die »Tertitten«-Bahn. Auf einer vier Kilometer langen Strecke rattern zwischen Sørumsand und Bingsfoss Dampflokomotiven und Wagen aus der Zeit um die Jahrhundertwende auf einer Schmalspurstrecke durch die Natur. Nicht weniger interessant für Groß und Klein ist der Tusenfryd-Vergnügungspark südlich von Oslo.

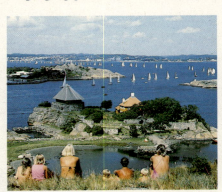

Sonniges Küstenparadies

Vestfold

Hauptstadt des westlich vom Oslofjord gelegenen Vestfold ist Tønsberg, die älteste Stadt Skandinaviens, die 1971 ihr 1.100 jähriges Jubiläum feierte. Traditionsreich war auch der Walfang, über den in Sandefjord das Walfangmuseum mit Fotos, Dokumentationen und Walmodellen in Originalgröße informiert.
Daß die Küstenstädte Vestfolds durch die Seefahrt geprägt sind, beweist ebenfalls das Städtchen Stavern, dessen Zitadelle sowie das Denkmal für gefallene und verschollene Seeleute berühmt geworden sind. »Brygga«, der Kai im Hafen von Sandefjord, ist vielleicht nicht ganz so geschichtsträchtig, dafür aber um so lebendiger. Fischhändler, Ausflugsboote, Straßencafés und öffentliche Veranstaltungen sorgen hier immer für reges Treiben. Für Naturliebhaber und Hobby-Forscher bietet die Halbinsel Mølen Kulturdenkmäler aus der Bronzezeit und eine üppige, für diese Gegend aber auch untypische Flora.

Olavsgaard
Wohnen auf historischem Boden

Wer auf der E 6 von Oslo nach Norden fährt, stößt nach ca. 15 Minuten Fahrzeit auf ein ungewöhnliches Hotel: das Hotel Olavsgaard in Skjetten, mitten zwischen den Flughäfen Fornebu und Gardermoen, ganz in der Nähe der Hauptstadt und doch in landschaftlich reizvoller Umgebung. Gute Verkehrsverbindungen und kurze Wege machen das Olavsgaard Hotel zu einer günstigen Alternative am Rande Oslos. Das Hotel verfügt über 160 Zimmer, die alle mit Bad/Dusche, Haartrockner, Hosenbügler, Telefon, Minibar und Farbfernseher ausgestattet sind.

Die geschmackvolle Einrichtung und die gemütliche Atmosphäre laden zum Verweilen ein, sei es in der Cafeteria, im Restaurant, in der Bar oder im Nachtclub. Das Hotel besitzt einen großen Parkplatz, der den Gästen kostenlos zur Verfügung steht.

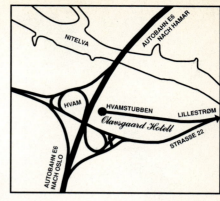

Entfernungen:
Flughafen Oslo,
Gardermoen .... ca. 30 km
Flughafen Oslo, Fornebu ..ca. 35 km
Lillestrøm .... ca. 5 km
Oslo Zentrum .... ca. 15 km

INTER NOR
Olavsgaard Hotell
Hvamstubben 11, N-2013 Skjetten,
Tel. 06 - 84 32 30, Telefax: 06 - 84 28 07, Telex: 11 071

Wohnen auf Gutsherrenart: das Olavsgaard Hotell

Eine empfehlenswerte Adresse...
- im Herzen von Moss

Mitt Hotel ist das einzige Hotel im Zentrum von Moss mit vollem Service und allen Schankrechten. 55 geschmackvoll eingerichtete Zimmer, die alle mit Minibar, Kabelfernsehen, Telefon, Bad / Dusche und WC ausgestattet sind, und eine exzellente französische Küche machen das Mitt Hotel zu einem besonderen Hotel im äußersten Süden Norwegens, nur 70 km von der Grenze zu Schweden (Svinesund) und 60 km von Oslo entfernt.
Willkommen im Mitt Hotel!

Komfort im Mitt Hotell

Weitere Informationen bei:
Mitt Hotell,
Rådhusgt. 3,
N-1500 Moss,
Tel. 09 - 25 77 77,
Telefax: 09 - 25 77 20

Reenskaug Hotel
Storgt. 32, 1440 DRØBAK

DRØBAK
Ein Erlebnis am Oslo Fjord

Eine gute Adresse direkt am Oslofjord: das ist das Reenskaug Hotel im Herzen von Drøbak. 26 modern und komfortabel eingerichtete Zimmer, Restaurants, Bar und Pub sorgen ebenso für einen gelungenen Aufenthalt wie ein Jazzklub und verschiedene Aktivitätsmöglichkeiten.

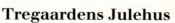

Reenskaug Hotel

Tregaardens Julehus
Öffnungszeiten:
1. März bis 31. Dezember
Mo. - Fr. 10 - 17 Uhr, Sa. 10 - 14 Uhr
Im November und Dezember auch
So. 14 - 18 Uhr

Havnebk. 6, 1440 DRØBAK

Tregaarden's Weihnachtshaus

Hedmark

Hedmark ist einer der beiden reinen »Binnenbezirke« Norwegens. Im Osten grenzt er an Schweden und hat landschaftlich auch einiges gemeinsam mit dem Nachbarland. Ausgedehnte Wälder eignen sich hervorragend zum beliebten Volkssport »Orientering«, dem Wandern nur mit Karte und Kompaß. Nordöstlich von Kongsvinger erstrecken sich die legendären Finnskogene, ein Waldgebiet, das seinen Namen finnischen Einwanderern aus dem 17. Jahrhundert verdankt. Im Ort Svulrya kann man sich in einem sehenswerten Museum über die Kultur der Einwanderer informieren. Während der »Finnskogdagene« (im Juli) kann man einen lebendigen Eindruck der alten Bräuche und Traditionen dieser einsamen Gegend bekommen.

Weite Talzüge, allen voran das fruchtbare Tal der Glomma, und viele Flüsse kennzeichnen den Süden, während der Norden durch das Rondane-Gebirge geprägt wird. Der Femundsee ist ein Paradies für Kanu-

Das Forstmuseum in Elverum

und Paddelbootfreunde. Natürlich verkehrt auf dem See auch ein Motorschiff, M/S »Fæmund II«.

Noch ein anderer See liegt zu großen Teilen in Hedmark: der Mjøsa-See. Auf ihm verkehrt der älteste fahrplanmäßig fahrende Raddampfer der Welt, der »Skibladner«, und lädt zu einer nostalgischen Reise ein. Am Mjøsa-See liegt auch Hamar, die Hauptstadt des Bezirks. Im Mittelalter war sie eine der bedeutendsten Städte Norwegens und Bischofssitz. Die Ruinen des mittelalterlichen Doms lassen noch heute einiges von der damaligen Größe ahnen.

Auf dem Trysilelva

HEDMARK

Gesamtfläche km²: 27.388
Einwohner: 186.305

Städte: Einwohner:
Elverum: 16.948
Hamar: 15.748
Kongsvinger: 17.555
Trysil: 7.351

Entfernungen (von Hamar):
- Oslo: 121 km
- Bergen: 476 km
- Gol: 177 km
- Kristiansand S: 451 km
- Larvik: 252 km
- Trondheim: 420 km

Verkehrsflugplatz:
Hamar

Bahnverbindungen:
Oslo - Hamar - Lillehammer - Trondheim, Oslo - Hamar - Elverum - Røros - Trondheim, Oslo - Kongsvinger - Schweden, Oslo - Kongsvinger - Elverum

Sehenswürdigkeiten:
- Forstwirtschaftsmuseum, Elverum
- Volkskundemuseum für Solør und das Østerdal, Elverum
- Dom (Ruine), Hamar
- Eisenbahnmuseum, Hamar
- Bezirksmuseum, Hamar
- »Skibladner« (ältester fahrplanmäßig verkehrender Raddampfer der Welt), Mjøsa-See
- Festung (17. Jahrh.), Kongsvinger
- Vinger Kirche, Kongsvinger
- Ringsaker Kirche (11. Jahrh.), Ringsaker
- Prøysenstua, Haus des Dichters und Barden Alf Prøysen, Rudshøgda

Ausflüge:
- Bootstour mit dem Raddampfer »Skibladner« auf dem Mjøsa-See
- Bootstour mit M/S »Fæmund II« auf dem Femundsee
- Kanutour auf dem Femundsee/Trysilelv
- Floßfahrt auf der Trysilelv
- Nationalparks Gutulia und Femundsmarka
- »Good Old Days«. Rundtour per Dampflok, Oldtimern und Skibladner, Hamar, an 3 Freitagen im Juli
- Magnor Glasverk, Magnor
- Tronfjell, mit 1666 Metern Höhe einer der höchsten Aussichtspunkte, den man mit dem Auto erreichen kann

Veranstaltungskalender S. 244 ff.

Weitere Informationen:

Hedmark Reiselivsråd
Hedmark Reiselivsråd
Grønnegt. 11
N - 2300 Hamar
Tel. 065 - 29 006
Fax: 065 - 22 149

Hedmark

Die phantastischen Naturgebiete im Südosten Norwegens teilen sich in vier Reisegebiete auf:
Kongsvinger-Solør-Odal, Hamar-Hedmarken, Elverum-Østerdalen-Trysil und Røros-Nord-Østerdal.
Jedes dieser Gebiete für sich bietet hervorragende Möglichkeiten für einen sinnvollen Urlaub und Freizeiterlebnisse, die Erlebnisse in einer üppigen und spannenden Natur sind. Diese Gebiete erstrecken sich von der weiten und unberührten Region bei Kongsvinger im Süden über die schönen Kulturlandschaften rings um Norwegens größten Binnensee, den Mjøsa, bis hinauf auf Norwegens Dach - mit dem Rondanegebirge, dem Dovrefjell sowie den Bergmassiven und deren schönen Seen rings um die »Bergwerksstadt« Røros.

Wir laden unsere Besucher vor allem in eine Natur ein, die von Umweltverschmutzung kaum in Mitleidenschaft gezogen ist. Für alle, die ein unverfälschtes Naturerlebnis bevorzugen, bieten sich vielfältige Möglichkeiten.

Mit Norwegens größtem Fluß Glomma und seinen malerischen Nebenflüssen, die der Glomma sauberes, kristallklares Wasser zuführen, können wir Anglern und Wassersportenthusiasten einzigartige Ferienmöglichkeiten bieten. Flüsse und Seen sind fischreich, und viele nehmen die spannende Herausforderung an und angeln nach Forelle, Saibling, Äsche, Blaufelche oder Hecht. Die notwendigen Angelscheine sind nicht teuer, und für viele Gebiete gibt es ausführliches Kar-

Paradiesisches Angeln in Hedmark

tenmaterial, mit dem man leicht zu den jeweiligen Angelgebieten findet.

Für Liebhaber von Wanderungen und Hochgebirge gibt es keine schöneren Gebiete als unsere Hochebenen. Das Bergterrain ist für alle leicht zugänglich, und ein gut ausgebautes Netz markierter Wanderwege ermöglicht ein leichtes und sicheres Vorwärtskommen. Unsere gut eingerichteten Hotels, Gebirgsgasthöfe und Touristenhütten verfügen über Personal, das dem Wanderer mit Rat und Tat zur Seite steht, so daß einem gelungenen Wanderurlaub nichts im Wege steht.

In einigen Gebieten kann man auch an geführten Wanderungen teilnehmen, um Rentiere, Elche oder Moschusochsen von nahem zu beobachten. Gerade unter Leitung orts- und sachkundiger Führer hatten viele Besucher unvergeßliche Ferienerlebnisse, sei es im schneebedeckten Hochgebirge oder in unberührten Waldgebieten.

Demjenigen, der die Kultur des Landes kennenlernen möchte, haben unsere Städte und Ortschaften viel zu bieten. Grundlage unserer Kultur ist unsere großartige Natur, die die Menschen und ihren Lebensstil geprägt hat.

In dem lebhaften Gebiet um Hamar, das sich zur Zeit auf die Ausrichtung verschiedener Wettkämpfe bei der Winterolympiade 1994 vorbereitet, wird während des Sommers eine Vielzahl an Veranstaltungen durchgeführt. Die wohl interessanteste Art, sich diese Region zu

Ein historisches Kleinod ist die alte Bergwerksstadt Røros

Hedmark

»Skibladner«, der älteste Raddampfer der Welt

erschließen, ist eine Reise mit dem »Skibladner«, dem ältesten Raddampfer der Welt, zu den Städten am Ufer des Mjøsa - Sees. Hier wird wirklich deutlich, wie schön dieses Gebiet eigentlich ist. Einige der Fahrten sind so gelegt, daß man auch Großhöfe besuchen kann um zu sehen, wie norwegische Bauern heute leben und arbeiten. Die Geschichte vieler unserer Höfe reicht übrigens zurück bis ins frühe Mittelalter. Diese Geschichte kann man in vielen Museen, in denen ganze Hofanlagen, Bischofsresidenzen, Festungen und Almhütten in ihrer ursprünglichen Form erhalten wurden, nacherleben.

Etwas ganz Besonderes sind für viele Besucher Hamar mit seinen Ruinen der Domkirche und seinem Museum, Røros, eine Stadt, die für sich schon ein kulturelles Erlebnis ist, und Kongsvinger mit seiner einzigartigen Festung, die über Stadt und Land emporragt. Das Norwegische Forstmuseum in Elverum ist weit über Norwegens Grenzen hinaus für seine einmalige Sammlung aus den Bereichen Jagd, Angeln und Leben in der Wildnis bekannt.

Ganz gleich, welche Ferienart Sie bevorzugen, wir können in jedem Fall stolz auf unsere netten Gastgeber sein. Campingplätze, Hütten, Pensionen und Hotels haben einen hohen Standard. Und vor allem wissen unsere Gastgeber und Fremdenverkehrsämter genau, was man sehen und erleben sollte. Hier bekommt der

Frisches aus Norwegen

Gast eine gute und ausführliche Auskunft. Kurz: machen Sie als Individualist Ihren nächsten Urlaub zu einem Urlaub voller Abenteuer.

Urlaub in Norwegen

Weitere Informationen bei:
NORTRA Marketing GmbH »Versandservice«
Christophstraße 18 - 20, 4300 Essen 1
oder
NORGESFERIE, Grønnegt. 11, N-2300 Hamar
Tel. 065 - 29 006, Telefax: 065 - 22 149

Das Hedmark Museum am Ufer des Mjøsa-Sees

Oppland

Neben Hedmark ist Oppland der zweite Bezirk Norwegens, der im Binnenland liegt. Er fällt in mehrfacher Hinsicht aus dem Rahmen. Im Hochgebirge von Jotunheimen, das jedes Jahr zahllose Wander- und Kletterfreunde anzieht, findet man Norwegens höchste Gipfel mit dem Galdhøpiggen (2.469 m) an der Spitze. Zwei berühmte Täler liegen in Oppland: das langgestreckte Gudbrandsdal, geschichtsträchtig und landschaftlich sehr reizvoll, und das Talgebiet des Valdres, ebenfalls ein reizvolles Naturparadies, das nicht umsonst »Perle der norwegischen Täler« genannt wird. Oppland ist aber auch der Bezirk, in dem es die meisten Stabkirchen und die niederschlagsärmsten Gebiete im ganzen Land gibt.
Lillehammer, die Hauptstadt des Bezirks, ist inzwischen in aller Munde. Hier werden 1994 die Olympischen Winterspiele ausgetragen, und die

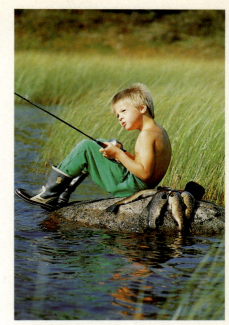

Kein schlechter Tag

Vorbereitungen dafür laufen auf vollen Touren (s. auch den Artikel auf S. 92). Hotels werden vergrößert oder neu gebaut, Planung und Bau der Olympiaanlagen haben begonnen. Über 1,1 Milliarden Kronen sollen in den nächsten Jahren in die Anlagen investiert werden, die zum Teil schon ab 1991 getestet werden können. Im neuen Olympia-Informationszentrum können sich Interessierte über Planungen und das Fortschreiten der Vorbereitungen informieren. Sogar Führungen werden angeboten.
Auch über eine Nutzung der Sportanlagen und Hotelkapazitäten nach dem großen Ereignis wird heute schon nachgedacht, um der Region langfristig wirtschaftliche Stabilität zu sichern.
Lillehammer ist nicht zufällig als Austragungsort nominiert worden. Das »kleine norwegische Bergdorf«, wie die Stadt damals in der Weltpresse genannt wurde, blickt auf eine lange Erfahrung bei der Ausrichtung großer nationaler und internationaler Wettkämpfe zurück. Schließlich liegt die Stadt in einem attraktiven Wintersportgebiet, das von Kennern schon immer geschätzt wurde.

Wasser: Lebenselixier und sauberer Energieträger

OPPLAND

Gesamtfläche km²: 25.260
Einwohner: 182.510

Städte/Einwohner:
Lillehammer: 22.000
Gjøvik: 26.000

Entfernungen (von Lillehammer):
- Oslo: .... 185 km
- Bergen: .... 440 km
- Kristiansand S: .... 513 km
- Larvik: .... 314 km
- Florø: .... 486 km
- Ålesund: .... 388 km
- Trondheim: .... 360 km

Verkehrsflugplatz:
Fagernes

Bahnverbindungen:
Oslo - Lillehammer - Dombås - Trondheim, Dombås - Åndalsnes, Oslo - Eina - Gjøvik

Sehenswürdigkeiten:
- Freilichtmuseum Maihaugen, Lillehammer
- Gemäldesammlung der Stadt Lillehammer
- Glasbläserei, Mesna Senter / Lillehammer
- Norwegisches Fahrzeugmuseum, Lillehammer
- Hunderfossen Familienpark mit Energieinformationszentrum, Hunder (15 km nördlich von Lillehammer)
- Fossheim Mineralienzentrum und Norwegisches Gebirgsmuseum, Lom
- 11 Stabkirchen: Lillehammer, Fåvang, Ringebu, Vågå, Lom, Reinli, Hedal, Lomen, Hegge, Høre, Øye
- Valdres Volksmuseum, Fagernes
- Hadeland Glasfabrik, Jevnaker
- Hadeland Heimatmuseum, Jevnaker
- Peder-Balke-Zentrum, Østre Toten
- »Schwesterkirchen«, Gran
- »Skibladner« (ältester fahrplanmäßig verkehrender Raddampfer der Welt), Mjøsa-See
- »Bitihorn« (Boot auf dem Binnensee Bygdin), 1.058 m.ü.M.
- Galdhøpiggen, Nordeuropas höchster Berg, 2.469 m

Ausflüge:
- Rafting auf dem Fluß Sjoa
- Fahrt im Gebiet des Galdhøpiggen mit einem Geländefahrzeug, Sommerskizentrum
- Elchsafari, Øyer
- Käseherstellung in Øyer (2 Tage/Woche) und Sør-Fron (sonntags)
- Moschussafari, Dovrefjell
- Eine Tour mit dem Raddampfer »Skibladner« auf dem Mjøsa-See
- Bootstour auf dem See Bygdin, 1058 m.ü.M.
- Bootstour auf dem See Furusjøen, Rondane (852 m.ü.M.)
- Bootstour auf dem See Gjende, 984 m.ü.M.
- Bustour von Fagernes zum Bygdin-See, Jotunheimen
- Rundtouren durch Sør-Fron und das Reich Peer Gynts

Veranstaltungskalender S. 244 ff.

Weitere Informationen:
A/L Oppland Reiseliv
Kirkegt. 76
N - 2600 Lillehammer
Tel. 062 - 59 950
Fax: 062 -60 606

Oppland

Gudbrandsdal
– das große, spannende Sommertal!

Tausend Möglichkeiten in Lillehammer und dem Gudbrandsdal!
Wollen Sie Ferien in frischer Luft, mit sauberem Wasser und in unberührter Natur, wollen Sie an kleinen, idyllischen Plätzen wohnen, weit weg von der Enge und Hektik der Großstadt? Das Gudbrandsdal ist ein über 200 Kilometer langes Tal, umgeben von Gebirge und Hochebenen - ein Tal, das 1.000 spannende und abwechslungsreiche Möglichkeiten bietet. In diesem »Erlebnistal« gibt es immer

Meilenweit erstrecken sich Land und Himmel in Richtung Rondane

Heiß-kaltes Sommervergnügen

etwas zu unternehmen und ein Angebot für jeden Geschmack. Wollen Sie Aktivferien machen und auf eine Höhe von 2.000 Metern ü.d.M.? Wollen Sie sich einfach nur entspannen und norwegische Kultur und das Leben der Menschen kennenlernen? Die schönsten Flecken der norwegischen Natur und insgesamt vier der norwegischen Nationalparks liegen im Gudbrandsdal. Unser Tal bietet Natur, Kultur und Tradition im Überfluß. Und wir haben ein stabiles Klima mit gesunder und frischer Luft. In den Seen und Flüssen gibt es Massen von Fisch. Und es wimmelt von Sehenswürdigkeiten im Gudbrandsdal. Den ganzen Sommer über können Sie darüber hinaus zwischen Konzerten, Sportveranstaltungen, Festivals und Ausstellungen jeder Art wählen!

Lillehammer - Gastgeber der Olympischen Winterspiele 1994

Am Eingang zum Gudbrandsdal stoßen Sie auf die charmante Kleinstadt, die die Olympischen Winterspiele 1994 ausrichten soll. Ihre eigene »Olympiade« spannender Ferienerlebnisse können Sie sich selber im Sommer zurechtlegen, denn Lillehammer ist mehr als nur ein Winterparadies! Wählen Sie zur Sommerzeit etwas aus der Vielzahl der Aktivitäts- und Wandermöglichkeiten und der Sehenswürdigkeiten aus. Hier, in der Olympiastadt, gehen Vergangenheit, Gegenwart und Zukunft Hand in Hand!
Möchten Sie vielleicht Kunstschätze aus dem gesamten Gudbrandsdal sehen, die im Freilichtmuseum Maihaugen gesammelt wurden? Oder bevorzugen Sie doch eher Bilder so bekannter norwegischer Maler wie Edvard Munch und Jacob Weidemann? Wie wäre es mit einem Ausflug auf Norwegens längsten Binnensee, den

Mjøsa, mit »Skibladner«, dem ältesten Raddampfer der Welt? Sehen Sie den größten Troll der Welt und das Energiezentrum im Hunderfossen Familienpark! Besuchen Sie Norwegens einziges Fahrzeugmuseum! Sind Restaurants, Cafés und das Nachtleben verlockender - oder doch eher der Einkauf in der gemütlichen Fußgängerzone der Olympia-Stadt? Bademöglichkeiten, große Fische und das Hochgebirge warten gleich außerhalb des Stadtkernes... Sie möchten lieber eine Olympia-Sightseeing-Tour machen, die Arenen sehen und letzte Neuigkeiten über die Olympiade 1994 hören? In Lillehammer ist all das möglich - und noch viel mehr. Willkommen in der Olympiastadt Lillehammer!

Das Gudbrandsdal - Norwegens größtes Erlebnistal

Suchen Sie das Natürliche, Unberührte, großartige Natur und Traditionen, gutes Essen, Gastfreiheit und eine angenehme Umgebung? Im Gudbrandsdal liegen Ihnen »1.000 Möglichkeiten« zu Füßen! Es gibt phantastische Ausflugsalternativen, sei es zu Fuß, mit dem Pferd, mit Kanu, Boot, Auto oder Fahrrad - einfach hinein in die schöne Landschaft. Eine abwechslungsreiche Natur mit weitem und üppigem Bauernland im Süden und weiten Hochebenen und hohen Gipfeln im Norden steht zu Ihrer Verfügung.
Wollen Sie bei einer Rafting-Tour auf einem schäumenden Fluß dabei sein, auf einem Surfbrett stehen oder Tauchen? Oder aber doch lieber auf einen Gletscher oder Skifahren im Sommer, wobei Sie bei uns so braun werden wie am Mittelmeer? Können wir Sie mit Drachenfliegen oder Bergsteigen locken? Oder mit einer ruhigen Kanutour auf einem stimmungsvollen Bergsee?
Im Hochgebirge können Sie in familienfreundlichen Wandergebieten oder wilden, aber dennoch idyllischen Nationalparks wie Rondane, Dovrefjell und Jotunheimen von Hütte zu Hütte wandern. Kilometer lange Wanderwege führen zwischen 2.000 Meter hohen Bergen hindurch, die dortige Pflanzen- und Tierwelt hat ihren Ursprung in der Eiszeit. Von

Norwegens und Nord-Europas höchstem Berg, dem »Galdhøpiggen«, können Sie über das ganze Königreich blicken. Prahlen Sie damit, an ein und demselben Tag im »Paradies« und in der »Hölle« gewesen zu sein. Machen Sie eine unvergeßliche Autofahrt über den Peer-Gynt-Weg oder über eine unserer vielen anderen schönen Hochgebirgsstraßen!
Vielleicht paßt Ihnen besser eine Elchsafari - oder vielleicht die Begegnung mit einem Moschus-Ochsen auf dem Dovrefjell? Beobachten Sie ein quicklebendiges Rentier am Tage - und probieren Sie »Rentier-Steak à la Gudbrandsdal« am selben Abend im Hotel!
Besuchen Sie eine Stabkirche! Hätten Sie gern ein einzigartiges rosenbemaltes oder holzgeschnitztes Kunsthandwerksprodukt? Erleben Sie das Leben auf einer Alm und die Zubereitung von Käse. Nehmen Sie mittags ein gutes norwegisches Essen im Hotel ein, probieren Sie »Spekemat« und lassen sich dabei ein Bier schmecken. Wenn Sie angeln wollen, können Sie eine »G-Karte« kaufen, mit der Sie Zugang zu 112 verschiedenen Flüssen und Seen im Gudbrandsdal haben. Der Gudbrandsdalslågen ist einer der besten Forellenflüsse Norwegens!
Sie sind jetzt müde? Wählen Sie zwischen 100 Jahre alten Berghütten, Bauernhöfen, Campingplätzen, Ferienhütten oder Übernachtung in großen, traditionsreichen Hotels. Ganz gleich, für was Sie sich entscheiden, Sie werden gut aufgenommen und ein Großteil des Personals spricht auch eine Fremdsprache.
Willkommen zu einem erlebnisreichen Ferienaufenthalt in Lillehammer und im Gudbrandsdal!

Für weitere Informationen wenden Sie sich bitte an:
A/L OPPLAND REISELIV
Kirkegt. 76, N-2600 Lillehammer
Tel. 062 - 59 950, Telefax: 062 - 60 606

Valdres
– »Die Perle unter Norwegens Tälern«

Wer schon einmal im Valdres war, der weiß, warum gerade Valdres diesen krönenden Titel erhalten hat. Valdres ist ein Naturparadies! Viele Künstler haben sich deshalb im Laufe der vergangenen Jahre hier inspirieren lassen. Die gute Luft ist bis heute eine Quelle der Erholung und Gesundheit. Und darüber hinaus gibt es eine Vielzahl von unterschiedlichsten Aktivitäts- und Erlebnismöglichkeiten für die ganze Familie. Ein unvergeßlicher Ferienaufenthalt wartet auf Sie im Valdres!

Das Naturparadies Valdres – das Tal der Kontraste

Wer den Kontakt mit der Natur sucht und sich über eine wilde, unberührte und abwechslungsreiche Natur sowie über eine phantastische Flora und Fauna freut, der findet sein Ferienparadies im Valdres. Gluckernde Gebirgsbäche, rauschende Wasserfälle und ein Gebirgswasser, das so sauber ist, daß man es trinken kann! Die Lage des Tales zwischen Ost- und Westnorwegen, macht das Valdres zu einem »Tal der Kontraste«. Hier kann man alles erleben - vom Gebirge des Westlandes und prächtiger Natur im Nordwesten bis

Köstliches Naß

hin zu lieblichen Tälern und gemütlichen Wandergebieten im Südosten. Möchten Sie einmal über »halb Norwegen« und Teile des Jotunheimen Nationalparks schauen? Dann steigen Sie auf das phantastische Bitihorn (1.608 m) oder auf den Grindane-Gipfel (1.728 m) - und sie werden ein unvergeßliches Erlebnis haben! Machen Sie einen Abstecher von der E 68 und suchen Sie sich einen »vergessenen« Teil des Tales. Seien Sie »König« in der Natur, auch wenn es nur für eine Stunde ist, genießen Sie die Aussicht und lassen Sie sich von der schönen Landschaft überwältigen. Zum Beispiel vom Bergmassiv Valdreshornet und dem einzigartigen Naturreservat Vassfaret, wo noch Bären leben. Vogelliebhaber finden im Valdres eine prachtvolle Vogelwelt. Wenn Sie Glück haben, bekommen Sie vielleicht einen Adler oder eine Eule zu Gesicht - oder unsere nationale Schönheit, das Auerhuhn, das gerade mitten im verführerischen Balzspiel ist. In unserer großartigen Natur finden Sie die Ruhe, Freude oder neuen Herausforderungen und Erlebnisse, die Sie sich gerade für ihren Urlaub gewünscht haben!

Valdres – ein einmaliges Stück norwegischer Kultur

Möchten Sie echte, traditionelle norwegische Kultur kennenlernen? Das Valdres hat lange Traditionen in den Bereichen Kunsthandwerk, Heimatpflege, Tanz und

Ein Stück unverfälschtes Norwegen - das Valdres

Musik. Und diese alten, oft farbenprächtigen Traditionen leben weiter! So stammen Norwegens beste Fiedelspieler und Volkstänzer aus dem Valdres. Traditionell, aber dennoch zeitgemäß sind die Angebote der vielen Kunsthandwerks-Werkstätten.

Wußten Sie, daß 6 der norwegischen Stabkirchen im Valdres liegen? Besuchen Sie die Øye-Stabkirche in Vang aus der Zeit um 1125, die über 200 Jahre verborgen und vergessen war.

Machen Sie eine Autofahrt längs des »alten Königsweges« über das Filefjell, der 1793 eröffnet wurde. Historisch sind auch die ältesten Runensteine des Nordens und die über 600 Grabhügel aus der Zeit zwischen 300 und 1.000 nach Christus.

Wie wäre es mit einem Besuch in einem der großen und kleinen Museen? Ganze 70 Häuser und rund 1.500 Ausstellungsstücke warten auf Sie im Valdres Folkemuseum ebenso wie Norwegens einzige Trachtenausstellung dieser Art. Kommen Sie ins Valdres - und erleben Sie ein Stück norwegischer Kultur!

Aktivitäten für die ganze Familie

Das Aktivitätsangebot im Valdres für groß und klein kann sich sehen lassen. Haben Sie schon einmal das Leben auf einer Alm kennengelernt und dabei traditionelles norwegisches Essen probiert? Zeigen Sie ihrem Kind Pferde, Kühe und Ziegen und lassen Sie es am Straßenrand die kleinen Lämmer streicheln. Machen Sie einen Ausritt, fahren Sie mit dem Boot oder nehmen Sie ein erfrischendes Bad in einem der vielen Flüsse und Seen.

Für Wanderer gibt es ausgezeichnete Wandermöglichkeiten, denn das Valdres ist u.a. das Einfallstor zum majestätischen Nationalpark Jotunheimen. Wie wäre es, die Wanderung mit einer Botsstour auf dem Bygdin- oder Gjendesee zu beginnen oder abzuschließen? Von hier sieht man die Gipfel Jotunheimens von der »Seeseite«. Ebenso empfehlenswert ist eine eintägige Valdres-Rundfahrt mit Bus und Schiff, die in Fagernes beginnt.

Wird hier eigentlich noch geflößt? Aber ja doch, fahren Sie ins Vassfaret-Gebiet, dort können Sie beobachten, wie das Holz wie in alten Tagen auf den Flüssen transportiert wird.

Angler können sich unsere gemeinsame Angelkarte kaufen, die für über 60 Flüsse und Seen im Valdres gilt. Kochen Sie sich einen Kaffee unter freiem Himmel und warten Sie auf »die dicken Fische«.

Lohnenswert sind auch die vielen lokalen Veranstaltungen, die im Sommer stattfinden. Vergnügen Sie sich in Cafés und Restaurants! Und warum sollte man nicht auch mal die Woche am Swimming-Pool eines der großen Hotels beenden, mit einem norwegischen Buffet und einem Diskobesuch in Fagernes?

Im Valdres gibt es über 50 Hotels, Gebirgsherbergen und Pensionen, und auch rund 35 Campingplätze, Hüttenzentren und Ferienhütten sorgen für eine angenehme Unterkunft. Die Straßenverbindungen sind gut, und man kommt auch schnell mit dem Flugzeug nach Valdres, zum Flughafen von Fagernes, Leirin. Schnell kommt man übrigens auch nach Lillehammer, das die Olympischen Winterspiele 1994 ausrichten wird!

Willkommen zu einem einmaligen Erlebnis im Ferienparadies Valdres!

Für weitere Informationen wenden Sie sich bitte an:

Valdres Turistkontor
N-2900 Fagernes
Tel. 063 - 60 400
Telefax: 063 - 61 695

Oppland

Ringebu - Tor zum Rondane-Gebirge

Direkt an der E 6 und mitten im Gudbrandsdal liegt der kleine Ort Ringebu. Von Røros oder Femund im Osten erreicht man den Ort über zwei Paßstraßen, Rondevegen und Friisvegen. Ringebu eignet sich ausgezeichnet als Ausgangspunkt für Rundreisen mit dem Auto; außerdem lädt die Stabkirche zur Besichtigung ein. Auch gute Einkaufsmöglichkeiten sind in Ringebu gegeben; Freunde des »Shopping« kommen hier voll auf ihre Kosten.

Auf dem Rondevegen, der Straße 220, fährt man über das Venabygdsfjell, kann die herrlichen Aussichten genießen - und

Das Venabu Fjellhotell

kürzt zudem noch die Strecke der E 6 nach Trondheim um einiges ab. Mehrere markierte Wanderwege führen vom Venabygdsfjell in den Rondane-Nationalpark und in Richtung Süden nach Lillehammer.

Aufgrund des stabilen Binnenklimas eignet sich das Gebiet um Ringebu im Sommer wie im Winter gut für einen längeren Aufenthalt. Vom Venabu Fjellhotel aus werden Tagestouren arrangiert, um wilde Rentiere zu erleben; zudem kann man Reit- und Kanutouren unternehmen. Das variable Wegenetz im Venabygdsfjell lädt ein zu kürzeren oder längeren Wanderungen auf eigene Faust. Zum Beispiel die 3 km nach Myfallene, drei Wasserfälle mit einer Gesamthöhe von 120 m.

Venabu ist ein freundliches Familienhotel, von dem aus die Gäste die Gebirgsnatur erleben können und gleichzeitig mit gutem Essen verwöhnt werden - traditionell norwegisch wie auch vegetarisch. Der Venabu-Reitstall bietet Einzelstunden und auch Kurse für Anfänger und Fortgeschrittene.

Die Spidsbergseter Fjellstue mit Appartements und Hütten ist ein moderner Gebirgsgasthof mit Stil und Tradition. Der Festsaal von 1760 war ursprünglich eine Scheune, in der Korn gelagert wurde. Spidsbergseter hat Zimmer mit Hotelstandard und neue, komfortable Wohnungen / Hütten für all jene, die sich selbst verpflegen wollen. Wanderwege liegen direkt vor der Tür. Sowohl Spidsbergseter

In der Spidsbergseter Fjellstue

als auch Venabu bieten gute Angelmöglichkeiten in den Gebirgsseen und Bächen und verleihen Kanus und Fahrräder. Im gesamten Gebiet von Ringebu gibt es zahlreiche Übernachtungsmöglichkeiten in allen Preisklassen. Egal, ob man einen Urlaub im Tal oder hoch oben im Fjell plant: Hotels, Pensionen und Campingplätze stehen allen Gästen offen.

Während der Olympischen Winterspiele 1994 in Lillehammer soll die Herrenabfahrt im Kvitfjell bei Fåvang stattfinden - und im Sommer stellt das Kvitfjell ein schönes Ausflugsziel für Wanderbegeisterte dar.

Weitere Informationen bei:

a/l Ringebu Reiseliv

Ringebu Reiseliv, Turistkontoret, N - 2630 Ringebu,
Tel. 062 - 80 533, Telefax: 062 - 81 017

Lillehammer Gruppen A/S

Oberhalb von Lillehammer, ca. 14 km von der zukünftigen Olympiastadt und ca. 200 km von Oslo entfernt, liegt Nordseter. Hier oben, auf einer Höhe von rund 850 Metern ü.d.M., findet man im Sommer wie im Winter eines der schönsten Wandergebiete Norwegens. Nordseter ist ein idealer Urlaubsort für Familien und diejenigen, die an einem richtigen Aktivitätsurlaub interessiert sind. Hierzu bietet das Nordseter Aktivitetssenter das ganze Jahr über Aktivitätsmöglichkeiten an: Gebirgswanderungen, Angelausflüge, Windsurfing, Kanufahren, Reiten, Radfahren, Skiunterricht und vieles mehr. Im Winter findet man in unmittelbarer Nähe eines der besten Loipennetze Norwegens, das mit ca. 300 km maschinenpräparierten Loipen aufwarten kann. Für Alpinspezialisten bieten sich mehrere Pisten in direkter Umgebung oder die Olympiahänge im Hafjell an.

Für einen komfortablen Aufenthalt sorgen der Gebirgsgasthof Nordseter Fjellstue und die Nordseter Gebirgshütten und Appartements. Die 18 Gebirgshütten wurden im Sommer 1990 fertiggestellt und sind sehr komfortabel: Die 55m² großen Hütten haben Kiefernholzeinrichtung, Fußbodenheizung in Dusche/WC und auf dem Flur und bieten Platz für 5-7 Personen. Auch die Wohnungen von Nordseter Apartments, die es in drei Größenkategorien gibt, die je nach Kategorie

In Nordseter oberhalb von Lillehammer läßt sich komfortabel wohnen

für 2-8 Personen geeignet sind, haben viel zu bieten. Jede Wohnung hat ein eigenes Badezimmer, Fernsehen, Kamin, einen verschließbaren Skischuppen sowie eine Terrasse. Hütten und Appartements werden übrigens auch nach dem »time-share«-Prinzip verkauft.

Treffpunkt in Nordseter ist der Gebirgsgasthof Nordseter Fjellstue, in dem u.a. traditionelle norwegische Küche angeboten wird. Die Bar ist auch für Hüttengäste ein beliebter Treffpunkt.

Ebenfalls im Gebirge oberhalb Lillehammers liegt Sjusjøen. In diesem Gebiet gibt es mehrere große Hotels mit Disco, Tanz, Spielhallen und Restaurants. Und das alles in Norwegens größtem Hüttengebiet! Das Sjusjøen Hytte & Caravansenter bietet den Besuchern von Sjussjøen Stellplätze für 300 Wohnwagen sowie 7 Hütten, die alle fünf Bettplätze haben und von A-Z komplett eingerichtet sind. Toilette, Dusche, Sauna, Geschäft, Kiosk und Kaminzimmer liegen im Servicegebäude, nur 20 bis 50 Meter von den Hütten entfernt. Strom und warmes Wasser sind übrigens im Mietpreis inbegriffen.

Für weitere Informationen wenden Sie sich bitte an:

LillehammerGruppen A/S

Postboks 25
N-2614 Nordseter
Tel. 062 - 64 008
Telefax: 062 - 64 078

Buskerud

Buskerud erstreckt sich vom Westufer des Oslofjords bis fast zum Sognefjord. Dazwischen liegen etwa 15.000 km² voller Abwechslung und Erlebnisreichtum. Die Orientierung in diesem Bezirk fällt leicht, weil man sich gut an die beiden Hauptstraßen halten kann, die die Landschaft von Südosten nach Nordwesten durchqueren. Aber auch abseits der großen Routen locken ruhige Plätzchen zu erholsamem Urlaub.

Der Tyrifjord erstaunt immer wieder viele Reisende wegen seines ungewöhnlichen Namens. Er ist nämlich gar kein Fjord, obwohl man das bei den vielen verzweigten Armen annehmen könnte, sondern ein ganz normaler Binnensee, gefüllt mit Süßwasser. Ungewöhnlich ist allerdings die Aussicht über den See, die man besonders gut vom 484 m hoch gelegenen Punkt »Kongens utsikt« am östlichen Ufer genießen kann. Der Aufstieg lohnt sich!

Von den vielen reizvollen Zielen, die Buskerud zu bieten hat und die auf den folgenden Seiten näher beschrieben werden, sei hier noch Kongsberg, die alte »Silberstadt«, erwähnt. Mit einer richtigen Grubenbahn kann man dort 2,5 km in den Berg hineinfahren und die alten Stollen und technischen Einrichtungen besichtigen, z.B. den genialen »Fahrstuhl«, mit dem die Bergleute vor dem Bau der Bahn in den Schacht einstiegen.

Freunde historischer Dampfeisenbahnen werden kaum eine Fahrt mit der Krøderbahn von 1872 auslassen, die mit 25 Kilometern die längste Museumsbahn Norwegens ist. Sie verkehrt im Sommer an den Wochenenden zwischen den Orten Vikersund und Krøderen (am gleichnamigen See).

Bergwerksmuseum in Kongsberg

BUSKERUD

Gesamtfläche km² : 14.927
Einwohner: 221.384

Städte/Einwohner:
Drammen: 52.000
Kongsberg: 21.000
Hønefoss: 13.000

Entfernungen (von Drammen):
- Oslo .... 40 km
- Kristiansand S: .... 288 km
- Larvik: .... 89 km
- Bergen: .... 499 km
- Molde: .... 546 km
- Åndalsnes: .... 489 km
- Trondheim: .... 595 km

Verkehrsflugplatz:
Geilo

Bahnverbindungen:
Oslo - Drammen - Hokksund - Kongsberg - Notodden - Skien / Stavanger, Oslo - Drammen - Larvik - Skien - Kongsberg - Rødberg, Oslo - Drammen - Hokksund - Vikersund - Hønefoss - Gol - Geilo - Bergen

Sehenswürdigkeiten:
- Silbergruben, Kongsberg
- Bergwerksmuseum, Kongsberg
- Kongsberg Skimuseum
- Lågdalsmuseum, Kongsberg
- Spiralen (Tunnel), Drammen
- Blaafarveverket, Åmot/Modum
- Villa Fridheim (Märchenmuseum), Krødsherad
- Kirche Norderhov, Ringerike
- Volksmuseum Hallingdal, Nesbyen
- Hemsedal Bygdatun
- Skinnfellgården, Hemsedal
- Huso Fjellgård, Hemsedal
- Kirche in Kongsberg
- Fosseholm (Herrenhof), Vestfossen
- Hagan (Wohnort des Künstlers Skredsvik), Eggedal
- Sprungschanze, Vikersund
- Torpo Stabkirke, Ål
- Ål Heimatmuseum
- Stabkirchen in Nore und Uvdal
- Nore und Uvdal Freilichtmuseum

Ausflüge:
- Grubenwanderung mit Führung in den alten Silbergruben in Kongsberg
- Grubenzug in Kongsberg, fährt 2,5 km in den Berg hinein. Führung
- Spiralen in Drammen (Tunnel auf einer Länge von 1,5 km)
- EKT Gebirgshof, Langedrag (Fjordpferde, Wölfe u.a.; Verkauf von selbstgemachtem Ziegenkäse)
- Besichtigung der Wasserkraftwerke in Uvdal und Nore, Numedal
- »Große Rundtour« (Hardangervidda - Flåmsbahn - Nærøyfjord - Aurlandsdal. »Norwegen en miniature« mit Zug, Boot und Bus).
- Besichtigung des Wasserkraftwerkes Gol
- Krøderbahn (Norwegens längste Museumseisenbahn)
- Bootsfahrt auf dem Krøderen-See

Veranstaltungskalender S. 244 ff.

Weitere Informationen:
Buskerud Reiselivsråd
Storgt. 4
N - 3500 Hønefoss
Tel. 067 - 23 655
Fax: 067 - 26 840

Buskerud

Durch Buskerud –
eine Reise mit unvergleichlichen Erlebnissen!

Wir möchten Ihnen im folgenden zwei interessante Routen vorstellen, die durch den Bezirk Buskerud führen und mitten im Fjordland enden - einem Ziel, das von vielen Norwegenreisenden immer wieder angesteuert wird. Die nachfolgende Reise vermittelt nicht nur einen Überblick über die landschaftlichen Schönheiten des Bezirks, auch kulturelle Sehenswürdigkeiten kommen nicht zu kurz. Nicht zuletzt stellt das abwechslungsreiche Angebot an sportlichen Aktivitäten und die Vielfalt an Übernachtungsmöglichkeiten einen Vorteil dar, der den Aufenthalt in Buskerud zu einem reizvollen und einprägsamen Urlaub werden läßt. Lassen Sie sich überraschen!

Die Straße 7 -
Abenteuerroute zu den Fjorden, voller Naturerlebnisse und Aktivitäten

Wenn man über Oslo anreist, ist diese Strecke sowohl die kürzeste als auch die landschaftlich schönste Verbindung in Richtung Westnorwegen. Das Märchen beginnt schon mit Befahren der Straße 68: Sogar aus dem Autofenster kann man die großartige Aussicht auf den Tyrifjord und die sanft emporsteigenden Hügel bewundern. Hier liegt auch die Norderhov-Kirche malerisch zwischen üppigen Blumenwiesen. Direkt in der Nachbarschaft stößt man auf ein Museum, ein Besuch dieser beiden Sehenswürdigkeiten lohnt sicherlich. In der Nähe von Hønefoss beginnt dann die Straße 7, einige Kilometer später erstreckt sich am Fuße des Norefjells der schmale, lange See Krøderen, eine wahrhaft majestätische Kulisse. Jeden Winter wimmelt es auf dem alten Olympiaberg von begeisterten Skifahrern, im Sommer von Spaziergängern und Reitern. Ganz ungeduldige »Hochgebirgs-Freaks« sollten ab Noresund der Nebenstraße nach Haglebu und Bromma folgen. Unterwegs erreicht man Hagan, den Wohnsitz des norwegischen Künstlers und Malers Skredsvig. Weitere zu empfehlende Haltepunkte sind Sigdal und das Eggedal-Museum. Am Südende des Krøderen-Sees wartet sogar prustend und schnaufend eine historische Eisenbahn von 1872 auf den Besucher, der auf einer Strecke von 25 Kilometern die Möglichkeit hat, eine unvergeßliche Eisenbahnfahrt mit Rauch und Dampf mitzuerleben. Von der Station Vikersund, Norwegens einziger natürlicher Skiflugschanze, ist es nicht mehr weit bis zum »Blaafarveværket« bei Åmot, das bis 1830 Norwegens größtes Bergwerk war und heute zu einem wichtigen Kulturzentrum geworden ist. Hier kann man Konzerte hören, sich über den norwegischen Bergbau informieren, Ausstellungen ansehen und vielleicht bei einem kleinen Imbiß die leuchtend blauen Glasfenster bewundern.

Weiter geht's entlang der Straße 7. An der Westspitze des Krøderen gelangt man zur »Villa Fridheim«, einem romantischen Märchenschloß, in dem es von Zwergen und Trollen nur so wimmelt! Lassen Sie sich von diesen typisch norwegischen Landgeistern verzaubern. Anschließend folgt man dem See einige Kilometer nach Norden... vielleicht ein willkommener Anlaß, ein Bad zu nehmen oder eine Bootstour zu unternehmen? Bei Gulsvik und Flå zweigt der Weg ab nach Vassfaret - einem unberührten Naturreich, in dem Bären zwischen mystisch anmutenden Bergseen und uralten, unberührten Wäldern umherstreifen - man muß nur genau hinsehen ... Wer von hier noch weiter gen Norden fährt, sollte die Angel nicht vergessen; der Fluß Hallingdalselva ist ein prachtvolles Angelrevier. Der nächste Halt bietet sich in Nesbyen an, im Hallingdal Freilichtmuseum erfährt man einiges über traditionelle Bauernkultur, außerdem

Der Rjukandefossen im Hemsedal

Riverrafting: feucht-fröhliches Abenteuer für ganze Leute

kann man das uralte, besonders sehenswerte Holzgebäude Staveloftet aus dem Jahre 1340 bewundern. Im Juni wird in Nesbyen ein Festspiel veranstaltet, und wer sich im Juli in der Stadt aufhält, kann am bunten »Hallingmarkt« mit seinen vielen Attraktionen teilnehmen.

Ein Wasserkraftwerk gibt es sowohl in Nesbyen als auch in Gol, dem Knotenpunkt des Hallingdals. Eine andere Möglichkeit, den Weg fortzusetzen, bietet die Straße 52 durch das Hemsedal. Im Winter ist das Tal ein Paradies für Skiläufer, im Sommer für Wanderer und Angler. Besonders geeignet zum Angeln mit der Fliege ist der Heimsila-Fluß, einer der besten Flüsse Nordeuropas zum Forellenangeln mit Fliege und Rute. Für den richtigen Überblick und einen guten Auspunkt für Wanderungen sorgt ein Sessellift, der auch im Sommer einen bequemen Transport ins Hochgebirge bietet. Hier gibt es nicht nur gut markierte Wege, sondern auch wöchentlich geführte Bergtouren. Auch andere Aktivitäten werden in einem festen Programm angeboten. Der Bergbauernhof Huso dagegen zeigt die bäuerliche Tradition des vorigen Jahrhunderts, während man auf dem Hof Skinnfellgården ein altes norwegisches Handwerk bewundern kann: den Lederdruck. Bis zur imponierenden Natur des

Sognefjords ist es nun nicht mehr weit. Die Straße 52 in Richtung Sogn verläuft parallel mit dem alten Königsweg von 1844 über das Hemsedalfjell. Große Teile der alten Straße sind restauriert worden und werden nun als Wanderweg genutzt. Egal, welchen Weg Sie wählen, nehmen Sie sich auf jeden Fall Zeit für einen erfrischenden Aufenthalt im Tropicana-Bad, ein Freizeitbad, in dem man auch nach Herzenslust einkaufen kann. Anschließend noch eine Spritztour ins Golsfjell, einem Gebirgszug, der wie geschaffen ist für Reit- oder Fahrradtouren, Wanderungen, Angeln und Bootsausflüge. Auf halbem Wege zweigt die Straße nach Ål ab, dort liegt auch die Stabkirche von Torpo mit einzigartigen mittelalterlichen Ornamenten, die das Dach verzieren. In Ål kann man einen Blick in das Freilichtmuseum »Bygdetunet« werfen. Die Gebäude mit ihren prachtvollen Rosenmalereien und typischem Inventar vermitteln einen guten Einblick in die norwegische Geschichte. In diesem Zentrum alter Tradition werden jährlich am ersten Juniwochenende Volksmusiktage veranstaltet.

Den Ort Hol sollte man Anfang August besuchen. In dieser Zeit feiert man den »Holsdagen« - eine traditionelle Bauernhochzeit mit Trauung, Brautzug, einem

Angelvergnügen für jedermann

Lebendige Traditionen im Hallingdal

großen Fest im »Bygdetunet«, Fiedelmusik und Volkstanz.

Anschließend heißt es sich entscheiden: Entweder man reist in Richtung Sognefjord weiter, auf dem Weg dorthin liegt die Kirche von Hol. Weiter geht's ins Sundal mit seinen friedlichen Höfen und einem Spielparadies, wo Crash-Boote, Elektroautos, Wasserrutsche und andere Vergnügungen eine Abwechslung für die ganze Familie garantieren. Die Krönung des Ganzen könnte anschließend das wilde, urwüchsige Aurlandsdal bedeuten, ein »Muß« für jeden Liebhaber norwegischer Landschaft.

Die zweite Möglichkeit ist, der Straße 7 bis zum Touristenort Geilo zu folgen. Hier an den Birkenhängen, der Schwelle zum Hochgebirge, gibt es wieder einige sehenswerte Stellen: Grabhügel aus dem 9. Jahrhundert und zahlreiche Spuren der Eisenproduktion aus der Wikingerzeit sind für archäologisch interessierte Reisende wichtige Stationen. Einen vortrefflichen Ausgangspunkt für verschiedenste Touren bietet die Strecke der Taubahn. Im Norden liegt der Gebirgszug Hallingskarvet mit ewigem Schnee und einer fabelhaften Aussicht über die Hardangervidda, Nordeuropas größte Hochebene, mit ihrem rauhen Charme und Tausenden fischreicher Gewässer. Von hier aus kann man die Fahrt auf der »Abenteuerstraße« auf steiler, kurvenreicher Strecke durch das Måbødal hinunter zum Hardangerfjord fortsetzen, vorbei am 182 m hohen Wasserfall Vøringfossen.

Reisenden mit einer Vorliebe für Dramatik sei eine Fahrt mit der berühmten Bergenbahn vom Hallingdal bis zur Station Myrdal empfohlen. Der höchste Punkt der Strecke liegt 1303 m über dem Meeresspiegel! Dort steigt man um in die Flåmbahn - ein Meisterwerk der Ingenieurkunst, eingebettet in eine faszinierende Hochgebirgslandschaft. In Flåm wartet dann schon ein Schiff, und weiter geht's zu einer »Mini-Kreuzfahrt« durch die beinahe unwirkliche Atmosphäre der Fjordarme zwischen fast senkrechten Felswänden. Der Rückweg führt durch das nicht minder schöne Aurlandsdal nach Geilo. Eine unvergeßliche Rundreise durch atemberaubende Landschaften!

Die Straße 8
- auf der »Silberstraße« durch die norwegische Kulturgeschichte

Wer im Süden Norwegens ankommt, sollte diese geschichtsträchtige Reise über Larvik oder Drammen nicht versäumen. So führte z.B. die geschichtlich richtige »Silberstraße« von Kongsberg über Drammen zur Hauptstadt, die damals Christiania genannt wurde. Die erste, im Jahr 1630 fertiggestellte Strecke zwischen Kongsberg und Hokksund war die erste Straße Norwegens überhaupt. Sie wurde 1665 über Drammen und Lier bis Christiania verlängert, um das begehrte Silber besser transportieren zu können. In Drammen sollte man das alte Rathause besichtigen, das liebevoll restauriert und dafür mit einem europäischen Preis ausgezeichnet wurde. Am Ende der »Spirale«, einer Straße, die sich am Stadtrand in einem Berg spiralförmig nach oben schraubt, warten auf den Autofahrer eine lohnende Panorama-Aussicht über ganz Drammen sowie schöne Wanderwege in herrlicher Waldluft, eine ganzjährige Trimm- und Naturloipe, ein Freilichtmuseum und - um wieder neue Energie zu tanken - das gemütliche Spiraltoppen Restaurant. Weiter geht es in Richtung Kongsberg am Fluß Drammenselva entlang, einem ergiebigen Lachsfluß. Von dort aus ist es nicht mehr weit nach Fosseholm, einem idyllischen Herrenhaus im Rokokostil, oder nach Åmot mit dem bereits erwähnten Bergwerk »Blaafarveværket«. Die Silberstadt Kongsberg steckt voller Kulturdenkmäler. Sowohl der Bergbau als auch die vergleichsweise junge Geschichte des Skilaufs haben die Stadt geprägt. Im Skimuseum trifft man auf Birger Ruud, den berühmten norwegischen Skispringer der dreißiger Jahre. Mit der Grubenbahn kann man 2,5 km in den Berg hineinfahren! Rund 30.000 Besucher zählt die Silbermine im Jahr, die sich hier im Stollen hautnah über den Silberabbau informieren können. Das Bergwerksmuseum hat u.a. eine einzigartige Sammlung von Silbergestein zu bieten. Auch die königliche Münzanstalt oder die Kirche in Kongsberg, die größte Barockkirche des Landes mit kunstvollem Rokokointerieur, ist einen Besuch wert. Sehenswert ist auch das Lågdalsmuseum, das u.a. seltene optische Geräte beherbergt. Ein Tip für Angelfreunde: Die Lachse folgen dem Fluß Numedalslågen direkt bis nach Kongsberg, und nach Forellen zu fischen lohnt hier ebenfalls. In der Umgebung locken Kanutouren und Grubenwanderungen.

Weiter nördlich kündigen zahlreiche Wasserfälle und Schluchten an, daß die bisher so freundliche Umgebung rauher wird. Verläßt man bei Stærnes die Straße 8, gelangt man in eine Landschaft, die einem lebendigen Freilichtmuseum gleicht - die Menschen wohnen hier in uralten Holzhäusern! Einen Zwischenstop bei der Kirche von Rollag, einer umgebauten Stabkirche aus dem Mittelalter, sollte man ebenfalls nicht auslassen. Zurück auf der Straße 8 trifft man auf das älteste bewohnte Haus Norwegens, und jenseits des Sees Norefjord lädt die kleine idyllische Stabkirche von Nore zum Verweilen ein. Der Berg im Hintergrund birgt Höhlen mit Bergkristallvorkommen. Rødberg mit seinen schroffen Felswänden bot in den zwanziger Jahren einen geradezu idealen Platz für den Bau eines Wasserkraftwerks. Wie ein Schloß liegt die Anlage heute zu Füßen von schwarzen Bergen. Einen interessanten Ausflug erlebt man, wenn man eine Wanderung am langgestreckten Tunnhovdfjord entlang durch Kiefernwälder auf einem Teppichboden aus weißem Moos zum Bergbauernhof Langedrag unternimmt. Hier kann man, wenn man Glück hat, Wildschweinen, Wölfen, Fjordpferden, Rentieren und vielen anderen seltsamen Tieren, die hier zu Hause sind, guten Tag sagen!

Die »Victoria« auf dem Telemarkkanal

Telemark

Der Bezirk Telemark erstreckt sich von der Südostküste bis tief ins Land hinein zur Hardangervidda. Entsprechend breit gestreut ist die Palette von Reisezielen und Angeboten. Die sonnige Schärenküste stellt mit ihren Bade- und Wassersportmöglichkeiten ein sehr beliebtes Ferienziel für Norweger und für ausländische Gäste dar. In den ruhigen Weiten der Hochebene Hardangervidda suchen Wanderfreunde Erholung fernab von befahrenen Straßen und ausgetretenen Pfaden.

Berühmtester Sohn Telemarks ist der 1828 in Skien geborene Dichter Henrik Ibsen. Seine gesellschaftskritischen und psychologisch feingesponnenen Dramen sorgten nicht nur in Norwegen für Debatten, sondern waren auch für die Entwicklung des deutschen Dramas von großer Bedeutung. Wer kennt nicht Stücke wie »Nora oder ein Puppenheim«, »Hedda Gabler« oder »Peer Gynt«, Ibsens »nordischen Faust«. Zwei interessante Museen erinnern an den großen Dichter. Auf dem Hof Venstøp, etwas außerhalb der Stadt gelegen, wuchs Ibsen auf. Er ist zu besichtigen. Im Bezirksmuseum in Skien kann man sein Arbeitszimmer in Augenschein nehmen, und man hat den Eindruck, daß der alte Herr gleich von einem Spaziergang hereinkommen wird. Im übrigen ist das Bezirksmuseum mit seinen historischen Gebäuden und Sammlungen auch sonst sehr sehenswert.

In Heddal bei Notodden steht Norwegens größte Stabkirche, ein imposanter, stark gegliederte Bau. Wahrscheinlich um 1300 erbaut, legt sie eindrucksvolles Zeugnis von der Holzbaukunst des Mittelalters ab. Auf dem Telemark-Kanal, der in der zweiten Hälfte des vorigen Jahrhunderts gebaut wurde, um die wirtschaftliche Erschließung des Binnenlands zu fördern, laden heute Ausflugsschiffe zu erholsamen Fahrten zwischen Skien und Dalen ein. Wer sich noch geruhsamer fortbewegen will, bringt sein Paddelboot zu Wasser und bewegt sich mit eigener Kraft fort. Auf dem langgestreckten See Nisser kann man eine Fahrt mit dem Museumsboot M/S »Fram« zwischen Vrådal und Treungen unternehmen.

Auf dem Hof Venstøp bei Skien wuchs Henrik Ibsen auf

TELEMARK

Gesamtfläche km²: 15.315
Einwohner: 162.595

Städte/Einwohner:
Kragerø: 5.500
Langesund: 3.000
Stathelle: 3.000
Brevik: 2.700
Porsgrunn: 32.000
Skien: 48.000
Notodden: 13.000
Rjukan: 5.500

Entfernungen (von Skien):
- Oslo: .... 139 km
- Bergen: .... 442 km
- Kristiansand S: .... 191 km
- Larvik: .... 34 km
- Trondheim: .... 684 km
- Voss: .... 356 km
- Ålesund: .... 712 km

Verkehrsflugplätze:
Skien, Notodden

Bahnverbindungen:
Stavanger - Kristiansand - Neslandsvatn - Bø - Nordagutu - Hjuksebø - Drammen - Oslo, Hjuksebø - Notodden - Tinnoset, Porsgrunn - Skien - Nordagutu - Oslo, Skien - Larvik - Oslo

Sehenswürdigkeiten:
- Telemarkkanal (von Skien nach Dalen)
- Stabkirche Heddal, E 76 bei Notodden
- Telemark Sommarland, Bø (Abenteuerpark)
- Bezirksmuseum von Telemark mit Brekkepark und Ibsens Geburtshaus, Skien
- Vemork Industriearbeitermuseum, Rjukan
- Porsgrund Porzellanfabrik, Porsgrunn

Ausflüge:
- Bootstour auf dem Telemarkkanal mit dem Passagierschiff »Victoria«
- Bootstour auf dem Telemarkkanal: Notodden - Lunde - Notodden mit dem Passagiersschiff »Telemarken«
- Tour mit dem Museumsboot »Fram«: Vrådal - Vrådaliosen - Treungen
- Schärenkreuzfahrt vor der Küste bei Kragerø und Brevik

Veranstaltungskalender S. 244 ff.

Weitere Informationen:
Telemark Reiser
Nedre Hjellegt. 18
Postboks 743
N - 3701 Skien
Tel. 03 - 52 92 05
Fax: 03 - 52 70 07

Reisebüro Norden
Ost-West-Str. 70
D - 2000 Hamburg 11
Tel. 040 / 36 00 15 41

Telemark

Der Name Telemark wird häufig mit einer Schneelandschaft und Skiern in Verbindung gebracht. So gilt Telemark denn auch als »Wiege« des modernen Skisports, und der Telemarkschwung - eine alte Skitechnik, neu entdeckt - verschafft dem Namen international immer mehr Bekanntheit. Doch auch an bezaubernden Sommererlebnissen mangelt es nicht in diesem südlichsten Bezirk Norwegens, der von der Küste bis zur Hochebene der Hardangervidda reicht. Ein ausgewogenes, recht trockenes Klima sowie eine interessante und abwechslungsreiche Landschaft bilden den richtigen Rahmen für einen gelungenen Urlaubsaufenthalt.

Die beste Art, die Landschaft kennenzulernen, ist eine Fahrt auf dem Telemark-Kanal. Die Schiffsreise führt von der Schärenküste durch fruchtbares Ackerland, durch dichte Wälder und an Bergseen vorbei bis weit ins Landesinnere. Der Kanal besteht größtenteils aus natürlichen Wasserwegen, die durch zwei Kanalstrecken miteinander verbunden wurden. Der Skien-Norsjø-Kanal, der eine Verbindung zwischen dem Skienfjord und dem See Norsjø schafft, wurde 1861 fertiggestellt. Fünf Schleusen sorgen für die Überwindung eines Höhenunterschiedes von 15 Metern. Der 1892 vollendete Norsjø-Bandak-Kanal verfügt über sechs Schleusen, die gemeinsam einen Höhenunterschied von 57 Metern überwinden

Schleuse im Telemarkkanal

helfen. Die zehnstündige Fahrt mit einem der Kanalschiffe bildet einen der Höhepunkte einer Norwegen-Reise. Auf dem reizvollen Nisser-See in Vrådal verkehrt das Veteranboot M/S »Fram« im Linien- und Charterverkehr.

Doch ein Urlaubsaufenthalt in Telemark muß sich keineswegs nur auf Naturerlebnisse beschränken. Auch die Städte Skien, Porsgrunn und Notodden haben etwas zu bieten; wie wäre es mit dem Ibsen-Haus, der Porzellanfabrik und der berühmten Stabkirche in Heddal?

Neue Erfahrungen bietet auch die Industriestadt Rjukan mit ihrem Industriearbeiter-Museum, das im alten Wasserkraftwerk Vemork aus dem Jahr 1911 errichtet wurde. Neben der Information über die entscheidende Rolle des Wassers als Energiequelle vermittelt das Museum ein gutes Gesamtbild über die Entstehung der Industriestadt Rjukan, der die ursprünglich ländliche Besiedelung weichen mußte. Ein weiterer Schwerpunkt des Museums gilt dem Leben, der Kultur und den Ideen der Arbeiter. Die Lage des Museums im Vemork-Kraftwerk macht es verständlich, daß der sog. »Schwerwasser-Aktion« im Zweiten Weltkrieg verhältnismäßig viel Aufmerksamkeit geschenkt wird. Eine von England geführte Sabotagegruppe wußte es damals zu verhindern, daß das hier hergestellte schwere Wasser, ein zur Atombombenherstellung benötigter Stoff, nach Deutschland gelangte. Alles in allem vermittelt ein Besuch dieses Museums dem Touristen eine vollkommen andere Sichtweise des Urlaubslandes Norwegen. Es ist eine Bereicherung, die den Bezirk Telemark noch attraktiver macht.

Der Schnellweg nach Telemark ist LARVIK LINE FREDERIKSHAVN-LARVIK

Tinn in Telemark

Tinn in Telemark - das steht für Natur und Erlebnisse im Herzen Norwegens. Im Norden des Bezirks Telemark liegt die Gemeinde Tinn mit ihrem Zentrum Rjukan. Mächtige Gebirge geben ihr ein besonderes Gepräge und lassen Tinn zu einem Reiseziel erster Güte werden, das dem Besucher eindrucksvolle Erlebnisse bietet. Rjukan liegt im tiefen Vestfjordtal, aus dem sich steil und gewaltig der Gaustatoppen, der höchste Berg Telemarks, erhebt. Vom 1.883 m hohen Gipfel hat man man eine phantastische Rundsicht über das südnorwegische Bergland und weit in die Hardangervidda hinein.

Auf der nördlichen Seite des engen Tales von Rjukan erhebt sich die Hochebene der Hardangervidda. Dieses größte Hochgebirgsplateau Nordeuropas lädt ein zu kurzen oder auch weiten Wanderungen in 1.000 bis 1.200 m Höhe. Und noch eine Attraktion kann Tinn vorweisen: der Tinnsjø ist mit 460 m der zweittiefste Binnensee Europas! Im Gemeindegebiet gibt es übrigens rund 2.000 fischreiche Gewässer - da sollten keine Anglerwünsche offen bleiben.

Doch auch Rjukan selbst hat einiges zu bieten. So kann man zum Beispiel im Industriearbeiter-Museum Vemork die spannende Geschichte der Industrialisierung und der Energiegewinnung nachvollziehen. Auch der mittlerweile legendenumwobene Kampf um das »schwere Wasser« während des Zweiten Weltkrieges ist

Winterliche Bergwelt bei Rjukan

hier dokumentiert. Ansonsten ist Rjukan das lebhafte Handelszentrum der 2.200 km² großen Gemeinde mit allen Dienstleistungen, die der Besucher braucht, und einem großen Freizeitangebot. Das gilt nicht zuletzt für die Wintersaison:

Im Schatten des Gaustatoppen hat sich eines der Top-Gebiete des Skisports in Norwegen entwickelt. Hier warten präparierte Langlaufloipen von insgesamt 85 km Länge und acht Abfahrtspisten. Vier Sessellifte sorgen dafür, daß man ohne lange Wartezeiten nach oben kommt. Die größte Attraktion des Gebietes ist jedoch ohne Zweifel die Piste mit dem höchsten Gefälle nördlich der Alpen: 1.600 m sind es von der Spitze bis nach unten. Am Ostende des Sees Møsvann liegt bei Skinnarbu das zweite große Skigebiet der Gemeinde. Hier gibt es mehr als 100 km maschinenpräparierte Langlaufloipen in abwechslungsreichem Gelände und einige Abfahrtspisten, die von zwei Liften bedient werden. Die Unterkunftsmöglichkeiten in der Gemeinde Tinn und Rjukan reichen von Campingplätzen über Hütten und Pensionen bis zu First-class-Hotels.

Willkommen in Tinn - willkommen im Gebirgsparadies!

Für weitere Informationen stehen wir Ihnen gern zur Verfügung:
Rjukan og Tinn Turistkontor,
Torget 2, N - 3660 Rjukan,
Tel. 036 - 91 290,
Fax: 036 - 91 215

Sørlandet

Wohl jeder Norweger wird mit dem Namen Sørlandet Begriffe wie Sommer, Sonne und Badefreuden verbinden. Die Südküste mit den Bezirken Aust- und Vest-Agder ist nun einmal Norwegens Sonnenküste. Wie Perlen auf einer Schnur reihen sich die Städtchen und Städte entlang der Küste von Risør im Osten bis Flekkefjord im Westen aneinander. Hier gibt es Badestrände und -klippen in großer Zahl, Surfer ziehen ihre Bahnen, und die vielen Gästehäfen bieten Liegeplätze für in- und ausländische Segelfreunde.

Nicht weit von Mandal entfernt liegt Kap Lindesnes, die Südspitze des norwegischen Festlandes. Von hier sind es bis zum Nordkap über 2.500 km, eine ganz schöne Strecke also. Und würde man Norwegen an diesem Punkt nach Süden »herunterklappen«, dann reichte das Land bis etwa nach Rom. Aber wer denkt schon an das Nordkap oder an Rom, wenn er in Sørlandet ist ...

Jede Küste hat ein Hinterland. In Sørlandet ist es wie die Küste sehr reizvoll und hat viel zu bieten. Schon bald wird die Landschaft bergig. Fischreiche Seen locken die Angler an, Wälder laden zum Blaubeerpflücken ein.

Nördlich von Kristiansand, zwischen Evje und Hovden, erstreckt sich das traditionsreiche Setesdal, gern auch Norwegens Märchental genannt. Aufgrund seiner einst isolierten Lage konnten Bautraditionen und Gebräuche hier besonders gut bewahrt werden. Die Tracht der Talbewohner, zu festlichen Anlässen immer noch gern getragen, gehört zu den schönsten im ganzen Land.

Die neu ausgebaute Straße 45 schafft jetzt eine zusätzliche Verbindung zwischen Nomeland im oberen Setesdal und Stavanger in Rogaland. Auch ein Abstecher an den langen, schmalen Lysefjord ist jetzt ohne weiteres möglich und sehr empfehlenswert.

Leuchtturm Kap Lindesnes

Risør

Sørlandet

Gesamtfläche km²: 16.493
Einwohner: 235.707

Städte / Einwohner:
Risør: 6.985
Tvedestrand: 5.826
Arendal: 12.233
Grimstad: 14.997
Lillesand: 7.748
Kristiansand S: 64.600
Mandal: 12.450
Farsund: 9.411
Flekkefjord: 8.793

Entfernungen (von Arendal):
- Oslo: 256 km
- Bergen: 495 km
- Stavanger: 328 km
- Hamar: 379 km
- Skien: 119 km
- Trondheim: 801 km

Entfernungen (von Kristiansand S):
- Arendal: 72 km
- Oslo: 328 km
- Bergen: 398 km
- Stavanger: 256 km
- Lillehammer: 513 km
- Odda: 337 km

Verkehrsflugplatz:
Kristiansand

Fährverbindungen:
Kristiansand - Hirtshals

Bahnverbindungen:
Stavanger - Egersund - Sira - Kristiansand - Nelaug - Oslo,
Sira - Flekkefjord, Nelaug - Arendal

Sehenswürdigkeiten:
Aust-Agder:
- Holmen Gård Husflidsenter, Gjersted
- Holzhäuser auf Tyholmen, Arendal
- Haus Knut Hamsuns, Nørholmen / Grimstad
- Aust-Agder Museum, Arendal
- Setesdalsmuseum
- Rygnestadloftet und Tveitetunet
- Innenstadt, Risør
- Galerie Villvin, Risør
- Glashütte mit Glasbläserei und Verkauf, Tvedestrand/Lyngør
- Mittelalterliche Kirchen in Holt und Dybvåg, Tvedestrand/Lyngør
- Eisenwerk Nes, Tvedestrand
- Haus eines Kapitäns aus dem 17. Jahrhundert, Arendal
- Rathaus Arendal (Norwegens zweitgrößtes Holzgebäude)
- Merdøgaard Skjærgårdsmuseum, Arendal
- Ibsens Geburtshaus und Museum der Stadt Grimstad m. Seefahrtsabteilung, Grimstad
- Kirche in Fjære (Grab Terje Vigens), Grimstad
- Carl Knutsen-Gården (Seemannsmuseum), Lillesand
- Hovden Freilichtgelände am Harevatn, Hovden
- Fånefjellskleiva (Wandergebiet mit historischen Pfaden), Setesdal
- Agder Waldvogelhof (Waldvögel in ihrer natürlichen Umgebung), Setesdal
- Hasseldalen. Alte Seglerwerft und Bootsbau von 1841 (Sammlung von Namensschildern alter Segler aus Grimstad).

Vest-Agder:
- Vest-Agder Bezirksmuseum, Kristiansand
- Gimle Gård, Kristiansand
- Domkirche, Kristiansand
- Festung Christianholm, Kristiansand
- Abenteuerpark, Kristiansand
- Kristiansand Museum
- Monte Carlo Bilmuseum, alte und neue Automobile, Kristiansand
- Trabrennbahn, Kristiansand
- Setesdalsbahn, Museumsbahn, Vennesla
- Museum im Andorsengården, Mandal
- Traditonelle weiße Holzhäuser, Mandal
- Mandal und Oppland Heimatmuseum, Øyslebø
- Risøbank, Mandal
- Sjøllingstad Textilmuseum, Lindesnes
- Farsund Museum, Farsund
- Lista Museum, Vanse, Farsund
- Loshamn, Kleiner Seehafen, Farsund

- Kvåsfossen (36 Meter hoher Wasserfall im Lyngenvassdraget an der Str. 43), Kvås/Lyngdal
- Kirche von Lyngdal (erbaut 1848, eine der größten Holzkirchen Norwegens), Lyngdal
- Fedrenes Minne, Gegenstände von der Insel, Hidra
- Flekkefjord Museum, Flekkefjord
- Hollenderbyen, Flekkefjord, ein alter Stadtteil mit kleinen charakteristischen Holzhäusern
- Aussichtspunkt an der E 18, Kvinesdal. Großartige Aussicht auf den Fjord.
- Wasserkraftwerk Tonstad (eines der größten Kraftwerke Nordeuropas), Sirdal
- Svartevassdamm (größter Staudamm der Sir-Kvina, Höhe: 130 m, Länge: 400 m), Sirdal

Ausflüge:

- Sightseeing / Charter / Linienboote in den Schären, Bade- und Angelmöglichkeiten, Besichtigung der Außenhäfen
- Besuch des Rysstad Naturparks im Setesdal oder des Freiluftgebiets Hove bei Arendal
- Bootstour auf dem Byglandsfjord
- Bootstouren durch die Schären, Risør
- Ausflug mit dem Linienboot »Søgne«, Tvedestrand
- Ausflug mit Boot / Bus von Arendal nach Gjeving
- Sightseeing mit dem Schiff »Pelle Pan« rund um die Insel Hisøy
- Bootstour mit M/B »Høllen«, Søgne
- Sightseeing mit dem Schiff M/S Maarten im Schärengarten vor Kristiansand
- Schärenkreuzfahrt, Farsund
- Sessellift am Skizentrum Hovden (Betrieb auch im Sommer)
- Bootstour von Lillesand nach Kristiansand mit der M/S Øya
- Sørlands Trabrennbahn, Kristiansand (Trabrennen 1x pro Woche)
- Setesdalsbahn, Museumsbahn, Schmalspur 1067 mm. Lokomotive von 1894, Vennesla, 30 km nördlich von Kristiansand
- an der Halbinsel Lista sind die Windverhältnisse zum Surfen hervorragend, Farsund

...mit dem Auto:

- Ausflug nach Korshamn, Norwegens südlichstes Fischerdorf, (Abzweig bei Lyngdal, Str. 43)
- Ausflug zur Insel Tromøya (größte Insel der Sørlandküste vor Arendal)
- Ausflug zu den Liststränden (kilometerlanger Sandstrand)
- »Sørlandets Trollstigen«, Str. von Øvre Sirdal nach Lysebotn
- Str. 44 von Flekkefjord, Str. 469 nach Kvellandstrand. Fähren zu den Hidra-Inseln
- Ausflug nach Bykle mit Norwegens kleinster Kirche. Freilichtmuseum Huldreheimen (Setesdal)
- Ausflug zum Museum für Alltagskunst in Hillestad und zur Kirche in Tovdal
- Rundtour zum Holmen gård (Str. 418), nach Vegårshei (hier Ausstellung des berühmten Vegårsheiwolfes (Str. 414 / 416 / 417) und zum Eisenwerk in Nes (Str. 415).
- Lindesnes - der südlichste Punkt des norwegischen Festlandes

Veranstaltungskalender S. 244 ff.

Weitere Informationen:
Vest-Agder Reiselivsråd
Postboks 770
N - 4601 Kristiansand
Tel: 042 - 74 500
Telefax: 042 - 74 501

Fylkeshuset i Aust-Agder
N - 4800 Arendal,
Tel: 041 - 17 300
Telefax: 041 - 22 326

Sørlandet und Setesdal

Breite Sandstrände, weiße Segel gegen tiefblaues Meerwasser, malerische Hafenstädte, in denen sich das Leben hauptsächlich im Freien abspielt, üppige Blumengärten. So sieht es im Sommer in »Sørlandet«, dem Süden Norwegens, aus. Hier kann man sich morgens an der Sonnenküste entspannen, mittags im Wald spazierengehen, nachmittags eine kürzere Bergtour unternehmen und abends in einem kleinen Ruderboot still die Ruhe der Landschaft genießen und darauf warten, daß ein Fisch anbeißt. In Sørlandet liegt dem Reisenden ganz Norwegen zu Füßen. Die Strecke zwischen der Küste und den Bergen ist nicht lang und führt durch liebliche Täler und dichte Wälder.

Sommerfreuden in Sørlandet und Setesdal

Skitt fiske! – Petri Heil!

Zur Geographie
Sørlandet, die norwegische Südküste, setzt sich aus den Bezirken Aust-Agder (Hauptstadt: Arendal) und Vest-Agder (Hauptstadt: Kristiansand) zusammen, die insgesamt eine Einwohnerzahl von 240.000 haben. Größte Stadt ist Kristiansand mit 64.600 Einwohnern. Entlang der Küste liegen rund 1200 Inseln.

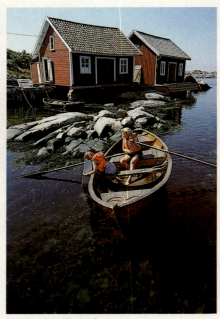
Sind das nicht Krabben?

Die Sonnenküste

Die norwegische Südküste erstreckt sich von Risør im Osten bis Flekkefjord im Westen. Eine Entfernung von ca. 270 Kilometern Luftlinie, die in Wirklichkeit inklusive aller Inseln und Buchten das Zehnfache beträgt. Man kann sich vorstellen, daß hier früher zahlreiche geschäftige Hafenstädte lagen, in denen die Windjammer und die großen Segelschiffe der Handelsmarine anlegten, um ihre Ladung zu löschen. Diese Einkommensquelle ist verschwunden, doch an Stelle von verkümmerten Häfen und toten Städtchen findet man entlang der gesamten Sonnenküste ein ideales Gebiet für Bootssportler vor, das heute vom traditionellen Schiffahrtsmilieu und einem bunten Angebot an Vergnügungsdampfern, luxuriösen Yachten, Fischkuttern und Kleinseglern geprägt wird. Die Häfen und der Schärengürtel vor der Küste bieten sich allen Wassersportliebhabern als ein wahres Paradies an, das nur darauf wartet, per Segelboot ergründet zu werden. Bekannte Außenhäfen von Ost nach West sind Lyngør bei Tvedestrand, Mærdøy bei Arendal, Brekkestø bei Lillesand, Loshamn (wörtlich: Lotsenhafen) bei Farsund, das während der napoleonischen Kriege als Stützpunkt der Seeräuber galt, Korshamn (wörtl.: Kreuzhafen) bei Lyngdal und Lillehamn (wörtl.: kleiner Hafen) bei Lindesnes. Natürlich dienen Küste und Sund auch den Surfern als ausgedehnte »Sportplätze« für nasse Aktivitäten verschiedenster Art. Baugsjø auf der Schäreninsel Lista z.B. ist unter Surfern schon wegen seiner großen Ausdehnung als bevorzugtes Gebiet bekannt.

Dank des relativ warmen Golfstroms ist die Temperatur an der südnorwegischen Küste sowohl im als auch auf dem Wasser recht angenehm. Die Anzahl der Sonnenstunden ist trotz der nördlichen Lage sehr hoch. Man muß also auf gar keinen Fall jeden Tag im dicken Norweger-Pullover erscheinen, wenn man aufs salzige Meer hinaus will. Ohne Sorge, sich zu erkälten, kann man seine Urlaubstage schwimmend oder sonnenbadend verbringen oder sogar von einem der Tauchzentren aus einen Sprung in die Tiefe wagen. Für alle, die nicht jeden Tag mit Baden oder Sonnen verbringen möchten, gibt es viele andere Gelegenheiten, ganz gemütlich an Land die Umgebung zu genießen oder sie von einem Boot aus mit der Angel in der Hand auf sich wirken zu lassen. Mit Muße angeln, sich gratis an der Landschaft erfreuen und dabei entspannen, während man sich angenehm in seinem Anglerstühlchen zurücklehnt, dies alles ist auch vom Ufer aus möglich. Ebenso schön ist es, mit einem Fischkutter von zum Beispiel Korshamn oder mit einem gemieteten Motorboot von Arendal aus Kurs aufs weite Meer hinaus zu nehmen, hin zu einem abenteuerlichen Angelerlebnis. Wer jedoch lieber auf Lachs oder Forelle in einem der zahlreichen Seen oder Flüsse des Binnenlandes fischen will, benötigt nur einen örtlichen Angelschein, der leicht zu erwerben ist. Besondere Attraktion und ein Leckerbissen ist das Aalangeln bei Mandal, Flekkefjord und Arendal. Auf verschiedenen Campingplätzen wird sogar Gelegenheit geboten, den eigenen Fang zu räuchern: ein toller Ferienschmaus!

Welch Inspiration!

Nicht nur Küste
Natürlich besteht auch die Möglichkeit, verschiedene Verkehrsmittel miteinander zu kombinieren, um per Bus oder mit dem Auto das Festland zu entdecken. Besonders schön kann in diesem Zusammenhang eine »Exkursion« auf einer der kleinen Nebenstraßen sein, die nur zu oft zu den imposantesten Aussichtspunkten führen. Eine hübsche Route bietet die Straße »Nordsjøveien«, die von Flekkefjord in westliche Richtung führt und einen ausgezeichneten Eindruck von der lieblichen Sørlands-Landschaft vermittelt. Ein typischer Vertreter dieser »Gattung« ist der kleine Fischerort Åna-Sira. Auch das malerische Inland Südnorwegens hat viele Freunde. Die Gemeinde Sirdal z.B. wäre für sich schon einen Aufenthalt wert. Sirdal liegt in einer typisch westnorwegischen Umgebung mit schroffen Felsen und hohen Bergen, die im Sommer und

Am 1. September werden 40.000 Schafe von den Sommerweiden im Sirdalsfjell geholt.

Eine einfache und bequeme Art, um die Küstenlandschaft von Sørlandet kennenzulernen, ist es, auf seinen fahrbaren Untersatz zu verzichten und eine Erkundung von See aus zu unternehmen. Dazu werden zahlreiche Bootsfahrten angeboten, wie zum Beispiel ab Arendal eine Rundfahrt mit der »Pelle Pan« oder ab Kristiansand mit dem Schiff »Maarten«. Für Gesellschaften größeren Umfangs besteht die Möglichkeit, eine Segeljacht wie z.B. die »Ekstrand« oder die »Agder« zu chartern. Wer eine nette Tagestour unternehmen möchte, kann morgens in Oslo an Bord der »Havstril« gehen, um erst in Arendal wieder auszusteigen. Unterwegs werden u.a. die kleinen Küstenstädte Risør und Lyngør angelaufen. Ab Arendal fährt die »M/S Søgne« in dreieinhalb Stunden durch den Schärengürtel bis nach Lyngør. Oder man steigt ab Lillesand um auf die »M/S Øya«, die auf einer herrlichen Route durch das interessante Schärengebiet Norwegen vom Wasser aus zeigt. Und wer eine »Städtefahrt« vorzieht, kann mit einem Boot zwischen Kristiansand und Arendal in See stechen.

Winter das Herz eines Norwegenfans höher schlagen lassen. Man kann nach Belieben seine Freizeit mit Reiten, Kanufahren, Tennisspielen und noch vielem mehr verbringen, sich sogar mit einem Hundegespann auf den Weg ins Gebirge machen! Eine ganz andere Perspektive bieten die Wasserkraftwerke Tonstad, Sirdal und Brokke, die über verschiedene Wasserreservoirs in der Gegend verfügen. In der Wasserzentrale von Tonstad, die direkt in den Felsen gebaut wurde, werden interessante Werksbesichtigungen angeboten, aber auch Exkursionen zum 400 Meter langen und 128 Meter breiten Staudamm bei Svartevatn kann man unternehmen. Von Sirdal aus führt die Gebirgsstraße »Tjodanvegen« weiter nach Lysebotn. Der Weg steigt bis zu einer Höhe von 900 Metern an und führt dann in nicht weniger als 27 Haarnadelkurven durch eine beeindruckende Landschaft hinunter ins Tal: für jeden Autofahrer ein wirklich reizvolles Erlebnis. Von Suleskar im Sirdal kann man auf dem »Setesdalsveien« nach Osten über das Hochgebirge nach Brokke im Setesdal (ca. 50 km) fahren. Achten Sie auf Schafe auf der Alm!

Setesdal - Norwegens Märchental
Von Evje und Iveland reicht das Setesdal weit in den gebirgigen Norden der Sørlandsregion hinein. Es endet im Gebiet von Hovden, nicht weit vom Hochplateau der Hardangervidda entfernt. Vor allem der obere Teil des Setesdals war lange Zeit von der gesellschaftlichen und kulturellen Entwicklung im übrigen Norwegen abgeschnitten. Kein Wunder also, daß hier bäuerliche Traditionen besonders gut in ihrer ursprünglichen Form bewahrt sind. Wer sich davon überzeugen will, kann das nicht nur auf dem jährlich stattfindenden Folklorefestival »Setesdalskappleikene« tun, sondern wird ständig auf Beispiele für die kulturelle Besonderheit dieser Gegend stoßen. So werden nach historischem Vorbild noch einige Handwerkszweige aufrechterhalten, wie zum Beispiel der Beruf des Silberschmieds.
Auch der charakteristische Baustil im Setesdal ist weit über die Grenzen Norwegens hinaus bekannt.
Das Gebirge zu beiden Seiten des Tals, aber auch das Hochgebirgsplateau von Sirdal bieten herrliche Wandermöglichkeiten. Hier kann man nicht nur lohnende Tagestouren unternehmen, sondern auch mit dem Zelt oder von Hütte zu Hütte tagelang auf Wanderschaft gehen. Ebenso laden die verschiedenen Fischgewässer zum entspannenden Angeln ein, man kann Reit-, Kanu- oder Fahrradtouren unternehmen, - oder eine Partie Tennis oder Minigolf spielen (Freunden des Rasengolfs sei ein kurzer Ausflug nach Kristiansand oder Tvedestrand empfohlen). Als besondere Attraktion ist die Umgebung von Evje und Iveland bekannt, dort stellen viele Steinbrüche eine wahre Schatzgrube für alle begeisterten Mineraliensammler dar. Ein Mineralienpfad für Anfänger führt in diese hohe Kunst ein. Und die sog. Mineralienkarte verschafft Interessierten Zutritt zu allen Gruben und Minen. Und auf keinen Fall versäumen sollten Mineralienfreunde eine Besichtigung der Mineralienbörse.

Südliche Sonnenstädte
Natürlich besteht nicht nur die Möglichkeit, sich in die Ruhe der Natur zu begeben oder sich ausschließlich sportlich betätigen. Wer Lust auf einen »Städtetag« verspürt und gerne mal so richtig bummeln oder ausgehen möchte, bitte schön! Eine Gegend, die besser für derartige Abwechslung geeignet ist, wird man wohl so schnell nirgends finden. Von Ost nach West reihen sich sonnige Städte wie Perlen auf einer Schnur aneinander. Was alle Städte gemeinsam haben, ist die gemütliche und nur in Hafenorten zu findende maritime Atmosphäre. Ebenso gehören die größtenteils weißgestrichenen, freundlichen Holzhäuser, die schmalen Gassen, üppigen Blumengärten und netten kleinen Geschäfte, die während der Sommermonate einen Teil ihrer Ware oft vor den

Läden ausstellen, im südlichen Norwegen zum Alltag. Die Lebensfreude der sympathischen Südnorweger ist schon bald sprichwörtlich. Und wer denkt, nach dem Kennenlernen eines Ortes kenne er alle anderen ebenfalls, dem soll nachfolgend das Gegenteil bewiesen werden. In einer »Städterunde« kommen nun von Ost nach West die weißen Städte selbst zu Wort.

Risør ist vor allem wegen des jährlich stattfindenden »Holzboot-Festivals« vielen Urlaubern gut bekannt. Anfang August geht hier nämlich eine ganze Armada von hölzernen Booten vor Anker, nicht um es den Wikingern gleichzutun, sondern in friedlicher Absicht. Ein weiterer Anziehungspunkt ist die Künstlergruppe »Villvin«, die das ganze Jahr über ihre Werke ausstellt. Daher findet auch das »Nordisk kunstfestival« in Risør statt.

Der Ort Tvedestrand hat einen etwas anderen Hintergrund als seine »Schwesterstädte«. Hier wurden 1738 die Hochöfen von »Nes Verk« installiert, dessen Fabrikgebäude man besichtigen kann. Im ehrenwürdigen alten Rathaus ist heute eine Galerie eingerichtet, so daß man sozusagen zwei Fliegen mit einer Klappe schlagen kann. Wer Glasbläsern bei der Arbeit zuschauen möchte, kann dies in der kleinen »Glashytta« tun und, sofern Bedarf ist, gleichzeitig ein schönes, doch leicht zerbrechliches Souvenir erwerben. Unbedingt lohnenswert ist auch der Außenhafen Lyngør. Daß Tvedestrand inzwischen als sør-

»Stabbur«, Speicher im Setesdal

ländische Hafenstadt keiner anderen mehr nachsteht, beweisen die dort stattfindende Regatten sowie das Kulturfestival.

Arendal ist die Hauptstadt von Aust-Agder. Es ist eine gemütliche Stadt, in der sommertags die Hafenbucht »Pollen« den Haupttreffpunkt bildet. Um die Stadt kennenzulernen, empfiehlt sich eine Führung durch den Stadtteil Tyholmen, denn dort kann man eine beträchtliche Zahl vorbildlich restaurierter Häuser bestaunen. In diesem Viertel befindet sich auch das Rathaus, bekannt durch seinen außergewöhnlichen Holzbaustil. Ein interessanter Ausflug ist auch eine kleine Bootsfahrt zum Außenhafen Mærdøy mit einem alten Seemannshaus aus dem 17. Jahrhundert, das heute als Museum Mærdøygård genutzt wird.

Betrachtet man die Südküste, so kann man die Bedeutung Arendals als eines der großen Hafenzentren nachvollziehen. In Arendal findet während der Skagerrak-Tage auch die sørländische Bootsbörse statt.

Grimstad gilt hauptsächlich als kulturelles Zentrum. Das ist nicht verwunderlich, wenn man bedenkt, daß Henrik Ibsen hier während seiner Lehre als Apotheker seine ersten Werke verfaßte. Besagte Apotheke wurde zum Ibsen-Haus und gleichzeitig zum Stadtmuseum erkoren und ist sicherlich einen Besuch wert. Wer zeitgenössische Kultur mag, sollte das Kulturzentrum »Hestetorget« aufsuchen. Theatervorstellungen, Filmfestivals, Konzerte und Kunstausstellungen sind nur einige der dortigen Veranstaltungen. Grimstad ist in Norwegen nicht zuletzt wegen des

Tradition und Schönheit

Wie kommt man nach Sørlandet?
Zwischen Kristiansand und der norddänischen Hafenstadt Hirtshals bestehen tägliche Fährverbindungen. Auch die Fähre zwischen Frederikshavn und Larvik eignet sich für eine Reise nach Sørland. Der Flughafen Kjevik liegt in der Nähe von Kristiansand. Von dort aus sind Non-stop-Flüge nach Oslo möglich, aber auch nach Bergen und Stavanger sowie in die dänischen Städte Kopenhagen und Ålborg. Man kann auch mit der Sørlandsbahn (Oslo - Stavanger) anreisen.

alljährlich dort veranstalteten Kurzfilmfestivals berühmt geworden.

Lillesand ist immer schon eine lebendige, international orientierte kleine Handelsstadt gewesen, was man u.a. an der Architektur noch gut erkennen kann. Ein besonders gelungenes Gebäude von 1827 ist der »Carl Knudsen Garden«, heutiges Stadt- und Schiffahrtsmuseum. Aber auch das Rathaus von 1734 ist nicht nur wegen der vorbildlichen Restauration, wofür es 1984 sogar den Europa-Nostra-Preis erhalten hat, lohnenswert. Von Lillesands Hafen aus wird die Möglichkeit geboten, mit einem Schiff an einem der idyllischen südlichen Küstenabschnitte Sørlands entlangzuschippern. Ein anderer interessanter Ort ist der Außenhafen Brekkestø. Als nächster Ort ist Kristiansand an der Reihe, die Hauptstadt Vest-Agders und die größte Stadt des Sørlands. Hier treffen mehrmals täglich die Fähren aus dem dänischen Hirtshals ein, was Kristiansand den Ruf des größten internationalen Fährhafens von Norwegen verschafft hat. Neben allen üblichen Einrichtungen wie Geschäften, Cafés und Restaurants hat die Stadt auch noch eine Menge an anderen Dingen zu bieten. Zuerst muß da die berühmte Quadratur erwähnt werden: ein Stadtteil, der von Christian IV. in quadratischer Form angelegt wurde, einem besonders in der Renaissance üblichen System. Ferner wären für Kunstfreunde die vielen Museen und Ausstellungen zu nennen, wie »Sørlandets Kunstsenter«, »Christiansands Kunstforening« und »Myhren Gård/Grafikk«. Außerdem findet noch ein Kirchenmusikwettbewerb statt. Die tollste Attraktion für alle Besucher mit Kindern bleibt aber doch der etwas vor der Stadt gelegene Tier- und Erholungspark mit seinem großzügig angelegten und reich bestückten Tiergarten, mit einem Vergnügungspark, einem Automuseum und einer Trabrennbahn.

Mandal ist Norwegens südlichste Stadt. Sie ist hauptsächlich bekannt wegen des 900 Meter langen Sandstrandes Sjøsanden. Mandal gilt als älteste Stadt der Gegend und hinterläßt mit ihren schönen, weißgestrichenen Holzhäusern den Eindruck einer echten Sørland-Idylle. Von hier aus ist auch das beliebte Ausflugsziel Kap Lindesnes nicht weit entfernt. Dort ist ein Wegweiser mit dem Hinweis »Nordkapp 2.518 km« aufgestellt, da es sich um den südlichsten Punkt Norwegens handelt. Ansonsten sollte man sich in Mandal die fröhliche Stimmung und die kulinarischen Genüsse auf dem Schalentierfestival auf keinen Fall entgehen lassen.

In Farsund, einer alten Hafenstadt, die früher den Ruf eines Seeräubernestes genoß, finden jedes Jahr die sog. »Kapertage« statt. Ganz in der Nähe liegt die Schäreninsel Lista, wo noch zahlreiche historische Denkmäler erhalten geblieben sind. Lista besitzt zudem herrliche Sandstrände und hervorragende Surfmöglichkeiten.

Der letzte und westlichste Ort in Agder heißt Flekkefjord. Er verdankt seine Gründung hauptsächlich dem früheren Heringsfang und dem Holzexport in die Niederlande. Die Altstadt erhielt daher auch den Namen »Hollenderbyen«, zu deutsch »Holländerstadt«. Vor der Küste bei Flekkefjord befindet sich die schöne Insel Hitra. Ein Besuch des dortigen historischen Museums »Fedrenes Minne« lohnt ebenfalls.

Übernachtungsmöglichkeiten

In den Sommermonaten setzen die Hotels in Sørland oft ihre Preise herab, so daß sie sich vielfach in relativ preisgünstigen Kategorien befinden, die einen Urlaub auch für Familien attraktiv werden lassen. Entlang des Küstenstreifens und in den Tälern gibt es außerdem viele günstige Angebote von Pensionen, Self-service-Apartmenthotels, Ferienwohnungen und Hütten. Eine besonders billige und familienfreundliche Urlaubsform findet man auf den ausgezeichneten Campingplätzen.

Rogaland

An der Südwestspitze des langgestreckten Landes liegt der Bezirk Rogaland. Auch wenn er zu einem Teil noch die Landschaft der Südküste fortsetzt, rechnet man ihn doch schon Norwegens Fjordland zu. Rogaland hat in der norwegischen Geschichte häufig eine bedeutende Rolle gespielt. 872 schlug Harald Schönhaar im Hafrsfjord bei Stavanger seine Gegner in einer Seeschlacht und vereinigte das Land erstmals zu einem Reich - wenn auch noch nicht auf Dauer. Zur Erinnerung wurde 1872 bei seinem vermuteten Grabhügel, dem Haraldshaugen bei Haugesund, ein Obelisk errichtet. Später entdeckten Wikinger von dieser Küste Amerika, und ein besonderes Verhältnis zu Amerika blieb erhalten, denn als im letzten Jahrhundert die große Auswandererwelle einsetzte, wurde Stavanger aufgrund seiner geographischen Lage zum Ausreisehafen in die USA. Heute kehren die Nachfahren der Emigranten zurück, um im Auswandererzentrum in Stavanger nach entfernten Verwandten zu forschen (s. auch den Artikel auf S. 100).

In jüngerer Zeit waren es das Erdöl und das Erdgas, die für ein steiles Wirtschaftswachstum in der Region gesorgt haben. Trotzdem konnte sich gerade Stavanger mit seinen liebevoll restaurierten Altstadthäusern den Charme einer typisch norwegischen Stadt bewahren.

Auch wenn bisher sehr viel von Stavanger die Rede war - Rogaland hat mehr zu bieten. Da ist zum Beispiel der schmale Lysefjord mit dem berühmten Felsen »Preikestolen«. Den Fjord erlebt man am besten auf einem Bootausflug oder von der aufregenden Serpentinenstraße am innersten Fjordende aus. Aber auch der Aufstieg auf den 600 m hohen Felsen lohnt sich (ein bißchen Kondition sollte man allerdings mitbringen). Übrigens ist Rogaland seit kurzem über eine weitere Straßenverbindung zu erreichen. Von Telemark aus führt jetzt die Straße 45 durchgehend bis Stavanger, wobei sie unterwegs ein Stück durch das Setesdal verläuft und dann auf einer neuen Ausbaustrecke nach Westen abbiegt. Seit 1990 gibt es auch wieder eine Fährverbindung nach Amsterdam.

Marktplatz in Stavanger

ROGALAND

Gesamtfläche km²: 9.141
Einwohner: 330.000

Städte/Einwohner:
Stavanger: 96.000
Sandnes: 42.000
Haugesund: 27.000
Egersund: 13.000

Entfernungen (ab Stavanger):
- Oslo: 584 km
- Bergen: 163 km
- Kristiansand S.: 256 km
- Larvik: 455 km
- Trondheim: 819 km

Verkehrsflugplätze:
Stavanger
Haugesund

Bahnverbindungen:
Stavanger - Kristiansand - Oslo

Fährverbindungen:
Amsterdam - Stavanger (-Bergen)

Sehenswürdigkeiten:
- Lysefjordstraße mit 28 Haarnadelkurven, Lysebotn
- »Preikestolen« (Kanzel), 600 m hoher Felsen, Lysefjord
- Kongepark, Abenteuerpark an der E 18, Ålgård
- Jernaldergården (Siedlung aus der Eisenzeit), Stavanger
- Wasserkraftwerke Suldal / Hjelmeland
- Strände der Landschaft Jæren
- Dom, Stavanger
- Skudeneshavn, Karmøy
- Lachsstudio, hinter Glas kann man beobachten, wie der Lachs flußaufwärts schwimmt

Ausflugsmöglichkeiten:
- Fußweg zum Preikestolen
- Bootstour in den Lysefjord, Preikestolen, Lysebotn, Besuch des Wasserkraftwerks
- Verschiedene Rundtouren mit Auto, Fähre oder Expreßboot
- Spaziergang zum Wasserfall Månafossen
- Fahrradtouren entlang der Strände von Jæren und auf den Inseln
- Ryfylkevegen (Straße 13)
- Nordsjøveien (Straße 44)

Veranstaltungskalender S. 244 ff.

Weitere Informationen:
Rogaland Reiselivsråd
Øvre Holmegt. 24
N - 4006 Stavanger
Tel. 04 - 53 48 34 / 52 39 35
Fax: 04 - 56 74 63

Rogaland

Die Besucher Rogalands kommen aus dem Staunen nicht mehr heraus: auf ihrer Reise durch den südwestlichen Bezirk Norwegens erleben sie ein »norwegisches Potpourri«, wie es abwechslungsreicher kaum sein kann. Denn Rogaland hat nicht nur das zu bieten, was Norwegen so berühmt macht, nämlich Fjorde und Berge, sondern auch sattes, fruchtbares Bauernland und einladende Dünenlandschaften. Und alles ist gut erreichbar. Das gilt übrigens auch für die vielen Sehenswürdigkeiten, die ihren Teil dazu beitragen, Rogaland zu einem attraktiven Reise- und Ferienziel zu machen.

Es wäre zwar vermessen zu behaupten, daß Rogaland direkt vor der Haustüre liegt, aber für Norwegen-Besucher »vom Kontinent« ist es allemal günstig zu erreichen. Sei es mit dem Flugzeug - direkt nach Stavanger - oder mit dem Auto, das man auf einer der vielen modernen Fähren mitnehmen kann, die das Skagerrak überqueren.

Die bequeme Anreise und die kurzen Wege sind auf jeden Fall eine gute Voraussetzung für einen gelungenen und erholsamen Urlaub.

Der Bezirk Rogaland läßt sich in vier

Die Preikestolhytta

Unzählige kleine Häfen liegen an der Küste Rogalands

Bereiche einteilen, die alle ihren ganz eigenen Charakter haben. Vom Kontinent und Dänemark kommend, trifft man zuerst auf die Region Dalane, die voller Kontraste ist. Barsche, schroffe Nordseeküste einerseits und idyllische Landschaften mit Feldern, Wäldern und vielen Bauernhöfen bilden hier die Gegensätze. Ganz anders ist da das flache Jæren mit seinen kilometerlangen Sandstränden, das ausgesprochen landwirtschaftlich geprägt ist, aber dennoch auch eine hochmoderne Industrie aufzuweisen hat. Spuren der Geschichte finden sich in Jæren an sehr vielen Orten, nicht zuletzt in den Städten und Gemeinden an der Küste.

Weiter nördlich ändert sich das Bild Rogalands. Kleine Häfen, idyllische Fjorde und eine wilde Küstenlandschaft - das ist Nord-Rogaland, wo Fischerei, Schiffahrt und Landwirtschaft die traditionellen Erwerbszweige darstellen. In den letzten Jahren haben aber auch hier Industrie, Handel und Dienstleistungen dieses Bild erweitert.

Eine Landschaft voller Höhepunkte bietet die wilde und schöne Ryfylke-Region im nordöstlichen Teil Rogalands. Hier, am Übergang zwischen Meer und Hochgebirge, zieht die Natur alle Register: liebliche Fjorde, tosende Wasserfälle und schneebedeckte Gipfel. Auf der Straße 13, dem »Ryfylkevegen«, kann sich der Reisende diesen faszinierenden Teil Rogalands erobern.

Natürlich haben Norwegen-Fans ihre ganz persönlichen Vorlieben und Interessen, und doch finden viele von ihnen in dem im Nordosten von Rogaland gelegenen Gebiet Ryfylke Jahr für Jahr den Weg zu einem ganz besonderen Ziel: zum »Preikestolen«, der berühmten Felsklippe am Lysefjord.

Höhepunkte am »Preikestolen«

Dieses Bergplateau, das im Deutschen »die Kanzel« heißt, ist mit 600 m ü.d.M. im wahrsten Sinne des Wortes ein Höhepunkt. Australier, Österreicher, Israelis, Deutsche, Schweden und Franzosen, ja sogar Gäste aus Peru und noch vielen anderen Ländern kommen auf den »Preikestolen«, um die einmalige Aussicht zu genießen und das Kribbeln zu verspüren, wenn der Blick vom Felsrand senkrecht nach unten fällt.

Um einen Besuch des »Preikestolen« perfekt zu machen, hat vor einiger Zeit die »Preikestolhytta« ihre Pforten geöffnet. Diese Hütte, die an einem idyllischen Binnensee liegt und auch mit dem Auto zu erreichen ist, hat wahrlich viel zu bieten. Ein fünfköpfiges, freundliches Team bietet während der Sommersaison in der von den Gemeinden Strand und Forsand be-

Preikestolen - »die Kanzel«

wirtschafteten Hütte nicht nur Übernachtungsmöglichkeiten und traditionelles norwegisches Essen an, sondern hilft auch bei der Vermittlung verschiedenster Aktivitätsangebote, z.B. Wandertouren, Reitausflüge und Besichtigungen. Wer daran interessiert ist, kann sich in der Preikestolhytta auch über Weben und Arbeiten mit Pflanzenfarben informieren. Die Hütte ist wirklich das Tüpfelchen auf dem i!

Ein Wasserparadies

Rogaland ist ein wahres Paradies für alle Wasserfreunde. Das gilt nicht nur für Motorboot- und Segelbootfahrer, die in der Insel- und Schärenwelt traumhafte Möglichkeiten vorfinden. Das gilt mindestens ebenso für die Angler. Ob auf hoher See oder in tiefen Süßwasserseen - die Angelbedingungen sind ideal. So können zum Beispiel Lachsangler ihren aufregenden Sport in Rogaland an drei der zehn besten Lachsflüssse Norwegens ausüben. Aus den Flüssen Ognaelva, Håelva und Figgjoelva werden in guten Jahren rund 20.000 kg Lachs an starken Angelschnüren herausgezogen, eine wahrlich stolze Ausbeute. Laien, denen dieses Unterfangen zu feucht und zu anstrengend ist, die den kräftigen Fisch aber dennoch auf seinen Wegen beobachten wollen, können dies in einem einzigartigen »Laksestudio« bei Sand. Hier stehen die Besucher hinter einer sechs Zentimeter dicken Glasscheibe an einer Lachstreppe im Suldalslågen und können den gegen den Strom schwimmenden Fisch auf seiner Wanderung genau verfolgen.

Stavanger – wo die Fjorde beginnen

Dank ihrer Lage an der Südwestküste Norwegens ist die Hafenstadt Stavanger der Ausgangspunkt für alle, die in die Fjordgebiete reisen wollen. Hier legen Fähren und Schnellboote ab und fahren zu den Fjorden von Ryfylke oder weiter zu den nördlichen Fjordgebieten rings um die berühmten Hardangerfjord und Sognefjord. Man kann von Stavanger aus auch eine direkte Verbindung nach Bergen wählen. Es bieten sich interessante Tagestouren per Boot an, zum Beispiel zum Lysefjord und seinem berühmten Felsen namens »Preikestolen« (Kanzel) oder mit der Fähre nach Mosterøy, wo ein Konzertbesuch im alten Kloster lohnt. Für Autofahrer ist die Stadt ein idealer Ausgangspunkt, um den Bezirk Rogaland zu erkunden. Man fährt entweder auf der beliebten Küstenstrecke, der sog. »Nordsee-Straße«, oder auf der »Ryfylke-Straße« (Str. 13), die durch die rauhe Landschaft von Ryfylke führt. Stavangers Lage macht verständlich, warum sich die Stadt schnell zu einer wichtigen Hafen- und Handelsstadt entwickelte. So stößt man denn auch bei einer Stadtbesichtigung auf zahlreiche Kulturdenkmäler, die das belegen. Zunächst ist natürlich der Hafen zu nennen, der gemeinsam mit dem Markt noch heute den lebendigen Stadtkern bildet. Hier legen die Fischkutter an, und die Ware wird sofort an die Kunden verkauft. Frische Krabben direkt aus dem Meer, wem läuft da nicht das Wasser im Mund zusammen? Ebenfalls zu empfehlen ist ein Spaziergang durch »Gamle Stavanger« mit seinen hübsch restaurierten historischen Häusern, die im typischen Weiß der südnorwegischen Hafenstädte aus dem 18. und 19. Jahrhundert leuchten. Wer mehr über Wachstum und Blütezeit dieser alten Hafenstadt erfahren möchte, sollte unbedingt ein paar Stunden im Seefahrtsmuseum zubringen. Neben Abteilungen über Fischerei, Handel und Schiffsbau findet man dort auch einen Krämerladen wie in früheren Zeiten, außerdem das Büro einer Reederei und die Wohnung eines reichen Kaufmanns.

Ein Schlüssel als Symbol

Stavanger ist auch eine Industriestadt. Die Fischverarbeitung, besonders von Sprotten, wuchs zu einem wichtigen Industriezweig heran. So wundert es nicht, das der Dosenöffner gleich einem Schlüssel zum Symbol der Stadt geworden ist.
Ob Räuchereien, Blechschmieden oder Konservenfabriken: früher war mehr als die Hälfte der Bevölkerung in diesen drei Betriebssparten tätig. Um die Stadt richtig kennenzulernen, lohnt es sich, den Schlüssel (Öffner) sozusagen in die Hand zu nehmen und dem Konservenmuseum einen Besuch abzustatten. Hier wird dem Betrachter auf didaktische Weise alles nahegebracht, was mit einer Konservenfabrik zusammenhängt.
Doch besagter Schlüssel öffnet noch andere Türen. Wahrscheinlich ist es der günstigen südwestlichen Lage Stavangers zu verdanken, daß die Stadt das wichtigste Emigrationszentrum wurde. Während der enormen Auswanderungswelle in der zweiten Hälfte des vorigen Jahrhunderts begann die Schiffsreise nach Amerika meist in Stavanger. Heute leistet das Emigrationszentrum sowohl Norwegern als auch Amerikanern Hilfe bei der Suche nach früheren Verwandten. Zur Stimulierung gegenseitiger Kontakte wird jedes Jahr im Juni ein Auswandererfestival organisiert, mit zahlreichen Ausstellungen, Konzerten, Volkstanz und Theateraufführungen. Auch diejenigen, deren Vorfahren nicht aus Norwegen stammen, können an diesen Festivitäten nach Herzenslust teilnehmen.

Stavanger – eine Stadt, in der man sich zu Hause fühlt

Stavanger ist eine »kleine große« Stadt mit dem Flair einer Großstadt. Als Zentrum der norwegischen Offshore-Industrie hat sie sich weltweit einen Namen gemacht. Dennoch hat die Stadt nichts von ihrem Charme verloren und man kann sich hier als Tourist wirklich zu Hause fühlen. Natürlich gibt es zahlreiche be-

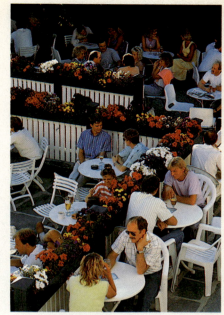

An einem warmen Sommerabend

sondere Sehenswürdigkeiten wie zum Beispiel den prachtvollen Dom aus dem 12. Jahrhundert. Apropos alte Baukunst: einen Abstecher nach Ullandhaug sollten Sie auf gar keinen Fall versäumen. Dort wurde bei archäologischen Ausgrabungen ein Bauernhof aus dem 4. Jahrhundert entdeckt und so gut wie möglich rekonstruiert. In diesem Zusammenhang sei auch noch Svartehola in Viste erwähnt, eine Grotte, die zwischen 6000 und 350 vor Chr. periodisch bewohnt wurde. Aus späterer Zeit, aber nicht weniger interessant, stammen noch einige Patrizierhäuser wie Ledaal und Breidablikk.
Wie man sieht, hat Stavanger viel mehr zu bieten als »nur« Geschichte. Das kann man auch dann feststellen, wenn man die Stadt durchstreift, um die Restaurants, Cafés oder Diskotheken zu besuchen. Einige Zahlen können das verdeutlichen: in Stavanger gibt es über vierzig Restaurants, darunter sogar ein mexikanisches und ein japanisches; ferner mehr als fünfzig Bars, Diskotheken und Nachtklubs, in denen sich Leute von heute rundherum wohlfühlen können.
Ganz gleich, welche Reiseart man bevorzugt, Stavanger ist immer leicht zu erreichen. Man kann aus Oslo per Zug oder von den Niederlanden mit der Fähre kommen, oder einen Direktflug zum zweitgrößten internationalen Flughafen Norwegens buchen. Selbst mit dem Fahrrad kann man hierher gelangen oder mit dem Segelboot im komfortablen, mitten in der Stadt gelegenen Gästehafen anlegen, der sogar mit Waschmaschine und Wäschetrockner ausgestattet ist.
Egal, wie Sie nach Stavanger reisen und was Sie dort zu unternehmen gedenken, Sie werden sicher auf Ihre Kosten kommen!

Für weitere Informationen wenden Sie sich bitte an:

STAVANGER REISELIVSLAG
Stavanger Reiselivslag
Postboks 11
N-4001 Stavanger
Tel. 04 - 53 51 00
Telefax: 04-53 26 00

Quirliges Hafenleben mitten in der Stadt

Skudeneshavn
Romantik auf Karmøy

Der kleine Ort Skudeneshavn auf Karmøy liegt nicht weiter als eine halbe Stunde Fährfahrt von Stavanger entfernt - eine idyllische Ansammlung weißer Holzhäuser aus dem 17. und 18. Jahrhundert auf einem schmalen Landstreifen am Hafen. In den kleinen Gärten blühen Rosensträucher. Jeden Moment erwartet man, die Segelschiffe mit dem Heringfang einlaufen zu sehen. Doch diese Art Betriebsamkeit gehört der Vorzeit an. Stattdessen gibt es ein lebhaftes Treiben in dem modernen Gästehafen, der mit allem Komfort ausgestattet ist. Die schönen alten, renovierten Lagerhäuser liegen um den Hafen herum. Sie dienen heutzutage als Bleibe für Touristen, die nicht mit dem eigenen Boot gekommen sind. Und daß es sich lohnt, hier eine Weile zu bleiben, entdeckt man während eines Spaziergangs entlang der Søragadå: man kann das Museum besuchen, das die Geschichte des Ortes lebendig werden läßt, oder eine der Kunstgalerien, in denen sich interessante Ausstellungen abwechseln. Die Möglichkeiten auf der ganzen Insel Karmøy sind fast unbegrenzt: Grabhügel und Gedenksteine aus längst vergangenen Zeiten, die Kirche von Avaldsnes, die während der Wikingerzeit einem König als Unterschlupf diente, alte Bauernhöfe, das Kupferbergwerk oder das Fischereimuseum. Es gibt so vieles, daß wir hier nur eine Auswahl nennen können.

Die Ferienhäuser stehen gleich an der Küste, und die Angel auszuwerfen ist überall möglich. Boote kann man in allen möglichen Ausführungen mieten, mit oder ohne Motor und sogar mit Kapitän! Die örtlichen Fischer im Ruhestand stellen gerne ihre Kenntnisse über die heimischen Fischgründe zur Verfügung und garantieren dem Besucher ein unvergeßliches Angelabenteuer. Höhepunkte für die »Fischliebhaber« sind natürlich die alljährlichen Angelfeste, die auf der Insel bereits Tradition geworden sind.

Zur Abwechslung raten wir Ihnen, Karmøy zu Fuß, per Fahrrad oder auf dem Pferderücken zu entdecken. Und an einem schönen Tag kann man an den Sandstränden liegen, in der Sonne faulenzen und das Leben genießen!

Romantisches Skudeneshavn

Weitere Informationen bei:

 Karmøy Kommune
Rådhuset
N-4250 Kopervik
Tel. 04 - 85 22 52

während des Sommers auch:
Skudeneshavn Turistinformasjon
N-4280 Skudeneshavn, Tel. 04 - 82 72 22

Suldal -
das heißt 7 Tage in der Woche genießen...

Genießen Sie das Treiben auf dem Fjord, genießen Sie die freundlichen, kleinen Häuschen in den gemütlichen, engen Gassen von Sand, dem Gemeindezentrum. Genießen Sie eine westnorwegische Idylle! Und besuchen Sie auch das Ryfylkemuseum, oder versuchen Sie, in Wasserstiefeln und einer wasserdichten Hose im Fluß Suldalslågen einen Lachs zu angeln. Schon den englischen Lords war der Fluß bekannt! Im Jahre 1884 pachtete ihn Sir Walter Archer gleich ganz, und im Laufe der Zeit wurden vier »Lachsschlösser« an seinen Ufern errichtet. In einem, dem heutigen Kongresszentrum Lindum, können Sie noch einmal die Atmosphäre aus früheren Zeiten schnuppern, zum Beispiel bei einem ausgezeichneten Lachsdiner. Weniger feucht als im Fluß läßt sich der Lachs im sogenannten Lachsstudio hinter dickem Glas beobachten, während er seinen Weg flußaufwärts sucht.

Genießen Sie auch die dreistündige Kreuzfahrt auf dem 29 km langen Binnensee Suldalsvatn mit dem Dampfer »Suldal« (von 1885). Zwischen steilen Felswänden und geheimnisvollen Tälern liegt eine mystische Atmosphäre über der spiegelnden Wasseroberfläche. Eine ganz besondere Stimmung vermittelt der See im frühen Morgennebel. Ein Ruderboot, eine Angel, plötzlich blinkt im Wasser eine silberne Forelle.

Angelglück und eine gute Hütte - was will man mehr?

Am See liegen auch die historischen Bauernhöfe Kolbeinstveit und die Pachthütte Røynevarden in Hamrabø aus den Jahren 1850 bzw. 1820. Beide vermitteln einen Eindruck vom damaligen Leben, das von harter Arbeit geprägt war. Vielleicht ist es doch nicht so merkwürdig, daß viele diese Gegend verlassen haben, um in Amerika ein besseres Leben zu finden?

Ein Beispiel moderner Technik ist das Wasserkraftwerk Kvilldal, das größte Norwegens und Teil des Ulla-Førre-Komplexes. Das Werk ist für das Publikum geöffnet und es werden Führungen angeboten.

Suldal, das heißt auch: ein wunderschönes Stück unberührter norwegischer Natur genießen!

 **Für weitere Informationen:**
Suldal Turistkontor
N-4230 Sand
Tel. 04 - 79 72 84

Hordaland

Hardangerfjord ist nicht nur zur Zeit der Obstblüte ein Erlebnis, wenn an den Ufern ein Blütenmeer mit den dahinterliegenden schneebedeckten Bergspitzen kontrastiert.

Hier, in Westnorwegen, ist die Urheimat der Hardangerfiedel, jener besonderen Geige, die durch ihre reichen Verzierungen und den unnachahmlichen Klang auffällt. Es verwundert nicht, daß auch der weltberühmte norwegische Komponist Edvard Grieg von ihrem Klang fasziniert und inspiriert wurde. Grieg wohnte in Bergen, doch zum Komponieren fuhr er gern in seine Hütte in Lofthus am Sørfjord. Die Küstengebiete sind mit ihren zahllosen Gästehäfen ein Paradies für Freizeitkapitäne. Aber ebenso laden die geschützten Schärengewässer zum Baden, Surfen und anderen Wasservergnügungen ein. Nord östlich von Bergen, in Richtung Voss, war-tet eine faszinierende Berglandschaft mit aufregenden Straßen darauf, entdeckt zu werden.

Bergen, die Hauptstadt des Fjordlands, wird sich kaum ein Norwegenbesucher entgehen lassen. Mit ihren gepflegten Holzhäusern im Stadtkern, deren meist schwarze Dachziegel bei Regen wie bei Sonnenschein glänzen, vermittelt die Stadt eine einzigartige Atmosphäre, die die Touristen immer wieder in ihren Bann zieht. Sehenswürdigkeiten wie die Kaufmannshäuser der »Tyske Bryggen« mit dem Hanseatischen Museum, der Fischmarkt, Edvard Griegs Haus »Troldhaugen« und viele andere tun ein übriges.

Der Bezirk Hordaland umfaßt die Stadt Bergen, die Küstengebiete Sunnhordland im Süden und Nordhordland im Norden, außerdem die Landschaft um den Hardangerfjord und das Gebiet um Voss, das mitten zwischen den beiden größten Fjorden Norwegens liegt.

Beeindruckend sind die Kontraste zwischen der Küstenlandschaft und dem breiten, lieblichen Hardangerfjord einerseits und den dramatischen, manchmal bizarren Bergregionen mit Hochebenen und Gletschern andererseits. Die Hardangervidda-Hochebene lockt zu ausgedehnten Wandertouren, auf denen man Ruhe und unberührte Landschaft fernab der ausgetretenen Pfade genießen kann. Der

Morgenstimmung bei Voss

HORDALAND

Gesamtfläche km²: 15.634
Einwohner: 402.000

Städte / Einwohner:
Bergen: 210.000

Entfernungen (von Bergen):
- Oslo: .... 484 km
- Kristiansand S: .... 513 km
- Voss: .... 134 km
- Gol: .... 291 km
- Florø: .... 240 km
- Trondheim: .... 682 km
- Nordkap: .... 2.306 km

Verkehrsflugplätze:
Bergen
Stord

Bahnverbindungen:
Bergenbahn: Bergen - Voss - Gol - Oslo

Sehenswürdigkeiten:
Bergen:
- Fischmarkt / Bryggen / Fløybahn / Håkonshalle und Rosenkrantzturm / Troldhaugen / Fantoft Stabkirche / Mariakirche / Aquarium / Hanseatisches Museum / Gamle Bergen (Freilichtmuseum) / Bryggens Museum

Voss:
- Mølstertunet / Hangursbahn / Kirche / Finnesloftet

Hardanger:
- Obstblüte in Hardanger (Mai - Juni)
- Folgefonn Gletscher
- Agatunet-Museum, Utne
- Hardanger-Museum, Utne und Lofthus
- Utne Hotell, das älteste Hotel Norwegens, aus dem Jahre 1722
- Husedalen, vier große Wasserfälle, Kinsarvik
- Kinsarvik Kirche von 1200
- Hardanger Ferienpark, Kinsarvik
- Edvard Griegs Kompositionshütte, Lofthus
- Vøringfossen Wasserfall (182 m), Eidfjord
- Sima Kraftwerk (Führungen), Eidfjord
- Kjeåsen Gebirgsbauernhof (600 m über dem Fjord), Eidfjord
- Hjølmodalen, Valurfossen Wasserfall, Eidfjord
- Hardangervidda Nationalpark
- Finse Rallarmuseum (Wanderarbeitermuseum), Finse
- Hardanger Fartøyvernsenter (alte Automobile), Norheimsund
- Buarbreen-Gletscher
- Industriemuseum Odda
- Røldal Stabkirche, Røldal
- Skjervefossen Wassefall, Granvin
- Steinsdalsfossen Wasserfall, Norheimsund
- Folgefonn Sommerski-Zentrum, Jondal
- Folgefonn Gletscher, Jondal
- Baronie Rosendal, Kvinnherad Kirche, Rosendal

Sunnhordland:
- Grubenmuseum Heimatmuseum, Brandasund, Aker Werft, Stord
- Moster Kirche, Mosterhamn, Bømlo
- Goldgruben, Bømlo
- Etne-Museum, Langfoss Wasserfall, Stødle Kirche, Etne
- Røyksundkanalen Ferienzentrum

Bjørnafjorden:
- Lysøen, Lysekloster, Ole Bulls Haus, Os

Sotra/ Osterøy:
- Kriegsmuseum, Televåg, Sotra
- Lachszuchtanlage, Sotra
- Havråtunet, Gravurmuseum, Osterøy

Nordhordland:
- steinzeitliche Stätten
- Roparhaugsamlinga Museum

Ausflugsmöglichkeiten:
- »Norwegen in einer Nußschale« - ab Voss (geführt) oder Bergen mit dem Bus über Stalheim nach Gudvangen; Fähre von Gudvangen nach Flåm; mit der Flåmsbahn nach Myrdal und zurück nach Voss oder Bergen. Auch ab Kvam, Ulvik, Kinsarvik, Eidfjord.
- Rundflüge mit Wasserflugzeug oder Helikopter (z.B. über den Folgefonn-Gletscher). Ab Rosendal, Stord, Ullensvang, Ulvik, Bergen
- Bootstouren auf dem Hardangerfjord
- Busrundreise ab Stord (geführt)
- Busrundreise zum Wasserfall Vøringfossen, Eidfjord
- Hangursbahn (Voss), Sessellift bis zu einer Höhe von 660 Metern
- Fjordsightseeing, Bergen
- Busrundtouren in die Umgebung von Bergen, u.a. nach »Troldhaugen«, Haus Edvard Griegs
- »Bergen-Express« - einstündige Stadtrundfahrt mit einem »Zug«
- Busfahrten von Bergen nach Hardanger und Sunnhordland
- Bussightseeing in Voss
- Meeresangeltour mit »Fiskestrilen«, Sotra
- Schärentour an der Küste vor Stord
- Radtour auf dem »Dach Norwegens« (einwöchige Fahrradtour von Geilo nach Voss)
- Busrundfahrten in Nordhordland
- Busrundfahrten zum Osterfjord ab Voss oder Bergen
- Fahrt mit dem Segelschiff »Mathilde« von 1884, Norheimsund

Veranstaltungskalender S. 244 ff.

Weitere Informationen:
Hordaland og Bergen Reiselivsråd
Slottsgt. 1
N - 5003 Bergen
Tel. 05 - 31 66 00
Fax: 05 - 31 52 08

Bergen
- die Hauptstadt des Fjordlandes

Bergen, die Hauptstadt des Fjordlands, ist seit jeher eine Handels-, Hafen- und Hansestadt. Aus der bunten Mischung der alten Holzhäuser, der modernen Bürohäuser, der mittelalterlichen Bauten und der schön angelegten Parks läßt sich schließen, daß diese Stadt in regem Kontakt zu anderen europäischen Hafenstädten stand. Die Spuren der Hansezeit sind noch deutlich an der »Deutschen Brükke« (»Tyske Bryggen«) zu sehen, dem früheren Wohn- und Arbeitsviertel der norddeutschen Kaufleute. Dicht nebeneinander gebaut stehen die Wohn- und Lagerhäuser aus dem 18. Jahrhundert direkt am Hafen. Wer die Atmosphäre der Hansezeit noch etwas intensiver erleben möchte, kann dem Hansemuseum einen Besuch abstatten.

Die Tradition einer Stadt ist aber nicht alles, gerade heute gilt es, sich den neuen Herausforderungen zu stellen und deshalb geht Bergen auch beim Umweltschutz voran: im Frühjahr 1990 wurde die Stadt zum Veranstaltungsort für die große internationale Umweltschutzkonferenz gewählt. Bergen war sicher ein passender Gastgeber, denn die Hauptstadt des Fjordlandes ist eine saubere Stadt und kann ihre Besucher mit frischer Luft und sauberem Wasser verwöhnen! Bei dem zur Zeit stattfindenden internationalen Wettbewerb um den Titel »Europe's tidiest city« müßte Bergen, das schon als »sauberste Stadt« Norwegens ausgezeichnet wurde, im Finale gegen 10 Gewinner - Städte aus anderen europäischen Ländern gute Chancen haben, einen der vorderen Plätze zu belegen.

Noch heute zählt Bergen zu den wichtigsten Hafenstädten. Dieser Tatsache verdankt die Stadt auch ihren Ruhm, nicht zuletzt, weil es sich um den größten Kreuzfahrthafen Skandinaviens handelt. Hier hat die Hurtigrute (Bergen-Kirkenes-Bergen) ihren Ausgangspunkt, außerdem gehen täglich Post- und Passagierschiffe nach anderen Teilen Norwegens ab. Von Bergen aus bestehen auch direkte Fährverbindungen nach Großbritannien, Island, den Niederlanden und den Færøern. Der neue Flughafen mit einem der modernsten Terminals wurde 1988 eröffnet. Von hier bestehen u.a. tägliche Flugverbindungen nach Hamburg.

Als Handelsstadt ist Bergen immer eine reiche Stadt gewesen. Traditionell wurde ein Großteil des verdienten Geldes in Kunst und Kultur investiert. Auf diese Weise sind zwei hervorragende Kunstsammlungen entstanden, die Stenersen- und die Rasmus Meyer-Sammlung (mit Werken von E. Munch als Schwerpunkt). In solch einer Atmosphäre kamen aber auch andere Künste zur Blüte, wie zum Beispiel die Musik des weltberühmten Komponisten Edvard Grieg, dessen Name wie ein fester Begriff mit der Stadt verbunden ist. Sein Haus »Troldhaugen« ist in ein Museum umgewandelt worden. In regelmäßigen Abständen werden dort auch Konzerte angeboten. Als nächstes ist die Stabkirche bei Fantoft zu erwähnen, die Bergen einem reichen Kaufmann zu verdanken hat. Natürlich ist es an dieser Stelle nicht möglich, alle Sehenswürdigkeiten der Stadt aufzuzählen, deshalb beschränken wir uns auf die wichtigsten: der Fischmarkt, das Aquarium, die Fløybahn, das Freilichtmuseum Gamle Bergen und die Festung Bergenhus. Doch kultureller Höhepunkt ist zweifelsohne das jährliche internationale Festival, das von Ende Mai bis Anfang Juni stattfindet. Außerdem steht Bergen von Mitte Juni bis Mitte August im Zeichen des Sommers. Daher rührt auch die Benennung »Sommer-Bergen« für eine ganze Reihe attraktiver Angebote, die in diesem Zeitabschnitt stattfinden, wie zum Beispiel das Angelfest oder das Festival der historischen Schiffe. Lange Öffnungszeiten und die Möglichkeit, tax free einzukaufen, machen auch »Shopping in Bergen« zu einem Erlebnis für sich.

Bergen gehört auch zu den Städten, in denen man einfach so verweilen kann. Für Autofahrer gibt es einen speziellen Stadtplan, der u.a. alle Parkmöglichkeiten aufführt. Ferner bieten 23 Hotels, Pensionen, eine Jugendherberge und ein breites Angebot von privaten Vermietern viele gute Unterkünfte. Doch auch an Restaurants, Bars, Cafés, Nachtklubs und Diskotheken herrscht in Bergen kein Mangel. Dank all dieser Einrichtungen eignet sich die Stadt durchaus als hervorragender Ort für Kongresse, mit erstklassigen Möglichkeiten für maximal 1.500 Teilnehmer.

Und die Stadt ist ein idealer Ausgangspunkt für kurze oder längere Touren ins Reich der Fjorde. Zum Beispiel für »Norway in a nutshell«: Fjorde, schneebedeckte Gipfel und tosende Wasserfälle - »ganz« Norwegen an einem Tag erleben! Wer sich vor dem Urlaub über alle Möglichkeiten, die die Stadt zu bieten hat, ausführliche Informationen besorgen möchte, der wende sich bitte an das Norwegische Fremdenverkehrsamt in Hamburg (Adresse im A-Z Teil), um den Bergen Guide anzufordern, oder direkt an Bergen Reiselivslag. Der Bergen Guide verschafft Übersicht über alle Veranstaltungen, Sightseeingtouren, Übernachtungsmöglichkeiten inklusive Preise, Öffnungszeiten, Eintritts- und andere Preise etc. Ein Aufenthalt in Bergen läßt sich doppelt und dreifach genießen!

Auf dem Fischmarkt

Dicht an dicht drängen sich Häuser und Schiffe im alten Teil von Bergen

Bryggen - »die Brücke«

Für weitere Informationen wenden Sie sich bitte an:
Bergen Reiselivslag
Postboks 4055 Dreggen
N-5023 Bergen
Tel. 05 - 31 38 60
Telefax: 05-31 56 82

Voss
-im Herzen Fjordnorwegens

Voss liegt im Herzen Westnorwegens, am Schnittpunkt mehrerer großer Straßen. Auch die Bergenbahn mit der Verbindung zur Flåmbahn hält hier.

Voss ist daher ein idealer Ausgangspunkt für Ausflüge, und das Fremdenverkehrsamt kann eine ganze Reihe außergewöhnlicher Alternativen anbieten. So beginnt z.B. die berühmte Rundreise über Flåm und den Sognefjord in Voss. Auch Aktivurlauber kommen hier auf ihre Kosten. Es gibt Gelegenheit zu Wanderungen und Radtouren im Gebirge sowie Angeln und Reiten. Auf dem See Vangsvatnet im Zentrum von Voss sind die verschiedensten Wassersportaktivitäten möglich.

Die Volkskunst ist in Voss sehr lebendig. Das betrifft sowohl die Musik als auch das Handwerk, und es gibt eine Reihe Künstler und Museen am Ort. Zugleich hat Voss auch kulinarisch einiges zu bieten.

Im Winter wird der Ort mit seinen vielen Skiliften und den guten Verhältnissen für Alpin- und Langlauf-Sport zum Skieldorado des Fjordlandes.

Voss verfügt über viele Hotels, anheimelnde Pensionen, Gebirgsherbergen und -hotels, Jugendherberge sowie über mehrere Campingplätze und Hütten.

Das Gebirgsstädtchen Voss liegt zwischen den beiden größten Fjorden Norwegens: dem Sognefjord im Norden und dem Hardangerfjord im Süden. Alles was die berühmte Fjordküste Westnorwegens zu bieten hat, liegt in unmittelbarer Umgebung: Gletscher, Gebirgsketten, Fjorde, Wasserfälle, Obstplantagen, Flüsse und Seen.

Weitere Informationen beim:

VOSS
VOSS TURISTKONTOR
Postboks 57, N-5701 Voss
Tel. 05 - 51 17 16 / 51 18 33, Telefax: 05 - 51 17 15

Hardanger -
Romantik, Natur und Kultur

Die günstigste Zeit, um nach Hardanger zu fahren, liegt um Pfingsten, wenn die Obstbäume im »Fruchtgarten« Norwegens in voller Blüte stehen und das Blütenmeer einen märchenhaften Kontrast zu den in Schnee und Eis gehüllten Bergkuppen bildet. Aber auch der Sommer ist hier besonders reizvoll, schon um die leckeren Früchte zu genießen und alles andere Herrliche, was Hardanger seinen Besuchern zu bieten hat.

Der majestätische Hardangerfjord ist recht breit und die Küstenlandschaft lieblich, doch die ihn umgebende Natur zeichnet sich durch eine Reihe von Höhepunkten aus. Man kann in den Fjord baden gehen, surfen, segeln, Wasserski fahren oder entlang des Ufers Radtouren unternehmen. Ebenso kann man dort ausgedehnte Bergwanderungen starten oder mit der ganzen Familie die Hochebene Hardangervidda erwandern, wo zahlreiche Routen markiert sind und diverse Hütten eine gute Unterkunft bieten. Wenn man Glück hat, begegnet einem in der Einsamkeit sogar eine Rentierherde.

Schnee- und Eisvergnügen gibt es auch im Sommer: von Finse aus, der mit fast 1.222m höchstgelegenen Bahnstation Nordeuropas, werden Gletscherwanderungen organisiert, während in Jondal die

Obstblüte am Hardangerfjord

Gelegenheit zu alpinem Skilauf in Bikini geboten wird. Ganz gleich, wo man übernachtet, ob im First-Class-Hotel oder auf einem Campingplatz, es gibt überall die außergewöhnliche Möglichkeit, sich den selbstgefangenen Fisch zum eigenen Verzehr zubereiten zu lassen.

Es ist die Natur selbst, die in Hardanger zur Sehenswürdigkeit wird. Da wären zum Beispiel die Wasserfälle wie der Vøringsfossen im rauhen Måbødal, der Skjervetfossen in Granvin, den man schon von der E 68 aus sehen kann, und natürlich der doppelte Wasserfall Låtefossen bei Odda. Die Straße zum Osafjell - 10 km hinter Ulvik - ist ein Erlebnis für sich. 12 km windet sie sich auf den Berg hinauf, durch eine großartige, wilde und zauberhafte Natur.

Die Bewohner von Hardanger haben aber auch eine Menge an Kulturellem zu bieten: nicht nur die Hardangerfiedel, sondern auch ein reiches Angebot an Museen, wie das Straßen-Museum im Måbødal, die Freilichtmuseen in Utne und Lofthus, zusätzlich ständige Ausstellungen lokaler Künstler in den Galerien, ferner das Wasserkraftwerk Sima in Eidfjord, dann den Freizeitpark Kinsarvik und schließlich verschiedene Kirchen, angefangen bei der Stabkirche in Røldal. In Hardanger können Urlauber eben nicht nur die Obstblüte erleben!

Hardanger FJORD

Weitere Informationen bei:

Eidfjord Reiselivslag, Postboks 132, N-5783 Eidfjord,
Tel. 054 - 65 177, Telefax: 054 - 65 297
Jondal Reiselivsnemnd, N-5627 Jondal
Tel. 054 - 68 531
Odda Reiselivslag, Postboks 147, N-5751 Odda,
Tel. 054 - 41 297, Telefax: 054 - 44 260
Ullensvang Reiselivslag, Postboks 73, N-5780 Kinsarvik,
Tel. 054 - 63 112, Telefax: 054 - 63 203
Ulvik Turistservice A/S, Postboks 91, N-5730 Ulvik,
Tel. 05 - 526 360, Telefax: 05 - 526 623

Hordaland

Sunnhordland gehört Ihnen

Das Gebiet von Sunnhordland hat alles, wonach sich der Urlauber sehnt. Die Natur ist abwechslungsreich mit Gletschergebieten, Gebirge, Flüssen und Wasserfällen, mit üppig bewachsenen Tälern, tiefen Fjorden und idyllischen Schären. Das kulturelle Leben blüht, und der Reisende findet hier die Anregungen und Erlebnisse, die er sucht. Sunnhordland hat sich zu einem beliebten Touristengebiet entwickelt, das geographisch mit dem Hardangerfjord ebenso verbunden ist wie mit Bergen als dem nächsten Nachbarn im Norden. Das Gebiet ist sehr geschichtsträchtig und besitzt daher ungewöhnlich viele historische Sehenswürdigkeiten: Die älteste Steinkirche Norwegens in Moster, das Kloster in Halsnøy, die Baronie Rosendal, Rekkjetunet (eine Sammlung von alten Hofgebäuden) in Tysnes, das Sunhordland Folkemuseum auf der Insel Stord, das Haus des Komponisten Fartein Valen in Sveio sowie die alten Handels- und Gasthäuser vermitteln ein interessantes Bild von einer jahrtausendelangen Geschichte. Mehrere historische Spiele, z.B. das Mostraspiel und das Baroniespiel, und viele andere kulturelle Ereignisse, etwa der Etne - Markt, machen das rege kulturelle Leben dieses Gebietes deutlich. Das Übernachtungsangebot ist gut, u.a. warten mehrere Hotels darauf, den Gast verwöhnen zu dürfen.

Seien Sie herzlich willkommen! Sunnhordland gehört Ihnen....

Für weitere Informationen wenden Sie sich bitte an:
Samordningsenteret, N - 5400 Stord
Austevoll Gemeinde, N - 5392 Storebø
Bømlo Fremdenverkehrsamt, N - 5420 Rubbestadneset
Etne Fremdenverkehrsamt, N - 5590 Etne
Kvinnherad Fremdenverkehrsamt, N - 5470 Rosendal
Stord / Fitjar Fremdenverkehrsamt, N - 5401 Stord
Sveio Gemeinde, N - 5520 Sveio
Tysnes Gemeinde, N - 5685 Uggdalseidet
Ølen Gemeinde, N - 5580 Ølen

Die Küste - ein Paradies für Freizeitkapitäne

Øystese - Hardanger

Der Wasserfall Steindalsfossen

Goldfischsee in Øystese

M/S »Øystese« im Fyksesundfjord

Øystese

Im Herzen von Norwegens schöner Fjordlandschaft, am tiefblauen Hardangerfjord, liegt Øystese. Seit es in Norwegen Fremdenverkehr gibt, ist Hardanger immer ein Hauptreiseziel gewesen. Das Hardangerfjord Hotel führt die besten Traditionen norwegischer Gastlichkeit weiter.

Weitere Informationen bei:
Øystese Info,
N-5610 Øystese,
Tel. 05 - 55 53 33
Hardangerfjord Hotell,
Tel. 05 - 55 53 33,
Telefax: 05 - 55 55 05

Sogn og Fjordane

Mit Sogn og Fjordane ist einer der klassischen Fjordbezirke erreicht, vielleicht sogar der klassischste. Darüber soll hier aber kein Urteil gefällt werden, das möge jeder Reisende für sich selbst herausfinden. Unbestritten ist, daß der majestätische Sognefjord über 200 km weit ins Land hineinragt. Mehr als 1.300 m ist er an einigen Stellen tief, und mit den zum Teil steil aus dem Wasser aufragenden, bis zu 1.000 m hohen Bergwänden bietet er ein einmaliges Naturerlebnis.

Das viele Wasser in Sogn og Fjordane macht deutlich, warum Fähren und Schnellbootverbindungen gerade hier so eine große Rolle spielen. Das Wasser trennt nicht, wie Mitteleuropäer gemeinhin glauben, es verbindet vielmehr seit alten Zeiten. So verliefen die Grenzen zwischen den Küstenbezirken schon immer nicht auf dem Wasser, sondern irgendwo auf den Bergkämmen zwischen den Fjorden.

Zwischen dem Sognefjord und dem Nordfjord liegt liegt Europas größter Festlandgletscher, der Jostedalsbreen. Weit schiebt er seine Gletscherzungen in die Täler hinunter. Geführte Wanderungen auf dem ewigen Eis erschließen allen, die einmal etwas Außergewöhnliches erleben möchten, eine neue Welt. Andere ziehen einen Rundflug über der weißglitzernden Landschaft vor.

Vormittags in den Bergen Ski laufen - nachmittags im Fjord baden. Das ist in Sogn og Fjordane ohne weiteres möglich. Im Sommerskizentrum bei Stryn tummeln sich sowohl Abfahrtsläufer als auch Langlauffans. Und Badestellen in den Fjorden gibt es viele. Das Wasser hat natürlich keine Mittelmeertemperatur, aber arktisch kalt ist es auch nicht.

Kulturelle Perlen im Bezirk sind ohne Frage die Stabkirchen in Urnes, Borgund, Kaupanger und Hopperstad. Die Kirche in Urnes ist die älteste erhaltene Stabkirche Norwegens (wahrscheinlich 2. Hälfte des 11. Jahrhunderts). Ihre mit schlangen- und löwenähnlichen Motiven kunstvoll verzierten Wandplanken zeigen, wie die Wikinger des Mittelalters ihre traditionelle Kunst mit dem neuen christlichen Glauben verbanden.

Wer mehr unserer heutigen Zeit zugewandt ist, kann in Kyrkjeeide bei Stryn auf einem Bauernhof der Familie sozusagen bei der Arbeit über die Schulter gucken und sich anhand von Schautafeln über moderne Landwirtschaft in Norwegen informieren.

In Urnes steht Norwegens älteste Stabkirche

SOGN OG FJORDANE

Gesamtfläche km²: 18.634
Einwohner: 106.192

Städte/Einwohner:
Florø: 10.000

Entfernungen (von Førde):
- Oslo: 482 km
- Bergen: 171 km
- Kristiansand S: 576 km
- Stavanger: 320 km
- Haukeligrend: 346 km
- Trondheim: 320 km
- Gol: 280 km
- Lillehammer: 420 km

Verkehrsflugplätze:
Florø
Førde
Sandane
Sogndal

Bahnverbindung:
Flåmsbahn: Flåm - Myrdal - (Bergen / Oslo)

Wichtige Sehenswürdigkeiten:
- Sognefjell, Str. 55 von Sogndal nach Lom
- Gletscher Jostedalsbreen, Sogn / Sunnfjord / Nordfjord
- Flåmsbahn, von Flåm nach Myrdal
- Fjordpferdzentrum, Nordfjordeid
- Kinnakirche, auf der Insel Kinn bei Florø
- Westkapplateau, Stadlandet, Nordfjord
- 4 berühmte Stabkirchen: Borgund, Hopperstad, Kaupanger, Urnes Sognefjord
- Sognefjord Schiffsmuseum
- Heibergsche Sammlung - Sogn Volksmuseum, Kaupanger
- Sunnfjord Volksmuseum (Ausstellung bäuerlicher Gebrauchsgegenstände aus der Zeit um 1850), Førde
- Nordfjord Volksmuseum (Freilichtmuseum mit 35 Häusern aus der Region Nordfjord), Sandane
- Astruptunet (Hof des Malers und Grafikers Nikolai Astrup, heute Museum. Austellung), Skei in Jølster
- Midttunet in Sanddalen (2 km von Astruptunet, Hofanlage mit 12 Gebäuden aus der Zeit von 1600 - 1850), Skei in Jølster
- Küstenmuseum in Sogn og Fjordane, Florø
- Norwegisches Gletschermuseum, Fjærland
- Anders-Svor-Museum (Skulpturen), Hornindal
- Gallerie Walaker 300 (Kunstausstellungen), Solvorn
- Norwegischer Fjordpferdehof (mit Reitkursen und Museum), Breim

Ausflüge:
- Zum Westkap und Kloster Selje
- Mit dem Pferdewagen zum Briksdalsbreen, Bootstour auf dem Lovatnet
- Insel Kinn und Kinnakirche, Svanøy Hovedgard, Vingen Felszeichnungen, Angeltouren usw.
- Sognefjord-Kreuzfahrt, Flåm (3-stündige geführte Tour von Flåm durch den Nærøyfjord nach Gudvangen)
- Die Reederei »Fylkesbaatane i Sogn og Fjordane« bietet im gesamten Bezirk verschiedene Fjordkreuzfahrten an
- Die Busgesellschaften »Nordfjord Sightseeing« und »L/L Nordfjord og Sunnmøre Billag«, Stryn, bieten verschiedene Rundtouren in die Umgebung an. Ausgangspunkt ist das Nordfjordgebiet
- Flüge mit Wasserflugzeug und Helikopter über den Jostedalsbreen
- Gletscherwanderung mit Führer auf dem Jostedalsbreen
- Mit dem Pferdewagen zum Gebirgshof Vetti Gard / Touristenstation.
- Wasserfall Vettisfossen
- Bootstour zur Stabkirche von Urnes und zum Wasserfall Feigumfossen
- Meeresangeltouren, Silda bei Måløy, Florø
- Die lokalen Touristenbüros bieten verschiedene Rundtouren mit Boot, Bus und Zug (Flåmsbahn) an
- Fjordtouren mit einem Wikingerschiff in Luster
- Gelegenheit zu Besuchen auf Bauernhöfen und Almhütten
- Informationszentrum zur Landwirtschaft in Westnorwegen, mit Bauernhofbetrieb, Kyrkje-Eide, Stryn

Veranstaltungskalender S. 244 ff.

Weitere Informationen:
Sogn og Fjordane Reiselivsråd
Postboks 299, Parkvegen 3
N - 5801 Sogndal
Tel. 056 - 72 300
Fax: 056 - 72 806

Sogn og Fjordane

Die Fjorde unter dem Gletscher

Sogn og Fjordane, Sogn und die Fjorde, der Name deutet es schon an: hier findet man jene typische Landschaft und Natur, die Norwegen so attraktiv macht. Der Sognefjord, auch »König der Fjorde« genannt, dringt mit seinen zahllosen Seitenarmen bis zu 204 km landeinwärts in das Gebirge ein. Kleiner, aber deshalb nicht weniger eindrucksvoll, sind »die Fjorde«, der Førdefjord und der Nordfjord. Blaues Wasser, von stahlgrauen und grünen Bergwänden und alten Bauernhöfen, die an den unmöglichsten Stellen liegen, umgeben, aber auch von lieblichen Talmulden, in denen sich gemütliche kleine Orte verbergen. Wasserfälle stürzen hinab, Wege und Wanderpfade schlängeln sich nach oben, und all das wird vom größten Gletscher des europäischen Festlands gekrönt. Auf den Berggipfeln zwischen den Fjorden erstreckt er sich über eine Fläche von etwa 475 km². Hier und da kriecht eine Gletscherzunge ins Tal hinein, oder das Eis glänzt wie eine dicke Kruste oben an einer Bergwand. Eine Komposition in blau, grün und weiß, eine Landschaft, die auf Erkundungstouren geradezu wartet. Per Auto das Ufer des Fjords entlangfahren und an jeder Bucht eine Überraschung erleben. Eine Wanderung durch das Gebirge unternehmen, oder vielleicht sogar zum oder über den Gletscher. Auf diesem Gebiet sind der Phantasie keine Grenzen gesetzt. Selbst Shorts und Skier sind hier kein Widerspruch, denn auch ein Skiurlaub im Sommer ist hier möglich!

Aber Sogn og Fjordane bietet mehr als nur Fjorde und Gletscher. Dieser Bezirk hat auch einen langen Küstenstreifen, an dem die Landschaft vollkommen anders ist. Hier beherrscht der Ozean das Bild, der mit seinen donnernden Wellen gegen die Felsen und Inseln schlägt. Kahl und zerzaust, bei gutem Wetter dennoch aber lieblich und idyllisch liegen hier die Inselgruppen Sula, Bulandet und Værlandet. Die Felsenküste bietet hier wieder Ferienerlebnisse ganz anderer Art, so zum Beispiel das Hinausfahren auf's Meer mit Boot und Angelrute, um einen Tag lang die Ruhe und Einsamkeit zu genießen. Oder an einem Sommertag in Badehose und Bikini am Fels- oder Sandstrand ein Sonnen- und Seebad wagen! Sollte das Wetter einmal nicht zum Bad im Meer einladen, so ist ein Besuch in einem der beheizten Schwimmbäder und einer Sauna bestimmt ebenso entspannend.

Der vielgebrauchte Begriff »lebendige Traditionen« hat vielleicht in Sogn og Fjordane seinen Ursprung, denn auch Kultur gibt es hier im Überfluß: mittelalterliche Stabkirchen, Freilichtmuseen mit jahrhundertealten Gebäuden, Kunstsammlungen und natürlich fröhliche, quirlige Volkstänze und Volksmusik! Dazu gesellen sich noch Kulturtage, Theateraufführungen und -festivals.

Die Fahrt zu und zwischen all diesen Ferienerlebnissen, mit Auto oder Bus und natürlich mit den unentbehrlichen Fähren, die Ihnen hier auf den Fjorden das Gefühl einer kleinen Kreuzfahrt vermitteln, ist eine Erfahrung und ein Erlebnis für sich.

Sogn og Fjordane Reiselivsråd,
Postboks 299, Parkvegen 2, N-5801 Sogndal,
Tel. 056-72300, Telefax: 056-72806

Wir kommen Ihnen näher

Sogn og Fjordane ist Ihnen näher gekommen. Durch die FJORDTRA Handelsgesellschaft mitten im Ruhrgebiet können Sie Ihren Urlaub im Ferienhaus oder Hotel, Fahrten und Ausflüge sowie zahlreiche Aktivitäten in diesem Fjordbezirk zu günstigen Preisen buchen. Zum Angebot gehören u.a. auch Rundreisen für Autotouristen von Hotel zu Hotel und eine »Kultur - Tour« mit Sprachunterricht und Kontakt zur einheimischen Bevölkerung. Ein eigener Katalog bietet einen guten Überblick über das gesamte Programm, das Sie natürlich auch über Ihr Reisebüro buchen können.

Schreiben Sie, rufen Sie an oder kommen Sie einfach vorbei:

FJORDTRA GmbH
im NOR - CENTER
Rosastr. 4, 4300 Essen 1
Tel. 0201 - 79 14 43
Telefax: 0201 - 79 18 23

Fylkesbaatane

»Fylkesbaatane i Sogn og Fjordane« ist eine regionale Verkehrsgesellschaft, die für den Transport von Gütern und Passagieren im Bezirk Sogn og Fjordane zuständig ist. Ihre Flotte besteht aus modernen Expreßbooten, die täglich Bergen mit zahlreichen Orten in Nordfjord, Sunnfjord und Sogn verbinden, sowie aus rund 25 Autofähren und kombinierten Schiffen (»Fjordboote«), die sowohl Güter als auch Autos und Passagiere befördern.

»Fylkesbaatane« ist in den Gewässern zu Hause, die von Kreuzfahrtschiffen aus ganz Europa angesteuert werden - und bietet Ihnen die Gelegenheit, im Rahmen Ihrer Norwegen-Rundreise eine Mini-Kreuzfahrt mit seinen Linienschiffen zu unternehmen. Selbst einige Autofährstrecken ermöglichen das Erlebnis einer kleinen Kreuzfahrt, zum Beispiel die Verbindungen zwischen Flåm, Gudvangen, Revsnes und Årdalstangen oder die Strecke zwischen Hella und Fjærland, die einige der schönsten Fjordarme Norwegens erschließen (auf den Strecken zwischen Gudvangen und Aurland, Kaupanger, Revsnes sowie Kaupanger - Årdalstangen empfiehlt es sich, Autoplätze im voraus zu reservieren - auf den anderen Verbindungen ist eine Vorbestellung nicht möglich und auch nicht nötig!) Auf den Fjord- und Expreßbooten gibt es auch Rabatte für Interrailer und Studenten.

Eine der beliebtesten Rundreisen im Fjordland führt von Bergen mit dem Schnellboot in den Sognefjord hinein bis zum Touristenort Flåm. Von dort aus windet sich die Flåmbahn an steilen Felswänden entlang und durch 20 Tunnel hinauf ins Hochgebirge nach Myrdal. Mit der Bergenbahn gelangt man dann zurück zum Ausgangspunkt der Fahrt. Auf diese Weise erlebt man an einem einzigen Tag sowohl die Fjorde als auch das Fjell und lernt eine Landschaft kennen, die an Vielfalt und Kontrastreichtum kaum zu überbieten ist.

Für weitere Informationen wenden Sie sich bitte an:

Fylkesbaatane Reiseservice
Strandkaiterminalen,
Postboks 1878
N-5024 Bergen
Tel. 05 - 32 40 15
Telefax: 05 - 31 05 76
Telex: 05 - 42674

Unerläßliche Transportmittel im Fjordland: die Schiffe von »Fylkesbaatane«

Sogn og Fjordane

Luster

Dort, wo der Sognefjord, Norwegens längster Fjord, am weitesten ins Land hineinreicht, liegt die Gemeinde Luster - ein Gebiet mit besonders ausgeprägten Kontrasten. Rund um den Lusterfjord findet man den größten Gletscher des europäischen Festlands und einige der höchsten Gebirgsgipfel Skandinaviens sowie die höchste Paßstraße des Nordens. Hier gibt es aber auch fruchtbare Landwirtschaftsflächen mit Obstbäumen, Himbeersträuchern und Erdbeerfeldern, deren Früchte ein unvergleichliches Aroma haben -kein Wunder bei der Reinheit der Natur und dem gesunden Klima.
Luster ist eine Urlaubsgemeinde für Entdecker. Für solche, die gerne schmale Nebenstraßen mit dem Auto erkunden wollen und auch für solche, die lieber eine echte Gletscherwanderung vorziehen. Ganz gleich, ob man einen richtigen Bauernhof besichtigen will oder mittelalterliche Kirchen: Luster bietet das alles und noch vieles mehr. Im Gemeindeteil Urnes steht übrigens die älteste Stabkirche Norwegens. Sie stammt aus dem Jahr 1130 und gehört zu den bedeutendsten Baudenkmälern des Landes. Interessieren Sie sich vielleicht genauso sehr für die technischen Meisterleistungen der Neuzeit? Dann können Sie im Jostedal ein tief im Berg liegendes Kraftwerk besichtigen - und wenige Kilometer später bis ans ewige Eis gelangen. So abwechslungsreich und aufregend kann Norwegen sein! In Luster gibt es zahlreiche Aktivitätsmöglichkeiten: Angeln, Wandern (auf dem Gletscher und ganz normal im Gebirge), Radfahren, Bergsteigen und natürlich auch Surfen, Paddeln und sogar Baden. Dem Entdecker sind kaum Grenzen gesetzt: höchstens durch die Tatsache, daß auch der längste Sommerurlaub kaum ausreicht, um Luster richtig kennenzulernen und »alles zu machen«.
Wer sich übrigens in kurzer Zeit einen Überblick verschaffen will, der kann an einem Helikopter-Rundflug über Fjord und Gletscher teilnehmen. Und wer sich der Tradition verpflichtet fühlt, sollte eine Fjordfahrt im Wikingerschiff »Maria Suden« unternehmen. Luster bietet Ferienmöglichkeiten, die Sie nie vergessen werden.

Am Nigardsbreen

Weitere Informationen erhalten Sie bei:
Luster Reiselivslag
N-5820 Gaupne
Tel. 056 - 81 211
Telefax: 056 - 81 222

Hafslotun

Wer in der Sognefjordgemeinde Luster Urlaub machen will, dem sei das Feriendorf Hafslotun empfohlen. Dieses kleine Urlaubsdorf liegt oberhalb der Ortschaft Hafslo an der Straße 55 (»Sognefjellstraße«), die West- und Ostnorwegen miteinander verbindet.
Das Feriendorf Hafslotun besteht aus elf geräumigen Komforthäusern und einem Gasthof. Alle Gebäude sind, typisch norwegisch, aus Holz errichtet und verteilen sich auf einem 40.000 m² großen Naturgrundstück, das zahlreiche Aktivitätsmöglichkeiten bietet. Außerdem steht ein Ufergrundstück am See Hafslovatn zur Verfügung.
Die elf freistehenden Ferienhäuser sind gemütlich und mit Liebe zum Detail ausgestattet. Alle verfügen über zeitgemäßen Komfort. Hierzu gehören Dusche und WC ebenso wie eine komplette Küchenausstattung. Alle Häuser verfügen über eine Sonnenterasse (meist mit Aussicht auf den See) und einen offenen Kamin bzw. Kaminofen. Und die Preise? Ein 2-Personen-Komforthaus mit knapp 40 m² Grundfläche kostet in der Hochsaison DM 830,- pro Woche, in den besonders schönen Reisemonaten Mai und September aber nur DM 590,-. Wer im Oktober kommt - mit leuchtenden Herbstfarben und erstem Schnee -, kann zwei Wochen für den Preis von einer bleiben. Der Sommerpreis für ein 4-Personen-Haus mit 60 m² beträgt DM 1.040,- , und für ein knapp 70 m² großes Haus mit reichlich Platz für sechs Personen muß man DM 1.180,- anlegen. Für DM 200,- »Luxuszuschlag« sind 2- und 4-Personen-Häuser mit Zusatzausstattung (u.a. Geschirrspülmaschine, Satelliten-TV und Privatsauna) zu haben.
Im Gebäude des Gasthofs findet man ein gepflegtes Restaurant mit norwegischer und internationaler Küche. Hier kann man auch für wenig Geld satt werden: das

Hafslotun

Tagesgericht kostet meist unter DM 15,-. Da wir schon bei den Preisen sind: in einem Nebengebäude befinden sich 12 moderne Gästezimmer mit Dusche/ WC und ansprechender Einrichtung. Eine Übernachtung mit Frühstück (Buffet) kostet hier DM 49,- pro Person im Doppelzimmer. Wer mit dem NORWAY-Ticket reist, bezahlt sechs Tickets für die erste Nacht und fünf für jede weitere. Für Regentage steht die Kelleretage des Gasthauses zur Verfügung. Geboten werden: Sauna, Tischtennis, Gästebibliothek, Spielesammlung, Satelliten-TV, Kinder-Videos, Bar und Ruhezone. Zu mieten sind Fahrräder (Mountainbikes), Boote, Surfbretter und Kanus.
Das Servicebüro (mit deutschsprachigem Personal) organisiert und vermittelt Ausflüge und steht auch Durchreisenden mit Rat und Tat zur Verfügung (Servicetelefon 056 - 84 178). Mitglieder der Deutsch-Norwegischen Freundschaftsgesellschaft haben hier ihre Anlaufstelle und finden im Gasthaus einen eigenen DNF-Stammtisch.
Das Hafslotun kann man wochenweise buchen oder aber auch als Teil einer FJORDTRA-Autorundreise besuchen (siehe an anderer Stelle in diesem Buch). Außerdem ist das Hafslotun dem Last-Minute-Service der FJORDTRA angeschlossen (Tel. 056 - 72 300).
Übrigens: im Hafslotun kann man auch einen zünftigen Schneeurlaub erleben. Einer der längsten Skilifte Norwegens sowie kilometerlange Pisten und Loipen liegen praktisch vor der Haustür.

HAFSLOTUN
KRO OG HYTTESENTER

Weitere Informationen erhalten Sie bei:
Lusterfjorden Turistservice A/S,
Hafslotun, N - 5810 Hafslo, Tel. 056 - 84 178
und bei:
FJORDTRA GmbH,
Rosastr. 4-6, 4300 Essen, Tel. 0201 / 79 14 43,
Telefax: 0201 / 79 18 23

Nordfjord

Auch wenn der Nordfjord nicht zu den bekanntesten Fjorden zählt, steht er wegen der schönen Natur und guten Urlaubsmöglichkeiten seinen größeren Brüdern nicht nach. Vom Westkap, dem westlichsten Punkt Norwegens, reicht der Fjord 100 Kilometer weit landeinwärts, fast bis an die berühmten Gletscherzungen des Jostedalsbreen, wo so bekannte Touristenorte wie Olden und Loen liegen. Die dortige Landschaft ist geprägt von der typischen Natur Westnorwegens mit bizarren, felsigen, zerklüfteten Gebirgen, steilen Ufern, lieblichen Meerengen und Buchten und einer abwechslungsreichen Flora. Entlang des Nordfjords befinden sich mehrere kleinere und größere Orte, die allesamt einen Besuch wert sind.

An der Küste wird die Atmosphäre eindeutig durch die Fischerei bestimmt. In den Orten Selje, Vågsøy und Måløy ist seit Urzeiten der Fischfang die wichtigste Einkommensquelle; landwirtschaftliche Tätigkeiten oder das Ausüben eines Handwerks spielen nur eine untergeordnete Rolle. Måløy ist das Verwaltungs- und Handelszentrum des westlichen Nordfjordgebietes. Nicht weit davon entfernt liegt »Refsviksanden«, einer der schönsten Badestrände Norwegens. Im Ort selbst gibt es ein modernes, komfortables Hotel, das besonders für seine Fischspezialitäten bekannt ist. Mit dem robusten Fischerboot »Havlys II« aus Silda kann man zum nahegelegenen Fischgrund Sildagapet hinausfahren.

Das Westkap

Das Fahrwasser rund um Selje und die Schäreninsel Stadlandet ist wegen seiner Strömung schon seit Jahrhunderten berüchtigt, und häufig mußten Selje und Vågsøy bei starken Stürmen als Schutzhäfen für Schiffe in Seenot fungieren. Eine Sage schildert, daß die heilige Sunniva, die sich auf der Flucht vor heidnischen Stämmen befand, hier gestrandet sein soll. So wurde hier im 11. Jahrhundert als Stiftung ein Benediktinerkloster erbaut und Sunniva zur Schutzheiligen von Westnorwegen ernannt. Ein anderes beliebtes Ziel ist der westlichste Punkt des norwegischen Festlandes, das 500 Meter hohe Westkap. Von hier aus bietet sich dem Betrachter ein wunderbares Meerespanorama, das man mehr oder weniger »am eigenen Leib« erfahren kann, wenn man sich mit dem Fischerboot auf offene Meer begibt. Und auch für viele andere Aktivitäten eignet sich das Gebiet um den Nordfjord. Selje verfügt über ein Wassersportzentrum und viele idyllische Fischerhütten sowie ein schönes Hotel. Man kann hier angeln, tauchen und vieles mehr.

Fjordpferde vom Nordfjord

Weiter östlich liegt am Nordufer des Fjordes die Stadt Nordfjordeid. »Eid«, wie es kurz genannt wird, ist hauptsächlich bekannt aufgrund des dort errichteten größten Fjordpferdzentrums in Europa. Wegen seiner Pferdemärkte und anderer Pferdeaktivitäten hatte der Ort in Norwegen schon länger einen guten Namen. Außerdem befand sich hier das älteste Exerzierterrain Norwegens, und vielleicht ist dies auch der Grund, daß es in Nordfjordeid ein Militärmuseum gibt. Ebenso interessant und sehenswert ist ein altes Landgut, der »Sorenskrivergard«. Dort verrichtete früher ein höherer Regierungsbeamter seinen Dienst. Heute sind auf diesem Hof ein Freilichtmuseum und die Galerie Leikvin untergebracht. Daß die Gegend eine reiche Vergangenheit hat, sieht man auch an den Wikingergrabstätten, die hier entdeckt wurden. Man vermutet sogar, daß in einem der Gräber der letzte Wikingerkönig begraben liegt.

Nicht weit von Nordfjordeid entfernt befindet sich die Gemeinde Hornindal am tiefsten See Europas, dem Hornindalsvatn (514 Meter). Hornindal, dessen Haupteinnahmequellen Landwirtschaft und Industrie sind, liegt an der Strecke zwischen der Landschaft Sunnmøre und dem Nordfjord-Gebiet. Der zentral gelegene kleine Ort ist ein guter Ausgangspunkt für kürzere oder längere Ausflüge zu berühmten Zielen wie dem Geirangerfjord, dem Westkap oder dem Gletscher Briksdalsbreen. In der Gemeinde selbst kann man die Natur auf mehrere Arten zu Wasser und zu Lande genießen, man kann Angeln, Baden, Wandern, Segeln oder Surfen. Alte Traditionen wie das Kunsthandwerk, insbesondere die Holzschnitzkunst, und das Spielen von Volksmusik werden in Hornindal noch immer in Ehren gehalten. Möchte man ein besonderes kulturelles Ereignis erleben, sollte man dem Svor-Museum einen Besuch abstatten, ca. 400 Gemälde des Künstlers Anders Svor erwarten den Besucher. Auch für die Übernachtung ist in Hornindal gesorgt, ein nettes Hotel mit gemütlicher Atmosphäre, ein Campingplatz und verschiedene Ferienhütten zeugen von einem guten Angebot.

Nur einige Kilometer südöstlich von Hornindal liegt Stryn. Ursprünglich wurde in Stryn nur Ackerbau betrieben, doch heute spielt auch der Tourismus eine größere Rolle. Nicht unwesentlichen Anteil daran hat das beliebte Sommerskizentrum auf dem Strynefjell. Abfahrtsläufer können hier zwischen mehreren Pisten wählen, die längste ist 2.100 Meter lang. Langläufern stehen mehrere Kilometer gut präparierte Loipen auf dem Gletscherplateau zur Verfügung.

Neben Hornindal eignet sich der Ort Loen ebenfalls für schöne Ausflüge. Für kleinere Touren empfehlen sich besonders die großartig gelegenen Seitentäler Lodal und Kjenndal. Eine Bootsfahrt auf dem See Lovatnet, unterhalb des mächtigen Ravnefjell-Massivs, gehört zu den beeindruckendsten Erlebnissen eines Norwegenaufenthaltes. 1905 und 1936 ereigneten sich dort katastrophale Geröllawinen, die nachfolgenden Flutwellen brachten zahlreiche Anwohner um ihr Hab und Gut. Genau wie Loen, wo gerade das Hotel sein 105-jähriges Jubiläum feierte, gehört auch Olden zu den traditionellen Touristenzielen. Seine Bekanntheit verdankt Olden hauptsächlich der nahegelegenen Gletscherzunge Brikdalsbreen, ein schon seit mehr als 100 Jahren beliebtes Ausflugsziel. Besonders reizvoll ist, daß man noch heute fast die gesamte Strecke zum Gletscher mit einer Pferdekutsche zurücklegen kann. An der Südseite des Fjordes befinden sich die Orte Innvik und Utvik. Sie sind zwar etwas weniger bekannt, aber deswegen nicht weniger attraktiv.

Byrkjelo ist der wichtigste Landwirtschaftsort der Gegend. Der Tourismus erlangt allerdings aufgrund der beeindruckenden Berglandschaft, in die Byrkjelo eingebettet ist, immer mehr Bedeutung. Das bekannte Freizeitangebot »Gloppen Eventyret« bietet Erlebnisse in der Natur. Hier kann man Kanu fahren, Gletscherwanderungen oder Touren mit dem Mountainbike unternehmen, Surfen, Angeln, Reiten sowie an einer Fotosafari teilnehmen - und auf Wunsch alles in Begleitung eines sachkundigen Fremdenführers.

Der kleine Ort Sandane ist das Zentrum am südlichen Ufer des Nordfjordes. Hier gibt es das Nordfjord Folkemuseum, das Heimatmuseum für die ganze Region. Besonders sehenswert ist die »Holvikjekta«, ein Boot, das die alten Schiffahrtstraditionen dieser Gegend deutlich macht. Sandane bietet ein breites Übernachtungsangebot und ist ein reizvoller Standort für einen Urlaub in dieser typischen Fjordlandschaft.

Für weitere Informationen:
Stryn Reiselivslag, N-6880 Stryn, Tel. 057 - 72 072, (Nordfjord Booking), Telefax: 057 - 72 060
Hornindal Reiselivslag, N-6790 Hornindal, Tel. 057 - 79 407, Telefax: 057 - 79 720
Gloppen Reiselivslag, v/ Reiselivskontoret, Gloppen Kommune, N-6860 Sandane, Tel. 057 - 66 222, Telefax: 057 - 66 350
Eid Reiselivslag, Postboks 92, N-6771 Nordfjordeid, Tel. 057 - 61 375, Telefax: 057 - 61 102
Vestkapp Reiselivslag, v/ Reiselivskontoret, N-6740 Selje, Tel. 057 - 56 660 / 50 850, Telefax: 057 - 56 470

Stryn, Nordfjord

Hotel Alexandra

Mitten im Inneren des Fjord- und Fjellbezirks Sogn og Fjordane, am Nordfjord, liegt der kleine Ort Loen. Hoch aufragende schneebedeckte Gipfel, Flüsse und Wasserfälle und das saftige Grün der Wiesen und Gärten in den Tälern bilden hier eine Szenerie, die ihresgleichen sucht.

Hotel Alexandra

Welches Hotel wäre für einen Urlaub im Fjellgebiet besser geeignet als das »Hotel Alexandra«. Es verbindet die bewährten Traditionen eines Familienbetriebes in der vierten Generation mit modernem Standard, der auch höchsten Ansprüchen gerecht wird. Außerhalb der Sommersaison ist das erstklassige »Alexandra« eines der führenden Kongreß- und Veranstaltungshotels des Landes mit entsprechenden Einrichtungen, zu denen bekanntlich nicht nur Versammlungsräume, sondern gleichfalls ein attraktives Unterhaltungsangebot gehören. Das »Alexandra« hat 386 Betten in 200 Zimmern, die alle mit Bad/WC, Fernseher, Minibar und einem Balkon ausgestattet sind. Die Aktivitätenpalette des direkt am Fjord gelegenen Hotels umfaßt Tennis, Minigolf, Wasserskilauf, Surfen, Rudern, Angeln und Baden - entweder im Freien oder im hoteleigenen Hallenbad. Natürlich bieten sich in diesem herrlichen Feriengebiet auch in unmittelbarer Umgebung des Hotels zahlreiche Aktivitätsmöglichkeiten.

Als Ausgangspunkt für Autotouren durch das Nordfjordgebiet eignet sich das »Alexandra« ebenfalls ausgezeichnet. Beliebte Ausflugsziele sind die Gletscherarme des Jostedalsbre, des größten Festlandsgletschers Europas; seine Ausläufer, der ins Lodal hinabführende Kjenndalsbre und der Briksdalsbre, werden alljährlich von Tausenden von Touristen besucht (Gletschertouren mit Führer).

Briksdalsbre Fjellstove

Kommen Sie nach Briksdalen - spüren Sie den Hauch hundertjähriger Kultur und des ewigen Eises ...

Briksdalen ist eine der größten Touristenattraktionen Norwegens -im Innersten des schönen Nordfjordes, am Fuße des größten Gletschers auf dem europäischen Kontinent. Die Natur ist üppig, dramatisch - und sauber. Die Menschen arbeiten und leben in einer intakten Landgemeinde. Briksdalen ist Treffpunkt für erlebnishungrige Menschen aus der ganzen Welt, sogar für Könige und Königinnen - und für Leute vom Film auf der Suche nach außergewöhnlichen Motiven. Fahren Sie mit dem Bus oder dem PKW am See entlang, vorbei an den Berghängen mit grasenden Schafen, Ziegen und Kühen ins fruchtbare Oldedal und hinauf zur Briksdalsbre Fjellstove. Hier finden Sie nicht nur Restaurant, Café und Andenkenladen, sondern auch Tradition, Qualität und Kultur. Vom Gebirgsgasthof können Sie der hundertjährigen Tradition folgen und mit Pferd und Wagen bis an den Gletscher heranfahren. Oder Sie gehen zu Fuß, vorbei an brausenden Gebirgsbächen, wilden Wasserfällen, kristallklarem Wasser. Dabei spüren Sie den Hauch ewiger Zeit in dem 2500 Jahre alten Eismassiv: der Jostedalsbreen ist 100 km lang, bedeckt 480 km², und sein Plateau liegt 1.700 m über dem Meeresspiegel.

Idyll am Briksdalsbreen

Stryn Sommerskisenter

Liebhaber des Sommerskis sind im Stryn Sommerskizentrum herzlich willkommen. Sein 975 m langer Sessellift bringt Sie bis auf den Gletscher. Dort können Sie umsteigen auf einen 775 m langen Gletscherschlepplift. Oben angekommen, können Sie zwischen verschiedenen Pisten wählen. Die längste ist 2.100 m lang, mit einem Höhenunterschied von 518 m.
Auf dem Gletscherplateau finden Sie auch mehrere Kilometer lange, präparierte Langlaufloipen. Die Schneeverhältnisse sind stabil, und der Schnee ist auch im Sommerhalbjahr von einer sehr guten Qualität.
Das »Schneeland-Aktivitätsgelände« ist für die Kleinsten reserviert, eine Skischule bietet Kurse für sämtliche Techniken inklusive Telemarkski an, Skier ausleihen können Sie natürlich auch. In unserer Cafeteria bieten wir eine breite Palette an Speisen und Getränken. Hier finden Sie auch die sanitären Anlagen, einen Skiladen mit Skibekleidung, Skiwachs, Sonnencremes, Sonnenbrillen, kurz: alles, was Sie brauchen.

Das Stryn Sommerskizentrum garantiert Qualität und Service.

Die Saison läuft von Juni bis September, Öffnungszeiten täglich von 9 Uhr bis 16 Uhr. Informationen über die Wetter- und Schneeverhältnisse während der Saison: Tel. 090 - 56 109 oder 090 - 56 110.

Nordfjordreiser A/S

Sommerliches Skivergnügen in Stryn

Man erreicht das Hotel Alexandra und den kleinen Ort Loen, die Briksdal Fjellstove und das Stryn Sommerskizentrum am besten über die Straßen 14 und 15. Der nächste Flugplatz ist Sandane, die nächste Bahnstation Otta (Busverbindung). Für Ihre Anreise und den Aufenthalt steht Ihnen die Firma Nordfjordreiser A/S zur Verfügung. Sie ist ein Dienstleistungsbetrieb für Reisende, die Nordfjord besuchen wollen. Vom Serviceangebot seien hier genannt:
- Reisebüroabteilungen in Stryn, Nordfjordeid und Måløy;
- 40 Reisebusse u.a. für Ausflüge der 90 Kreuzfahrtschiffe, die im Nordfjord und im Geirangerfjord anlegen;
- Vorbereitung von Kongressen und Versammlungen;
- Reservierung für Hütten, Hotels oder Pensionen.

Unser Hauptbüro liegt in Stryn, mitten im touristisch interessantesten Gebiet (Loen, Olden, Stryn, Selje, Geiranger).
Die Sommersaison ist hektisch, und wenn wir Ihnen einen Tip geben sollen, so buchen Sie für die Hochsaison im voraus. Unsere Nummer ist 057 - 72 070. Dafür stehen wir Ihnen selbstverständlich zur Verfügung.
Sie sollten übrigens wissen, daß der Mai die schönste Jahreszeit für unsere Gegend ist.

Hotel Alexandra, N-6878 Loen, Tel. 057 - 77 660, Telefax: 057 - 77 770

Briksdalsbre Fjellstove, N-6877 Briksdalsbre, Nordfjord, Tel. 057 - 73 811, Telefax: 057 - 73 861

Stryn Sommerskisenter, Postboks 268, N-6880 Stryn, Tel. 057 - 71 995, Telefax: 057 - 72 060

Nordfjord Booking, Tel. 057 - 72 333, Telefax: 057 - 72 060

Årdal - Einfallstor nach Jotunheimen im Inneren des Sognefjords

Am Årdalsfjord

Am Ende von Norwegens größter Touristenattraktion, dem Sognefjord, liegt Årdal. Die Gemeinde besteht aus den zwei Ortschaften Øvre Årdal und Årdalstangen. Die meisten, die schon einmal mit dem Auto von Osten angereist sind (Straße 53), werden sich bestimmt an die steile »Abfahrt« nach Øvre Årdal erinnern. Auf der Fahrt ins Tal kommen auch Fotofreunde auf ihre Kosten, am Schild »Utsiktspunkt 400 m.o. h.« drängen sich die Motive geradezu auf. Årdal ist natürlich durch die Aluminiumproduktion stark geprägt, doch das Werk ist bei weitem nicht die einzige Attraktion in diesem Gebiet. So ist z.B. der Hof Hjelle Gård, der ca. 7 km von Øvre Årdal entfernt liegt, ein beliebter Ausgangspunkt für Ausflüge. Jeden Sommer von Juni bis August werden von dort Pferdekutschfahrten durch das Landschaftsschutzgebiet des Utladals arrangiert, die bis zum Hof Vetti Gård führen. Unterwegs geht es vorbei an Wasserfällen, Wildbächen und mächtigen Berggipfeln. Von Vetti Gård aus sind es dann noch gut 20 Minuten zu Fuß, bis man dem Vettisfossen - mit 275 m Fallhöhe der höchste Wasserfall Nordeuropas - »Auge in Auge« gegenübersteht. Auch im Gebiet des Utladals gibt es viele gut markierte Wanderwege. In den Zentren von Øvre Årdal und Årdalstangen sind zudem zwei große Freibäder von Juni bis August geöffnet - bei freiem Eintritt. Auch das Angeln ist ein populärer Sport in Årdal. Eine Angelkarte, die zum unbegrenzten Angeln in allen Gewässern Årdals berechtigt, erhält man im Fremdenverkehrsamt und in örtlichen Sportgeschäften.

Auf keinen Fall sollte man sich eine Kreuzfahrt auf dem Sognefjord entgehen lassen. Es werden sowohl Tages- wie auch Abendkreuzfahrten arrangiert. Man kann z. B. auch das Ofredal mit Säge und Mühle aus dem 18. Jahrhundert besuchen. Das Souveniergeschäft in Øvre Årdal bietet kleine Kunstwerke an, die von den einheimischen Hobbykünstlern gefertigt werden. Diese lassen sich von der Natur rund um Årdal inspirieren. Weitere, von Årdal aus sehr gut zu erreichende Ausflugsziele sind die Borgund Stabkirche, das Sogn Folkemuseum in Kaupanger und der See Bygdin, auf dem ein Motorboot verkehrt. In Årdal selbst sind die Kirche von 1867 und die Kupferwerkstatt von 1701 von Interesse. Daß sich Årdal zu einer reichen Gemeinde entwickelt hat, dokumentieren nicht nur die vielfältigen Einkaufsmöglichkeiten: Diskotheken, Kneipen, Restaurants, Cafés und Gartenlokale gehören ebenfalls zum Freizeitangebot von Årdal. Und das Übernachtungsangebot von Hotels, Pensionen und Campingplätzen läßt in Bezug auf Qualität und Preis kaum Wünsche offen.

Weitere Informationen erteilt:
Årdal Reiselivslag
Postboks 126,
N-5875 Årdalstangen
Tel. 056 - 61 177,
Telefax: 056 - 61 653

Aurland, Flåm, Gudvangen - Sognefjord

Eine dramatische Landschaft mit schroffen Felsen und schneebedeckten Gipfeln, engen Tälern, fruchtbaren Wiesen und Obstgärten - und Fjorde, die tief ins Gebirge hineinreichen: Wir befinden uns in Aurland. Diese Gemeinde liegt an zwei inneren Armen des Sognefjords. Gute Verkehrsverbindungen sorgen dafür, daß man diesen faszinierenden Teil des Fjordlands bequem erreichen kann. Fast alle Wege führen ins Gebiet Aurland; mit dem Auto gelangt man entweder von Osten über Hol dorthin (Straße 288), von Lærdal über die 1.300 m hohe Paßhöhe des Aurlandfjells (Straße 243) oder von Westen auf der E 68 über Voss. Man kann auch mit der Flåmbahn oder mit dem Expressboot ab Bergen anreisen. Die Flåmbahn überwindet zwischen Flåm und Myrdal auf einer zwanzig Kilometer langen Strecke einen Höhenunterschied von 867 Metern. Sie ist ein Meisterwerk des Eisenbahnbaus und hat mit 1:18 das größte Gefälle im norwegischen Streckennetz. Das Aurlandsdal mit seinem Tier und Pflanzenleben, mit seinen vielen Angelgewässern und markierten Wegen ist ein hervorragendes Gebiet für Wanderer. Natürlich sind auch mehrtägige Wandertouren möglich, wobei Gebirgshütten als Übernachtungsstellen überall zur Verfügung stehen. Zahlreiche Gebirgsseen und Flüsse warten auf die Angler.

Herbststimmung am Aurlandsfjord

Von Flåm und Aurland aus kann man auch eine der herrlichsten »Kreuzfahrten« auf dem Sognefjord machen - durch den Aurlandsfjord in den Nærøyfjord nach Gudvangen. Der Nærøyfjord, der engste Fjord Europas, gehört zu den Höhepunkten einer Norwegenreise. An seinem Ende liegt tief im Landesinneren Gudvangen, das sich, von mächtigen Bergen eingerahmt, besonders durch seine malerische Lage auszeichnet. Im Nærøydal finden Sie auch die berüchtigten Spitzkehren der alten Straße nach Stalheim (Stalheimskleiva). Als Radtour empfiehlt sich die Fahrt von Hallingskeid im Hochgebirge auf einem alten Bauweg bis ganz hinunter zum Aurlandsfjord.

Wer sich für kulturelle Traditionen interessiert, findet in Aurland viele lebende Beispiele. So werden hier u.a. »Aurlandschuhe« und Ziegenkäse hergestellt. Ausstellungen von rosenbemalten Holzgegenständen, handgemachten Textilien u.ä. finden während der Sommerzeit statt. Ein Freilichtmuseum, eine Bauernsiedlung aus dem 17. Jahrhundert, ist für Besucher täglich geöffnet. In Undredal, dem kleinsten Ort der Gemeinde, steht auch die kleinste Kirche Skandinaviens mit nur 40 Sitzplätzen. Sie stammt aus dem Jahr 1147. Die Orte Aurland, Flåm und Gudvangen garantieren an sich schon Ferienfreuden, sie können aber auch hervorragend als Ausgangspunkte für kurze oder längere Ausflüge dienen. Und Übernachtungsmöglichkeiten sind reichlich vorhanden: Hotels, Pensionen, Motels, Gebirgshütten oder Campingplätze.

Für weitere Informationen wenden Sie sich bitte an:
Aurland Reiselivslag
Postboks 53
N-5745 Aurland
Tel. 056 - 33 313 / 33 300
Telefax: 056 - 33 280

Ytre Sogn
Erleben Sie HAFS

»All in a day« - Alles an einem Tag. Das sagt man im Englischen, wenn man bewundernd auf einen besonders ereignisreichen Tag zurückblickt. Die Region des äußeren Sognefjordes bietet Ihnen durch ihre Vielseitigkeit die Möglichkeit zu vielen solchen, unvergeßlichen Tagen voller Urlaubserlebnisse.

Besuchen Sie HAFS. Erleben Sie die beeindruckenden Täler des Sognefjords und wie der imposante skandinavische Kontinent mit vielen tausend Inseln gleichsam zögernd in die Weite des offenen Meeres übergeht.

Das begrenzte Gebiet der hier zusammengeschlossenen Gemeinden Solund, Hyllestad und Gulen erlaubt es, das ganze Spektrum eines Skandinavienurlaubs von schroffem Hochgebirge und gewaltigen Fjorden über stille Forellenseen und bewaldete Täler bis hin zur Felsenküste mit unzähligen vorgelagerten Inseln und Schären und einem grandiosen Blick auf den Nordatlantik an einem einzigen Tag zu erleben, ohne daß Sie dabei weiter als 50 km fahren müssen. Und das Beste ist, daß Sie dabei völlig ungestört bleiben, denn HAFS ist eine unentdeckte und unberührte Naturregion fern der touristischen Zentren. Geschichtlich ist das Gebiet durch die traditionellen Seewege geprägt. Im milden Klima des Golfstroms an der Mündung des Sognefjords, der einen ausgezeichneten Transportweg weit ins Landesinnere darstellt, liegt das Gebiet im Kreuzungsbereich jahrtausendealter Handelswege.

Zur Zeit der Wikinger beherrschte das Fürstengeschlecht von der Insel Losna in der Gemeinde Solund aus weite Teile des Sogne-Gebiets- ein für damalige Verhältnisse unglaublich großes, reiches Areal. Bei Eivindvik in der Gemeinde Gulen liegt der Thing-Platz, auf dem die Wikingerstämme jährlich ihre gesetzgebende Versammlung, das Gula-Thing, abhielten. Hier wurden Gesetze beschlossen, Recht gesprochen und Verträge beraten.

In der Gemeinde Hyllestad liegt das weiträumige Gebiet eines historischen Steinbruchs, der vor über 700 Jahren Mühlsteine und Steinkreuze bis nach Island und Norddeutschland exportiert hat.

Der Lifjord unter dem markanten, weithin sichtbaren Lifjell ist nur durch zwei kleine Durchbrüche, die Listraumen, mit dem Sognefjord verbunden. Dank des abschirmenden Gebirges ist der Lifjord ein ausge-zeichnet geschützter natürlicher Hafen. Das zudem milde Lokalklima führt dazu, daß die Fruchtbaumblüte im Lifjord-Tal im Durchschnitt zwei Wochen vor der regional üblichen beginnt. Olav Kyrre, der Bergen um 1100 als seine Hauptstadt gründete, favorisierte Lifjord als Lokalität für dieses Vorhaben. Gäbe es nicht die gefährlich starken Gezeitenströme durch

Idyllisches HAFS

die Listraumen, so läge Bergen heute unterhalb des Lifjells.

Es gibt noch viel Entdecktes und manch Unentdecktes in HAFS. Ob Sie nun Angeln wollen oder Wandern, oder aber auf Fotosafari gehen wollen, ob Sie sich für Gesteine und Mineralien, für die Geschichte Skandinaviens oder für Handwerkskunst interessieren, oder ob Sie nur einmal die Stille hören wollen: HAFS hat Ihnen etwas zu bieten: »All in every day!« - einen ganzen Urlaub lang.

Weitere Informationen bei
HAFS TURISTKONTOR
N-5942 Hyllestad
Tel. 057 - 88 513
Telefax: 057 - 88 503

Sunnfjord

Die Region um den Førdefjord, zwischen dem Sognefjord und dem Nordfjord gelegen, heißt Sunnfjord. Sie erstreckt sich von Flora im Norden bis Førde im Osten und von Askvoll im Westen bis Sande im Süden. Landschaftlich gesehen ist es ein Gebiet von großer Vielfalt und das bedeutet, daß dort zahllose Aktivitäten möglich sind. Dank der vielen Flüsse, Seen und der abwechslungsreichen Küste können es hier vor allem Sportangler eine ganze Weile gut aushalten.

Flora

Flora ist von alters her eine Hafen- und Fischereistadt. Kein Wunder, daß sich die Sportangler hier zu Hause fühlen. Wie übrigens auch Segler und andere Wassersportfans, können sich Sportangler hier zwischen den zahllosen großen und kleinen Inseln vor der Küste wirklich ausleben. Aber auch auf festem Boden gibt es für jeden etwas zu erleben: z.B. das Küstenmuseum, die aus dem 12. Jahrhundert stammende Kirche auf der Insel Kinn, die fruchtbare Insel Svanøy mit dem 300 Jahre alten Gutshof, die Felszeichnungen bei Ausevik, und nicht zu vergessen: die prachtvolle Natur!

Førde

Der moderne Ort Førde liegt, von hohen Bergen, mächtigen Gletschern, blauen

Gleich haben wir ihn!

Fjorden, malerischen Tälern und tosenden Flüssen umgeben, mitten im Fjordgebiet. Also ein Paradies für Sportangler und Naturfreunde. In drei Lachsflüssen und 600 (!) Forellengewässern kann man die Angel auswerfen. Bergwanderungen, Fahrradtouren, Picknicks, Bootstouren, Museumsbesuche und Volkstanzvorstellungen sorgen ebenso für Abwechslung wie natürlich auch ein Ausflug zum Gletscher!

Sande

Sande ist ein kleiner Ort am Lachsfluß Gaula. Hier, zwischen Gletscher und Fjord, liegt ein herrliches Naturgebiet mit Seen, Wasserfällen und natürlich mit dem imposanten Gaularfjellpaß. Man übernachtet hier ausgezeichnet im Sande Kro & Motell, einem gemütlichen Familienbetrieb, der als Ausgangspunkt für Rundfahrten, Wanderungen und Angeltouren besonders geeignet ist. Das Sande Kro & Motell hat 15 Mehrbettzimmer mit Fernsehen, Dusche und WC für Familien. Mit dem bekannten Fjordpaß erhält man hier Ermäßigung.

Askvoll

An der äußersten Küste von Sunnfjord liegt die Gemeinde Askvoll. Ein Urlaub hier bedeutet das einzigartige Erlebnis der Küste mit all ihren Facetten, den Genuß der Landschaft am See- oder Meeresufer, den regen Schiffsverkehr zwischen den Inseln von Bulandet. Mit der Angel lassen sich Plattfisch, Seelachs und noch viele andere Fischarten an Land ziehen, und zwischendurch kann man die Kirche in Villness oder die Felzeichnungen auf Staveneset besichtigen. Kurzum, ein Urlaub am Meer!

Weitere Informationen bei:

Flora Kommune
Kulturkontoret
Hans Blomgate 5
Postboks 245
N-6901 Florø
Tel. 057 - 41 000

Førde Reiselivslag
Postboks 158
N-6801 Førde
Tel. 057 - 21 622
Telefax: 057 - 81 583

Sande Kro & Motell
N-6830 Sande in Sunnfjord
Tel. 057 - 16 131
Telefax: 057 - 16 588

Næringskontoret i Askvoll
Postboks 144
N-6980 Askvoll
Tel. 057 - 30 200
Telefax: 057 - 30 603

Møre og Romsdal

Møre og Romsdal ist der nördlichste Bezirk in Norwegens Fjordland. Viele lohnende Ziele locken die Reisenden in dieses Gebiet. *Ålesund* ist bekannt als die Stadt des Jugendstils. Ein Tunnelsystem unter dem Meer verbindet die Stadt mit der Nachbarinseln Valderøy, Giske und Godøy. *Runde* ist Norwegens südlichster und am leichtesten zugänglicher Vogelfelsen. Der *Geirangerfjord* ist wohl der berühmteste norwegische Fjord. Unweit von Åndalsnes schlängelt sich die einzigartige Paßstraße *Trollstigen* in Serpentinen hoch ins Fjell. In der Nähe, an der E 69, liegt Europas höchste, über 1.000 m senkrecht abfallende Steilwand *Trollveggen*. *Molde* ist die Stadt der Rosen und des Jazz (jährlich internationales Jazzfestival) mit einem sehenswerten Gebirgspanorama. Die *Atlantikstraße* ist eine neue erlebnisreiche Verbindung zwischen Molde und Kristiansund. Sie verläuft teilweise weit draußen, sozusagen »auf dem Meer«, und vermittelt dadurch unvergeßliche Eindrücke (Angler kommen hier auf ihre Kosten). *Kristiansund* ist eine lebendige Stadt, die durch den Hafen geprägt wird. Neue Tunnelprojekte werden die auf mehreren Inseln gelegene Stadt bald mit dem Festland verbinden. 14 km draußen im Meer vor Kristiansund liegt die kleine, dichtbebaute Insel *Grip* mit einer 600 Jahre alten Stabkirche. Im Sommer besteht täglich Verbindung mit Ausflugsschiffen. Das *Eikesdal* ist ein idyllisches Tal am Ende des Sees Eikesdalsvatnet mit neuer, ganzjähriger Straßenverbindung. Im Juli stürzt der Wasserfall *Mardalsfossen* in 297 m freiem Fall hinunter ins Tal. In der Gemeide Sunndal liegt das *Innerdal*, eines von Norwegens schönsten Tälern. Für längere Bergtouren empfiehlt sich das *Grøvudal* bei Sunndalsøra. Hier kann man mit etwas Glück Adler, Rentiere und Moschusochsen beobachten. Møre og Romsdal bietet eine Fülle von interessanten Eindrücken ...

Abenteuerliche Küste

MØRE OG ROMSDAL

Gesamtfläche km²: 15.075
Einwohnerzahl: 238.438

Städte / Einwohner:
Ålesund: 35.712
Molde: 22.095
Kristiansund N: 17.169

Entfernungen (von Ålesund):
- Oslo: 573 km
- Bergen: 401 km
- Kristiansand S: 901 km
- Kristiansund N: 134 km
- Trondheim: 428 km
- Nordkap: 2.052 km

Verkehrsflugplätze:
Kristiansund
Molde
Ørsta/Volda
Ålesund

Bahnverbindungen:
Åndalsnes - Dombås - (Oslo / Trondheim)

Sehenswürdigkeiten:
- Mardalsfossen, Nord-Europas höchster Wasserfall, Juli
- 4000 Jahre alte Felszeichnungen, bei Bugge
- Romsdalsmuseum / Fischereimuseum, Molde
- Mittelaltermuseum, Jugendstil-Architektur, Ålesund Kirche, Borgund Kirche, Ålesund
- »Mellemverftet« (Veteranbootswerft), Kristiansund
- Trollstigen, Åndalsnes
- Runde (Vogelfelsen), Herøy
- Grip (Inselgemeinde, 14 km vom Festland entfernt), Kristiansund
- Svinvik Arboretum, Surnadal
- Kulturzentrum Leikvin, Grøa, Sunndal

Ausflüge:
- Atlantikstraße
- Bjørnsund-Route
- Sightseeingtour, Runde
- Stadtrundfahrt mit Taxi, Kristiansund
- Tagestouren, Åndalsnes
- »The Golden Route«
- »Trolltur« 1 und 2 mit der Eisenbahn
- die historische Insel Edøy, Smøla
- vorzeitliches Gräberfeld auf der Insel Kuløy, Smøla
- Fischerort Veidholmen, Smøla
- Fischerort Brattvær, Smøla
- Torbudalen, Littedalen, Sunndal

Veranstaltungskalender S. 244 ff.

Weitere Informationen:
Møre og Romsdal Reiselivsråd
Postboks 467
N - 6501 Kristiansund N.
Tel. 073 - 73 977
Fax: 073 - 70 070

Møre og Romsdal

Der Bezirk Møre og Romsdal vermittelt dem Besucher eine Fülle von interessanten Eindrücken. Hier gibt es Fjord und Fjell, Küste und Binnenland - außerdem klares, reines Wasser und viel frische Luft. Hier findet man Ruhe und Frieden in unberührter Natur, aber ebensogut aktives, buntes Leben. Das Feriengebiet Møre og Romsdal liegt nur etwa 500 km auf der E 6 von Oslo entfernt und in der gesamten Region sind die Straßen in ausgezeichnetem Zustand. In Møre og Romsdal hat der Besucher die Wahl zwischen mehr als 20 Hotels, 150 Campingplätzen und ca. 100 großen und kleineren Ferienhüttenanlagen.

Über 400 verschiedene Freizeitangebote lassen bestimmt keine Langeweile aufkommen. Sie reichen von Meeresangeltouren in Begleitung von »professionellen« Fischern über anspruchsvolle Fjelltouren bis hin zu einem Besuch von jahrhundertealten Stabkirchen und Museen mit eigenen Volkstanzgruppen.

Das Gebirge

Die Hochgebirgslandschaft bietet nicht nur eine wunderschöne Kulisse, sie ist auch ein ideales Feriengebiet. In den Bergen von Møre og Romsdal bieten sich Wanderungen von Hütte zu Hütte an; an einigen Stellen kann man mit dem Auto sogar bis ins Hochgebirge gelangen. Hier gibt es nicht nur Gletscher und Felder mit ewigem Schnee, in geschützten Tälern findet man auch eine einzigartige Vegetation vor. Und nirgendwo sonst in Norwegen sind die Seen fischreicher als in dieser Gegend. Begeisterte Kletterer finden verschiedenste Schwierigkeitsgrade vor - Europas höchste, über 1.000 Meter senkrecht abfallende Felswand, »Trollveggen«, liegt in der Nähe von Åndalsnes.

Geiranger

Die Küstengebiete

Die Küste von Møre og Romsdal ist zu jeder Jahreszeit eine Attraktion - hier ist genug Platz für alle, und Angebote, um den Urlaub interessant zu gestalten, gibt es reichlich. Ob man nun einen gemütlich-komfortablen Hotelaufenthalt mit einer lohnenden Angeltour in einem Fischkutter kombinieren will, oder ob man in einer »eigenen« Hütte am Meer wohnen und ein »eigenes« Boot vor der Tür haben möchte, kein Problem! All dies ist hier möglich. An der Küste liegen drei Städte, zahlreiche Orte und Fischerdörfer, außerdem findet man verlassene kleine Inselortschaften, die eine Fahrt entlang der Küste interessant werden lassen.

Die Fjorde

»Hier gibt es die schönsten Fjorde Norwegens.« Große Worte, aber wahr. Der Geirangerfjord, der Hjørundfjord und der Romsdalsfjord sind »live« noch viel schöner als es die Bilder versprechen. Und nicht zuletzt der Surnadalsfjord: sanft und idyllisch erinnert er an einen ruhig und malerisch gelegenen Binnensee. Lachs- und Forellenzuchtstationen gibt es beinahe in jedem Fjord des Bezirks. Die Menschen wohnen hier in kleinen Dörfern oder Ortschaften, oft auch auf verstreuten Einzelhöfen, die sich hoch oben an die Bergwände schmiegen.

Die einzigartige Fjordlandschaft von Møre og Romsdal:
ein unvergeßliches Erlebnis!

Kristiansund

Vor fast genau 250 Jahren erhielt Kristiansund vom dänisch-norwegischen König Christian VI die Stadtrechte, die logische Folge des international gewachsenen Handels. Besonders das holländische Interesse am Handel mit Holz und Fisch hatte dazu beigetragen, doch auch das der Handelshäuser aus Nordfriesland und Schleswig-Holstein. Und da die Stadt einen sehr guten Hafen und eine ebenso gute strategische Lage hatte, wurde Kristiansund Handels- und Verkehrsknotenpunkt.

Kristiansund

Leben an der Küste

Große Teile des alten Kristiansund fielen bei der Bombardierung 1940 in Schutt und Asche, doch an mehreren Stellen ist die alte Architektur noch vorhanden und verleiht der Stadt zusammen mit dem Neuen einen besonderen Charme und Charakter. Alte, seeverbundene Erwerbszweige wie Schiffbau, Klippfischindustrie und Handwerk sind jetzt Teil eines typischen Küstenmilieus, das viel zu bieten hat: ein lebendiges Hafenbild mit Frachtern, Fähren und Fischerbooten, ein Gewimmel von kleinen Booten und gleich daneben einige interessante Museen.

Eine der spannendsten Küsten Europas

Kristiansund liegt inmitten Tausender von Inseln. Hier gibt es viel Platz, frische Luft und viele Aktivitätsmöglichkeiten in der Natur wie z.B. Angeln, Wandern, Tauchen und Radfahren. Sowohl Kristiansund als auch die umliegenden Inseln bieten zahlreiche Übernachtungsmöglichkeiten, Hotels, Hütten und Bootszentren - eine lebendige Küste! Besonders Grip - die kleine Insel 14 Kilometer vor Kristiansund - ist mit ihrer Stabkirche von 1470, der Molenanlage und ihrer Bebauung ein lebendiges kulturhistorisches Zeugnis. Für Autotouristen machen Fahrten auf der Atlantik-Küstenstraße und von Edøy nach Veidholmen das Küstenerlebnis komplett.

Eine einladende Stadt

Kristiansund ist eine Stadt, in der Bummeln ein Vergnügen ist. Gute und abwechslungsreiche Einkaufsmöglichkeiten, mehrere Museen, die moderne Kirkelandet-Kirche, der Vardeturm und üppige Parkanlagen gestalten einen Aufenthalt interessant und angenehm. Und abends läßt es sich gut in Hotels und Restaurants entspannen.

Rundreisen mit dem Auto

Für Rundreise-Liebhaber bietet Kristiansund eine ausgezeichnete Lage.
Die Abenteuerstraße:
Von Oppdal (E 6) aus führt die Straße 16 durch das von mächtigen Gebirgen umgebene Sunndal in eine blühende Fjordlandschaft und weiter in die Inselwelt von Kristiansund. Hier, an der Straße 16, wird jetzt Norwegens größtes Fjordüberquerungsprojekt realisiert: mit Schwimmbrücke (800m), Hängebrücke (1.000m) und einem Unterwassertunnel (5,8 km). Diese Anlage, die 1992 zum 250jährigen Stadtjubiläum fertig sein soll, ist aber schon heute eine Attraktion.
Von Kristiansund aus ist die neue Atlantik-Küstenstraße, die Straße 67 über Averøy nach Molde, zu empfehlen. Sie verbindet 8 Brücken auf einer Strecke von 8 km zahlreiche Inseln und Schären miteinander. Näher kann man dem Atlantik kaum kommen.

Kristiansund 1992 250år

Weitere Informationen erteilt
KRISTIANSUND
REISELIVSLAG,
Boks 401,
N-6501 Kristiansund
Tel. 073 - 77 211;
Telefax: 073 - 76 657

Golden Route

Die Straßen durch die bergige Landschaft des Bezirks Møre og Romsdal sind ein Erlebnis für sich. Einer der Höhepunkte ist die sogenannte »Golden Route«, die Straßenverbindung von Åndalsnes zum Geirangerfjord. Diese 120 km lange Strecke führt entlang vieler landschaftlich einzigartiger Sehenswürdigkeiten: der 1000 m senkrecht abfallenden Steilwand Trollveggen, der Trollstigen-Straße, die sich in 11 Haarnadelkurven mit einer Steigung von 12% bis in eine Höhe von 850 Metern schlängelt, und der »Ørnevegen-Straße, die auf ihren letzten 25 Kilometern in aufregenden Kurven nach Geiranger hinunterführt.

Neben vielen anderen Angeboten gibt es für Wanderfreunde in Geiranger eine ganz besondere Exkursion: In Begleitung eines Fremdenführers wandert man zu einem der verlassenen Bergbauernhöfe, die ohne jegliche Straßenverbindung irgendwo an der Bergwand zu kleben zu scheinen. Historisch wird's auch in Museen wie dem Straßenmuseum auf dem Gipfel des Trollstigen, dem zum Museum umgebauten Kraftwerk am Tafjord (1923) und dem Gebirgs- und Gesteinsmuseum Tindemuseet in Åndalsnes. Autofahrer sollten die Gelegenheit wahrnehmen und auf den 1.500 m hohen Berg Dalsnibba hinauffahren. Natürlich muß man nicht unbedingt mit dem Auto herkommen, es besteht auch eine Linienbusverbindung zwischen Åndalsnes und Geiranger. Hier fährt auch ein Fremdenführer auf Hin- und Rückweg mit, der auf der Fahrt über Geschichte und tägliches Leben berichtet - wahlweise auf deutsch, englisch, französisch oder norwegisch. Vergessen Sie Ihr Auto für einen Tag, lassen Sie sich im Bus informieren.

Schöne Abstecher sind in der Gemeinde Norddal möglich: Am Tafjord entlang geht es zum gleichnamigen Ort, von wo aus herrliche Wandermöglichkeiten bestehen.

Am Muldalsfossen

Auf der Nordseite des Tafjords kann man einen Spaziergang zum idyllisch gelegenen Berghof Muldal und zum 200 m hohen Mulldalsfossen-Wasserfall unternehmen. Die ursprüngliche Herdalssetra-Alm mit über 500 Ziegen erreicht man von Norddal mit dem Auto. Ein weiterer schöner Ausflug ist die Fahrt von Hellesylt nach Stranda. Hier kann man ein Stück auf der alten Poststraße Bergen-Trondheim wandern. Von der Bergkuppe des Ljøbrekka bietet sich dem Betrachter eine wundervolle Aussicht auf die Mündung des Geirangerfjords.

Åndalsnes, Anfangs- oder Endpunkt der »Golden Route«, ist mit seinen zahlreichen Freizeitmöglichkeiten wie Riverrafting oder Kanufahren ein attraktiver Anziehungspunkt für Touristen.

Autofahren als Spaß und Aussteigen zum Vergnügen!

Weitere Informationen bei:

Åndalsnes og Romsdal
Reiselivslag
Postboks 133
N-6301 Åndalsnes
Tel. 072 - 21 622

Geiranger og Stranda
Reiselivslag
Rådhuset
N-6200 Stranda
Tel. 071 - 60 044

Norddal Reiselivslag
N-6210 Valldal
Tel. 071 - 57 570

Norwegen bekommt ein neues Profil

Haben Sie das Offizielle Reisehandbuch vielleicht schon zum zweiten oder dritten Mal gekauft, um wiederum gut informiert in den Urlaub zu starten? Ist Ihnen in diesem Jahr äußerlich etwas aufgefallen? Vielleicht haben Sie bemerkt, daß der Schriftzug NORWEGEN auf der Titelseite ganz anders aussieht als früher. Und möglicherweise haben Sie den Aufdruck THE NORWEGIAN EXPERIENCE vermißt, der sonst immer unten auf der Titelseite zu finden war.

Wenn Ihnen keines von beidem aufgefallen ist oder Sie das Reisehandbuch zum ersten Mal in Händen halten, dann schauen Sie doch jetzt noch einmal auf der Titelseite nach. Die markanten Buchstaben des

Schriftzugs NORWEGEN werden Ihnen noch öfter begegnen. Sie sind zentraler Bestandteil einer neuen Profilierungskampagne, mit der sich Norwegen in Zukunft in der Welt präsentiert.

Entwickelt wurde das neue Norwegenprofil von der Osloer Designfirma DesignCo. Auftraggeber und an den Vorüberlegungen beteiligt waren das norwegische Außenministerium, das Kultusministerium, der Exportrat, das Olympische Organisationskomitee Lillehammer sowie NORTRA in Oslo, die Zentrale der norwegischen Fremdenverkehrsämter.

Das neue Profil besteht aus mehreren Komponenten. Zum einen ist da der erwähnte Schriftzug. Er umfaßt alle Buchstaben des Alphabets und wurde ganz neu entwickelt, u.a. aus Elementen des alten Runenalphabets. Die Schrift ist so markant und einzigartig, daß sie die Funktion eines Logos, also eines Firmenzeichens, übernehmen soll. Weiter gehört zum neuen Profil eine Palette von zwölf Farben, die fast alle mit Farben in der norwegischen Natur in Verbindung stehen. Zu den Grundfarben Rot und Blau (den Nationalfarben) gesellt sich ein tiefes Grün. Diese drei Farben werden je einmal hell und einmal dunkel variiert, hinzu kommen ein Gelbton sowie Gold und Silber. Für den Titel des diesjährigen Reisehandbuchs wurde z.B. das dunkle Rot (Brombeerrot) ausgewählt. So entsteht eine große Vielfalt von Kombinationsmöglichkeiten, die die Vielfalt der norwegischen Natur ebenso widerspiegeln soll wie eine Reihe von typisch norwegischen Eigenschaften: Bodenständigkeit ebenso wie Weltoffenheit, Kühnheit und zugleich Bescheidenheit, Qualitätsbewußtsein, Zuverlässigkeit und ein besonderes Bewußtsein für die Gleichwertigkeit innerhalb der Gesellschaft.

Die Gestalter des neuen Profils hoffen, daß es breite Zustimmung findet und damit auch von vielen Wirtschaftsbereichen verwendet wird, damit Norwegen und norwegische Produkte in den nächsten Jahren an ihrem neuen »Markenzeichen« in aller Welt erkannt werden. Nicht zuletzt die Olympischen Winterspiele 1994 in Lillehammer werden Gelegenheit dazu geben, Norwegen als modernes, hochentwickeltes, aber auch traditionsbewußtes, naturverbundenes Land zu präsentieren. Schon im Sommer 1990 haben das Norwegische Olympische Komitee und der Reedereiverband ihre Zustimmung zum neuen Konzept bekundet. Auch NORTRA und die gesamte Touristikbranche werden das Norwegenprofil anwenden. Im deutschsprachigen Raum erscheinen daher alle Publikationen des Norwegischen Fremdenverkehrsamtes mit neuer Schrift und in neuen Farben, von der Broschüre NORWEGEN über das Offizielle Reisehandbuch bis zum NORWEGEN MAGAZIN. Sehen Sie selbst ...

Sør-Trøndelag

kann man eine der alten Gruben besichtigen. Und wenn eben vom milden Klima dank des Golfstroms die Rede war: zumindest im Winter gelten in Røros andere Zahlen. Dann kann der Wind hier in den Bergen schon einmal mit -30° bis -40° um die Ecken pfeifen.

Noch ein Tip für begeisterte Radfahrer. Leute mit guter Kondition sollten unbedingt eine Teilnahme an der Marathonfahrt »Den store styrkeprøven« (»Große Kraftprobe«) von Trondheim nach Oslo in Erwägung ziehen (s. auch den Erlebnisbericht auf S. 96). Diese volkslaufähnliche Veranstaltung findet jährlich etwa Ende Juni statt und erfreut sich großer Beliebtheit bei in- und ausländischen Radlern. Reine Sonntagsfahrer werden allerdings auf der Strecke bleiben ...

Der Nidaros-Dom

Der Bezirk Sør-Trøndelag liegt für viele Norwegenreisende schon sehr weit nördlich. Ein Blick auf die Landkarte zeigt aber, daß er eigentlich mitten in Norwegen liegt, ja fast noch dem Süden zuzurechnen ist. Dank des Golfstroms sorgt ein mildes Klima für gute landwirtschaftliche Erträge, eine der »Kornkammern« des Landes liegt hier.

Die Hauptstadt Trondheim ist mit ihren etwa 135.000 Einwohnern Norwegens drittgrößte Stadt. Sie liegt nur 540 km von Oslo entfernt, zum Nordkap sind es dagegen noch einmal über 1.600 km. Der imposante mittelalterliche Dom ist auch heute noch die Krönungskirche der norwegischen Könige.

Wer einen umfassenden Rundblick über die Stadt und den dahinterliegenden Trondheimsfjord genießen will, sollte auf den Tyholtturm hinauffahren. Aus 67 m Höhe sieht die Welt ganz anders aus! Noch ein Stockwerk darüber befindet sich Norwegens einziges Drehrestaurant. Pro Stunde beschreibt es einen Kreis von 360 Grad.

Unter den Attraktionen Sør-Trøndelags muß auch Bergwerksstadt Røros erwähnt werden. Der Ortskern samt Kirche und alten Abraumhalden ist aus dem 18. Jahrhundert erhalten geblieben und steht unter Denkmalschutz. Selbstverständlich

Historisches Røros

SØR-TRØNDELAG

Gesamtfläche km²: 18.831
Einwohner: 249.624

Städte/Einwohner:
Trondheim: 135.000
Røros: 5.450

Entfernungen (von Trondheim):
- Oslo: 539 km
- Bergen: 682 km
- Bodø: 738 km
- Kristiansand S: 873 km
- Steinkjer: 122 km
- Tromsø: 1.169 km
- Nordkap: 1.169 km

Verkehrsflugplätze:
Røros, Ørland, Trondheim

Bahnverbindungen:
Trondheim - Bodø, Trondheim - Östersund - Stockholm, Trondheim - Dombås - Oslo, Trondheim - Røros - Oslo.

Sehenswürdigkeiten:
- Nidarosdom, Erzbischofshof, Trøndelag Volksmuseum, Trondheim
- Austråtburg, Ørland
- Musikhistorisches Museum, Ringve
- Bergstadt Røros, Røros-Museum und Olavsgrube, (der Ort steht auf der UNESCO-Liste), Røros
- Altes Zechengebiet bei Løkken
- Thamshavnbahn (Museumsbahn), Meldal

Ausflüge:
- Ausflüge zu den Inseln der Küste Mittelnorwegens (ab Trondheim)
- Busrundfahrt mit Guide (Trondheim und Umgebung)
- Hafenrundfahrt (ab Ravnkloa, 2 Std.)
- Bootstour nach Munkholmen
- Angeltour / Fjordkreuzfahrt
- Rundfahrt mit Veteranstraßenbahn (Trondheim und Umgebung)
- Halbtagestour zur Austråtburg mit dem Schnellboot
- Ausflug zum Miniaturdorf Dolmen bei Kjerringvåg (Bus, Fähre, Schnellboot)
- Sommernachtsfest auf M/S Yrjar (nachmittags ab Trondheim, Rückkehr am nächsten Morgen)
- Mit dem Boot ein Wochenende nach Halten
- Nur sonntags: Bootstour ab Trondheim nach: Brekstad - Fillan - Inntian - Sistranda. Rückfahrt über Knarrlagssund

(Veranstaltungskalender S. 244 ff.)

Weitere Informationen:
Sør-Trøndelag Reiselivsråd
Olav Tryggvasonsgate 39/41
N - 7011 Trondheim
Tel. 07 - 52 15 31, Fax: 07 - 52 04 30

Sør-Trøndelag

Die Küste von Sør-Trøndelag ist mehr als nur eine Besichtigung wert. Sie bildet eine außergewöhnliche Einheit aus tiefen Fjorden, gemütlichen Küstenorten und einem Schärengürtel, der aus tausenden von Inseln und Schären besteht. Kurzum: wie geschaffen für einen Angelsporturlaub. Ob man sein Angelrevier am Ufer sucht oder mit einem Fischkutter aufs Meer hinausfährt, bei diesen Fischbeständen ist ein guter Fang fast garantiert. Und ganz gleich, ob man in einem luxuriösen Hotel übernachtet oder sich eine »Hytte« gemietet hat, es gehört zum Service, daß man den Fisch einfrieren oder auf andere Weise konservieren kann. Eine ganz andere Erfahrung bieten die 26 Lachsreviere des Bezirks. Einen 12 Kilo schweren Gegner im Wettkampf zu besiegen, ist keineswegs Anglerlatein, sondern durchaus wahrscheinlich. In einem großen Teil der mehr als 40.000 Bergseen in Sør-Trøndelag kann man in aller Ruhe auf Forelle oder Lachsforelle angeln. Selbstverständlich gibt es aber auch noch andere Arten, das Wasser zu genießen. Man kann sich zum Beispiel ein Ruder-, Segel- oder Motorboot mieten, um von Bord aus nach alten Schiffswracks zu tauchen. Wer surfen oder Wasserski betreiben möchte, braucht nichts außer der normalen Portion Mut mitzubringen.

Für sogenannte Landratten wurden in den Bergen von Trollheimen und Sylene viele

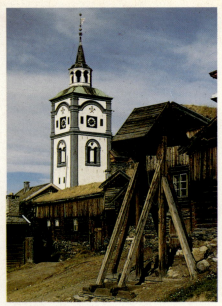
Lebendiges Museum Røros

Wanderrouten mit gut markierten Wegen ausgearbeitet, die jedoch nicht nur zu Fuß, sondern auch auf dem Pferderücken zu erschließen sind. Die außergewöhnliche Begegnung mit einem Moschusochsen ist im Dovre Nationalpark bei Oppdal möglich. Wer weiß schon, daß sich die idealste Stadt der Welt in Sør-Trøndelag befindet? Diese Ehre wurde der Hauptstadt Trondheim zuteil, deren Einwohner auf besondere Art in der Lage waren, die Vorzüge einer großen Stadt mit dem Charme eines kleinen Ortes zu kombinieren. Außerdem gibt es in Trondheim eine Menge Sehenswürdigkeiten wie den Nidaros-Dom, das größte mittelalterliche Bauwerk Nordeuropas, das Ringve Museum mit Musikinstrumenten aus der ganzen Welt, die kleine Insel Munkholmen, die mitten im Fjord liegt und auf der früher ein Kloster stand, und vieles mehr. Auch hier hat man Gelegenheit, sich aktiv auszutoben. Wie wär's mit einer Partie Minigolf in einer fast taghellen Sommernacht? Bestimmt ein unvergeßliches Erlebnis. Auch in Røros muß man gewesen sein. Die alte Bergwerksstadt aus dem 18. Jahrhundert ist noch heute so gut erhalten, daß sie in die World Heritage List der UNESCO aufgenommen wurde. Bei der Besichtigung der 1979 in ein Museum umgewandelten Olavsgrube erhält man ein Bild von der schweren Arbeit der Bergleute. In Mittelnorwegen gibt es viel Interessantes und Schönes zu erleben. Das sollte man sich nicht entgehen lassen! Eine neue Art, diesen Landesteil kennenzulernen, ist die Mittelnorwegen-Tour: Zuerst geht es mit dem Zug von Oppdal nach Trondheim, wo man auf eins der elf Hurtigruten-Schiffe umsteigt, das nach Kristiansund fährt. Von dort aus geht der Ausflug mit dem Bus der »Mørelinjen« zurück nach Oppdal. Diese Rundreise kann an einem Tag unternommen werden (sie dauert 19 Stunden), aber man kann auch unterwegs eine oder mehrere Übernachtungen einlegen. Mehr Informationen gibt es bei der NSB, Hurtigruten oder Mørelinjen.

Oppdal - das natürliche Urlaubsziel

Oppdal ist der ideale Urlaubsort für alle, die Entspannung und Erholung suchen. Dank der Lage zwischen dem Dovre Nationalpark und dem Trollheimen Gebirge kann Oppdal dem Besucher alles bieten, was man sich wünscht: wunderschöne Wandergebiete, fischreiche Flüsse und Seen, aufregende Wildwasser-Floßfahrten, Reiten, Paddeln, Tennis.

Auch zur Winterzeit beweist Oppdal, daß es eine der ersten Adressen Norwegens ist. Die Gebirge um Oppdal sind schneesicher und bieten sowohl WorldCup erprobte Abfahrtspisten als auch präparierte Loipen. Und für jede Jahreszeit gilt: Wohin man sich auch wendet, überall findet man Panoramen, die zum Fotografieren

Tradition und Kultur geben sich in Oppdal ein Stelldichein

Die Gondelbahn in Oppdal

einladen - eines schöner als das andere. Sogar Europas einzige Moschusochsen-Herde lebt ganz in der Nähe von Oppdal im Dovrefjell. Dank der guten Verkehrsverbindungen kommt man von Oppdal aus auch schnell und bequem nach ganz Mittelnorwegen. Oppdal selbst ist eine moderne lebendige Kleinstadt. Hier kreuzen sich die E 18, die Straße 16 und die Bahnverbindung Oslo - Trondheim. Sehenswert sind die größte Wikinger-Grabstätte ganz Norwegens, das Stadtmuseum mit regelmäßigen Ausstellungen und die Kirche aus dem frühen 17. Jh.

Eine Attraktion sollten Sie sich auf keinen Fall entgehen lassen: die Gondelbahn. Bis auf eine Höhe von 1.125 m können Sie direkt vom Zentrum aus hinauffahren. Auch Körperbehinderte können mit der Gondelbahn bei vollem Komfort das phantastische Panorama erleben.

Für weitere Informationen wenden Sie sich bitte an:
Oppdal Turistkontor
Postboks 50
N - 7341 Oppdal
Tel. 074 - 21 760
Telefax: 074 - 20 888

Namsskogan Familiepark

Ein Familienparadies im Naturparadies - das ist der Namsskogan Familienpark. Ganz zentral an der E 6 zwischen Grong und Mosjøen gelegen, bietet der Namsskogan Familienpark ein abwechslungsreiches Aktivitätsangebot für groß und klein. Das heißt aber nicht, daß es hier mit viel »Tschingderassabum« zugeht wie auf dem Jahrmarkt. Ganz im Gegenteil - hier wurde Wert darauf gelegt, die Ursprünglichkeit der Natur zu bewahren. Was liegt da z.B. näher als einen Tierpark einzurichten, der dem staunenden Besucher die nordische Tier- und Vogelwelt präsentiert? Ein weitläufiges Gehege für sich hat hier auch der Elch, der König der nordischen Wälder. Aber auch Rentiere und Rotwild streifen durch's Gelände.

Wer den Namsskogan Familiepark aktiv erobern möchte, kann dies mit einem Ruderboot, Kanu oder Tretboot tun. Ein anschließendes Bad im See ist dann um so erfrischender. Und zur Stärkung brutzelt man sich etwas auf einem der Grillplätze oder schaut in der Cafeteria vorbei.

Bei einem solchen Angebot, das noch vieles mehr umfaßt und nur eine Eintrittskarte erfordert, sollte man sich schon Zeit lassen. Deshalb bietet Trones Kro og Motell gleich neben dem Familienpark einen Gasthof sowie Motel, Hütten und Campingplatz. Da bleibt dann auch Zeit für einen Besuch in einer Kunstgewerbewerkstatt, in der echte norwegische

Einmal neugierig - die Könige der nordischen Wälder

Handarbeiten angeboten werden, und für ein Bad in der nur wenige Schritte entfernten, modernen Schwimmhalle. Eine besonders naturverbundene und nicht alltägliche Ausflugsart ist eine Kutschfahrt oder eine Tour auf dem Pferderükken. Angelfreunde kommen ebenfalls nicht zu kurz und können das Angelglück herausfordern, ohne daß Extrakosten entstehen; die notwendige Ausrüstung verleiht der Kiosk.

Sie sehen, es ist immer was los in Trones und im Namsskogan Familienpark. Herzlich willkommen!

Weitere Informationen bei:
Namsskogan FAMILIEPARK A/S
N-7896 Brekkvasselv
Tel. 077 - 34 105
Telefax: 077 - 34 034

Jährlich findet in Stiklestad das St. Olavs-Spiel statt

NORD-TRØNDELAG

Gesamtfläche km²: 22.463
Einwohner: 126.750

Städte / Einwohner:
Steinkjer: 20.386
Levanger: 16.674
Namsos: 12.795

Verkehrsflugplätze:
Namsos, Rørvik

Entfernungen (von Steinkjer):
- Oslo: .... 661 km
- Bergen: .... 804 km
- Kristiansand S: .... 995 km
- Trondheim: .... 122 km
- Tromsø: .... 1.047 km
- Nordkap: .... 1.502 km

Bahnverbindungen:
Oslo - Trondheim - Levanger - Steinkjer - Bodø

Sehenswürdigkeiten:
- Felszeichnungen in Hegra, Bardal / Steinkjer und Bølarein / Steinkjer
- Stiklestad, Verdal
- Schloss Steinviksholm, Stjørdal
- Woxengs Sammlungen, Vikna
- Namsskogan (Abenteuerpark), Namsskogan

Veranstaltungskalender S. 244 ff.

Weitere Informationen:
Nord-Trøndelag Reiselivsråd
Selfint, Seilmakergt. 2
N - 7700 Steinkjer
Tel. 077 - 45 500

DAS GROSSE NORWEGEN-BUCH

RICHTUNG LILLEHAMMER

- **Wertvolle Fotodokumente**, Artikel und Essays namhafter norwegischer Autoren und Journalisten zur Geschichte des Wintersportlandes Norwegen finden Sie in dem soeben erschienenen prachtvoll ausgestatteten Bildband.

- **Ein außergewöhnliches Geschenk und Sammelobjekt**
Der 312seitige Band ist durchgehend vierfarbig bebildert. Jedes der acht Kapitel wird mit einem doppelseitigen Gemälde des norwegischen Künstlers Jakob Weidemann eingeleitet. Das große Format (24 x 29 cm) und die limitierte Auflage machen den Band zu einem exklusiven Geschenk.

- **Norwegische Autoren schreiben für Sie**
Vorwort von **Kronprinz Harald**, Ehrenpräsident der XVII. Winterolympiade
Thor Heyerdahl, Ethnologe und Seefahrer: Norwegen in der Welt
Gidske Anderson, Autorin und Mitglied des Nobelkomitees: Die Norweger
Hasse Farstad: Land des Wintersports
Ola M. Mathisen: Der Weg zu den Olympischen Spielen
Knut Ramberg: Das Gudbrandsdal, und viele mehr.

- **Norwegen in drei Bänden:**
Das Werk erscheint in insgesamt drei Bänden; der erste Band liegt jetzt vor. **Band 2** erscheint 1992 und hat das moderne Norwegen zum Thema: die moderne Industrie- und Schiffahrtsnation, die auf vielen Gebieten, u.a. im Off-Shore-Sektor, internationale Spitzenkompetenz beansprucht. **Band 3** wird das Werk mit einer ausführlichen Berichterstattung in Wort und Bild über die XVII. Olympischen Winterspiele beschließen. Alle Bände erscheinen in norwegischer, englischer und deutscher Sprache.

- **Richtung Lillehammer, Band 1**
erschienen im
J.M. Stenersens Forlag A.S., Oslo 1990,
312 Seiten, Preis: DM 135,-,
ISBN 82 - 7201 - 172 - 7

Die deutsche Ausgabe ist über **NORTRA Marketing GmbH**, Mundburger Damm 45, 2000 Hamburg 76, oder über den **NORDIS Buch- und Landkartenhandel**, Böttgerstr. 9, 4019 Monheim zu beziehen. Auf Anfrage (Tel. 040 / 22 71 08 10) erhalten Sie beim Norwegischen Fremdenverkehrsamt eine Informationsbroschüre.

Nordland

Das langgestreckte Nordland ist Norwegens längster und zugleich schmalster Bezirk. Er ist etwa 500 km lang und mißt an seiner schmalsten Stelle, dort wo der Hellemofjord ins Land hineinragt, nur 6,3 km bis zur Grenze nach Schweden.

Nordland besitzt eine Attraktion, die unsichtbar ist - den Polarkreis. Rund 80 km nordöstlich von Mo i Rana erreicht man ihn auf der E 6. An Ort und Stelle informiert ein neues Polarkreiszentrum über die Bedeutung dieser besonderen Linie und über Nordnorwegen überhaupt. Hier beginnt das Reich der Mitternachtssonne, hier geht die Sonne um den 21. Juni herum nicht unter. Je weiter nach Norden man kommt, desto länger wird diese Periode.

Viele Besucher durchfahren Nordland jährlich auf dem Weg zum Nordkap. Doch die wenigsten versäumen einen Abstecher zu den Inselreichen der Lofoten und der Vesterålen. Die Vesterålen sind besonders für ihre Walsafari bekannt, die von Andenes an der Nordspitze aus startet. Mit etwas Glück bekommt man einen der riesigen Meeressäuger vor die Kamera.

Am Svartisen-Gletscher

Wie eine Säge scheinen die gezackten Berge der Lofoten aus dem Meer zu ragen. Grau und unwirtlich wirken sie von weiten, aber je näher man kommt, desto deutlicher sieht man das viele Grün schimmern, und kleine idyllische Fischerdörfer liegen hingestreut zwischen Meer und Bergen. Das Licht und die Farben wechseln hier mit jeder Wetterlage und bieten dem Auge wie der Kamera unendliche viele Motive. Die Ferienhäuser heißen »Rorbuer«, es sind umgebaute ehemalige Fischerhütten (oder ihnen nachempfundene Häuser), in denen die Fischer während des Lofotfischfangs wohnten. Das südlichste Dorf trägt den kurzen Namen Å. Von hier aus kann man zu den beiden Vogelinseln Værøy und Røst hinüberschauen, die mit dem Boot oder dem Flugzeug zu erreichen sind.

Von den weiteren Attraktionen Nordlands sei noch der Svartisen-Gletscher erwähnt, Norwegens zweitgrößtes Gletschermassiv. Sein Schmelzwasser schuf zahlreiche Grotten, deren berühmteste, die Grønligrotte, den Besuchern Einblick in eine faszinierende Welt unter Tage bietet.

Der eindrucksvolle Gezeitenstrom Saltstraumen

NORDLAND

Gesamtfläche km²: 38.327
Einwohner: 239.532

Städte / Einwohner:
Bodø: 37.000
Narvik: 18.539

Wichtige Orte:
Mo i Rana
Mosjøen
Brønnøysund
Sandnessjøen
Svolvær

Entfernungen (ab Bodø):
- Oslo: .... 1.277 km
- Bergen: .... 1.420 km
- Kristiansand S: .... 1.611 km
- Trondheim: .... 750 km
- Tromsø: .... 557 km
- Nordkap: .... 1.002 km

Verkehrsflugplätze:
Andenes, Bodø, Brønnøysund, Evenes, Leknes, Mo i Rana, Mosjøen, Narvik, Sandnessjøen, Stokmarknes, Svolvær

Sehenswürdigkeiten:
- Svartisengletscher, Rana / Meløy
- Saltstraumen, Bodø
- Polarkreiszentrum, Bodø
- Flughafen Bodø, Nordeuropas modernster Flughafen
- Nordlandshalle, Bodø, Norwegens größte Sport- und Messehalle
- Kriegsmahnmal, Narvik
- Lofoten
- Gebirgsformationen der Helgelandsküste
- Polarkreis, Saltfjellet
- Kjerringøy, alter Handelsplatz, Bodø
- Grønligrotte, Rana
- Kraftwerk in Sulitjelma

Ausflüge:
- Jeden Samstag Bootsausflug zum Svartisengletscher (ab Bodø)
- Schärensightseeing, Bodø
- Angeltour vor der Küste von Bodø
- Fähre über den Vestfjord zwischen Bodø und den Lofoten
- Bootstouren zu den Lofoten
- Bootsausflüge zu den Vesterålen, Walbeobachtung
- Bootstouren / Angelmöglichkeiten in Hemnes, Lurøy, Rødøy, Træna, Nesna, Rana
- Bootsausflüge ab Sandnessjøen
- Bootstouren zu den Schären der Helgelandsküste und zum Torghatten, Brønnøysund
- Bootsausflüge und Angeltouren ab Narvik

Veranstaltungskalender S. 244 ff.

Weitere Informationen:
Nordland Reiselivsråd
Postboks 434, Storgaten 28
N- 8001 Bodø
Tel. 081 - 24 406 / 21 414
Fax: 081 - 28 328

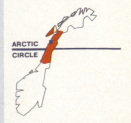

Nordland

Bodø & Salten

Natur und Kultur sind der gemeinsame Nenner für die Nordland Musikfest-Woche in Bodø

Ein nordnorwegisches Zentrum - das ist *Bodø*, das Verwaltungs- und Kulturzentrum nördlich des Polarkreises. Hier, an der geographischen Grenze zur Arktis, gibt es jetzt eine neue Attraktion - das Polarkreiszentrum an der E 6. Hier erhält man Auskunft u.a. über die Kultur, die Geschichte und die Attraktionen Nordnorwegens. Als einziger seiner Art verkauft der dortige Souvenirladen nur nordnorwegische Erzeugnisse, wobei besonders stark die lappländische Kunst und traditionelle lappländische Kunstgewerbegegenstände vertreten sind. Cafeteria, Ausstellungen und ein Panoramafilm über Nordnorwegen komplettieren das interessante Angebot.

Das Gebiet um Bodø lädt auch zu einem umfangreichen Kulturangebot ein, so zum Beispiel zur »Nordland Musikfestwoche« in Bodø, zur Saga-Aufführung in Steigen und zum Mons Petter-Festival in Sulitjelma. Für eine Reise auf den berühmten Archipel der Lofoten sind jetzt noch bessere Möglichkeiten geschaffen worden. Zwischen Bodø und Moskenes auf den Westlofoten verkehrt nun zweimal täglich eine Autofähre, und auch Værøy und Røst haben jetzt siebenmal wöchentlich eine direkte Fährverbindung mit Bodø.

Salten - Abenteuer am Polarkreis

Das Hinterland von Bodø bildet *Salten*, ein Gebiet voller Vielfalt. Zwischen der Hochebene des Saltfjell-Gebirges und den alpinen Berggipfeln der Lofoten liegt z.B. das wildromantische Junkerdal mit seiner atemberaubenden Natur; inmitten des Rago Nationalparks, der einer der schönsten Naturparks Norwegens ist, stoßen wir auf die Bergbaustadt Sulitjelma. Das Küstengebiet von Salten ist eine Welt für sich: mit dem schönen Hamarøy, wo der weltberühmte Schriftsteller Knut Hamsun aufgewachsen ist, mit der eindrucksvollen Fjordlandschaft des Tysfjords und Steigen, das reich an Zeugnissen einer wechselvollen Vergangenheit ist. Überwältigende Erlebnisse sind z.B. eine geführte Tour durch die Pflanzenwelt des Junkerdals oder ein Besuch der Kupfermine in Sulitjelma. Jahrtausendealte unterirdische Flüsse haben sogar die Möglichkeit für einen Besuch der unterirdischen Kalkhöhlen geschaffen. Angeln in Bächen, in Seen oder im Fjord, Ausritte ins Gebirge und Rafting auf schnell strömenden Flüssen. Und all das im Licht der Mitternachtssonne.

Weitere Informationen bei:

Bodø Arrangement A/S
Tourist Information,
Postboks 514, Sjøgt. 21,
N-8000 Bodø,
Tel. 081 - 26 000,
Telefax: 081 - 22 177

Salten Reiselivslag
Postboks 224,
N-8201 Fauske,
Tel. 081 - 43 303,
Telefax: 081 - 43 303

Lofoten - Vesterålen

Die *Lofoten* bieten die Möglichkeit zu aktiven Ferien in einer imposanten Natur. Man kann hier nicht nur Wanderungen unternehmen, tauchen, rudern oder angeln, auch Kunstinteressierte kommen nicht zu kurz; Kunstgalerien und -schmieden laden zum Besuch ein. Oder wie wär's mit einem Museum für Fischereierzeugnisse oder einem modernen Aquarium? Zum Wohnen eignen sich die beliebten Speicher und Fischerhütten; wer einen anderen Komfort sucht, findet auf den Lofoten auch mehrere gemütliche Hotels wie das Hotel Havly im Zentrum von Svolvær.

Nördlich der Lofoten liegt das Inselreich *Vesterålen*: märchenhafte Fjorde und zerklüftete Berge, sanfte Ebenen und weite,

»Moby Dick« in seinem Element vor Andenes

Stimmungsvolle Lofoten

weiße Sandstrände, umgeben von reinem, klarem Wasser. Dem Besucher ist der Rahmen vorgegeben, jetzt heißt es entspannt genießen oder mitmachen - die Möglichkeiten dazu sind zahlreich. Das Sommer-Melbu Festival mit seiner lebensbejahenden Kultur und Erinnerungen an anno dazumal, erlebt im alten Marktladen von Jennestad, bieten die Gelegenheit, neue und alte Traditionen kennenzulernen. Die Vogelfelsen bei Nykvåg in Bø und auf der Insel Bleiksøya, die Wanderpfade in Vesterålen, Meeresangeln und helle Nächte, malerische Fischerorte und zauberhafte Fjorde laden Sie ein. Und nicht zu vergessen: die einzigartige Attraktion in Europa, die Walsafari bei Andenes. Hier können Sie »Moby Dick« aus nächster Nähe in seinem Element beobachten.

Weitere Informationen über Vesterålen erhalten Sie bei:

Vesterålen Reiselivslag, Postboks 243, N-8401 Sortland, Tel. 088 - 21 555, Telefax: 088 - 23 666

Weitere Informationen über Lofoten bei:
Lofoten Reiselivslag, Postboks 210, N-8301 Svolvær, Tel. 088 - 71 053, Telefax: 088 - 71 929
Lofoten Turist- og Rorbuesenter, N-8310 Kabelvåg, Tel. 088-78 180, Telefax 088 - 78 337

Hotel Havly, N-8300 Svolvær, Tel. 088-71 344
Telefax: 088 - 70 795, Telex: 64 295

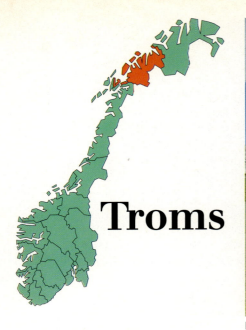

Troms

Kanufreuden für die ganze Familie

Der Bezirk Troms liegt mitten im Land der Mitternachtssonne. Hier sieht man im Sommer Bauern nachts auf ihren Äckern, und man glaubt das Wachstum der Natur beobachten zu können.

Zentrum des Bezirks und größte Stadt in Nordnorwegen ist Tromsø, eine lebendige Hauptstadt, die sich selbst den anspruchsvollen Titel »City of the Midnight Fun« gegeben hat. Tatsächlich ist es ein ganz besonderes Vergnügen, im Licht der Mitternachtssonne in einem Straßencafé zu sitzen und zum Beispiel ein Bier aus der nördlichsten Brauerei der Welt - eben aus Tromsø - zu genießen. Die Discos schließen erst früh am Morgen und entlassen ihre Gäste blinzelnd in den neuen Tag. »Tor zum Eismeer« wird Tromsø auch genannt, von hier brachen bedeutende Polarforscher wie Fridtjof Nansen, Roald Amundsen oder Salomon Andrée zu ihren Forschungsreisen auf. Das Phänomen des Nordlichts, das allerdings nur im Winter auftritt, wird hier wissenschaftlich unter-

Hella bei Tromsø

sucht und in einem eigenen Planetarium dem interessierten Publikum nähergebracht.

Die zweite Stadt des Bezirks ist Harstad, das an der Nordküste der größten norwegischen Insel, Hinnøya, liegt. Harstad blickt wie Tromsø auf eine lange Geschichte zurück und ist doch zugleich eine moderne Stadt. Ein besonderer Höhepunkt sind in jedem Sommer die Nordnorwegen-Festspiele, die Ende Juni mit einheimischen und internationalen Künstlern und Interpreten stattfinden.

Faszinierend wie die Städte ist aber auch die Landschaft in Troms. Fast ein Viertel der Gesamtfläche des Bezirks besteht aus Inseln, die Teil einer vielfältigen Küstenlandschaft sind - mal schroff und abweisend, dann wieder mit einladenden Sandstränden und flachen Klippen. Daß hier Schiffe und Boote zu den wichtigsten Verkehrsmitteln zählen, verwundert nicht. Östlich von Tromsø erheben sich die Lyngsalpen aus dem Meer. Sie sind zwar nicht so hoch wie die »echten« Alpen, wirken aber mit ihren Gletschern und alpinen Bergspitzen nicht minder eindrucksvoll. Hier kann man nach Herzenslust wandern und klettern - im Schein der Mitternachtssonne.

TROMS

Gesamtfläche km²: 25.954
Einwohner: 146.794

Städte / Einwohner:
Tromsø: 50.027
Harstad: 22.386

Entfernungen (ab Tromsø):
- Alta: 270 km
- Kirkenes: 841 km
- Nordkap: 464 km
- Trondheim: 1.169 km
- Oslo: 1.708 km
- Bergen: 1.851 km
- Kristiansand S: 2.042 km
- Finnland: 170 km

Verkehrsflugplätze:
Tromsø
Bardufoss
Sørkjosen
Harstad (Evenes)

Bahnverbindungen:
Keine. Nächste Bahnhöfe sind Narvik und Fauske (Bodø)

Sehenswürdigkeiten:
- Tromsdalen Kirche, »Eismeerkathedrale, Tromsø
- »Øl - Hallen« (nördlichster Pub der Welt mit Brauerei), Tromsø
- Nordlichtplanetarium, (Norwegens erstes Planetarium) Breivika, ca. 4 km von Tromsø, Zentrum
- Staatliche Gärtnerschule (nördlichste Gärtnerschule der Welt), Borkenes / Harstad
- Trondenes Kirche, ca. 1250, Harstad
- Adolf-Kanone, Trondenes / Harstad
- Grytøy Freilichtmuseum, Lundenes / Harstad
- Bardu Bygdetun, Salangsdalen
- Målselvfossen (Wasserfall), Målselv
- »Finnsæter Tinnsmie« (Zinnschmiede), Hamn auf Senja
- Fjellheisen (Seilbahn), Tromsø
- Polarmuseum, Tromsø
- Tromsø Museum, Tromsø
- Hella Freilichtgelände, Rystraumen / Kvaløya
- Grenbu, Løkvoll i Manndalen
- Felszeichnungen (2.500 - 4.000 J.alt), Straumhella
- Gratangsbotn, Gratangen Bootsammlung, Ausflüge (für Gruppen)

Von Tromsø:
- Bustour zum Nordkap mit Guide
- Tromsø Stadtrundfahrt mit Bus (Besuch des Tromsø Museums, Polarmuseum, Eismeerkathedrale)
- Bootstour rund um Tromsøya, 2 - 3 Std.
- Bootstour zum Freilichtgebiet Hella, 5 - 8 Std.
- Angeltour 3 Std.
- Bootstour nach Gåsvær (verlassenes Fischerdorf), 7 Std.
- Bustour zu den Lyngsalpen, 6 - 7 Std.
- Einstündiger Rundflug
- Flug zum Nordkap mit Norving
- Fotosafari mit Boot durch den Kvaløysund nach Gåsvær, Musvær und Sandøy, Bryggefest
- Nachtcharterflug nach Spitzbergen. Abflug mit Braathens SAFE von Tromsø 23.30 Uhr. Der Flug dauert 1 1/2 Std.
- Mit Pferd und Wagen Stadtrundfahrt durch Tromsø
- Meeresangeltour M/S »Rangvaldsen« mit Ausgangspunkt Hansnes auf Ringvassøya (ca. 1 Std. Autofahrt von Tromsø)

Von Harstad:
- Sightseeingtouren und / oder Angeltouren mit Katamaranboot (30 Pers.) können auf Wunsch organisiert werden.
- Bustouren zu den Vesterålen und zu den Lofoten können auf Wunsch organisiert werden.
- Stadtrundfahrt mit Bus inkl. Besuch der Kirche in Harstad und der Trondenes Kirche, 2 Std.

Von Målselv:
- Bussightseeing und Rundtouren in die Umgebung

Veranstaltungskalender S. 244 ff.

Weitere Informationen:
Troms Reiser A/S
Storgata 63
N - 9001 Tromsø
Tel. 083 - 10 000
Fax: 083 - 10 010

Harstad – kulturelles Zentrum im Norden

Harstad

Harstad und seine Umgebung bieten dem Besucher die ganze Vielfalt einer Region, in der Kulturgeschichte, eine idyllische Schärenlandschaft und ein pulsierendes Handelszentrum eine spannende und abwechslungsreiche Atmosphäre schaffen. Die Region um Harstad liegt im Herzen Nordnorwegens, in einer Landschaft voller Variationen und Kontraste: ein rauher, zerklüfteter Küstenstreifen, ein liebliches Schärengebiet mit zahlreichen kleinen Inseln und idealen Angelmöglichkeiten, dahinter schroffe Gebirge mit Hochebenen und guten Angelgewässern.

Die Harstad-Region, die mit ihren 34.000 Einwohnern zu den dichtbesiedeltsten Gebieten Nordnorwegens gehört, ist über vier große Einfallstore gut zu erreichen: auf dem Wasserweg mit den Hurtigruten oder dem Schnellboot, auf dem Luftweg über den Flughafen Evenes, und auf der Straße, von Vesterålen/Lofoten kommend, durch die fruchtbaren Landwirtschaftsgebiete von Kvæfjord, von Kiruna her auf dem sogenannten »Mellomriksvegen«.

Harstad und sein Umland, das übrigens auch eines der fruchtbarsten Landwirtschaftsgebiete der Region Troms ist, bilden ein pulsierendes Handelszentrum. Für die Streitkräfte in Nordnorwegen ist Harstad Sitz eines Verwaltungszentrums, und auch die Administration der größten Ölgesellschaften, die vor der Küste tätig sind, ist in Harstad beheimatet.

Die Region um Harstad ist reich an Kulturdenkmälern. Dazu zählt die Trondenes Kirche aus dem 13. Jhdt. ebenso wie eine Wikingerfestung, die zu ihrer Zeit der nördlichste Vorposten der Kirche war sowie die Sagainsel Bjarkøya, die einen ganz zentralen Platz in der norwegischen Wikingergeschichte einnimmt. Alljährlicher kultureller Höhepunkt sind die im Juni stattfindenden nordnorwegischen Festspiele. Ein ganz anderer Höhepunkt ist dagegen das Internationale Meeresangelfestival. Auch für Aktivitäts- und Erholungsmöglichkeiten ist gesorgt: Im Sommer als auch im Winter stehen verschiedene Sporthallen zur Verfügung, und vom modernen alpinen Skizentrum bis zur Trabrennbahn ist für jeden Besucher etwas dabei. Um einen Besuch der Harstad-Region perfekt zu machen, werden hier natürlich auch gute Übernachtungsmöglichkeiten von Campingplätzen bis zu First-class-Hotels angeboten.

Für weitere Informationen wenden Sie sich bitte an:
Harstad og Omland Arrangement A/S
P.O. Box 654
N-9401 Harstad
Tel. 082 - 63 235
Telefax: 082 - 66 303

Midt-Troms

Wildes, abwechslungsreiches Troms

Wer auf der E 6 zum Nordkap fährt, kommt, ob er will oder nicht, nach Troms. Der Ausgangspunkt für dieses abenteuerliche Gebiet ist Gratangen, wo man u.a. eine interessante Sammlung historischer Boote aus dem norwegischen Küstengebiet besichtigen kann. Die Schiffe befinden sich im Küstenmuseum und an einem extra dafür hergerichteten Pier in Foldvik. Ein außergewöhnliches Erlebnis ist die Angeltour auf offenem Meer, die man mit einem dieser historischen Schiffe unternehmen kann. Für diejenigen, die mehr Vertrauen in die moderne Technik setzen, stehen neuzeitliche Boote zur Verfügung. In Gratangen gibt es zudem ein Kriegsdenkmal zur Erinnerung an den Zweiten Weltkrieg.

Bei Fossbakken zweigt die Straße 84 von der E 6 ab und führt durch eine urwüchsige Natur nach Lavangen. Hier findet man weite, endlose Landschaft, klares Wasser und saubere Luft. Sportfischern schlägt sicherlich das Herz höher beim Angeln an der Küste. Man kann jedoch auch hoch zu Roß die wunderbare Natur genießen. Im Museum von Krambuvika befindet sich eine große Sammlung von Booten und Gebrauchsgegenständen des täglichen Lebens, die schon in früheren Jahren zusammengetragen wurden. Man stößt hier auch auf Reste der alten samischen Kultur.

Eine Rundfahrt auf der Straße 851, die bei Brandvoll von der E 6 abzweigt und durch die Gemeinden Salangen, Dyrøy und Sørreisa führt, ist besonders schön und interessant. Erholung ist in dieser zauberhaften und abwechslungsreichen Natur gewährleistet, ebenso wie der Kontakt zur ansässigen Bevölkerung.

Für Urlauber, die eher das Abenteuer suchen, besteht die Möglichkeit, Lachse zu angeln oder eine Bootsfahrt auf dem Meer mit oder ohne Angel zu unternehmen. Um eine passende Unterkunft braucht man sich bestimmt keine Sorgen zu machen, es stehen Zeltplätze, Hütten und Hotels zur Verfügung.

Die E 6 führt weiter nach Bardu und Målselv. Die unberührte Natur in diesem Gebiet garantiert viele außergewöhnliche Erlebnisse, wie zum Beispiel das Lachsangeln beim Wasserfall Målselvfoss mit einer der längsten Lachstreppen der Welt oder im Fluß Barduelva oder vielleicht in einem der großen Seen. Aber auch ein Besuch am See Altevatn oder im Dividalen Nationalpark sollte unbedingt auf dem Programm stehen. Es ist die Welt der wilden Tiere (es gibt hier sogar Bären und Wölfe), eine Welt mit einer vielseitigen und interessanten Flora und Fauna.

Die Straßen 87 und 854 führen in ein Gebiet, in dem Aktivitäten groß geschrieben werden: aktiv sein und dabei die gewaltige, unberührte Natur erleben, sei es auf dem Pferderücken, dem Hundeschlitten, dem Fahrrad, vom Kanu aus oder ganz einfach zu Fuß. Auch die Lachsfischer kommen hier garantiert nicht zu kurz.

Welche Route man auch immer wählt, überall gibt es interessante Kulturdenkmäler, Museen und kleine Kirchen. In Sørreisa kann man darüber hinaus noch eine 9.000 Jahre alte Steinformation aus der Jüngeren Steinzeit besichtigen. In Salangen befinden sich die insgesamt 400 Meter langen Grotten von Sagelva. In der Gemeinde Lavangen liegt das Moorgebiet des Stormyra Naturreservats. Und in Gratangen sind die Kalksteingrotten einen ausgedehnten Besuch wert.

Für die Übernachtung steht Ihnen in diesem Gebiet ein ausgezeichnetes Netz an Campingplätzen, Hütten und Hotels zur Verfügung.

Für weitere Informationen wenden Sie sich bitte an:
Troms Adventure A.S.
Postboks 1208
N-9201 Bardufoss
Tel. 089 - 47 119

Senja

Senja, die zweitgrößte Insel Norwegens, ist mit ihrer wunderschönen, abwechslungsreichen Natur ein wahres Eldorado für Naturliebhaber. Die Landschaft hat einiges zu bieten: Es gibt steile Bergwände und tiefe Fjorde an der Seeseite der Insel, aber auch geschützte Buchten und bewaldete Hügel an der Landseite. Die Küstenstreifen im Westen und Norden gehören zu den rauhesten Gebirgsgegenden des Landes; ihre Bergwände ragen etwa 1.000 Meter nahezu senkrecht aus dem Meer. Einen größeren Kontrast zu den herrlichen weißen Sandstränden, die man auf der Insel auch antrifft, kann man sich wohl kaum vorstellen.

Auf Senja wurde der Nationalpark Anderdalen eingerichtet, der eine reiche Vogelwelt und eine abwechslungsreiche Flora beherbergt.

Senja und seine Umgebung bilden ein hervorragendes Gebiet für Aktivitäten aller Art. Bergwanderer und Bergsteiger kommen hier so recht auf ihre Kosten. Für alle diejenigen, die sich auf einem Pferderücken wohlfühlen, bestehen viele Reitmöglichkeiten. Was man jedoch auf den ersten Blick in diesen nördlichen Breiten nicht vermutet, ist die Tatsache, daß es sich hier auch um ein ideales Gebiet für Wassersportler handelt. Man kann Kanu fahren, tauchen, segeln, erholsame Bootsfahrten machen, in Salz- und Süßwasser angeln, interessante Naturexpeditionen unternehmen, um die für das Gebiet spezielle Flora und Fauna zu erforschen oder einfach die angenehme Atmosphäre zu genießen.

Das Umland von Senja und Lenvik ist jedoch mehr als nur ein Eldorado für Naturliebhaber. Kulturell Interessierte werden erstaunt sein über die vielen Möglichkeiten, die die Gegend zu bieten hat. So kann man zum Beispiel in Berg eine

Auf Senja

Zinnschmiede (Finnsæter) besichtigen, ebenso ein Museum und eine Galerie, und sogar Verkaufsstände für kunstgewerbliche Gegenstände gibt es dort. Bei Hamn steht eine alte Nickelfabrik; sie war einst die erste Fabrik Norwegens, die mit Elektrizität arbeitete. In Skaland befindet sich die größte Graphitfabrik Europas. In den Orten Botnhamn, Lenvik und auf der Insel Senja kann man regionale Freilichtmuseen besuchen, während die Kirchen von Rossfjord, Torsken und Tranøy eine gute Übersicht über Kirchenbauten des 18. und 19. Jahrhunderts bieten. Ein besonderes Erlebnis ist der historische Einkaufsladen »Gammelbutikken« in Skrolsvik; auch das Kaperdalen Samemuseum, in der Nähe von Svanelvmo gelegen, ist sehr empfehlenswert - dort wird eine Samensiedlung aus dem 18. und 19. Jahrhundert gezeigt.

Die 1.120 Meter lange Gisundbrücke verbindet Senja mit dem Festland, außerdem laufen die Schiffe der Hurtigrute den Ort Finnsnes täglich an.

Für weitere Informationen wenden Sie sich bitte an:

Senja Tour as
Rådhusveien 1
Postboks 326
N-9301 Finnsnes
Tel. 089 - 42 090

Nord-Troms

Im Gebiet von Nord-Troms ist man nicht weit entfernt vom »Dreiländereck« zwischen Norwegen, Schweden und Finnland. Hier gibt es hohe und zerklüftete Berge ebenso wie idyllische Fjorde und Täler. Ein besonderes Erlebnis bietet eine Ne-

An der Küste von Kvænangen

benstraße der E 6 durch das Signaldalen. Zu beiden Seiten des Tals erheben sich imposante Berge, z.B. der mächtige Otertind (1.360 m hoch), dessen Gipfel 1911 zum ersten Mal bestiegen wurde.

Über die E 6 erreicht man den kleinen Ort Skibotn. Hier zweigt die Straße 78 nach Finnland ab (39 km bis zur Grenze). Skibotn hat aufgrund seiner Lage eine lange Tradition als bedeutender Marktort für das ganze nördliche Skandinavien. Noch heute befinden sich die alten Marktstände auf ihren ursprünglichen Plätzen.

Von Løkvoll aus führt eine Nebenstraße ins Manndal. Es ist hauptsächlich wegen seiner Kunstgewerbeherstellung bekannt. Besonders schön sind die handgearbeiteten Teppiche, in Norwegen »grener« genannt, die aus selbstgesponnener Wolle gewebt werden.

Ein Stück weiter an der E 6 liegt Birtavarre. Von dort führt ein 10 km langer Weg durch das Kåfjorddal zu der ehemaligen Eisengießerei von Ankerlia. Hier breitet sich der schönste und größte »Canyon« Norwegens aus, der Goikegorsa. In seinen enormen Ausmaßen vermittelt er ein gutes Bild von der Erosionskraft des Schmelzwassers nach der Eiszeit.

Hinter dem Ort Olderdalen hat man von der E 6 einen guten Ausblick über den Lyngenfjord und auf die Lyngsalpen. Bei Langslett zweigt die Straße nach Skjervøy ab. Um dorthin zu gelangen, muß man ab Hamneidet ein Stück mit der Fähre fahren. Reiche Fischgründe in der Umgebung weisen darauf hin, daß Fischfang hier die Haupteinnahmequelle darstellt. Skjervøy liegt unmittelbar neben der Fahrrinne und ist Anlegehafen für die Hurtigrute. Mit ihren hoch aufragenden, steilen Bergen wird diese Insel von begeisterten Bergsteigern, Bergwanderern, Sportfischern und Wassersportlern als ideales Feriengebiet geschätzt.

In Storslett liegt das Verwaltungszentrum von Nord-Troms. Eine ca. 50 km lange Straße führt von hier in das Reisadal, ein wunderschönes Tal in geschützter Lage mit Tannenwäldern und Sandhügeln, mit schmalen, engen Schluchten und Klüften und einer abwechslungsreichen Vegetation. In diesem idyllischen Tal treffen drei nordnorwegische Kulturen aufeinander: die samische, die norwegische und die Kultur der Quänen. Ein empfehlenswerter Ausflug ist eine erholsame Fahrt auf einem Boot von Bilto nach Nedrefoss. Man passiert dabei den Mollisfoss, einen Wasserfall mit einer freien Fallhöhe von 270 m. Eine andere Sehenswürdigkeit ist der Reisa Nationalpark mit seinen über 800 km². Hier kommen fast 200 Bergpflanzenarten vor.

Weiter nördlich gelangt man zum 402 m hohen Kvænangsfjell, das eine herrliche Aussicht über Kvænangen und den Gletscher Oksfjordjøkulen bietet. In dieser Gegend, bei Badderen und Burfjorddal, befinden sich einige stillgelegte Kupferminen. Bei Alteidet bietet sich die Möglichkeit eines Abstechers zum Jøkelfjord (13 km). Mit einem gemieteten Motorboot oder über einen Pfad am Fjord entlang erreicht man den Oksfjordjøkulen, einen Gletscher, der unmittelbar bis in den Fjord reicht. An der hier beschriebenen Route liegen auch verschiedene Campingplätze und Pensionen.

Für weitere Informationen wenden Sie sich bitte an:

Nord-Troms Reiseliv A/S
N-9080 Storslett, Tel. 083 - 65 011

Tromsø

Tromsø, die Hauptstadt des Bezirks Troms, bietet eine interessante Mischung aus Stadtkultur und Natur. Ganz in der Nähe des 70. Breitengrades, auf einer Fläche, die so groß ist wie Luxemburg, sind 50.000 geschäftige Menschen zu Hause. Die Stadt ist ein populärer Treffpunkt, ultramodern, »City of the Midnight Fun«. Hier kann man im Licht der Mitternachtssonne Berge besteigen oder sich zu Land und zu Wasser auf Fischfang begeben. Man kann die Eismeer-Kathedrale mit ihrer außergewöhnlichen Architektur in aller Ruhe auf sich wirken lassen und dem nördlichsten Nordlichtplanetarium der Welt einen Besuch abstatten. Außerdem befinden sich in der Stadt einige sehenswerte Museen wie das Polarmuseum, das Volksmuseum des Bezirks Troms, das Tromsø Museum mit Ausstellungen über Geologie, Zoologie und samische Kultur und last but not least das Tromsø Aquarium. Auch für diejenigen, die pulsierendes gesellschaftliches Leben bevorzugen, ist Tromsø eine sehr attraktive Stadt. Es gibt hier internationale Restaurants, Bars, Diskotheken und Nachtklubs. Ein ganz spezielles Erlebnis ist natürlich ein Glas mit echt norwegischem Bier im nördlichsten Brauereiausschank der Welt.

Aber auch die Umgebung von Tromsø ist ein reizvolles Reiseziel. Die Natur beeindruckt überall. Um die Stadt selbst zu erreichen, fährt man am Balsfjord entlang

Tromsø, quirlige Stadt weit nördlich des Polarkreises

- durch eine arktische Fjordlandschaft. Ebenso interessant ist eine Fahrt nach Karlsøy, einer Küstengemeinde, die innerhalb ihrer Grenzen mehr als 600 Schären und Inseln aufweist. Dort kann man nach Herzenslust angeln oder die kleine Kirche von Helgøy oder Nord-Fugløy, einen Vogelfelsen, besichtigen. Ebenfalls ein spannendes Reiseziel ist die Schäreninsel Lyngen, ein arktisches Naturereignis besonderer Güte. Hier entdeckt man unvermutet die wildeste Berglandschaft Norwegens, Gletscher und alpine Bergspitzen, die bis zu 2.000 Metern hoch sind. Ob man hier eine Wanderung machen will, eine Tour über den Gletscher vorzieht oder lieber mit Eispickel und Seil an den Bergwänden emporklettert - das bleibt jedem in dieser sauberen, arktischen und unberührten Natur selbst überlassen!

Für weitere Informationen wenden Sie sich bitte an:

Tromsø Arrangement A/S
Turistkontoret
Storgata 63
Postboks 312
N-9001 Tromsø
Tel. 083 - 10 000
Telefax: 083 - 10 010

Nordlichtplanetarium, Tromsø Museum, Fjellheisen.

Tromsø, die »Pforte zum Eismeer« oder auch das »Paris des Nordens« genannt, ist eine Stadt voller Höhepunkte. Das gilt wortwörtlich schon für eine Fahrt mit der Seilbahn »Fjellheisen« auf Tromsøs Hausberg, den 420 Meter hohen Storsteinen, von dem man eine fantastische Aussicht über die Stadt und das Umland hat. Das gilt aber auch für das altehrwürdige Tromsø Museum, das schon 1872 gegründet worden ist und 1976 Universitätsmuseum wurde. Seine Ausstellungsschwerpunkte liegen in den Bereichen Geologie, Botanik, Zoologie, Archäologie, neuere Kulturgeschichte und Meeresbiologie. Da es ein regionales Museum ist, beschäftigen sich die Sammlungen hauptsächlich mit Nordnorwegen und den angrenzenden arktischen Regionen. Etwas ganz besonderes sind übrigens die reichhaltigen Sammlungen aus dem Bereich der samischen Völkerkunde. Neben seinen Dauerausstellungen präsentiert das Museum auch aktuelle Ausstellungen zu norwegischen oder internationalen Themen. Faszinierend und abenteuerlich zugleich ist ein Besuch im Nordlichtplanetarium, dem nördlichsten Planetarium der Welt. Hier präsentiert sich dem staunenden Besucher das nördliche Himmelszelt in all seinen Variationen: Da ist vor allem das Nordlicht, das über den dunklen Winterhimmel flammt. Erleben Sie aber auch den Wechsel der Jahreszeiten und die Polarnacht, in der es zwei Monate lang keine Sonne gibt - ganz im Gegensatz zum Sommer, wo es zwei Monate lang rund um die Uhr hell ist wie der Tag. Dies alles und noch viel mehr erlebt man in dem Film »Arktisches Licht«, der im Cinema 360°-Format auf der ganzen Kuppel vorgeführt wird.

Selbst eine Reise in den Weltraum kann man als »echter« Astronaut im Nordlichtplanetarium miterleben.

Willkommen zu einem spannenden und abwechslungsreichen Besuch in Tromsø!

Weitere Informationen bei:

Nordlichtplanetarium
Universitetsområdet,
Breivika
N-9000 Tromsø
Tel. 083 - 76 000
Telefax: 083 - 75 700

Tromsø Museum
Folkeparken
N-9000 Tromsø
Tel. 083 - 45 000

Fjellheisen
Postboks 466, N-9001 Tromsø, Tel. 083 - 87 647

Das Nordlichtplanetarium in Tromsø

Finnmark

Grenze zum Nachbarn Finnland, sondern hat auch fast 200 km Grenzstreifen zur Sowjetunion. Es ist also im wahrsten Sinne des Wortes Grenzland.

War die Nachbarschaft zu Finnland schon immer unproblematisch, hat sich das Verhältnis zum russischen Nachbarn in den letzten Jahren dank Glasnost sehr entspannt. Das Angebot an Ausflugsfahrten in die Großstadt Murmansk kann dafür als Beispiel dienen.

Als Grenzland war Finnmark zugleich immer Treffpunkt und Schmelztiegel verschiedener Völker und ihrer Kulturen. Die Norweger, die aus dem Süden des Landes hierher kamen, trafen auf die Urbevölkerung der Samen, die sich bis heute ihre Sprache und kulturelle Eigenständigkeit bewahrt haben. Dazu gesellten sich finnische Einwanderer, die Quänen genannt werden. Zentren der Samen sind vor allem die Orte Kautokeino und Karasjok.

Ein weiterer Kontrast in Finnmark sind die Küsten- und die Inlandskultur. Ist die Fischerei mit dazugehöriger verarbeitender Industrie Haupterwerbszweig an der Küste, dienen die Berge und Hochebenen des Binnenlandes vor allem den Samen zur Zucht ihrer großen Rentierherden. Dennoch hat überall der Fortschritt Einzug gehalten. Hubschrauber, Schneescooter und moderne Technik haben auch die Samen zu modernen - wenn auch traditionsbewußten - Unternehmern gemacht.

Wer das Nordkap besuchen will, bereist zugleich Norwegens nördlichsten Bezirk Finnmark. Ein Blick auf den Globus zeigt: Hier befindet man sich wirklich »on the top of Europe«. Mit 70°10' 21" stellt das Nordkap den nördlichsten Punkt des europäischen Straßennetzes dar.

Finnmark ist ein Land der Kontraste. Dunkel sind die Wintermonate, aber dafür werden die Einheimischen und ihre Gäste im Sommer mit einer monatelangen Periode des Lichts verwöhnt. Am Nordkap scheint die Sonne 11 Wochen lang - das ist Rekord sowohl auf dem norwegischen als auch auf dem europäischen Festland überhaupt. Aber auch in Hammerfest, der nördlichsten Stadtgemeinde der Welt, scheint die Mitternachtssonne über 10 Wochen lang.

Finnmark besitzt nicht nur eine lange

Am Nordkap

FINNMARK

Gesamtfläche km²: 48.637
Einwohner: 74.536

Städte/Einwohner:
Hammerfest: 6.917
Vadsø: 5.902
Vardø: 3.133

Entfernungen (ab Alta):
- Oslo: 2.022 km
- Bergen: 2.114 km
- Kristiansand S: 2.346 km
- Trondheim: 1.432 km
- Bodø: 818 km
- Kirkenes: 571 km

Verkehrsflugplätze:
Alta, Berlevåg, Båtsfjord, Hammerfest, Hasvik, Honningsvåg, Kirkenes, Lakselv, Mehamn, Vadsø, Vardø

Sehenswürdigkeiten:
- Nordkap 71° 10' 21''
- Felszeichnungen (2.500 - 6.200 J.alt), Alta
- Samische Sammlung (Museum samischer Kultur), Karasjok
- Festung Vardøhus (nördlichste Festung der Welt), Vardø
- Sowjetisch-norwegische Grenze längs des Flusses Jakobselva, (Kapelle König Oscar II. 1869). Von dort Blick auf sowjetische Wachtürme, Sør-Varanger
- Samisches Museum Varanger, Nesseby
- Kautokeino Bygdetun, Kautokeino
- Verlassenes Fischerdorf, Hamningberg
- »The Royal and Ancient Polar Bear Society«, Eisbärclub, Hammerfest
- Samische Opferstätten und Gräberfeld in Mortensnes, Varangerbotn
- Samisches Zentrum, Karasjok
- Stabbursnes Naturhaus und Museum, Stabbursnes i Porsanger
- Vardøhus-Museum und Brodkorbsjåene - Fischereimuseum
- »Königsstock« auf der Vardøhus-Festung mit Unterschriften aller norwegischen Könige seit 1599

Ausflüge:
- Bootstouren in die Umgebung Kautokeinos
- Sightseeingtouren auf dem Altaelv
- Meeresangeln auf dem Altafjord mit M/S Cacus
- Bootstouren zum Vogelfelsen »Hjelmsøystauren« von Måsøy aus
- Ausflug zu einem der größten Vogelfelsen Norwegens, 3 Std., Fotosafari rund ums Nordkap nach Skarsvåg, nördlichstes Fischerdorf der Welt
- Von Honningsvåg nach Sarnes (kleines, entlegenes Fischerdorf)
- Angel- / Sightseeingtouren mit traditionellen Flußbooten in Tana
- Tour mit samischen Flußbooten auf dem Karasjokka
- Lachsangeln mit Führer (Tagesausflug, Karasjok)
- Meeresangeltour im Båtsfjord
- Bootstour nach Hornøya bei Vardø
- Bootstouren auf dem Varangerfjord, auch zum Vogelfelsen auf Ekkerøy, geführte Busreisen nach Vardø (alle Angebote ab Vadsø)
- Sightseeingtouren zu den Bjørnevatn-Gruben und Skaffferhullet ab Sør-Varanger
- Touren in samischen Flußbooten mit einheimischen Führer von Masi aus
- Mini-Kreuzfahrt zum Nordkap von Hammerfest aus
- Tagestour nach Murmansk
- Fahrt mit Fischkuttern in die Barentssee, Vardø
- Schneescootersafari von Kirkenes nach Neiden
- Geführte Wanderungen im »Øvre Pasvik Nationalpark«
- Angeln im Meer, Touren zum Vogelfelsen, Seelachsangeln, Bugøynes
- Wanderungen auf den Vogelinseln im Kongsfjord, Berlevåg
- Angeltouren, Vardø
- Besichtigung des Leuchtturms von Kjølnes, Berlevåg
- Tanahorn, schroffer Vogelfelsen (259 m), alter samischer Opferplatz, Berlevåg
- ein- und zweitägige Lachsangeltouren, Kongsfjord
- Besichtigung der Festung und der Ruinen der Küstenartillerie aus dem zweiten Weltkrieg auf Veines, Kongsfjord
- Schneescootersafari an der norwegisch-sowjetischen Grenze, Kirkenes

Veranstaltungskalender S. 244 ff.

Weitere Informationen:
Finnmark Opplevelser A/S
Postboks 1223
N - 9501 Alta
Tel. 084 - 35 444
Fax: 084 - 35 559

Finnmark

Am nördlichen Ende Europas: Faszination Nordkap.

Finnmark

Ein ganzjähriges Erlebnis auf dem Dach Europas - das bietet eine Reise nach Finnmark, nicht nur die nördlichste, sondern auch die östlichste Region Norwegens. Für viele Besucher hat die Finnmark etwas geheimnisvolles, ja exotisches, und das sicherlich nicht ohne Grund. Schon die Anreise ist ein Erlebnis: mit dem Auto durch die endlosen Wälder und an den vielen Fjorden und Seen Norwegens vorbei, mit dem Schiff längs der majestätischen Küstenlandschaft des Landes und per Flugzeug incl. »Überblick« über das gesamte Land, über weitverzweigte Fjorde, Gletscher und endlose Hochebenen. Bei seiner anschließenden Reise durch die Finnmark eröffnet sich dem staunenden Besucher eine Welt, die voller Überraschungen steckt. Zum Beispiel eine außergewöhnliche Natur, die den passenden Rahmen für einen ebenso außergewöhnlichen Aktivurlaub bildet: karge, endlose Hochebenen und Felsenküste, aber auch üppiges, grünes Weideland, Sandstrände und ausgedehnte Waldgebiete. Und zwischendrin immer wieder Häuser und Siedlungen, sowohl an der Küste als auch im Binnenland.

Menschen leben hier im hohen Norden nachweislich schon seit rund 10.000 Jahren. Davon zeugen nicht zuletzt die vielen beeindruckenden Felszeichnungen in Hjemmeluft bei Alta, die 1985 in die UNESCO-Kulturerbe-Liste aufgenommen wurden und die zu den vier wichtigsten vorgeschichtlichen Kulturdenkmälern Norwegens zählen.

Zwischen drei Kulturen

Heute wohnen im Bezirk Finnmark rund 75.000 Einwohner, die allerdings drei unterschiedlichen Sprach- und Kulturkreisen angehören, auch wenn sie alle norwegische Staatsbürger sind. In den Gemeinden Karasjok und Kautokeino, die im Landesinneren liegen und gut ein Drittel des Gesamtgebietes ausmachen, leben vornehmlich Samen. Über die Geschichte, Religion und Alltag der samischen Bevölkerung informiert in Karasjok das Museum »Die samischen Sammlungen«. Auch typisch samisches Handwerk wird in Karasjok betrieben: Silberschmuck und »Samenmesser« sind aber nicht nur besondere Souvenirs, sondern gehören ebenso zum Alltag der Bevölkerung. Eine nicht zuletzt architektonisch besondere Silberschmiede ist »Juhls Sølvsmie« in Kautokeino, wo es übrigens auch ein großes Heimatmuseum gibt.

Daß es im Zusammenleben verschiedener Volksgruppen keine größeren Schwierigkeiten mehr gibt, beweisen auch die Gemeinden Neiden und Bugøynes. Hier zeigt sich, daß Finnmark schon lange eine Grenzregion ist, in der mehrere Kulturen aufeinandertreffen - man hört norwegisch, samisch und finnisch. Sogar die einzige griechisch-orthodoxe Kapelle Norwegens, die St. Georgs Kapelle, steht in Neiden.

Vor Mehamn

Finnmark ist die Heimat der Samen

Finnmark

Vom Binnenland zur Küste

Die kulturelle Vielfalt des Binnenlandes setzt sich auch an der Küste fort, allerdings unter anderen Vorzeichen. Nehmen wir das Nordkap: Hier, am Ende Europas, stößt man auf Besucher aus der ganzen Welt. Auch wenn die Mitternachtssonne nicht scheint und der berüchtigte Nebel den Felsen in Watte packt, so ist der Besuch des Nordkaps immer ein Erlebnis, für viele die Erfüllung eines lebenslangen Traumes. Vorbei an Rentierherden führt der Weg auf das wohl berühmteste Felsplateau Europas inmitten der an dieser Stelle kargen Küstenlandschaft.

Ein ganz anderes »Erlebnis Küste« bieten Siedlungen und Städte im Norden und Osten. Zum Beispiel Hamningberg, ein verlassenes Fischerdorf, das während des Krieges unzerstört blieb und inmitten einer faszinierenden Mondlandschaft liegt. Oder Vadsø. Die Bezirkshauptstadt von Finnmark ist nicht nur das Verwaltungszentrum der Region, sondern hat auch das typische Flair einer nordnorwegischen Hafenstadt. Fischerei und Fischveredelung bestimmen auch in Vardø das Leben der dortigen Bevölkerung.

Kirkenes, Zielhafen der Hurtigrute, hat sich dank Perestroika zum Tor nach Osten entwickelt. Von hier aus werden jetzt problemlos Tagestouren in die russische Stadt Murmansk, die größte Stadt der Welt nördlich des Polarkreises, durchgeführt.

Ein »Angelparadies«

Trotz des professionellen Umgangs mit Fisch hat das Angeln in Finnmark seinen Reiz nicht verloren und macht Einwohnern wie Gästen viel Spaß. Davon kann man sich nicht zuletzt beim »Meeresangelfestival« in Sørvær überzeugen, einem kleinen Fischerdorf auf der Insel Sørøya. Ein Eldorado für Sportangler ist die Finnmark aber allemal, die Lachsflüsse in Finnmark gehören nachweislich zu den besten Europas. Angler können ihr Glück aber auch in den Flüssen Tanaelva, Altaelva und noch fünfzig anderen versuchen. Auch Forelle und Saibling beißen hier im hohen Norden nicht schlecht.

Aktiv im Winter

Sternenklare Nächte, schneebedeckte Hochebenen und das Nordlicht in seiner ganzen Farbenpracht - das ist Finnmark im Winter. Wohl kaum eine andere Jahreszeit macht die Faszination dieses nördlichen Landesteils so deutlich wie der Winter. Besonders im März und April, wenn die Sonne schon wieder kräftig aufgeholt hat, lädt Finnmark zum Verbleib ein. Ski- oder Schneescootertouren zum Nordkap, Hundeschlittenfahrten über endlos weite Hochebenen und ein Besuch im »Lavvu«, dem Samenzelt, bei knisterndem Feuer sind unvergeßliche und unvergleichliche Wintererlebnisse. Aber auch die manchmal auftretenden Winterstürme, die das Land erstarren lassen, sind Teil der Faszination Finnmark.

Für weitere Informationen wenden Sie sich bitte an:
Finnmark Opplevelser AS
Postboks 1223, N-9501 Alta
Tel. 084 - 35 444, Telefax: 084 - 35 559

Eine urwüchsige Welt

Die langen, im Sommer endlosen Abende sind für Angler ein Paradies

Grenseland

Im äußersten Nordosten von Norwegen und dem östlichsten Teil von Finnmark liegt die Gemeinde Sør-Varanger. Auf demselben Längengrad wie Kairo und Leningrad und der gleichen geographischen Breite wie Alaska lebt eine Gruppe moderner Norweger mit völlig eigener Tradition. Hier bilden Landwirtschaft, Fischerei und Industrie die Existenzgrundlage. Im Norden liegt das nördliche Eismeer, im Osten verläuft die 196 Kilometer lange Grenze zur Sowjetunion mehr oder weniger am Fluß Jakobselv entlang, und im Westen (!) von Sør-Varanger verläuft die Grenze zu Finnland. Aus diesem Grund heißt das Gebiet »Grenzland«. Dabei sollte man den ersten Teil dieses Begriffes nicht zu wörtlich nehmen, denn hier, rund um den »Dreiländerstein«, begegnen sich Menschen aus verschiedenen Ländern. Es ist ein Treffpunkt zwischen Ost und West.

Nach Meinung der Archäologen hatte Sør-Varanger diese Funktion bereits in der Steinzeit. Nach den Samen kamen verschiedene Volksgruppen hinzu wie die Quänen, die Karelier, die Russen und die Norweger, so daß Sør-Varanger zum Land der vielen Völker und Kulturen wurde.

Die unterschiedlichen Kulturen bildeten eine Bereicherung für diesen außergewöhnlichen Landstrich. Man hört hier die verschiedensten Sprachen um sich herum und derartig exotische Namen, daß man sich fragt, wo man sich eigentlich befindet. Nach alter Tradition der Ostsamen und Quänen wird hier heute noch Forstwirtschaft betrieben, beeinflußt von südnorwegischer und schwedischer Industrie. Die Rentierhaltung wurde und wird von den Ostsamen betrieben, jedoch kann man dabei auch Einflüsse von fernen Völkern wie den Komi und den Samojeden entdecken. Auch in religiöser Hinsicht ist Sør-Varanger ein Schmelztiegel. Durch missionarische Tätigkeit von Rußland aus konvertierten die Ostsamen zum russisch-orthodoxen Glauben, während die Westsamen die lutherische Glaubensrichtung der Norweger und Dänen übernahmen. Selbstverständlich gibt es in Sør-Varanger noch erkennbare Überreste der verschiedenen Kulturen. Zum Beispiel haben die Norweger entlang der Grenze drei Kapellen in der Absicht gebaut, die norwegische Kultur vor zuviel fremdem Einfluß zu schützen. Es sind die Kong Oscars Kapelle (1869) bei Grense Jakobselv, die Kapelle in Neiden (1902), die sogar im Stil der Stabkirchen erbaut wurde, und die Svanvik Kapelle (1934). Hingegen zählen zu den russisch-orthodoxen Kulturdenkmälern die Trifon-Grotte bei Elvenes und die St. Georgskapelle zu Neiden. Letztere ist die kleinste Kirche und gleichzeitig das älteste hölzerne Bauwerk in Norwegen.

Wenn man etwas Glück hat, kann man vielleicht noch an einigen Plätzen entlang des Flusses das traditionelle Kääpälä-Angeln erleben. Hierbei werden mit spezieller Technik Netze ins Wasser geworfen und sogleich wieder herausgezogen.

Der »Hügel 96« in der Nähe von Svanvik bietet dem Betrachter eine herrliche Aussicht über die früheren Weidegebiete der Ostsamen, die sich auf beiden Seiten entlang der russischen Grenze befanden. Unweit davon entfernt liegt diesseits auch der Nachbau eines ostsamischen Grabes. Schwieriger einzuordnen ist das Labyrinth bei Holmengrå. Hierbei handelt es sich um rundliche Felsbrocken, die kreisförmig in einem labyrinthischen Motiv laut Schätzung vor etwa 900 Jahren arrangiert wurden. Doch über seine Bedeutung herrscht noch Unklarheit.

Auch geographisch und naturkundlich gesehen ist Sør-Varanger ein Grenzgebiet. Die imposante Landschaft ist abwechslungsreich mit dem arktischen Küstenstreifen, weiten Hochplateaus, Gebirgsketten, Flußtälern und Mooren. Wilde, ursprüngliche Natur, von der Mitter-

Wer träumt nicht von einem zünftigen Lagerfeuer?

Die Kirche von Svanvik

nachtsonne während des kurzen Sommers völlig ausgedörrt. Die Nadelwälder sind Ausläufer der großen sibirischen Wälder. Verschiedene Pflanzen- und Tierarten, die eher auf östlichen Längengraden als den unseren anzutreffen sind, mischen sich hier mit arktischer und westlicher Flora und Fauna.

Trotz der einsamen Lage gibt es gute Straßen in alle Richtungen. Günstige Verbindungen per Bus, Schiff und Flugzeug lassen das Nordkap und Städte wie Alta und Tromsø, aber auch das übrige Skandinavien näherrücken. Für einen kurzen oder längeren Aufenthalt bei uns stehen alle modernen Übernachtungsmöglichkeiten zur Verfügung.

Daß Grenzen auch trennen, hat man hier während der langen Jahre des Kalten Krieges erlebt. Glücklicherweise spricht man heute dank Glasnost von einer Öffnung der Grenzen, wie zum Beispiel beim Grenzübergang Storskog an der Straße 886 hinter Kirkenes. Eine der neuesten Attraktionen von Sør-Varanger ist daher auch ein Kurzbesuch in der Sowjetunion. Während einer Tagestour in die russische Hafen- und Fischereistadt Murmansk kann man das jenseitige kulturelle Hinterland dieses Gebietes kennenlernen. Auch kann man von hier aus die Reise fortsetzen in Richtung Leningrad, Moskau ... Informationen über die notwendigen Unterlagen sind beim Fremdenverkehrsbüro in Kirkenes erhältlich. Man sollte aber einkalkulieren, daß die Bearbeitung der Formalitäten einige Zeit in Anspruch nimmt.

Für weitere Informationen wenden Sie sich bitte an:
A/S Grenseland
Postboks 8
N-9901 Kirkenes
Tel. 085 - 92 501
Telefax: 085 - 92 525

Svalbard

Die Inselgruppe Svalbard wird im deutschen Sprachraum meist fälschlich Spitzbergen genannt. Spitzbergen ist aber in Wirklichkeit nur die größte von insgesamt fünf größeren und vielen kleinen Inseln dieses Archipels, der sich etwa vom 77. bis zum 81. Breitengrad im Europäischen Nordmeer erstreckt. Die gesamte Nord-Süd-Ausdehnung beträgt ca. 500 km, und auch von Osten nach Westen sind es gut 500 km.

Rund 3.700 Menschen leben auf Svalbard, fast alle in einem Umkreis von 50 km in den norwegischen und russischen Bergwerksorten am Isfjord auf Spitzbergen. Abgesehen von einigen kleinen Forschungs- und Beobachtungsstationen ist der Rest dieser wunderbaren, riesigen Wildnis menschenleer. Nur Vögel, Rentiere und Polarfüchse bevölkern sonst das Land, im Meer und auf dem Treibeis leben Seehunde, Walrosse und Eisbären.

Durch die sehr unterschiedlichen geologischen und klimatischen Verhältnisse bietet die Naturlandschaft Svalbards eine verblüffende Variationsbreite. Um den Isfjord gibt es charakteristische, stark erosionsgeprägte Sedimentgebirge. Dagegen wird das Bild auf Nordwestspitzbergen von sägeblattartigen Bergspitzen zwischen mächtigen Gletschern geprägt. Ein weiterer eindrucksvoller Kontrast besteht zwischen dem Westen und dem Osten. Die Westküste wird vom Golfstrom erwärmt. Sie besitzt einen relativ fruchtbaren und blumenreichen Strandsaum mit zahlreichen Vogelfelsen. Nach Osten dagegen liegen kahle, teils mit Eis bedeckte Inseln, umgeben von Treibeis. Hier ist die Heimat des Eisbären.

Sommer- und Wintertemperaturen weichen nicht sehr voneinander ab, nur sind sie auch nicht sehr hoch. Im Winter liegen sie bei -8° bis -16° C, im Sommer steigen sie auf 5° bis 6° C an. Auch 20° C wurden schon gemessen, stellen aber eine Ausnahme dar. Warme Kleidung ist also eine Voraussetzung für den Besuch dieser faszinierenden Welt im hohen Norden, die rund 900 km vom Nordkap und nur noch 1.300 km vom Nordpol entfernt ist. Weitere Informationen über Svalbard gibt es auf der nächsten Seite, außerdem im A-Z Teil und im Hintergrundartikel auf S. 87.

Ein Besuch Svalbards ist immer ein kleines Abenteuer. Es beginnt schon beim Landgang.

SVALBARD

Gesamtfläche km²: 62.700
Einwohner: ca. 3.700

Größere Siedlungen/Einwohner:
Longyearbyen (norw.): 1.000
Barentsburg (sowj.): 1.400
Pyramiden (sowj.): 1.200

Flugzeit von Longyearbyen:
Bergen: 4 3/4 Std.
Oslo: 3 1/4 Std. (ca. 2.000 km)
Tromsø: 1 1/2 Std. (ca. 900 km)
Trondheim: 4 Std.

Mitternachtssonne:
21.4.-21.8.

Temperaturen (Durchschnitt):
Winter: -8° bis -16° C
Sommer: 5° bis 6° C

Dienstleistungen:
In Longyearbyen gibt es Bank, Post, Telefon, Geschäfte, Reisebüro, Kirche, Schwimmbad, Bibliothek, Kino, Geldautomat, Cafés, Restaurant, Bäckerei, Friseur, Camping, Taxi, Mietwagen, Schneescooterverleih, Krankenhaus, Zahnarzt.

Straßennetz:
Es gibt 40 km Straßen mit etwa 220 Autos.

Weitere Informationen:
Spitsbergen Reisebyrå
N-9170 Longyearbyen
Tel. 080 - 21160/21300
Telex: 77 813
Telefax: 080 - 21 841

Svalbard

Spitzbergen

Alle diejenigen, die glauben, mit dem Nordkap den nördlichsten Punkt Europas besucht zu haben, müssen wir enttäuschen. Wohl gilt dies für das Festland unseres Kontinents, doch weit im nördlichen Eismeer, in nur 1.400 Kilometer vom Nordpol entfernt, liegt die nördlichste Gemeinde nicht nur Europas, sondern der ganzen Welt. Die Rede ist von der Inselgruppe Svalbard, hierzulande unter dem Namen Spitzbergen bekannt, die im Jahre 1194 von Island aus entdeckt wurde, jedoch später wieder in Vergessenheit geriet. Um 1600 wurde der Archipel »neu« entdeckt, diesmal von dem Niederländer Willem Barentz. Spitzbergen war dann lange Zeit Walfangstation, und erst als man Steinkohle auf diesen fernen Inseln fand, entwickelte sich eine Gemeinschaft im echten Sinne des Wortes, und zwar eine internationale. Heute leben auf Spitzbergen sowohl Norweger als auch Russen friedlich nebeneinander, ohne streng bewachte Grenzen oder Visapflicht. Spitzbergen gilt als exotisches Urlaubsziel für kleinere Gruppen von Entdeckungsreisenden. Daß der Archipel als Urlaubsziel heute anderen Ländern nicht nachsteht, zeigt sich schon in dem vielseitigen Angebot. Dieses Gebiet läßt sich keineswegs schlechter erreichen als irgendein anderer Ort, der über einen Flughafen oder Anlegeplätze für Schiffe verfügt. Zudem gibt es hier soviel zu erleben,

Ein besonderes Erlebnis: Surfen vor Spitzbergen

daß jeder Besucher den Ferienaufenthalt auf seine Weise und ganz persönlich genießen kann.

Während vom 14. November bis zum 22. Januar Dunkelheit auf diesen nördlichen Inseln herrscht, schafft die Periode vom 19. April bis zum 22. August einen Ausgleich durch lange, helle Sommertage und -nächte. In dieser Zeit läßt sich die fesselnde Natur besonders intensiv erleben. Vielseitige, prachtvolle Farbschattierungen, die ganz unvermutete Nuancen zutage bringen, werden von diesem Licht geschaffen. Hier kann der Urlauber Sommer und Winter gleichermaßen genießen.

Gletscher, die ins Meer kalben, sind keine Besonderheit. Man trifft auf eine interessante Pflanzen- und Tierwelt, wie man sie nirgendwo sonst findet; neben Eisbären leben hier auch Polarfüchse. 160 verschiedene Vogelarten fliegen in der Zeit des Vogelzuges über die Inseln und machen auf Spitzbergen Station. Doch nicht nur die außergewöhnliche Natur zeigt sich von ihrer besten Seite, auch die Bewohner sind bestrebt, den Urlauber rundherum zufriedenzustellen, ihm einen interessanten und gleichzeitig erholsamen Aufenthalt zu garantieren. Es werden Bootsfahrten zu den Gletschern und nach Barentsburg, Rundflüge mit dem Helikopter, Touren mit dem Schneescooter und Gletscherwanderungen veranstaltet; auch der Besuch einer Mine ist möglich. Sammler können hier 150 Millionen Jahre alte Fossilien aufstöbern.

Bei einem Urlaub in einem Gebiet wie Svalbard bekommt man automatisch mehr Kontakt zur Bevölkerung als bei einem »normalen« Urlaub. Touristen haben sogar Gelegenheit, an einem russischen Abend in Barentsburg teilzunehmen. Diejenigen, die lieber etwas auf eigene Faust unternehmen wollen, können Autos, Fahrräder, Boote oder Schneescooter mieten. Besonders günstig ist auf Spitzbergen die Möglichkeit, zollfrei einzukaufen.

Wer mehr über diesen nördlichen Archipel und seine Urlaubsmöglichkeiten erfahren will, sollte sich wenden an:

Spitsbergen Reisebyrå
N-9170 Longyearbyen
Tel. 080 - 21 160/21 300
Telex: 77 813
Telefax: 080 - 21 841

SPITRA

Svalbard Polar Travel

Svalbard Polar Travel ist ein Reiseveranstalter, der besonderes Gewicht auf den Aspekt der Schonung der empfindlichen arktischen Natur legt. Hinter der Firma steht eine Gruppe von Spezialisten, die jahrelange Erfahrungen bei internationalen Abenteuerreisen und Erlebniskreuzfahrten in arktischen Gewässern gesammelt haben. Geleitet wird das Team vom Globetrotter Ulf Prytz. Der Veranstalter ist der Ansicht, daß die Schlüssel zum Svalbard-Erlebnis zuverlässiger Transport, eine professionelle Organisation und eine Reiseplanung sind, die der Seele Zeit lassen, die großartigen Eindrücke zu verarbeiten und eine gelungene Führung bieten. Während des kurzen Sommers von Mitte Juni bis Anfang September eignen sich kleine Schiffe am besten als Transportmittel. Svalbard Polar Travel A/S verfügt 1991 über drei solcher Schiffe:

M/S NORDBRISE hat 19 Kabinen, alle mit Dusche/WC, und bietet Platz für maximal 40 Passagiere. Das Schiff führt regelmäßige Zwei- oder Drei-Tage-Kreuzfahrten an der Nordwestküste Svalbards durch, die zum Eisrand oder auf 80° Nord führen und Landausflüge unter professioneller Führung einschließen.

M/S POLARSTAR ist ein richtiges Eismeerfahrzeug und bietet 25 Passagieren Platz in Doppel- und Dreierkabinen mit Waschbecken. Das Schiff geht auf expeditionsähnliche Fahrten in die »Heimat« der Eisbären an der Ostküste Svalbards. M/S POLARSTAR plant für 1991 auch eine Pionierexpedition nach Franz-Josefs-Land und eine September-Fahrt nach Nordostgrönland. M/S SVALBARD hat 12 Kabinen mit Waschbecken und unternimmt zweimal wöchentlich Touren als Transportschiff für »Basis-Lager«, die Ausgangspunkte sind für Trekking-Touren auf Gletscher und ins Gebirge. Svalbard Polar Travel hat u.a. das nördlichste Wandergebiet der Welt im prachtvollen Raudfjordgebiet erschlossen. Die Touren dauern 11 bzw. 12 Tage inkl. Schiffahrt.

Im April ist es schon rund um die Uhr hell, aber immer noch tiefer Winter. In dieser Zeit veranstaltet Svalbard Polar Travel Rundtouren und Expeditionen mit Skiern und Schneescootern, die zwischen drei und zehn Tagen dauern. Auf kürzeren Touren wohnt man in festen Unterkünften, auf längeren teilweise auch im Zelt.

Weitere Informationen über das Angebot erhalten Sie bei Ihrem Veranstalter, beim Norwegischen Fremdenverkehrsamt in Hamburg oder direkt von Svalbard Polar Travel.

Svalbard - das »Land der kalten Küste«

Svalbard Polar Travel A/S
Næringsbygget
N-9170 Longyearbyen
Tel. 080 - 21 971
Telefax: 080 - 21 791

Drachenfliegen über dem Polarkreis – kaum bekannt, aber sehr zu empfehlen

Zur besten Thermikzeit nach Norwegen? Meine Reisepläne erweckten bei Freunden einiges Erstaunen; als ich aber von meinen letzten Erlebnissen in der Fliegerhochburg Vågå erzählte, wären sie am liebsten gleich mitgefahren.

von Dirk Schröder

■ Direkt an der »Rennstrecke« E 6 - von Oslo in Richtung Norden - liegen phantastische Thermikgebiete zum Einfliegen. Gespannt bin ich vor allem auf FRYA, das Top-Fluggebiet im Gudbrandsdal. Hier wurde der norwegische Streckenrekord geflogen - 190 km durch das Romsdal über Åndalsnes hinaus bis kurz vor Molde an der Westküste. Solche Flüge müssen gut geplant sein, Karte, Kompaß und möglichst auch ein Flugfunkgerät dürfen nicht fehlen.
Im Mai und Juni können sich die Cumuluswolken zu regelrechten Wolkenstraßen zusammenbrauen. Ist die Wolkenbasis auf 2.000 oder 3.000 Meter erreicht, kann man »auf Strecke gehen«.
Heute bläst leider ein Rückenwind und ich vertröste mich auf die Heimfahrt - Fliegerschicksal! Dabei beschleicht mich allerdings in Norwegen gelegentlich der Verdacht, daß nicht Petrus, sondern die Trolle hier das Wetter bestimmen; unberechenbar wechselt es von einem auf den anderen Tag, doch ideale Wetterbedingungen sind das A und O für Drachenflieger.
Die schnelle Wetteränderung bringt aber auch Überraschungen mit sich: am nächsten Morgen sind die Flugbedingungen wieder optimal, Grund genug, ins Jotunheimen zu fahren. Unter Wanderern ist die Juvasshütte auf 1.880 m Höhe als Ausgangspunkt zum höchsten Gipfel Norwegens bekannt, doch diesmal soll es mit dem Drachen nach oben gehen. Die Bedingungen sind unerwartet gut, jetzt fehlt nur noch eine kräftige Thermikablösung. Es sind noch zwei Norweger angekommen, sie kennen das Gebiet wie ihre Westentasche und geben mir wichtige Tips. Es dauert nicht lange, und wir haben alle drei Startüberhöhung. Unter uns der Gletscher, Meter für Meter geht es weiter, die Thermikschläuche sind eng und schwer zu zentrieren. Mir fällt der beschwerliche Wanderweg zum Galdhøppigen ein, der steil über Steine und Schnee führt. Im Vergleich dazu geht es heute geradezu gemütlich zur Gipfelstation hinauf und darüber hinweg. »Das Dach Norwegens« liegt unter mir, ein großartiges Panorama, zackige Bergspitzen, enge Täler, in der Ferne ist sogar der Sognefjord zu ahnen.

Auf in den Norden
Unser eigentliches Ziel ist in diesem Jahr aber Nord-Norwegen. 1.100 Kilometer nach unserer Ankunft in Oslo haben wir den Polarkreis erreicht, die magische Grenze, an dem die Nacht zum Tag wird. Jetzt ist es nur noch ein Katzensprung bis

Bodø, dem ersten Fluggebiet unter der Mitternachtssonne. Auf dem langen Weg zum Nordkap lohnt sich für Drachenflieger auch ein Stop in Narvik und Tromsø, wo es sogar Seilbahntransport zu den Startplätzen gibt.

Kurz vor Bodø fallen mir zwei Flugdrachen auf einem Firmenwagen auf. Ich finde den Besitzer im Sportgeschäft. Odd Johnson, ein passionierter Drachenflieger, versorgt mich mit einer kompletten Adressenliste des Hanggliderclubs und erzählt mir nebenbei auch noch stolz von seinem Flug im Motordrachen (Trike) über den Ärmelkanal, von Paris nach London. »Sein« Flugberg in Bodø liegt direkt in der Einflugschneise der Düsenjets, doch dank unseres guten Kontakts zum Tower genügt ein Anruf und alle Maschinen werden von der Hangkante ferngehalten. Um den Linienverkehr nicht zu stören, dürfen die Drachenpiloten allerdings die Höhe von 2.000 Fuß (ca. 650 m) nicht überschreiten.

Wir verabreden uns für den Nachmittag am Landeplatz bei Løp, wo sich im Laufe der Zeit noch andere Drachenflieger einfinden; es hat sich schon herumgesprochen, daß Besuch aus Deutschland gekommen ist. Wir fachsimpeln auf Englisch über Drachen und Fluggebiete: So konnte man hier noch vor 10 Jahren im Standarddrachen nur mit Mühe bis zum Landeplatz gleiten, mittlerweile sind stundenlange Flüge die Regel. Der Streckenrekord liegt bei 24 km entlang der Hangkante bis zum Fjord.

Plötzlich zeigt mir Øystein einen Seeadler im Hangaufwind; am blauen Himmel bilden sich die ersten Quellwolken - jetzt wird es Zeit, nach oben zu kommen. Die Schotterpiste zum Startplatz auf 330 m Höhe gehört zur NATO-Militärbasis, doch der Club darf sie mit maximal zwei Autos benutzen.

Während unserer Fahrt schwärmt Øystein, den der Militärdienst hierhin verschlagen hat, von seinem Hausberg in Telemark. Über 2.800 m trug ihn die Mai-Thermik dieses Jahr hinauf, so etwas hat er selbst während seines Urlaubs im Flugeldorado Oberitalien nicht erlebt. Auf dem Rückweg müsse ich unbedingt noch einen Stop in Hjartdal (an der E 78 zwischen Notodden und Seljord) einplanen.

Der Blick vom Startplatz ist phantastisch - ein Gebirge ragt aus dem Meer empor, kreischende Möwen, vor uns kleine Inseltupfen, in der Ferne zeichnet sich messerscharf die Lofotenwand ab. Über den schneebedeckten Gipfeln am Saltstraumen brauen sich regelrechte Wolkenstraßen zusammen.

Mittlerweile ist es neun Uhr abends, von Dunkelheit keine Spur. In den Alpen wäre um diese Zeit nur noch mit einem gemütlichen Gleitflug zu rechnen, doch hier schaut es anders aus. Für einen sicheren Start von der Hangkante warten wir auf eine Meeresbrise aus Nord bis Nordwest.

Der Clubsenior hat sich bereits in die Lüfte geschwungen, und gespannt verfolgen wir alle seinen Flug. Über Løpmarka, der kleinen Siedlung am Meer, findet er die ersten Aufwinde und gewinnt an Höhe. Von den norwegischen »Piloten« bekomme ich noch einige Tips, dann schlüpfen auch wir in unsere Liegeschürzen, checken das Gurtzeug und das Vario. Erst mit der sensiblen Elektronik des Varios ist ein gezielter Thermikflug möglich geworden. Es zeigt die aktuelle Höhe auf einen Meter genau an und meldet akustisch das Steigen und Sinken.

Über dem Nordatlantik

Jeder Start bedeutet immer wieder Nervenkitzel, ganz besonders in fremdem Gebiet: Warten auf das richtige Lüftchen, drei Schritte bis zur Hangkante und schon geht es los. Kurz darauf beginnt auch das Vario zu piepsen, das ersehnte Zeichen für Aufwinde. Direkt unter mir die roten Häuser, Fischerboote schaukeln wie Nußschalen auf dem Meer, doch dicht an der Hangkante bleibt nur wenig Zeit für einen Blick über die kleinen Inseln. Mittlerweile sind wir auch zu viert am Steilhang, doch selbst in der Luft gelten »Vorfahrtsregeln«. Da ich aber nur wenige Meter vom Fels entfernt bin, kann jede Windböe gefährlich werden.

Plötzlich sehe ich unter mir einen riesigen Vogel aus dem Birkenwäldchen aufsteigen, das muß wieder der Seeadler sein. Zielsicher steuert er die nächste Thermik an und gewinnt Höhe. Ich folge ihm, erwische eine Ablösung und kreise ganz eng in den »Bart« ein. Dann geht es rauf wie im Fahrstuhl, 270 m, 280 m, das Vario überschlägt sich fast. Startüberhöhung nach anstrengender Kurbelei, unter mir machen sich die restlichen Piloten klar zum Abflug. In Ruhe suche ich die Hangkante nach neuen Aufwinden ab, und dabei bleibt in ca. 500 m Höhe etwas Zeit, die einzigartige Landschaft zu genießen. Die Sonne wandert am Horizont gemächlich Richtung Norden, sie ist kaum merklich schwächer geworden, die Inseln werfen jetzt lange Schatten. Das Meer schimmert an seinen flachen Uferstellen türkisfarben; es zieht sich langsam zurück und gibt einen breiten Ebbestreifen frei. Die ersten Drachen stehen bereits wieder neben dem Clubhaus, auch mein Höhenmesser meldet inzwischen ein kontinuierliches Sinken. Bei der Landeeinteilung direkt über

Schon bei den Startvorbereitungen freut man sich natürlich darauf, bald in die oft endlose Weite gleiten zu können. Wie hier in Bodø liegt einem dann manchmal sogar der Nordatlantik zu Füßen.

dem Meer wird mir als Festländer schon etwas mulmig, bekanntlich hat Wasser keine Balken. Die letzten Meter schwebe ich über dem Sand. Verschreckt fliegen einige Austernfischer auf. Ein kräftiger Druck an den Trapezrohren, die Luftströmung reißt am Segel ab und ich habe wieder Bodenkontakt. Es ist kurz vor Mitternacht.

Viel Platz für Drachenflieger

Während Drachenfliegen mit 1.500 Piloten relativ verbreitet ist, steckt das Gleitschirmfliegen noch in den Kinderschuhen. Zu den 350 Gleitschirmfliegern und -fliegerinnen zählt seit kurzem auch der 17jährige Kronprinz Haakon Magnus. Ob der neue Sport dadurch an Popularität gewinnt, bleibt abzuwarten. An Fluggebieten mangelt es in Norwegen jedenfalls nicht: meist können die Startplätze der Drachenflieger benutzt werden. In Verbindung mit einer Wanderung zum Gipfel sind in Norwegen noch viele »Erstflüge« möglich, die beiden höchsten Gipfel wurden allerdings schon »erobert«. ∎

Wer einen Flug in Norwegen plant, bekommt alle Infos beim Norsk Aeroclub in Oslo, sämtliche örtlichen Clubs sind hier verzeichnet (siehe auch im Aktivteil dieses Buches unter »Luftsport«). Den aktuellen Wetterbericht kann man in ganz Norwegen über die Telefonnummer 0174 erfahren.

Der Autor:

Dirk Schröder ist seit 10 Jahren als freier Reisejournalist und Fotograf tätig. Sein erster Flug mit dem Drachen liegt 8 Jahre zurück, seitdem gehört das Fluggerät in sein Reisegepäck. Er schätzt an Norwegen insbesondere die nette Atmosphäre unter den Drachenfliegern und die Tatsache, daß der Flugsport in diesem Land noch ein individueller Sport ist.

Von Häusern und Hütten
oder: Wie wohnen die Norweger eigentlich?

Nur eingefleischte Mallorca-Fans glauben immer noch, daß die Norweger in Eisbärenfelle gehüllt im Zelt um ein Lagerfeuer sitzen, während draußen der Polarsturm tobt und die Wölfe heulen. Die Wirklichkeit sieht natürlich anders aus. Der hohe Lebensstandard findet vor allem auch beim Wohnen seinen Ausdruck. Diesem Thema möchte der folgende Artikel nachspüren.

von Gert Imbeck

Auch heute noch ist Holz das wichtigste Material beim Häuserbau in Norwegen. Die gesamte Holzkonstruktion einschließlich Dachstuhl und Verschalung ist aber bei fast allen Häusern vorgefertigt.

Die individuelle Ausgestaltung bleibt natürlich jedem selbst überlassen. Mit Erfolg, wie man sieht.

■ Irgendwo in Südostnorwegen biege ich von der Hauptstraße ab und sehe ein typisches norwegisches Wohngebiet vor mir liegen: verstreute Einzelhäuser, einige Reihenhäuser, das ganze großzügig über einen sanft ansteigenden Hang verteilt und von Wald umrahmt. »Wir wohnen hier recht eng«, sagt Eva, deren Haus direkt am Waldrand liegt, »aber dafür haben wir gleich hinter dem Haus den Wald, wo man herrlich spazieren gehen kann.«

Recht eng? Aus deutscher Sicht wohnt man hier paradiesisch, und die weiße Villa, die sich die Nachbarn gegenüber hingestellt haben, läßt auf reiche Leute schließen. »Nein, die sind nicht reich«, klärt mich Eva auf, »sie müssen unheimlich schuften, um das Haus abzubezahlen.« Dazu hatten Eva und ihr Mann keine Lust, als sie vor sechs Jahren gebaut haben, und so fiel ihr Haus bescheidener aus. Es ist rot, natürlich aus Holz und sieht mit seiner wehenden Flagge an der Fahnenstange typisch norwegisch aus.

Von außen wirkt es klein, aber drinnen ist es mit vollausgebautem Keller- und Dachgeschoß sehr geräumig. Rechnerisch müssen weniger als 96 m² herauskommen, sonst gibt es keinen günstigen Kredit von der staatlichen 'Husbank'. Um die Baukosten niedrig zu halten, wird jeder Eigenheimbesitzer erst einmal zum Maurer: das Kellergeschoß mauert man selbst. Freunde sind bei dieser Arbeit herzlich willkommen, natürlich müssen ein paar Kästen Bier bereitstehen.

800.000 Kronen (damals etwa 225.000 Mark) hat das nette rote Haus trotzdem gekostet, inkl. Grundstück und Erschließung. »Heute müßten wir wohl schon eine Million bezahlen, das könnten wir uns gar nicht mehr leisten«, meint Eva.

Die gesamte Holzkonstruktion einschließlich Dachstuhl und Verschalung ist bei fast allen Häusern vorgefertigt und kann je nach Typ in zwei Wochen bis vier Monaten bezugsfertig stehen. Dafür werden aber erfahrene Zimmerleute gebraucht, die offenbar in Norwegen viel mehr zu tun haben als die Maurer.

Der Besuch bei den Freunden hat mich neugierig gemacht. Wie wohnen die Norweger eigentlich? Ist der Eindruck richtig, das fast jeder nicht nur ein Haus, sondern auch ein Ferienhaus sein eigen nennt?

Viel Platz

Ferienhäuser? In einer Abteilung des Ministeriums für kommunale Angelegenheiten in Oslo sitzt mir stirnrunzelnd Stein Morten Solvold gegenüber. Er weiß so gut wie alles über die Wohnverhältnisse landauf, landab - statistisch gesehen. Gerade hat er mich mit einem dicken Stoß Material und kompetenten Erläuterungen versorgt. Meine Frage nach Ferienhäusern bringt ihn jedoch in Verlegenheit. »Die zählen wir nicht, für uns sind nur dauernd bewohnte Gebäude interessant.« Auch ein Blick in das Statistische Jahrbuch hilft nicht weiter. Also vertiefe ich mich zunächst in die neuesten Informationen über die Wohnverhältnisse.

Norwegen hat rund 4,2 Millionen Einwohner, das entspricht der Bevölkerung von Hamburg und Schleswig-Holstein. Sie leben auf 323.000 km², Spitzbergen und Jan Mayen nicht mitgerechnet. Das ergibt eine Bevölkerungsdichte von 13 Menschen pro km² (zum Vergleich: BRD 248 pro km², Niederlande 350 pro km²).

Bei soviel Platz für jeden einzelnen wundert es kaum, daß weit über die Hälfte der Familien (57%) in einem Einzelhaus leben. Zählt man noch Doppel-, Reihen- und Terrassenhäuser dazu, sind es sogar 76%. Nur ein Viertel aller Wohnungen liegen also in Wohnblocks oder ähnlichen Gebäuden. Und noch eine Zahl ist interessant. 64% der Häuser und Wohnungen gehören ihren Bewohnern, dazu kommen noch 15% eigentumsähnliche Verhältnisse in Genossenschaften, nur 18% der Haushalte wohnen zur Miete. Diese Zahlen bringen zum Ausdruck, das nach dem Krieg eine konsequente Eigentumspolitik nach dem Motto »Jedem Norweger sein eigenes Heim« verfolgt worden ist. Es verwundert sicher nicht, daß unter diesem Ansatz in den Großstädten häufiger das Problem auftritt, daß der freie Markt an Mietwohnungen nur sehr begrenzt ist. Davon können alle, die z.B. aus beruflichen Gründen umziehen müssen, ein Lied singen. Aber dennoch: »Heute gibt es keine Wohnungsnot in Norwegen«, sagt Bjørnulf Sandberg von OBOS, der größten Wohnungsbaugenossenschaft des Landes. »Das war zu Beginn dieses Jahrhunderts ganz anders.« Aus der damaligen Not entstand OBOS 1929 als erste norwegische Wohnungsbaugenossenschaft. Preiswerter, gesunder Wohnraum sollte in der wachsenden Hauptstadt geschaffen werden. Heute verwaltet OBOS ca. 60.000 Wohnungen in Oslo und Umgebung; landesweit gibt es 107 Genossenschaften mit zusammen 190.000 Wohnungen.

Das norwegische Genossenschaftssystem funktioniert ganz anders, als ich es etwa aus Deutschland kenne. Die Miete ist sehr niedrig, aber die Einlage kann in

Norwegen 500.000 Kronen und mehr betragen. Sie ähnelt damit mehr einem Kaufpreis, und tatsächlich kann man über seine Wohnung nach einer bestimmten Zeit ähnlich verfügen wie ein Eigentümer und vom Nachfolger soviel Geld fordern, wie die Wohnung dann auf dem Markt wert ist.

Allerdings brauchen die meisten für die hohe Einlage einen Kredit, und die monatlichen Belastungen sind dann wegen der Zinsen ähnlich hoch wie für einen Eigentümer. Zum Teil müssen junge Familien die Hälfte des Einkommens für die Gesamtwohnkosten aufwenden. Trotzdem ist die Hälfte der Neubauwohnungen von OBOS mit Familien unter 30 Jahren belegt.

In ihren Wohnungen haben die Norweger gern viel Platz. Über die Hälfte der Wohnungen sind größer als 100 m², 60% haben vier oder mehr Zimmer. Der Lebensstandard ist bekanntlich hoch, und so sind nur 2% weder mit Bad noch mit WC ausgestattet.

»Eine Hütte bitte«

»Jeg skal på hytta« sagt der Norweger, wenn er in sein Ferienhaus fährt. Der Begriff »Hütte« ruft bei Leuten, die Norwegen nicht kennen, falsche Vorstellungen hervor. Tatsächlich liegen viele der schmucken Ferienhäuser wie Villen mit eigenem Bootssteg und Boot am See oder am Meer.

Auf jeden Fall möchte man die Nachbarn nicht zu nahe haben und verzichtet dafür lieber auf einen Anschluß an das Strom-, Wasser- und Telefonnetz. Strom für Licht und den Fernseher liefert dann ein kleiner Sonnenkollektor, das Wasser kommt aus einem kleinen Bach am Berg. Und was das Telefonieren angeht - Norwegen hat europaweit die dichteste Versorgung mit Mobiltelefonen. Sie sind sogar ein Exportschlager.

Ich hatte irgendwann einmal gehört, daß Ausländer keine Ferienhäuser in Norwegen kaufen können. »Weit gefehlt«, klärte mich Sverre Nordhus, Makler in Moss, auf. »Zwar braucht man mehrere Genehmigungen, aber möglich ist ein Kauf für Ausländer ohne weiteres.« (Siehe dazu die rechte Spalte).

Die Preise schwanken deutlich je nach Lage. Ein klappriges Häuschen ohne Wasser und Strom, irgendwo im Inland gelegen, bekommt man vielleicht schon für 25.000 Mark. Für attraktivere Objekte nahe dem Meer, an einem See oder fischreichen Fluß muß man 65.000 bis 100.000 Mark anlegen. Nach oben sind der Phantasie keine Grenzen gesetzt, vor einiger Zeit etwa wechselte auf der exklusiven Ferieninsel Tjøme im Oslofjord (auch die königliche Familie hat hier ein Häuschen) ein Feriendomizil für 400.000 Mark den Besitzer.

Leider wußte auch Sverre Nordhus nicht, wie viele Hütten es denn nun im Lande gibt, aber ich habe schließlich doch noch eine geschätzte Zahl erfahren: 400.000 sollen es etwa sein. Bei 1,6 Millionen Haushalten besitzt also nur etwa jede vierte Familie ein Ferienhaus. Aber es reicht ja zum Glück, wenn die Großeltern eine Hütte haben. Dann können auch Kinder und Enkel sie nutzen, und schon sieht das Verhältnis ganz anders aus.

Übrigens - auch Norweger können in einer Gemeinde gewöhnlich nur eine Hütte haben. Das mußte ein reicher Reeder erfahren, dessen Häuschen auf einem 5.000 m² großen Grundstück an der Südküste stand. Als er noch das Nachbargrundstück (10.000 m²) dazukaufen wollte, verweigerte die Gemeinde einfach die Genehmigung. Die Gemeindeväter fanden, daß ein Grundstück reiche. Nicht einmal ein Kauf durch Strohmänner hätte genützt, denn die Reporter lagen schon auf der Lauer. ∎

Der Autor:

Gert Imbeck hat in Kiel Skandinavistik studiert. Sein Interesse galt in erster Linie Norwegen und den Norwegern. Zahlreiche Aufenthalte im Land und mehrere Buchübersetzungen (u.a. Knut Hamsun) dokumentieren das. Seit Frühjahr 1989 leitet er die NORDIS Redaktion.

Ein solides Dach erfordert mittlerweile nicht mehr nur einen sorgfältigen Zimmermann, sondern auch einen kräftigen Fuhrpark.

Der Begriff »Hütte« ruft bei vielen Leuten oft falsche Vorstellungen hervor. Tatsächlich liegen viele der schmucken Ferienhäuser wie Villen am See, am Meer oder im Gebirge.

Wo es Hütten gibt, stehen auch Paläste. Doch im Gegensatz zu anderen Herrscherhäusern fühlt sich die norwegische Königsfamilie nicht nur im Schloß, sondern auch »på hytta« sehr wohl.

Der Norwegenurlaub im Ferienhaus oder in einem ehemaligen Bauernhaus erfreut sich immer größerer Beliebtheit. Tausende deutscher Touristen kommen Jahr für Jahr in »ihre« gemietete Hütte, und bei vielen entsteht der Wunsch, selbst ein ganz privates Stück Norwegen zu erwerben. Wer 100.000 Mark anlegen kann, erhält dafür schon ein geräumiges, gut erhaltenes und schön gelegenes typisch norwegisches Wohnhaus samt Grundstück. Aber auch für 65.000 bis 70.000 Mark werden Häuser angeboten.

Das Genehmigungsverfahren für ausländische Käufer ist allerdings langwierig. Zuerst müssen das örtliche Landwirtschaftsamt, die Gemeinde- und die Bezirksverwaltung sowie das Landwirtschaftsministerium in Oslo entscheiden. Das kann bis zu einem halben Jahr dauern, und ein Rechtsanspruch auf Genehmigung besteht nicht. Daher ist nicht jeder norwegische Anbieter bereit, sein Haus einem Ausländer zu verkaufen. Es ist übrigens in Norwegen nicht üblich, den Kauf über einen Notar abzuwickeln. Hierfür sind staatlich autorisierte Makler zuständig, die dieselbe Rechtssicherheit bieten wie ein Notar in Deutschland. Beachten Sie auch das Stichwort »Immobilien« im A-Z Teil am Schluß dieses Buches.

75

Norsk Rock

a-ha

Tre små kinesere

DeLillos

von Arvid Skancke-Knutsen

Norwegische Rockmusik - unbekannt, aber interessant

Dumdum Boys

Norwegen ist in erster Linie wohl kaum durch seine Pop- oder Rockmusiker bekannt. Die meisten Deutschen kennen zwar Interpreten wie Wencke Myhre oder die Gruppe a-ha, abgesehen von solchen »Größen« aber ist die norwegische Populärmusik noch ein gänzlich unbeschriebenes Blatt.

■ Das ist eigentlich schade, denn Norwegen ist in der europäischen Musikwelt ein nicht ganz uninteressantes Land. Allein in Oslo gibt es zur Zeit 25 Clubs und Cafés, in denen regelmäßig Live-Musik aus der Szene gespielt wird, und auch in vielen anderen größeren Städten Norwegens gibt es ähnliche Musikveranstaltungen, angefangen von intimen Akustik-Konzerten bis hin zu Hardrock-Sessions, bei denen wirklich die Post abgeht! Wer will, kann jeden Tag in der Woche Konzerte örtlicher Bands, aber auch ausländischer Gruppen und Interpreten aller Schattierungen und Bekanntheitsgrade besuchen.

Für durchreisende Rockfans kann es in Norwegen oft schwierig werden, sich einen Überblick zu verschaffen, was in der Live-Szene los ist. Um »Rock-Engpässe« zu vermeiden, kann es sich lohnen, einen Blick in die englischsprachige Informationsbroschüre »What's on« zu werfen, in der die meisten größeren Festivals, Veranstaltungen und Konzerte aufgeführt sind. Kleinere Konzerte entdeckt man dagegen zumeist durch Anzeigen in den größeren Tageszeitungen.

Die Live-Szene in Norwegen ist zwar größer als in einigen skandinavischen Nachbarländern, dennoch aber ist »Norwegen-Rock« außerhalb von Insider-Kreisen im Ausland so gut wie unbekannt. Das liegt wohl auch daran, daß die besten norwegischen Musiker oft schon völlig damit ausgelastet sind, innerhalb ihres eigenen Landes zu touren, um sich über Wasser zu halten. Schon aus rein geographischen Gründen hat man es in Norwegen schwerer als auf dem Kontinent, denn durch die langgestreckte Lage des Landes sind regelmäßige Tourneen oft mit Anstrengungen verbunden, die nur die unermüdlichsten unter den Musikern über Jahre hinweg durchhalten. Welcher norwegische Rocker kann schon mal eben im Privatflugzeug von Lindesnes nach Karasjok jetten? Meist bleibt nur der Weg über die staubigen oder verregneten norwegischen »Highways«, um den Konzertort zu erreichen. Nordkap-Touristen können bestimmt ein Lied davon singen, wie fit man nach einer 500-km-Tour über Norwegens Straßen am Abend noch sein kann. Darüber hinaus fehlt der norwegischen Musikszene noch immer ein vernünftiger Vertriebsapparat, der das Ausland auf die vielen kreativen Bands und Musiker aufmerksam machen könnte.

Spät ging's los

Zur Zeit wird oft von einer neuen Blütezeit in der norwegischen Rockmusik gesprochen, deren Geschichte noch recht jung ist. Die erste in Norwegen produzierte Rockplatte kam Ende der fünfziger Jahre heraus, die ersten Songs mit norwegischen Texten tauchten ca. vier bis fünf Jahre später auf. Obgleich die Musik noch immer von anglo-amerikanischen Vorbildern inspiriert blieb, erschienen im Laufe der folgenden Jahre immer mehr Platten mit Texten in norwegischer Sprache. Um 1979 erlebte Norwegen dann einen ersten großen Musik-Boom, als in Verbindung mit der britischen New-Wave-Szene und der Neuen Deutschen Welle eine Reihe interessanter neuer Bands in Norwegen auftauchte. Die Musik war einfach, energiegeladen und oft recht originell. Zusätzlich wurden mehrere unabhängige Plattenlabels gegründet, so daß die neuen Musiker in kürzester Zeit mit Schallplatten auf den Markt drängen konnten, um das sehr interessierte Publikum »zu versorgen.« Die wichtigsten Vertreter dieser Zeit waren wohl die Gruppen **Kjøtt** (Fleisch), **The aller værste** (Die Allerschlimmsten) und **Depress**, deren Platten in letzter Zeit allesamt in Neuauflage erschienen sind.

Die meisten dieser Gruppen sangen in ihrer Muttersprache und trugen damit maßgeblich dazu bei, daß sich norwegischsprachige Rockmusik heutzutage besser verkauft als je zuvor. Heute ist es nichts Ungewöhnliches mehr, daß von einer populären norwegischen Rock-LP 50.000 Exemplare oder mehr verkauft werden, was im Vergleich zur Bevölkerungszahl Norwegens schon eine imponierende Zahl ist.

Die norwegische Musikszene von heute kann man zweifellos als sehr vielfältig bezeichnen. Die meistverkaufenden norwegischen Rockbands sind zur Zeit **Dumdum Boys, CC Cowboys, Raga Rockers und Jokke & Valentinerne**, die allesamt einfache und zündende Rockmusik mit norwegischen Texten machen. Im etwas mehr akustischen Bereich liegen Gruppen wie **De Lillos** und **Tre små kinesere** (Drei kleine Chinesen), die beide durch ihre intelligente, ganz besondere Art von Popmusik populär geworden sind. Ansonsten stehen natürlich auch in Norwegen Hardrock und Heavy Metal hoch im Kurs. Die englischsprachigen Gruppen **TNT, Stage Dolls** und **Sons of Angels** haben in letzter Zeit auch im Ausland einen gewissen Bekanntheitsgrad erreicht, während **Equinox** aus Fredrikstad mit großer Wahrscheinlichkeit bei allen Trash-Fans Aufmerksamkeit wecken könnte. In der Hardcore-Szene haben Namen wie **Stengte dører** (Verschlossene Türen), **Israelvis** oder **Life, but how to live it** einen guten Klang. Alle drei Bands sind auch schon in Mitteleuropa aufgetreten. Anhänger einer mehr experimentell geprägten Musik kommen mit Gruppen wie **Holy Toy, Bleep, Bel Kanto** oder der mit viel Vorschußlorbeeren versehenen Band **Munch** bestimmt auf ihre Kosten. Gute, norwegische Rockmusik mit englischen Texten machen außerdem die **Backstreet Girls, Mercury Motors, Matchstick Sun** und **Sister Rain**, während die Gruppe **Langsomt mot nord** (Langsam nach Norden) und die Sängerin **Mari Boine Persen** erfolgreich versucht haben, traditionelle Volksmusik mit moderneren Tönen zu mischen. Für alle diese Musiker gilt übrigens, daß sie LP's herausgebracht haben, die für neugierige »Norsk-Rock-Fans« relativ einfach erhältlich sind. Die Chancen, eine dieser Gruppen bei einem längeren Besuch live zu erleben, dürften eigentlich auch ganz gut stehen. Zwar gibt es während des Sommers nur relativ wenige Einzelkonzerte, dafür bietet sich aber vielleicht die Gelegenheit, einige sehr interessante Festivals zu erleben.

Norwegische Rockmusik ist erwachsen geworden und ist sich in den letzten 10 Jahren auch weitgehend treu geblieben. Dennoch sollte diese Musik nicht nur Norwegern vorbehalten bleiben, interessierte Rockfans werden in der heutigen Szene bestimmt einige »Schätze« finden. In diesem Sinne: Rock on ... ■

Der Autor:

Arvid Skancke-Knutsen ist leitender Redakteur bei der Musikzeitschrift »Puls«, der größten norwegischen Monatszeitschrift im Bereich Musik und Film. Der Autor blickt mittlerweile auf eine siebenjährige Erfahrung als Musikjournalist zurück.

Ein norwegisches Meisterstück - die Bergenbahn

von Reinhard Ilg

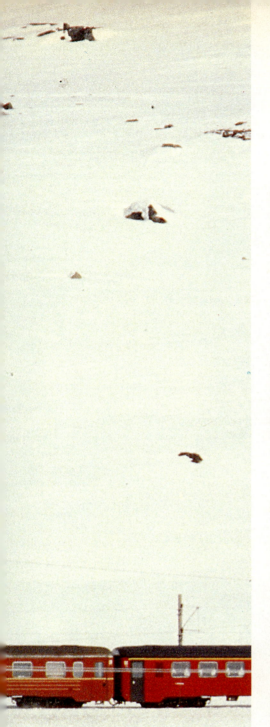

Wie ein langer, roter Wurm schlängelt sich die Bergenbahn durch das Hochgebirge am Nordrand der Hardangervidda.

■ Jahr für Jahr werden Touristen, Journalisten, Fotografen, Eisenbahn- und Technikfans in den Bann dieser Eisenbahn gezogen, die seit ihrer Planung in den achtziger und neunziger Jahren des vergangenen Jahrhunderts für Aufregung und sogar politische Krisen, aber weit mehr noch für unzählige Momente der Faszination und des Glücks gesorgt hat. Denn so unterschiedlich wie die Fahrgäste und ihre Empfindungen sind auch die Besonderheiten dieser Reise.

Da ist vor allem die norwegische Natur. Prall und üppig ist sie, manchmal schroff und abweisend, oft warm und verlockend, aber immer herausfordernd und nie gleichgültig. Auf der knapp siebenstündigen Fahrt zwischen den beiden größten Städten des Landes erlebt der Reisende fast alle Landschafts- und Vegetationsformen, die Norwegen so einzigartig machen: Wogende Getreidefelder und sattgrünes Weideland, endlose Wälder und unzählige freundlich glitzernde oder sich graukräuselnde Seen ziehen rasch wechselnd am Fenster vorbei. Und dann die türkisblauen Gletscher, der ewige Schnee und die maßlose, befreiende Weite der Hochgebirgsebene.

»Laß' das Auge trinken« - dieser Aufforderung aus der Zeit der Romantik kann sich hier niemand entziehen, auch kein Norweger, der schon zum x-ten Mal auf dieser Strecke unterwegs ist; nicht einmal der Lokführer. Lächelnd schaut Arne Trinterud durch die Frontscheibe der bulligen 6.000 PS-Lok auf die weite Landschaft des Hallingdals: »Früher bin ich nur auf Strecken der Osloer Vorortbahnen gefahren. Das war zwar immer recht hektisch, oft aber auch langweilig. Da gefällt es mir hier doch besser.« Und wie selbstverständlich grüßt er im selben Moment einen pensionierten Osloer Kollegen, der sich auf seine alten Tage in ein stillgelegtes Bahnhofsgebäude zurückgezogen hat und dort gerade im Garten seine

Eine Kochplatte, ein Waschbecken, frisches Trinkwasser - und ein Gewehr. Dies alles steht Arve Trinterud und seinen Kollegen zur Verfügung, wenn sie sich täglich auf den Weg machen. Sie sind Lokführer bei den Norwegischen Staatsbahnen (NSB) und leisten ihren Dienst auf der Bergenbahn, einer der aufregendsten und schönsten Eisenbahnstrecken der Welt. Eine solch komfortable Ausstattung der Lokomotiven würde allemal zu einer Durchquerung ganzer Kontinente passen. Und das alles für eine Strecke, die nur 470 Kilometer lang ist und deren höchster Punkt gerade mal auf 1301 Metern ü.d.M. liegt? Superlativ-verwöhnte Mitteleuropäer mögen bei solchen Zahlen mit den Achseln zucken, doch eine Reise mit der Bergenbahn ist eine Reise voller Höhepunkte und Besonderheiten.

Norwegische Lokführer haben in der Regel äußerst reizvolle Arbeitsplätze.

Rosen pflegt. Und damit kommen wir zur zweiten Besonderheit der Bergenbahn. In der westlichen kapitalorientierten Welt, die vom Prinzip der Beschleunigung lebt, ist diese Eisenbahnstrecke fast schon ein Fossil. Während die Jagd nach neuen Hochgeschwindigkeitsrekorden ihren mitteleuropäischen Kollegen den Schweiß auf die Stirn treibt, können sich die norwegischen Lokführer bei einer maximalen Höchstgeschwindigkeit von 130 km/h sogar einen Tee oder eine Suppe kochen. Statt durch künstlich begradigte Betonlandschaften zu »fliegen«, die dem angestrengten Augapfel des Reisenden nur

Ein seltsam anmutendes Schauspiel, das jedes Frühjahr zu beobachten ist: Gerade erst hat der Zug Bergen längs blühender Obstgärten verlassen, und nur zweieinhalb Stunden später zeigt der Winter, wie hier am Bahnhof Finse, noch einmal seine ganze Kraft.

Wie eine kleine Festung: der Bahnhof von Bergen.

Exklusiver Treffpunkt exklusiver Bahnen: der Bahnhof von Myrdal (900 Meter ü.d.M.). Hier geben sich die Bergenbahn und die Flåmbahn mehrmals täglich ein Stelldichein.

Eine Reise mit der Bergenbahn ist eben eine Reise und kein Transport: es gibt viel zu erzählen.

Seit nun über achtzig Jahren bringt die Bergenbahn die Städter aus Bergen und dem ehemaligen Kristiania zum Wintersport auf die Hochebene am Nordrand der Hardangervidda.

noch wenige, hektisch kurze Panorama-Bröckchen zur Ansicht lassen, windet sich die Bergenbahn in Tausenden von Kurven durch's Terrain und eröffnet dem staunenden Beobachter immer neue Aus-und Einblicke.

Da stören auch nicht die rund 200 Tunnel, deren längster, der Trollkona-Tunnel, immerhin gut 8 Kilometer lang ist. Fährt der Zug zwischen Hønefoss und Oslo über Drammen und nicht, wie eigentlich üblich, über Roa, dann durchquert man sogar den mit 10,7 km längsten Eisenbahntunnel Norwegens, den Liertunnel. An seinen Enden sind zwei abschließbare Portale installiert, die im Winter dafür sorgen, daß es durch Schnee und Eis im

Tunnel zu keiner Beeinträchtigung des Verkehrs kommt.

Die Tücken des Gebirges

Was hier im Flachland noch technisch machbar ist, gestaltet sich im Gebirge allerdings mit schöner Regelmäßigkeit zu einer oft unlösbaren Aufgabe.

Oberhalb der Baumgrenze, die im südlichen Norwegen in einer Höhe von ca. 900 Metern verläuft, überquert die Bergenbahn zwischen Ustaoset und Myrdal auf einer Länge von rund 100 Kilometern eine kahle und öde Hochebene. Hier oben ist man der Natur im wahrsten Sinne des Wortes preisgegeben, und die oft blitzschnellen Wetterumschwünge lassen im Winter aus dem kleinen oft ein großes Abenteuer werden. Vor allem im Gebiet um das kleine Dorf Finse, das nur mit der Bahn zu erreichen ist, machen bis zu 15 Meter hohe Schneeverwehungen den Eisenbahnern der Bergenbahn während der dunkleren Jahreshälfte das Leben oft sehr schwer. Da kommt es schon mal vor, daß man an das Motto der NSB »Es geht immer ein Zug« manchmal die Frage anhängen muß: »Bis wohin?« Trotz zahlreicher Schneeschutzanlagen und rund um die Uhr arbeitender Räumkommandos bleiben die Züge nach heftigen Schneefällen oft stundenlang, manchmal sogar tagelang stecken. Zusätzlich zu den Verwehungen behindern immer wieder unter der Last von Schnee und Eis gerissene Oberleitungen und eingestürzte Schutztunnel das Fortkommen. Im vergangenen Winter kam es ganz knüppeldick: Ein Zug hatte sich

So rum wär's eigentlich richtiger: Oslobahn statt Bergenbahn.

festgefahren und war entgleist, weitere, die warten mußten, schneiten ebenfalls ein, und zu guter Letzt wurden die aus Finse anrückenden Rettungsmannschaften auch noch von Lawinen eingeschlossen.

Ein mühevoller Weg

Angesichts solcher, nicht zuletzt kostenintensiver Schwierigkeiten, die selbst heute mit modernstem technischem Gerät oft nicht zu lösen sind, erscheint es nicht verwunderlich, daß man vor gut 110 Jahren diejenigen, die den Bau einer Eisenbahn von Bergen nach Kristiania (dem heutigen Oslo) forderten, schlichtweg für

verrückt hielt. Trotz der damaligen Technik-Euphorie in Norwegen und Europa schien eine Trassenführung über das kahle Hochgebirge reiner Wahnsinn und undurchführbar zu sein.

Die Träger dieser kühnen bis aberwitzigen Gedanken lebten damals mit wenigen Ausnahmen alle in Westnorwegen. So auch der in Voss tätige Forstmeister Hans A. Gloersen, der schon 1871 in einem Artikel für die Bergens Tidende den Bau einer »Bergenbane« vorschlug. Aber es sollte noch drei Jahre dauern, bis Parlamentarier aus Bergen und dem damaligen Amt Bergen im Storting einen Antrag auf Bewilligung von 5,2 Millionen norwegischen Kronen zum Bau einer Eisenbahn von Bergen nach Voss stellten. Sie mußten ein Jahr lang warten, bis das Storting nach einer hitzigen »Eisenbahndebatte« mit 63 gegen 42 Stimmen das »Ja« gab. Inzwischen war die Kostenkalkulation aber schon bei 9,6 Millionen angekommen, und die Regierung verweigerte so lange den Umsetzung des Beschlusses, bis der damalige Konsul Jebsen sich bereit erklärte, im Falle eines Konkurses beteiligter Firmen mit 200.000 Kronen zu bürgen. 1883 dann rollte der erste Zug, allerdings auf Schmalspurgleisen, nach Voss.

Das Tauziehen um eine durchgehende Verbindung zwischen Bergen und Kristiania sollte aber noch jahrelang weitergehen. Erst 1894 konnten sich die Vertreter Westnorwegens in einem neuerlichen Stortingsbeschluß durchsetzen: Die Bahn sollte bis aufs Fjell nach Taugevann verlängert werden. Der Jubel in Bergen war riesengroß, denn jeder wußte, daß die Bahn niemals im Hochgebirge enden konnte. Und sie sollten recht behalten, denn vier Jahre später beschloß das Storting dann endgültig, die Strecke bis zur Anbindung an das bestehende Eisenbahnnetz in Hønefoss weiterzuführen.

Zehn weitere Jahre wurde geschaufelt, gehämmert und gesprengt. Dabei gelang den Ingenieuren eine logistische und technische Meisterleistung, denn die Streckenführung war so geplant, daß weder überflüssiges Gesteinsmaterial anfiel, noch zusätzliches herangeschafft werden mußte. Für alle notwendigen Aufschüttungen und Auffüllungen wurde das anfallende Tunnelgestein verwendet. Das hatten die »Rallare«, wie die Eisenbahnarbeiter genannt wurden, in jahrelanger, mühevoller Arbeit herausgebrochen; unter härtesten Arbeitsbedingungen hatte allein der Bau des Gravehalstunnels sechs Jahre gedauert. Bei den »Feierlichkeiten« zu seiner Fertigstellung übrigens erhielten acht Arbeiter, die in diesem Tunnel während der gesamten Bauzeit geschuftet hatten, zur Belohnung jeder ein Glas Wein....

Wurde bei den Arbeitern »gekleckert«, dann wollten zumindest die Politiker »klotzen«: Nachdem man in jahrelangen

Debatten dem Projekt immer wieder Geld und Zustimmung verweigert hatte, konnte es am Ende nicht schnell genug gehen - mit diesem Prestigeobjekt wollte man sich nun sehen lassen. Zwar hatten sich am 9. Oktober 1907 die Schienenstränge aus West- und Ostnorwegen in Ustaoset getroffen, doch zur Aufnahme eines durchgehenden Zugverkehrs fehlten noch

Zuwachs für die Bergenbahn

Aufgrund des sich einstellenden großen Erfolges der Bergenbahn beschloß das Storting 1923, Stichbahnen zum Sogne- und Hardangerfjord zu bauen. Als erste elektrifizierte Strecke Norwegens wurde 1935 die Hardangerbahn von Voss nach Granvin eröffnet, fünf Jahre später nahm die Flåmbahn den Betrieb auf. Sie führt vom Gebirgsbahnhof Myrdal auf einer atemberaubenden Strecke hinunter zum Aurlandsfjord und überwindet dabei auf einer Strecke von nur 20 km einen Höhenunterschied von 865 Metern. Jedes Jahr machen Zigtausende von Bahnreisenden zwischen Bergen und Oslo einen Abstecher mit der Flåmbahn, die 1990 ihr 50jähriges Jubiläum feierte.

manche technische Einrichtungen, so auch viele Schneesicherungen und Schutzvorkehrungen. Dennoch wurde auf Veranlassung der damaligen Regierung im Januar 1908 der Betrieb auf dieser Strecke aufgenommen. Es kam, wie es kommen mußte. Schon der erste Zug blieb oben auf dem Fjell im Schnee stecken, die Passagiere konnten nur mit Mühe gerettet werden. Doch Pfingsten 1908 war es dann soweit. Auch wenn die Bahnreise noch durch eine Schiffspassage auf dem Krøderen-See unterbrochen wurde, die durch letzte Baumaßnahmen an der Trasse notwendig war, konnte man nun in 21 Stunden im Coupé über Land von Bergen nach Kristiania reisen.

Eines der aufregendsten Kapitel der europäischen Eisenbahngeschichte hatte seinen vorläufigen Abschluß gefunden. Heute verkehren täglich sechs Personenzugpaare und viele Güterzüge auf der Strecke, die mit Blick auf ihre historische Entwicklung eigentlich »Kristianiabahn« heißen müßte. Auch wenn die NSB jetzt ein millionenschweres Tunnelprojekt bei Finse in Angriff nimmt, um die allwinterlichen Probleme entscheidend zu entschärfen, wird die Bergenbahn trotz baulicher Veränderungen auch in Zukunft nichts von Ihrem Reiz verlieren.

Ach ja, das Gewehr! Nicht nur die Lokomotiven bevorzugen im Winter vom Schnee geräumte Strecken - auch die Elche tun es ... ■

Der Autor:

Reinhard Ilg hat in Hamburg Geschichte, Skandinavistik und Ethnologie studiert. Während seiner langjährigen Tätigkeit als Reiseleiter in Skandinavien hat er ein besonderes Faible für Norwegen entwickelt. Er arbeitet heute als Redakteur für die NORDIS Redaktion.

Die große prähistorische Überraschung

von Amy van Marken

Die große prähistorische Überraschung in der norwegischen und schwedischen Landschaft bilden die sogenannten Felszeichnungen, die aus der Steinzeit und der Bronzezeit stammen, d.h. aus der Zeit zwischen 5000 und 3000 v. Chr. und zwischen 1500 und 500 v. Chr. Sie befinden sich gelegentlich deutlich sichtbar entlang oder in der Nähe großer und kleiner Straßen, manchmal aber auch an schwer erreichbaren Stellen, an denen man sie kaum erkennt.

■ Das norwegische Wort »helleristninger«, (das wörtlich »Kratzen im Stein« bedeutet), deutet schon an, daß es eigentlich nicht um Zeichnungen geht, sondern um eingeschliffene und anschließend mit einem scharfen Stein eingemeißelte, oder - allerdings selten - gemalte Abbildungen, die entweder auf horizontale oder vertikale Felsoberflächen verschiedener geologischer Formationen aufgetragen wurden. Die Vielfalt von Technik, Motiven, Symbolen, Stil und religiösen Hintergründen dieser Kunst ist außerordentlich groß und abhängig vom Zeitraum, in dem die Felszeichnungen entstanden. Man unterscheidet dabei zwischen denen, die man der Jagd- und Fischfangkultur in Nordnorwegen während der Steinzeit zuschreibt, und denen aus der späteren Bauernkultur der Bronzezeit im südlichen Norwegen. Es kommt allerdings auch vor, daß sich Motive aus diesen beiden Kulturen überlagern, weil die Abbildungen häufig nacheinander in verschiedenen Epochen angebracht wurden.
In ihrer Gesamtheit weisen die Felszeichnungen in Skandinavien gewisse Übereinstimmungen mit ähnlicher Berg- und Höhlenkunst anderswo in der Welt auf, wie z.B. in Finnland und Nordrußland, bei den Indianern in Nordamerika sowie im Mittelmeerraum.

Fundstellen in Norwegen

Wo findet man nun in Norwegen diese Felszeichnungen? In den meisten Fällen sind sie auf den großen Landkarten und in Führern als Sehenswürdigkeiten angegeben. Insgesamt gibt es um die hundert, und darunter sind, neben einer ziemlich großen Zahl kleinerer Fundorte, auch einige große »Felder«. Zu dieser letzten Gruppe gehören z.B. der enorme Komplex, den man 1972 bei Alta in Finnmark entdeckte, dann das Feld bei Keiknes in Nordland (an einer Nebenstraße der E 6 bei Tysfjord) und verschiedene Felder in Nord-Trøndelag, so bei Beitstad (nördlich von Steinkjer an einer Nebenstraße der E 6) oder im nördlichen Fjordgebiet bei Vingen (am Nordfjord) und bei Ausevik (Flora); letztere sind allerdings beide schwer zu erreichen. Aber auch in der Umgebung von Oslo gibt es zwei kleinere Fundstellen, eine bei der Seemannsschule auf dem Ekeberg, die andere am Skogerveien in Drammen. Und für den, der via Göteborg nach Norwegen reist, sind die großen Gebiete in Bohuslän bei Fossum und Vitlycke direkt an der E 6 eine beeindruckende Sehenswürdigkeit mit äußerst vielfältigem Bildmaterial aus der Bronzezeit.

Dank der Tatsache, daß man die häufig sehr verblaßten Abbildungen mit roter oder weißer Farbe verdeutlicht hat, ist es möglich, die Darstellungen genau zu studieren. Dieses »Überziehen« der Figuren ist absolut gerechtfertigt, weil Spuren von Farbstoffen zeigen, daß die Felszeichnungen auch damals farbig waren, damit man sie besser sehen konnte. Leider haben diese wirklich einmaligen Kulturmonumente viel zu leiden; nicht nur durch Verwitterung und Umweltverschmutzung, sondern auch durch unvorsichtiges Handeln wie das Treten auf die Zeichnungen und die Zerstörungswut von Besuchern. Um dagegen anzugehen, hat man in Alta einen Holzpfad aus Planken angelegt, auf dem der Besucher aus sicherer Entfernung durch das Gebiet geführt wird.

Vielfältige Motive

Was gibt es nun eigentlich bei diesen Felszeichnungen zu sehen, was stellen sie dar? Hier wird ein Unterschied zwischen den verschiedenen Zeiträumen gemacht, in denen die Zeichnungen entstanden. So enthalten die, wie man annimmt, ältesten aus der Steinzeit stammenden Helleristninger in Nordnorwegen imponierend naturgetreue, scharf umgrenzt »gezeichnete« Tiere, wie manchmal lebensgroße Elche, Rentiere, Bären, Wale, Schweinswale, Seehunde und Wasservögel. Die Tiere sind praktisch auf allen Abbildungen in Bewegung, so daß man nicht vier, sondern nur zwei Beine sieht! Im Verhältnis zu den Zeichnungen aus der Bronzezeit und zu der großen Zahl von Tieren kommt der Mensch nicht so oft vor, und wenn, dann als Jäger. Sehr wohl sieht man hier und da wie Kanus aussehende, bemannte oder unbemannte Boote, Schlitten und sogar einen Mann auf Skiern. In Alta kann man sogar tatsächlich entdecken, wie eine Herde Rentiere in eine Umzäunung getrieben wird. Das ist die älteste Darstellung vom Absondern der Tiere, wie das z.B. vor dem Schlachten geschieht. In einigen Fällen ist bei diesen Rentieren neben dem Geweih auch das Skelett schematisch angegeben und im Körper verschiedener Tiere führt eine Lebenslinie zum Herzen. Auch trächtige Tiere sind abgebildet, sogar ein Bär mit einem Jungen im Bauch. Außerdem kann man Fußspuren von Mensch und Tier erkennen sowie fremde, abstrakte Figuren, deren Bedeutung sich nicht feststellen ließ. So erinnern labyrinthartige spiralförmige Figuren an die Reste echter Labyrinthe, wie man sie u.a. in Varanger, auf der Kola-Halbinsel und an der Ostseite des Oslofjordes gefunden hat.

Mehr in Richtung Süden finden wir dann die Helleristninger aus der Bronzezeit, als neben Ackerbau und Viehzucht auch Handel und Schiffahrt als Erwerb hinzukamen. Hier werden die Tiere nicht mehr naturalistisch, sondern stilisiert wiedergegeben, wobei besonders das Innere, das Skelett, die Eingeweide und das Herz von Linien umrissen sind. Und neben allen möglichen Bootsmodellen, Waffen und Werkzeugen usw. stößt man auch vielfach auf Abbildungen des Menschen; Männer sind an den großen Penissen zu erkennen und Frauen an den langen Haaren. Weitere Motive, die wir hier antreffen, sind menschliche Fußabdrücke, mit oder ohne Schuhwerk, das Sonnensymbol, alle möglichen geometrischen Figuren und ganz kleine, nicht tiefe, schalenförmige Aushöhlungen.

Kult und Magie

Sowohl die nördlichen als auch die mehr südlich gelegenen Felszeichnungen haben oft zusammenhängende Jagd- oder Prozessionsszenen zum Thema. Außerdem überlappen sich die Abbildungen häufig, als ob man über eine bestehende Darstellung eine neue gemeißelt hätte. Daraus läßt sich schließen, daß es wahrscheinlich nicht vor allem um das Schaffen von Kunst um der Kunst willen ging, sondern vermutlich um eine magische Handlung, hinter der bestimmte religiöse Auffassungen, Zeremonien, möglicherweise soziale Traditionen standen.

Der Unterschied zwischen den technisch und künstlerisch äußerst raffiniert bearbeiteten Gebrauchsgegenständen der Bronzezeit einerseits, die man in den Museen für Altertumskunde bewundern kann, und der primitiv anmutenden Felskunst desselben Zeitraums andererseits ist erstaunlich groß. Auch diese Tatsache deutet darauf hin, daß die Helleristninger keine ästhetische, sondern vielmehr eine magisch-religiöse Funktion gehabt haben müssen. Das Ausmaß der Felszeichnungsfelder ist, wie schon erwähnt, sehr unterschiedlich. Der große runde Stein bei Bossekop zählt zum Beispiel ungefähr 400 Figuren. Bei Hjemmeluft in Alta hat man sogar 2.500 bis 3.000 Abbildungen entdeckt, bei Vingen circa 1.500 und bei Ausvik etwa 300. Auf Hamarøy hingegen sind z.B. nur zwei zu finden, doch zwei der schönsten. Es handelt sich um äußerst faszinierende Abbildungen von Rentieren in voller Flucht. Man nimmt an, daß die großen Felder an heilige Stätten erinnern, an denen man in verhältnismäßig großer Zahl zusammenkam, während es sich bei den Zeichnungen an abgelegenen

2.500 bis 3.000 Abbildungen hat man bei Hjemmeluft im nordnorwegischen Alta entdeckt. Die Felszeichnungen, die oft zusammenhängende Jagd- und Prozessionsszenen zum Thema haben, sind nicht selten das Resultat magischer Handlungen und sozialer Traditionen.

Orten mit nur wenigen Bildern eher um individuelle, magische oder kultische Handlungen handelt, die zum Beispiel dem Zweck dienten, Jagd- und Fangerfolge oder eine gute Ernte zu erbitten.

Im allgemeinen läßt sich sagen, daß die Helleristninger aber immer noch sehr viele Rätsel aufgeben. Das betrifft sowohl die religiösen als auch die sozialen und ökologischen Hintergründe. Für die Wissenschaft ist demnach in diesem Bereich noch viel zu erforschen. Bei dem interessierten Laien und Touristen wird die Begegnung mit diesen Zeugnissen des Menschen aus einer sehr weit zurückliegenden Vergangenheit auch weiterhin meist ein Gefühl der Betroffenheit und zugleich Respekt vor diesen jetzt leider bedrohten Kulturmonumenten hervorrufen. ∎

Die Autorin:

Amy van Marken hat von 1947 bis 1954 als Dozentin für Skandinavistik an der Universität von Leiden gearbeitet, wechselte dann an das Skandinavische Institut in Groningen und war dort bis 1982 als Professorin tätig. Die Universitäten von Umeå und Tromsø verliehen ihr die Ehrendoktorwürde.

Im Schatten von Munch? Zeitgenössische Kunst in Norwegen

von Thomas Fechner-Smarsly

Was noch vor Jahr und Tag die Gretchenfrage jedes kulturbeflissenen Nordlandschwärmers war, nämlich »Gibt es das Nordische in der Kunst?«, ruft in der heutigen Zeit zumindest gemischte Gefühle hervor. Und das ist auch gut so, denn die möglichen positiven Antworten führen allesamt zu Vereinfachungen und Klischees.

■ So ist es denn auch nicht weiter verwunderlich, daß der Leiter des kürzlich in Oslo eröffneten Museums für Gegenwartskunst, Jan Brockmann, auf eine derartige Frage ungehalten reagiert. Nein, »das Nordische« gebe es nicht - wohl aber Besonderheiten und Eigenständigkeiten, die durchaus in Beziehung zu geographischen und regionalen Bedingungen stünden. Aber daraus läßt sich noch keine Schublade zimmern. Vielleicht wäre die Frage angebrachter: Gibt es eine norwegische Kunst? Und wenn ja, ist sie nur zeitgenössisch oder auch zeitgemäß? Denn daß die Gegenwartskunst Norwegens außerhalb Skandinaviens kaum zur Kenntnis genommen wird und daher so gut wie unbekannt ist, wundert nur denjenigen, der Edvard Munch für einen Zeitgenossen hält ...

Kunst nach 1945

Dabei wurde das von Munch hinterlassene Erbe, seine Modernität, sein expressiver Wagemut, von den Künstlern lange Zeit nicht ausgeschöpft. Nach dem 2. Weltkrieg, nach der völligen, auch kulturellen Blockade durch die deutsche Besatzung, versicherte man sich zunächst der Befreiung, und das hieß Kontinuität und die Fortsetzung der Tendenzen aus der Zwischenkriegszeit. So dauerte es bis in die 50er Jahre, als auf dem Kontinent sich »Informel« und abstrakte Kunst längst durchgesetzt hatten, ja in den USA bereits die Pop-Art als Gegenreaktion aufblühte, ehe in Norwegen die ersten zarten Knospen einer »gegenstandslosen« Kunst sichtbar wurden. Erst im folgenden Jahrzehnt wurde sie mit solch unterschiedlichen Persönlichkeiten wie Jakob Weidemann, Inger Sitter, Gunnar S. Gundersen, Olav Strømme und Arnold Haukeland zur beherrschenden Richtung. Zu diesem Durchbruch verhalf ihr sicherlich auch der Wunsch dieser Kunst, »von der Gesellschaft aufgesogen zu werden«, wie es der Kunsthistoriker Jakob Brun ausdrückte. Mit der Suche nach visuellen Formen, die in der Natur, der Umgebung, den einfachen Dingen verborgen liegen, eignete sie sich vorzüglich für die Ausschmückung von Gebäuden, als Kunst im öffentlichen Raum. Hierzu zählen Gundersens Arbeit in der Høyenhall-Schule im Osten Oslos genauso wie die von Weidemann für das Verwaltungsgebäude der Norsk Hydro, die Skulpturen Haukelands auf dem Universitätsgelände und der Strandpromenade oder die Ausschmückung der Furuset U-Bahn durch Olav Strømme (alle in Oslo).

Die Kunst der 70er Jahre beginnt 1968

Die Kunst der 70er Jahre war - wie könnte es anders sein - eine Antireaktion auf die Abstraktion der 60er. Sie gebärdete sich polemisch, provokant und politisch, sie verlangte nach dem »richtigen« Bildinhalt, nach Engagement, und diesem Engagement hatte sich die Form unterzuordnen. So gingen von ihr nur wenig künstlerische Impulse aus, stattdessen griff man zurück auf Bekanntes, den Sozialrealismus vor allem, auf expressionistische und naive Formsprache, aber auch auf Comic-Strip und Reklame. Alltägliches und Banales - hier ist der Einfluß der amerikanischen Pop-Art, aber auch von DADA deutlich - wurde mit politischen Inhalten aufgeladen oder kontrastiert, wobei das Neue oftmals eher in der frechen Mischung und der Unbekümmertheit lag. So z.B. Per Kleivas »Amerikanische Schmetterlinge«: Kampfhubschrauber, die Schmetterlingsflügel an Stelle der Rotorblätter zieren, darunter stilisierte Feuer, die an futuristische Blumen erinnern. Als Poster konzipiert, also für die massenhafte Verbreitung gedacht, unterstreicht das Bild ein Wesensmerkmal der Kunst der 70er Jahre: Sie sollte ein Mittel der Kommunikation sein, auch wenn sie als Provokation daherkam. Daß die Künstler im Gegenzug nicht selten Anfeindungen bis hin zu Handgreiflichkeiten ausgesetzt waren, nimmt daher nicht Wunder. Es war ja auch beabsichtigt. So wurde Kjartan Slettemarks »Vietnam-Bild« mehrfach ein Opfer von Anschlägen. Diese säkulare Bilderstürmerei blieb jedoch alles in allem recht moderat, wie auch die gesamte Studentenbewegung in Norwegen.

Ein bemerkenswertes Phänomen, ja geradezu ein Paradox liegt allerdings in der Tatsache, daß diese Kunst sich gegen internationale Tendenzen wandte. Es herrschte ein Kulturprotektionismus, der sich zwar vornehmlich gegen auswärtige ökonomische Interessen richtete (man erinnere sich an das Nein Norwegens zur EG-Mitgliedschaft am 25.9.1972), ebenso gegen die Überflutung durch eine kommerzielle Ex-und-Hopp-Kultur, der letztlich aber auch in einen gewissen Provinzialismus mündete.

Andererseits setzte man sich mit der sozialen Lage der Künstler auseinander, es bildeten sich Gruppen, beispielsweise die »Gras« - Gruppe, die aus Per Kleiva, Anders Kjær, Morton Krogh u.a. bestand. Es kam zu Verhandlungen mit dem Staat und daraus resultierend zu Absprachen, welche die Stellung der Künstler zu verbessern helfen sollten. Dies betraf selbstverständlich in erster Linie ihr finanzielles Auskommen, darüber hinaus akzeptierte die Regierung aber auch ein Mitspracherecht der Künstler bei öffentlichen Aufträgen und Einkäufen sowie eine Nutzungsentschädigung bei Ausstellungen.

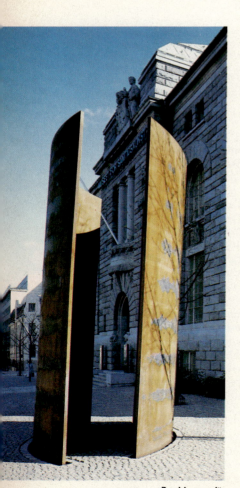

Das Museum für Gegenwartskunst in Oslo.

Jakob Weidemann: Brytningstid, 1968.

Leonard Rickhard: Høstlig stemning, 1975-77.

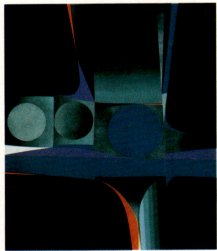
Gunnar G. Gundersen: Uten tittel, 1972

Die Kunst der 80er Jahre: Relativierung und Unsicherheit

Zunächst einmal ist die Kunst der 80er Jahre geprägt von einem Aufbruch; einem Aufbruch in den Ausdrucksformen, ohne jedoch ein festes Ziel vor Augen zu haben, sei es nun in Gestalt moralischer Wertungen oder politischer Utopien. Es dominieren Relativierung und Unsicherheit, nicht selten ironisch gebrochen, denn die festen Weltbilder, das liebgewordene Blockdenken, sind ins Wanken geraten und die eigene Position ist unsicher. Hier erweist sich die Kunst als sensibler Gradmesser, und die Suche nach neuen Formen des Ausdrucks reicht von einer »heftigen« expressiven und dabei häufig figurativen Malerei über minimalistische und abstrakte Gestaltungsprinzipien bis hin zur Nutzung aller Arten von Materialien oder neuesten elektronischen Technologien. Dabei zeichnen sich zumindest zwei zentrale Themen ab: Das Verhältnis der Geschlechter zueinander und die Identität bzw. der Gegensatz Natur - Kultur, und damit der Eingriff des Menschen in seine natürliche Umwelt, die nicht mehr dieselbe ist; somit auch nicht ihre Wahrnehmung und ihre Darstellung.

Die Natur des Materials und das Material der Natur

Bei Jan Groth, dem international vielleicht renommiertesten Künstler Norwegens, vereinigen sich konsequente Reduktion mit formaler und kompositorischer Strenge. Allerdings haben beide Spiel, und zwar im doppelten Wortsinn: Eine Linie wird anscheinend spielerisch aufs Papier gesetzt, und ihr Spiel-Raum erzeugt die Spannung auf der Bildfläche. Assoziationen werden wach an elementare Formen der Natur, an Zweige und Gräser, an einen einzelnen Halm, brüchig und dem Wind ausgesetzt. Jan Groth führt seine immer schwarz-weiß gehaltenen Arbeiten gern als große Wandteppiche aus - in Zusammenarbeit mit seiner Frau. Damit führt er auch die Textil- und Webtradition in der norwegischen Kunst fort.

Bård Breiviks Arbeiten werden vor allem vom Material bestimmt: Granit, Glasfiber, Holz, Stahl etc. Immer wieder sucht er die Zusammenarbeit mit altem, teilweise vergessenem oder den hochtechnisierten Fertigungsarten unterlegenem Handwerk. Dabei kann es sich um Bootsbautraditionen ebenso handeln wie um alte Mauertechniken. Breivik arbeitet gern in Serien, die oft einfach, klar und verspielt zugleich sind, so etwa die Granitskulpturen »Tisch« und »Stuhl« vor dem Munch-Museum. Die Arbeitsspuren vom Brechen des Granits unterstreichen den handwerklichen, den gemachten Charakter sowie das Ziel einer Kunst, die auch Hüter gesellschaftlicher Traditionen sein will.

Landschaft

Natürlich spielte die Landschaftsmalerei eine große Rolle in Norwegen, denn Natur war diejenige künstlerische und thematische Ressource, welche im Überfluß zur Verfügung stand. Daß sich daran auch bis heute nichts geändert hat, bewies die Ausstellung norwegischer Landschaftsmaler von 1814 bis heute, die 1989 im Høvikodden-Kunstzentrum gezeigt wurde. Allerdings verfällt man hierbei schnell der Idealisierung - oder ihrem Gegenteil. Sich dieser »Schwarz-Weiß-Malerei« zu entziehen, fällt auch den Künstlern nicht immer leicht. Denn viele der Bilder von Bjørn Sigrud Tufta, Sverre Wyller, Anne Katrin Dolven und Olav Chr. Jenssen zeichnen sich durch ihre düsteren Farben aus, durch ihre leeren, nahezu öden Landschaften, und bisweilen stellt eine Horizontlinie den einzigen Anhaltspunkt für den Betrachter dar. Aber diese Reduktion korrespondiert ja auch nicht selten mit der Lebenswelt des einzelnen Künstlers. Anne Katrin Dolvens Bilder erhalten ihr Gepräge durch ihre Umgebung, einen kargen Küstenstrich 1.500 km nördlich von Oslo: kahle Schären, Hügel, das Meer. Dagegen können die Gebirgslandschaften Marianne Heskes mit ihren extremen Farbwerten als Beispiel dienen für den Einbruch moderner Medien in unsere Wahrnehmung von der Natur. Es handelt sich um riesige Standphotos, sogenannte »Stills«, aus Filmen, die sie mit der Video-Kamera aufgenommen und anschließend per Computer verfremdet hat. Erstaunlich dabei das »Heiß-Kalte« dieser Landschaften, fließend zwischen Lava und Eis.

Expressivität und Figur

Daß der expressive und der figurative Aspekt zeitgenössischer Kunst so schwer greifbar bleiben, verdankt sie vor allem der Unterschiedlichkeit in Formsprache, Material und Technik. Yngve Zakarias arbeitet gern mit dem Holzschnitt, druckt auf Packpapier oder malt direkt auf grundierte Holzplatten. Seine Linienführung wirkt spröde, grob und flüssig zugleich. Dabei sind Menschen und menschenartige Zwitterwesen, Insekten und Tiere die vornehmlichen Bildthemen.

Auch Arvid Pettersen, dessen Motivinventar und Pinselführung manchmal an Max Beckmann erinnern, malt direkt auf längliche Holzplatten oder -planken, die er zum Teil zu Ensembles zusammenstellt. Die Bilder von Figuren, Köpfen, Masken, Fragmente von Möbeln, Säulen u.ä. wirken wie an der Wand lehnende Requisiten in einem Theaterfundus.

Maskenartige Köpfe sind ebenfalls ein wiederkehrendes Motiv bei Gunnar Torvund, der jedoch eine plastische Arbeitsweise vorzieht. Die Gesichter sind eingeschlossen hinter Glas, in seltsamen Bootskörpern oder in Gebilden, die an

Reliquienschreine erinnern. Nicht zuletzt durch ihre Farbigkeit geht eine mythisch-rituelle Atmosphäre von ihnen aus, Elemente archaischer und primitiver Kunst fließen in diesen spielerischen Trancezustand mit ein.

Leonard Rickhard dagegen gibt sich als »Pyromane«: feuererzeugende Gegenstände wie Öfen, Bunsenbrenner oder auch Blitze und Elektrizität sind Bestandteile seiner Bilder. Diese setzen sich häufig aus mehreren Inhaltsflächen zusammen, in deren Zentrum sich Lagergelände, vom Krieg verwüstete Gegenden oder Abbruchareale befinden. Die massiven, bemalten Rahmen, häufig in Orange, gehören mit zum Bild und werden an einigen Stellen durchbrochen. Mit ihrer Farbigkeit stehen sie in Kontrast zu den Grau- und Braunwerten der Bilder.

Die Kunst erobert den Raum

Was inzwischen allgemein unter dem Begriff »Installation« firmiert, sprengt meistens mehr als nur den Rahmen. Installationen greifen Raum in einer Weise, wie es auch die Skulptur nicht vermag.
Eine Kunst des »Sowohl als auch«, abhängig von Ort und Zeit: Zumeist für einen bestimmten Raum, aus einem bestimmten Anlaß und für eine bestimmte Zeit konzipiert, lassen sich diese Installationen oft nur schwer aus ihrem Raum-Zeit-Zusammenhang herauslösen. Ihre Stärke ist ihre Präsenz, ihre Begehbarkeit durch den Betrachter, der somit zum Bestandteil des Kunstwerkes wird und es nicht mehr nur von außen betrachten kann. Solche Aspekte können selbst aufwendige Bücher oder Kataloge natürlich nicht vermitteln.
In den 80er Jahren sind einige jüngere norwegische Künstler mit außerordentlichen Projekten hervorgetreten, drei von ihnen waren an der Biennale in Venedig beteiligt: Per Barclay, Bente Stokke und Per Inge Bjørlo.
Per Barclay fügt Gegensätze in Material - Stahl, Glas, Stein, Holz, Stroh, Öl - und in der Form - Offenheit gegen Geschlossenheit, Glätte gegen Rauhheit, fest gegen flüssig - in einer delikaten Balance zusammen. Ölgefüllte Becken oder Stahlwannen geben auf einer Seite plötzlich den Blick ins Innere frei: eine Staffage aus Holz und Stroh.
Auch Per Inge Bjørlo benutzt gegensätzliche Materialien, Glaskörper und Kuben, Baumstämme, Gummi, Autoreifen, Industrielampen, Spiegelscherben etc. Das Element der Destruktion spielt bei ihm eine große Rolle, eine Beunruhigung, die oft sogar von der Transparenz der Anlage ausgeht, ein Gefühl, das einen angesichts großer Industrieanlagen überkommen kann: menschenleer, alles ist sichtbar und verborgen zugleich.
Eine noch fragilere Form hat Bente Stokke entwickelt: Ihre bevorzugten Gestaltungsmittel sind Asche und Staub. Sie werden auf gespannte Zellophanplanen aufgetragen und mit Leim und Haarspray »haltbar« gemacht.

Per Kleiva: Makulert, 1980

Überhaupt fällt der Anteil an Frauen auf, die mit diesen neuen Ausdrucksmedien arbeiten. Zu nennen wären vor allem Sissel Tolaas, Inghild Karlsen und die schon erwähnte Marianne Heske. Vielleicht bieten sich hier Möglichkeiten einer weiblichen Ästhetik, wie sie im Zuge der gerade in Skandinavien starken Emanzipationsbestrebungen diskutiert wurde. Auf der anderen Seite erweisen sich Installationen immer wieder als sehr kostspielig und sind ohne Sponsoren kaum durchzuführen oder gar auf Dauer aufzustellen. Auch hier zeigen sich die Probleme eines kleinen Landes. Staatliche Stipendien oder Zuschüsse decken häufig gerade einmal die enormen Material- und Helferkosten, so daß für die Künstler selten etwas übrigbleibt, geschweige denn, daß sich davon eine Familie ernähren ließe.

Fazit

Die norwegische Kunstszene der Gegenwart ist äußerst lebendig. Sie hat den selbstgenügsamen Traditionalismus der 50er Jahre und den politischen Provinzialismus der 70er hinter sich gelassen. Man orientiert sich an internationalen Entwicklungen und reist mit einem staatlichen Stipendium oder auf eigene Kappe ins Ausland, in die großen Kunstzentren. Gerade dort muß man die eigene Identität unter Beweis stellen, will man künstlerisch überleben. Diese Erfahrungen haben Dahl und Ibsen, Munch und Hamsun ebenfalls gemacht. Aber die ängstlichen Unkenrufe vom Verlust der kulturellen Eigenständigkeit, sie werden wohl nie ganz verstummen. ■

Der Autor:

Thomas Fechner-Smarsly studierte Skandinavistik, Kunstgeschichte und Ethnologie in Bonn und Oslo. Er hat zahlreiche Artikel in Zeitschriften veröffentlicht und arbeitet u.a. als freier Mitarbeiter für die Osloer Tageszeitung »Aftenposten«.

Moderne Kunst in Oslo

Es gibt in Norwegens Hauptstadt vielfältige Möglichkeiten, sich mit moderner skandinavischer, aber auch internationaler Kunst zu beschäftigen.
*Da ist zunächst einmal das neue **Museum für Gegenwartskunst** (Museet for Samtidskunst) in der Nähe der Festung Akershus als erste Adresse zu nennen. Sehr schön am Oslofjord gelegen und ebenso renommiert ist das **Høvikodden-Kunstsenter**, das wechselnde Ausstellungen moderner Kunst ausrichtet. Daneben verfügt die private Stiftung (Henie-Onstad) über eine ausgesuchte Sammlung klassischer, v.a. französischer Moderne sowie Fluxus. In der Nähe des Schlosses befindet sich das **Kunstnernes Hus** (Wergelandsveien): ausschließlich Wechselausstellungen, vor allem zur norwegischen Kunst, so auch die jährliche »Herbstausstellung« etablierter und junger Künstler. Unmittelbar am Rathaus liegen die Ausstellungsräume des **Kunstnerforbundet** (Kjeld Stubs Gate): Einzel- bzw. Gruppenausstellungen norwegischer Künstler nicht nur im Bereich Malerei, sondern auch Skulptur, Textil und Keramik. Am Christiania Torv eine Eigeninitiative junger Künstler: **UKS** (Unge Kunstnernes Samfunn, Radhusgt./Øvre Slottsgt.). Daneben gibt es eine Reihe guter Galerien. Vor allem **Galleri Riis** (Kristian Augusts Gt.) und **Wang Kunsthandel** (Kristian IV's Gt.) haben immer wieder qualitativ überzeugende norwegische Kunst ausgestellt. Die Öffnungszeiten sowie aktuelle Ausstellungen entnimmt man am besten der Tagespresse.*

Svalbard – Land der kalten Küste

Das „Tor zur Arktis" war es für Fridtjof Nansen. Zahlreiche Expeditionen haben um die Jahrhundertwende den Inselarchipel im hohen Norden zu einem Stützpunkt auf ihrem Weg zum Nordpol gemacht. Der Schwede Andrée und der Amerikaner Wellmann wählten die Däneninsel als Startbasis für ihre Ballon- bzw. Luftschiffexpedition. Der Italiener Nobile und der Norweger Amundsen hingegen vertäuten ihre Luftschiffe in Ny-Ålesund. Noch heute, da der Pol längst erobert ist und routinemäßig täglich von Linienmaschinen überflogen wird, ist Spitzbergen, wie die Inseln heute meist genannt werden, Ausgangspunkt für wissenschaftliche Expeditionen ins Nordpolarmeer. Darüber hinaus ist auch die Inselwelt selber in jedem Sommer Ziel von Geologen, die hier der Geschichte unseres Planeten nachgehen, und von Biologen, die die arktische Flora und Fauna untersuchen.

■ Die Inselgruppe Svalbard liegt im nördlichen Eismeer zwischen dem 74. und 81. Breitengrad. Sie umfaßt fünf größere und mehrere kleinere Inseln. Auch die Näreninsel und das mit einer wichtigen Wetterstation besetzte Eiland Jan Mayen rechnet man dazu. Die ganze Gruppe ist etwa 65.000 Quadratkilometer groß und entspricht damit etwa der doppelten Fläche von Nordrhein-Westfalen. Es herrscht arktisches Klima. Die Temperatur schwankt zwischen plus 15 Grad im Sommer und minus 40 Grad im Winter. Riesige Gletscher schieben sich zwischen den Bergen hindurch. Der Boden ist bis in 300 m Tiefe gefroren und taut im Sommer nur bis zu einem Meter unter der Oberfläche auf. Die Polarnacht ist lang, die Vegetation karg.

Erste Besiedelung

Unter diesen Bedingungen hatte Svalbard historisch keine einheimische Urbevölkerung. Wikinger haben als erste - so der derzeitige Kenntnisstand - die Inseln erreicht und ihnen auch den heute offiziellen Namen Svalbard gegeben. In isländischen Chroniken findet sich für das Jahr 1194 eine entsprechende Eintragung: »Svalbardi fundinn« - die kalte Küste

von Christine Reinke-Kunze

Der ursprüngliche Name Longyearcity war wohl doch übertrieben: norwegisch-bescheiden hat man City durch Byen ersetzt.

Die Industrieansiedlungen von Svalbard wirken wie große häßliche Flecken auf einem weißen Kleid, doch für die meisten der Bewohner sind sie die Lebensgrundlage.

Gerade die empfindliche arktische Region braucht einen verantwortungsvollen Naturschutz.

entdeckt. Kürzer ist wohl kaum eine große geographische Entdeckung in der Literatur beschrieben worden. Durch Bodenfunde ist die Präsenz der Wikinger auf Spitzbergen allerdings bis heute nicht nachgewiesen. Von Historikern in der Sowjetunion wird zudem die These vertreten, daß Küstenbewohner aus dem hohen Norden und von der Halbinsel Kola Spitzbergen als erste besuchten und es Grumant nannten.

Wer auch immer die ersten Besucher Spitzbergens gewesen sein mögen, für lange Zeit wurde es wieder still um die Inselwelt im Eismeer. Erst 400 Jahre später, 1596, entdeckte der holländische Kapitän Willem Barents die Inselgruppe für Europa. Er war es, der die unvermutet auftauchende Küste, die er für eine Ecke Grönlands hielt, Spitzbergen nannte. Jahrhundertelang galt der Holländer als Entdecker Spitzbergens, bis die Russen schließlich behaupteten, einer der Ihren, der Seefahrer Savell Lochkin, sei schon 72 Jahre früher, nämlich 1524, dort gewesen.

Als die wenigen Überlebenden der Barents-Expedition zu Hause von den Walherden erzählten, die sie in den Gewässern um den Archipel angetroffen hatten, wurde die Inselwelt für das ferne Europa interessant. In den Amsterdamer Kontoren begriff man sofort, welche Möglichkeiten sich da boten. Der aus Walspeck gewonnene Tran war damals weitverbreitetes und begehrtes Beleuchtungsmittel. Und die elastischen Walbarten korsettierten als Fischbein haltlos gewordene Damen- und Herrenfiguren. So begann die schonungslose Jagd auf die größten Meeressäuger der Erde. Die Holländer gründeten auf der Amsterdaminsel an der Nordwestecke von Westspitzbergen sogar eine Sommerstadt, Smeerenburg (Transtadt), mit Walkochereien und Verarbeitungsgebäuden. In den Jahren 1620 bis 1635 kamen jährlich etwa 2300 Fangschiffe mit ca. 15 000 Mann Besatzung hierher. Ihnen folgten Abenteurer und Gaukler sowie eine Anzahl jener Damen, auf deren Bereitwilligkeit eine Männergesellschaft so ungerne verzichtet. Auf dem Höhepunkt der Walfängerzeit kam es zwischen Engländern, Holländern und Dänen sogar zu kriegerischen Auseinandersetzungen um die besten Fangplätze. Doch schon bald hatte man den

Ein grausamer König
Ungekrönter König des Inselarchipels, der übrigens zu etwa 44 Prozent unter Naturschutz steht und nicht betreten werden kann und darf, ist der Eisbär. Im Svalbard-Museum in Longyearbyen hängt ein stummer Zeuge einer der vielen grausamen Begegnungen, die zwischen Menschen und Eisbären stattgefunden haben. Es ist das von Eis, Schmelzwasser, Wind und Sonne und vom Zahn der Zeit verblichene alte Gewehr des Pelzjägers Georg Nilsen. Vor einigen Jahren wurde es von einer schwedischen Expedition am Kap Guiness, dem Eingang in den Kroßfjord, gefunden. Im Lauf steckte - und steckt noch - eine eingekeilte Patrone, daneben lagen menschliche Knochen verstreut. Pelzjäger Georg Nilsen war Weihnachten 1921 unterwegs von seiner Überwinterungshütte zur internationalen Wetterstation auf Kvadehuken, um dort die Festtage im Freundeskreis zu verbringen. Er ist dort nie angekommen: Sein Gewehr versagte und der Eisbär nahm sich seinen Weihnachtsschmaus.

Grönlandwal praktisch ausgerottet, Smeerenburg verfiel.

Das schwarze Gold

Die Nachfolger der Walfänger waren Pelzjäger von der russischen Eismeerküste, die im Auftrag eines Klosters in Archangelsk Polarfüchse und Eisbären erlegten. Heute ist der Kohlenbergbau der wichtigste Wirtschaftszweig Spitzbergens. Die derzeit betriebenen Gruben befinden sich in der Nähe des norwegischen Ortes Longyearbyen sowie bei den sowjetischen Siedlungen Barentsburg und Pyramiden. 264.000 Tonnen Kohle sind 1988 von den Norwegern abgebaut worden; 168.000 Tonnen (67%) davon gingen in die Bundesrepublik Deutschland und nach Frankreich. Fachleute schätzen die Spitzbergenkohle wegen ihrer Qualität. Sie liegt mit mehr als 7.000 cal Heizwert an der Spitze der hochwertigen Kohlensorten. In ihrer Struktur und Qualität ähnelt sie der gleichfalls hochwertigen Saarkohle. An der Saar muß sie allerdings aus einer Tiefe von etlichen hundert Metern gefördert werden, während sie auf Spitzbergen in einer Höhe von etwa 200 m oberhalb der Talsohle an den Fjordwänden zutage tritt. Die großen Kohlenvorkommen auf Spitzbergen sind noch lange nicht erschöpft, aber sowohl der norwegischen wie der sowjetischen Kohlegesellschaft machen derzeit die schwindenden Absatzmöglichkeiten auf dem Weltmarkt Sorge.

Nicht zuletzt deshalb liebäugeln heute beide Länder mit einem neuen wirtschaftlichen Standbein: dem Tourismus.

Norwegens Interesse an Spitzbergen war mit den Polarexpeditionen Fridtjof Nansens erwacht, doch es wuchs eigentlich erst, als der aus Tromsø stammende Eismeerfahrer Søren Zachariassen 1899 Kohle aus Spitzbergen mitbrachte und über reiche Vorkommen berichtete. Bereits um die Jahrhundertwende wurden vier Kohlegesellschaften gegründet. Und ein gewisser Mister Longyear aus Boston, Senatorensohn und von Beruf Ingenieur, zeitweilig Politiker, Bürgermeister und dazu Millionär, kam 1901 als Tourist nach Spitzbergen. Er besaß nicht nur Unternehmergeist, sondern auch das nötige finanzielle Rückgrat und legte hier im Jahre 1906 die erste Kohlengrube an. Der dazugehörige Grubenort erhielt den beschönigenden Namen Longyearcity. Im Jahre 1916 kaufte dann die norwegische Kohlengesellschaft Store Norske Spitsbergen Kulkompani Gruben und Siedlung. Sie ließ das amerikanisch-übertreibende Wort City durch das bescheidenere norwegische Byen ersetzen.

1912 eröffneten die Russen die Grube Grumant am Eisfjord, 1917 die Schweden die Grube Svea am Van-Mijenfjord, die Holländer gründeten 1920 Barentsburg, das sie 1936 der russischen Gesellschaft Arktik Ugol verkauften. Die Schotten versuchten in Brucecity am Billefjord Kohle zu fördern, die Engländer in Calypso am Recherchefjord. Die Weltwirtschaftskrise beendete jedoch ihre Aktivitäten.

Heute erinnert in Longyearbyen - außer dem Namen - nichts mehr an die Gründer der Kohlengrube oder an die Anfänge des Ortes. Die aus dieser Zeit stammenden Gebäude sind im Zweiten Weltkrieg bei einem Bombardement durch die deutschen Kreuzer Tirpitz und Scharnhorst vernichtet worden. Noch zu Beginn der siebziger Jahre war Longyearbyen eine Siedlung, in der fast ausschließlich Bergarbeiter in barackenartigen Unterkünften ohne Angehörige lebten. Darüber hinaus war der Ort im Winter von der Außenwelt so gut wie abgeschnitten. Nur ein Postflugzeug warf gelegentlich Pakete ab. Eis verschloß den Fjord und damit den Hafen.

Spitzbergen heute

1975 beschloß das Parlament in Oslo, daß pro Woche zwei Linienmaschinen Spitzbergen anfliegen sollten. Damit hielten auch Zivilisation und Wohlstand Einzug. Die Bergarbeiter holten ihre Familien nach, es wurden Wohnungen und auch Einfamilienhäuser gebaut. Longyearbyen erhielt Kindergarten und Schule, einschließlich eines Gymnasiums. Das Krankenhaus wurde modernisiert, auf dem 40 Kilometer langen Straßennetz verkehren an Sommertagen ca. 220 Autos. Rund 1200 Schneescooter haben die Hundeschlittengespanne abgelöst.

Wer sich allerdings in Longyearbyen niederlassen und arbeiten darf, bestimmt nach wie vor die staatliche Kohlengesellschaft Store Norske Spitsbergen Kulkompani. Sie schreibt die Stellenangebote aus. Die Nachfrage ist groß; auf eine Ingenieurstelle kommen bis zu 150 Bewerbungen, bei den Sekretärinnen sind es sogar bis zu 300. Die Mitarbeiter bleiben unterschiedlich lange. Manche 1 bis 2 Jahre, andere 20 oder 30. Unterschiedlich sind auch ihre Beweggründe. An erster Stelle stehen Steuerersparnis, Abenteuerlust und ein gesundes Klima. Longyearbyen ist darüber hinaus Verwaltungssitz des gesamten Inselarchipels. Hier residiert der Gouverneur, der sog. Sysselmann, der jeweils für vier Jahre von Oslo hierher entsandt wird. Insgesamt leben heute rund 3.700 Menschen auf Spitzbergen, Longyearbyen allein hat ungefähr 1.000 Einwohner.

Ein Politikum ersten Ranges

Neben den Norwegern siedeln seit langem auch Russen auf Spitzbergen. Das hat seine Gründe in der einmaligen staatsrechtlichen Stellung der Inselgruppe.

Daß Svalbard auf viele Menschen eine ungeheure Anziehungskraft ausübt, beweisen auch die vielen Kreuzfahrtschiffe, die jedes Jahr in die arktischen Gewässer vorstoßen.

In der internationalen Politik hat Svalbard aufgrund seiner exponierten Lage am Rande der Arktis schon zu Beginn unseres Jahrhunderts eine besondere Rolle gespielt. Der lange Zeit herrenlos gebliebene Archipel wurde 1920 durch den Vertrag von Sevres norwegischer Hoheit unterstellt. An den Verhandlungen waren vor allem Großbritannien und auch die Vereinigten Staaten beteiligt, während die Sowjetunion sich zurückhielt. Die Russen traten erst 1935, zehn Jahre später als Deutschland, dem Vertrag bei. Norwegen verpflichtete sich, die Inseln entmilitarisiert zu halten und allen Vertragspartnern wirtschaftliche Tätigkeit »sowohl zu Lande als auch in den territorialen Gewässern zu gestatten.

Von diesem Recht machte von den (heute insgesamt 41) Unterzeichnerstaaten allerdings nur die Sowjetunion Gebrauch. Auch sie fördert Kohle - in den Siedlungen Pyramiden (1.200 Ew.) und Barentsburg (1.400 Ew.). Allerdings dürfte diese wirtschaftliche Nutzung an zweiter Stelle ihrer Interessen stehen. Viel wichtiger ist den Sowjets ihre bloße Anwesenheit auf der strategisch ungeheuer wichtigen Inselgruppe. Nirgendwo sonst auf der Erde stehen sich die Militärapparate des Ostens und des Westens so unmittelbar gegenüber wie in den nördlichen Breitengraden zwischen dem nordeuropäischen Festland und der Arktis. Und wer Herr auf Spitzbergen ist, verfügt im Falle eines Falles über einen der wichtigsten arktischen Stützpunkte. „Arktisches Gibraltar" haben bereits die Engländer diese Inselwelt genannt, als sie während des Zweiten Weltkrieges hier Quartier bezogen. Auf der Halbinsel Kola haben nach Beobachtung westlicher Militärexperten zur Zeit etwa zwei Drittel der sowjetischen Raketen-U-Boote ihre Stützpunkte. Und diese U-Boot-Flotte muß zwischen Spitzbergen und dem Nordkap hindurch, um in den Atlantik zu gelangen. Aber auch die russische Handelsschiffahrt, die in Murmansk ihren einzigen eisfreien Hochseehafen hat, ist auf diesen Seeweg angewiesen. Militäranlagen sind allerdings tabu, selbst um den Bau des Flughafens gab es heftige Diskussionen zwischen Oslo und Moskau. Die Sowjetunion meldete Protest gegen den Bau an, schließlich sei der Flughafen militärisch nutzbar und verstoße damit gegen den Spitzbergenvertrag. Die Norweger konnten sie besänftigen; heute ist der Tower von Norwegern und Russen gemeinsam besetzt.

Von der Konkurrenz der Nationen, vom politischen Machtgeplänkel ist auf Spitzbergen selber allerdings wenig zu spüren. Die Norweger und Russen in den fünf kleinen Siedlungen kommen gut miteinander aus. Es besteht ein regelmäßiger Kultur- und Sportaustausch, und der norwegische Sysselmann sowie der russische Generalkonsul treffen sich regelmäßig zu gemeinsamen Gesprächen und Sitzungen. Denn die Menschen, die hier leben, müssen in einer Welt bestehen, die zwar schön, aber unendlich einsam und herausfordernd, manchmal auch gefährlich ist. ∎

Die Autorin:

Dr. Christine Reinke-Kunze, Buchautorin und Hörfunkjournalistin, hat verschiedene wissenschaftliche Expeditionen in die Polargebiete begleitet. Ihre besondere Vorliebe für Spitzbergen, jene Nische im Polarmeer zwischen Nordkap und Nordpol, ließ sie zur Feder greifen.

In Schwierigkeiten: Vier große und ein kleiner Räuber

Die großen Raubsäuger Wolf, Bär, Vielfraß und Luchs waren jahrhundertelang der Schrecken von Renzüchtern und Bauern und wurden gnadenlos von ihnen verfolgt. Die schwierige Jagd auf diese Tiere und unzählige „gefährliche" Begegnungen führten dazu, daß die Stärke des Bären, die Gefräßigkeit des Vielfraßes, die Gefährlichkeit des Wolfes und die Sinnesschärfe des Luchses geradezu sprichwörtlich wurden.

Der Wolf – geschützt, doch ohne Zukunft

■ Seit Jahrtausenden gehörte der Wolf zur skandinavischen Fauna, jahrhundertelang wurde er von Bauern und Renzüchtern unerbittlich verfolgt, vor zwei Jahrzehnten war das Ziel fast erreicht: Als Schweden 1966 und Norwegen 1973 den Wolf unter Schutz stellten, stand er kurz vor der endgültigen Ausrottung.

Äußerst wirkungsvoll im Kampf gegen den Nahrungskonkurrenten des Menschen war die Hetzjagd im Winter. Bei tiefem, lockerem Neuschnee verfolgten Jäger auf Skiern die Wölfe oft tagelang, bis sie die völlig erschöpften Tiere stellen und abstechen konnten. Tüchtige Wolfsjäger galten unter den Samen als Volkshelden. Später bereiteten Schußwaffen und die Jagd mit Flugzeug und Motorschlitten dem Wolf schnell den fast völligen Garaus.

Doch ausgerechnet in der südlichen Hälfte Norwegens, in der schon vor 100 Jahren praktisch keine Wölfe mehr lebten, tauchten im Winter 1976/1977 wieder Wölfe auf. Im Finnskog, dem Grenzgebiet zwischen Hedmark und dem schwedischen Värmland und Dalarna, wurden Spuren von mindestens 6 Wölfen gesichtet. Im Dezember 1983 konnte beobachtet werden, wie ein achtköpfiges Rudel einen Elch verfolgte. Zwischen 1983 und 1988 zogen die Finnskogwölfe in 5 Sommern Junge auf. 1988 schätzte man ihren Bestand auf mindestens 11 Tiere.

Auch in anderen Gebieten wurden immer wieder einmal Wölfe beobachtet, und dennoch gilt der Wolf heute in Norwegen als biologisch ausgerottet. Die wenigen verbliebenen Tiere stellen keine lebensfähige Population mehr dar. Nach Meinung von Wildbiologen kann ein skandinavischer Wolfsstamm genetisch nur gesund bleiben, wenn er mindestens 50 vermehrungsfähige Tiere umfaßt, sofern das Erbgut nicht durch eine kontinuierliche Zuwanderung von Osten aufgefrischt wird. Dazu aber müßte eine Art Korridor von der Sowjetunion nach Westen existieren, und die Wölfe müßten sich in den von ihnen besetzten Revieren frei ausbreiten können.

Der Braunbär – wieder stark im Kommen

Beinahe hätte auch den Braunbären das Schicksal des Wolfes ereilt. Obwohl er überwiegend Pflanzen frißt und daher unter Haus- und Wildtieren weniger Schäden anrichtete, wurde der Bär genauso gnadenlos verfolgt. Die von 1845 bis 1932 gezahlte Abschußprämie und der Wert des Fells machten Meister Petz zu einer lohnenden Jagdbeute. So wundert es nicht, daß der Bär in den südlichen Regierungsbezirken bereits um 1850 ausgerottet war.

Heute streifen wieder mindestens 200 Bären durch die norwegischen Wälder, dazu etwa 600 in Schweden und 400 in Finnland. Erheblich beschleunigt wurde der Wiederaufschwung durch Verwandtschaft aus dem Osten. Rund 80 bis 90 Bären wandern Jahr für Jahr aus dem sowjetischen Karelien nach Westen bis Mittelschweden und -norwegen.

Der Lebensrhythmus des Bären wird im wesentlichen durch die Überwinterung bestimmt. Entweder hält er Winterruhe, oder er erholt sich davon, oder er bereitet sich wieder darauf vor. In den langen skandinavischen Wintern ruht der Braunbär von Oktober bis April. In einer mit Gras und Heu ausgepolsterten Höhle schläft er bei unveränderter Körpertemperatur ziemlich fest, kann aber bei Gefahr oder mildem Wetter aufwachen. Während dieser sechs Monate frißt und säuft er nicht, sondern zehrt ausschließlich von seinen Fettpolstern. Pro Tag verliert er rund 200 g Gewicht und erscheint im April gut ein Drittel leichter als noch im Herbst wieder in der Frühlingssonne.

Es ist schon kurios, daß dieses größte europäische Raubtier seinen hohen Energiebedarf von täglich etwa 40 000 Kilojoule (ein erwachsener Mann braucht etwa 12 000 kJ) überwiegend mit pflanzlicher Nahrung deckt. Schon im Hochsommer leben die Bären fast rein vegetarisch. Wie Kühe stehen sie in den lichten Birkenwäldern an der Baumgrenze oder im Weidendickicht der Flußtäler, wo sie die Alpen-Milchlattich und Erzengelwurz abweiden und nach Wurzelstöcken graben. Im Spätsommer fressen sie sich mit vitamin- und zuckerreichen Beeren die notwendigen Winterreserven an.

Seit der völligen Unterschutzstellung im Jahre 1973 gibt es in Norwegen keine Jagd auf Braunbären mehr, nur hier und da wird einmal ein »Schlagbär« abgeschossen, ein Tier, das eine zu große Vorliebe für Fleisch entwickelt hat und unter Haustieren erheblichen Schaden anrichtet.

Die Wahrscheinlichkeit, Meister Petz in freier Wildbahn zu begegnen, ist selbst in dem Gebiet mit der vermutlich höchsten Bärendichte Norwegens, den Gebirgswäldern Nord-Trøndelags an der Grenze zum schwedischen Jämtland, sehr gering. Schlechte Erfahrungen mit Menschen lassen ihn eilig das Weite suchen, sobald er Witterung von ihnen aufnimmt.

Der Vielfraß – ein Leben auf großem Fuß

Kein Raubtier war bei den Völkern des Nordens so verhaßt und gefürchtet wie der

Ein geschickter Jäger: der Vielfraß.

Liebt Vegetarisches: Meister Petz.

von Norbert Schwirtz und Winfried Wisniewski

Vielfraß, dessen deutscher Name wohl durch eine falsche Ableitung vom älteren norwegischen Namen »fjeldfross« = Bergkatze entstanden ist.

Der Vielfraß jagt am erfolgreichsten in der Übergangszone vom Wald zum Fjell. Er ist ein starker und geschickter Jäger, der selbst eine Beute töten kann, die fünfmal schwerer ist. Großen Tieren, wie einem Ren, springt er in den Nacken und verbeißt sich dort, bis sie fallen. Im Winter ist er noch mehr im Vorteil gegenüber seinen Beutetieren. Während der Vielfraß mit seinen bis zu 200 cm² großen Fußsohlen problemlos auf dem Schnee laufen kann, sinkt ein verfolgtes Ren tief darin ein, weil seine vergleichsweise kleinen Hufe einen zehnmal stärkeren Druck ausüben.

Anfang der 60er Jahre war der Vielfraß stark vom Aussterben bedroht, doch hat sich der Bestand in den 70er Jahren dank einer hohen Reproduktionsrate etwas erholt. Obwohl zur Zeit höchstens 150 Tiere in Norwegen leben, fordern Reneigner bereits wieder eine Reduzierung des Vielfraßes; ihm fallen rund siebenmal so viele Rentiere zum Opfer wie dem Bären.

Der Luchs – ein »Massenmörder« wird rehabilitiert

In stärkerem Maße als die anderen großen Raubsäuger ist der Luchs an den Lebensraum Wald gebunden. Doch können ihn seine Pirschgänge auch durchaus bis aufs Fjell hinaufführen, wo sich möglicherweise ein unaufmerksames Rentier überrumpeln läßt.

Schon bevor er vom Menschen verfolgt wurde, war der Luchs auch in Norwegen nie besonders zahlreich. Er ist ein ausgesprochener Einzelgänger, der ein ungewöhnlich großes Revier für sich beansprucht. Doch als der Staat 1846 eine Abschußprämie auf die Raubkatze aussetzte, ging es mit dem Bestand schnell bergab. 1932 wurde die Prämie glücklicherweise wieder abgeschafft, und da der Luchs auch in Schweden und Finnland unter Schutz gestellt wurde, konnte sich sein Bestand wieder erholen. Auch ohne

Aufmerksamer Einzelgänger: der Luchs.

»Sein« Markenzeichen im Sommer: der dunkle Pelz des Polarfuchses.

menschliche Hilfe erobert er ehemalige Verbreitungsgebiete zurück.

Der Luchs ist ein Pirschjäger, der seine Opfer weder durch enorme Kraft überwältigt, noch durch große Ausdauer erschöpft. Auf leisen Pfoten durchstreift er sein Revier und beobachtet, auf Felsblöcken oder Baumstümpfen sitzend, das Gelände. Hat er ein Beutetier entdeckt, versucht er, sich auf weniger als 20 Meter anzuschleichen und es nach einem kurzen Sprint zu übertölpeln. Durch die Auswertung von Spuren hat man herausgefunden, daß der Jagderfolg erheblich sinkt, wenn der Sprint über mehr als 30 Meter geht, weil das Opfer wachsam genug war. Holt er das Tier innerhalb von 50 Metern nicht ein, gibt er die Verfolgung meist auf. Führt sein Überraschungsangriff zum Erfolg, tötet er die Beute mit einem Biß in die Kehle. Jahrhundertelang war der Luchs als heimtückischer »Massenmörder des Waldes« verschrien, der aus reiner Mordlust mehr Tiere reißt, als er zum Überleben braucht. Heute dagegen wissen wir, wie selten seine Pirsch zum Erfolg führt. Er reißt dann zumeist Tiere, die entweder durch Krankheit geschwächt oder – wie die halbdomestizierten Rene – nicht wachsam genug sind.

So schöpft der Luchs in der Regel nur Ausschuß und Überschuß ab und trägt damit wesentlich zur Gesunderhaltung des Wildbestandes bei.

Der Eisfuchs – ein kleiner Räuber in Bedrängnis

Der Eis- oder Polarfuchs, der in Skandinavien Fjellfuchs genannt wird, lebt in den Kältesteppen Alaskas, Kanadas und Sibiriens ebenso wie auf dem nordskandinavischen Fjell.

Der im Verhältnis zur Körpergröße ausgesprochen dichte und langhaarige Winterpelz kann entweder schneeweiß oder fast schwarz bis blaugrau sein.

Auf dem Fjell ernährt sich der kleine Räuber fast ausschließlich von Lemmingen, verschmäht aber auch Eier und Junge am Boden brütender Vögel nicht. Besonders erfolgreich wildert er in den Vogelfelsen der arktischen Küsten, doch im Gebirge ist er so sehr vom Lemming abhängig, daß er wie die Raubmöwen und Greife in lemmingarmen Jahren keine Jungen aufzieht. So sind nur in jedem vierten Jahr die riesigen Fjellfuchsbauten besetzt. Dann tollen durchschnittlich 10 Junge vor den vielen Eingängen herum. Da aber Jahr für Jahr gleichviele Feten in der Gebärmutter der Fähe heranwachsen, vermutet man, daß sie die Fähigkeit besitzt, die Feten zu resorbieren, wenn sich für den Sommer keine ausreichende Nahrungssituation abzeichnet. Dadurch wird wenigstens das Überleben des Alttieres sichergestellt.

Seit 1930 sind Fjellfüchse in ganz Skandinavien geschützt, dennoch hat sich ihr Bestand seitdem kaum vergrößert, sondern stagniert bei wenigen hundert Tieren. Eine Ursache dafür liegt wohl darin, daß es faktisch keine Wölfe mehr gibt, die früher die Hauptnahrungslieferanten des Eisfuchses im Winter waren. Sie bejagten nämlich große Gebiete, so daß viele Füchse von ihren Beuteresten profitieren konnten. ∎

Die Autoren:

Winfried Wisniewski, geb. 1948, Lehrer, beschäftigt sich seit Ende der 70er Jahre mit Tierfotografie, mit Vorliebe für arktische und subarktische Lebensräume. Bildveröffentlichungen und populärwissenschaftliche Beiträge über ökologische und wildbiologische Themen in der Bundesrepublik Deutschland und anderen Ländern.

Norbert Schwirtz, geb. 1949, Lehrer, zahlreiche Bild- und Textveröffentlichungen, oft in Zusammenarbeit mit W. Wisniewski. Ausführlichere Informationen über die Raubsäuger Skandinaviens enthalten zwei Naturführer der Autoren.

Lillehammers Weg zur Olympiade 1994

von Ola Matti Mathisen

Zwei Jahre, nachdem IOC-Präsident Juan Antonio Samaranch Lillehammer zur Olympiastadt ausgerufen hat, und dreieinhalb Jahre, bevor die Spiele stattfinden sollen, ist die kleine Touristenstadt am Nordende des größten norwegischen Binnensees, des Mjøsa, bereit, mit dem Ausbau der Sportanlagen zu beginnen.

■ Lange konnte man nur zwei Sportstätten vorzeigen, die auch der Olympiakandidatur zum Erfolg verhalfen, nämlich die Eishalle »Kristins Hall« und die Hafjell-Alpinanlage, 17 km nördlich des Stadtzentrums. Nun beginnen nach und nach die Arbeiten an den anderen Anlagen, und man rechnet damit, daß in der heißesten Bauphase an 16 bis 17 Stätten gleichzeitig gearbeitet wird. Erstes Projekt ist das gigantische Radio- und Fernsehzentrum (26.000 m²) am nördlichen Stadtrand. Allein die Kosten dieses Projektes, des teuersten der Spiele, werden 500 Mio. Kronen betragen.

Was ist nun im Laufe des vergangenen Jahres geschehen? Es war ein typisches Planungs- und Vorbereitungsjahr. Und es war davon geprägt, daß die Austragung der Olympischen Spiele ein großes Unterfangen für ein kleines Land ist und daß alle ein Wort mitreden wollen. Wohl kaum eine Olympiade hat in einem so frühen Stadium eine so große Aufmerksamkeit in den Massenmedien erregt. Über die Stadt wird in einem Maße berichtet, das ein Ausländer als unglaublich bezeichnen würde. Doch längst nicht alle Berichte waren positiv für Lillehammer - und die Sache. Es gab ein langwieriges und zum Teil hartes Tauziehen darum, wo genau die Anlagen gebaut werden sollen. Das hing auch damit zusammen, daß die veranschlagten Kosten nun viermal so hoch liegen wie die Zahlen, mit denen sich Lillehammer bewarb. Die Kostenexplosion kam für viele, nicht zuletzt für die Politiker, wie ein Schock. Das Parlament beschäftigte sich seit April 1990 mit dem neuen Kostenrahmen, der endgültige Etat sollte zu Weihnachten verabschiedet werden. Der Haushaltsentwurf, der im August vom Organisationskomitee und der Gemeinde Lillehammer verabschiedet wurde, umfaßt die Summe von 7,246 Milliarden Kronen, während die Einnahmen auf 2,34 Milliarden Kronen veranschlagt sind. Dazu kommen Ausgaben für die Infrastruktur sowie große private Investitionen (u.a. von Hotels). Es gibt Berechnungen, daß sich die gesamten Investitionen für die Olympiade auf rund 15 Milliarden Kronen belaufen werden. Das ist eine stolze Summe für ein Land mit vier Millionen Einwohnern, aber man nimmt an, daß sich die Investitionen, zumindest auf längere Sicht, für Norwegen lohnen werden.

Der Kampf um »die kompakten Spiele«

Lillehammer »verkaufte« die Spiele unter dem Schlagwort der »kompakten Spiele«. Inzwischen sind sie längst nicht mehr so kompakt, wie es die Bewerbung versprochen hatte. Ein Teil der Anlagen wurde nach Hamar und Gjøvik verlegt. Sie liegen 60 bzw. 40 km von Lillehammer entfernt, die Verbindungen sind sehr gut. Nach dem letzten Stand zu urteilen, erhält Hamar die gigantische Eishalle für den Eisschnellauf (25.000 m² Grundfläche) und eine Eishockeyhalle, während in Gjøvik eine zweite Eishockeyhalle errichtet wird. Die Verteilung der Anlagen erfolgt nicht zuletzt mit Rücksicht auf die spätere Nutzung. Lillehammer wird genügend Probleme haben, nach 1994 zwei Hallen mit Meisterschaften und anderen Veranstaltungen zu füllen.

Der Kampf um die Austragungsorte vollzog sich in erster Linie auf der politischen Ebene, weil einzelne Politiker ihren Wahlkreisen Gutes tun wollten. Das galt auch für die Alpin-Anlagen, die man auf Hemsedal und Oppdal verteilen wollte, und für die Bob- und Rodelbahn, die nach Oslo kommen sollte. Eine solche Streuung der Anlagen hätte allerdings das Schlagwort von den kompakten Spielen Lügen gestraft und wäre eine ernsthafte moralische Niederlage gegenüber den Schweden gewesen. Østersund und Åre haben vielleicht gerade deshalb bei der Olympia-Bewerbung gegen Lillehammer verloren, weil die Entfernung zwischen den beiden Orten fast 100 km beträgt.

Obwohl die Spiele nun auf die Mjøsaregion und das südliche Gudbrandsdal konzentriert werden, liegen zwischen den entferntesten Austragungsorten doch rund 100 km. Die Abfahrt der Herren soll nämlich am Kvitfjell in Fåvang in der Gemeinde Ringebu ausgetragen werden, gut 40 km nördlich von Lillehammer. Die restlichen Alpin-Wettbewerbe (mit Ausnahme des Freestyle am Kanthaugen in Lillehammer) sollen am Hafjell durchgeführt werden.

Langlauf und Biathlon wurden nach einem langen und zum Teil erbitterten Streit innerhalb der Gemeinde Lillehammer in einem Gebiet östlich des Stadtzentrums angesiedelt. Die Bob- und Rodelbahn, in Hinblick auf den späteren Gebrauch eines der problematischsten Projekte, wurde ans Hafjell gelegt, allerdings auf die andere Seite des Tales. Dort liegt sie gleich neben dem Hunderfossen-Familienpark, und man hofft, durch einen gemeinsamen Betrieb Kosten einsparen zu können. Wie groß die Hallen werden sollen, ist noch nicht ganz geklärt, ebensowenig, wie die einzelnen Eisdisziplinen auf sie verteilt werden sollen. Aber es ist wahrscheinlich, daß der Eiskunstlauf in Lillehammer stattfinden wird.

Die Organisation zur Planung und Durchführung der Spiele gestaltete sich ebenfalls mühselig und kompliziert. Nachdem sich herausgestellt hatte, daß die Kosten dramatisch ansteigen würden und der norwegische Staat mit großen Mitteln würde eingreifen müssen, verlangte die Regierung auch eine bessere Kontrolle. Die Organisation der Olympischen Spiele erhielt daher eine übergeordnete Instanz (Hauptvorstand), die über dem LOOC (das Organisationskomitee, das für Planung und Durchführung verantwortlich ist), der LOA (die staatliche Gesellschaft, die für den Bau der Anlagen zuständig ist) und der LOV (die Gesellschaft, die die Anlagen hinterher betreiben und mit Aktivitäten füllen soll) steht. Die Zahl der Angestellten in den drei Organisationen wächst ständig. Wurde der erste Mitarbeiter am 1. Januar 1990 angestellt, so waren es im Spätsommer allein beim LOOC 115 Angestellte. Wahrscheinlich wird die Zahl bis zum Beginn der Spiele noch auf über 400 steigen. In der LOA werden 20 bis 30 Angestellte arbeiten, für die LOV 60 bis 70.

Schwedisches Engagement, norwegische Perspektiven

Ein interessantes Kapitel ist das schwedische Engagement bei der Olympiade. Einzelne lästern, daß es wohl schwedische Spiele sein werden, so groß ist das Interesse, das der »nette Bruder« für Immobilien und Anlagen im Olympiagebiet zeigt. Praktisch besitzen die Schweden die Hälfte des Gebäudekomplexes, in dem das LOOC residiert. Sie haben mehrere Hotels in der Gegend gekauft, vor allem das größte und attraktivste der Stadt, das »Lillehammer Hotel«. Sie besitzen große Anteile an der Alpinanlage und haben ihren Blick auch auf andere Immobilien in der Olympiastadt geworfen. Wenn die Schweden sich hier mehr engagieren als

Ein Ziel der Olympischen Spiele ist es auch, Lillehammer zu einem internationalen Reiseziel zu machen. Doch das muß schrittweise geschehen. Das Außenministerium hat - unter der Federführung des Rates für Norwegen-Information - ein großes Projekt in die Wege geleitet, um die Spiele als Zugpferd bei der Profilierung Norwegens im Ausland zu benutzen. Dabei ist die Tourismusbranche der Wirtschaftszweig, auf den dieses Projekt den größten volkswirtschaftlichen Effekt haben wird. Da Norwegen in den letzten

strategie. Ein umweltfreundlicher Ausbau und eine umweltfreundliche Durchführung sind zentrale Ziele, aber auch, daß man während der Arbeit umweltbewußte Haltungen schaffen will. Weiterhin will man konkurrenzfähige Umweltschutztechnologien fördern und in dieser Region ansiedeln.
Die Olympischen Spiele von Lillehammer 1994 sollen eine Sport- und Kulturveranstaltung werden, die die Umwelt, den Ressourcenverbrauch und die ökonomischen Notwendigkeiten ernst nimmt.

die norwegische Wirtschaft, hängt das damit zusammen, daß Schweden meist langfristiger und strategischer denken. Die Norweger sind mehr für ihren Hang zu sporadischer Arbeitswut bekannt.
Aber der Hauptgrund dafür, daß sich die Stadt um die Olympischen Spiele bewarb, waren langfristige Perspektiven, und die hat man natürlich nicht aus den Augen verloren. Das Hauptanliegen ist es nun, die Anlagen und die Umgebung so zu gestalten, daß sie eine maximale Anziehungskraft ausüben und gleichzeitig rationell zu unterhalten sind. Mit dem Gedanken an die weitere Nutzung ist es wichtig, nicht am falschen Ende zu sparen. In Norwegen ist es bekanntermaßen schwierig, eine Sportanlage mit Gewinn oder auch nur ohne Verlust zu betreiben. Eine ausgeglichene Bilanz wird so auch nur für die alpinen Anlagen am Kvitfjell und am Hafjell erwartet. Für die übrigen Anlagen hat man einen Gesamtverlust bis zum Jahr 2013 von fast 270 Mio. Kronen vorausberechnet. Die Betriebskosten der Anlagen in Lillehammer sollen später von einem staatlichen Fond aufgebracht werden, während man über die Deckung der Verluste in Hamar und Gjøvik noch verhandeln will. Um die Lasten zu mindern, wird ein intensives Marketing für Lillehammer, Hamar und Gjøvik als Veranstaltungsorte von Meisterschaften, Kursen und Konferenzen notwendig - sowohl im Inland als auch im Ausland. Diese Arbeit läuft nun ernsthaft an - unter der Regie der LOV.

Schon heute ist Lillehammer ein attraktiver und lebendiger Wintersportort.

Vorläufig existieren das Olympia-Dorf und viele der Anlagen

wie die Bobbahn nur auf den Reißbrettern der Planer.

Jahren auf dem rasch wachsenden internationalen Reisemarkt Anteile verloren hat, ist die Olympiade um so wichtiger.
Die letzte große internationale Sportveranstaltung, die in Norwegen ausgetragen wurde, war 1982 die Ski-WM in den nordischen Disziplinen. Danach schrieb die internationale Presse mehr über die hohen Preise als über die sportlichen Leistungen. Darum soll nun darauf geachtet werden, daß die ohnehin hohen Preise in Norwegen während der Olympischen Spiele nicht noch steigen - und damit den Marketingeffekt zunichte machen. 7000 Presseleute werden in der olympischen Region erwartet, und diese können dem Gebiet eine positive PR geben, die sich nicht mit Geld aufwiegen läßt.
Die Umwelt ist ein anderes und sehr wichtiges Stichwort vor den Spielen. Ziel ist es, die Olympischen Spiele umweltpolitisch beispielhaft zu gestalten. Das LOOC arbeitet mit einer eigenen Umweltschutz-

Sie werden die Probleme der Welt im Auge behalten, und das wird dazu führen, daß die Olympischen Spiele in Norwegen vielleicht einen etwas anderen Akzent erhalten als die bisherigen Spiele.
Aber vor allem hofft Norwegen, auf der Weltkarte klarer hervorzutreten. Ein Osloer, der im Sommer auf der Straße interviewt wurde, drückte das folgendermaßen aus: »Ich freue mich wirklich. Mit einer vernünftigen Strategie können wir die Blicke der Welt auf Norwegen lenken.« ∎

Der Autor:

Ola Matti Mathisen ist in Brandval in Hedmark aufgewachsen. Nach einer Zeit u.a. als Sportredakteur bei der »Hamar Stiftstidende« ist er seit 21 Jahren politischer Redakteur beim »Lillehammer Tilskuer«. Er hat seit 1981 Lillehammers Kampf um die Olympiade verfolgt und leitet die Olympiaberichterstattung seiner Zeitung.

von Ragnar Lie

Straßenbau in Norwegen
Eine technische und finanzielle Herausforderung

Straßen winden sich mühsam hinauf ins Gebirge, schlängeln sich durch tiefe Täler, erstrecken sich als Brücken über tiefgrüne Fjorde oder führen den Autofahrer durch Tunnel sogar bis unter die Meeresoberfläche.

■ Alle diese Straßenverbindungen machen Norwegen, das mit einer Nord-Süd-Ausdehnung von ca. 2.700 km sehr langgestreckt ist (breiteste Stelle: 430 km), erst zu einem homogenen Land. Allerdings benötigt man wegen der großen Entfernungen auch mit dem Auto sehr viel Zeit, um die oft weit auseinanderliegenden Schönheiten des Landes zu erreichen. Vielleicht ist es aber ein Trost, daß Straßen und Landschaften in Norwegen selten langweilig sind. Schönheit, Abwechslungsreichtum und Dramatik bestimmen das Geschehen nur zu oft; breite, autobahnähnliche Straßen wechseln ab mit Fahrten durch stille, endlose Wälder oder mit Strecken, die sich wie ein Slalom-Parcours die steilen, zackigen Gebirge hinauf- und hinunterschlängeln.

Zum heutigen Zeitpunkt beträgt die Länge des öffentlichen Straßennetzes in Norwegen rund 87.000 Kilometer. Dennoch ist die Geschichte des Straßenbaus noch keineswegs ein abgeschlossenes Kapitel. Vor allem in den größeren Städten reicht die Kapazität des Straßennetzes besonders in den Stoßzeiten kaum mehr aus. Und auf den außerstädtischen Straßen gibt es andere Engpässe: ein schlechter Straßenbelag, zu wenig Fährenkapazität, an manchen Stellen Erdrutschgefahr oder herabgesetzte Geschwindigkeit.

Notwendige Ausbaupläne haben in Verbindung mit einer nahezu leeren Staatskasse zu einer neuen »Blütezeit« von Mautgebühr-Projekten geführt. Eines der großen Vorhaben, das teilweise durch Mautgebühr-Abgaben finanziert werden soll, ist der Ausbau der Hauptstraßen in Oslo und Akershus. Ganz Oslo ist z.B. von einer Art »Mautring« umschlossen, der 1989 eingerichtet wurde.

Bevorzugte Touristenstraßen mit Mautstationen sind die E 76 Drammen - Mjøndalen, die E 18 von Eidanger nach Norden, die E 68 Sollihøgda - Vik, die E 6 an der Brücke über den Binnensee Mjøsa sowie in Westnorwegen die Einfahrt nach Bergen. In Mittelnorwegen sind es die E 6 zwischen Trondheim und Stjørdal sowie die Atlantikstraße (Str. 67), die dicht an den weißschimmernden Wellen des Meeres entlangführt.

Auch die wichtigste internationale Straßenverbindung zwischen Norwegen und dem Kontinent über die Svinesund-Brücke steht vor einem Ausbau und soll dann durch Mautgebühr finanziert werden. Obwohl die Strecke in letzter Zeit wesentlich besser geworden ist, besteht bei dieser Straße, die sich durch den flachen Bezirk Østfold bis nach Oslo windet, auch weiterhin ein großer Verbesserungsbedarf.

Fjorde und Gebirge - reizvoll und problematisch zugleich

Früher waren die Menschen durch das Gebirge oft von der Umwelt abgeschnitten, heute haben moderne Straßen und kilometerlange Tunnel die Hindernisse im wahrsten Sinne des Wortes »hinweggesprengt«. Doch noch immer winden sich auch enge und malerische Straßen durch die Gebirge und bieten Ausblicke auf eine grandiose Landschaft.

Eine der bekanntesten und »schnappschußträchtigsten« ist die von Ostnorwegen nach Bergen führende E 68, die kontinuierlich ausgebaut wird, um eine fährenfreie Ganzjahresverbindung von Oslo nach Bergen zu schaffen. 1992/93 wird die Fertigstellung des Tunnels zwischen Flåm und Gudvangen dazu führen, daß die Strecke Bergen - Voss - Gudvangen - Flåm - Aurland - Hol - Hallingdal - Oslo das ganze Jahr über befahren werden kann, ohne daß eine einzige Fähre benutzt werden muß.

Man darf allerdings nicht vergessen, daß das Befahren der norwegischen Straßen nicht immer ganz einfach ist. Das gilt vor allem für Campingmobile und Wohnwagengespanne. Die Straßenbaubehörden raten den Campingfreunden von der Benutzung einiger Strecken sogar ab oder geben sie nur für geübte Fahrer frei. Viele Stellen der oft verwinkelten und unübersichtlichen Straßen Norwegens sind für Überholmanöver gänzlich ungeeignet.

Darüber hinaus muß man sich im klaren sein, daß man nach dem Überqueren einer Hochebene lange Strecken bergab fahren muß und deshalb die Bremsen sehr leicht überhitzen können.

Die Straßenbaubehörde hat übrigens für Ausländer eine Campingkarte mit dem Titel »Mit dem Wohnwagen durch Norwegen« herausgegeben.

Spitzentechnik und Pionierarbeit

Norwegische Straßenbauer genießen in der Welt einen sehr guten Ruf. Auf vielen Gebieten ist Norwegen richtungsweisend, zum Beispiel was den Tunnelbau und die Instandhaltung seiner Straßen im Winter anbetrifft.

»Tunneltriumphe« haben norwegische Straßenbauingenieure besonders auf zwei Feldern gefeiert: zum einen durch den Bau unterirdischer Tunnel, um die Verkehrsprobleme der Großstadt zu lösen, zum anderen durch unterseeische Tunnel, die zahlreiche Inseln ans Festland anbinden. Internationale Aufmerksamkeit hat neben einer Reihe ähnlicher Projekte besonders der Bau des Oslo-Tunnels auf der E 18 erregt, der unter einem Teil der Hauptstadt hindurchführt. Das Konzept der Straßenbauer sieht einfache und betriebssichere Tunnel vor, um Strecken mit starkem Verkehr zu entlasten. Dies führt u.a. auch zu verbesserten Bedingungen für die Umwelt: Man sieht wieder Wiesen und grüne Bäume an Stellen, über die früher Autos hinweggerauscht sind.

Seinen Ursprung hat das Konzept in den unterseeischen Tunnelanlagen, die man in Norwegen mittlerweile immer häufiger sieht. Es ist auch nicht verwunderlich, daß sich gerade Norwegen auf diesem Gebiet hervortut: das Land besitzt zahlreiche Fährverbindungen, die auf Wunsch der Inselbewohner und nach den Vorstellungen von Wirtschaft und Politik durch Straßenverbindungen ersetzt werden sollen.

Früher baute man Brücken, gegen Ende der siebziger Jahre schritt der Tunnelbau immer mehr voran. Das erste Projekt in dieser Richtung war der Vardø-Tunnel in Nordnorwegen. Heute sind sechs Tunnel in Betrieb, und weitere sind in Bau.

Im Moment sind es aber wohl die Brückeningenieure, die im internationalen Vergleich gegenüber den Tunnelbauern die Trumpfkarten in den Händen halten, sei es bei beweglichen Brücken ohne Seitenverankerungen oder bei einer »rørbru« (Röhrenbrücke), einer Brückenkonstruktion, die sich teilweise auch als

Hier sind Schaufel und Spitzhacke in der Regel nutzloses Werkzeug.

Schweres Gerät für kräftige Jungs.

Tunnel unter der Meeresoberfläche fortsetzt, um größeren Schiffen die Durchfahrt zu erleichtern. Beide Projekte sind Pioniertaten und werden von der internationalen Fachwelt mit größtem Interesse verfolgt.

Besonders zwei Namen bringen die Augen norwegischer Straßenbauingenieure zum Funkeln. Der Ausdruck »Kyststamvegen« steht für eine fährenfreie Küstenhauptstraße, die von Stavanger im Süden bis zum mittelnorwegischen Trondheim führen soll. Ein gigantisches Projekt, wenn man sich die zerklüftete norwegische Schärenküste vorstellt.

Der erste Teil der Arbeiten beginnt 1990 nördlich von Stavanger und sieht bis 1992/93 eine Festlandsverbindung nach Rennesøy vor, die durch unterseeische Tunnel und Röhrenbrücken realisiert werden soll. Ein Teil des Kyststamvegen beinhaltet auch die erste bewegliche Brücke ohne Seitenverankerung, die die Stadt Kristiansund fährenfrei an das übrige Møre og Romsdal anbinden soll.

Der zweite Name ist das Høgsfjord-Projekt, bei dem die erste Röhrenbrücke der Welt, eine Kombination aus Brücke und Fjordtunnel, auf einer Strecke von ca. 1400 m über den Høgsfjord bei Stavanger führen wird. Der Tunnel wird ca. 20 m unter der Wasseroberfläche verlaufen und durch Seile am Meeresboden verankert.

Wo steht man, wie geht es weiter?

Zum Ausbau der Hauptstraßen werden jährlich fünf bis sechs Milliarden Kronen aufgewendet. Darin enthalten sind auch die Mauteinnahmen. Für die Instandhaltung der Straßen werden übrigens jährlich Kosten von ca. drei Milliarden Kronen fällig.

Doch trotz der großen Fortschritte im Straßenausbau ist es noch ein weiter Weg bis zu einem Straßennetz ohne Fehl und Tadel. Besonders die kleineren Straßen hinken in der Entwicklung noch etwas hinterher, nicht zuletzt auch in Bezug auf die Wartung. Durch die im Winter verbreitete Benutzung von Spikesreifen nutzt sich der Asphalt stark ab; neuesten Berechnungen zufolge verursachen die Spikes Jahr für Jahr Kosten von 300 Millionen Kronen.

Bis 1993 sollen ca. 25 Milliarden Kronen zum Straßenausbau bereitgestellt werden. Ein Großteil dieser Mittel soll dazu genutzt werden, die Verhältnisse für den Schwerverkehr zu verbessern. So sollen bis 1994 alle wichtigen Verbindungsstraßen für eine zulässige Achslast von bis zu 10 Tonnen ausgebaut werden.

Obwohl eine moderne Ausstattung und Technik die Arbeit in den letzten Jahren sehr erleichtert hat, ist es immer noch sehr beschwerlich, den Straßenbau in Norwegen weiter voranzutreiben. Die vielen Gebirge, die tiefen Fjorde, die weiten Entfernungen, das harte Winterklima, all dies stellt Straßenbauer und Ingenieure immer noch vor große Probleme, von denen fast alle Autoreisenden, die vom Kontinent aus Norwegen besuchen, beeindruckt sind. Sie sind allerdings auch davon beeindruckt, wie die Norweger täglich damit leben und wie sie diese auf vielfältige Weise lösen. Dennoch möchten viele Urlauber die kleinen verwinkelten Fjord- und Fjellstraßen nicht missen, die sie mitten durch eine großartige Landschaft führen und ihnen ein ums andere Mal den Atem stocken lassen. ■

Der Autor:

Ragnar Lie arbeitet in der Informationsabteilung des Vegdirektorat, der obersten Straßenbehörde in Oslo. Die Behörde ist eine selbständig arbeitende Institution innerhalb des Verkehrsministeriums und leitet »Statens vegvesen«, die staatliche Straßenbauverwaltung. Vor seiner jetzigen Tätigkeit war Ragnar Lie journalistisch tätig und hat darüber hinaus schon als Schriftsteller und Übersetzer gearbeitet.

Ein typisches Bild bei der »großen Kraftprobe«: kleine Gruppen, die sich gemeinsam in Richtung Oslo vorkämpfen.

»Den Store Styrkeprøven« –

Der Hintern schmerzt, die Schenkel sind wund, müde und empfindlich, der Regen peitscht ins Gesicht, und blaugefrorene Finger greifen nach der Plastikflasche, um noch ein paar Tropfen Zuckerwasser herauszupressen. Der hinterherfahrende Kamerad ruft: »Los, tritt in die Pedale, gib nicht auf, es sind nur noch 100 Kilometer.« Müde Augen registrieren die Schaumkronen auf dem Mjøsa-See, und die Gedanken sind bei Sonne, Essen und einem warmen Bett.

■ Wir sind bei der »Store Styrkeprøve«, der »großen Kraftprobe«, dabei, ein 540 Kilometer langes Fahrradrennen von Trondheim nach Oslo. Jedes Jahr treffen sich Ende Juni rund 5.000 Radfahrer aller Kategorien und Nationalitäten zu diesem Rennen, in diesem Jahr zum 25. Mal. Als einer der vielen beständigen Teilnehmer begriff ich sehr schnell, daß der Name der Veranstaltung ausgesprochen passend war, es ist nämlich wirklich

Beim Start in Trondheim herrscht noch großes Gedränge.

eine große Kraftprobe, die das Letzte von den Teilnehmern fordert: Die Strecke ist lang, im Dovre-Gebirge muß man auf 1.000 Meter ü.d.M. klettern, anschließend geht es wieder hinunter. Dabei kann man Sonne und Temperaturen von 25 Grad erleben, aber auch Schneewetter und eisigen Gegenwind. Endlos flache, schnurgerade Strecken während der Fahrt durch das Nachtdunkel im Gudbrandsdal, und letzte Kräfte verzehrende Steigungen am Ende der Strecke. Noch mehrere Wochen nach dem Rennen sind viele Teilnehmer aufgrund der Erschöpfung zu körperlichen Anstrengungen nicht in der Lage.
Warum um alles in der Welt sind Frauen und Männer von 16 bis 80 so verrückt und setzen sich diesem Wahnsinn aus? Kurz gesagt: Weil es ein phantastisches Abenteuer und eine Leidenschaft ist!
Man muß die 540 Kilometer innerhalb von 48 Stunden zurücklegen (die meisten erreichen das Ziel schon nach 20-30 Stunden), und diese Reise durch die phantastische Natur bietet einem außergewöhnliche Erlebnisse. Die Anforderungen, die an Vorbereitung und Ausdauer gestellt werden, sind zwar groß, aber auch von »Amateuren« zu bewältigen.
Die Vorbereitung auf die »Styrkeprøve« ist ein langer Prozeß, der bei den meisten in einer Mannschaft, im Freundeskreis oder in einem fahrradbegeisterten Umfeld beginnt (oder bei der Lektüre des Reisehandbuches ...). Hat die Lust erst in einer verlorenen Seele Fuß gefaßt, dann ist es nicht mehr weit bis zur Startlinie. Radfahrer sind nämlich ausgesprochen enthusiastisch und temperamentvoll.
Unabhängig vom Leistungsvermögen ist ein mehrmonatiges physisches Training erforderlich. Aber schon lange vor der ersten Trainingspause spielt man die »Kraftprobe« in Gedanken durch, nach und nach baut man sich auch psychisch auf, was vielleicht ebenso wichtig ist wie die physische Vorbereitung. Die geistige Kraft und Motivation muß am Starttag

eines der ungewöhnlichsten Radrennen der Welt

von Kristian Evensen

hundertprozentig vorhanden sein, vielleicht wird gerade sie unterwegs den härtesten Prüfungen ausgesetzt. All diese Komponenten werden aber in der sozialen Gemeinschaft einer Mannschaft zusammengebunden.

Das Mannschaftsfahren ist sowohl während der Vorbereitungen als auch während des Rennens selber ungeheuer effektiv - Radfahren ist nun mal in erster Linie ein Mannschaftssport; all die prak-

Die Königsstadt Trondheim ist Jahr für Jahr Startpunkt des Radmarathons.

tischen Vorbereitungen verbinden auf eine ganz konkrete Weise. Es geschieht ja nun wirklich nicht so häufig, daß erwachsene Männer sich zu Hause im Wohnzimmer treffen, um über Essen und Kleidung zu diskutieren! Ernährung und Bekleidung während des Rennens sind nämlich umfangreiche und ernste Themen, die man nicht dem Zufall überlassen kann. Und nicht zuletzt muß auch die technische Ausrüstung gründlich durchgegangen werden, Schraube für Schraube, Speiche für Speiche.

Die »Kraftprobe« fordert und mobilisiert alle positiven versteckten Kräfte und befriedigt bei Tausenden den Bedarf an Spannung und Abenteuer. Für viele ist die jährliche Teilnahme schon zu einer festen Einrichtung geworden. Und wenn man in einem Jahr mal nicht dabei sein kann, dann ist es so, als ob ein Zug mit einem guten Freund den Bahnhof verläßt - etwas sehr Wesentliches entschwindet.

Der Start

Der Start in Trondheim ist ein wahres Chaos. Im Schatten des gewaltigen Nidarosdomes spielt sich ein unglaublicher Zirkus ab, an dem nervöse Radfahrer, fahrende Händler, Freunde und Eltern, Mannschaftsführer, Begleitautos, Streckenposten und Zuschauer beteiligt sind - die Akteure sind bei weitem in der Minderzahl. Temperamentvolle Italiener, enthusiastische Deutsche und unerschütterliche Skandinavier stehen Seite an Seite, alle sind vor dem großen Wettkampf voller Erwartungen.

Es ist Samstagnachmittag, noch eine Stunde bis zum Start der ersten Gruppe um 15 Uhr. Jeweils 50 Fahrer starten im Abstand von zwei Minuten. Der neueste Wetterbericht liegt aufgeschlagen auf einem Ständer und verspricht bedecktes, aber trockenes Wetter. Sehr gut! Wir holen unsere Startnummern und bähnen uns einen Weg zu einem ruhigeren Fleckchen

auf dem Rasen im Kirchgarten. Es entwickelt sich eine fieberhafte Diskussion darüber, ob man kurze oder lange Ärmel beim Start vorziehen soll. Einige fliehen aufs Klo, denn der Magen ist in Aufruhr. Wir treffen Bekannte vom letzten Jahr wieder und versuchen ganz intensiv, unsere Erwartungen an uns selbst zu senken, indem wir uns gegenseitig noch einmal klarmachen, wie wenig man doch zum Schluß trainiert hat und wie krank wir doch im vergangenen Monat waren. Eigentlich können wir heilfroh sein, daß wir es überhaupt bis zum Start schaffen, und mehr auch nicht!

Wir pumpen noch etwas Luft in die Reifen und kontrollieren die Bremsen ein letztes Mal. Funktioniert die Gangschaltung auch beim letzten Zahnrad? Was sagst Du, wie lange dauert es noch bis zum Start? Schaffe ich ...

Wir versuchen, uns im Gras zu entspannen, die Fahrradschuhe dienen dabei als

Pausen sind notwendig, aber mit Vorsicht zu genießen: ihr Ende ist oft recht schmerzhaft.

Kopfkissen. Alle mögliche Fahrradausrüstung wird verkauft, Saft und Bananen werden verteilt, Fahrradmechaniker haben alle Hände voll zu tun, die im letzten Moment entdeckten Fehler zu beheben. In einem Auto sitzt eine Mutter, die ihren vielversprechenden Sohn von zwanzig Jahren mit dem Löffel füttert! Schnell springt eine Fahrerin noch mal hinter einen Busch, um zu pinkeln. Die Spannung ist jetzt auf dem Siedepunkt - Stimmung und Gedanken schwanken zwischen tiefster Unsicherheit über das eigene Leistungsvermögen und jubelnder Freude und Erwartung.

Nur noch wenige Minuten bis zum Start, wir müssen uns fertig machen. Hinein in die Schlange der Startenden, es gibt keinen Weg zurück. Beleuchtung und Startnummern werden von den Funktionären kontrolliert, doch unsere Aufmerksamkeit gilt der elektronischen Startuhr und dem Sprecher.

Richtung Dovre

4..3..2..1, es geht los. Rauf auf den Sattel, die Füße in die Pedale und die Fußriemen angezogen. Endlich kann die Reise beginnen. Wir steuern aus dem Startareal, es saust in den Rädern, der Wind zerrt an der Jacke, und die Schenkel zittern vor Spannung. Ein leichtes Zittern geht durch den Körper, alles ist so aufregend. Was werden der Abend, die Nacht und der morgige Tag bringen?

Voller Respekt und in einer andächtigen Stimmung bringen wir die ersten Kilometer hinter uns. Es ist der Respekt vor der Natur, vor den Launen des Wetters und vor den 540 zurückzulegenden Kilometern, der diese Gefühle in uns aufkommen läßt, es ist, als begäbe man sich auf dünnes, unsicheres Eis. Bricht es oder trägt es?

Man muß mit Vorsicht treten und nicht gleich zu Beginn seine Kräfte verschwenden, da haben viele schon eine böse Überraschung erlebt. Gleichwohl: Körper und Geist haben sich mehrere Monate lang vorbereitet und alles getan, um genau in dieser Woche in bestmöglicher Form zu sein. Die ersten Stunden sind vielleicht der absolute Jahreshöhepunkt an Selbstvertrauen, kraftstrotzenden Beinmuskeln, absoluter Geistesgegenwart und vollkommener Klarheit. Nicht selten zieht da einer im Übermut los, um sich später von jeder Hoffnung verabschieden zu müssen, die Strecke noch bewältigen zu können. Deshalb kommt es darauf an, auf »alte Hasen« zu hören, den Verstand zu gebrauchen und mit den Kräften hauszuhalten.

Allmählich finden wir den Rythmus, das Treten geht gleichmäßig und gut. Wir essen etwas von den Rosinen und den Bananen, die wir in der Hintertasche haben. Und wir achten darauf, ständig zu trinken. Die gleichmäßige Zufuhr von Essen und Trinken ist das A und O der Leistungsfä-

Bis hinauf ins Dovregebirge, in dem auch Moschusochsen leben, führt die Strecke auf dem Weg von Trondheim nach Oslo.

higkeit. Wenn man erst einmal hungrig und ordentlich durstig ist, kann es schon zu spät sein, das »Aus« wartet vielleicht schon hinter dem nächsten Berggipfel!

Wir freuen uns wie Kinder, weil nach 50 - 60 flachen Kilometern der allmähliche Aufstieg zum Gebirge beginnt, das nach rund 180 km erreicht wird. Es ist Samstagabend und in diesem Jahr sogar ein warmer Mittsommerabend. Das bringt natürlich eine großartige Stimmung längs der Strecke mit sich, das reinste Volksfest. In Oppdal, Berkåk und den anderen Ortschaften stehen Hunderte von Menschen an der Straße und feuern uns an. Es wird immer lauter und ausgelassener, je weiter der Mittsommerabend voranschreitet. Überall sind Lagerfeuer angezündet, und man spielt auf dem Akkordeon. Wir entdecken sogar ein stattliches Brautpaar, das uns zuwinkt. Das ganze ist wirklich ein Spaß. Unsere kindliche Freude über das Vorankommen in Richtung Gebirge bleibt ungetrübt, wenn auch

allmählich mit einem angenehmen Gruseln durchsetzt. Natürlich ist es phantastisch, auf diese Art und Weise das Dovre-Gebirge zu erklimmen, doch was wird der Dovregubben, der König der Trolle, für Opfer fordern? Frühzeitige Erschöpfung, Schneewetter und blaugefrorene Finger und Zehen?
Liegt vielleicht etwas von der geheimnisvollen Anziehungskraft, die das Rennen auf jung und alt beiderlei Geschlechts ausübt, in der Wechselwirkung der glücklichen und der schmerzhaften Momente? Oder ist es der starke Kontrast zu unserem komplizierten und oft diffusen Alltag?

Das Gebirge

Der Gipfel ist erreicht, und wir sehen den teilweise schneebedeckten Snøhetta, einen der höchsten Berge Norwegens. Überall Heidekraut, Felsen und Wasser, es herrscht ein leichter Gegenwind, und

Die gleichmäßige Zufuhr von Essen und Trinken ist das A und O der Leistungsfähigkeit.

es ist gut zehn Grad warm. Einige Wolken wirken bedrohlich, doch ohne daß es nach Niederschlag aussieht. Es ist einfach großartig und schön!
Die Kirche in Hjerkinn erhält Besuch von zwei Teilnehmern, die die Gelegenheit beim Schopfe packen, hier auf der Stelle zu heiraten, mitten in der »Großen Kraftprobe«. Nach einer originelleren Hochzeitsreise kann man wohl lange suchen. Die beiden beendeten das Rennen übrigens später Hand in Hand unter den Besten.
An der Verpflegungsstation, noch vor der Abfahrt ins Tal, herrscht ausgelassenes Leben. Massenweise Brote und warme Getränke werden verzehrt. Zwischen den Zeltwänden fallen viele kräftige Worte, doch die Ausgelassenheit nimmt bald ab, es ist nicht die Zeit für dreiste und draufgängerische Sprüche. Salamischeibenkauend sitzen wir auf einem kleinen Grashaufen und versuchen, unsere Beine zu strecken, dabei genießen wir die Heide- und Bergluft. Wir versuchen zwar so zu tun, als ob nichts sei, aber im Innersten denkt jeder: Könnte ich bloß das Fahrrad Fahrrad sein lassen! Jetzt einen Rucksack mit Schlafsack und Zelt und dann ab ins Gebirge! Doch die Begleiter haben die Räder fertig, und es gibt keine Alternative. Fast schon fliegend geht's ins Gudbrandsdal hinab und in die warme, weiche Nacht hinein. Die wahrhaft berauschende Abfahrtsstrecke verleiht uns neue Kräfte, und wir fangen an, uns über das Tempo zu streiten. Da wir eine Gruppe sind und zusammenbleiben wollen, diskutieren wir darüber, ob das Tempo zu hoch oder zu niedrig ist. Es kommt zu einigen harten Worten, so daß Außenstehende glauben könnten, der Streit könne den Fortgang des Rennens gefährden. Doch so ist es nicht. Es ist die Gleichzeitigkeit von Enthusiasmus und Müdigkeit, die solche Zwistigkeiten aufkommen läßt. Das wissen wir alle.

Ungefähr auf der Hälfte der Strecke liegt die Stabkirche von Ringebu.

Die Lichter sind verloschen, und es herrscht eine unendliche Stille. An unserer Seite fließt der Lågen rauschend in Richtung Süden, links und rechts begleiten uns dunkle, waldbestandene Berghänge. Da wir nur ganz wenige Autos und keine anfeuernden Zuschauer mehr treffen, sind das Sausen der Reifen und die gleichmäßige Umdrehung der Pedale die einzigen Geräusche, die uns begleiten. Wir haben nun den Rhythmus und den richtigen Gang gefunden, und wir kennen das Ziel dieser selbstauferlegten Folter. Die Realität ist überwältigend, jede Äußerung wäre jetzt absolut fehl am Platze, auf jeden Fall überflüssig, und so schweigen wir. Es wäre allerdings ebenso falsch zu glauben, daß einem in solchen Stunden hochgeistige Gedanken durch den Kopf gehen. Der Kopf ist leer. Der einzige, immer wiederkehrende Gedanke dreht sich eigentlich nur um ein Problem: Nimmt man die Hand vom Lenker und greift nach der Saftflasche, oder läßt man es lieber bleiben? Damit kann man sich über -zig Kilometer beschäftigen.
Körperflüssigkeit und Energie verlassen bei jedem Tritt den Körper und werden dabei in Kilometer umgesetzt. Man hat herausgefunden, daß der Kalorienverlust nach 540 Kilometern bei 11.000 bis 14.000 kcal liegt. Die Sinne stumpfen allmählich ab, die Müdigkeit nimmt zu. Ab und zu schaltet man vollkommen ab und stellt den »automatischen Piloten« ein. Einige halten zwischendurch sogar ein kleines Schläfchen, z.B. in Ringebu. Danach lockt ein warmes Essen und vielleicht noch eine Zigarette. Für müde gewordene Muskeln wird vom Rot-Kreuz-Personal eine Massage angeboten.
Inzwischen haben persönliche Attribute wie höfliche Zurückhaltung, Schüchternheit oder Bildung ihre Bedeutung vollends verloren. Die Atmosphäre an den Verpflegungsstationen ist von Offenheit und einer deutlichen Sprache geprägt. Nach 300 bis 400 Kilometern auf dem

In warmer Kleidung dem Ziel entgegen!

Rad kann man seine Kräfte nicht mehr zur Aufrechterhaltung einer Fassade vergeuden. Doch dadurch kommt auch viel Positives zum Vorschein, und man kann so manche Überraschung erleben!
Der Morgen graut, und das Gudbrandsdal weitet sich. Der Hunderfossen-Wasserfall verpaßt uns einen Schwall kalter und feuchter Luft im Gesicht, und bald taucht auch Lillehammer auf. Jetzt sind es noch 180 km. Vor uns liegt wunderschön der Mjøsa-See, dem wir auf den nächsten annähernd 100 Kilometern in Richtung Süden folgen werden.

Dem Ziel entgegen

Bald ist die letzte Phase des Rennens erreicht, die letzten Kilometer vor dem Valle-Hovin-Stadion in Oslo. Wir sehen wieder Land! Die Spannung ist zu spüren, fast schon greifbar. Das hügelige Gelände nach Jessheim verändert noch einmal den Tretrhythmus und erweckt die letzten noch schlummernden Kraftreserven zum Leben. Etwas unsicher und nervös greifen wir zur Flasche und saugen daraus die letzten Tropfen des kalten Kaffees, um uns wach zu halten. Inzwischen stehen auch die Menschen wieder an der Strecke und brüllen uns praktisch den letzten, berühmten Anstieg hinauf zum Gjelleråsen. Dann ist es soweit - vor uns im Talkessel liegt Oslo.
Wir haben es geschafft! Noch einmal wird der schlimmste Dreck, ein Gemisch aus Regen, Schweiß und Sand aus dem Gesicht gewischt, bevor die triumphale Reise mit der Einfahrt und dem Überqueren der Ziellinie zu Ende geht. Hier nehmen Familie und Freunde ihre Helden mit offenen Armen und allen nur denkbaren Glückwünschen in Empfang. Einige der Teilnehmer sind so steif, daß sie Hilfe brauchen, um überhaupt vom Rad steigen zu können; andere haben einen derart wunden Hintern, daß sie wie kleine Kinder vor sich hin wimmern. Viele schwören hoch und heilig: Nie wieder! Und das meinen sie auch ganz ehrlich - zumindest noch ein paar Tage danach.
Im nächsten Jahr sehen wir uns wieder! ■

Der Autor:

Kristian Evensen lebt in Oslo und arbeitet dort als Krankenpfleger. Der passionierte Radfahrer gehört seit vielen Jahren zu den »unverbesserlichen« Teilnehmern der »Store Styrkeprøve«.

Emigration – ein Volk in Übersee

Stellen Sie sich vor, eines Tages klingelt es bei Ihnen, und ein Fremder steht vor der Tür. Mit hörbar amerikanischem Akzent fragt er leicht zögernd, ob Sie Miss X seien. Erstaunt antworten Sie »Yes, indeed.« Der Mann stellt sich vor und Sie antworten: »Nice to meet you«, denn Sie wissen, daß Amerikaner sehr freundliche Menschen sind. Viel mehr wissen Sie eigentlich nicht über sie. Es zeigt sich hinterher, daß Ihr freundlicher Amerikaner eine deutlich bessere Figur abgibt. Er weiß viel über Ihr Land, und mehr noch, er weiß viel über Ihre Familie: Es stellt sich heraus, daß er ein Großneffe, ein Urenkel des Bruders Ihrer Urgroßmutter ist, der Bruder, der um 1880 nach Amerika ausgewandert ist.

von Marianne Molenaar

■ So eine Begegnung ist keinesfalls undenkbar; es gibt viele Europäer, die Verwandte in Amerika haben. Als Norweger(in) hätten Sie sogar eine verhältnismäßig große Chance, Ihre entfernten Verwandten auf diese Weise kennenzulernen, denn nach Irland stellte Norwegen den größten Anteil an der Auswanderungswelle, die im 19. Jahrhundert und Anfang des 20. Jahrhunderts Europa erfaßt hatte. Etwa 800.000 Norweger - fast doppelt so viele wie um 1800 in Norwegen wohnten - verließen ihr Heimatland, um sich in diesem weiten, fremden Kontinent Amerika eine neue Existenz aufzubauen. Sicher wanderten auch Leute nach Kanada und Australien aus, aber die Zahl derer ist im Verhältnis dazu so niedrig, daß wir sie nicht in Betracht zu ziehen brauchen.

Die Auswanderung nach Nord-Amerika in organisierter Form begann um 1835 und erreichte in der Zeit zwischen 1851 und 1915 ihren Höhepunkt, als insgesamt 655.000 Menschen das Land verließen. Die Folge ist, daß heutzutage sogar mehr Menschen norwegischer Abstammung in Amerika leben als in Norwegen selbst, nämlich 4 bis 5 Millionen. Eine solche Wanderungsbewegung ist in der Geschichte ein ziemlicher Einzelfall, und es ist nicht einfach, die soziale und kulturelle Implikation dieser Aus- bzw. Einwanderung zu durchschauen. Klar ist, daß alle diese Norweger mit ihrer Sprache, ihren Traditionen und Gebräuchen zu der Entwicklung der nordamerikanischen Gesellschaft, wie sie sich heute darstellt, das Ihre beigetragen haben. Auch umgekehrt haben viele neue Impulse und Ideen ihren Weg zurück nach Norwegen gefunden. Man kann demnach von einer historischen Beziehung zwischen beiden Völkern reden, einer Beziehung, die sich im Laufe des 20. Jahrhunderts abschwächte, die sich in den letzten Jahren jedoch wieder zu straffen scheint.

Going west

Die große Frage, die sich aufdrängt, ist natürlich die nach dem »Warum«. Warum verkauften Menschen Haus und Herd, verließen Familie und Freunde und riskierten eine lange beschwerliche Seereise, die nicht ungefährlich war? Was brachte sie dazu, in einem Land mit einer vollkommen anderen Kultur und einer Sprache, die den meisten Auswanderern völlig unbekannt war, ganz von vorne anzufangen?

Nehmen wir unseren Großonkel als Beispiel. Ein junger Mann, um die 20 Jahre alt, ältester Sohn und deshalb Erbe eines kleinen Bauernhofs an der Westküste. Das Leben ist eine einzige Kette von Tagen voll Schufterei, um genügend Nahrung für Mensch und Tier ernten zu können. Aussichten auf Verbesserung gibt es kaum: der Hof ist nach den vielen Aufteilungen zu klein, und Möglichkeiten zur Erweiterung bestehen nicht. Die Bevölkerung wächst, aber das zur Verfügung stehende Land bleibt gleich. Auch die Chance, sich selbständig zu machen, gibt es die ersten dreißig Jahre noch nicht, und man muß bedenken, daß der Vater noch in der Blüte seines Lebens steht. Alternativen in der Industrie oder andere Arbeitsmöglichkeiten existieren nicht. Norwegen ist im 19. Jahrhundert noch überwiegend Agrarland, und die umfassende Industrialisierung läßt auf sich warten. Der Sog vom Land in die Städte ist stark, aber auch dort ist das Arbeitsangebot dünn. Das Wirtschaftswachstum bleibt weit hinter der Bevölkerungszunahme zurück. Für viele droht ein Leben mit Hunger Wirklichkeit zu werden. Und da taucht die Vorstellung eines fernen Landes auf, mit fettem Boden ohne Steine und mit Kornfeldern, so weit das Auge reicht: Briefe zirkulieren, und in den Zeitungen erscheinen Artikel mit Erfolgsberichten von Landsleuten. Sie schreiben über ein Land aus Milch und Honig, mit großen Häusern und Scheunen, mit genug Personal und Geld, um armen Familienmitgliedern eine Karte für die Überfahrt schicken zu können. Die Unruhe wächst, das Amerikafieber breitet sich aus, und wenn ein norwegischer Bauer in Minnesota eine gute Arbeitskraft sucht, greift der junge Mann zu. Was hindert ihn auch daran! Nun kann sein Bruder den Hof übernehmen. Seiner Schwester verspricht er Geld zu schicken, damit sie nachkommen kann. Dieses Beispiel ist für die zweite Hälfte des 19. Jahrhunderts charakteristisch. Die Auswanderung war zu diesem Zeitpunkt allerdings schon seit dreißig bis vierzig Jahren zu einer alltäglichen Erscheinung in der norwegischen Gesellschaft geworden. In Amerika sprach man damals schon von der zweiten Generation »Norsk-Amerikaner«, wie man die Amerikaner norwegischer Herkunft nannte, und Überfahrt und Aufnahme waren inzwischen gründlich organisiert; dies alles im Gegensatz zur Pionierzeit. Doch nicht nur die Umstände dieser modernen Völkerwanderung änderten sich im Laufe der Zeit, auch ihre Gründe wandelten sich. Ein historischer Überblick soll das verdeutlichen.

»Sluppefolket« und seine Nachfolger

Als Anfangsdatum der Auswanderung nach Amerika gilt der 4. oder 5. Juli 1825. In diesem Jahr verließ der Segler »Restauration« den Hafen von Stavanger mit dem Ziel New York. An Bord befanden sich ca. 50 Menschen aus der Umgebung von Stavanger. In der Hauptsache waren es Quäker und deren Sympathisanten, die Probleme mit der norwegischen Staatskirche und Regierungsorganen hatten. In erster Linie lockten sie Erzählungen von der Glaubensfreiheit und der Möglichkeit freier Meinungsäußerung in Amerika. Die Reise war gut vorbereitet worden. Man hatte zwei Leute vorausgeschickt, um die Lebensbedingungen in der neuen Heimat zu erkunden und Land zu kaufen. Einer von beiden, Cleng Peerson, eigentlich Klein Pederson Hesthammer aus Tysvær, wird aufgrund seiner Rolle als treibende Kraft und wegen seines großen Einsatzes für norwegische Einwanderer in die Vereinigten Staaten als Vater der Auswanderung angesehen.

Nach einer Seereise, die 14 Wochen dauerte, kam die Gruppe unversehrt in New York an und ließ sich zunächst gemeinschaftlich in der Stadt Kendall südlich des Ontariosees nieder, später dann in Fox River, Illinois, wo der Boden besser war. Diese echten Pioniere haben keine unbedeutende Rolle bei der Aufnahme nachfolgender Landsleute gespielt.

Es gingen aber noch etwa zehn Jahre ins Land, bis die Auswanderungswelle in Gang kam und jährlich ganze Gruppen Reiselustiger ihr Land verließen. Auch diese ersten Auswanderer wurden nicht von Armut getrieben. Es waren vor allem Bauernfamilien, die Hab und Gut verkauften, um die Mittel für die teure Reise und für ein Stück Boden in dem neuen Land aufzubringen. Menschen, die in die Fremde aufbrachen, weil in Norwegen keine Möglichkeit zur Verbesserung ihrer Lebensbedingungen bestand. Sie wollten ihr Glück in der neuen Welt versuchen und reich werden. Man unternahm die Reise als »Ballast« auf Frachtschiffen, deren Laderaum für die Hinreise für Passagiere umgebaut wurde. Wasser, Brennstoff zum Kochen und eine Schlafstatt waren im Preis inbegriffen, für Verpflegung, Bettzeug usw. mußte man selbst sorgen. Die Überfahrt dauerte sechs bis acht Wochen, und daß das nicht immer ein Vergnügen war, kann man sich denken. Sturm, Krankheit, zwischenmenschliche Probleme, sogar Geburt und Tod waren keine Seltenheit. In Amerika angekommen, dauerte es oft noch einmal drei bis vier Wochen, bis man den Ort der Bestimmung erreicht hatte, und dort wartete während der ersten Jahre härteste Arbeit, bevor man die Früchte der Anstrengungen ernten konnte.

Eine große Veränderung bewirkte das sogenannte »Homesteadgesetz«, das 1862 wirksam wurde. Als Einwanderer bekam man nun ein 160 Morgen großes Stück Prärieland zugewiesen. Bedingungen waren, das Land urbar zu machen, ein Haus darauf zu bauen, mindestens fünf Jahre dort zu bleiben, und daß nach einigen Jahren ein wirtschaftlicher Aufschwung festzustellen war. Anders gesagt, man brauchte viel weniger Geld, um einen eigenen Betrieb in Amerika gründen zu können. Außerdem war inzwischen das System der im voraus bezahlten Überfahrtskarten entstanden, bei dem Familienangehörige oder Bekannte in Amerika die Reise bezahlten. Zur Tilgung arbeiteten die Neuankömmlinge dann zum Beispiel ein Jahr für ihre »Geldgeber«.

Danach stand man auf eigenen Füßen und konnte sein Glück versuchen. Anfangs charterten Auswanderergruppen Frachtschiffe, später reiste man in verstärktem Maße einzeln zu den großen europäischen Häfen, um von dort aus in international zusammengesetzten Gruppen die Reise mit Dampfschiffen fortzusetzen. Ein organisierter Reiseverkehr entwickelte sich, die Überfahrtszeit wurde kürzer, die Passage komfortabler. Die

Nicht selten waren die Seereise und die vorausgegangenen Vorbereitungen der Auswanderung zu strapaziös: Bei einem Todesfall wurde der Leichnam unter Anteilnahme der übrigen Emigranten der See übergeben.

großen Dampfschiffahrtsgesellschaften und die amerikanische Eisenbahn reagierten auf die große Nachfrage, indem sie ein weitverzweigtes Netz von Vertretungen errichteten, in denen man eine Kombinationskarte an den Ort der Bestimmung kaufen konnte.

Als die große Auswanderungswelle um 1914 abebbt, ändert sich das Bild wieder. In dieser Zeit macht die norwegische Amerikalinie die Reise noch ein bißchen einfacher und angenehmer. Auch das Publikum ändert sich. Allmählich sind es gut ausgebildete, jüngere Fachleute wie Ingenieure u.ä., die nach Amerika auswandern. Auch sie sehen dort für sich weitaus größere Möglichkeiten als in Norwegen, wo die wirtschaftlichen Verhältnisse noch vergleichsweise zurückgeblieben sind.

Das ist wahrscheinlich das Stichwort, die große Triebfeder für Tausende, die im Laufe der Zeit das kleine Norwegen verlassen hatten: »Möglichkeiten«, die Chance und die Freiheit, um sich selbst seine Träume zu verwirklichen: The American Dream!

Traum und Wirklichkeit

»Liebe Eltern, alles ist reibungslos verlaufen, und ich bin heil angekommen. Auch geht es mir hier in jeder Hinsicht so gut, wie das in einem fremden Land mit einer fremden Sprache, inmitten fremder Menschen nur zu wünschen ist.«

»Ich weiß nicht, ob es vernünftig war oder nicht, hierhin zu kommen. Um diesem Land kein Unrecht zu tun, muß ich gestehen, daß junge Männer hier größere und bessere Chancen haben als in Norwegen, zumindest, wenn sie einmal mit den Umständen vertraut sind. Aber wenn man am

Bahnhof steht, die Straße hochläuft und nicht weiß, um welche Ecke man biegen muß, und wenn man zu allem Überfluß auch noch nicht mit den Menschen sprechen kann, dann wünscht man sich, zu Hause zu sein und nie amerikanischen Boden betreten zu haben ...«

Die Wirklichkeit erwies sich in vielen Fällen anders als die erträumten Verlockungen eines endlos weiten Landes, in dem sich die Möglichkeiten bis zum fernen Horizont erstreckten. Der Kulturschock war groß; die intimen und überschaubaren Verhältnisse, wie man sie aus Norwegen kannte, wichen zugunsten einer »Überdosis« neuer Sitten, Ideen und Impulse, die verarbeitet werden mußten und Anpassung verlangten. Die oft sehr mangelhaften Englischkenntnisse bedeuteten große soziale Isolation, die mitgebrachten Kleidungsstücke und Gebrauchsgegenstände stellten sich teilweise als unbrauchbar heraus - so wurde beispielsweise über die bunten Trachten

Ab 1862 erhielten Einwanderer vom Staat 160 Morgen Prärieland zugewiesen. Bedingung war allerdings, das Land urbar zu machen, ein Haus darauf zu bauen und mindestens fünf Jahre dort zu bleiben.

in Amerika herzhaft gelacht - und die Landschaft war oft so völlig anders, daß sie Heimweh hervorrief. Nicht jedem gelang es demnach, seine Amerikareise zu einer Erfolgsstory zu machen. Ca. 25% der Auswanderer kehrten enttäuscht wieder zurück, und auch unter denen, die blieben, hatte nicht jeder den gleichen Erfolg bei der Verwirklichung des »American Dream«.

Ein Grund dafür, daß viele es doch schafften, liegt wahrscheinlich darin, daß man sich häufig gemeinsam an einem Ort niederließ, so daß norwegische Siedlungen entstanden, in denen die norwegische Sprache und Kultur in Ehren gehalten wurde. Eines der verbindenden Elemente war der Glaube, und die Kirche entwickelte sich schnell zu einem gesellschaftlichen Zentrum. Verstärkt wurde diese Entwicklung durch die Tatsache, daß dieser Glaube in Amerika nicht als Staatsreligion anerkannt war und man daher selbst für die Verpflegung, den Religionsunterricht der Kinder und die Ausbildung von Pfarrern aufkommen mußte, und all dies geschah natürlich in norwegischer Sprache. Schon bald erschienen norwegische Zeitungen, und es wurden diverse kulturelle Vereinigungen gegründet, die die Verbindung mit dem Vaterland aufrechterhielten.

Diese verhältnismäßig kleinen Gemeinschaften von Norwegern konnten jedoch die eigene Sprache und ihre Traditionen, besser gesagt, ihre norwegische Identität auf Dauer nicht bewahren. In dem großen »melting pot« (Schmelztiegel) Amerika trafen viele Kulturen aufeinander und wurden beliebig vermischt. Bauweise, Werkzeuge, Speisen, die Sprache: das eine verschwand, das andere wußte sich zu behaupten und wurde Bestandteil der neuen Gesellschaft. Diese Entwicklung wurde abrupt beschleunigt, als die amerikanische Regierung nach dem Ersten Weltkrieg Englisch zur Pflichtsprache erhob und verschiedene Nationalsprachen verbot. Das bedeutet, daß man von einer beschleunigten Amerikanisierung sprechen kann und daß die Verbindungen mit dem alten Europa nach und nach abkühlten, eine Entwicklung, die sich nach dem Zweiten Weltkrieg noch verstärkte.

Back to the roots

Aber der Mensch ist neugierig, mehr über seine Herkunft und seinen Hintergrund zu erfahren, vor allem in einem jungen Land wie Amerika. Und wenn er dann seine Wurzeln gefunden hat, kehrt er, wie unser Großneffe, gerne noch einmal zurück an den Ort seines Ursprungs: ein Bauernhof an der Westküste Norwegens, ein Dorf in Holland oder eine große Stadt in Deutschland.

In Norwegen hat man dieses wiedererwachte Interesse bereits deutlich bemerkt und stellt sich mit interessanten Angeboten darauf ein. So wird z.B. in Hamar das Auswanderermuseum an eine andere Stelle verlegt und erweitert. Ziel ist es, dort verschiedene Häusertypen, sowohl aus der ersten als auch aus der zweiten Generation, aufzubauen. Man möchte zeigen, wie sich die Norweger anpaßten und ihre Vorstellungen und Werte unter dem Einfluß von Gesellschaft, Kultur und Landschaft Amerikas veränderten. Neben dieser informativen Aufgabe hofft man, die Rolle eines Zentrums für den wiederbelebten Kontakt zwischen beiden Völkern übernehmen zu können.

Für viele blieb die Hoffnung auf ein besseres Zuhause ein Wunschtraum. Auch solche Wohnverhältnisse waren Grund dafür, daß rund 25% der Auswanderer enttäuscht in ihre alte Heimat zurückkehrten.

Ein einzigartiges Angebot finden Nachfahren von Norwegern aus der ganzen Welt im Auswanderzentrum in Stavanger. Rücken wir unseren Großneffen noch einmal ins Licht. Nehmen wir an, das einzige, was er über seinen Urgroßvater weiß, ist sein Name und das ungefähre Datum, an dem er nach Amerika kam. Mit diesen Angaben könnte er im Auswandererzentrum das Auswanderungsregister durchforsten, um zu sehen, ob die betreffende Person darin gemeldet ist. Dann findet er auch den Wohnort und eventuell das Geburtsdatum, und so kann er mit Hilfe des Taufscheins die ganze Familie aufspüren. In den vergangenen Jahren machten vor allem Amerikaner immer mehr Gebrauch von dieser Einrichtung, und in rund neun von zehn Fällen haben sie bei ihrer Spurensuche Erfolg. Und so kann es dann passieren, daß es eines Tages klingelt, und ein Fremder vor der Tür steht, der leicht zögernd fragt ...

Die Autorin:

Marianne Molenaar hat in Groningen Skandinavistik studiert und mehrere norwegische Romane und Kinderbücher ins Holländische übersetzt. Durch viele private Kontakte und langjährige Tätigkeit als Reiseleiterin in Norwegen hat sie Land und Leute genauestens studieren können. Seit Juli 1987 arbeitet sie bei der NORDIS Redaktion.

Mit Dank an Deryll Henning, das Utvandrermuseum in Hamar und das Utvandrersenter in Stavanger.
Interessierten empfehlen wir einen Besuch im Utvandrermuseum in Hamar und im Cleng Peerson Museum in Tysvær, in dem eine Dauerausstellung zu diesem Thema geplant ist. Außerdem weisen wir auf die jährlichen Utvandrerfestivals in Vik, Stavanger und Kvinesdal hin.

Rundreisen mit dem Auto

In diesem Teil haben wir wieder auf bewährte Art 11 Tourenvorschläge für Autoreisende ausgearbeitet. Nicht alle Routen sind - entgegen der Überschrift - Rundreisen, denn vor allem im hohen Norden läßt das Straßennetz das nicht immer zu.
Die Karte soll eine Übersicht über den Verlauf der einzelnen Routen geben, und das neue Farbleitsystem erleichtert das schnellere Auffinden der Beschreibungen auf den nachfolgenden Seiten.
Natürlich können die Routen nicht in aller Ausführlichkeit dargestellt werden. Weitergehende Informationen über Sehenswürdigkeiten und lohnende Ziele finden Sie in einem der Reiseführer, die im Buchhandel erhältlich sind (s. auch S. 230). Zusätzlich zu der dem Reisehandbuch beiliegenden Übersichtskarte ist unbedingt auch die Anschaffung detailgenauer Gebietskarten zu empfehlen (vgl. das Stichwort »Karten« im A-Z Info).
Übrigens: Mehrere Hotelketten und Reiseveranstalter bieten fertige Autopakete an, die das mühsame Suchen von Übernachtungsmöglichkeiten auf der Strecke überflüssig machen. Fragen Sie in Ihrem Reisebüro danach. Eine Übersicht gibt auch die neue Liste auf S. 204 ff.

Route 1: Durch die Finnmark
Alta - Hammerfest - Nordkap - Tana Bro - Karasjok - Kautokeino - Alta

Route 2: Nordnorwegen rund
Fauske - Narvik - Alta - Tromsø - Harstad - Svolvær - Fauske

Route 3: »Immer am Atlantik entlang«
Bodø - Sandnessjøen - Brønnøysund - Trondheim

Route 4: »Die Nase im Wind«
Haugesund - Bergen - Måløy - Ålesund - Molde - Kristiansund - Trondheim

Route 5: Gebirge und Gletscher
Otta - Lom - Sogndal - Stryn - Geiranger - Åndalsnes - Oppdal - Rondeveien - Otta

Route 6: »Klassische Fjordreise«
Bergen - Vadheim - Balestrand - Førde - Nordfjordeid - Ørsta - Stranda - Geiranger - Fjærland - Sogndal - Årdal - Gudvangen - Voss - Odda - Rosendal - Bergen

Route 7: »Numedal rauf, Hallingdal runter«
Oslo - Kongsberg - Geilo - Aurland - Lærdal - Gol - Hønefoss - Oslo

Route 8: »Vom Skagerrak bis Telemark«
Kristiansand - Evje - Haukeligrend - Kongsberg - Larvik - Arendal - Kristiansand

Route 9: »Rings um Rogaland und Vest-Agder«
Kristiansand - Stavanger - Haugesund - Sauda - Haukeligrend - Kristiansand

Route 10: »Auch im Osten kommt man auf seine Kosten«
Oslo - Kongsvinger - Trysil - Røros - Rondeveien - Lillehammer - Hamar - Oslo

Route 11: Rund um den Oslofjord
Oslo - Drammen - Sandefjord - Strömstad - Frederikstad - Oslo

Route 1

Durch die Finnmark

Entfernungen:		
0 km	Alta	823 km
87 km	Skaidi	736 km
174 km	Lakselv	649 km
385 km	Tana Bro	438 km
566 km	Karasjok	257 km
694 km	Kautokeino	129 km
823 km	Alta	0 km

Wir beginnen unsere Rundreise im ganz hohen Norden. Alta, der größte Ort des Bezirks Finnmark, ist Ausgangspunkt für eine Reise durch eines der am dünnsten besiedelten Gebiete Europas. Diese Route zeigt Ihnen auch den schnellsten Weg nach Hammerfest und zum Nordkap und bietet Ihnen die Möglichkeit zu einem spannenden Abstecher zur sowjetischen Eismeer-Großstadt Murmansk.

Ausgangspunkt unserer Fahrt ist Alta, das wir über die Route 2 (Alta-Tromsø) erreichen. Alta (9.000 Einwohner) liegt am Südende des verzweigten Altafjords. Die für die nördliche Lage fruchtbare Landschaft ist schon seit fast 10.000 Jahren besiedelt. Hier entwickelte sich in der Steinzeit die sogenannte Komsa-Kultur. Sehenswert sind der »Alta gård« (restaurierter historischer Amtmannshof), die Kirche (Mitte des 19. Jh.) sowie das Museum, das über die Komsa-Kultur informiert. Außerhalb befinden sich die Felszeichnungen von Hjemmeluft, die zu den umfangreichsten Europas gehören (2.500 bis 6.200 Jahre alt).

Wir folgen der E 6, die hinter Leirbotnvatn durch eine recht einförmige, öde Landschaft führt (Samenlager) und eine Höhe von 400 Metern erreicht. Hier befinden sich die ausgedehnten Rentier-Weidegebiete der Samen.

In Skaidi gehört der 58 km lange Abstecher nach Hammerfest (Straße 94) sozusagen zum Pflichtprogramm eines jeden Nordland-Reisenden. Unterwegs trifft man bei Leirbukt auf rund 2.500 Jahre alte Felszeichnungen sowie bei Stallogargo auf einen vorchristlichen Opferplatz der Samen.

Hammerfest (6.800 Einwohner) ist die nördlichste Stadt der Welt. 1989 konnte der Ort sein 200jähriges Stadtjubiläum feiern. 1890 erhielt Hammerfest als erste Stadt in Europa eine elektrische Straßenbeleuchtung - eine wichtige Einrichtung in einem Ort, in dem die Mitternachtssonne zwar zweieinhalb Sommermonate lang scheint, aber genau so lange Dunkelzeit herrscht. Nach dem 2. Weltkrieg mußte Hammerfest völlig neu aufgebaut werden.

Eine besondere Attraktion ist der Eisbären-Club mit seinem Vereinssitz im Rathaus, in dem jeder Besucher die Mitgliedschaft erwerben kann. Mittlerweile gibt es rund 100.000 Mitglieder in aller Welt. Von Hammerfest aus werden Bootsausflüge zum Nordkap (umgehen Sie die Fährenschlange!) und Hochseeangeltouren veranstaltet.

Håja Hotel

Das Håja Hotel ist ein kleines, aber gemütliches Hotel im Zentrum von Hammerfest. 37 Betten verteilen sich auf 22 Einzel- und Doppelzimmer.
Das Hotel verfügt über Restaurant/Diskothek, eine Bar, einen TV-Salon und zwei Konferenzräume für 15 bzw. 50 Personen. Es liegt 300 m vom Schiffsanleger und vom Busbahnhof und 3 km vom Flugplatz entfernt.
Håja Hotel, Postboks 177,
N-9601 Hammerfest,
Tel. 084 - 11 822, Fax: 084 - 14 398

Hinter Skaidi steigt die E 6 noch einmal an und führt dann hinab zum Olderfjord, einer Bucht des breiten Porsangen (Norwegens viertgrößter Fjord).
Von hier führt die Straße 95 zum Nordkap, dem Traumziel der meisten Nordland-Touristen. Die Straße geht durch eine unbewohnte, öde Landschaft. Während der Hauptsaison drängen sich die Autos auf den Tag und Nacht verkehrenden Fähren von Kåfjord nach Honningsvåg, um den kahlen Nordkapfelsen zu erreichen.
Honningsvåg ist der Hauptort der Gemeinde Nordkap und mit seinen 3.500 Einwohnern Norwegens nördlichste stadtähnliche Siedlung (und hier liegt der feine Unterschied zum mit offiziellen Stadtrechten ausgestatteten Hammerfest). Sehenswert sind das Museum der Gemeinde Nordkap, die Kirche von 1884 (die als einziges Gebäude den deutschen Rückzug überstand) und natürlich der große Fischereihafen. Mitte Juni wird hier am 70. Breitengrad alljährlich das Nordkapfestival durchgeführt.
Das Nordkap selbst erreichen Sie mit dem eigenen Auto, aber auch per Linienbus. Dieses populäre Reiseziel wurde bereits im 16. Jh. von einem englischen Forscher auf der Suche nach einer Nordost-Passage entdeckt. Die neue, überwiegend unterirdische Nordkaphalle bietet ein Panorama-Restaurant, die nördlichste Champagnerbar der Welt und sogar eine Multivisionsshow, in der man die arktische Natur auch bei schlechtem Wetter erleben kann. Die Mitternachtssonne scheint hier vom 12. Mai bis zum 1. August.

Ab Olderfjord folgt die E 6 dem Ostufer des breiten, 123 km langen Porsangerfjords (unterwegs: Kirche von Kistrand aus der Mitte des 19. Jh.). In diesem Gebiet sind die aus Finnland eingewanderten Quänen zu Hause. Westlich erstreckt sich der Stabbursdalen Nationalpark mit herrlichen Wander- und Angelmöglichkeiten.
Am inneren Ende des Porsangerfjords liegt Lakselv. Der Ort (2.500 Einw.) ist das Zentrum der Gemeinde Porsanger, die sich über rund 5.000 km² ausdehnt.

Während hier die Europastraße 6 ins Landesinnere abbiegt, folgen wir weiterhin der Küstenstrecke (Straße 98), die nun am Ostufer des breiten Porsangerfjords verläuft. In Børselv verlassen wir für eine Weile das Ufergebiet und überqueren das einsame und vegetationsarme Børselvfjell, das als Rentierweide genutzt wird. Nachdem wir den Laksefjord passiert haben, können wir in Ifjord einen längeren Abstecher zu den ziemlich isoliert liegenden Fischereihäfen Kjøllefjord, Mehamn und Gamvik (interessantes kleines Ortsmuseum) unternehmen - nördlich dieser Orte liegen nur noch Spitzbergen und das Nordpolgebiet.

Die Straße 98 überquert nun das Ifjordfjell (Paßhöhe: 340 m) und erreicht dann das verzweigte Mündungsgebiet des Tanaelv. Ab Tana führt die Straße am Westufer des breiten Lachsflusses Tanaelv entlang, dessen einzige Brücke »Tana bru« ist. Hier stoßen wir wieder auf die E 6, die in östlicher Richtung nach Kirkenes und in südlicher nach Karasjok verläuft.

Wiederum möchten wir Ihnen zwei ausgesprochen lohnende Ausflüge vorschlagen. Der eine führt bis an den äußersten erreich-

Alle träumen davon: Mitternachtssonne am Nordkap

baren Punkt an der Eismeerküste (Vardø und Hamningberg), der andere zur Grenzstadt Kirkenes (mit Ausflugsmöglichkeiten in die UdSSR).

Wer die Eismeerstraße an der rauhen Finnmark-Küste entlang benutzen will, fährt zunächst nach Varangerbotn und folgt dann weiter der Straße 98. Die Fahrt führt vorbei an Nyborg (Heimatmuseum) und Nesseby (Grabstein aus der Eisenzeit). Wir gelangen dann nach Vestre Jakobselv, einem kleinen Fischerort mit überwiegend finnischstämmiger Bevölkerung.
Nächste Station ist Vadsø, der Verwaltungsort des Bezirks Finnmark. Sehenswert ist hier das Vadsø-Museum mit dem Tuomainenhof (der vorwiegend der Geschichte der finnischen Einwanderer gewidmet ist) und dem Patrizierhaus Esbengården (um 1840).
Östlich von Vadsø passieren wir einige kleinere Fischerorte (hinter Golnes Abzweigung zum idyllischen Fischerort Ekkerøy). Bei Skallelv durchqueren wir eine karge, deutlich arktisch geprägte Landschaft. Es geht über Kiberg (Fischerdorf mit Landspitze Kibergnes, dem östlichsten Punkt Norwegens; Reste deutscher Kanonenstellungen) nach Vardø, Endpunkt der Straße 98, und Norwegens östlichste Stadt.
Sie ist seit 1983 durch den unter dem Meer verlaufenden Eismeertunnel mit dem Festland verbunden. Die Stadt (3.000 Einwohner) besitzt eine sehenswerte, guterhaltene Festung aus dem Jahre 1737 sowie ein interessantes Museum. Vardø befindet sich bereits in der arktischen Klimazone - der einzige Baum des Ortes muß zum Winter warm eingepackt werden!
Wer noch weiter nach Norden will, hat nur eine Möglichkeit: eine 40 km lange Nebenstraße führt an der felsigen Eismeerküste entlang bis nach Hamningberg, einem verlassenen Fischerdorf mit malerischen alten Holzhäusern.

Ein weiterer Abstecher führt von Tana bru/Varangerbotn über die E 6 nach Kirkenes. Unterwegs fährt man durch Karlebotn (ehemaliger Marktort mit Ausgrabungsstellen), passiert Reppen (Sabagården, in dem der erste Parlamentsabgeordnete der Samen lebte) und kann bei Brannsletta einen Abstecher zum Fischerort Bugøynes unternehmen.
Der Ort ist beim deutschen Rückzug nicht zerstört worden, so daß noch einige ältere Holzhäuser vorhanden sind. Ein großer Teil der 400 Einwohner stammt von finnischen Einwanderern ab. Bugøynes ist in starkem Maße von der norwegischen Fischereikrise betroffen. In Neiden steht die 1560 erbaute St. Georgs-Kapelle, die zur griechisch-orthodoxen Skoltesamen-Gemeinde gehört.
Bald darauf erreichen wir Kirkenes, den Endpunkt der E 6 - 5.102 km nördlich von Rom und immerhin 2.502 km nördlich von Oslo. Kirkenes ist auch Endpunkt der Hurtigrute. Im Gebiet von Kirkenes werden 6 Millionen Tonnen Roherz gefördert, teilweise verarbeitet und verschifft. Die Gruben von Bjørnevatn sind der größte Tagebruch

Eine alte Kultur - Samenfamilie auf Magerøya

Europas. Von hier aus kann man Ausflüge nach Nyrud im Pasvikdal (mit einzigartiger Pflanzen- und Tierwelt), zum Ort Grense Jakobselv und in die sowjetische Großstadt Murmansk unternehmen. Murmansk, in dem mehr Menschen wohnen als in ganz Nordnorwegen, erreicht man im Rahmen eines Tagesausflugs per Schnellboot (Vorbestellung empfehlenswert). Der Ausflug zu dieser in vielerlei Hinsicht »exotischen« und ungewöhnlichen Stadt auf der Kola-Halbinsel ist ein Erlebnis, das man sich nicht entgehen lassen sollte.

Nach diesen Ausflügen folgen wir nun der E 6 in südlicher Richtung. Auf den nächsten 200 km fahren wir dabei am Fluß Tana (finn. Teno) entlang, der die Grenze zwischen Norwegen und Finnland bildet (keine Brücke). Der Tana (samisch für »Großer Fluß«) ist Norwegens zweitlängster Fluß und bietet hervorragende Angelmöglichkeiten.
Unterwegs kommen wir durch Båteng (samisches Kunsthandwerksgeschäft). Das Gebiet hier ist schon seit frühgeschichtlicher Zeit von Samen bewohnt, erst zwischen 1730 und 1740 drangen die ersten finnischen Siedler bis hierhin vor. Die ersten Norweger kamen gegen Ende des 18. Jh.
Wir fahren durch Sirma und passieren den finnischen Ort Utsjoki (»unerreichbar« am anderen Ufer), die nördlichste Siedlung Finnlands. Die E 6 führt u.a. an den Stromschnellen Ailestrykene vorbei, die sich über mehrere Kilometer erstrecken. Wir erreichen Lævvajoki (Aktivzentrum Levajok Fjellstue: Kanu- und Reittouren, Wanderungen und Goldwaschen unter Anleitung). Über das Samendorf Valjok gelangen wir schließlich nach Karasjok.
Karasjok gilt als inoffizielle Hauptstadt des Samenlandes und ist das kulturelle Zentrum der Samen. Von den 2.660 Einwohnern der Gemeinde sind 80% Samen. Sie besitzen hier eine eigene Rundfunkstation, eine Volkshochschule, Bibliothek und Zeitung. Ein sehr interessantes Freilichtmuseum zeigt Ausstellungen zur Geschichte und Kultur der Samen sowie Kunst und Kunsthandwerk. Hier in Karasjok kann man auch

echt samische Gerichte probieren. Die Ortskirche stammt aus dem Jahre 1807. Original samische Kunsthandwerksprodukte kann man übrigens im Karasjok Husflidsenter oder in der Karasjoker Messer- und Silberschmiede erstehen. Während der langen Wintermonate sind Hundeschlittentouren eine beliebte Touristenattraktion. Im Sommer kann man Gold waschen, angeln und wandern.

Über die ebenfalls einsame und relativ wenig befahrene Straße 92 gelangt man zur samischen Nachbargemeinde Kautokeino. Ehe wir über die Straße 93 nach Alta zurückkehren, sollten wir einen Abstecher ins Zentrum von Kautokeino (samisch: Guovdageainnu) unternehmen. Dort feiern die Samen jedes Jahr zu Ostern große, traditionelle Feste mit Hochzeiten, Kindstaufen und Rentierschlittenfahrten. Im Kulturhuset befindet sich ein modernes samisches Kulturzentrum. Kautokeino besitzt außerdem ein Heimatmuseum und eine Silberschmiede. Die 1944 von den Deutschen zerstörte Kirche (von 1701) wurde 1958 wiederaufgebaut.

Nach diesem 31 km langen Abstecher ins Zentrum von Kautokeino folgen wir der Straße 93 in nördlicher Richtung. Wer einsame Autofahrten mag, kann der alten Straße zwischen Mieron und Masi folgen. Versäumen Sie nicht den kurzen Umweg über das Samendorf Masi (mit samischem Kunstzentrum).
Kurz vor Suoluvuobme erreicht die Straße 93 mit 418 m ihren höchsten Punkt auf der weitgehend unbesiedelten Finnmarksvidda.
50 km hinter Suoluvuobme liegt Alta, der End- und Ausgangspunkt unserer Rundreise durch die Finnmark.

Bemerkungen: Der Streckenabschnitt Honningsvåg - Nordkap ist im Winter gesperrt, das Ifjordfjell (Straße 98) ist ebenfalls im Winter geschlossen.

Route 2

Nordnorwegen rund – Von Alta bis zu den Lofoten

Entfernungen:		
0 km	Fauske	1478 km
243 km	Narvik	1235 km
477 km	Olderdalen	1001 km
701 km	Alta	777 km
998 km	Tromsø	480 km
1276 km	Harstad	202 km
1416 km	Svolvær	62 km
1478 km	Fauske	0 km

Diese Route führt Sie durch einige der landschaftlich schönsten Gebiete Norwegens. Dort, wo Norwegen am schmalsten ist, besitzt die Landschaft eine Vielfalt wie kaum anderswo. Allem voran die Lofoten: eine einzigartige Inselwelt, in der steile Gipfel direkt aus dem Atlantik emporsteigen und malerische Fischerdörfer, die dem Ganzen einen besonderen Farbtupfer aufsetzen, zum Verweilen einladen. Nördlicher Wendepunkt dieser Strecke ist Alta, der größte Ort der Finnmark. Wer Zeit sparen will, kann die Strecke mit der neuen Autofähren-Verbindung zwischen Bodø (Straße 80, 62 km von Fauske) und den Lofoten (Moskenes) erheblich abkürzen.

Fauske, den Ausgangspunkt unserer Fahrt durch Nordland und Troms, erreichen wir über die Route 3.
Wir folgen der Europastraße 6, die hier durch ein besonders abwechslungsreiches Gebiet führt. In diesem Streckenabschnitt gibt es nicht weniger als 10 Tunnel und 6 Brücken sowie zahlreiche Rastplätze mit herrlicher Aussicht. Auf dem Kråkmofjell erreicht die E 6 mit 390 m ihren höchsten Punkt.

Kobbelv Vertshus
Nahe der E 6 zwischen Bodø und Narvik gelegen, sind es 100 m zum Sandstrand und wenige Kilometer ins Gebirge.
26 Zimmer, alle mit Bad, TV, Radio, Telefon, Minibar. Restaurant und Salons, komplett eingerichtete Tagungsräume für bis zu 40 Personen.
Sauna, Solarium, Fitnessraum, Billard.
Jagd und Angeln in der Nähe,
Bootsverleih, anerkannt gute Küche.
Kobbelv Vertshus A/S, N-8264 Engan, Tel. 081 - 95 801, Fax: 081 - 95 707

In Ulvsvåg lohnt sich ein Abstecher (14 km) zur Insel Hamarøy, der Heimat des Schriftstellers Knut Hamsun, der in Nordnorwegen zahlreiche Motive für seine lebendigen Romane gefunden hat. Das Heimatmuseum Hamarøy besteht aus einem kompletten historischen Handelsplatz mit zahlreichen Gebäuden. In Hamsund steht das Haus, in dem der Nobelpreisträger seine Kindheit verbrachte.

Tysfjord Turistsenter
An der E 6, nahe der Bognes-Fähre, liegt das Tysfjord Turistsenter inmitten der schönsten Natur.
18 Motel-, 11 Hotelzimmer, Hütten, Campingplatz. Außerdem ein Restaurant, Diskothek, Cafeteria und ein Kongreßzentrum für bis zu 60 Personen.
Ideal für Jagd, Angeln, Mineraliensammeln, Wandern und Bergsteigen - oder einfach zum Erholen.
Tysfjord Turistsenter A/S, Postboks 10, N-8275 Storjord i Tysfjord, Tel. 081 - 73 214, Fax: 081 - 73 299

21 km hinter Ulvsvåg erreichen wir auf der E 6 den Fährort Bognes (4 km nördl. 4-5.000 Jahre alte Felszeichnungen). Wir gelangen mit einer Autofähre (der einzigen im Zuge der E 6) in 30 Minuten über den 608 m tiefen Tysfjord nach Skarberget. Anschließend erreicht die kurvenreiche Europastraße den Paß Skellesvikskaret und führt hinab zum Eidfjord. Bei Ballangen stoßen wir auf den breiten Ofotfjord, dessen Nebenarm Skjomen wir auf einer 700 m langen Hängebrücke überqueren. Am Ofotfjord entlang kommen wir schließlich nach Narvik.

Ballangen Camping
35 km südlich von Narvik, 4 km vom Zentrum Ballangens entfernt, liegt der **Drei-Sterne-Campingplatz** inmitten schöner Natur mit guten Angelmöglichkeiten. Ein beheiztes Schwimmbecken im Freien, Minigolf, Sauna, Bootsverleih und ein Laden für den täglichen Bedarf stehen zur Verfügung. Alle Stellplätze haben Stromanschluß. Außerdem 40 Hütten ab NOK 180,- pro Tag.
Ballangen Camping, N-8540 Ballangen, Tel. 082 - 28 297

Die Hafenstadt Narvik (15.000 Einw.) gewann schon im letzten Jahrhundert als eisfreier Ausfuhrhafen für schwedische Erze an Bedeutung. Daher schloß man die Stadt an das schwedische Eisenbahnnetz an - und Norwegen erhielt so seinen nördlichsten Bahnhof. Wegen der Erzausfuhr, die große wirtschaftliche Bedeutung erreichte, war Narvik im 2. Weltkrieg besonders umkämpft. Das vom Roten Kreuz zusammengestellte Gedenkmuseum erinnert an diese Zeit der deutschen Besatzung und des norwegischen Widerstands. Das Ofoten-Museum informiert ebenfalls über die noch junge Geschichte der Stadt. Ca. 4.000 Jahre alte Felszeichnungen findet man im Brennholtet-Park nordwestlich des Bahnhofs. Auf den Aussichtsberg Fagernesfjell gelangt man mit einer Seilbahn - sie verkehrt in der Zeit der Mitternachtssonne sogar nachts!

Hinter Narvik folgen wir weiter der E 6. Sie führt zunächst um den Rombakfjord und den Herjangsfjord herum. Hinter Bjerkvik steigt sie auf eine Höhe von 428 m und verläuft über Lapphaugen nach Fossbakken und Setermoen (Bardu; sehenswerte Kirche mit achteckigem Grundriß von 1829). Durch das Bardudal kommen wir bis Elverum. Hier sollten Sie die E 6 verlassen und der Straße 87 folgen. Sie führt zur Stromschnelle Målselv, einem ausgezeichneten Angelplatz für Lachse (mit einer 500 m langen Lachstreppe). Wer der Zivilisation für ein paar Stunden oder Tage entfliehen will, kann den Weg bis zum Dividalen Nationalpark fortsetzen, einem 750 km² großen Naturgebiet.
Bei Øvergård kehren wir wieder zur E 6 zurück. Wer Tromsø direkt ansteuern will, ohne in den ganz hohen Norden zu fahren, kann auf der E 78 über Nordkjosbotn und Fagernes dorthin gelangen.

Vollan Gjestestue
In Nordkjosbotn, inmitten herrlicher Natur, liegt das Gasthaus, seit drei Generationen in Familienbesitz.
Während des Weltkriegs von Deutschen als Offiziersmesse im Blockhausstil gebaut, verfügt es heute über 13 komfortable Zimmer, ein Café-Restaurant, ein modernes Konferenzzentrum und Aufenthaltsräume. Norwegische Hausmacherkost, Gruppenrabatte.
Vollan Gjestestue, Postboks 25, N-9040 Nordkjosbotn, Tel. 089 - 28 103, Fax: 089 - 28 480

Die E 6 folgt ab Storfjord dem Ostufer des majestätischen Lyngenfjords. Auf der gegenüberliegenden Seite erheben sich in einer langen Reihe die Lyngsalpen, ein bizarres, vergletschertes Gebirgsgebiet. Über Løkvoll (Ausstellung und Verkauf von einheimischen Handarbeiten) und Kåfjord gelangen wir am Fjord entlang nach Olderdalen, dem Hauptort der Gemeinde Kåfjord. Wir haben weiterhin eine großartige Aussicht auf die Lyngsalpen (kurzer Abstecher nach Spåkenes mit herrlichem Panorama). Die E 6 führt uns dann nach Storslett, dem Zentrum der Gemeinde Nordreisa. Hier sollte man einen Abstecher (Straße 865) ins schöne Reisadalen unternehmen, das vom Lachsfluß Reisa durchflossen wird. Auf langen Flußbooten kann man bis hinunter zum Mollisfossen fahren, einem gigantischen Wasserfall (Nationalpark).
Die E 6 durchzieht weiter die abwechslungsreiche Küstenlandschaft und erreicht auf dem Kænangsfjell eine Höhe von 402 m (Samenlager). Kurz vor dem Langfjord überqueren wir die Grenze zum Bezirk Finnmark, Norwegens nördlichster Provinz.
Wir folgen nun zunächst dem Ufer des schmalen Langfjords und dann dem Hauptarm Altafjord. An seinem Ende (an der Mündung des Lachsflußes Altaelv) liegt Alta, der größte Ort (9.000 Einw.) der Finnmark. Hier haben wir Anschluß an die Route 1 (Beschreibung von Alta siehe dort).

Wer nicht mehr weiter in den Norden fahren will, fährt auf der E 6 bis nach Olderdalen

Die Eismeerkathedrale, das Wahrzeichen Tromsøs

zurück. Dort überquert man mit einer Autofähre den breiten Lyngenfjord nach Lyngseidet, dem Hauptort von Lyngen, der »Alpengemeinde am Meer«. Die höchsten Gipfel der Lyngsalpen reichen bis über 1.800 m. Sehenswert: die Kirche aus dem Jahre 1775. Auf der Straße 91 fahren wir am Rand der mächtigen Lyngsalpen entlang nach Svensby, wo wir den Ullsfjord mit einer Autofähre überqueren. Während der knapp 30minütigen Überfahrt hat man eine herrliche Aussicht auf das vergletscherte Gebirge und bis hinaus aufs offene Meer (mit der Vogelinsel Fugløya).

Unser nächstes großes Ziel ist Tromsø, in dessen Zentrum wir über die 1.036 m lange und 38 m hohe Tromsø-Brücke gelangen. Tromsø ist der unbestrittene Favorit unter den nordnorwegischen Städten. Das zeigen schon die zahlreichen sprachlichen Attribute, mit denen es im Laufe der Zeit versehen wurde: Paris und Venedig des Nordens, Pforte zum Eismeer usw.
Tatsache ist: In dieser größten Stadt Nordnorwegens (50.000 Einw.) ist eine Menge los. Und das braucht nicht zu verwundern, schließlich gibt es doch hier die nördlichste Universität der Welt genauso wie die nördlichste Brauerei.
Das Tromsø-Museum (im Folkepark außerhalb der Stadt) und das Tromsø Stadtmuseum (Skansen, im Zentrum) dokumentieren die historische Entwicklung sowie die Natur- und Kulturgeschichte dieses Gebiets. In der Nähe des Stadtmuseums befindet sich das Polarmuseum mit ausgesprochen interessanten und anschaulichen Sammlungen. Tromsø hatte (und hat) große Bedeutung für die Polarforschung, starteten doch u.a. Amundsen, André und Nansen hier einige ihrer Expeditionen. Eine noch junge Attraktion ist das Nordlichtplanetarium, das u.a. diese Naturerscheinung eindrucksvoll simuliert. Die Eismeer-Kathedrale im Stadtteil Tromsdalen ist wohl das markanteste Bauwerk Nordnorwegens. Sie wurde 1965 eingeweiht und ist mit ihrer eigenwilligen, triangelförmigen Architektur ein Wahrzeichen der Stadt. In Tromsdalen gelangt man auch per Seilbahn auf den 420 m hohen Storsteinen, der eine herrliche Aussicht über die Stadt und das Meer bietet (Mitternachtssonne!).
Wir verlassen die Tromsøer Stadtinsel über die 1,2 km lange Sandnessund-Brücke und folgen der Straße 862 an der Ostküste der Insel Kvaløy entlang (in nördlicher Richtung führt die Straße 863 u.a. durch einen Unterwassertunnel zur Insel Ringvassøy). In Larseng setzen wir in ca. 10 Minuten über den Straumsfjord (starke Strömung) nach Vikran über. Von hier folgen wir der teilweise schmalen Straße 858 nach Storsteinnes (unterwegs großartige Aussicht über Fjord und Fjell). Storsteinnes (2.000 Einw.) ist der Hauptort der Gemeinde Balsfjord und bekannt wegen seiner umfangreichen Ziegenkäseproduktion.

Wir fahren weiter am Westufer des kleinen Sees Sagelvvatn entlang (Naturreservat) nach Heia, wo wir die E 6 erreichen. Auf der Europastraße fahren wir bis Moen i Målselv (Abstecher nach Andselv möglich) und biegen dann auf die Straße 855 nach Finnfjordbotn ab.

Bardufoss Hotell
Das im Sommer wie im Winter preiswerte Hotel liegt an der E 6 am Flugplatz von Bardufoss, auf halbem Wege zwischen Narvik und Tromsø. Der nahegelegene Målselv ist ein bekannter Lachsfluß mit guten Angelmöglichkeiten. Darüber hinaus gibt es den Dividalen-Nationalpark und die Gelegenheit zum Reiten, Hundeschlittenfahren, Rafting und Kanufahren.
Bardufoss Hotell, Andselv,
N-9200 Bardufoss,
Tel. 089 - 33 488, Fax: 089 - 34 255

Hier lohnt ein Abstecher über die Straße 86 nach Finnsnes (4.500 Einw.) und auf die Insel Senja, Norwegens zweitgrößte Insel (1.590 km²). In ihrem südlichen Teil erstreckt sich der Ånderdalen Nationalpark. Ganz im Süden (Straße 860) gibt es arktische Kiefernwälder und herrliche weiße Sandstränden. Ein dichtes Netz von Nebenstraßen erschließt eine noch weitgehend intakte Natur, die durch eine reichhaltige Flora und Fauna geprägt wird. Für aktive Urlauber gibt es auf Senja zahlreiche Möglichkeiten zum Wandern und Angeln oder zu Bootstouren hinaus aufs offene Meer.

Wir folgen nun der Straße 86 nach Sørreisa (1.500 Einw.) und fahren von dort auf der Straße 84 durch eine schöne Tallandschaft nach Sjøvegan und Tennevoll. Weiter geht es kreuz und quer durch die Fjordlandschaft - die Vielzahl der Straßennummern deutet schon darauf hin, daß wir uns besonders viel Mühe gegeben haben, um Ihnen auch die Gegenden abseits der Durchgangsstraßen vorzustellen.
Über die Straße 848 fahren wir - dicht am Fjordufer entlang - nach Myrlandshaug. Von dort setzen wir in 25 Minuten nach Hamnvik über. Hamnvik ist ein alter Handelsplatz mit mehreren guterhaltenen Häusern. Die recht schmale und kurvenreiche Straße folgt nun der Südküste der kleinen Insel Rolla (höchster Berg: 1.015 m) bis nach Sør-Rollnes. Ab hier benutzen wir wiederum eine Fähre, die uns in rund einer Stunde nach Harstad bringt.

Harstad (22.000 Einw.) ist eine moderne Hafen- und Industriestadt, die mit den reichen Heringsfängen des 19. Jh. groß geworden ist. Seit neuestem ist die Stadt auch Basis für die Ölförderungsaktivitäten im hohen Norden. Ende Juli findet alljährlich eine Festspielwoche mit internationaler Beteiligung statt. Größte Sehenswürdigkeit ist die 3 km außerhalb gelegene Kirche von Trondenes aus der Zeit um 1250 (mit altem Inventar).

Über die Straße 850 gelangen wir, teilweise dicht am Fjord entlang, zum Fährhafen Revsnes (Reysnesvik). Dort überqueren wir den Gullesfjord (Flesnes). Wir befinden uns nun auf Hinnøya, die mit 2.198 km² Norwegens größte Insel ist. An ihrer Westküste erreichen wir Sigerfjord, das von hohen Bergen umgeben ist (Fischereihafen, Fischverarbeitung).
Auf einer 1.000 Meter langen Brücke verlassen wir Hinnøya und erreichen nun die Vesterålen-Insel Langøya mit dem Ort Sortland (4.000 Einw.).

Sortland Nordic Hotel
Das Nordic Hotel liegt in Sortland, im Herzen der Vesterålen. Wir können 82 Zimmer anbieten, davon die meisten mit Dusche und WC, Fernseher, Telefon und Minibar. Außerdem besitzt unser Hotel ein Restaurant, eine Bar, eine Diskothek und eigene Konferenzräume sowie einen hauseigenen Parkplatz. Wohnen Sie billig und nutzen Sie den Scandinavian Bonus Pass!
Sortland Nordic Hotel, Vesterålsgt. 59,
Postboks 274, N-8401 Sortland,
Tel. 088 - 21 833, Fax: 088 - 22 202

Nicht vergessen sollte man hier einen Abstecher zur Nordspitze der Vesterålen. Eine

Wale vor Andenes

Fahrt quer über die Insel Andøya bis Andenes (Straße 82; Möglichkeiten zu Walsafaris!) ist ein Erlebnis und verrät einiges über den Charme dieser Inseln.

Andøy
Auf der Insel Andøy erleben Sie einen richtigen Natururlaub. Hier können Sie »Moby Dick« treffen - auf einer **Walsafari** mit einem echten Walfängerschiff.
Wir können Ihnen auch Bootstouren zum Vogelfelsen Bleiksøya anbieten, Fahrten mit Fischerbooten, Tauchen und Reiten, Gebirgstouren u.v.m.
Hotels, Pensionen, Rorbuer und Camping stehen zur Verfügung.
*Andøykontoret / Whalesafari,
Postboks 58, N-8480 Andenes,
Tel. 088 - 41 273, Fax: 088 - 41 326*

Der nächste größere Ort ist Stokmarknes, das auf der Insel Hadseløya liegt. Unterwegs durchqueren wir ein landwirtschaftlich geprägtes Gebiet. Seit 1776 besitzt Stokmarknes Handelsprivilegien und zählt heute 3.500 Einwohner. Der Hafen wird regelmäßig von der Hurtigrute angelaufen - eine der Pionier-Reedereien im Hurtigruten-Verkehr hat hier ihren Sitz.

Turistsenteret Kinnarps
Die neueste Ferienanlage auf den **Vesterålen**, mit 12 komfortablen Rorbuern zu je 8 Betten, 5 »Nordlandhäusern« und 20 Hotelzimmern, daneben Restaurant, Bar und Konferenzraum für 80 Personen. Campingplatz.
Bootshafen und -verleih, Tennis, Freibad.
Nahe bei Stokmarknes mit Einkaufsmöglichkeiten und Hurtigruten-Anleger.
*Turistsenteret A/S - Kinnarps
Postboks 413, N-8451 Stokmarknes
Tel. 088 - 52 999, Fax: 088 - 52 995*

Über Hadsel (Holzkirche von 1824) erreichen wir Melbu (Handelsort mit 2.500 Einw.). Hier ist die größte Trawlerflotte der Vesterålen zu Hause. Sehenswert ist das Vesterålen Heimatmuseum, das aus zwei alten Höfen besteht. In Melbu finden im Sommer internationale Kulturtage statt.
Hier setzen wir unser friedliches »Inselspringen« - diesmal per Fähre - fort. In 30 Minuten überqueren wir den Hadselfjord nach Fiskebøl (Insel Austvågøy, Lofoten). Nun ist es nicht mehr weit bis nach Svolvær, der »Hauptstadt« der Lofoten (4.100 Einw.).

Svolvær Hotell Lofoten
Ein kleines, aber exklusives Hotel, nur vier Jahre alt. Die 17 Zimmer mit 34 Betten haben den höchsten Standard der Stadt und bieten Dusche, WC, Minibar, Miniküche, TV.
Alle Schankrechte. Parabolantenne.
Speisesaal für 40 Personen, Gemeinschaftsraum.
Das Hotel liegt **zentral** in einer ruhigen Straße. Herzlich willkommen!
*Svolvær Hotell Lofoten,
N-8300 Svolvær, Tel. 088 - 71 999.*

Svolvær ist ein alter Fischer- und Handelsort und ein wichtiger Verkehrsknotenpunkt. Auch als Kunstzentrum hat sich der Ort einen Namen gemacht. Maler aus ganz Europa besuchen die Lofoten, um die markanten Gipfel mit Pinsel und Farbe zu verewigen. Im Rathaus von Svolvær hängt die berühmte Darstellung der »Schlacht im Trollfjord« des aus Svolvær stammenden Malers Gunnar Berg (Düsseldorfer Schule). Svolvær ist übrigens auch ein außergewöhnlicher Wintersportort: während die Fischer zur Lofotfischfang-Saison anreisen, kann man in unmittelbarer Nähe zu den Fanggründen Langlauf und Abfahrtslauf betreiben.

Vestfjord Hotel
Das Hotel liegt idyllisch mitten im Hafen von **Svolvær**. Fischerboote und die Hurtigrute fahren direkt vorbei.
Meeresblick. 57 Zimmer mit Bad/WC und TV. Fischrestaurant, Aufenthaltsräume, Bar und Sauna. Angeltouren, Bootsfahrten zum Trollfjord, Vogelsafari.
Willkommen in der Gebirgs- und Fjordwelt der Lofoten!
Wir akzeptieren den Fjordpass.
*Vestfjord Hotel, Postboks 386,
N-8301 Svolvær
Tel. 088 - 70 870, Fax: 088 - 70 854*

Bevor Sie die Lofoten per Fähre wieder verlassen, sollten Sie unbedingt der Straße 19 bis zu ihrem Ende bei Å folgen und von dort nach Svolvær zurückkehren. Auch wenn man zweimal die gleiche Strecke fahren muß: es lohnt sich! Unterwegs kann man immer wieder auch kurze Abstecher unternehmen und Fischerdörfer wie Henningsvær, Stamsund, Nusfjord, Ballstad, Reine und Sørvågen kennenlernen. Nehmen Sie genügend Filme mit! In Å können Sie ein quicklebendiges Fischerdorfmuseum kennenlernen, Kabelvåg hat ein interessantes Aquarium sowie ein kleines Museum über die Geschichte des Lofotfischfangs, in Storvågan steht das Hauptmuseum für das Gebiet der Lofoten.

Leknes Hotel
Mitten in der sagenumwobenen Märchenwelt der **Lofoten** liegt das kleine, hübsche Leknes Hotel, mit dem Bus vom Hurtigruten-Anleger schnell zu erreichen und mit einem Flugplatz in der Nähe. Das jüngst restaurierte Hotel verfügt über 26 Zimmer mit 56 Betten, Restaurant, Kneipe und Diskothek.
Angeltouren, Boots- und Busausflüge. Günstige Preise.
*Leknes Hotel A/S, N-8370 Leknes
Tel. 088 - 82 950, Fax: 088 - 82 470*

Lofoten-Aquarium
In den 10 Aquarien, die seit 1989 in neuen Baulichkeiten in **Kabelvåg** untergebracht sind, finden sich alle Arten von Süß- und Salzwasserfischen, Schalentiere, Muscheln und Seeanemonen; außerdem Seehunde, eine Lachszuchtanlage und eine Multimediaschau zur Meeresfauna und -flora der Lofoten. Preise 1990: NOK 30,- (übliche Ermäßigungen). Geöffnet im Sommer täglich 10-21 Uhr.
*Lofot-Akvariet akvariedrift A/S,
N-8310 Kabelvåg, Tel. 088 - 78 665*

Wer nicht nach Svolvær zurückfahren möchte, kann jetzt auch die neue Fährverbindung von Moskenes direkt nach Bodø benutzen (Vorbestellung dringend empfohlen!).

Nach diesem ausgiebigen Ausflug setzen wir mit der Autofähre in zwei Stunden von Svolvær nach Skutvik über. Von dort nehmen wir eine weitere Fähre nach Bogøy.

Hier sollten Sie einen Abstecher auf die Insel Engeløya unternehmen, die sich durch breite Sandstrände und zahlreiche Sehenswürdigkeiten auszeichnet. Wir folgen anschließend der Straße 81 nach Nordfold und können dann eine weitere 1 3/4stündige »Kreuzfahrt« unternehmen. Von Røsvik fahren wir am Sørfolda-Fjord entlang durch eine herrliche Küstenlandschaft.

Sulitjelma Hotel
Das Hotel liegt nördlich des Polarkreises im größten Wildnisgebiet Europas. Wenn Sie Ihren Urlaub oder Ihre Konferenz einmal etwas anders gestalten wollen, sind Sie bei uns genau richtig. Wir bieten geführte Gebirgswanderungen, Angeln, Jagd, Gletschertouren, Höhlenwanderungen oder einen Besuch der Kupfergrube. Und natürlich die Mitternachtssonne!
*Sulitjelma Hotell A/S, Postboks 55,
N-8230 Sulitjelma,
Tel. 081 - 40 401, Fax: 081 - 40 654*

»Immer am Atlantik entlang«
An der Küste von Bodø nach Trondheim

Lofotfischer bei der Arbeit - Ausfahrt vor Vågakollen

Entfernungen:		
0 km	Bodø	806 km
145 km	Glomfjord	661 km
318 km	Sandnessjøen	488 km
385 km	Brønnøysund	421 km
806 km	Trondheim	0 km

Im Rahmen dieser Route überbrücken wir die Strecke zwischen den südlichen Landesteilen Norwegens und dem hohen Norden: Ein Gebiet, das allerdings viel zu schade ist, um es auf der Durchreise zum Nordkap nur zu durchrasen. Wir haben uns daher dazu entschlossen, die Küstenstrecke - eine hervorragende Alternative zur »Rennstrecke« E 6 - ausführlich vorzustellen.

Ausgangspunkt unserer Strecke ist Bodø (34.000 Einw.), die Hauptstadt des Bezirks Nordland - eine moderne Stadt, die nach den Zerstörungen des 2. Weltkriegs neu aufgebaut werden mußte. Sehenswert: Das Bezirksmuseum für Nordland (mit großer Fischereiabteilung), der moderne Dom (1956) und die Steinkirche von Bodin (um 1200; mit beachtenswerter barocker Altartafel).

Von Bodø fahren wir zunächst ca. 20 km auf der Straße 80 nach Løding. Dort biegen wir auf die Straße 17 ab, der wir nun mehrere hundert Kilometer durch eines der wildesten Küstengebiete Norwegens folgen können.
In südlicher Richtung kommen wir zunächst zur Saltstraumen-Brücke und überqueren den bekannten Gezeitenstrom, dessen Wassermassen sich mit einer Geschwindigkeit von 13 km/h durch den schmalen Sund pressen. Bei Kjøpstad kann man über eine neue Brücke einen Abstecher auf die Insel Sandhornøy unternehmen. Ein weiterer Abstecher führt nach Gildeskål (einer Kirche von 1130).
Durch eine abwechslungsreiche Küstenlandschaft gelangen wir nach Ørnes (1.500 Einw.). Hier beginnt ein neuer Abschnitt der Straße 17, der am Glomfjord entlang zum gleichnamigen Industrieort und bis an den Rand des Svartisen-Gletschermassivs führt. Ein unvergeßliches Erlebnis! In Glomfjord wird vor allen Dingen Kunstdünger produziert. Der Ort ist ein hervorragender Ausgangspunkt für Wanderungen im Svartisen-Gebiet.
An den Ausläufern des Svartisen entlang geht es durch mehrere Tunnel (darunter der 7.610 m lange Svartis-Tunnel), bis wir den Fähranleger Forøy erreichen. Von hier sind es nur 10 Minuten mit der Fähre nach Ågskaret.

Bei Vargåsen erreichen wir die E 6, der wir noch 6 km bis nach Fauske folgen, dem Ausgangs- und Endpunkt unserer Reise. Von Fauske sind es noch 62 km bis zur Hafenstadt Bodø.

Von Fauske bieten sich zwei Abstecher an. Der eine führt über die Straße 830 ins schön gelegene Sulitjelma nahe der schwedischen Grenze.

Die zweite Möglichkeit besteht darin, weiter in südlicher Richtung zu fahren. 35 km hinter Rognan erreicht man Hestbrinken.

Rognan Hotell
Das moderne, mittelgroße Hotel mit 40 Zimmern liegt mitten in Rognan, dem hübsch gelegenen Zentrum am **Skjerstadfjord**, und ist gleichermaßen auf Urlauber und Geschäftsreisende vorbereitet. Die gute Küche ist weithin bekannt. Neben Live-Musik jeden Abend werden Wanderungen, Boots- und Angeltouren, botanische Exkursionen und Höhlenbesichtigungen angeboten.
*Rognan Hotell, Håndtverkeren 8,
N-8250 Rognan,
Tel. 081 - 90 011, Fax: 081 - 91 372.*

Von dort führt eine Straße in das urwüchsige und romantische Junkerdal, das für seine vielfältige Pflanzenwelt bekannt ist.

Junkerdal Turistsenter
Ferien und Freizeit in einer herrlichen Landschaft, Wanderungen durch den faszinierenden Canyon, der Junkerdal und Saltdal verbindet, und vorbei an wilden Bergpanoramen; Angeln nach Lachs und Forelle; Entdeckungen in einer einzigartigen Natur mit über 100 geschützten Pflanzenarten - genießen Sie Norwegen im Junkerdal Turistsenter! 43 Hütten verschiedenster Qualität erwarten Sie.
*Junkerdal Turistsenter A/S,
N-8255 Røkland, Tel. 081 - 94 346*

Saltdal Turistsenter
Das Saltdal Turistsenter liegt inmitten einer botanisch höchst interessanten Gegend. Im **Junkerdal** finden sich in wilder Natur seltene Pflanzen, darunter über 100 geschützte Arten. Außerdem interessant: der Kjemåga Wasserfall, die Baumschule von Storjord und das alte Försterhaus. Das Turistsenter ist ein modernes Gebäude im alten Stil, auf dessen Grasdach Ziegen weiden.
*Saltdal Turistsenter A/S,
N-8255 Røkland,
Tel. 081 - 94 199, Fax: 081 - 94 118*

Hier gedeihen sogar Pflanzen, die ansonsten nur in südlicheren Breitengraden beheimatet sind.

Polarkreiszentrum
Das Polarkreiszentrum liegt am Tor zur Arktis, dort, wo die E 6 den Polarkreis schneidet. Es hält Reiseinformationen für die Touristen bereit und informiert über Geschichte, Kultur, Wirtschaft und die Traditionen Nordnorwegens, auch die der Samen. Im Andenkenladen finden Sie viele Arbeiten samischen Handwerks. Die Cafétéria bietet den Gästen nordnorwegische Spezialitäten an.
*Polarsirkelsenteret A/S,
N-8242 Polarsirkelen,
Tel. 087 - 66 066, Fax: 087 - 66 049*

Bemerkungen: Die Strecke ist ganzjährig befahrbar. Zur Zeit wird ein Tunnel (Steigentunnel, über 8 km lang) zwischen der E 6 und der Straße 81 gebaut. Es ist daher damit zu rechnen, das 1991 die Fährstrecken Skutvik - Bogøy und Nordfold - Sørfold eingestellt werden (dies betrifft den letzten Teil unseres Routenvorschlags).

Nach 15 km erreichen wir bereits den nächsten Fährort - Vågaholmen. Diesmal dauert die Überfahrt etwas länger: erst nach zwei Stunden legen wir in Kilboghamn an. Langweilig wird es jedoch dank der großartigen Landschaftskulisse unterwegs nie. Auf der Fährüberfahrt passieren wir auch wieder den Polarkreis.

Wir fahren am Aldersund entlang nach Stokkvågen. Von dort kann man einen großartigen Bootsausflug in den Inselarchipel von Lovund und Træna unternehmen. Hier spielt der Fischfang immer noch eine wichtige Rolle. Auf Lovund brüten mehrere 100.000 Vögel.

Wen es mehr nach Stadtluft gelüstet, der sollte die kürzlich fertiggestellte Straßenverbindung von Stokkvågen nach Mo i Rana ausprobieren, die einen problemlosen Abstecher in die Stadt am Polarkreis erlaubt. Wir umrunden dann den Sørfjord. Vor allem an seiner Südseite (Sjonfjell) bietet sich aus 350 m Höhe eine herrliche Aussicht.

Der nächste größere Ort ist Nesna (1.000 Einw.) mit einem kleinen Heimatmuseum und einer Kirche von 1879.

Wir setzen nun mit einer weiteren Fähre in 25 Minuten nach Låvong über und fahren bald am Nordufer des Leirfjords entlang nach Leinesodden. Von hier gelangen wir in knapp 10 Minuten nach Sandnessjøen. 1991/92 wird diese Fährstrecke durch eine Brücke ersetzt.

Sandnessjøen ist ein wichtiger Verkehrsknotenpunkt mit rund 5.000 Einwohnern. Über 2.600 Inseln, Holme und Schären sind der Küste vorgelagert. Hier liegt auch die markante Gebirgskette »De syv søstre« (Die sieben Schwestern).

An der Bergkette entlang fahren wir nach Alstahaug, wo Petter Dass, Nordnorwegens Nationaldichter (»Die Nordland-Trompete«), ab 1689 als Pfarrer tätig war. Sehenswert die Kirche (12. Jh.) und der Pfarrhof (Mitte 17. Jh.), in dem Dass lebte und arbeitete. Nahe der Kirche befindet sich ein großes Steingrab aus der Bronzezeit.

Der nächste Fährhafen an der fährenreichen Straße 17 ist Tjøtta. Hier befindet sich ein Kriegsgräberfriedhof aus dem 2. Weltkrieg. In der Nähe wurde der Gefangenentransporter »Rigel« mit 2.578 Mann versenkt. Von Tjøtta setzen wir in einer Stunde nach Forvik über.

3 km nördlich des Fährkais in Forvik befindet sich ein Feld mit Felszeichnungen aus der Eisenzeit (Vistnesdalen). Sehenswert ist auch die Kirche von Vevelstad vom Ende des 18. Jh. Nur 17 km lang ist diesmal das Fahrvergnügen - dann heißt es wieder »einschiffen«. Die Überfahrt von Anndalsvågen nach Horn dauert rund 20 Minuten.

Wenig später erreichen wir Brønnøysund (7.000 Einw., über Straße 811), das auf einer flachen Landzunge liegt. Der Ort ist ein wichtiger Verkehrsknotenpunkt (Hurtigrute, Flugplatz, Lokalverkehr). In Brønnøysund wird übrigens das zentrale norwegische Handelsregister geführt - eine distriktspolitisch begründete Plazierung, die wichtige Arbeitsplätze schafft. Von hier aus sollte man den Torghatten besuchen, bekannt als

»Der Berg mit dem Loch« - Torghatten bei Brønnøysund

»Berg mit dem Loch«. Ein Bootsausflug führt in den Inselarchipel von Vega.

Auch von der Straße 17, der wir weiter folgen, hat man vor allem bei Trælnes einen schönen Blick auf den markanten Torghatten.

Über die Ortschaften Berg und Vik gelangen wir durch eine recht fruchtbare Gegend nach Vennesund. Dort wartet die vorletzte Fähre dieser Strecke auf uns. In 20 Minuten setzen wir nach Holm über.

Am Lysfjord entlang führt die Straße bis zur Kreuzung Kjelleidet. Hier kann man über die Straße 802 und 771 einen Abstecher zur Insel Leka unternehmen (Solsem-Höhle mit steinzeitlichen Wandmalereien, Schiffsgrabhügel, Heimatmuseum und Kirche mit prachtvollem Altarschrank aus dem 15. Jh.; ausgezeichnete Angelmöglichkeiten u.a. am örtlichen Campingplatz).

Über Årsandøy geht es weiter nach Nordlandskorsen. Hier kann man über die Straße 770 einen längeren Abstecher zum Insel-Archipel von Vikna unternehmen - ein herrlicher Tagesausflug weit hinaus aufs Meer. Wir befinden uns nun bereits im Bezirk Nord-Trøndelag. Die Straße 17 verläuft am schmalen Fjord Indre Folda entlang und durchquert dann eine flache, waldreiche Landschaft. Über Høylandet und Ranemsletta gelangen wir schließlich nach Namsos. Diese Stadt (7.000 Einw.) liegt an der Mündung des Flusses Namsen in den Namsenfjord und mußte nach völliger Zerstörung im 2. Weltkrieg neu aufgebaut werden. Sehenswert: Das Namdalsmuseum und die Stadtkirche (1960).

Wir folgen der Straße 17 noch rund 35 km weiter in südlicher Richtung bis nach Fossli. Dort biegen wir auf die Straße 715 ab, die uns über die große Fosen-Halbinsel zwischen dem Trondheimsfjord und dem Atlantik führen wird.

Die Straße 715 verläuft zunächst in westlicher Richtung bis nach Osen (gute Angelmöglichkeiten in Binnengewässern und im Meer). Wer sich für Fischfang und Fischzucht interessiert, sollte bei Reppkleiv einen Abstecher zu den Küstenorten Roan und Kiran unternehmen (schöne Aussicht übers Meer).

Unsere Strecke führt wieder mehr durch das waldreiche und moorige Landesinnere (höchster Punkt ca. 300 m) und verläuft dann hinab nach Årnes, dem Hauptort der Küstengemeinde Åfjord.

Danach folgen wir der Straße 715 durch eine wald- und seenreiche Gegend bis nach Leira. Hier biegen wir auf die Straße 717 ab und kommen zu den Ruinen des Reinsklosters (hier auch Rissa Heimatmuseum und Molkereimuseum).

Wir können der Straße 717 bis nach Stadsbygd folgen (unterwegs schöne Aussicht über den Trondheimsfjord). In Stadsbygd befindet sich ein Museum mit den aus dieser Gegend stammenden charakteristischen Åfjordbooten. Der bekannte Schriftsteller Johan Bojer (u.a. »Die Lofotfischer«) stammt aus diesem Gebiet.

Auf Nebenstraßen fahren wir weiter nach Balstad und Vanvikan. In Rørvik setzen wir in 25 Minuten über den breiten Trondheimsfjord nach Flakk über. Von Flakk sind es noch 17 km bis ins Zentrum von Trondheim, wo unsere abwechslungsreiche Fahrt endet.

Trondheim Hotell
Das gemütliche und komfortable Trondheim Hotell liegt mitten im **Zentrum** der Stadt. Alle 140 Zimmer und Suiten wurden 1987, 1989 und 1990 modernisiert, haben Dusche/WC, Haartrockner, Minibar und TV mit 15 Programmen. Niedrige Sommerpreise von Ende Juni bis Anfang August. Bar, Café, Parkplatz, Selbstbedienungswäscherei, Behinderten- und Nichtraucherzimmer.
Trondheim Hotell, Kongensgt. 15,
N-7013 Trondheim,
Tel. 07 - 52 70 30, Fax: 07 - 51 60 58

Hotel Augustin
Das Hotel Augustin in **Trondheim** bietet erstklassigen Komfort zu vernünftigen Preisen. Es liegt im Zentrum der Stadt. 75 helle, freundlich eingerichtete Zimmer, alle mit Bad/ Dusche und WC, stehen für unsere Gäste bereit.
Die Zimmer sind mit extra breiten Betten, TV, Haartrockner und Hosenbügler ausgestattet. Gute Parkmöglichkeiten hinter dem Hotel.
Hotel Augustin, Kongensgt. 26,
N-7011 Trondheim,
Tel. 07 - 52 83 48, Fax: 07 - 51 55 01

Am südöstlichen Ende des Trondheimfjords liegt Stjørdal, das mit seiner frühmittelalterlichen Steinkirche und dem kulturhistorischen Museum durchaus einen Besuch wert ist.

Stjørdal Jeger- og Fiskerforening
Lachs- und Forellenangeln im 40 km langen Gebiet entlang dem Fluß **Stjørdalselva** bietet der Jagd- und Angelverein in Stjørdal. Preiswerte Tages-, Wochen- und Jahreskarten.
Der Jagd- und Angelverein Stjørdal betreibt auch einen eigenen Campingplatz (Tel. 07 - 80 07 55). Angeln mit Fliege, Blinker oder Wurm. Weitere Informationen erteilt:
SJFF, Postboks 61,
N-7501 Stjørdal, Tel. 07 - 82 60 50

Route 4

»Die Nase im Wind«
Von Rogaland nach Sør-Trøndelag

Entfernungen:		
0 km	Haugesund	914 km
109 km	Bergen	805 km
309 km	Førde	605 km
398 km	Måløy	516 km
582 km	Ålesund	332 km
658 km	Molde	256 km
730 km	Kristiansund	184 km
914 km	Trondheim	0 km

Diese Route führt Sie kreuz und quer durch den Küstenstreifen der Fjordbezirke Hordaland, Sogn og Fjordane und Møre og Romsdal, bis hin nach Trondheim, der Hauptstadt Mittel-Norwegens. Im Rahmen dieser Strecke erleben Sie die unendliche Vielfältigkeit der norwegischen Küstenlandschaft - und nicht zu vergessen: zwei der interessantesten Städte des Landes.

Ausgangspunkt der Reise ist Haugesund (27.000 Einw.), eine wichtige Hafenstadt, deren Geschichte eng mit der Entwicklung von Fischerei und Seefahrt verbunden ist. In den letzten Jahren gewann die Erdölindustrie immer mehr an Bedeutung. Haugesund ist Austragungsort des bedeutendsten norwegischen Filmfestivals. Sehenswert sind das Karmsund Museum, die städtische Bildergalerie sowie das Nationalmonument Haraldshaugen 2 km nördlich der Stadt: ein 17 Meter hoher Obelisk mit 29 kleineren Steinen, die die geeinten Landschaften Norwegens symbolisieren.

Wir verlassen die Stadt in nördlicher Richtung und folgen der Straße 14 über Sveio und Førde zum Fährhafen Valevåg. Von dort setzen wir in ca. 30 Minuten nach Leirvik über. Leirvik ist ein wichtiger Industrieort mit über 9.000 Einwohnern. Die große Werft, die Schiffe mit bis zu 280.000 BRT bauen kann, ist hauptsächlich für die Ölindustrie tätig. Sehenswert ist vor allem das Volkskundemuseum für Sunnhordland. Eine Nebenstraße führt von Leirvik zum Fernsehturm am Kattenakken in ca. 720 m Höhe.

Grand Hotel Stord
Auf der Insel Stord erlebt man Norwegen von seiner besten Seite. Das im Stadtkern von **Leirvik** gelegene Grand Hotel (68 Zimmer, alle mit Bad/Dusche Telefon, TV) bietet eine ruhige, alkoholfreie Atmosphäre, in der man sich sehr gut entspannen kann.
Ideal für Ausflüge in die Umgebung. Echte norwegische Küche. Schwimmbad, Solarien, Salons vorhanden.
*Grand Hotel A/S, N-5400 Stord,
Tel. 054 - 10 233, Fax: 054 - 10 225*

Von dort oben bietet sich eine unvergleichliche Aussicht.

An der Westküste der Insel Stord entlang gelangen wir zum Fährhafen Sandvikvåg, von wo wir nach Halhjem übersetzen. Von Halhjem aus erreichen wir bald Osøyro, einen beliebten Ferienort mit guten Bade- und Angelmöglichkeiten. Die Straße 14 führt über Ulvenskiftet nach Nesttun, das bereits zum Stadtgebiet von Bergen gehört. Südwestlich von Nesttun liegt der Flughafen von Bergen (Flesland).

Solstrand Fjord Hotel
Das Solstrand Hotel liegt in Os, 31 km südlich von Bergen. Als einer der größten privaten Familienbetriebe Norwegens wird das Hotel in dritter Generation geführt. Am Bjørnefjord gelegen, hat das Hotel zwei eigene Anlegestellen, einen Badestrand sowie einen Garten mit vielen Erholungsmöglichkeiten. Freizeitangebote: Rudern, Tennis, Badminton, Schwimmhalle, Kinderbassin, Squashcourts, Gymnastikraum, Saunen, Solarien. Alle 132 Zimmer sind mit Bad/Toilette, Minibar und TV ausgestattet. Tanzen kann man in der Broen Bar. Einen kulinarischen Höhepunkt bietet das Buffet mit mehr als 60 verschiedenen Gerichten.
Das Solstrand Fjord Hotel ist ein Partnerhotel des »Suitell Edvard Grieg« und Mitglied der Inter Nor Hotels.
*Solstrand Fjord Hotel,
N-5200 Os, Tel. 05 - 30 00 99*

Wenig später erreichen wir dann Bergen, die Hauptstadt des Fjordlandes. Bergen wurde im Jahre 1070 von König Olav Kyrre gegründet und ist heute mit 210.000 Einwohnern die zweitgrößte Stadt des Landes. Die Hanse- und Seefahrerstadt ist ein bedeutendes Handels- und Industriezentrum und hat mit ihrer Universität, der Norwegischen Handelshochschule und zahlreichen weiteren Bildungseinrichtungen wichtige Forschungs- und Ausbildungsstätten innerhalb ihrer Stadtgrenzen. Bergen mit seinen zahlreichen Sehenswürdigkeiten zeichnet sich durch ein reiches Kulturleben aus; jährlicher Höhepunkt sind die Internationalen Festspiele Ende Mai/Anfang Juni.

Die wohl bekannteste Sehenswürdigkeit der Stadt ist die »Tyske Bryggen«, das ehemalige Viertel der Hansekaufleute an der Nordseite des Hafenbeckens mit Kaufmannshöfen aus der Zeit nach dem Stadtbrand von 1702. Seine Wurzeln gehen bis in die Hansezeit zurück. Einen guten Einblick in diese Zeit (14. bis 16. Jh.) bietet das Hanseatische Museum im Finnegården. Die Schøtstuben waren die Aufenthalts- und Klubräume der hanseatischen Kaufleute. Auch die Marienkirche (unweit von Bryggen), das älteste Bauwerk der Stadt und eine der besterhaltenen romanischen Kirchen Norwegens, ist durch die Hansezeit geprägt (teilweise norddeutsches Inventar). In ihrer Nachbarschaft befindet sich das Bryggen-Museum mit Funden und Ausgrabungen aus dem Viertel. An der Kopfseite des Hafenbeckens Vågen findet werktags der vielfotografierte Bergenser Fischmarkt statt. Die Håkonshalle (13. Jh.) und der Rosenkrantz-Turm (um 1560) liegen nördlich von Bryggen auf dem Gelände der mittelalterlichen Festung Bergenhus.

Die Kreuzkirche (ursprünglich 12. Jh.) befindet sich östlich des Hafenbeckens. Nicht weit davon steht der Dom, in seiner heutigen Form eine Mischung aus verschiedenen Baustilen seit dem 12. Jh.

Bergen bietet auch einige sehenswerte Kunstsammlungen. Hierzu gehören am See Lille Lungegårdsvann das städtische Kunstmuseum, im Anschluß daran die Räume des Bergenser Kunstvereins und ein weiteres Museum mit den Rasmus-Meyers-Sammlungen und der Stenersen-Sammlung. In der Nähe der Museen steht die moderne, architektonisch eindrucksvolle Grieg-Halle.

Weitere interessante Museen: das Lepramuseum im mittelalterlichen Siechenheim St. Jørgens Hospital (informiert über die bedeutende norwegische Lepraforschung), das westnorwegische Kunstgewerbemuse-

Bergen: Stadtzentrum mit »Bryggen«

um (zur Zeit geschlossen) und das benachbarte Fischereimuseum sowie das Naturgeschichtliche Museum, das Seefahrtsmuseum, das Historische Museum und das Theatermuseum im Universitätsviertel (dort ist auch ein kleiner botanischer Garten angelegt). An der Spitze der Halbinsel Nordnes befindet sich das bekannte Bergenser Aquarium (gute Bademöglichkeiten im dortigen Freibad).
Im südlichen Stadtgebiet ist die Stabkirche von Fantoft zu besichtigen (ca. 1150), die ursprünglich aus dem Fjordbezirk Sogn og Fjordane stammt. Besuchenswert sind dort außerdem Gamlehaugen (die Residenz des Königs beim Stadtbesuch) sowie Troldhaugen (das Haus des Komponisten Edvard Grieg. Im nordwestlichen Stadtgebiet lohnt ein Besuch des Freilichtmuseums Gamle Bergen (»Alt Bergen«).
Eine beliebte Touristenattraktion ist auch die großartige Aussicht vom 320 Meter hohen Stadtberg Fløyen, den man mit einer Drahtseilbahn vom Stadtzentrum aus erreicht. Die Fløyenbahn wird übrigens von den Bewohnern der angrenzenden Wohnviertel als öffentliches Verkehrsmittel benutzt.

Wir verlassen Bergen auf der Straße 14 in nördlicher Richtung und gelangen über den Vorort Åsane (Kirche vom Ende des 18. Jh. mit schönem Inventar) zum Industrieort und Fährhafen Steinestø.
Auf der meistbefahrenen norwegischen Fährstrecke (55 Abfahrten täglich) setzen wir in 10 Minuten nach Knarvik über (2.000 Einw.), einem expandierenden Zentrum im Gebiet von Nordhordaland.

Wir folgen ab Knarvik der Straße 57 und gelangen zunächst nach Isdalstø (hier besteht die Möglichkeit zu einem Abstecher nach Vollom zum nördlichsten Buchenwald der Welt). Über Vågseidet und Lindås (unterwegs Abzweigung zur Großraffinerie Mongstad) erreichen wir den Fähranleger Leirvåg. Hier setzen wir in ca 20 Minuten nach Sløvåg über.
Ab Sløvåg fahren wir durch das hügelige und bewaldete Gebiet zwischen Fensfjord (Hordaland) und Sognefjord (Sogn og Fjordane).
Wir gelangen über Leversund (große Gletschertöpfe) nach Nordgulen, wo sich ein Abstecher nach Eivindvik anbietet. Hier befand sich bis ins 13. Jh. der Gerichtsplatz für Westnorwegen. An der Kirche aus dem Jahre 1863 stehen zwei Steinkreuze aus der Zeit der Einführung des Christentums. Sehenswert ist auch der alte Pfarrhof von 1834. In Rutledal überqueren wir mit der Fähre nach Rysjedalsvika den breiten Sognefjord. Wer etwas Zeit erübrigen kann, sollte einen Abstecher mit der Fähre nach Solund unternehmen. Diese Gemeinde (1.100 Einw.) besteht aus über 1.700 Inseln. Hier findet man ausgezeichnete Bootssport- und Angelmöglichkeiten.

Ab Rysjedalsvika folgen wir dem Nordufer des Sognefjords und gelangen zunächst nach Leirvik. Hier biegen wir auf die Straße 607 nach Lavik ab (achteckige Kirche aus dem Jahre 1865) und befahren dann die Straße 14, die uns weiter am Ufer des längsten norwegischen Fjords entlangführt: der Sognefjord ist rund 200 km lang und bis zu 1.308 m tief (vor Breivik).
Wir erreichen Vadheim am Nordende eines kleinen Fjordarms. Dort verlassen wir das Fjordufer und fahren landeinwärts in nördlicher Richtung durch ein schönes Tal nach Førde (Straße 14).
Førde ist der Hauptort des Sunnfjordgebiets (5.500 Einw.). Die lebhafte Kleinstadt verfügt über zahlreiche Geschäfte und etliche Kleinindustriebetriebe. Førde ist nicht zuletzt ein wichtiger Fremdenverkehrsort in landschaftlich schöner Umgebung. Sehenswert: Die Kirche von 1885 und der Vogtshof Bruland (3 km), die Wohnstätte des Steuervogts aus dem 18. Jh.
Ab Førde folgen wir der Straße 5 und gelangen über Naustdal nach Storebro. Die Straße 5 führt weiter zur Küstenstadt Florø (30 km ab Storebro), der einzigen Stadt des Bezirks Sogn og Fjordane. Sehenswert ist dort vor allem das Küstenmuseum für Sogn og Fjordane (Ausflüge zur mittelalterlichen Steinkirche auf der Insel Kinn, zum Adelshof Svanøy auf der gleichnamigen Insel und über die Straße 611 zu den Steinzeichnungen von Ausevik).

Wir bleiben im äußeren Küstengebiet und setzen unsere Fahrt abseits der üblichen Touristenrouten fort. Hierzu benutzen wir zunächst die Fähre von Florø nach Smørhamn (nur wenige Abfahrten), das auf der Insel Bremangerlandet liegt. (Man kann auch von Florø über die Straße 5 und 614 nach Kjelkenes fahren und von dort aus mit der häufiger verkehrenden Autofähre nach Smørhamn übersetzen). In der herrlichen Küstenlandschaft von Bremangerlandet gibt es viel zu entdecken. Über die Straße 616 gelangen wir nach Oldeide. Von dort aus setzen wir mit der Autofähre in ca. 35 Minuten nach Måløy über. Der Hafenort Måløy (2.700 Einw.) ist einer der wichtigsten Fischerei- und Fischexporthäfen des Landes. Ein lohnender Abstecher führt bis an die Nordspitze der Insel Vågsøy zum Leuchtfeuer Kråkenes fyr. Silda, nördl. von Måløy, ist ein beliebter Ferienort für alle, die an Wasseraktivitäten interessiert sind.

Wir verlassen das Zentrum von Måløy über eine 1.224 m lange und 42 m hohe Brücke und fahren ca. 8 km auf der Straße 15 bis zur Kreuzung Ulstadskaret. Ab dort folgen wir der Straße 618 bis nach Eide. Unbedingt empfehlenswert ist hier ein Abstecher auf die oft sturmumtoste Halbinsel Stadlandet (Straße 620; hin und zurück ca. 80 km). Die Straße führt bis zur 496 m hohen Steilklippe Kjerringa, Norwegens Westkap (grandioser Ausblick auf das Meer und die karge, eindrucksvolle Küstenlandschaft). Lohnend ist dort auch ein Bootsausflug von Selje zu den Klosterruinen auf der Insel Selja.

Auf unserer Fahrt kreuz und quer durch das westnorwegische Fjordland folgen wir nun der Straße 620 nach Åheim (Ausschiffungshafen für die hier gewonnenen Olivin-Produkte) und dann der Straße 61 durch eine herrliche Fjordlandschaft über Fiskå nach Koparnes.
Hier setzen wir mit einer Fähre in ca. 10 Minuten nach Årvik über. Hinter Larsnes kommen wir über den Paß Drageskaret (396 m; weite Aussicht bis hinaus aufs Meer) und weiter über Gurskøy (Kirche von 1806) zur Kreuzung Dragsund. Hier lohnt ein Abstecher über die Straße 654 zu den Fischerorten an der Küste. Über mehrere Brücken gelangt man bis zur Insel Runde mit Norwegens südlichstem Vogelfelsen - ein Erlebnis nicht nur für Ornithologen (Auskunft über die Vogelwelt und andere Erlebnismöglichkeiten erhält man bei allen Touristenbetrieben der Insel).
Auf der Straße 61 fahren wir weiter nach Ulsteinvik (3.000 Einw.; bedeutende Werftindustrie; Kirche von 1848). Ulsteinvik ist ein wichtiges Tauchsportzentrum. Von hier werden Bootsausflüge nach Runde organisiert.

Christineborg Hotel
Das Christineborg Hotel auf der berühmten **Vogel- u. Schatzinsel Runde** liegt inmitten eines Vogel- und Angelparadieses. Nicht weit entfernt ist das Wrack der »Ackerendam« zu besichtigen, die 1725 Schiffbruch erlitt und auf der 1972 ein Goldschatz gefunden wurde. Das individuelle und gemütliche Hotel hat 20 Doppel- und 11 Einzelzimmer, alle mit Dusche und WC.
Christineborg Turisthotel, N-6096 Runde, Tel. 070 - 85 950, Fax: 070 - 85 972

Wir gelangen weiter nach Hareid (2.000 Einw.; Kirche von 1877 mit Rosenmalereien). Eine Nebenstraße führt von hier nach Hjørungavåg, wo Håkon Jarl im Jahre 986 über die Jom-Wikinger gesiegt haben soll (Monument).
Von Hareid benutzen wir die Autofähre nach Sulesund (30 Minuten) und gelangen bald zum Industrieort Spjelkavik, der schon zum erweiterten Stadtgebiet von Ålesund gehört.

Ålesund (35.500 Einw.), die Stadt auf drei Inseln, ist Norwegens größter Fischereihafen. 1848 gegründet, wurde sie dank des expandierenden Fischfangs in der 2. Hälfte des 19. Jh. immer größer. 1904 zerstörte ein Brand weite Teile der Stadt. Innerhalb weniger Jahre wurde der Ort völlig neu wiederaufgebaut und zu einer »Stadt aus einem Guß«, ein architektonisches Denkmal ihrer Epoche (Jugendstil). Neben der fischverarbeitenden Industrie und der Werftindustrie spielt die Möbel- und Textilindustrie sowie die wachsende norwegische Ölbranche im Wirtschaftsleben der Stadt eine große Rolle. Ålesund - am Meer gelegen und mit den Sunnmøre-Alpen als Kulisse - ist ein beliebtes Touristenziel. Seit 1987 verbindet ein Unterwasser-Tunnelsystem das Stadtzentrum mit der Insel Giske und dem Flughafen.
Sehenswert: Das Stadtmuseum, das Aquarium, die Stadtkirche von 1909 mit Fresken und Glasmalereien, das eindrucksvolle Jugendstilviertel der Innenstadt. Außerhalb

Ålesund, die Stadt des Jugendstils

der lebhaften City liegen das große Freilichtmuseum Sunnmøre in Borgund und die benachbarte mittelalterliche Kirche von Borgund (1250). Die beste Aussicht über die Stadt hat man vom Berg Aksla, den man entweder über 418 Treppenstufen oder - bequem aber langweilig - mit dem Auto erreicht (Aussichtsrestaurant).

Wir folgen nun der E 69 in östlicher Richtung. Dabei durchqueren wir wiederum den Vorort Spjelkavik und fahren dann am Binnensee Brusdalsvatn entlang nach Digernes. Statt der Europastraße kann man ab hier die Straße 661 über Skodje nach Dragsund benutzen. Dabei überquert man auf einer sehenswerten Steinbrücke den Sund Skodjestraumen.

Hinter Sjøholt biegt die E 69 ins Landesinnere ab und verläuft durch das malerische Skorgedal (Ferien- und Ausflugsgebiet). Bei Skorgenes erreichen wir den Fjordarm Tresfjord, an dessen Südende der Ort Tresfjord liegt. Sehenswert: die achteckige Holzkirche mit wesentlich älterem Inventar; das Ortsmuseum an der Nebenstraße nach Øvstedal.

Am Fjordufer entlang fahren wir weiter nach Vikebukt. Dort können wir mit der Fähre einen Abstecher zur »Rosenstadt« Molde (21.800 Einw.) unternehmen. Dank ihrer geschützten Lage und der für diese Breitengrade ungewöhnlich günstigen klimatischen Verhältnisse ist hier ein bemerkenswerter Pflanzenreichtum zu finden. Die Stadt wurde im letzten Weltkrieg durch die deutsche Luftwaffe weitgehend zerstört. Sehenswert sind u.a. das Romsdalmuseum mit über 40 Gebäuden und das Fischereimuseum auf der Insel Hjertøya.

Wir verlassen die Rosenstadt Molde in nördlicher Richtung auf der Straße 67, der wir bis Sylte folgen. Von dort gelangen wir auf den Straßen 663 und 664 nach Bud, einem Fischerdorf an der stürmischen Hustadvika-Küste - ein nicht nur bei den Passagieren der Hurtigrute berüchtigter Küstenabschnitt. Wir folgen der »Atlantikstraße«, die an der Küste entlangführt. In Bruhagen (Hauptort der Gemeinde Averøy) lohnt sich ein Abstecher (8 km) zur mittelalterlichen Stabkirche von Kvernes und dem benachbarten Heimatmuseum, das aus 10 Hofgebäuden besteht (interessante Fischereiabteilung). Ein weiterer Abstecher von der Straße 67 führt zum Berg Bremsneshatten mit einer 70 m langen Höhle (Bremsneshulen) und Wohnplätzen aus der Steinzeit.

Von Bremsnes setzen wir in 20 Minuten nach Kristiansund über. Diese Stadt mit knapp 20.000 Einwohnern liegt auf drei Inseln im Meer. Der geschützte Hafen wurde schon vor 8.000 Jahren benutzt. 1742 erhielt Kristiansund die Stadtrechte - und seinen Namen nach dem damaligen dänisch-norwegischen König Christian IV. Durch Fischfang und Seehandel wurde die Stadt immer größer. In den letzten Jahrzehnten sind auch andere Industriezweige hinzugekommen, u.a. Zulieferbetriebe für die Ölindustrie. Im 2. Weltkrieg wurde die Stadt fast völlig zerstört und später modern und großzügig wiederaufgebaut. Parkanlagen und Grünflächen machen einen wesentlichen Teil des Stadtbildes aus. Sehenswert: die Stadtkirche (1964), das Patrizierhaus Lossiusgården (Ende 18. Jh.) sowie das Nordmøre-Museum. Die beste Aussicht über die Stadt hat man vom Vardeturm aus.

Unbedingt empfehlenswert ist ein Bootsausflug zum Fischerdorf Grip, das im offenen Meer 13 km vor der Küste liegt. Rund um eine mittelalterliche Stabkirche stehen dicht gedrängt bunte, typisch norwegische Holzhäuser. Hier lebten einmal 400 Menschen, heute ist die Insel nur noch im Sommer bewohnt.

Von Kristiansund setzen wir mit der Fähre nach Tømmervåg über, das auf der Insel Tustna liegt. Wir folgen der Straße 680, die in Küstennähe verläuft. Unterwegs hat man an vielen Stellen eine schöne Aussicht auf das Meer. Im Zuge der Strecke müssen wir zwei Fähren benutzen: von Aukan nach Vinsternes und von Ånes nach Aure (jeweils ca. 15 Minuten). Wer genügend Zeit hat, kann von Ånes per Fähre einen Abstecher zur Insel Smøla unternehmen. Diese 269 km² große Insel ist relativ flach (max. 82 m) und von Sumpfgebieten durchzogen. Smøla sind über 3.000 Inseln, Schären und Holme vorgelagert. Auch ein Abstecher zu den Inseln Hitra und Frøya ist zu empfehlen.

> **Frøya - Hitra - Snillfjord**
> **Die mittelnorwegische Küste**
> Die Küstenregion liegt südwestlich von **Trondheim**. Im einzigartigen Schärengürtel mit seinem reichen Tierleben kann man hervorragend angeln.
> Sie können ein Boot ausleihen oder an einer Angeltour teilnehmen. 1.000 fischreiche Seen und Flüsse. Frische Luft und unberührte Natur! Unterkünfte von Hütten bis zu Privathäusern.
> *Turistinformasjon,*
> *N-7240 Fillan, Tel. 074 - 41 279*

Durch eine beeindruckende Landschaft fahren wir weiter nach Kyrksæterøra (2.000 Einw.), das schon im mittelnorwegischen Bezirk Sør-Trøndelag liegt. Bei Vinje stoßen wir auf die Straße 71, der wir bis Orkanger folgen. Der Industrieort Orkanger (6.000 Einw.) ist mit dem Nachbarort Fannrem zu einem zusammenhängenden Siedlungsgebiet zusammengewachsen. Thamshavn (bei Orkanger) ist der Verschiffungshafen für Schwefelkies aus den Gruben von Løkken. Etwas außerhalb des Ortszentrums befindet sich der Herrenhof Bårdshaug, der im Besitz der Familie Tham war. Noch weiter südlich kann man mit einer Oldtimer-Eisenbahn eine historische Bahnfahrt zwischen Svorkmo und Løkken unternehmen.

Wir gelangen am Ufer des Gaulosen und Orkdalsfjords über Buvik (Kirche von 1819) nach Klett. Hier sind wir nur noch rund 15 km vom Ortszentrum Trondheims entfernt. Die alte Domstadt Trondheim (135.000 Einw.) ist Norwegens drittgrößte Stadt. Sie hat sich zu einem wichtigen skandinavischen Forschungs- und Technologiezentrum entwickelt. Neben dem prächtigen, weltberühmten Nidaoros-Dom bietet sie zahlreiche weitere interessante Sehenswürdigkeiten: ein Kunst- sowie ein Kunsthandwerksmuseum, ein naturkundliches und ein seefahrtshistorisches Museum, mehrere gutgehaltene Gebäude in den alten Stadtvierteln am Fluß Nidelv, die Festung Kristiansten, ein großes Freilichtmuseum sowie das musikgeschichtliche Museum auf dem Herrenhof Ringve - um nur einiges zu nennen.

In Trondheim beenden wir unsere Reise durch das südwestliche Küstengebiet Norwegens.

> **Grip**
> Der alte Fischerort Grip ist ein Juwel vor der norwegischen Küste. 14 km vor **Kristiansund** im Meer gelegen, ist der Besuch der Insel ein ganz besonderes Erlebnis. Die Ortschaft, die Stabkirche von 1470 und der Hafen geben Zeugnis vom Kampf der Bewohner ums tägliche Brot. Im Sommer verkehren täglich Boote von und nach Kristiansund. Eigenes Postamt und -stempel.
> *Kristiansund Reiselivslag, Postboks 401,*
> *N-6501 Kristiansund,*
> *Tel. 073 - 77 211, Fax: 073 - 76 657*

Route 5

Gebirge und Gletscher

Entfernungen:		
0 km	Otta	922 km
62 km	Lom	860 km
133 km	Turtagrø	789 km
201 km	Sogndal	721 km
238 km	Hella/Fjærland	684 km
349 km	Stryn	573 km
421 km	Geiranger	501 km
502 km	Åndalsnes	420 km
639 km	Sunndalsøra	283 km
708 km	Oppdal	214 km
758 km	Hjerkinn	164 km
830 km	Enden	92 km
868 km	Ringebu	54 km
922 km	Otta	0 km

Diese Route führt Sie durch die schönsten Teile des Fjordlands und die großartige Gebirgswelt des norwegischen Inlandes. Höhepunkte dieser attraktiven Rundreise sind Jotunheimen, Rondane, Dovrefjell, Sognefjord, Nordfjord, Geirangerfjord und Golden Route. Wer Städtereisen bevorzugt, wird auf dieser Strecke enttäuscht - dafür kommen die Liebhaber großartiger Natur voll auf ihre Kosten.

Ausgangspunkt dieser Fahrt ist Otta, ein wichtiges Handels- und Verkehrszentrum im nördlichen Gudbrandsdal, das schon seit dem 19. Jh. ein beliebtes Touristenziel ist. Otta erreichen wir von Oslo und Trondheim über die E 6.

Rapham Høyfjellshotell
Das Hochgebirgshotel ist 8 km von Otta entfernt und liegt inmitten herrlicher Natur mit guten Ausflugsmöglichkeiten und schöner Aussicht.
Zur Verfügung stehen dem Gast eine Schwimmhalle, Saunen, ein Solarium, Tanz und angenehme Aufenthaltsräume. Das familienfreundliche Hotel gewährt hohe Ermäßigungen für Kinder und ist auch allgemein sehr preiswert.
Rapham Høyfjellshotell, N-2670 Otta, Tel. 062 - 30 266, Fax: 062 - 31 535

Bessheim Fjellstue
In 964 m Höhe im Gebiet von Jotunheimen liegt der Gebirgsgasthof an der Straße 51 bei Vågåmo. Neben Hotelzimmern mit Halbpension werden Hütten, Appartements, ein Campingplatz und eine Cafeteria angeboten.
Bessheim ist ein idealer Ausgangspunkt für Tagestouren ins Gebirge und andere Aktivitäten wie Angeln, Rafting, Bootstouren und Skisport.
Bessheim Fjellstue, N-2680 Vågåmo, Tel. 062 - 38 913

Wir folgen der Straße 15 und erreichen bald das Kirchdorf Vågåmo. Die dortige Kirche ist eine ehemalige Stabkirche aus dem 12. Jh., die 1625-30 vollständig umgebaut wurde. Wir fahren weiter nach Lom, dem Zentrum einer dünnbesiedelten Fjellgemeinde. Sehenswert: Die Stabkirche aus dem 12. Jh., das Ortsmuseum und nicht zuletzt das Steinzentrum mit einer umfangreichen Mineraliensammlung (auch Verkauf). Eine kulturgeschichtliche Attraktion ist auch das Touristenhotel Fossheim mit einigen historischen Gebäudeteilen und einer bekannt guten Küche (Wildspezialitäten).

Ab Lom folgen wir der Straße 55, die uns über das Sognefjell zurück ins Land der Fjorde führt. Der »Sognefjellvegen« konnte 1989 sein 50jähriges Jubiläum feiern. Wir fahren zunächst über Røysheim durch das Bøverdal (schöne alte Gebäude, Abstecher zur 1.100 m hoch gelegenen Berghütte Spiterstulen mit guten Wandermöglichkeiten) nach Galdesand (Kirche von 1864). Hier zweigt eine schmale und steile Gebirgsstraße zur 1.840 m hoch gelegenen Juvasshytta ab, dem höchsten Punkt, den man in Nordeuropa mit dem Auto erreichen kann. Von hier aus gelangt man in drei Stunden zum 2.469 m hohen Galdhøpiggen, Norwegens höchstem Berg (geführte Touren).
Einen weiteren Abstecher ins Hochgebirge kann man wenig später in Leirvassbudelet unternehmen. Von dort aus erreicht man die Bergstation Leirvassbu in 1.405 m Höhe (leichte Wandertour Leirvassbu - Spiterstulen).

Die Straße 55 steigt weiter an und führt uns hinauf aufs Sognefjell, den höchsten Gebirgsübergang zwischen Ost- und Westnorwegen. Unweit der Gebirgshütte Sognefjellhytta und der Bezirksgrenze zwischen Oppland und Sogn og Fjordane (1.440 m) passieren wir den höchsten Punkt der Straße.
Wir fahren nun durch eine großartige Hochgebirgslandschaft, in der auch im Sommer der Schnee nicht schmilzt. Östlich der Straße erstreckt sich Jotunheimen, Norwegens höchstes Gebirgsgebiet. Der Nationalpark Jotunheimen ist ein Eldorado für Wanderbegeisterte und Bergsteiger und wird durch ein Netz von markierten Bergpfaden erschlossen.
Weitaus abrupter als der Anstieg ist die Fahrt hinunter zum Fjord. Auf wenigen Kilometern wird ein Höhenunterschied von über 1.000 m bewältigt (beim Gebirgshotel und Bergsteigerzentrum Turtagrø zweigt eine erlebnisreiche Gebirgsstraße nach Årdal ab).

Über Fortun erreichen wir bei Skjolden den östlichsten Ausläufer des Sognefjords - über 200 km vom Meer entfernt. Lohnender Abstecher: eine Wanderung ins schöne Mørkridsdal.
An der Ostseite des Fjords entlang geht die Fahrt nach Urnes. Die alternative Strecke am Westufer des Lusterfjords entlang über Luster und Gaupne ist unter Route 6 beschrieben.
Die kleine Stabkirche von Urnes ist die älteste und wohl berühmteste Stabkirche Norwegens. Sie ist einer der drei norwegischen Beiträge auf der UNESCO-Liste der bedeutendsten Kulturdenkmäler der Welt. Bei Urnes überqueren wir den Lusterfjord nach Solvorn (schöne alte Häuser, Galerie Walaker) und erreichen bei Hafslo wieder die Hauptstraße.
Hafslo liegt in einer freundlichen, landwirtschaftlich genutzten Gegend. Hier werden Fahrten mit restaurierten alten Kutschen durchgeführt, die von Fjordpferden gezogen werden (ab Hafslotun). Von Hafslo aus kann man einen lohnenden Abstecher nach Veitastrond (mit Ziegenalm und guten Wandermöglichkeiten) unternehmen.

Nach weiteren 15 km erreichen wir Sogndal (4.500 Einw.), den größten Ort im inneren Sognefjordgebiet (Handel, Dienstleistungen, Hochschuleinrichtungen). Sogndal ist ein beliebter Ferienort in interessanter Umgebung. Ein Abstecher führt nach Kaupanger mit Freilicht-Volksmuseum, Stabkirche und Bootsmuseum.

Ab Sogndal folgen wir auf der Straße 5 dem Nordufer des Sognefjords. Wir passieren Hermansverk (Zentralverwaltung des Bezirks Sogn og Fjordane) und Leikanger und erreichen schließlich den Fährenkai von Hella.

Dort setzen wir mit der Fähre nach Fjærland über (4x täglich, ca. 90 Minuten), was uns eine Kreuzfahrt durch einen der schönsten Fjordarme Norwegens ermöglicht. Beachten Sie in Mundal (Fjærland) das stilvolle alte Hotel (Cafeteria). Der amerikanische Politiker Walter Mondale stammt von hier. In Fjærland informiert ein neues, sehr interessantes Gletscherzentrum über den Jostedalsbreen und seine Entstehung. Hier kommt ein völlig neues Museumskonzept zum Tragen, das dem Besucher in starkem Maße nachvollziehbare Erlebnisse bietet (lohnender Abstecher zu den Armen des Jostedalsbreen).

Durch einen 6,4 km langen Tunnel setzen wir unsere Fahrt auf der Straße 625 nach

»Nervenkitzel« - Aussicht auf den Geirangerfjord

Skei (Jølster) fort und unterqueren dabei einen Arm des Jostedalsbreen.

In Skei empfehlen wir Ihnen vor der Weiterfahrt nach Byrkjelo einen Abstecher über die schmale Nebenstraße zu unternehmen, die am Südufer des idyllischen Binnensees Jølstravatn entlangführt. Auf dieser Straße erreicht man den Hof Astruptunet, auf dem der berühmte Maler Nicolai Astrup von 1914 bis zu seinem Tod 1928 lebte und arbeitete. Der malerisch an einem Hang über dem See gelegene Hof ist als Museum der Öffentlichkeit zugänglich (ebenfalls sehenswert: der Hof Midttunet, ca. 2 km von Astruptunet entfernt).

Ab Skei fahren wir auf der Straße 14 durch eine schöne Tallandschaft nach Byrkjelo (Achtung: Ziegen und Schafe auf der Straße!). In diesem Gebiet hat die Ziegenhaltung Tradition: Hier wird echter Geitost hergestellt - karamelfarbener, milder Ziegenkäse, eine typisch norwegische Spezialität. Es lohnt ein Abstecher zu den Ziegenalmen Kandal und Myklandstølen (Wandern gut möglich).

Von Byrkjelo folgen wir der Straße 60 über das Utvikfjell (Paßhöhe 630 m; herrliche Aussicht beim Gebirgsgasthof Karistova) hinab nach Utvik, das an einem Arm des Nordfjords liegt. Über Innvik (Kirche von 1824) gelangen wir am Fjordufer entlang nach Olden. Sehenswert ist hier die Kirche aus der Mitte des 18. Jh. mit wertvollem Inventar. In Olden führt ein Abstecher zum Gletscherarm Briksdalsbreen. Eine Straße schlängelt sich am gletschergrünen Oldevatn entlang bis zum Gasthof »Briksdalsbreen Fjellstove«, von dort geht es zu Fuß weiter (oder - wie vor 100 Jahren - mit dem Pferdefuhrwerk) bis zum Ausläufer des Jostedalsbreen, des größten Festlandsgletschers Europas.

Auf der Straße 60 erreichen wir Loen, einen bekannten Ferienort am Ende des Nordfjords (106 km lang, Norwegens fünftlängster Fjord). Sehenswert: die Kirche von 1837 mit altem Inventar. Ausflug zum Kjenndalsbreen, einem weiteren Ausläufer des Jostedalsbreen. Besonders empfehlenswert ist hier die Fahrt mit dem Boot über den malerischen See Loenvatn.

Wir gelangen weiter nach Stryn, dem Hauptort (1.200 Einw.) im inneren Nordfjordgebiet. Auch Stryn ist ein beliebtes Reiseziel. Außerhalb des Ortes liegt das Strynefjell-Sommerskizentrum, das auch im Hochsommer Winterfreuden möglich macht. In Stryn beginnt ein besonders schöner Streckenabschnitt - wenn eine Steigerung überhaupt noch möglich ist. Wir fahren auf der Straße 15 am Ufer des idyllischen Strynsvatn entlang. Hinter Hjelle führt die Straße dann durch mehrere Tunnel hinauf aufs Strynefjell. Aus diesem Grund ist die Straße auch ganzjährig befahrbar.

Am See Langevatn zweigt die Straße 58 ab, der wir nach Geiranger folgen. Gleich zu Beginn dieser nur während der Sommermonate geöffneten Paßstraße erreichen wir den höchsten Punkt (1.038 m).

»Wedeln nach Herzenslust« - Skifreuden in Oppdal

An der Djupvasshytta zweigt der gebührenpflichtige Nibbeweg ab, der in 13 Kehren bis auf den 1.495 m hohen Dalsnibba führt (12,5 % Steigung). Die Aussicht von dort oben läßt selbst hartgesottene Norwegenfans glänzende Augen bekommen!

Kurz darauf erreichen wir noch einen berühmten Aussichtspunkt oberhalb der Schlucht Flydalsjuvet. Er bietet ein einzigartiges Panorama über Geiranger und den Fjord.
Unten im Tal erreichen wir den kleinen Fjordort Geiranger, der regelmäßig während der Sommersaison aus seinem Dornröschenschlaf erweckt wird. Der Geirangerfjord gilt als Juwel unter den Touristenattraktionen Norwegens.

Wir verlassen Geiranger auf der Straße 58 in nördlicher Richtung - die Strecke ist als »Golden Route« wohl eine der bekanntesten Touristenstraßen Norwegens. Der »Ørnevegen« (Adlerstraße) steigt in atemberaubenden Serpentinen auf 624 m an.

In Eidsdal setzen wir mit der Fähre über den Fjord nach Linge. Hier ermöglicht das milde Fjordklima den landwirtschaftlichen Anbau von Obst und Beeren. Wir folgen nun der Straße 63 über Valldal (Zentrum der Fjord- und Fjellgemeinde Norddal), überqueren die Schlucht Gudbrandsjuvet und nähern uns dem Trollstigen. Diese 20 km lange Paßstraße bietet etliche Haarnadelkurven und erreicht eine Höhe von 850 m, bevor sie dann hinab ins Romsdal führt. Unvergleichlich ist die Aussicht auf eine der schönsten Bergkulissen Nordeuropas. Unten im Tal treffen wir auf der E 69, der wir bis Åndalsnes folgen. Åndalsnes ist Endstation der Rauma-Bahnlinie und als Ferienort besonders bei Anglern und Bergsteigern beliebt (Aak Fjellsportzentrum außerhalb der Stadt).

Wir folgen der Straße 64 am Ufer des Isfjords entlang. Bei Leirheim kann man einen Abstecher zur Stabkirche von Rødven unternehmen, die seit dem Mittelalter mehrfach umgebaut wurde.

Weiter geht es über Åfarnes und entlang am Langfjord (Straße 660) nach Eidvåg (Nesset; hübsche Kirche mit altem Inventar).

Von hier aus gelangen wir auf der Straße 62 (meist am Tingvollfjord entlang) nach Sunndalsøra. Dieser kleine Industrieort (Aluminiumproduktion) liegt landschaftlich äußerst schön am Ende des Fjords. Er ist ein idealer Ausgangspunkt für Ausflüge und Wanderungen (Litledal, Eikesdal).

6 km hinter dem Ortskern (Straße 16, dann Seitenstraße) liegt das Volkskundemuseum von Sunndal sowie ein Gräberfeld aus der Eisenzeit.
Wir folgen weiterhin der Straße 16, die nun im Sunndal kilometerlang an der Driva entlangführt, einem der bekanntesten Lachsflüsse Norwegens. Gute Angelmöglichkeiten bestehen auch in vielen Bergseen des Sunndalgebiets.

Im Kirchdorf Gjøra zweigt eine kurvenreiche Nebenstraße ab, von der man eine hervorragende Aussicht auf die Schlucht Åmotan hat. Von Gjøra sind es noch 35 km bis nach Oppdal.

Hotel Nor Alpin
Das Hotel ist neu, kinderfreundlich und besitzt einen hohen Standard.
Es liegt im Zentrum von Oppdal und ist somit ein optimaler Ausgangspunkt für alle Aktivitäten, die die Stadt zu bieten hat. Das Hotelrestaurant ist bekannt für das beste Essen in Oppdal.
Darüber hinaus gehören zum Hotel Nor Alpin ein beliebter Nachtklub und ein gemütlicher Pub.
Hotel Nor Alpin, Postboks 77, N-7341 Oppdal, Tel. 074 - 21 611, Fax: 074 - 20 730

Oppdal (3.500 Einw.) ist besonders im Winter ein beliebter Fremdenverkehrsort (16 Lifte, 26 Abfahrtsloipen, 186 km Langlaufloipen), der aber auch während des Sommers gute Urlaubsmöglichkeiten bietet. Sehenswert sind hier das Heimatmuseum mit rund 20 Gebäuden, die Holzkirche aus dem Jahre 1651 und das Gräberfeld in Vang mit fast 1.000 Grabhügeln.

Kongsvold Fjeldstue
Der traditionsreiche Gebirgsgasthof wurde unter denkmalpflegerischen Gesichtspunkten liebevoll restauriert. Der Gasthof liegt inmitten unberührter Natur, im Herzen des **Dovrefjell-Nationalparks** mit abwechslungsreicher Tier- und Pflanzenwelt, darunter wilde Rentiere und Moschusochsen.
Zu erreichen ist die Kongsvold Fjeldstue von der E 6 oder mit der Bahn.
Kongsvold Fjeldstue,
N-7340 Oppdal, Tel. 074 - 20 911 - 20 980

Kreuzfahrtschiff im Romsdalsfjord bei Åndalsnes

Wir fahren nun auf der E 6 durch das Drivadal. Kurz vor Engan kann man einen Abstecher zur Schlucht Magalaupet unternehmen. Die reißende Driva hat hier einige große Strudeltöpfe ausgespült. Es geht weiter das Dovrefjell hinauf. Zu beiden Seiten der Straße erstreckt sich der 265 km² große Dovrefjell-Nationalpark (schöne Tageswanderungen von Kongsvoll aus). 2 km vor Hjerkinn erreicht die E 6 ihren höchsten Punkt.
In Hjerkinn verlassen wir die Europastraße und biegen auf die Straße 29 in Richtung Folldal ab. Einen Abstecher wert ist aber auch der Gebirgsort Dombås (659 m).

Hageseter Turisthytte
Die Hageseter Turisthytte liegt an der E 6, am Eingang des **Dovrefjell Nationalparks**, der für seinen Tier- und Pflanzenreichtum berühmt ist.
Das Übernachtungsangebot umfaßt komfortable Hütten mit Dusche/WC, aber auch einfachere Unterkünfte. Caravanplätze mit modernen Sanitäranlagen ergänzen das Angebot. Neben typisch norwegischer Verpflegung auch Schankrechte für Bier und Wein.
Die Hageseter Turisthytte ist ein idealer Halt für Besucher des Dovrefjells oder für Reisende, die die E 6 befahren. Ganzjährig geöffnet.
Hageseter Turisthytte,
N-2660 Dombås, Tel. 062 - 42 960

In Dombås nimmt die Rauma-Bahnlinie nach Åndalsnes ihren Anfang. Auch die E 69 beginnt hier und führt parallel zur Bahnlinie in das Romsdal.

Storhøseter Fjellstue
Die Lage, die Aussicht, das Essen: alles wie geschaffen für einen gelungenen Urlaub. Viele Möglichkeiten zu Tagestouren zu Fuß oder mit dem Auto in unberührte Natur, u.a. ins **Einunndal**, Norwegens längstes Hochtal mit Almbetrieb.
Sehenswert: eine antike Wassersäge (noch in Betrieb), das Grubenmuseum, Tiergräber. Aktivitäten: Jagd, Angeln, Flußfahrten, Langlauf, Skispringen.
Storhøseter Fjellstue,
N-2580 Folldal, Tel. 064 - 90 186

Folldal ist seit 1748 ein Bergwerksort (alte Bebauung) und gleichzeitig ein guter Ausgangspunkt für Touren in die Nationalparks Rondane und Dovrefjell.

Wir folgen nun der Straße 27 östlich des Rondane Nationalparks. In dem 572 km² großen Naturschutzgebiet leben Rentiere, Vielfraße, Füchse, Hermeline und sogar Moschusochsen. Eine typische Vogelart dieses Gebietes ist z.B. das Schneehuhn (norw. rype).

Rondetunet Turistgård
Der Bauernhof liegt in 800 m Höhe am Rande des **Rondane-Nationalparks** und ist daher ein ausgezeichneter Ausgangspunkt für Wanderungen ins Gebirge. Angeln, Kanufahren, Verleih von Booten und Kanus. 20 Hütten in verschiedenen Größen mit Dusche/WC. Selbstversorgung oder Pension. Tägliches Essen á la carte. Das gute Essen ist weithin bekannt! Bauernhof-Atmosphäre.
Rondetunet Turistgård, Sollia,
N-2493 Atnbrua, Tel. 064 - 63 718

Bei Enden biegen wir ab auf die Straße 220, den Rondevegen, der weiter über das Venabygdfjell / Ringebufjell führt. Wir erreichen hierbei eine Paßhöhe von 1.054 m. Die Landschaftsformen sind hier ruhiger und weiträumiger als im schrofferen Fjordland, haben aber ihren eigenen Reiz (siehe auch Route 10).

In Ringebu erreichen wir das Gudbrandsdal, Norwegens längstes Tal. Die Stabkirche von Ringebu ist eine der ältesten Kirchen Norwegens (ursprünglich um 1200).

Wir folgen nun der E 6 in nördlicher Richtung und gelangen nach Hundorp (Gräberfeld aus der Wikingerzeit; Kirche von Sør-Fron aus dem Jahre 1786). Wir fahren weiter nach Harpefoss (Kraftwerk) und gelangen schließlich nach Vinstra.

In Vinstra wird alljährlich Anfang August das Peer Gynt-Festival veranstaltet. Es er-

Wadahl Høgfjellshotell
Das Hotel liegt im **Gudbrandsdal**, in 933 m Höhe, mit Ausblick auf die Gebirgsgruppe Jotunheimen.
100 komfortable Zimmer, gemütliche Kaminstube, Bar, Schwimmbad, Sauna. Ideales Skigelände mit 200 km Loipen, 6 Skilifte mit 11 Abfahrtspisten direkt vor der Haustür.
Aktivitäten im Sommer: Wandern, Tennis, Wassersport oder Angeln.
Wadahl Høgfjellshotell,
N-2645 Harpefoss, Tel. 062 - 98 300

innert an das aus der Gegend stammende historische Vorbild für Henrik Ibsens weltberühmtes Theaterstück. Sehenswert: Die Sødorp-Kirche (1752) und ein großes Feld mit 3.000 Jahre alten Felszeichnungen.
Die E 6 bringt uns weiter über Kvam in Richtung Norden. Bei Kringen steht die Sinclair-Säule, die an die Kämpfe der Gudbrandsdal-Bauern gegen schottische Invasionstruppen im Jahre 1612 erinnert. Hier fanden im 2. Weltkrieg ebenfalls schwere Kämpfe zwischen norwegischen Verbänden und deutschen Invasionstruppen statt.
Nach weiteren 2 km erreichen wir Otta, den Hauptort der Gemeinde Sel. Dieses wichtige Handels- und Verkehrszentrum ist ein bekanntes Touristenziel im nördlichen Gudbrandsdal. Otta wurde 1940 durch Bombenangriffe fast vollständig zerstört. Hier endet unsere Reise durch die Fjord- und Gebirgslandschaft.

Haukliseter Fjellstue
Die Haukliseter Fjellstue liegt nur 7 km von der E 6 entfernt in **Høvringen**, ein gemütlicher Übernachtungsort direkt am Eingang des **Nationalparks Rondane** in 1.000 m Höhe. Ein idealer Ausgangspunkt für Fjelltouren in die Umgebung oder für Spritztouren mit dem Auto.
56 Betten, Hüttenverleih, Schankrechte, Möglichkeiten zum Reiten, Rudern, Fahrradfahren. Rabatt mit Fjord Pass.
Haukliseter Fjellstue,
N-2679 Høvringen, Tel. 062 - 33 717

Route 6

»Klassische Fjordreise«

Entfernungen:		
0 km	Bergen	1393 km
142 km	Vadheim	1251 km
211 km	Balestrand	1182 km
315 km	Førde	1078 km
441 km	Nordfjordeid	952 km
552 km	Ørsta	841 km
668 km	Stranda	725 km
698 km	Geiranger	695km
770 km	Stryn	623 km
849 km	Skei	544 km
881 km	Fjærland	512 km
918 km	Sogndal	475 km
986 km	Turtagrø	407 km
1018 km	Årdalstangen /Gudvangen	375 km
1065 km	Voss	328 km
1175 km	Odda	218 km
1300 km	Rosendal	93 km
1393 km	Bergen	0 km

Unsere klassische Fjordreise führt Sie kreuz und quer durch die wohl schönsten Teile des westnorwegischen Fjordlandes - das Richtige für alle, die innerhalb nur einer Rundreise alle »Highlights« der norwegischen Landschaft erleben möchten. Ob Fjellgebiete, interessante Orte oder riesige Gletscherflächen, fruchtbares Ackerland oder karge Küstenstreifen, innerhalb dieser Tour erleben Sie, wie kontrastreich norwegische Natur sein kann.

Ausgangspunkt dieser Reise ist Bergen, die Hauptstadt des Fjordlandes. Bergen wurde im Jahre 1070 von König Olav Kyrre gegründet und ist heute mit 210.000 Einwohnern die zweitgrößte Stadt des Landes. Die Hanse- und Seefahrerstadt ist ein bedeutendes Handels- und Industriezentrum und beherbergt mit ihrer Universität, der Norwegischen Handelshochschule und zahlreichen weiteren Bildungseinrichtungen wichtige Forschungs- und Ausbildungsstätten. Darüber hinaus zeichnet sich die Stadt durch ein reiches Kulturleben aus; ein jährlicher Höhepunkt sind die Internationalen Festspiele Ende Mai/Anfang Juni.

Die wohl bekannteste Sehenswürdigkeit der Stadt ist die »Tyske Brygge«, das ehemalige Viertel der Hansekaufleute an der Nordseite des Hafenbeckens mit Kaufmannshöfen aus der Zeit nach dem Stadtbrand von 1702. Seine Wurzeln gehen bis in die Hansezeit zurück. Einen guten Einblick in diese Zeit (14. bis 16. Jh.) bietet das Hanseatische Museum im Finnegården. Die Schøtstuben waren die Aufenthalts- und Klubräume der hanseatischen Kaufleute. Auch die Marienkirche (unweit der Brygge), das älteste Bauwerk der Stadt und eine der besterhaltenen romanischen Kirchen Norwegens, ist durch die Hansezeit geprägt (teilweise norddeutsches Inventar). In ihrer Nachbarschaft befindet sich das Bryggen-Museum mit Funden und Ausgrabungen aus dem Viertel. An der Kopfseite des Hafenbeckens Vågen findet werktags der vielfotografierte Bergenser Fischmarkt statt. Die Håkonshalle (13. Jh.) und der Rosenkrantz-Turm (um 1560) liegen nördlich der Brygge auf dem Gelände der mittelalterlichen Festung Bergenhus. Die Kreuzkirche (ursprünglich 12. Jh.) befindet sich östlich des Hafenbeckens. Nicht weit davon steht der Dom, in seiner heutigen Form eine Mischung aus verschiedenen Baustilen seit dem 12. Jh.

Bergen bietet auch einige sehenswerte Kunstsammlungen. Hierzu gehören am See »Lille Lungegårdsvannet« das städtische Kunstmuseum, im Anschluß daran die Räume des Bergenser Kunstvereins und ein weiteres Museum mit den Rasmus-Meyers-Sammlungen und der Stenersen-Sammlung. In der Nähe der Museen steht die moderne, architektonisch eindrucksvolle Grieg-Halle.
Weitere interessante Museen: das Lepramuseum im mittelalterlichen Siechenheim St. Jørgens Hospital (informiert über die bedeutende norwegische Lepraforschung), das westnorwegische Kunstgewerbemuseum (zur Zeit geschlossen) und das benachbarte Fischereimuseum sowie das Naturgeschichtliche Museum, das Seefahrtsmuseum, das Historische Museum und das Theatermuseum im Universitätsviertel (dort liegt auch ein kleiner botanischer Garten). An der Spitze der Halbinsel Nordnes befindet sich das bekannte Bergenser Aquarium (gute Bademöglichkeiten im dortigen Freibad. Im südlichen Stadtgebiet ist die Stabkirche von Fantoft zu besichtigen (ca. 1150), die ursprünglich aus dem Fjordbezirk Sogn og Fjordane stammt. Besuchenswert sind dort außerdem Gamlehaugen (die Residenz des Königs beim Stadtbesuch) sowie Troldhaugen (das Haus des Komponisten Edvard Grieg). Im nordwestlichen Stadtgebiet lohnt ein Besuch des Freilichtmuseums Gamle Bergen (»Alt Bergen«).
Eine beliebte Touristenattraktion ist auch die großartige Aussicht vom 320 Meter hohen Stadtberg Fløyen, den man mit einer Drahtseilbahn vom Stadtzentrum aus erreicht. Die Fløyenbahn wird übrigens von

Reso Hotel Norge
Das Hotel Norge in Bergen kann auf eine lange Tradition zurückblicken.
Durch seine **zentrale Lage** am Stadtpark, inmitten der bekannten Einkaufsstraßen Bergens, bietet es sich für Urlaubstage in der Fjordmetropole geradezu an. Der Flughafenbus hält direkt vor dem Hotel. Mehrere Restaurants stehen den Hotelgästen zur Auswahl. Im hochmodernen Fitneßzentrum befindet sich u.a. eine Schwimmhalle sowie zahlreiche Trimmgeräte. Das Hotel Norge verfügt über 350 Zimmer mit Klimaanlage, TV, Video, Telefon und Minibar, 24-Stunden Zimmerservice, Garagen im Untergeschoß.
Reso Hotel Norge, Ole Bulls Plass 4, Postboks 662, N-5001 Bergen, Tel. 05 - 21 01 00, Fax: 05 - 21 02 99

Bergen Airport Hotel
Das Bergen Airport Hotel ist ein modernes Sommerhotel, nicht weit entfernt vom **Stadtzentrum** und dennoch in ruhiger Lage. 234 Doppelzimmer und Suiten mit Bad, Minibar, Telefon, TV und Video. Familienappartements mit kompletter Miniküche. Eigener Hotelbus und Wäscherei für Gäste. Schwimmhalle, Squashcourts, Trimmcenter, Solarium, Sauna und Fahrradverleih. Spielmöglichkeiten für Kinder.
Die Stadt Bergen und die nähere Umgebung bietet außerdem zahllose Sehenswürdigkeiten.
Besonders günstige Sommerpreise!
Bergen Airport Hotel, Kokstadveien 3, N-5061 Kokstad, Tel. 05 - 22 92 00, Fax: 05 - 22 92 80

den Bewohnern der angrenzenden Wohnviertel als öffentliches Verkehrsmittel benutzt.

Wir verlassen Bergen auf der Straße 14 in nördlicher Richtung und gelangen über Åsane (Kirche vom Ende des 18. Jh. mit schönem Inventar) zum Industrieort und Fährhafen Steinestø.
Auf der meistbefahrenen norwegischen Fährstrecke (55 Abfahrten täglich) setzen wir in 10 Minuten nach Knarvik über (2.000 Einw.), einem expandierenden Zentrum in der Landschaft Nordhordaland.

Wir folgen ab Knarvik der Straße 14 und gelangen über Bjørsvik und durch mehrere Tunnel zunächst nach Vikanes. Anschließend geht es über das Gebirge nach Matre, das ebenfalls wieder am Fjord liegt. Die Straße 14 folgt hinter Matre ein Stück dem Ufer des Matrefjords, anschließend dem Hogsfjord und erreicht Solheim. Von hier aus durchfahren wir das Fjordsdal bis wir bei Instefjord den ersten Ausläufer des Sognefjords erblicken. Wir folgen dem Ostufer des kleinen Fjordarms bis Oppedal.
Hier überqueren wir mit der Fähre den Hauptarm des 200 km langen Sognefjords nach Lavik.
Von Lavik (achteckige Kirche aus dem Jahre 1865) folgen wir der Straße 14 am nördlichen Fjordufer entlang bis nach Vadheim. Weiter geht es am Fjord entlang (Straße 13) über Kyrkjebø zum Industrieort Høyanger (2.500 Einwohner, großes Aluminiumwerk mit u.a. Produktion von Autofelgen). Anschließend durchfahren wir den 7,5 km langen Høyangertunnel und passieren dann einen fruchtbaren Uferstreifen (Obstanbau). Beachten Sie unterwegs die kleine mittelalterliche Steinkirche auf der Insel Kvamsøy (Besichtigung über den Kaufmannsladen). Wenig später erreichen wir den beliebten Ferienort Balestrand (Grabhügel Belehaugene aus dem 9. Jh. mit der Belestatue, einem Geschenk Kaiser Wilhelms II.; außerdem eine englische Kirche sowie zahlreiche guterhaltene und reich verzierte Holzhäuser, Kunstgalerien).

Hinter Balestrand umrunden wir den kleinen, schmalen Fjordarm Esefjorden und

Autoreisen für Entdecker

Auf dieser Seite möchten wir Ihnen zwei der **FJORDTRA**-Autorundreisen durch Norwegen vorstellen. Ohne großen Aufwand bestellen Sie bei uns die komplette Reise: mit allen Fähren (nach, in und von Norwegen), allen Übernachtungen und zahlreichen Aktivitäten. FJORDTRA-Autorundreisen gibt es in mehreren Preisklassen und durch (fast) alle Gebiete Norwegens. Von der 10-tägigen Fjordrundfahrt für 888,- Mark bis zur großen Nordkap-Reise für fast 4.000 Mark - bei FJORDTRA muß man nicht lange suchen, um das Richtige zu finden. Eine komplette Übersicht erhalten Sie in unserem Katalog »Autorundreisen 91«, dort stellen wir Ihnen auch unsere »Rundfahrten zum Selbermachen« vor. Und natürlich informieren wir Sie über Hotelschecks, günstige Angebote und anderes, was Ihren Norwegen-Urlaub interessanter und ein wenig preiswerter macht.

Norwegen zum Kennenlernen

Nach einer preiswerteren Möglichkeit, Norwegens phantastische Fjord- und Gebirgslandschaft näher kennenzulernen, müssen Sie wohl lange suchen. Auf dem Reiseprogramm stehen das »Reich des Peer Gynts«, der Geirangerfjord (Minikreuzfahrt), das Nordfjordgebiet, der Sognefjord, das Hallingdal und die Landeshauptstadt Oslo.

1. Tag: Abreise von Frederikshavn mit der »Peter Wessel« der Larvik Line. Übernachtung an Bord in einer Doppelkabine mit Dusche/WC.
2. Tag: Frühmorgens Ankunft in Larvik. Am Oslofjord entlang fahren wir zur Hauptstadt Oslo. Im Preis eingeschlossen ist die Oslo-Karte für freien Eintritt zu den meisten Sehenswürdigkeiten Oslos. Hotelübernachtung.
3. Tag: Gegen Mittag verlassen wir Norwegens größte Stadt und folgen der E 6 über Hamar und am Ufer des Mjøsa-Sees entlang zur Olympiastadt **Lillehammer**, die an der Nordspitze dieses größten Sees Norwegens liegt. Nach kurzer Stadtbesichtigung fahren wir noch ca. 40 km bis ins sagenumwobene **»Reich des Peer Gynt«**, einem naturschönen Gebirgsgebiet mit intakter Natur und viel frischer Luft. Übernachtung in einem geräumigen, komfortablen Appartement.
4. Tag: Heute können Sie durch das »Reich des Peer Gynts« wandern oder einen Autoausflug über den Peer Gynt Weg bis tief ins Hochgebirge hinein unternehmen. Übernachtung wie am Vortag.
5. Tag: Wir folgen zunächst dem Gudbrandsdal und anschließend dem ebenso naturschönen Ottadal. Hinter Grotli biegen wir auf die Str. 58 ab, über die wir an den **Geirangerfjord** gelangen. Von Geiranger unternehmen wir eine einstündige Fährreise auf dem von hohen Bergen umgegebenen Geirangerfjord. Über Hornindal (tiefster Binnensee Europas) fahren wir ins **Nordfjord**. Dort übernachten wir im Ferienzentrum Loenvatn in einem komfortablen Ferienhaus.
6. Tag: Im Nordfjord-Gebiet gibt es viel zu sehen: z.B. die Gletscherarme des Jostedalsbre, Norwegens **Westkap**, das Sommerskizentrum auf dem Strynefjell - um nur einiges zu nennen. Übernachtung wie am Vortag.
7. Tag: Wir fahren am Ufer des Nordfjords entlang und kommen bald durch eine besonders schöne Tal- und Gebirgslandschaft. Sehr eindrucksvoll ist die Fahrt über das **Gaular-Gebirge**, das wir auf einer atemberaubenden Serpentinenstraße (mit herrlicher Aussicht) wieder verlassen. In Dragsvik setzen wir über einen Nebenarm des **Sognefjords**, dem König der Fjorde. Dann folgen wir dem Nordufer dieses längsten norwegischen Fjords bis in die Gemeinde **Luster**. Übernachtung im Feriendorf Hafslotun (Motel).
8. Tag: Heute können Sie das Freilichtmuseum und das Bootsmuseum in Kaupanger besichtigen sowie der berühmten Stabkirche von Urnes einen Besuch abstatten (im Reisepreis eingeschlossen). Vielleicht reicht die Zeit auch für einen Abstecher ins Jostedal, auf das Sognefjell oder zur Ziegenalm Veitastrond. Übernachtung wie am Vortag.
9. Tag: Vormittags überqueren wir ein letztes Mal den breiten Sognefjord. Durch das Laerdal und über das Hemsedalsgebirge kommen wir nach Gol, das im **Hallingdal** liegt. Lohnend ist ein Abstecher zum Gebirgshof Huso, der wie in alten Zeiten betrieben wird. Über Nesbyen und Tunhovd erreichen wir das Numedal, dem wir zunächst bis Kongsberg folgen. Diese ehemalige Bergbaustadt bietet einige interessante Sehenswürdigkeiten. Von **Kongsberg** folgen wir weiter dem Lågen nach Larvik. Dort gehen wir spätabends an Bord der »Peter Wessel« der Larvik Line. Übernachtung in Doppelkabinen mit Dusche/WC.
10. Tag: Morgens Ankunft in Frederikshavn, das an der Nordspitze Jütlands liegt. Heimreise.
Wöchentlich dienstags vom 18.6. bis 13.8.91, sonst donnerstags
Leistungen: Fährpassagen Frederikshavn - Larvik - Frederikshavn (in Doppel-Innenkabinen mit Dusche/WC). Übernachtungen: 2x Schiff, 4x Ferienhaus/Appartement (Bettwäsche muß mitgebracht oder gegen Aufpreis gemietet werden; mit Dusche/WC, Kochmöglichkeiten, gute Ausstattung), 3x Hotel/Motel (mit Frühstück; Doppelzimmer mit Dusche/WC, inkl. Bettzeug). Alle innernorwegischen Fähren. Aktivitäten wie beschrieben.
Ausführliches Info- und Kartenmaterial.
6.6.-13.8.: DM 888,-, sonst: DM 698,- pro Pers.

Sonderpreis für 4 Personen
(gemeinsame Unterbringung in 4-Bett-Kabinen, Ferienhaus/Appartement mit 2 Schlafzimmern, jeweils 2 Doppelzimmer bei Hotel-/Motelübernachtung)
6.6.-13.8.: DM 598,-, sonst: DM 499,- pro Pers.

Norwegen entdecken - mit Komfort

Wer sich nicht allein mit dem Erlebnis einer außergewöhnlichen Landschaft zufrieden gibt sondern gleichzeitig Wert auf komfortable Unterbringung und gutes Essen legt, für den ist diese Route genau das Richtige. Übernachtet wird in den erstklassigen Best Western Hotels (mit Halbpension!).

1. Tag: Anreise nach Amsterdam. Dort Einschiffen auf eines der komfortablen Schiffe der Color-Line. Übernachtung an Bord in Doppelkabinen mit Dusche/WC.
2. Tag: Am späten Abend laufen wir **Stavanger** an. Hotelübernachtung.
3. Tag: Besichtigung der »Ölmetropole« Stavanger mit malerischer Altstadt und zahlreichen weiteren Sehenswürdigkeiten. Im Preis eingeschlossen ist eine Rabattkarte für diverse Aktivitäten in Stavanger. Hotelübernachtung.
4. Tag: Durch die herrliche Fjordlandschaft von Ryfylke und durch ein schönes Gebirgsgebiet gelangen wir an den **Hardangerfjord** (3 Fjordfähren). Unser Tagesziel ist der Fjordort **Øystese**. Hotelübernachtung.
5. Tag: Heute steht ein Ausflug durch das Hardanger-Gebiet auf dem Programm. Eine Bootsfahrt auf dem Fjord ist ebenfalls im Preis eingeschlossen. Hotelübernachtung wie am Vortag.
6. Tag: An diesem Tag besuchen wir **Bergen**, die Hauptstadt des Fjordlands, die eine Reihe von Sehenswürdigkeiten bietet. Hotelübernachtung.
7. Tag: Es geht weiter durch ein naturschönes Küstengebiet (3 Fähren) an den **Sognefjord**, den König der norwegischen Fjorde. Tagesziel ist der Urlaubsort **Balestrand**. Hotelübernachtung.
8. Tag: Heute unternehmen wir einen Ausflug am Fjordufer entlang nach Luster, das dort liegt, wo der Sognefjord am weitesten ins Land hineinreicht. U.a. die Besichtigung der Stabkirche von Urnes sowie die Teilnahme an anderen Aktivitäten sind im Preis eingeschlossen. Hotelübernachtung in Balestrand.
9. Tag: Von Balestrand fahren wir mit der Fähre auf dem malerischen Fjaerlandsfjord nach **Fjaerland**. Dort besuchen wir das neue Gletscherzentrum (im Preis enthalten). Wir unterqueren einen Ausläufer des Jostedalsgletschers und kommen dann durch die malerische Landschaft von Jölster ins **Nordfjordgebiet**. Am Fjord entlang fahren wir nach Hornindal, mit dem tiefsten Binnensee Europas. Hotelübernachtung.
10. Tag: **Hornindal** ist ein guter Ausgangspunkt für Ausflüge zum norwegischen Westkap oder zum Gletscherarm Briksdalsbre (eine Fahrt mit der Pferdekutsche zu diesem vielfotografierten Gletscherarm ist im Reisepreis enthalten). Hotelübernachtung.
11. Tag: Von Hornindal geht es weiter in nördlicher Richtung an den **Geirangerfjord**. Dort unternehmen wir eine **»Mini-Kreuzfahrt«** auf dem von steilen Bergwänden umgebenen Fjord von Hellesylt nach Geiranger. Anschließend fahren wir übers Gebirge ins Ottadal. Unser Tagesziel ist der Gebirgsort **Dombås**. Hotelübernachtung.
12. Tag: Heute geht unsere Reise durch eine herrliche Gebirgslandschaft zum historischen Bergbauort **Røros**, der mit seinem gut bewahrten malerischen Ortskern zu den größten Touristenattraktionen Norwegens gehört. Hotelübernachtung.
13. Tag: Wir haben Zeit genug, das historische Røros und die alten Kupfergruben außerhalb des Ortes ausgiebig zu besichtigen. Hotelübernachtung.
14. Tag: Von Røros fahren wir u.a. an Norwegens längstem Fluß entlang nach **Lillehammer**, dem Austragungsort der Olympischen Winterspiele 1994. Hotelübernachtung.
15. Tag: Besuchen Sie das Freilichtmuseum Maihaugen und die zahlreichen anderen Sehenswürdigkeiten des Gebiets. Hotelübernachtung.
16. Tag: Die Fahrt in die norwegische Hauptstadt **Oslo** dauert nur wenige Stunden, es bleibt dort also Zeit genug für eine ausführliche Stadtbesichtigung. Im Reispreis eingeschlossen ist die Oslo-Karte für freien Eintritt zu den meisten Sehenswürdigkeiten. Hotelübernachtung.
17. Tag: Der Vormittag steht für »Sightseeing« in Oslo zur Verfügung. Nachmittags Einschiffen auf eines der komfortablen Schiffe der Color-Line. Übernachtung an Bord in Doppelkabinen mit Dusche/WC.
18. Tag: Ankunft in Kiel und Heimreise.
Leistungen: Fährpassagen Amsterdam - Stavanger und Kiel - Oslo (in Doppel-Innenkabinen mit Dusche/WC), Hotelübernachtungen im Doppelzimmer mit Dusche/WC einschließlich Halbpension). Alle innernorwegischen Fähren.
Aktivitäten wie beschrieben.
Ausführliches Karten- und Infomaterial.
Abreise 18.6. bis 13.8.:   DM 3.398,- pro Pers.
Abreise 11.6. + ab 20.8.:   DM 3.280,- pro Pers.

Weitere Informationen, Katalog und Buchung bei:
FJORDTRA Handelsgesellschaft mbH,
Rosastr. 4-6, D-4300 Essen 1,
Tel. 0201 - 79 14 43, Fax 0201 - 79 18 23

Außerdem:
FJORDTRA-Büros in Berlin und Frankfurt/M.

Wo Anders muß man danach suchen...

fahren nach Dragsvik. Dort biegen wir auf die Straße 5 ab, die uns über das Gaularfjell führt. Diese großartige Gebirgsstraße führt in mehreren Kehren bis hinauf in eine Höhe von 745 m. Wir fahren an Eldalsosen und Viksdalen vorbei (hübsche Kirche von 1848) und folgen dem Gaular-Flußlauf durch ein wildromantisches Gebirgsgebiet.

Ab Moskog (Wasserfall Huldrefoss, 90 m freier Fall) folgen wir der Straße 14 nach Førde. Bevor wir den Ort erreichen, passieren wir das Freilichtmuseum für das Sunnfjordgebiet mit alten Höfen und zahlreichen Ausstellungsgegenständen aus dem Gebiet zwischen Sognfjord und Nordfjord.

Førde, der Hauptort des Sunnfjordgebiets (5.500 Einw.), ist ein wichtiger Fremdenverkehrsort in landschaftlich schöner Umgebung und verfügt über zahlreiche Geschäfte und etliche Kleinindustriebetriebe. Sehenswert: die Kirche von 1885 und der Vogtshof Bruland (3 km), die Wohnstätte des Steuervogts aus dem 18. Jh.

Ab Førde folgen wir der Straße 5 und gelangen über Naustdal nach Storebro. Von hier setzen wir unsere Fahrt auf der Straße 615 fort. Durch eine großartige Fjordlandschaft erreichen wir zunächst den Fjordort Hyen und fahren dann weiter über eine neue Straße de Hyen- und Gloppenfjord entlang in Richtung Sandane (vorbei an der Kirche von Gjemmestad aus dem Jahre 1692).

Sandane (2.000 Einw.) ist das Zentrum der Gemeinde Gloppen, die für ihr umfangreiches Aktivitätsangebot (»Gloppen Eventyret«) bekannt ist und ausgezeichnete Urlaubsmöglichkeiten bietet. Sehenswert: das Freilichtmuseum Nordfjord Folkemuseum (35 Gebäuden, u.a. eine Dorfschule). Herrliches Fjordpanorama von einem Aussichtspunkt ca. 4 km außerhalb (über Engeset).

Wir folgen nun wieder der Straße 14 und gelangen zum Fährhafen Anda. Hier setzen wir über den Nordfjord nach Lote und fahren weiter nach Nordfjordeid. Dies ist der größte Ort am Nordfjord, und gleichzeitig das Mekka aller Fjordpferdfans (Fjordhestsenter). Sehenswert sind die zahlreichen alten Häuser sowie ein historisches Militärmuseum.

Auf der Str. 15 gelangen wir nun in östlicher Richtung an den Hornindalsvatn, den tiefsten Binnensee Europas (604 m). Ab Hornindal (Grodås) folgen wir der Str. 60, die eine Höhe von 422 m erreicht und die Grenze zwischen den Fjordbezirken Sogn og Fjordane und Møre og Romsdal überschreitet. In Tryggestad biegen wir auf die wenig befahrene Straße 655 ab, die durch das malerische Norangsdal führt. Das Tal ist von rund 1.600 m hohen Bergen eingefaßt - eine Nebenstrecke, die sich die meisten Touristen entgehen lassen! Von Leknes setzen wir über den schmalen Hjørundfjord nach Sæbø und fahren weiter nach Ørsta. Der kleine Industrieort Ørsta hat rund 5.000 Einwohner. Sehenswert: Die Ortskirche von 1864 mit flämischem Altarschrein (um 1520), das Ivar-Aasen-Monument (dem großen norwegischen Sprachreformer gewidmet) und das Volkskundemuseum Brudevoll.

»Norwegen von oben« - Aussicht vom Dalsnibba

Auf der Straße 14 folgen wir zunächst dem Ufer des Ørstafjords und kommen dann - am Vartdalsfjord entlang - über Rjånes und Vartdal nach Festøy. Hier setzen wir mit der Fähre über den breiten Storfjord nach Solevåg und erreichen wenig später über Spjelkavik das Stadtzentrum von Ålesund.

Ålesund (35.500 Einw.), die Stadt auf drei Inseln, ist Norwegens größter Fischereihafen. 1848 gegründet, wurde sie Dank des expandierenden Fischfangs in der 2. Hälfte des 19. Jh. groß. 1904 zerstörte ein Brand weite Teile der Stadt. Innerhalb weniger Jahre wurde der Ort völlig neu aufgebaut und zu einer Stadt aus einem Guß, ein architektonisches Denkmal ihrer Epoche (Jugendstil). Neben der fischverarbeitenden Industrie und Werftindustrie spielt die Möbel- und Textilindustrie sowie die wachsende norwegische Ölbranche im Wirtschaftsleben der Stadt eine große Rolle. Ålesund - am Meer gelegen und mit den Sunnmøre-Alpen als Kulisse - ist ein beliebtes Touristenziel. Seit 1987 verbindet ein Unterwasser-Tunnelsystem das Stadtzentrum mit der Insel Giske und dem Flughafen.

Sehenswert: Das Stadtmuseum, das Aquarium, die Stadtkirche von 1909 mit Fresken und Glasmalereien, das eindrucksvolle Jugendstilviertel der Innenstadt. Außerhalb der lebhaften City liegen das große Freilichtmuseum Sunnmøre in Borgund und die benachbarte mittelalterliche Kirche von Borgund (1250).

Die beste Aussicht über die Stadt hat man vom Berg Aksla, den man entweder über 418 Treppenstufen oder bequem mit dem Auto erreicht (Aussichtsrestaurant).

Wir folgen nun der E 69 in östlicher Richtung. Dabei gelangen wir wieder durch den Vorort Spjelkavik und biegen dort auf die Straße 60 nach Magerholm ab. Eine weitere Fähre bringt uns in 10 Minuten nach Aursnes. Die Straße 60 führt durch Sukkylven, wo die meisten norwegischen Möbelfabriken, die teilweise auch ins Ausland exportieren, ihren Sitz haben. Hinter Straumgjerde durchfahren wir das wilde Velledal (Paßhöhe 530 m) und passieren das Wintersportzentrum von Stranda, das World-Cup-Niveau besitzt.

Stranda selbst ist ein schöngelegener Ort mit rund 3.000 Einwohnern. Sehenswert ist die Ortskirche aus dem Jahre 1838. Teile ihres Inventars stammen aus einer mittelalterlichen Stabkirche. Die Straße 60 führt nun durch das Strandadal (Paßhöhe 440 m) und verläuft später (zum Teil durch mehrere Tunnel) hoch über dem Sunnylvsfjord. Beim Hamragjølet-Tunnel hat man eine großartige Aussicht hinunter auf den berühmten Geirangerfjord.

Ab Hellesylt unternehmen wir eine einzigartige (ca. 70minütige) Kreuzfahrt über den Geirangerfjord. Der Fjord wird von steilen Bergwänden umrahmt, von denen zahlreiche Wasserfälle ins Tal hinabtosen. Für viele gehört diese Fährfahrt zu den Höhepunkten ihrer Fjordreise. Mit der Fähre gelangen wir bis ans Ende des Fjords nach Geiranger.

Geiranger ist einer der bekanntesten Ferienorte Norwegens. Kein anderer Fjordort wird von so vielen Kreuzfahrtschiffen angelaufen wie Geiranger, das von hohen Bergen umgeben ist. Sehenswert: die Kirche von 1842 - die größte Attraktion ist allerdings die dramatische Fjordlandschaft.

Hinter Geiranger steigt die Straße 58 (»Golden Route«), der wir nun folgen, steil an und führt in 20 Kehren hinauf bis in eine Höhe von 1.038 m. Wer nach Höherem strebt, kann an der Djupvasshytta einen Abstecher über den Nibbevegen hinauf zum Gipfel des Dalsnibba unternehmen. Aus 1.495 m hat man dort eine unvergleichliche Aussicht über das Gebirge und die Fjordlandschaft. Wenig später stoßen wir am Langevatn auf die Straße 15, auf der wir das Strynefjell überqueren. Die gut ausgebaute Straße führt zügig hinab zum 25 m hoch gelegenen See Strynsvatn, den wir bei Hjelle erreichen. Am See entlang fahren wir ins Zentrum von Stryn, das am Nordfjord, dem drittgrößten Fjord Norwegens liegt.

Auf der Straße 60 folgen wir dem Fjordufer und erreichen Loen. Hier sollten Sie unbedingt einen Abstecher am türkisfarbenen Loenvatn entlang bis zu den Gletscherarmen Kjenndalsbreen und Bødalsbreen unternehmen.

Die Hauptstraße bringt uns dann nach Olden, wo ein weiterer Abstecher auf dem Programm steht. Der Briksdalsbreen, ebenfalls ein Arm des Jostedalsbreen, gehört zu den großen Attraktionen der norwegischen Natur. Man fährt mit dem Auto bis zum Gebirgsgasthof am Ende der Straße (Briksdalsbre Fjellstove) und gelangt dann entweder zu Fuß oder aber mit dem traditionellen Pferdefuhrwerk ganz in die Nähe des Gletschers.

Am Fjord entlang erreichen wir Innvik und Utvik und fahren dann hinauf zum Utvikfjell (630 m, teilweise herrliche Aussicht). Ab Byrkjelo folgen wir der Straße 14 durch das Våtedal (Ziegenhaltung) bis nach Skei am malerischen See Jølstravatnet (Abstecher zum Hof Astruptunet des bekannten norwegischen Malers Nicolai Astrup.

Skei Hotel
Erstklassiges Familienhotel seit 1889 in herrlicher Natur am See **Jølstravatnet**. Das Hotel ist vollständig renoviert und hat 72 Zimmer mit Bad und Dusche/WC. Komfortable Salons, geräumiger Speisesaal, Bar mit Tanzkapelle. Sauna, Solarium und Whirlpool. Großer Garten mit beheiztem Schwimmbad und Tennisplatz.
Best Western Hotel.
Skei Hotel, N-6850 Skei i Jølster, Tel. 057 - 28 101, Fax: 057 - 28 423

Karistova
Idyllisch in 550 m Höhe gelegen, mit Aussicht über den schönen **Nordfjord**, ist Karistova der ideale Ort für Ferien und Erholung, im Sommer wie im Winter.
30 Zimmer mit Dusche/WC, 3 große Hütten für je 12 Personen, Cafétéria, Restaurant, Aufenthaltsräume.
Aktivitäten: Angeln, Jagd, Reitschule. Tagestouren nach Briksdalen, Geiranger, Fjærland, Vestkapp u.a.
Karistova, N-6867 Byrkjelo, Tel. 057 - 76 513, Fax: 057 - 76 600

Wir fahren weiter über die schmale Straße 625 nach Fjærland und unterqueren dabei in einem ca. 7 km langen Tunnel einen Ausläufer des Jostedalsbreen. Fjærland ist ein idyllischer Fjordort mit einem neueröffneten interessanten Gletscherzentrum.

In Fjærland steht wiederum eine Schiffsreise an. Rund eine Stunde dauert die Fahrt über den romantischen Fjærlandsfjord, einem Arm des Sognefjords, nach Hella.
Von Hella fahren wir auf der Straße 5 am Nordufer des Sognefjord-Hauptarms entlang und gelangen über Leikanger und Hermansverk (Verwaltungszentrum des Fjordbezirks Sogn og Fjordane) nach Sogndal, den größten Ort dieses Gebietes (Abstecher nach Kaupanger mit Freilichtmuseum, Stabkirche und Bootsmuseum).
Wir folgen nun der Straße 55 in Richtung Fjordende und kommen dabei über Hafslo nach Gaupne.

Restaurant - Feriendorf Hafslotun
An der **Straße 55** oberhalb von Hafslo.
11 Komforthäuser (ab DM 590,- pro Woche), Doppelzimmer mit Dusche/ WC und Frühstück DM 49,- pro Person (Hochsaison). Verleih von Fahrrädern, Surfbrettern, Booten. Gepflegtes, preiswertes Restaurant. Rundfahrten mit der Fjordpferd-Kutsche. Informationen und Buchung von Mai bis September im DNF-Büro. Rabatte mit dem NORWAY-Ticket.
*Hafslotun, N-5810 Hafslo, Tel. 056 - 84 178
oder. FJORDTRA, Rosastr. 4-6, D-4300 Essen 1, Tel. 0201 - 79 18 23*

Gaupne ist das Zentrum der Gemeinde Luster (Holzkirche aus der Zeit um 1640). Hier lohnt ein Abstecher durch das wilde Jostedalen zum Gletscher Nigardsbreen (Nebenarm des Jostedalsbreen). Dort werden Gletscherwanderungen für jedermann durchgeführt (festes Schuhwerk notwendig).

Gletscherführungen auf dem Jostedalsbreen
- geführte Wanderungen auf dem Nigardsgletscher, 1.6. - 15.9. tägl.
- Ski- und Fußwanderungen auf dem Jostedalsgletscher, 1.5. - 20.8.
- Wochenkurse mit Gletscherausbildung für Anfänger und Fortgeschrittene.
- Spezielle Angebote für Gruppen, Touren nach Vereinbarung, 1.2. - 30.10.
Information und detaillierte Programme erhältlich bei:
Jostedalen Breførarlag, N-5828 Gjerde, Tel. 056 - 83 273 / 83 204, Fax: 056 - 83 296

Am gegenüberliegenden Fjordende erkennt man den 300 m hohen Feigumsfossen. Die Straße 55 führt nun über Luster (sehenswerte mittelalterliche Kirche mit schönen Kalkmalereien) nach Skjolden, das sich nun schon rund 200 km von der Mündung des Fjords ins Meer entfernt befindet. Hinter Fortun überwindet die Straße 55 auf 11 km einen Höhenunterschied von 950 m. Beim Hochgebirgshotel Turtagrø biegen wir auf eine schmale und kurvenreiche Gebirgsstraße ab, die durch ein einzigartiges Fjellgebiet nach Årdal führt.
Årdal ist ein bedeutender Industrieort (Aluminiumproduktion), der an einem weiteren Fjordarm liegt.

In Årdalstangen liegt die längste Fährreise unserer Strecke vor uns: eine fast vierstündige Kreuzfahrt durch einige der schönsten und engsten Fjordarme Norwegens bis nach Gudvangen (Fährenwechsel in Kaupanger). Vor allem die Fahrt durch den von hohen Bergwänden eingefaßten Nærøyfjord ist ein beeindruckendes Erlebnis.

Ab Gudvangen folgen wir der E 68, die zügig ansteigt. Unser Tip: benutzen Sie den alten Straßenabschnitt Stalheimskleiva (mit 13 Serpentinen und 20 Prozent Steigung) - ein bedeutendes straßengeschichtliches Monument aus der Mitte des 19. Jh. Beim Stalheim Hotel hat man eine großartige Aussicht auf das Nærøydal (mit Wasserfall Stalheimsfossen; sehenswertes Museum am Hotel). Über Oppheim (Sessellift zum Aussichtsberg Bergshovden) und Vinje sowie vorbei am Wasserfall Tvindefossen gelangen wir nach Voss.

Dieser Touristenort zwischen Sogne- und Hardangerfjord (6.000 Einw.) ist im Sommer wie im Winter ein beliebter Ferienort. Sehenswert: Die Kirche aus dem 13. Jh., das Volksmuseum Mølstertunet oberhalb des Zentrums, Finneloftet (das älteste nichtkirchliche Holzbauwerk Norwegens), das Troll-Taral-Museum (mit Werken des Troll-Zeichners Taral) sowie das Magnus Dagestad-Museum im Haus des Volkskünstlers. Mit der Kabinenseilbahn »Hangursbanen« gelangt man zu einem bekannten Aussichtspunkt (Wandermöglichkeiten!).

Wir folgen weiterhin der E 68 (vorbei am imposanten Wasserfall Skjervefossen) und biegen schließlich auf die Straße 672 zum idyllischen Fjordort Ulvik ab.

Von Ulvik aus (hübsche Kirche von 1858) fahren wir am Ulvikfjord, einem Nebenarm des Hardangerfjords, entlang nach Bruravik. Hier setzen wir mit der Fähre nach Brimnes über. Wir folgen ab Brimnes der Straße 47, die am östlichen Fjordufer verläuft.
Über Ringøy gelangen wir nach Kinsarvik, einem wichtigen Fährhafen am Fjord (Verbindung mit Utne und Kvanndal). Sehenswert sind hier die mittelalterliche Kirche, das alte Gebäude Borgstova (teilweise mittelalterlich) sowie der Bootsanlegeplatz Skiparstod« aus der Wikingerzeit. Der bei Kindern besonders beliebte »Hardanger Feriepark«, ein kleiner Freizeitpark, liegt nicht weit vom Fährenkai entfernt.
Nicht versäumen sollte man in Kinsarvik einen Abstecher mit der Fähre nach Utne, einem malerischen Fjordort, in dem sich auch das Freilichtmuseum »Hardanger Folkemuseum« befindet. Utne hat neben seiner idyllischen Lage auch wichtige Bedeutung

Die Stabkirche von Urnes am Lusterfjord ist ein gern besuchtes Touristenziel

Das Gebiet um den Hardangerfjord bietet zur Baumblüte ein einzigartiges Schauspiel.

Route 7

»Numedal rauf, Hallingdal runter«
Die Täler-Tour

Entfernungen:		
0 km	Oslo	719 km
82 km	Kongsberg	637 km
244 km	Geilo	475 km
352 km	Aurland	367 km
397 km	Erdal	322 km
443 km	Borlaug	276 km
521 km	Gol	198 km
658 km	Hønefoss	61 km
719 km	Oslo	0 km

Utne Hotel
Im kleinen Ort **Utne** und an einem der schönsten Fjorde Norwegens liegt das Utne Romantik-Hotel, das im Jahre 1722 erbaut wurde. Vom gemütlich eingerichteten Hotel aus blickt man direkt auf die schneebedeckten Berge.
Zur Zeit der Kirschblüte im Mai ist es in dieser Umgebung besonders reizvoll.
Das Hotel liegt an der Straße 550 von Odda nach Utne.
Utne Hotel, N-5797 Utne,
Tel. 054 - 66 983 / 66 950

als Umsteigestation für den Schiffsverkehr auf dem Utnefjord. Man kann auch am westlichen Fjordufer entlang nach Odda fahren (sehr schöne Strecke).

Die Straße 47 führt weiter in südlicher Richtung durch die Gemeinde Ullensvang. Die Gegend rings um den Sørfjord ist wohl das bekannteste Obstanbaugebiet Norwegens; hier gibt es über 400.000 Obstbäume (Äpfel, Birnen, Kirschen, Pflaumen). Parallel zur Straße 47 führt eine höher gelegene Nebenstraße am Hof Skredhaugen (Museum) vorbei.
In Lofthus können wir die mittelalterliche Steinkirche besichtigen. Im Hotelgarten steht auch die Ferienhütte des Komponisten Edvard Grieg.
Am Fjordufer entlang fahren wir weiter nach Tyssedal, einem ausgeprägten Industrieort (Ilmenitt-Werk). Lohnend ist hier ein Abstecher zum Ringedalsvatn mit den (regulierten) Wasserfällen Tyssestrengene und Ringedalsfossen.
Am Ende des Sørfjords erreichen wir das Industriestädtchen Odda, dessen Fabrikanlagen (Schmelzwerk) einen denkwürdigen Kontrast zur prachtvollen Fjordlandschaft bilden. Oberhalb des Ortes kann man einen Abstecher zum Gletscher Buarbreen unternehmen, einem Arm des Folgefonna.
Die Straße 47 führt am Sandvinvatn entlang und passiert nach einigen Kilometern den Wasserfall Låtefossen. Er besteht aus zwei Armen und hat eine Fallhöhe von 165 m, seine Gischt sprüht bis auf die Straße.

In Jøsendal stoßen wir auf die E 76, der wir nun in westlicher Richtung folgen. Die Europastraße verläuft durch das Sørdal und erreicht in Fjæra den engen, schroffen Åkrafjord. Wir folgen nun dem Fjordufer. Die Straße ist größtenteils in die steilen Felswände gesprengt und bietet daher eine großartige Aussicht über den Fjord. Unterwegs passieren wir den Wasserfall Langfossen mit einer Fallhöhe von 612 m.
Bei Håland biegen wir auf die Straße 13 ab, über die wir zunächst nach Skånevik gelangen. Das schön am Fjord gelegene Skånevik ist ein beliebtes Urlaubsziel.
Wir überqueren den Fjord mit der Autofähre und gelangen so nach Utåker. Vorbei am Industrieort Husnes und über Uskedal (alter Gasthof Kapteinsgaarden) erreichen wir Rosendal, Hauptort der Gemeinde Kvinnherad. Die bedeutendste Sehenswürdigkeit ist hier die Baronie Rosendal aus dem Jahre 1671. Das im Renaissance-Stil errichtete Hauptgebäude des ehemaligen Adelssitzes ist von einem üppigen Park umgeben. Sehenswert ist auch die Kirche von Kvinnherad (Mitte des 13. Jh.).

In Løfallstrand überqueren wir per Fähre den Hardangerfjord. Diese letzte Fährfahrt unserer Reise führt nach Gjemundshamn. Wir kommen weiter nach Mundheim und verlassen dort den Fjord. Über Kilen führt die Straße 13 nach Holdhus (Abzweigung zur spätmittelalterlichen Kirche von Holdhus mit prächtigen Wandmalereien) und Eikelandsosen nach Tysse. Tysse ist Zentrum der Gemeinde Samnanger.
Ab hier folgen wir der E 68 und fahren durch ein schönes Mittelgebirgsgebiet nach Trengereid, das schon zum Stadtgebiet von Groß-Bergen gehört. Auf der gut ausgebauten Europastraße (mehrere Tunnel) erreichen wir über Nesttun das Zentrum der Stadt - eine einzigartige Reise durch eines der landschaftlich schönsten Gebiete Europas liegt hinter uns.

Auf dieser Route fahren wir durch einige der schönsten Täler Norwegens - und unternehmen außerdem noch einen Abstecher zum Sognefjord, dem längsten Fjord des Landes. Landschaftliche Kontraste und eine traditionsreiche Bauernkultur prägen dieses Gebiet.

Wir beginnen unsere Fahrt in Oslo, das wir in westlicher Richtung über die E 18 verlassen. Außerhalb der Stadt können wir in Høvikodden dem Henie-Onstad-Kunstzentrum einen Besuch abstatten. Dieses 1968 eröffnete Kunstzentrum ist eine Stiftung der norwegischen Eiskunstläuferin Sonja Henie und ihres Mannes. Hier findet man neben einer gut bestückten Sammlung internationaler Gegenwartskunst auch einige Sonderausstellungen.
Auf der als Autobahn ausgebauten E 18 (gebührenpflichtig) erreichen wir Drammen, mit rund 52.000 Einwohnern die sechstgrößte Stadt des Landes. Sehenswert sind u.a. das mit dem Europa-Nostra-Preis ausgezeichnete, vorbildlich restaurierte Rathaus, das Stadtmuseum, der Herrenhof Austad - und die berühmte Spirale, ein in den Berg Bragernesåsen gesprengter Spiraltunnel, der sich im Berginnern nach oben schraubt (von oben schöne Aussicht).
Wir fahren nun weiter auf der E 76 und folgen dem Nordufer des breiten Flusses Drammenselv (am Südufer der Industrieort Mjøndalen). Über Darbu (mittelalterliche Steinkirche von Fiskum am Seeufer) gelangen wir nach Kongsberg (21.000 Einw.), das im 17. und 18. Jh. wegen seiner Silbergruben zu Größe und Reichtum gelangte. Sehenswert: die Stadtkirche (1761), das Bergwerksmuseum in der ehemaligen Schmelzhütte (mit Skimuseum), das Volkskundliche Museum für Kongsberg und den Numedal-Distrikt.

Für einen Teil der Strecke folgen wir nun der Straße 8 durch das Numedal, das vom Lågen durchflossen wird. Bei Stengelsned, kurz hinter Kongsberg, bietet sich ein Abstecher durchs hübsche Jondal nach Bolkesjø an.
Westlich des Tals erhebt sich das Blefjell mit dem 1.341 m hohen Bletoppen (belieb-

Gran Hotel
Ein Hotel in angenehmer Umgebung im Ort Bolkesjø (Telemark), ca. 110 km von Oslo entfernt.
Das Hotel hat neben 83 gut ausgestatteten Zimmern auch ein Schwimmbad mit Sauna und Fitneßraum. Außerhalb des Hotelgebäudes gibt es Tennisplätze, Minigolf, Ruderboote und viele Wandermöglichkeiten. Das Gran Hotel ist Mitglied der »Kilde«-Hotelkette.
Gran Hotel, N-3654 Bolkesjø, Tel. 036 - 18 640, Fax: 036 -18 631

tes Wander- und Wintersportgebiet).
Wir fahren über Svene (alte Kirche) und Lampeland nach Flesberg. Sehenswert sind die Ortskirche (eine 1735 umgebaute ehemalige Stabkirche) und die Lyngdal-Kirche (1697, schöne Rosenmalereien und Inventar aus dem 17. Jh.). Ca. 5 km außerhalb liegt der alte Hof Dåset (Heimatmuseum). Bei Stærnes sollten Sie auf die Ostuferstraße abbiegen, die bei Veggli wieder auf die Straße 8 stößt (unterwegs geht es vorbei an zahlreichen alten Speichern und Hofgebäuden sowie an der Kirche von Rollag, einer im Jahr 1700 umgebauten Stabkirche, und dem Heimatmuseum).
Nach wenigen Kilometern auf der Hauptstraße empfiehlt sich bei Åsly eine weitere Nebenstraße als Alternative zur Straße 8. Sie führt am Westufer des hier zum See verbreiterten Flusses entlang (sehenswert: die Kirche von Nore, ebenfalls eine ehemalige Stabkirche mit schön dekoriertem Innenraum).
Auf der Straße 8 gelangen wir dann nach Rødberg, dem Zentralort der Tal- und Fjellgemeinde Nore og Uvdal (Wasserkraftwerke). Hier endet die inzwischen stillgelegte Numedal-Bahnlinie.
Ein weiterer Abstecher führt nach wenigen Kilometern zur Stabkirche von Uvdal (2. Hälfte des 12. Jh., sehenswertes Inneres) und dem benachbarten Heimatmuseum.
Die Straße 8 verläuft nun durch das Uvdal und steigt dann ins Gebirge an. Bei Vasstulan erreichen wir (oberhalb der Baumgrenze) die Paßhöhe von 1.100 m.
Auf der Nordseite des Gebirges können wir durch einen kurzen Abstecher nach Dagali gelangen (Kirche, Heimatmuseum, Charter-Flugplatz). Unsere Straße steigt anschließend noch einmal an und führt dann hinab nach Geilo, dem bekannten Wintersportort am Rande der Hardangervidda.

Bakkegaard Appartement
Der Familienbetrieb Bakkegaard Appartement im Zentrum von Geilo ist eine Wohnanlage, umgeben von zahlreichen Bäumen. 25 geschmackvoll eingerichtete und 43 m² große Wohnungen für bis zu 5 Personen.
Zur Anlage gehören u.a. ein Restaurant, Salons, Konferenzzimmer, ein Fitneßraum, Saunas, Solarien und eine Sonnenterasse und ein Spielzimmer für Kinder.
Bakkegaard Appartement, N-3580 Geilo, Tel. 067 - 85 000, Fax: 067 - 85 192

Im Gebiet von Geilo stehen über 4.000 Gästebetten (bei 2.800 Einw.) zur Verfügung, die vor allem im Winter belegt werden (Sonderpreise im Sommer). Im Sommer bestehen gute Wandermöglichkeiten. Lohnend ist eine Fahrt mit der Seilbahn auf die 1.100 m hohe Geilohøgda (Restaurant).

Wir folgen ab Geilo der Straße 7 talwärts bis nach Hagafoss (Hol) mit einer markanten, erst 1924 errichteten Kirche. Sehenswert ist vor allem das Heimatmuseum (Hol bygdemuseum) mit schönen Rosenmalereien.

Hotel Bergsjøstølen
Das Hotel Bergsjøstølen verfügt über 100 Betten, verteilt auf 35 Zimmer. Übernachtung mit Frühstück oder Vollpension möglich. Musik- und Tanzveranstaltungen werden im Haus angeboten. Hervorragende Langlauf- und alpine Skimöglichkeiten. Das Hotel liegt in 1.084 m Höhe in der Nähe eines Bergsees. Idealer Ausgangspunkt für Touren zu Fuß oder mit dem Auto.
Bergsjøstølen, N-3570 Ål, Tel. 067 - 84 618

Während die Straße 7 durch ein landschaftlich schönes Tal über Ål und Torpo nach Gol weiterführt, biegen wir ab auf die Straße 288 in Richtung Aurland, die zu den beeindruckendsten Touristenstraßen Norwegens gehört. Wir durchqueren zunächst das Gemeindezentrum Hol (sehenswerte Kirche mit altem Inventar) und fahren dann weiter durch das Sundnal. Hier stehen mehrere jahrhundertealte Höfe. Wesentlich neueren Datums ist der kleine Freizeitpark Hermonparken.
Die Straße steigt weiter an und führt am 950 m hohen See Strandavatn entlang (Gebirgsgasthof Storestølen). Bei Geiteryggen (»Ziegenrücken«) erreicht man die ersten von mehreren Tunneln, die dafür sorgen, daß diese Strecke auch im tiefen Winter befahrbar ist. Am Westausgang des 3,3 km langen Tunnels trifft man auf die Straße

Blick auf den Aurlandsfjord

288, die auf 1.156 m ihren höchsten Punkt erreicht - weit oberhalb der Baumgrenze. Wenig später passieren wir die Grenze zwischen den Bezirken Buskerud (Ostnorwegen) und Sogn og Fjordane (Westnorwegen). Auf der Weiterfahrt wird man die zahlreichen Stromleitungen bemerken: die Wasserkraft dieses Gebiets sorgt im wesentlichen für die Stromversorgung der Hauptstadt Oslo. Wer genügend Zeit hat, findet hier oben herrliche Wandermöglichkeiten; ein besonders guter Ausgangspunkt für Wanderungen ist die Touristenhütte Østerbø (von hier aus ca. 7 Std. bis hinab ins Tal nach Vassbygdi).
Anschließend geht die Fahrt durch mehrere lange Tunnel; der längste ist mit 4.250 m der Berdals-Tunnel. Allein zwischen Låvisberget (Aussicht!) und Vassbygdi (Kraftwerkszentrale) gibt es auf einer Strecke von 4,8 km nicht weniger als 3 km Tunnel (großartige Aussicht ins Tal zwischen den Tunneln).

Die Straße führt am See Vassbygdvatn entlang und folgt dem Lachsfluß Aurlandselva bis Aurlandsvangen, das an einem Arm des Sognefjords liegt (1.000 Einw.). Sehenswert im Zentrum der Gemeinde Aurland sind u.a. die große mittelalterliche Kirche, das Heimatmuseum »Lensmannsstova« und die Gräber aus der Wikingerzeit (Fjordkreuzfahrten). Besondere Spezialität des Ortes sind die Aurlandschuhe, die hier handwerklich hergestellt werden. Lohnender Abstecher: Mit dem Auto nach Flåm, von dort mit der Flåm-Bahn nach Myrdal und zurück. Diese Eisenbahn überwindet auf 20 km einen Höhenunterschied von 865 m und bietet eine herrliche Aussicht über Fjord und Fjell.

Ryggjatun Hotel
Das Ryggjatun Hotel in Aurland (8 km von Flåm entfernt) bietet seinen Gästen viel Ruhe und Entspannung. Es hat 78 Betten, verteilt auf 44 Zimmer - alle mit Bad/Dusche und WC. Neben geräumigen Salons und einer Bar lädt die Sonnenterasse zu einem »Bad« ein.
Gute Wandermöglichkeiten und Erreichbarkeit lassen das Hotel zu einem empfehlenswerten Urlaubsort werden.
Ryggjatun Hotel, N-5745 Aurland, Tel. 056 - 33 500, Fax: 056 - 33 606

Von Aurlandsvangen folgen wir nun einer schmalen, kurvenreichen und steilen Straße hinauf ins Gebirge (einzigartige Aussicht über den Aurlandsfjord!). In großartiger Gebirgslandschaft erreichen wir in 1.306 m Höhe den höchsten Punkt unserer Rundfahrt und fahren anschließend durch ein enges Tal hinab nach Erdal, wo wir den Lærdalsfjord erreichen, einen weiteren Arm des Sognefjords.

Wir folgen nun der E 68 und erblicken bald das Ortszentrum von Lærdal, das durch schöne gutherhaltene Holzhäuser geprägt ist. Lærdal ist eine fruchtbare Landwirtschaftsgemeinde, in der vor allem Gemüse (teilweise unter ökologischen Bedingungen) ange-

»Von Skagerrak bis Telemark« - Rundreise durch den Südosten

Route 8

Die Flåmbahn, ein Meisterwerk des Eisenbahnbaus

Entfernungen:		
0 km	Kristiansand	712 km
62 km	Evje	650 km
153 km	Valle (Nomeland)	559 km
241 km	Haukeligrend	471 km
331 km	Seljord	381 km
423 km	Kongsberg	289 km
518 km	Larvik	194 km
645 km	Arendal	67 km
712 km	Kristiansand	0 km

Diese Tour erschließt die östliche Hälfte des norwegischen Südens. Sie beginnt im wichtigen Fährhafen Kristiansand, führt durch das wildromantische Setesdal und später durch die Telemark. An der Südküste entlang kehrt man schließlich nach Kristiansand zurück.

Beim Bummel durch das Zentrum von Kristiansand fällt der schachbrettartige Grundriß der Stadt auf. Diese sogenannte »Quadratur« wurde bereits während der Stadtgründung in der Renaissance angelegt. Inzwischen ist Kristiansand rund um die alte Quadratur erheblich gewachsen und ist mit ihren 61.000 Einwohnern heute die fünftgrößte Stadt Norwegens. Sehenswert: die Domkirche (mit 70 Meter hohem Turm), außerhalb der Stadt die Festung Christiansholm (1680), das große Freilichtmuseum für den Bezirk Vest-Agder sowie der 400 m² große Zoo und Freizeitpark an der E 18.

Ab Kristiansand folgen wir in nördlicher Richtung der Straße 12, die durch das Setesdal bis nach Haukeligrend verläuft. Dieses berühmte, von steilen Felswänden eingefaßte Tal war lange Zeit ziemlich isoliert, so daß sich die alten Traditionen und Bräuche bis in unsere Tage erhalten haben. Volksmusik und Kunsthandwerk stehen hier immer noch hoch im Kurs und können an vielen Stellen »live« erlebt werden.

In Evje erreichen wir den südlichen Ausläufer des 35 km langen Byglandsfjords. Das Gebiet hier ist wegen seiner Mineralfundstellen bekannt. Das Evje Mineralien-Zentrum bietet Exkursionen für Sammler und Interessierte an.
Die Straße 12 folgt nun bald dem langgestreckten See Byglandsfjord. In Nomeland passieren wir die Silberschmiede »Sylvartun«, die in einem über 300 Jahre alten Holzhaus untergebracht ist. Hier werden silberne Broschen und Nadeln mit traditionellen Mustern aus dem Setesdal angeboten.
In Valle, noch weiter talaufwärts, befindet sich die Setesdal Husflidsentral, die Kunst-

hof und das (nach Absprache) zu besichtigende Wasserkraftwerk »Heimsil II«.

Wir fahren nun in südlicher Richtung durch das Hallingdal (Straße 7). Nach 21 km liegt Nesbyen vor uns, ein für seine hohen Sommertemperaturen mittlerweile »berüchtigter« Ort. Hier wurde mit 35,6 Grad (!) der norwegische Wärmerekord gemessen. Das hiesige Freilichtmuseum besteht aus 20 Gebäuden und wertvollen Sammlungen von Textilien, Gebrauchsgegenständen und Schußwaffen. Besondere Beachtung verdient der mittelalterliche Vorratsspeicher Staveloftet.

Wir folgen dem Hallingdalselv talwärts. Einige Kilometer hinter Flå, dem kleinen Zentrum einer dünnbesiedelten Tal- und Fjellgemeinde, verbreitert sich der Fluß zum Binnensee Krøderen (41 km lang, 43 km² groß).
Die Straße 7 verläuft am östlichen Seeufer. Unterwegs bestehen schöne Rast- und Bademöglichkeiten.
In Noresund führt eine Nebenstraße zum Norefjell und weiter zum Eggedal. Vom Norefjell (1952 Austragungsort der Olympischen Winterspiele) hat man eine prächtige Aussicht. Das Eggedal besitzt eine hübsche Kirche mit Barockinventar. Sehenswert ist dort auch Hagan, das Haus des Malers Skredsvig (1854-1924), das als Museum der Öffentlichkeit zugänglich gemacht wurde.
Die Straße 7 folgt zunächst weiter dem langgestreckten Krøderen und führt über Sokna (Lunder Kirche von 1704) nach Hønefoss, dem Hauptort der Gemeinde Ringerike. Hønefoss ist Norwegens einzige Stadtgemeinde mit einem freilebenden Bärenstamm. Die Stadt (15.000 Einw.) ist eine lebhafte Industrie- und Handelsstadt und verdankt ihre Existenz vor allem dem großen Wasserfall, der schon vor mehreren hundert Jahren zum Antrieb von Sägemühlen diente. Sehenswert ist u.a. der Riddergården aus der 1. Hälfte des 18. Jahrhunderts.
Das Gebiet südlich von Hønefoss ist sehr fruchtbar. Weite Ackerflächen und Obstplantagen prägen dort das Bild. Ein kurzer Abstecher von der E 68 (der wir nun folgen) führt zur mittelalterlichen Kirche von Norderhov und zum benachbarten Ringerike-Museum im alten Pfarrhof.
In Sundvollen erreichen wir den großen Binnensee Tyrifjorden. Hier lohnt ein Abstecher zum Aussichtspunkt Dronningens utsikt (»Königinnen-Aussicht«; ca. 400 m). Ein Fußmarsch von knapp einer halben Stunde eröffnet ein noch »königlicheres« Panorama: Kongens utsikt (»Königs-Aussicht«; 487 m).
Die E 68 ist bis Oslo ausgesprochen gut ausgebaut und verläuft hoch über dem Tyrifjorden (gebührenpflichtig). Den höchsten Punkt erreichen wir bei Sollihøgda (guter Ausgangspunkt für Ski- und Fußwanderungen; beliebtes Osloer Ausflugsziel).
In Sandvika, dem Hauptort der Großgemeinde Bærum, treffen wir auf die E 18, der wir bis ins Zentrum von Oslo folgen.

baut wird. Die Straße verläuft durch das teilweise enge und wilde Lærdal, das von einem berühmten Lachsfluß durchzogen wird.
Unterwegs besuchen wir die Stabkirche von Borgund. Sie stammt aus der Zeit um 1150 und gilt als die besterhaltene Kirche ihrer Art. Mit ihren geschnitzten Drachenköpfen ist sie besonders typisch für die Holzkirchenarchitektur des frühen Christentums. Die bizarren Tierschnitzereien lassen deutlich ihren heidnischen Ursprung erkennen (Runeninschrift aus dem 12. Jh.).
In Borlaug biegen wir auf die Straße 52 ab. Sie steigt gleich zügig an und erreicht bald die Baumgrenze. Breistølen (Gebirgsgasthof) ist hier ein guter Ausgangspunkt für Wanderungen. Wir überqueren die Bezirksgrenze zwischen Sogn og Fjordane und Buskerud und fahren bald talwärts ins Hemsedal. Besonders beachtenswert sind unterwegs der mächtige Wasserfall Rjukandefoss (»Rauchender Fall«; ca. 10 Minuten Fußweg von der Straße entfernt) sowie das Heimatmuseum und Kunsthandwerkzentrum »Skinnfellgården«.
Wir passieren das Gemeindezentrum Hemsedal, den Mittelpunkt eines großen Wintersportgebietes und fahren über Ulsåk (Hemsedal Heimatmuseum) nach Gol, das unten im Tal liegt.

Gol ist ein beliebter Urlaubsort mit 2.000 Einwohnern. Sehenswert sind der Heimat-

Pers Hotell
Unterbrechen Sie Ihre Fahrt auf der »Abenteuerstraße« (Str. 7) zu den Fjorden für einen Aufenthalt im Pers Hotel in Gol. Genießen Sie das »Tropicana«, ein tropisches Badeparadies mit Wellen-, Römerbad, Solarium u.v.m. Preisgünstige Übernachtung in Hütte, Wohnung oder Hotelzimmer. (DZ inkl. Frühstück ab NOK 650,-). Nähere Informationen und Bestellungen bei:
Pers Hotell, N-3550 Gol,
Tel. 067 - 75 400, Fax: 067 - 75 509

Revsnes Hotell
Das Hotel liegt in **Byglandsfjord**, am Südende des gleichnamigen Sees. Es ist ein sorgsam geführtes Privathotel, das man einmal erlebt haben muß. Das Haus verfügt über eine große Gartenanlage direkt am See, komfortable Zimmer und von Tradition geprägte Aufenthaltsräume. Seine Lage macht es zu einem idealen Ausgangspunkt für Ausflüge ins Setesdal und ins Hochgebirge.
Revsnes Hotell, N-4680 Byglandsfjord, Tel. 043 - 34 300, Fax: 043 - 34 127

handwerks- und Handarbeitsprodukte aus dem Setesdal verkauft. Die Gebirgszüge am linken Straßenrand, die Valleheiene, erreichen bis zu 1.377 m Höhe.

In Flateland empfiehlt sich ein kurzer Abstecher zum Setesdalmuseum mit jahrhundertealten Gebäuden.
Wir fahren weiter talaufwärts nach Bykle. Dieses Kirchdorf hat seinen ursprünglichen Charakter weitgehend erhalten. Nördlich der sehenswerten Kirche befindet sich das Heimatmuseum Huldreheimen mit mehreren, bis zu 400 Jahre alten Gebäuden aus dem oberen Talbereich.
Die Straße 12 steigt immer weiter an, bis wir in schöner Hochgebirgslage das Touristenzentrum Hovden erreichen. Hovden ist in erster Linie als Wintersportzentrum bekannt, erfreut sich aber auch als hervorragender Standort für Gebirgswanderungen und Angeltouren großer Beliebtheit.
Die Straße 12 führt bald am See Breivatn entlang und erreicht bei Sessvatn mit 917 m ihren höchsten Punkt. Nach mehreren Serpentinen erreicht man unten im Tal Haukeligrend, das Eingangstor zur Hardangervidda, der größten Hochfläche Europas. Wir befinden uns nun schon im Bezirk Telemark, einer der bekanntesten Landschaften Norwegens.
Wir folgen nun der E 76 und passieren Edland (Ziegenmilchproduktion), Grungedal (schöne Kirche von 1856; Museumshof Uppstoga in Rui) und Vinje. Die sehenswerte Dorfkirche mit wertvollem Inventar stammt aus dem Jahre 1796. Unweit der Kirche steht das Elternhaus des 1824 geborenen Volksdichters A.O. Vinje.
Von Åmot aus lohnt ein Abstecher nach Rauland am schön gelegenen Totak-See.

Austbø Hotel Rauland
Das Austbø Hotel liegt im traditionsreichen **Gebirgsort Rauland** im Norden von Telemark, an der kürzesten Strecke zwischen Ost- und Westnorwegen, und ist der ideale Ausgangspunkt für Touren in Südnorwegen. Das Hotel ist klein, und die Einrichtung wird durch Kunst und Antiquitäten geprägt. Schöne Aussicht. Gebirgswanderungen, Angeln, Reiten, freie Bootsbenutzung.
Austbø Hotel Rauland, N-3864 Rauland, Tel. 036 - 73 425, Fax: 036 - 73 106

Ein zweiter Abstecher geht von Åmot aus in Richtung Süden. Vorbei an steilen Bergwänden führt die Straße 38 über Dalen nach Krossli. Nach rechts und links führen kleine Straßen zu einigen der schönsten Aussichten in der Telemark. In Krossli zweigt die Straße 355 nach Fyresdal ab (1.500 Einw.; Kirche von 1843, alte Gräberstätte, Runenstein aus dem 12. Jh.).

Fyresdal Turisthotell
Am Ufer des Sees **Fyresvatn** liegt dieses Eldorado für alle, die gern aktiv sind. Wandermöglichkeiten, Wassersport, Segeln, Tennis, Fahrradverleih, Fitneßraum und Sauna. 48 Zimmer, davon 8 behindertengerecht eingerichtet, 12 große Familienzimmer, alle mit Dusche / WC, Telefon, Radio. Konferenzzentrum für 132 Personen. Restaurant, Tanz zu Live-Musik, Bar (siehe auch S. 234).
Fyresdal Turisthotell, N-3870 Fyresdal, Tel. 036 - 41 255, Fax: 036 - 41 154

Wir fahren weiter durch ein Gebiet, das von landwirtschaftlichen Kleinbetrieben geprägt ist. Nirgendwo sonst in der Telemark findet man so viele Beispiele der uralten Holzbauweise. Über Åmot und Høydalsmo (Kirche aus dem 18. Jh.) gelangen wir nach Morgedal, das als »Wiege des Skisports« gilt. Das Olav Bjåland-Museum zeigt u.a. Erinnerungsstücke von Amundsens Südpol-Expedition. In Øvrebø steht die »Sondre Nordheimsstugo«, das Haus, in dem Sondre Nordheim, der »Vater des modernen Skilaufs«, 1825 geboren wurde.
Die E 76 führt uns weiter durch die Telemark nach Brunkeberg (Kirche 18. Jh.).
Hier lohnt ein Abstecher auf der Straße 39 über Kviteseid an den See Nisser, den größten See Telemarks, auf dem das Museumsschiff »M/S Fram« verkehrt.

Straand Hotel und Vrådal Hotel
Umgeben von Gebirgen und Wäldern mit Aussicht über den Binnensee **Nisser** liegen die Vrådal-Hotels. 183 Zimmer mit 550 Betten sowie 34 Hüttenwohnungen. Straand Sommerland; Pferdezentrum, Tennis, Badminton, Kinderspielplatz, einladender Badestrand mit Kanus, Wassertret- und Ruderbooten. Restaurant mit offenem Grill direkt am Strand. M/S Fram, Veteranenschiff.
Vrådals-Hotellene, N-3853 Vrådal, Tel. 036 - 56 100, Fax: 036 - 56 350

Wir fahren weiter nach Seljord am Westende des Sees Seljordvatn, in dem laut hartnäckigen Gerüchten ein Seeungeheuer leben soll. An der Ortskirche (teilweise 11. Jh.) steht ein 570 kg schwerer Stein, den angeblich der starke Nils aus Seljord mit eigener Kraft gehoben haben soll. In der Schule wird eine Sommerausstellung mit Kunsthandwerksprodukten durchgeführt.
Wir fahren nun nördlich am Gebirgsmassiv Lifjell vorbei.

Bei Notodden steht eine der bedeutendsten Sehenswürdigkeiten Norwegens: die Stabkirche von Heddal. Die große Holzkirche wurde im 13. Jh. errichtet und gilt als Meisterwerk der nordischen Stabkirchenarchitektur. In ihrer Nachbarschaft befindet sich das Heimatmuseum von Heddal.
Wir durchqueren das Stadtgebiet von Notodden, einem ausgeprägten Industrieort mit ca. 13.000 Einwohnern.

Hotel Telemark
Das Hotel liegt im Zentrum von **Notodden**, nahe der E 76. Es befindet sich in zentraler Lage für Fjell- oder Angeltouren. Von den 61 teilweise Familienzimmern mit 137 Betten sind 46 mit TV und Minibar ausgestattet. Alle Zimmer mit Dusche und WC. Im Haus gibt es eine Sauna und ein Solarium. Ausflüge zum Freizeitpark »Lekeland« oder Bootsfahrten auf dem Telemarkkanal.
Hotel Telemark, Torvet 8, N-3670 Notodden, Tel. 036 - 12 088, Fax: 036 - 14 060

Die E 76 führt uns weiter durch ein landschaftlich schönes Gebiet nach Kongsberg. Bevor wir das Stadtgebiet erreichen, sollten wir einen Abstecher zum alten Silberbergwerk (Besichtigung mit Grubenbahn) unter-

Die idyllische Kleinstadt Kragerø sollte man sich bei einem Südnorwegen-Aufenthalt nicht entgehen lassen.

nehmen. Die moderne Industriestadt Kongsberg (21.000 Einw.) verdankt ihre Entstehung diesen Silbergruben. Sehenswert: die große, reich ausgeschmückte Stadtkirche, das Bergwerksmuseum mit einer originalgetreu nachgeahmten kleinen Silbergrube, das Skimuseum und das ausgedehnte Heimat- und Freilichtmuseum am Stadtrand.

Ab Kongsberg folgen wir der Straße 8 in südlicher Richtung durch das Flußtal des Lågen (Lachsfluß). Wir passieren Svarstad (Holzkirche von 1657) und Odberg (Kirche von Hvarnes, 1705). Bei Larvik erreichen wir das Meer.
Larvik (8.500 Einw.) ist eine traditionsreiche Seefahrts- und Handelsstadt mit einigen Industriebetrieben. Die Stadt ist durch die Autofähre der Larvik Line mit Frederikshavn in Dänemark verbunden. Die bedeutendste kulturhistorische Sehenswürdigkeit ist der Hof Herregaarden, der 1673 als Residenz des dänischen Statthalters in Norwegen, Ulrik Frederik Gyldenløve, erbaut wurde. Heute beherbergt er das Stadtmuseum. Besuchenswert sind auch das Seefahrtsmuseum im alten Zollhaus und die Stadtkirche (1677). Im Nordwesten des Stadtgebiets erstreckt sich der größte Buchenwald Norwegens auf einer Endmoräne (Naturpark Bøkeskogen). Dort findet man auch über 100 Gräber aus der Wikingerzeit.

Der Hafen von Brevik - typisch Sørlandet

Holms Motel und Kafeteria
Zentral gelegen an der E 18 zwischen Sandefjord und Larvik, nur 10 Minuten zu den Fähren nach Strømstad und Frederikshavn. Das Motel bietet 36 erstklassige Zimmer mit Dusche/WC, Farb-TV und Telefon, alle praktisch und komfortabel eingerichtet.
Das gemütliche Restaurant ist bekannt für gutes Essen. Bis zu den Badestränden am Meer sind es nur 10 Minuten.
Holms Motel og Kafeteria A/S, Amundrød, N-3250 Larvik, Tel. 034 - 92 480, Fax: 034 - 92 310

Wir folgen nun der E 18 nach Porsgrunn, das zur Blütezeit der Segelschiffahrt zu den führenden Hafenstädten Norwegens gehörte. Heute ist in der 31.500 Einwohner zählenden Industriestadt nicht nur Norwegens einzige Prozellanmanufaktur angesiedelt, sondern darüber hinaus auch der große Erdölkonzern Norsk Hydro. Sehenswert: das Stadtmuseum im alten Pfarrhof, die Østre Porsgrunn Kirche mit schönem Rokoko-Inventar, sowie die Sammlungen der Porzellanfabrik (mit Verkauf).

Wir nähern uns nun den bekannten »weißen Städten« der Südküste. Auf der E 18 kann man »Sørlandet« am schnellsten durchqueren, allerdings sollte man nicht versäumen, einen Abstecher über eine der kleinen Nebenstraßen bis direkt an den Strand zu machen.
Auf der E 18 erreichen wir Brevik, dessen Zentrum unterhalb der Hauptstraße liegt (lohnender Abstecher in den kleinen Hafenort mit malerischer Holzhausbebauung und interessantem Stadtmuseum im alten Rathaus).
An der Kreuzung von Dørdal sollte man über die Straße 363 einen Abstecher nach Kragerø unternehmen. Kragerø ist eine hübsche Kleinstadt mit guterhaltenen Holzhausvierteln. Bekannte Sehenswürdigkeiten sind das Berg-Kragerø-Museum mit geschichtlichen Sammlungen, das Stadtmuseum im alten Rathaus und die Kanonenbatterie auf Gunnarsholm.
Ab Kragerø folgen wir der Straße 351, die dicht an der Küste entlang in Richtung Risør führt und bei Søndeled wieder auf die E 18 trifft.
Mit seinen guterhaltenen, hellgestrichenen Holzhäusern ist Risør (3.500 Einw.) ein typischer Hafenort der Südküste. Auch hier ist die Küstenlandschaft durch schöne Inseln und Schären geprägt, die herrliche Bade- und Bootssportmöglichkeiten bieten. Sehenswert: die Heilliggeist-Kirche (Mitte 18. Jh.) mit beachtenswerter Barock-Einrichtung.
Auf den Straßen 411 und 410 fahren wir weiter entlang der Küste über Tvedestrand (malerische Holzhaus-Bebauung; schöne Bootsausflüge) nach Arendal (11.500 Einw.). Im letzten Jahrhundert waren in Arendal über 100 Segelschiffe registriert. Der schönste Teil der Stadt ist das malerische Altstadtviertel Tyholmen mit zahlreichen Holzhäusern. Vom Kai Langbrygga aus werden Bootsfahrten nach Merdøy und Tromøy veranstaltet. Empfehlenswert ist auch eine Sightseeing-Boottour rund um die Insel Hisøy. Sehenswert: das Bezirksmuseum für Aust-Agder, die Gemäldegalerie im Rathaus sowie die Dreifaltigkeitskirche.

Wir folgen nun wieder der E 18. Eine schöne Abwechslung bietet ein Abstecher ins Stadtgebiet von Grimstad, einer typischen Südküstenstadt mit hübschen, weißgestrichenen Holzhäusern (Stadtmuseum in der alten Apotheke, in der einst Henrik Ibsen arbeitete).

Helmershus Hotel
Das Helmershus Hotel liegt in unmittelbarer Nähe des Zentrums von Grimstad mit schönem Blick auf Yachthafen und Schärenküste. Es handelt sich um ein individuelles und modernes Hotel mit erstklassigem Service und gemütlicher Atmosphäre. Eine große Terasse und eine gepflegte Gartenanlage laden zur Entspannung ein. Kostenloser Parkplatz ist vorhanden.
Helmershus Hotel, Vesterled 23, N-4890 Grimstad, Tel. 041 - 41 022, Fax: 041 - 41 103

Rund 7 km hinter Grimstad liegt der Gutshof Nørholm, der 1918 vom norwegischen Schriftsteller Knut Hamsun erworben wurde.
Nächste Stadt auf unserer Reise ist Lillesand, deren Ortskern durch die Holzhausarchitektur vergangener Jahrhunderte geprägt ist. Sehenswert: das Rathaus von 1734, die stadt- und seefahrtsgeschichtlichen Sammlungen im Patrizierhaus »Carl Knudsen Gården« sowie zahlreiche schöne Holzhäuser.
Über die E 18 erreichen wir schließlich die Hauptstadt des Feriengebietes Sørlandet - Kristiansand, den Ausgangspunkt unserer Reise.

Bemerkungen: Diese Route ist ganzjährig und auch mit Wohnwagen-Gespannen befahrbar. Auf der Gebirgsstrecke nördlich von Hovden kann es zu vorübergehenden Sperrungen oder »kolonnekjøring« (spurweises Fahren) kommen.

Hotell Vic
Das »Vic« ist ein modernes Hotel im Zentrum von Porsgrunn. Das Hotel hat 100 Zimmer, die allesamt mit Bad, WC und Kabelfernsehen ausgestattet sind. Ein besonderer Tip unter Gourmets ist das Restaurant »Paletten«, das weithin bekannt ist für guten Service und hervorragendes Essen.
Außerdem: »After Eight Dancing«, Tanz zu Live-Musik von bekannten Bands.
Hotell Vic, Skolegt. 1, N-3900 Porsgrunn, Tel. 03 - 55 55 80, Fax: 03 - 55 72 12

Route 9

»Rings um Rogaland und Vest-Agder«
Der Südwesten

Entfernungen:		
0 km	Kristiansand	737 km
123 km	Flekkefjord	614 km
251 km	Stavanger	486 km
303 km	Haugesund	434 km
445 km	Røldal	292 km
496 km	Haukeligrend	241 km
737 km	Kristiansand	0 km

Wer den südwestlichsten Teil Norwegens kennenlernen möchte, sollte diesem Tourenvorschlag folgen. Die Strecke führt durch den interessanten Küstenstreifen zwischen Kristiansand und Stavanger, durchquert den südlichen Teil des Fjordlands und überquert die Hochebene der Hardangervidda. Durch das traditionsreiche Setesdal gelangt man schließlich zurück nach Kristiansand.

Hotel Norge
Dieses Erste-Klasse-Hotel liegt im Zentrum von **Kristiansand**. 200-300 m zum Bahnhof, zur Busstation und den Fähren vom Kontinent. Flughafenbus vor der Tür. Es verfügt über 114 moderne Zimmer, Konferenzsäle und ein Restaurant. Die hauseigene Bäckerei liefert täglich frische Backwaren zum Frühstück. Das Hotel ist bekannt für seinen hohen Komfort und gemäßigte Preise.
Hotel Norge A/S, Dronningensgt. 5, Postboks 729, N-4601 Kristiansand, Tel. 042 - 20 000, Fax: 042 - 23 530

Wir verlassen die »Sørlandet-Hauptstadt« Kristiansand über die E 18, die ab hier Teil der »Grünen Küstenstraße« ist.
Über Søgne (kleines Heimatmuseum, Grab aus der Zeit der Völkerwanderung, Fachwerkkirche »Søgne gamle kirke« von 1590) gelangen wir nach Mandal. Sie ist die südlichste und gleichzeitig älteste der malerischen Städte Südnorwegens und hat heute 12.000 Einwohner. Sehenswert ist die Altstadt um den Marktplatz und die Store Elvegate mit ihren traditionellen Holzhäusern. Die Stadtkirche von 1821 im klassizistischen Stil hat 1.800 Sitzplätze und ist die größte Holzkirche Norwegens. Sehenswert sind auch das Stadtmuseum und die Patrizierhäuser Skrivergården und Wattnegården. Im 17. Jahrhundert war der Mandalslachs eine berühmte Delikatesse. Noch heute findet er sich im Stadtwappen als »glade laks« (fröhlicher Lachs). Frische Lachsspezialitäten können Sie in mehr als dreizehn Restaurants und Cafés in Mandal probieren.

Njervesanden
Kaufen oder mieten Sie ein Ferienhaus im Feriendorf Njervesanden an der Skagerrak-Küste. 60 km vom Fährhafen Kristiansand und nur wenige Autominuten von Norwegens südlichstem Punkt, Lindesnes, entfernt, bietet die moderne Anlage fünf verschiedene Wohnungs- und drei Hüttentypen. Alle Wohneinheiten sind als permanente Jahreswohnungen ausgestattet, zu jeder gehören Park- und Bootsanlegeplätze. Die Preise für die zwischen 50 und 100 m² großen Wohnungen betragen ab DM 130.000,-. In direkter Nähe liegt ein Einkaufszentrum.
Eiendom-Invest A/S, St. Helenas vei 2, N-4500 Mandal, Tel. 043 - 64 700, Fax: 043 - 65 109

Von Mandal aus ist unser nächstes Ziel Kap Lindesnes, das norwegische Südkap (E 18 bis Vigeland, dort links auf die Straße 460). Sein markanter Leuchtturm und der Wegweiser sind beliebte Fotomotive. Von hier sind es präzise 2.518 km bis zum Nordkap. Unsere nächste Station an der E 18 ist Lyngdal. Dort biegen wir auf die Straße 43 nach Farsund ab. In Alleen bietet sich ein Abstecher zum Hafenort Korshamn an, der Lindesnes gegenüber auf einer kleinen Insel liegt.

Angelhüttenferien in Südnorwegen
Erstklassige Einquartierung in 22 neugebauten und voll ausgerüsteten Angelhütten mit Küche und Dusche/WC. Alle Hütten liegen am Meer und zu jeder gehört ein 14' Ruderboot. Motoren und größere Boote sind zum Verleih. Die Ortslage ist der Fischplatz Korshamn, gerade West von Lindesnes. Kostenloser Kaiplatz im Gästehafen, organisierte Angeltouren. Lesen Sie: »Fisch und Fang«, Heft 9/90.
Korshamn Rorbuer, N-4586 Korshamn, Tel. 043 - 47 233, Fax: 043 - 47 234

Farsund ist eine weitere hübsche Hafenstadt, auch wenn der größte Teil der Altstadt beim Brand von 1901 zerstört wurde.
Wir folgen der Straße 43 und durchqueren die Halbinsel Lista, die herrliche Badestrände, eine für Südnorwegen charakteristische Natur und manche idyllische Siedlung zu bieten hat. Sehenswert sind die Vanse-Kirche, deren älteste Teile aus dem Jahre 1037 stammen, sowie das Lista-Museum. Auf wenig befahrenen Nebenstraßen setzen wir unsere Fahrt über die Halbinsel Lista fort und treffen bei Kvinesdal wieder auf die E 18, der wir nach Flekkefjord folgen. Die hübsche Kleinstadt ist von Hügeln umgeben und besitzt einen schön gelegenen Hafen. In »Hollenderbyen«, der Holländerstadt, streift man durch schmale Gassen mit malerischen Bootsschuppen und alten Holzhäusern, die im holländischen Stil erbaut wurden. Früher fand von Flekkefjord aus die Holzausfuhr in die Niederlande statt. Sehenswert: das Stadtmuseum und die Stadtkirche.

Wir verlassen nun die Europastraße und folgen der Küstenstraße 44 über Åna-Sira (Grenze zum westnorwegischen Fjordbezirk Rogaland) in Richtung Egersund. Im Gebiet des Jøssingfjords verläuft die Straße mit einigen Tunneln durch teils wildromantische, teils idyllische Küstenlandschaften. Zum Baden bietet sich der Sogndalsstrand bei Hauge an. Hier kann man auch die Fischereiabteilung des »Dalane Folkemuseums« besichtigen.
Egersund ist eine Handelsstadt, die früher überwiegend vom Heringsfang geprägt war. Besonders sehenswert sind die malerischen Holzhäuser in der Strandgate.

An der Küste entlang geht es weiter auf der Straße 44 durch das fruchtbare Landwirtschaftsgebiet Jæren. Goldgelbe Getreidefelder und üppig grüne Gemüsefelder wechseln sich ab. Bei Vigrestad bietet sich eine Pause und eine Besichtigung des Gräberfelds Evestad an. Über Bryne fahren wir nach Sandnes.
Sandnes (43.000 Einw.) ist ein Industrieort am Gandafjord. In der Umgebung gibt es zahlreiche Urlaubsmöglichkeiten. In nur 15 Autominuten erreicht man herrliche Badestrände und ist in 45 Minuten bereits in schönen Fjellgebieten, in denen man noch lange bis in den Frühsommer Skilaufen kann.

Bei Ålgård, außerhalb der Stadt, an der E 18 liegt der Kongepark. Norwegens größter

Ohne Leuchttürme läuft nichts - Lista Fyr an der Südküste

Ullandhaug, Hof aus der Eisenzeit

Freizeitpark überbietet sich Jahr für Jahr mit neuen Attraktionen. Ein riesiges Vogelhaus mit Europas größter Freiflugvoliere, der 85 m lange liegende Riese Gulliver, Rutschbahnen, Labyrinthe für Kinder, ein Reitzentrum, eine Westernstadt oder der Jæren-Musterhof bieten eine reiche Auswahl. Übrigens kann man im Kongepark sogar länger Station machen und in einer der 27 Hütten oder auf dem Campingplatz wohnen. Von Sandnes ist es nicht mehr weit bis Stavanger, Norwegens »Ölstadt«.

Stavanger ist mit knapp 100.000 Einwohnern Norwegens viertgrößte Stadt und eine gelungene Mischung aus Altem und Neuem. Sie verdankt ihren Aufstieg dem Fischfang und dem Seehandel. 1873 entstand hier die erste Fischfabrik, 100 Jahre später prägt die Entstehung einer eigenen norwegischen Ölindustrie das Wirtschaftsleben der Stadt. Sehenswert: Die Domkirche (12. u. 13. Jh.; Prachtchor im gotischen Stil, schönes Barockinventar), das Stadtmuseum (natur- und kulturhistorische Sammlungen; Archäologieabteilung), das Handels- und Seefahrtsmuseum, das Konservenindustrie-Museum (in Alt-Stavanger), der rekonstruierte Hof Ullandhaug aus der älteren Eisenzeit mit mehreren Gebäuden, die herrschaftlichen Häuser Ledaal und Breidablikk. Eine bedeutende Sehenswürdigkeit ist auch die Altstadt (Gamle Stavanger) mit rund 170 malerischen Holzhäusern und idyllischen Pflastergassen. Eine gute Aussicht über die Innenstadt hat man vom Turm Valbergtårnet (Altstadt).

Reso Atlantic Hotel
Das Atlantic liegt im Zentrum der Stadt, nahe dem Stadtpark und dem See »Breiavannet«, wenige Minuten vom historischen **Alt-Stavanger**, dem Fischmarkt und guten Einkaufsmöglichkeiten entfernt. Ein idealer Ausgangspunkt für Ausflüge. Alle Zimmer mit Bad, Dusche und WC, Radio, TV, Fön und Hosenbügler. Restaurants, Café, Bar, Pub und Nachtclub im Hotel.
*Reso Atlantic Hotel, Postboks 307,
N-4001 Stavanger,
Tel. 04 - 52 75 20, Fax: 04 - 53 48 69*

Vom Stadtzentrum aus fahren wir zunächst zum Fährhafen Randaberg (10 km). Dort setzen wir mit der Fähre nach Skudeneshavn über. Während der rund 70minütigen Fahrt passieren wir u.a. die Inselgemeinde Kvitsøy.
Skudeneshavn ist ein idyllisches Städtchen mit 2.500 Einwohnern. Die Altstadt wird durch gepflegte Holzhäuser im Empirestil aus der ersten Hälfte des 19. Jh. geprägt. Einen Spaziergang durch die alten Gassen sollte sich niemand entgehen lassen. Sehenswert: Das Stadtmuseum im Mælandsgården, die Kunst- und Kulturwerkstätten »Tåkelurfabrikken« (Nebelhornfabrik), die Galerie sowie der kleine Naturpark »Doktor Jensens Minne« mit für diese Breitengrade seltenen Baumgewächsen.

Wir folgen nun der Westküste der Insel Karmøy und passieren einige schöne Aussichts- und Badestellen. An der Kirche von Ferkingstad bietet sich eine besonders schöne Aussicht aufs Meer bis hin zur Fischerinsel Utsira, die fast 20 km weit draußen im Meer liegt (Linienboot von Haugesund aus).
Die Straße 14 bringt uns dann nach Åkrehamn, einem großen Fischereihafen und Verwaltungssitz der Gemeinde Karmøy (ca. 35.000 Einw.; Ortskirche von 1820). Hier liegt der 1 km lange Åkresanden, einer der schönsten Sandstrände Norwegens.
Später führen Abzweigungen nach Kopervik (4.500 Einw.; größter Ort der Insel) und zum größten Aluminiumwerk Europas.
In Avaldsnes steht die St. Olavs Kirche aus der Zeit um 1250. Der 6,5 m hohe Stein an der Kirchenwand (»Nähnadel Marias«) ist sagenumwoben: Die Welt soll untergehen, wenn er die Mauer berührt. In der Nähe befinden sich die Grabhügel Rehaugene mit einem der bedeutendsten bronzezeitlichen Grabfelder Norwegens.
Wir verlassen die Insel Karmøy auf der 690 m langen, hohen Karmsund-Brücke. An ihrem Kopfende stehen 5 Gedenksteine aus der Zeit der Völkerwanderung: »Die fünf törichten Jungfrauen«. Wenig später erreichen wir das Zentrum von Haugesund.

Haugesund (27.000 Einw.) ist eine wichtige Hafenstadt, deren Geschichte eng mit der Entwicklung von Fischerei und Seefahrt verbunden ist. In den letzten Jahren gewinnt die Ölindustrie an Bedeutung. Haugesund ist Austragungsort des bedeutendsten norwegischen Filmfestivals. Sehenswert: Das Karmsund-Volksmuseum und die Städtische Gemäldegalerie. 2 km nördlich liegt

Strand bei Skudeneshavn

Haraldshaugen mit dem 1872 errichteten Nationalmonument: ein 17 m hoher Obelisk mit 29 kleineren Steinen, die die geeinten Landschaften Norwegens symbolisieren. Das Steinkreuz auf dem benachbarten Krosshaugen stammt aus dem Jahre 1000.

Ab Haugesund folgen wir der E 76 und kommen über Grinde (Gedenksteine aus der Eisenzeit) und Skjold (Kirche von 1887 mit Kanzel und Altartafel im Stil der Stavanger-Renaissance aus der Zeit um 1625) zur Kreuzung Knapphus. Hier verlassen wir die E 76 und biegen rechts in die Straße 46 ein. Über Kårhus (Kirche von 1855 mit Altartafel im Stil der Stavanger-Renaissance) und Sandeid erreichen wir Vikedal. Dieser Ort war im letzten Jahrhundert ein Zentrum des Schiffsbaus, was ihn nach wie vor prägt. Die Kirche enthält neben einer Altartafel von 1654 einige andere Sehenswürdigkeiten. Eine Nebenstraße führt zum Wasserfall Låkafossen.
Die Straße 46 führt weiter am Vindafjorden entlang und bringt uns über Imsland nach Ropeid, wo eine Fähre über den Sandsfjord

Stavanger, »gamle byen«

nach Sand verkehrt. Sand (1.500 Einw.) ist das Zentrum der Gemeinde Suldal, die vor allem durch den Lachsfluß Suldalslågen bekannt ist.

Wir folgen ab Ropeid der Straße 13 am Saudafjord entlang und gelangen über Saudasjøen zum schön gelegen Industrieort Sauda (5.000 Einw.). Sauda exportiert nicht nur über 100.000 Tonnen Metallprodukte jährlich, sondern auch reines »Viking Quellwasser«.

Ferienanlage Sauda

Die Ferienanlage in **Sauda** liegt 3 km vom Stadtzentrum entfernt. Sie bietet 70 Plätze für Wohnwagen/Zelte (mit Stromanschluß), 30 Hütten ab NOK 150,- pro Nacht, daneben ein Café und moderne Sanitäranlagen.
Zur Verfügung stehen Minigolf, eine BMX-Radcrossbahn und ein Bootsverleih. Außerdem: Grubenwanderungen, Touren durchs Schmelzwerk und verschiedene Museen. Im Gebirge gibt es markierte Wanderwege und Möglichkeiten zur Jagd und zum Angeln, außerdem Kanuverleih, Tennisplätze, Freiluftschwimmbad und Reiten.
*Turistsenteret i Sauda,
N-4208 Saudasjøen,
Tel. 04 - 78 12 57, Fax: 04 - 78 39 68*

Bei Sauda lassen wir den Fjord hinter uns und fahren hinauf ins Gebirge. Die Straße 520 führt über den Svartevass-Damm und erreicht bei Krinletjern eine Höhe von 900 m. Bei der Abfahrt nach Hordalia hat man eine herrliche Aussicht über den See Røldalsvatn. In Hordalia erreichen wir wieder die E 76 und biegen rechts ab zum See Røldalsvatnet.

Am Nordende des Sees liegt das Kirchdorf Røldal. Besonders sehenswert ist hier die Stabkirche aus dem 13. Jh. mit schönem Renaissance-Inventar.

Die E 76 steigt nun wieder an und führt durch mehrere Tunnel ins Gebirge. Der längste ist der Haukelitunnel (5.680 m; höchster Punkt der Straße: 1.085 m). Wer das Autofahren im klassischen Stil vorzieht, hat hier die Möglichkeit, die alte Paßstraße mit der Serpentinenstrecke Austmannlia zu benutzen (Paßhöhe Dyrskar 1.148 m; Sommerski-Zentrum).

Wir fahren nun durch das Haukeligebirge, das den Südrand der Hardangervidda bildet. Die knapp 1.000 m hoch gelegene Fjellstation Haukeliseter (nahe der Straße) ist seit über 100 Jahren ein beliebter Ausgangspunkt für Gebirgswanderungen.

Wir befinden uns nun bereits im Bezirk Telemark und erreichen mit Vågslid die erste Siedlung dieser Heimat des Skisports. In Haukeligrend verlassen wir die E 76 und biegen auf die Straße 12 ab, die uns in südlicher Richtung über Hovden und durch das Setesdal nach Kristiansand führt. Eine Beschreibung dieser Etappe finden Sie im vorstehenden Tourenvorschlag (Route 8).

Route 10

»Auch im Osten kommt man auf seine Kosten«

Entfernungen:

0 km	Oslo	950 km
114 km	Skotterud	836 km
243 km	Elverum	707 km
312 km	Trysil	638 km
385 km	Drevsjø	565 km
502 km	Røros	448 km
635 km	Atna	315 km
708 km	Ringebu	242 km
828 km	Hamar	122 km
950 km	Oslo	0 km

Mitteleuropäische Autotouristen haben vor allem zwei bevorzugte Ziele: die Fjorde und das Nordkap. Dabei übersehen viele, daß auch Norwegens Osten seine landschaftlichen Vorzüge hat. Besonders die ausgedehnten und einsamen Wälder und die weiten Gebirgsflächen in diesem Teil des Landes bilden herrliche Urlaubsgebiete abseits von Hektik und Massentourismus. Im folgenden möchten wir Ihnen den »unbekannten Osten« etwas näher bringen. Auch kulturhistorisch Interessierten hat diese Strecke einiges zu bieten: Im Rahmen dieser Tour besuchen wir u.a. die Olympiastadt Lillehammer und den alten Bergbauort Røros, ein einzigartiges Denkmal einer vergangenen Zeit.

Wir verlassen die Hauptstadt Oslo in östlicher Richtung über die als Autobahn ausgebaute E 6.

An der Abfahrt Gran verlassen wir die Schnellstraße und biegen auf die Straße 171 ab, die uns durch die landwirtschaftlich genutzte, fruchtbare Gegend Romerike führt. Vor Sørumsand überqueren wir die Glomma, Norwegens längsten Fluß.

Vom Bahnhof Sørumsand kann man an Sommerwochenenden eine Fahrt mit der Oldtimer-Bahn »Tertitten« unternehmen. Diese 1960 stillgelegte Schmalspurbahn (Spurweite 750 mm) wird heute von einem Verein betrieben.

Ein schöner Abstecher führt ab Sørumsand über die Straße 172 in die kleine Stadt Lillestrøm mit einer sehenswerten Kirche. In der Kirche kann man ein Gemälde des in Norwegen bekannten Malers Henrik Sørensen bewundern, der dieses Werk seiner Heimatstadt stiftete.

Einige Kilometer später führt ein kurzer Abstecher zur Blaker Schanze, die 1683 angelegt, um 1750 ausgebaut und 1820 stillgelegt wurde. Hier steht heute eine Hochschule. Über die Straße 170 erreichen wir bald Bjørkelangen (1.500 Einw.), den Hauptort der großflächigen, wald- und seenreichen Gemeinde Aurskog-Høland.

An der Kreuzung Tangen treffen wir auf die Straße 21, die in nur wenigen Kilometern Abstand parallel zur schwedischen Grenze verläuft. Mehrere wenig befahrene Nebenstraßen ermöglichen kurze Abstecher ins Nachbarland.

Die Straße 21 führt u.a. am See Skjervangen entlang (historische, restaurierte Schleusenanlage bei Monsrud) nach Skotterud (1.000 Einw.; Zentrum abseits der Straße). Auf der Straße 2 gelangen wir weiter nach Matrand. Dort steht die 1665 errichtete, mit weißen Holzpaneelen verkleidete Kirche von Eidskog. Sie stammt ursprünglich aus dem Jahre 1665, wurde aber 1856 umgebaut (wertvolles altes Inventar; Ausstellung mit hier ausgegrabenen alten Münzen).

Durch eine schöne Wald- und Seenlandschaft (Badeplatz am See Sigernessjøen) fahren wir weiter zur Festungsstadt Kongsvinger, die zu beiden Seiten der Glomma liegt. Keimzelle der Stadt war die 1681/82 angelegte Grenzfestung, um die herum eine Siedlung entstand. 1854 erhielt Kongsvinger die Stadtrechte. Die Stadt hat heute 10.000 Einwohner und ist ein wichtiges Handels- und Dienstleistungszentrum. Die sternförmig hoch über der Stadt angelegte, guterhaltene Festung ist schon wegen der guten Aussicht einen Besuch wert. Ein interessantes Museum berichtet über ihre dreihundertjährige Geschichte. Die Vinger Kirche unterhalb der Festung stammt aus dem Jahre 1697 und ist eine der wenigen norwegischen Kirchen mit einem Zwiebelturm.

Auf der Straße 3 fahren wir nun am Ostufer der Glomma entlang. Über Brandval und Grinder (schöner Gutshof aus der Mitte des 18. Jh.) gelangen wir nach Kirkenær (1.500 Einw.), dem Hauptort der Gemeinde Grue. Sehenswert: Die Kirche aus dem Jahre 1828 und das Heimatmuseum Gruetunet (1 km östlich) mit einigen mehrere hundert Jahre alten Gebäuden, darunter zwei Vorratshäusern (»stabbur«) aus dem 15. Jh.

Wir folgen weiter dem Ostufer der breiten Glomma. Dieser Talabschnitt zwischen Kongsvinger und Elverum trägt seit alter Zeit den Namen »Solør«. Hier passieren wir die Orte Kirkenær, Flisa und Våler.

Finnskogen Turist- og Villmarksenter

140 km von Oslo, 24 km von der Grenze zu Schweden entfernt im tiefsten Wald am See Skasen gelegen. 20 Hütten, jede mit Kaminstube & Küchenecke, 2 Schlafzimmern zu je 2 Betten, Dusche/WC. Campinganlage mit Stromanschluß bei jedem Stellplatz. Laden und Gasthaus. Guter Ausgangspunkt für Wanderungen in die südliche Mitte von Schweden und Norwegen. Angelmöglichkeiten.
*Finnskogen Turist- og Villmarksenter A/S, N-2260 Kirkenær,
Tel. 066 - 45 750, Fax: 066 - 45 775*

Der nächste größere Ort ist Elverum, das zu beiden Seiten des Flusses liegt. Schon seit Jahrhunderten ist Elverum ein wichtiger Handelsplatz für die Wald- und Gebirgslandschaft Hedmark. Im April 1940 wurde die Stadt von den deutschen Besatzern weitgehend zerstört. Heute ist sie eine moderne Handels-, Industrie- und Schulstadt mit rund 8.000 Einwohnern im Ortsgebiet (insgesamt 17.000). Neben der Stadtkirche (1738; schönes Inventar) sind vor allem zwei große Museen zu beachten: das Norwegische Forstwirtschaftsmuseum und das Bezirksmuseum für das Glommatal, beide mit ausgedehnter Freilichtabteilung.

Wir verlassen hier das Flußtal und fahren in nordöstlicher Richtung auf der Straße 25 durch das waldreiche Gebiet zwischen der Glomma und der schwedischen Grenze. In Tjernmoen erreichen wir das Südende des langgestreckten Sees Osensjøen. Wir folgen weiter der Straße 25 über Midtskogberget nach Nybergsund (500 Einw.), das am Trysilelv liegt. Der insgesamt 500 km lange Fluß trägt übrigens auf schwedischer Seite den Namen Klarälv - er mündet bei Karlstad in den großen Vänern-See.

Am Trysilelv entlang fahren wir über die Straße 26 nach Trysil (Innbygda; 3.000 Einw.), dem Zentrum einer fast 3.000 km² großen Gemeinde. Trysil hat sich in den letzten Jahren zu einem der größten Wintersportorte Skandinaviens entwickelt, der auch verwöhnten Alpinisten einiges zu bieten hat. Sehenswert ist vor allem das Freilichtmuseum, das aus mehreren alten Gebäuden besteht. Die Kirche stammt aus dem Jahre 1857.
Wir folgen dem Verlauf des Flusses und gelangen über Jordet (350 Einw.) nach Engerneset. Hier verlassen wir die Straße 26 und fahren stattdessen am Ostufer des schmalen, von dichten Wäldern umgebenen Sees Engeren entlang. Die Straße 26 führt über Engerdal zum Kirchort Drevsjø, der einsam in karger Landschaft rund 8 km westlich der schwedischen Grenze liegt. Südlich des Ortes kann ein kleines »Wildnismuseum« (Villmarksmuseum; Blokkodden) besichtigt werden.
Wenige Kilometer später erreichen wir den südlichen Ausläufer des Femund-Sees. Der 622 m über dem Meeresspiegel gelegene Femunden ist mit 202 km² Norwegens drittgrößter See. Er ist ein wahres Paradies für Angler und andere Naturfreunde, denen hier - dank fehlender Straßen - eine weitgehend unberührte Natur geboten wird (teilweise Nationalpark). Im Sommer verkehrt das kleine, altehrwürdige Fährschiff »Fæmund II« auf dem See und läuft zwischen Femundsenden und Søndervika mehrere einsame Anlegestellen an.
Die Straße 26 führt anschließend am Nachbarsee Isteren entlang. Nördlich von Sømådal erreichen wir wieder die Nähe des Femund-Sees, zwei Nebenstraßen führen bis direkt an den See.
Über Tufsingdalen und Narbuvoll fahren wir weiter nach Nøra. Hier biegen wir ab auf die Straße 30, die uns nach Røros bringt, einem der großen Höhepunkte dieser Reise. Røros (5.300 Einw.) ist Norwegens einzige Stadt im Hochgebirge. Sie hat ihr ursprüngliches, vom Kupferbergbau geprägtes Ortsbild weitgehend bewahrt und wurde deshalb von der UNESCO in die Liste der besonders

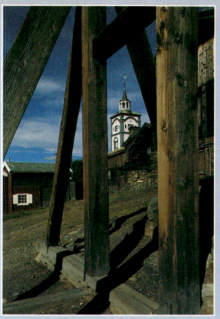

Røros, Bergwerksstadt in Sør-Trøndelag

erhaltenswerten Kulturdenkmäler aus aller Welt aufgenommen. Die Bewohner der Stadt lebten über 300 Jahre vom Kupferbergbau, der allerdings 1973 eingestellt wurde. Der gesamte alte Ortskern ist eine einzigartige Sehenswürdigkeit. Besonders hervorzuheben sind: die Kirche (1784; einziges historisches Steingebäude des Ortes), die Sammlungen der Kupfergruben in der »Hyttstuggu«, das Museum in der Schmelzhütte (mit anschaulichen Modellen) und natürlich die Wohnviertel der einfachen Bergleute. Wer selber einmal in eine Kupfergrube einfahren möchte, kann dies in der 13 km nordöstlich gelegenen Olavsgrube tun. Sie dient heute als industriegeschichtliches Museum und kann besichtigt werden.

Hotel Røros
Das Hotel Røros ist der geeignete Ort für Ihre Ferien und Erholung. Außerhalb des Stadtzentrums gelegen, verfügt es über118 Zimmer mit Dusche, Bad/WC, gemütliche Aufenthaltsräume, eine Kaminstube und mehrere Restaurants (à la Carte). Frühstück und Mittagessen werden auf einem großen Buffet angerichtet.
Neben dem hoteleigenen Orchester gibt es für die richtig Tanzbegeisterten eine moderne Diskothek/Nachtlokal.
Schwimmhalle, Sauna, Solarium, Fitneßraum, Minigolf, Fahrradverleih, Tennisplätze und ein Spielzimmer für die Kinder machen das Hotel Røros zu einem Hotel, in dem man wirklich aktive Ferien verleben kann.
Wohnen Sie billiger mit dem Scandinavian Bonus Pass!
*Hotel Røros, An-Magritts vei,
N-7460 Røros,
Tel. 074 - 11 011, Fax: 074 - 10 022*

Wir verlassen Røros in südlicher Richtung über die Straße 30 und gelangen über Os und Tolga nach Tynset, Zentrum einer weitflächigen und dünnbesiedelten Gebirgsgemeinde. Hier herrschen ausgesprochen kontinentale Klimabedingungen - im Winter werden Temperaturen von unter -40 Grad erreicht. Sehenswert: das Heimatmuseum Tynset bygdetun (außerhalb), Ramsmoen (ein Ausstellungszentrum in einem alten Bauernhof) und die Ortskirche vom Ende des 18. Jh. (auf einem kleinen Hügel nördlich des Flusses, schöne Aussicht).

Tynset Hotell
Mögen Sie großartige und schöne Natur, gesundes Essen ohne künstliche Zusätze, 24-Stunden-Service, gemütliche Familienübernachtung oder komfortable Hotelunterkunft? Einen Ort für Angelbegeisterte, Jäger, Wanderer, Radfahrer, Drachenflieger oder Autofahrer?
Dann besuchen Sie uns im **Tynset Hotel**, mitten im Zentrum von Tynset.
Wir freuen uns auf Sie!
*Tynset Hotell, Brugata 6, Postboks 158,
N-2501 Tynset,
Tel. 064 - 80 600, Fax: 064 - 80 497*

Von Tynset besteht die Möglichkeit zu einem Abstecher auf der Straße 3 Richtung Ulsberg und weiter nach Trondheim. Unterwegs, bei Kvikne, liegt der Hof Bjørgan, auf dem der Dichter und Literatur-Nobelpreisträger Bjørnstjerne Bjørnson zur Welt kam.

Kvikne Motorhotell
Das Kvikne Motorhotel ist der ideale Rastplatz an der Strecke **Oslo - Trondheim**. Ein Ort zum Entspannen und Erholen mit klarer Gebirgsluft und forellenreichen Gewässern. Hier können Sie wandern, Führungen in die Berge mitmachen, auf die Jagd nach Hasen und Schneehühnern gehen oder im Winter auf beleuchteten Loipen skilaufen.
Das moderne, komfortable Hotel verfügt über 40 geräumige, wohlausgestattete Zimmer, Schwimmhalle, Sauna, Solarium; die Cafeteria mit echtem norwegischem Essen ist 24 Stunden geöffnet.
Bei uns werden Sie sich wohlfühlen.
*Kvikne Motorhotell, Postboks 87,
N-2592 Kvikne,
Tel. 064 - 84 005, Fax: 064 - 84 184*

Wir folgen nun der Straße 3 Richtung Süden und gelangen nach Alvdal (alte Hofanlage Husantun). Unbedingt empfehlenswert ist ein Abstecher auf den 1.666 m hohen Aussichtsberg Trontoppen (Straße).
Wir fahren nun durch das Østerdal (Glomma) in südlicher Richtung. Unterwegs lohnt

Tronsvangen Seter
Das Ferienzentrum liegt in 800 m Höhe am Fuße des **Tronfjells**.
Den 1.666 m hohen Gipfel erreicht man im Sommer sogar mit dem Auto.
Die Naturschönheiten der Umgebung bieten sommer- wie wintertags ausgezeichnete Ausflugsmöglichkeiten. Tronsvangen Seter verfügt über 50 Betten, die sich auf 26 Zimmer verteilen. Die Preise sind sehr günstig.
*Tronsvangen Seter,
N-2560 Alvdal, Tel. 064 - 87 410*

Das Maihaugen-Freilichtmuseum in Lillehammer

ein Abstecher zum größten Canyon Skandinaviens, dem Jutulhogget.
In Atna verlassen wir das Flußtal und fahren auf der Straße 27 durch das bewaldete Atnedal nach Enden.
Hier beginnt ein besonders reizvoller Streckenabschnitt, der »Rondeveien« über das Venabygdsfjell (Straße 220). Gundstadseter ist ein ausgezeichneter Ausgangspunkt für Touren in die Gebirgswelt des Rondane Nationalparks. Markierte Wanderwege führen in den ältesten der großen norwegischen Nationalparks, in dessen Kerngebiet sich das Rondanemassiv erhebt (mehrere Gipfel über 2.000 m). Die Aussicht vom Rondeveien auf das Rondanemassiv gehört sicherlich zu den schönsten in ganz Norwegen.
Bei Bølliseter erreicht der Rondeveien mit 1.054 m seinen höchsten Punkt. Die Strecke zwischen Gundstadseter und Spidsbergseter ist normalerweise in den Wintermonaten (bis April) gesperrt. Ab Spidsbergseter führt die Straße allmählich wieder hinab ins Gudbrandsdal, vorbei an der alten Venabygd Kirche (mit schöner Ausstattung, darunter ein Taufstein aus dem 12. Jh.).

Spidsbergseter Fjellstue
Ein moderner **Gebirgsgasthof** mit besonderer Atmosphäre in herrlicher Umgebung und Tradition. 46 Zimmer mit Dusche/WC, Telefon und Radio. Gute Küche und gemütliche Aufenthaltsräume. Tanz an mehreren Abenden pro Woche. Schwimmbad mit großem Becken. Übernachtung, Pension und Gruppenreisen. 20 gut ausgestattete Hütten, Kanu-, Boots- und Fahrradverleih. Spielplatz.
Spidsbergseter Fjellstue,
N-2632 Venabygd,
Tel. 062 - 84 000, Fax: 062 - 84 182

Entlang dem Rondeveien gibt es zahlreiche Übernachtungsmöglichkeiten und hunderte Kilometer markierte Wanderwege oder - im Winter - präparierte Loipen.

In Ringebu erreichen wir Norwegens längstes Tal, das Gudbrandsdal. Ringebu besitzt eine sehenswerte Stabkirche aus dem 13. Jahrhundert, die im Sommer besichtigt werden kann.

Statt der E 6 in südlicher Richtung direkt nach Lillehammer zu folgen, kann man auch einen Umweg über die (gebührenpflichtige) Straße »Peer-Gynt-Veien« unternehmen, die das »Reich Peer Gynts« erschließt. In diesem Fjellgebiet bestehen auf einer Länge von 60 km ausgezeichnete Angel- und Wandermöglichkeiten. Im Rahmen dieses lohnenden Umwegs kommt man auch über Aulestad, wo die Familie Bjørnstjerne Bjørnsons lebte.

Auf der Hauptstraße geht es weiter über Tretten und Øyer. In Øyer befindet sich die Alpinanlage Hafjell, auf der die olympischen Alpinwettbewerbe ausgetragen werden. Sehenswert: Miniaturstadt Lilleputthammer und Spielpark Lekeland (mit u.a. dem größten Troll der Welt) - beides beliebte Ausflugsziele für Familien mit Kindern. Wir erreichen schließlich Lillehammer, das am Nordende des größten norwegischen Sees, des Mjøsa, liegt. Hier werden 1994 die olympischen Winterspiele ausgetragen.

Lillehammer Hotel
Das 350 Betten umfassende, elegante und stilvolle Lillehammer Hotel liegt in einer Parkanlage, nur 500 m von der **Stadtmitte** entfernt. Es bietet gemütliche Aufenthaltsräume, eine ausgezeichnete Küche, ein Tanzrestaurant, Schwimmbäder im Haus und im Garten, Sauna und Solarien. In der Nähe finden Sie das Lillehammer Skicenter, 3 km Alpinpisten und 400 m Langlaufloipen, die neue Eishalle, die olympische Alpinarena mit 7 Skiliften und 20 km Alpinpisten und das Maihaugen Freilichtmuseum.
Sie sehen: Die Olympiastadt 1994 hält viele Aktivmöglichkeiten für Sie bereit.
Lillehammer Hotel, Postboks 218,
N-2601 Lillhammer,
Tel. 062 - 54 800 - 57 200

Als Lillehammer 1827 gegründet wurde, hatte es ganze 50 Einwohner - heute sind es 22.000. Trotzdem hat sich der Kleinstadtcharakter weitgehend erhalten, immer noch prägen gepflegte alte Holzhäuser das Ortsbild. Die größte Sehenswürdigkeit Lillehammers ist das Freilichtmuseum Maihaugen mit zahlreichen Gebäuden (u.a. einer Stabkirche) vor allem aus dem Gudbrandsdal sowie Spezialsammlungen und Werkstätten. Sehenswert sind auch das städtische Kunstmuseum und das Fahrzeugmuseum mit Oldtimer-Autos.

Dølaheimen Hotel
Das Hotel liegt in der Nähe des Bahnhofs im Zentrum Lillehammers. Großer Parkplatz mit Behindertenplätzen und »Motorwärmern«. 21 Zimmer mit Dusche, WC, Radio, Telefon & TV. Das familienfreundliche Hotel bietet 3-und 4-Bettzimmer, eine Cafeteria mit Nichtraucherzone und Klimaanlage und ist für seine frisch zubereiteten Spezialitäten (Rømmegrøt) bekannt.
Dølaheimen Hotell & Kafeteria,
Jernebanegt. 3, Postboks 136,
N-2601 Lillehammer, Tel. 062 - 58 866

Rustad Hotel und Fjellstue
Der Gebirgsgasthof liegt in **Sjusjøen** bei Lillehammer in 830 m Höhe. Rustad besitzt 52 Zimmer, davon 36 mit eigener Dusche und WC. Gemütlicher Speisesaal, 2 Kaminstuben, 2 Saunen, großer Skischuppen. Skischule, Skiverleih, Gebirgsführer. Badestrand, Boote, Wanderwege. In Rustad, seit 55 Jahren in Familienbesitz, findet man echte norwegische Gastlichkeit.
Rustad Hotell og Fjellstue,
N-2612 Sjusjøen,
Tel. 065 - 63 408, Fax: 065 - 63 574

Mariendal Gjestegård
Der Gasthof liegt in schöner Umgebung mit Aussicht nach Westen über den **Mjøsa**, Norwegens größten Binnensee, ca. 30 km südlich von Lillehammer. 38 Betten, verteilt auf 14 Räume, stehen zur Verfügung, ferner zwei TV-Räume, eine Terasse und ein großes Schwimmbecken im Freien, 300 m vom Badestrand entfernt. Zum Fischen Ausleihe von Motorbooten. Biegen Sie von der Landstraße aus Süden nach Gaupen/Veldre ab und folgen dem Schild »Mariendal« (von Norden: Moelv - Mariendal). Der Gasthof liegt ca. 6 km von beiden Abfahrten entfernt.
Mariendal Gjestegård i Ringsaker,
N-2355 Gaupen, Tel. 065 - 64 520

Wir folgen weiterhin der E 6 und kommen über Brumunddal nach Hamar, der größten Binnenstadt Norwegens. Das Zentrum von Hamar (insgesamt 26.500 Einw.) liegt am Ostufer des Mjøsa. Sehenswert: Das Hedmarkmuseum (ausgedehntes Freilichtmuseum, das neben einem Auswanderer-Museum auch die Ruinen der mittelalterlichen Domkirche und der Bischofsburg umfaßt) und das Eisenbahnmuseum (mit Loks, Wa-

Im Eisenbahnmuseum in Hamar

Route 11
Rund um den Oslofjord

Entfernungen:		
0 km	Oslo	264 km
41 km	Drammen	223 km
116 km	Sandefjord /Strömstad	148 km
174 km	Frederikstad	90 km
264 km	Oslo	0 km

Auf dieser Route, mit der wir unsere Rundreisevorschläge beenden, lernen wir das Gebiet rund um den Oslofjord kennen. Diese Landschaft ist zwar nicht unbedingt typisch norwegisch, dafür ist sie zu flach und dicht besiedelt, doch ist sie dennoch eine Rundreise wert. Denn hier kann man interessante Städte und zahlreiche kulturhistorisch bedeutende Sehenswürdigkeiten entdecken: Festungen, Kirchen, Steinzeichnungen, Museen unterschiedlichster Art. Außerdem findet man hier eine fruchtbare Landschaft mit einer schönen Schärenküste, die gute Bademöglichkeiten bietet.

Unsere Fahrt beginnt in Norwegens Hauptstadt Oslo. Sie ist die älteste Hauptstadt Nordeuropas und wurde in den Jahren vor 1050 von König Harald Hardråde gegründet. Bereits vor 7.000 Jahren hatte der Ort große Bedeutung für die germanische Religion: Oslo (As-lo), die Ebene der Götter. Im Jahre 1624 brannte Oslo fast völlig nieder. Unter König Christian IV. wurde es als »Christiania« wieder aufgebaut.
Im 17. und 18. Jh. handelten die Kaufleute von Christiania hauptsächlich mit Holz, das sie nach Holland und England verschifften. In der 2. Hälfte des 19. Jh. ließen sich Spinnereien, Webereien und metallverarbeitende Betriebe dort nieder. Bis zur Jahrhundertwende stieg die Einwohnerzahl auf 250.000. 1924 feierte Christiania sein 300jähriges Stadtjubiläum. Es wurde beschlossen, der Stadt ab 1925 ihren historischen Namen Oslo zurückzugeben.

Hotel Continental
Das traditionsreiche Hotel ist seit vier Generationen in Familienbesitz.
Zentral gelegen im Herzen von Oslo, nahe Schloß und Storting.
170 exquisite Zimmer und Suiten.
Einziges norwegisches Mitglied der »Leading Hotels of the World«, einem Zusammenschluß der führenden Hotels auf der Welt. 3 Restaurants, Gesellschaftsräume, Diskothek, Bar.
*Hotel Continental, Stortingsgaten 24-26, N-0161 Oslo 1,
Tel. 02 - 41 90 60, Fax: 02 - 42 96 89*

Heute ist Oslo das Wirtschaftszentrum und mit 450.000 Einwohnern größte Stadt des Landes. An den 13 km langen Hafenanla-

Oslo Plaza
Das moderne Fünf-Sterne-Hotel bietet auf seinen 37 Etagen großzügige Räumlichkeiten, persönlichen Service, moderne Bequemlichkeit und dazu einen großartigen Blick auf Oslo und den Fjord.
Alle 675 Zimmer halten einen guten Standard. In den sechs oberen Stockwerken befindet sich das »Plaza Tower«, ein exklusives »Hotel im Hotel«, mit Expresslift, einem Geschäftszentrum, der Rezeption, Gesellschaftszimmern und eigenem Foyer.
Es gibt Konferenzräume für 1.000 Personen, sechs Restaurants und Bars, Fitness-Räume, Swimmingpool und Sauna sowie Service rund um die Uhr. Die Entfernung zum Flughafen Fornebu beträgt 9 km. Auch die Stadtmitte ist bequem mit dem Auto zu erreichen.
Oslo Plaza, Sonja Henie Plass 3, N-0107 Oslo 1, Tel. 02 - 17 10 00

gen legen jährlich 35.000 Schiffe an. 45% der norwegischen Importe gehen über Oslo. Einen Besuch lohnt auf jeden Fall das Einkaufs- und Kulturzentrum Aker Brygge, das sich teilweise in ehemaligen Fabrikgebäuden befindet und direkt am Wasser liegt. Auch in den modernen Einkaufszentren Oslo City und Galleri Oslo pulsiert das Leben.

Restaurant Det Gamle Raadhus
Det Gamle Raadhus ist das älteste Restaurant Oslos und bietet Platz für ca. 100 Personen. Hier finden Sie eine gemütliche, rustikale Umgebung, verbunden mit den heutigen Anforderungen an Qualität und Service. Spezialitäten sind Fisch und Wild, aber wir bieten auch eine breite Auswahl an Fleischgerichten sowie ein eigenes Menü für Reisegruppen.
*Restaurant Det Gamle Raadhus, Rådhusgt. 28, N-0151 Oslo 1
Tel. 02 - 42 01 07, Fax: 02 - 41 72 77*

Sehenswert: Das Rathaus (1931-1950), zur 900-Jahr-Feier eingeweiht. - Die Festung Akershus (um 1300, im 17. Jh. umgebaut) ist heute Repräsentationsgebäude der norwegischen Regierung. Das Verteidigungs- und das Widerstandsmuseum befinden sich ebenfalls auf dem Gelände. Ganz in der Nähe, am Bankplassen, liegt das 1990 eröffnete Museum für Gegenwartskunst mit seinen vieldiskutierten Sammlungen, das von Anfang an zahlreiche Besucher angelockt hat. - In einem der ältesten Häuser der Stadt ist das Theatermuseum untergebracht (Nedre Slottsgt.). - Das Schloß (1849) am Nordwestende der alten Prachtstraße »Karl Johans gate« ist der offizielle Wohnsitz des norwegischen Königs (Wachablösung tägl. 13.30 Uhr). An der Karl Johans gate liegen das Nationaltheater, die Aula der Universität (Wandmalereien von E. Munch), das Parlament (»Storting«) und der Dom (Ende 17. Jh.). Daneben stehen die sog. Basarhallen und unweit davon das Husfliden-Geschäft (Kunsthandwerk u. Gebrauchskunst),

gen, historischen Gegenständen und Gebäuden sowie einer kurzen Bahnstrecke).

Auf der gut ausgebauten E 6 fahren wir nun in Richtung Oslo (teilweise schöner Ausblick über den Mjøsa, der vom historischen Raddampfer »Skibladner« befahren wird).

Skibladner
Machen Sie eine Fahrt auf dem **Mjøsa**, Norwegens größtem Binnensee, mit dem ältesten Raddampfer der Welt!
Seit der Jungfernfahrt 1856 hat sich das Schiff nicht viel verändert und ist daher schon ein Stück Kulturgeschichte geworden. Mit 14 Knoten verkehrt »die alte Dame« heute zwischen Gjøvik, Lillehammer, Hamar und Eidsvoll. Die Preise liegen zwischen NOK 60 und NOK 110; Saison ist von Mitte Juni bis Mitte August.
Zwischen Mai und September kann die »Skibladner« für Gesellschaften und festliche Anlässse gechartert werden.
*A/S Oplandske Dampskibsselskap, Grønnegt. 11, N-2300 Hamar,
Tel. 065 - 27 085, Fax: 065 - 22 149*

In Minnesund erreichen wir das Südende des Sees und können bald einen Abstecher nach Eidsvoll unternehmen, das als »Wiege der norwegischen Demokratie« bekannt ist. Im Herrenhof von Eidsvoll wurde am 17. Mai 1814 die norwegische Verfassung proklamiert, die auch Ideen der Französischen Revolution aufgriff. Der Reichstagssaal ist in seinem Originalzustand erhalten und - wie das gesamte Gebäude - der Öffentlichkeit zugänglich.
Es geht weiter durch ein recht dicht besiedeltes, landwirtschaftlich genutztes Gebiet Richtung Oslo. Ab hier ist die E 6 als Autobahn ausgebaut, so daß wir zügig nach Oslo gelangen können.

Bemerkungen: Diese Strecke ist ganzjährig befahrbar und auch für Wohnwagengespanne geeignet.

Grand Hotel

Im Grand Hotel wohnen Sie mitten auf der »Karl Johan«, Oslos pulsierender Prachtstraße, zentral zu den vielen Attraktionen der Stadt. Und wenn Sie erst in Oslo sind, sollten Sie unbedingt das ausgelassene hauptstädtische Nachtleben erkunden.
Grand-Preise im Sommer: ab NOK 435,- pro Person im Doppelzimmer inkl. Frühstück. Einzelzimmerzuschlag NOK 165,-. Zwei Kinder unter 15 Jahren können ohne Zuschlag bei den Eltern wohnen (Frühstück für Kinder zwischen 6 und 15 Jahren: NOK 20,-). Die Sommerpreise gelten vom 21. Juni bis 19. August 1991.
Grand Hotel, Karl Johansgt. 31, N-0159 Oslo 1, Tel. 02 - 42 93 90, Fax: 02 - 42 12 25

Skandinaviens größte Verkaufsstelle für Kunsthandwerk. - In der Dronningensgt. (Querstr. zur Karl Johan) liegen die Hauptpost und das Postmuseum. - Im Norden der Innenstadt (Nähe Universität) laden die Nationalgalerie (beste und größte Kunstsammlung Norwegens) und das Historische Museum zum Besuch ein. - Wer das alte Christiania kennenlernen möchte, sollte das Viertel bei der Damstredet aufsuchen. Südwestlich liegt das Museum für Kunsthandwerk (Kunstindustrimuseet). - Folgt man dem Akersveien in nördlicher Richtung, gelangt man zur »Alten Aker Kirche«, einer Steinbasilika (um 1100), der ältesten heute noch genutzten Kirche Nordeuropas. - In einem Villenviertel aus der Mitte des 19. Jh. steht das Norwegische Architekturmuseum.

Rica Hotel Oslofjord

Das Rica Hotel Oslofjord, das frühere Sheraton, liegt ca. 5 km vom Flughafen Fornebu entfernt. Unser Hotelbus fährt Sie gratis zum Flughafen oder in die Stadt. Das Hotel verfügt über 17 Suiten und 228 geräumige, höchst komfortable Zimmer. Zur Ausstattung gehören ein eigenes Badezimmer, eine individuelle Klimaanlage, Farbfernseher (inkl. Videoprogramme), Radio, Minibar und Telephon. Neben zwei Restaurants und dem Gartencafé im Atrium des Hotels steht der Zimmerservice von 07.00 - 23.00 Uhr zu Ihrer Verfügung. Das Konferenzzentrum ist komplett ausgestattet für bis zu 400 Personen. Zum körperlichen Ausgleich steht für unsere Gäste das Fitness Center mit Whirlpool, Sauna und Solarium bereit. Der Badestrand ist nur fünf Minuten entfernt.
Rica Hotel Oslofjord, Sandviksveien 184, N-1301 Sandvika, Tel. 02 - 54 57 00, Fax: 02 - 54 27 33

Auf der Halbinsel Bygdøy, einem der schönsten (und teuersten) Wohngebiete der Stadt, können Sie - gleich gegenüber dem Norwegischen Seefahrtsmuseum - das Polarschiff »Fram« besichtigen, mit dem Nansen, Sverdrup und Amundsen große Polarexpeditionen unternehmen. - Ein weiteres Museum zum Thema Forschungsreisen, das Kon-Tiki-Museum, liegt gleichfalls in der Nähe. - Die Geschichte der Wikingerzeit dokumentiert das Wikingerschiff-Haus. - Nur wenige hundert Meter entfernt bietet das Norwegische Volksmuseum (mit großer Freilichtabteilung) bei einem Spaziergang eine kulturgeschichtliche Reise durch das gesamte Königreich. - Über den Oscarshallveien kann man einen Abstecher zum Lustschlößchen Oscarshall unternehmen. Im östlichen Stadtgebiet verdient das Munch-Museum besondere Beachtung. Der 1944 verstorbene Künstler hat sein Werk der Stadt Oslo vermacht. Westlich vom Munch-Museum erstreckt sich der schöne Botanische Garten mit den naturgeschichtlichen Sammlungen der Universität. - Im Stadtteil Gamlebyen liegt der Minnepark, auch Ruinenpark genannt. - Auf der Insel Hovedøya findet man die Ruinen eines Zisterzienser-Klosters (1147). - Unterhalb des Ekebergs liegt ein großes Gräberfeld aus frühgeschichtlicher Zeit, oben auf dem Hügel gibt es schöne Grünanlagen. In der Nähe der Seefahrtsschule sind Felszeichnungen aus der Eisenzeit erhalten.

Gyldenløve Hotel

Das Gyldenløve Hotel ist ein preiswertes und familienfreundliches Hotel in zentraler Lage am Vigelandspark, in einer der besten Einkaufsstraßen Oslos. Mit Taxistand, Bus- und Straßenbahnhaltestelle gleich vor der Tür bildet das Hotel den idealen Ausgangspunkt für Besichtigungstouren durch Norwegens Hauptstadt. 160 einladende Zimmer, darunter einige Familienzimmer.
Gyldenløve Hotel, Bogstadvn. 20, N-0355 Oslo 3, Tel. 02 - 60 10 90, Fax: 02 - 60 33 90, Telex: 79 058 GYL HO-N

Der im westlichen Stadtgebiet gelegene Frognerpark beherbergt u.a. die sog. Vigelandsanlage. Die hier aufgestellten 192 Skulpturen mit 650 Figuren bilden das Lebenswerk des Bildhauers Gustav Vigeland (1869-1943). Sein Atelier- und Wohnhaus steht in der Nähe des gleichfalls im Park gelegenen Stadtmuseums von Oslo.

Bogstad Camp & Turistsenter

Dieser größte norwegische Campingplatz wird vom norwegischen Automobilclub NAF betrieben. Auf 180.000 m² befinden sich 1.200 Campingeinheiten, davon 160 mit Strom, außerdem 36 Hütten mit oder ohne Dusche/WC und TV. Bogstad Camp & Turistsenter ist ganzjährig geöffnet und liegt nahe der Holmenkollen-Skischanze, 9 km vom Zentrum Oslos entfernt.
Bogstad Camp & Turistsenter, Ankervn. 117, N-0757 Oslo 7, Tel. 02 - 50 76 80, Fax: 02 - 50 01 62

Das am Stadtrand gelegene Holmenkollen-Gebiet ist Standort der berühmtesten Sprungschanze der Welt. In der Schanze ist auch das Skimuseum untergebracht - das älteste der Welt! - Vom Tryvanns-Turm (Fernmeldeturm) hat man eine einzigartige Aussicht. - In einer schönen Parkanlage am Bogstadvannet liegt der Herrenhof Bogstad (18. Jh.).

Oslo-Sightseeing

»Selected Oslo Sightseeing« mit dem Bus - 3 Std.
»Große Oslo-Rundfahrt« - Tagesausflug mit Bus und Boot.
»Mini-Cruise« - Hafenrundfahrt - Fjordidylle - 1 Std.
»Fjord-Cruise« - Rundfahrt in schöner Natur und Fjordidylle - 2 Std.
»Fjord-Cruise m. Lunch-Buffet« - 3 1/2 Std.
»Abend-Fjord-Rundfahrt mit maritimem Buffet« - 3 1/2 Std.
»Ein Sommerabend auf dem Fjord« - Mit dem Schiff zu einem privaten Sommersitz - 3 Std. (Alle Ausflüge mit deutschsprachigen Führern).
Båtservice Sightseeing A/S, Rådhusbrygge 3, N-0116 Oslo 1, Tel. 02 - 20 07 15, Fax: 02 - 41 64 10

Polhøgda, das Haus Fridtjof Nansens in Lysaker (westl. d. Stadtgrenze), ist für die Öffentlichkeit nur nach Absprache zugänglich.

»Kommt er oder kommt er nicht?« - Vor dem Königsschloß in Oslo

Helsfyr Hotell

Das Helsfyr Hotel befindet sich einer ruhigen Umgebung nicht weit vom Zentrum Oslos entfernt; per Auto oder U-Bahn braucht man knapp 10 Minuten dorthin. Das Hotel liegt an der Autobahn E6 und besitzt einen eigenen Parkplatz. 115 Zimmer, Bar, Restaurant und Caféteria stehen zur Verfügung.
Im Sommer Sonderpreise, der Fjordpaß wird akzeptiert.
Helsfyr Hotell, Strømsveien 108, N-0663 Oslo 6, Tel. 02 - 65 41 10, Fax: 02 - 63 17 07

Wir verlassen Oslo auf dem Drammensveien (E 18) und fahren Richtung Drammen. Unterwegs können wir in Høvikodden dem Henie-Onstad-Kunstzentrum einen Besuch abstatten. Dieses 1968 eröffnete Kunstzentrum ist eine Stiftung der norwegischen Eiskunstläuferin Sonja Henie und ihres Mannes, Niels Onstad. Hier findet man eine gut bestückte Sammlung internationaler Gegenwartskunst sowie Sonderausstellungen.

Auf der als Autobahn ausgebauten E 18 (gebührenpflichtig) fahren wir nach Drammen, mit rund 52.000 Einwohnern die sechstgrößte Stadt des Landes. Sehenswert sind u.a. das mit dem Europa-Nostra-Preis ausgezeichnete, vorbildlich restaurierte Rathaus, das Stadtmuseum, der Herrenhof Austad - und die berühmte Strecke »Spiralen«, ein in den Berg Bragernesåsen gesprengter Spiraltunnel, der sich im Berginneren nach oben schraubt (dort großartige Aussicht). Die E 18 führt nun in südlicher Richtung an den Ausläufern des Oslofjords entlang nach Holmestrand. Dieser hübsche Küstenort besitzt seit 1752 die Stadtrechte und zählt rund 9.000 Einwohner (sehenswert: das Stadtmuseum im Patrizierhof Holstgård und die Stadtkirche von 1674 mit klassizistischem Inventar). Bei Kopstad biegen wir auf die Straße 310 nach Horten (22.000 Einw.) ab. Diese Marine- und Industriestadt bietet folgende Sehenswürdigkeiten: die Seefestung »Karl Johansvern« (mit Marinemuseum), das Fotomuseum Preus sowie ein Automobilmuseum. Südlich der Stadt steht die mittelalterliche Kirche von Borre. Dort erstreckt sich auch ein Nationalpark mit zahlreichen Königsgräbern aus der Wikingerzeit.
Über die Straße 310/311 kommt man auch nach Åsgårdstrand, einem hübschen Fjord- und Badeort. Dort verbrachte der norwegische Maler Edvard Munch einige Jahre. Sein Sommerhaus ist heute als Museum der Öffenlichkeit zugänglich.

Unser nächstes Ziel ist Tønsberg. Diese älteste Stadt Norwegens wurde bereits Ende des 9. Jahrhunderts erstmals urkundlich erwähnt und war früher eine der wichtigsten Handelsstädte des Landes.
Sehenswert ist das Vestfold Fylkesmuseum (Bezirksmuseum), das u.a. aus einer Freilichtabteilung und einer eigenen Walfangabteilung besteht. Auf dem Slottsfjell findet man die Ruinen der mittelalterlichen Festung Tunsberghus.

In der Altstadt von Fredrikstad

Ein beliebtes Ausflugsgebiet vor Tønsberg nennt sich »Verdens Ende« (Ende der Welt, Südspitze von Tjøme, Straße 308). Dort steht ein altes Leuchtfeuer, und man kann hervorragend baden.

Sandefjord (35.000 Einw.), unser nächster Haltepunkt, lebte lange Zeit von den Walfängen in der Arktis. Seit dem Ende der Walfangära sind jedoch Industrie und Schiffahrt die wichtigsten Erwerbsquellen Sandefjords. Das Walfangmuseum dokumentiert den früher so bedeutenden Wirtschaftszweig. Auch das Walfänger-Monument in der Nähe des Yachthafens hält alte Traditionen in Erinnerung. Sehenswert sind außerdem das Stadtmuseum (in einem Patrizierhaus von 1792) und das Seefahrtsmuseum (mit einer großen Schiffsmodellsammlung). In der Umgebung von Sandefjord bestehen gute Bademöglichkeiten.
In Sandefjord können wir uns auf der Autofähre zur schwedischen Hafenstadt Strömstad einschiffen. Die Überfahrt dauert zweieinhalb Stunden und kreuzt den äußeren Teil des Oslofjords.

Von Strömstad sind es 25 km bis zur schwedisch-norwegischen Grenze in Svinesund. Die 60 Meter hohe Grenzbrücke bietet eine herrliche Aussicht über den schmalen Sund. Von Svinesund aus beträgt die Entfernung auf der Europastraße 6 bis zum nordnorwegischen Kirkenes 2.600 km - Rom liegt 100 km näher!

Bereits nach kurzer Fahrt auf der E 6 können wir einen Abstecher ins Zentrum von Halden (26.000 Einw.) unternehmen. Sehenswert sind dort vor allem die Festung Fredriksten (17. Jh., mit Museum), die spätklassizistische Immanuelskirche, der Herrenhof Rød, die mittelalterlichen Kirchen von Idd und Berge sowie der Halden-Kanal mit den Brekke-Schleusen (Bootstouren).
Nach diesem kurzen Abstecher folgen wir der E 6 in nördlicher Richtung (Nygård: Grabhügel Jellhaugen; Ingedal: mittelalterliche Kapelle).

In Skjeberg biegen wir auf die Straße 110 ab, die den Beinamen »Oldtidsvegen« trägt und eine Reise in die Zeit der Wikinger möglich macht. Hier findet man u.a. Felszeichnungen und Gräber sowie eine Fluchtburg aus dem 4. bis 5. Jh. - Zeugnisse einer Jahrtausende langen Siedlungsgeschichte. Die Straße 110 führt aber auch durch die moderne Industriestadt Fredrikstad (26.000 Einw.). Sehenswert ist hier vor allem die Festungsstadt Gamlebyen (mit Museum und Festungskirche). Bei Råde (Heimatmuseum) erreichen wir wieder die E 6.

Auf der Europastraße fahren wir über Rygge (Militärflugplatz) und passieren die Industriestadt Moss, der wir durch das Stadttor Mosseporten einen Besuch abstatten können. Hier wurde 1814 (im Konventionsgården) die Union zwischen Schweden und Norwegen besiegelt.
Die E 6 verläuft weiter durch ein für norwegische Verhältnisse dichtbesiedeltes und fruchtbares Gebiet über Vestby und vorbei an Ås (Norwegens Landwirtschaftshochschule).

Wir empfehlen einen Abstecher nach Drøbak, das idyllisch am Oslofjord liegt. Das Ortsbild wird durch malerische Holzhäuser geprägt (Rokkokokirche, Museum für das Follo-Gebiet sowie das »Weihnachtshaus«, in dem ganzjährig original-norwegische Weihnachtsstimmung verbreitet wird!).
Auf der E 6 fahren wir wenig später am Vergnügungspark Tusenfryd vorbei, einem beliebten Ausflugsziel besonders für Familien mit Kindern.
Wenig später erreichen wir das Stadtgebiet von Oslo und somit den Endpunkt dieser Rundreise.

Norway Cup

Das größte internationale Fußballturnier der Welt für Jugendliche wird jeden Sommer in Oslo ausgetragen. Mehr als 20.000 Mädchen und Jungen reisen jedes Jahr nach Oslo, um Fußball zu spielen und Spaß zu haben.
Etwa 3.000 Spiele werden auf 40 Grasfeldern auf dem Ekeberg-Plateau und Umgebung durchgeführt.
Der Norway Cup wurde im Jahre 1972 zum ersten Mal mit 420 teilnehmenden Mannschaften veranstaltet.
Im Jahr 1990 waren mehr als 1.000 Mannschaften aus 27 Nationen dabei. Kommt und macht mit beim Norway Cup!
Norway Cup, Postboks 44, N-1109 Oslo 11, Tel. 02 - 28 90 57, Fax: 02 - 29 17 38

Bemerkungen: Diese Route ist ganzjährig befahrbar und auch für Wohnwagengespanne geeignet.

KURZREISEN NACH NORWEGEN

»Raus aus dem Trott«

*Wer kennt sie nicht, die Probleme mit den schönsten Wochen des Jahres. Die vier Urlaubswochen im Sommer sind um, der Alltag im Büro hat längst wieder begonnen, und im Hinterkopf wächst langsam aber sicher ein Gedanke, der immer stärker wird:
ich könnt' schon wieder ...*

Warum also nicht »mal kurz« nach Norwegen? Immer mehr Reiseveranstalter bieten abwechslungsreiche Kurzreisen an, die in die schönsten Gebiete Norwegens führen und einen guten Überblick über die landschaftliche und kulturelle Vielfalt des Landes vermitteln. Nicht weniger als fünf Reedereien - Color Line, Stena Line, Larvik Line, Fred. Olsen Lines und Scandinavian Seaways - bringen die kurzreisefreudigen Urlauber bequem und sicher in den Norden. Auch die Reise in Norwegen geht reibungslos vor sich, denn die norwegischen Staatsbahnen NSB, die Busgesellschaft »Norway Busskexpress« sowie die Fluggesellschaften Widerøe und Braathens Safe sorgen dafür, daß man pünktlich ans Ziel gelangt.

Wie wäre es zum Beispiel mit einem Wochenendtrip nach Oslo oder einem Flug nach Bergen zu den Internationalen Festspielen - die skandinavische Fluggesellschaft SAS ist bekannt für sicheren Transport in den Norden. Wer will, wandelt in Trondheim auf den Spuren der norwegischen Geschichte oder besucht Tromsø, die lebhafte norwegische Metropole. In Stavanger, der Ölstadt an der Westküste, findet man nicht nur Spuren des Ölbooms der achtziger Jahre. Die Anfänge der Stadt reichen über 850 Jahre zurück, neben modernen Perspektiven ergeben sich so auch viele Einblicke in historisches Milieu.

Manche lockt auch die norwegische »Provinz«. Wanderungen in nahezu unberührter Natur und klarer Luft lassen den Alltagsstreß schnell vergessen. Und da die Anreise dank der komfortablen Fähren eher einer Kreuzfahrt gleicht und auch ein schneller »Flieger« oft schon in der Nähe des Wohnortes wartet, ist man in der Regel schon nach vier oder fünf Tagen gut erholt und um viele beeindruckende Erlebnisse reicher.

Auch der Winter hat in Norwegen seinen eigenen Reiz. Unberührter Schnee, soweit das Auge reicht, kalte, trockene Luft und Gebiete, in denen Langlaufhorden Mangelware sind, der Schnee aber reichlich liegt. Weiter südlich sieht es ja oft umgekehrt aus ...

Der Frühjahrsmüdigkeit ein Schnippchen schlägt man z.B. mit einem Kurztrip ins Gebiet von Hardanger. Tausende von Obstbäumen bieten Mitte Mai zur Baumblüte ein unverwechselbares Schauspiel und holen die in Deutschland oft schon verlorengegangenen Frühlingsgefühle für eine kurze Zeit zurück.

Norwegen ist bei weitem nicht nur ein Sommerland. Zwar sind die Temperaturen mit Ausnahme von Juli und August meist niedriger als in Mitteleuropa, die Ruhe und die einzigartige Landschaft aber schaffen eine ganz eigene Atmosphäre, so daß eine Kurzreise auch zu auf den ersten Blick »ungemütlichen« Jahreszeiten lohnt. Die nachfolgenden Reisevorschläge bieten nur eine Auswahl aus dem mittlerweile schon recht umfangreichen Angebot der Reiseveranstalter.

Städtetouren

Nahezu ideal für Kurztrips sind die »großen Drei« in Norwegen: Oslo, Bergen und Trondheim. Gute Flug- und Fährverbindungen machen die drei größten Städte Norwegens auch schon für ein verlängertes Wochenende attraktiv, wer es erübrigen kann, sollte sich aber mindestens drei Tage Aufenthalt am Ort gönnen, um wenigstens einige Attraktionen besichtigen zu können.

bietet für Ihre Norwegenreise vier Routen: die komfortable Nachtfähre von *Kiel* nach *Göteborg* und an der schwedischen Westküste entlang in das Land der Fjorde; die kurze Verbindung von *Frederikshavn* in Nord-Dänemark nach *Göteborg*, die Direktverbindung von *Frederikshavn* nach *Oslo* und die nach *Moss*.
Für den Winter-Kurzurlaub bieten wir besonders interessante Tarife.
Näheres finden Sie im Fahrplan 1991, der Ende November erscheinen wird.
Weitere Informationen in Ihrem Reisebüro oder bei
STENA LINE, Schwedenkai,
D-2300 Kiel, Tel. 04 31 - 90 90 bzw.
STENA LINE, Immermannstr. 65a,
D-4000 Düsseldorf 1, Tel. 02 11 - 35 70 04

»Zwischen Bygdøy und Nordmarka« - Oslo

Die norwegische Hauptstadt ist dank ihrer günstigen Lage ein sehr beliebtes Kurzreiseziel. Oslo liegt am Nordende des ca. 100 km langen Oslofjords und ist im Norden von der Nordmarka umgeben, einem großen Gebiet mit bewaldeten Bergen und Höhenzügen, das als Wander- und Skigebiet für die Stadtbevölkerung von unschätzbarem Wert ist. Wer Oslo einen Besuch abstattet, schlägt sozusagen zwei Fliegen mit einer Klappe: Einerseits findet man in Oslo ein pulsierendes Leben mit allem, was das Kultur- und Großstadtherz begehrt, andererseits hat man die Möglichkeit, sich nur wenige Minuten oberhalb der Stadt in die Einsamkeit der Wälder zurückziehen zu können.

In Oslo gibt es rund 50 Museen, Baudenkmäler, Ausstellungen und andere Sehenswürdigkeiten. Einige der interessantesten, »kurzreisetauglichen« Attraktionen sollen nachfolgend erwähnt werden.
Südöstlich des Rathauses erstreckt sich das Gelände der Festung Akershus, die aus dem 13. Jahrhundert stammt. Besonders bemerkenswert: Das Gelände ist heute ein für alle zugängliches Erholungsgebiet mit schönen Grünanlagen und interessanten Sehenswürdigkeiten.

⊗ SCANDINAVIAN SEAWAYS

Die modernen Fährschiffe *»Queen of Scandinavia«* und *»King of Scandinavia«* der traditionsreichen Reederei (gegründet 1866) verkehren im täglichen Wechsel zwischen Kopenhagen und Oslo. Während der 16stündigen Seereise stehen den Passagieren alle Annehmlichkeiten einer Kurzkreuzfahrt zur Verfügung: komfortable Kabinen, gemütliche Restaurants, Nightclub mit Live-Musik und Unterhaltungsprogramm, diverse Bars, Sauna und Swimmingpool, Spielcasino und Duty-Free-Shops. Die Schiffe fahren unter der Flagge Dänemarks und haben dänisches Bordpersonal.
*Scandinavian Seaways, Jessenstr. 4,
D-2000 Hamburg 50,
Tel. 040 - 38 90 371, Fax 040 - 38 90 31 20*

Direkt in der Innenstadt liegt die Karl Johans gate, die Pracht- und Einkaufsstraße Oslos, die vom Hauptbahnhof bis hinauf zum königlichen Schloß führt. Weiter nördlich befindet sich die Nationalgalerie mit Werken nahezu aller bedeutenden norwegischen Künstler. Die Halbinsel Bygdøy, einem der schönsten (und teuersten) Wohngebiete Oslos, sollte man auf jeden Fall einen Besuch abstatten. Dort befinden sich mehrere sehenswerte Museen, so das Norwegische Seefahrtsmuseum, das Kon-Tiki-Museum, die Wikingerschiffshalle und das Norwegische Volksmuseum.

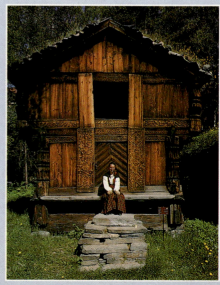

Im Norwegischen Volksmuseum von Oslo

Ein Muß ist natürlich das Munch-Museum im Osten der Stadt, das allein dem großen norwegischen Maler Edvard Munch gewidmet ist.

Im Westteil der Stadt liegt der Frognerpark mit der Vigelandanlage, die aus 192 Skulpturgruppen mit insgesamt 650 Figuren besteht.

Abschließend sei noch auf zwei jährlich stattfindende Ereignisse hingewiesen. Im März wird das Holmenkoll-Festival abgehalten, ein zweiwöchiges Wintersportereignis, das traditionell sonntags mit einem großen Skispringen abgeschlossen wird. Am 17. Mai, dem norwegischen Nationalfeiertag, ist die ganze Stadt auf den Beinen, um die Gründung der norwegischen Verfassung im Jahre 1814 gebührend zu begehen. Ein großer bunter Umzug führt durch die Karl Johans gate bis hinauf zum Schloß, wo es sich die königliche Familie Jahr für Jahr nicht nehmen läßt, auf dem Balkon zu stehen und mit der Bevölkerung zu feiern. Es herrscht eine unbeschreibliche Stimmung. Wer die Stadt am 17. Mai besucht, lernt die Norweger einmal von einer ganz anderen Seite kennen.

Einige der bekanntesten Sehenswürdigkeiten Bergens befinden sich im Bereich von Bryggen an der Nordseite des Hafenbeckens Vågen. Ein Spaziergang durch dieses historische Viertel kann leicht zum Tagesausflug werden, bietet aber auch unvergeßliche Eindrücke. Unbedingt sehenswert sind hier die alten Kaufmannshöfe, das Hanseatische Museum, das Bryggens Museum, die Marienkirche und die Festung Bergenhus. Ein heißer Tip für hungrige Mägen: An der Kopfseite des Hafenbeckens Vågen findet werktags der Fischmarkt statt, auf dem es die herrlichsten Lachsbrötchen und Krabben gibt.

Unbedingt empfehlenswert ist auch die Rasmus-Meyer Sammlung mit Werken Edvard Munchs und das Aquarium, eine der größten Sammlungen Europas von lebenden Salz- und Süßwassertieren.

Im südlichen Stadtgebiet von Bergen liegt Troldhaugen, das 22 Jahre das Zuhause des norwegischen Komponisten Edvard Grieg war. Wer höher hinaus will, sollte mit der Drahtseilbahn auf den »Hausberg« der Stadt, den Fløyen, fahren. In 320 m Höhe hat man Bergen zu Füßen liegen.

Eine ideale Zeit für eine Kurzreise nach Bergen ist u.a. Ende Mai/Anfang Juni, wenn die Internationalen Festspiele stattfinden. Zur Zeit des westnorwegischen Frühlings kann man dann einem Festival von internationalem Renommee beiwohnen. Das Programm umfaßt Kammerkonzerte, Theatervorstellungen, Tanz- und Ballettvorführungen, Kirchenkonzerte, Orchestergastspiele, Filme und sogar sogenannte »Nightjazz-Konzerte«. Wem da nicht die Ohren klingen ...

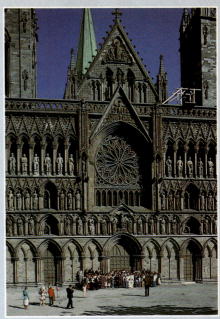

Der Nidaros-Dom in Trondheim

Wanderkurzreisen

Absolute Ruhe, intakte Wälder, Einsamkeit, klare und stille Seen, Angelgewässer, die vor Fischen nur so wimmeln, die Weite und Unendlichkeit der Hochebenen, bei deren Anblick allein schon die Entspannung vom Alltag einsetzt, Gipfel, so mächtig und überragend, daß man Respekt bekommt vor den gewaltigen Kräften der Natur. Wer all dies sucht, für den ist ein Wanderkurztrip genau das Richtige.

Man sollte allerdings etwas mehr Zeit mitbringen, da Wanderungen durch die norwegische Gebirgsluft anstrengender sind als zu Hause der regelmäßige Gang zur Kneipe um die Ecke. Mindestens 5 Tage sollte man sich vor Ort aufhalten, wer eine ganze Woche Urlaub opfert, kann sich sicherlich schon sehr gut erholen. Die bequeme Anreise mit einem Flugzeug oder einem der Fährschiffe mit Kreuzfahrtcharakter tut natürlich ein übriges dazu, nicht schon vor der ersten Wanderung Blei in den Beinen und Schlaf in den Augen zu haben.

BISHER: JAHRE LINE/NORWAY LINE

Kurz und bunt: Color Line
Zuviel Arbeit im Büro, Resturlaub oder dringend Entspannung nötig?
Egal, Hauptsache raus aus dem grauen Alltagstrott: Color Line verschafft Ihnen ein paar farbige Tage.
- Shopping in Oslo?
- Nach Bergen zum hanseatischen Lachskauf?
- Waldlauf in Telemark, Füße hochlegen am Sognefjord - alles kein Problem.
Kurzreisen der Color Line führen Sie an die schönsten Orte Norwegens.
Gönnen Sie sich ein paar Tage zum Verwöhnen!
*Color Line, Postfach 2646,
D-2300 Kiel 1,
Tel. 0431 - 97 40 90, Fax 0431 - 97 40 920*

»Zwischen Fischmarkt und Festspielhaus« - Bergen

Auch Bergen, die zweitgrößte Stadt Norwegens, ist ein nahezu »klassisches« Kurzreiseziel. Sie liegt an der Westküste, ist sowohl durch Schiffs- als auch durch Flugverbindungen mit dem Kontinent verbunden und gilt aufgrund ihrer schönen landschaftlichen Lage sowie ihrer zahlreichen kulturellen Attraktionen bei vielen als »Kulturhauptstadt« Norwegens. Auch die Bergenser selbst sind sehr stolz auf ihre Stadt und bringen dies gern zum Ausdruck.

»Zwischen Dom und Fjord« - Trondheim

Für die dritte im Bunde der norwegischen Städte sollte man sich mindestens fünf Tage gönnen, denn auch das Gebiet um Trondheim mit dem riesigen Trondheimsfjord ist faszinierend. Die Stadt hat aufgrund ihrer bewegten Vergangenheit historisch einiges zu bieten. Auf Schritt und Tritt wandelt man in Trondheim, der Krönungsstätte der norwegischen Könige, auf historischen Pfaden. Darüber hinaus fällt gerade der eher kleinstädtische Charakter der Stadt besonders positiv auf. Man hat zu keiner Zeit das Gefühl, sich in der drittgrößten Stadt Norwegens zu befinden.

Hauptsehenswürdigkeit der Stadt ist zweifellos der mächtige Nidaros-Dom, das größte mittelalterliche Bauwerk des Nordens. In der Nachbarschaft des Domes befindet sich das Trondheimer Kunstmuseum, das vor allem norwegische Bildkunst ausstellt, darunter auch mehrere Werke Edvard Munchs. Musikfreunde sollten auf jeden Fall dem Musikgeschichtlichen Museum einen Besuch abstatten, das im Herrenhof Ringve untergebracht ist. Eine besonders gute Aussicht über Stadt und Fjord hat man von der Festung Kristiansten im östlichen Bereich der Stadt und vom Tyholtturm, in dessen Spitze sich das einzige Drehrestaurant Norwegens befindet.

FRED. OLSEN LINES

... von gestern bis heute

Seit 1937 besteht die schnellste Verbindung nach Norwegen - zwischen Hirtshals und Kristiansand. Sämtliche Fährschiffe sind, was Qualität und Sicherheit betrifft, auf dem neuesten Stand. Sicherheit rangiert hierbei an erster Stelle. Unsere Routen: *Hirtshals - Kristiansand, Newcastle - Bergen - Måløy - Ålesund - Molde.* Hauptsitz der Reederei ist Kristiansand. Die Filiale in Lübeck pflegt die Kontakte zu den Generalagenten, entwickelt die Marketingkonzepte und erledigt die Pressearbeit (Fax: 0451 - 71 300). Fährbuchungen erfolgen im Reisebüro oder bei der Generalagentur:
NSA, Norwegische Schiffahrts-Agentur GmbH, Kleine Johannisstr. 10,
D-2000 Hamburg, 11,
Tel. 040 - 37 69 30, Fax 040 - 36 41 77

»In die Wiege des Skisports« - Telemark

Telemark, die Wiege des Skisports, ist auch außerhalb der weißen Saison eine Reise wert. In der Gegend um Rjukan z.B. herrscht großartiges, rauhes Hochgebirgsklima vor. Der Gaustatoppen mit seinen 1.883 m Höhe stellt für geübtere Wanderer ein lohnendes Ziel dar - falls das Wetter mitspielt. Eher lieblich ist der Süden von Telemark. Das Lifjell oberhalb von Seljord ist zwar im Durchschnitt nur etwas über 1.000 m hoch, bietet aber ein schönes Wandernetz und großartige Weitblicke. Die Seen Fyresvatn und Nisser bieten neben Wandermöglichkeiten auch das kostbare Naß, das viele so fasziniert. Einen Besuch wert ist auch Morgedal, die Heimat von Sondre Norheim, dem Vater des modernen Skisports. Das Olav Bjåland-Museum und die »Sondre Norheimstogo«, das Geburtshaus des berühmten Sohnes von Morgedal, verraten einiges über das Skisportland Norwegen.

Schnell, bequem und preiswert mit der Larvik-Line von Frederikshavn nach Larvik, dem idealen Ausgangspunkt für Ihre Norwegenreise. Die MS »Peter Wessel« bietet Ihnen alle Annehmlichkeiten einer modernen Großfähre: Restaurants, Bars, Diskothek, Kino, Kinderspielraum und Tax-free-Shop. Alle Kabinen mit Dusche/WC. Bei gleichzeitiger Buchung von Hin- und Rückfahrt erhalten Sie 10 % Ermäßigung. Günstige Pauschalangebote wie Rundreisen, Hotelaufenthalt, Ferienhäuser oder Ferienwohnungen inclusive Fährüberfahrt mit der Larvik-Line. Information und Buchung beim Automobil-Club, im Reisebüro oder bei:
Reisebüro Norden, Ost-West-Str. 70, D-2000 Hamburg 11,
Tel. 040 - 36 00 15 78, Fax 040 - 36 64 83

»Das Tal der Täler« - Gudbrandsdal

Sehr gut erreichbar auch für »Schnell-Urlauber« ist das Gudbrandsdal, das neben einer Vielzahl von Wandermöglichkeiten auch kulturell einiges bietet. Auch die zukünftige Olympiastadt Lillehammer, Ausrichter der Winterolympiade von 1994, liegt im Gudbrandsdal. Mehrere Gebirgsgebiete mit ausgedehnten Wandernetzen (Ringebufjell, Rondane-Nationalpark) bilden ein Natur- und Wanderparadies besonderer Art.

»Warm wie nix« - Hallingdal

Das Hallingdal nimmt seinen Anfang schon ca. 60 km nordwestlich von Oslo. Ab Hønefoss wird die Besiedelung dünner, die Natur dafür schöner. Schon oberhalb des Krøderen-Sees wird die Landschaft typisch norwegisch, und rechts und links der einzigen Hauptstraße durch das Tal, der Straße 7, laden viele Wanderwege zum Ausprobieren

Naturschauspiel im hohen Norden:
Die Mitternachtssonne

ein. Ca. 170 km nördlich von Oslo liegt Nesbyen, der »berühmteste« Ort des Hallingdals. Sage und schreibe 35,6 Grad hat man hier im Sommer schon gemessen!

Mitternachtssonnen - Flüge

Ganz eiligen Zeitgenossen, die nur das freie Wochenende für eine Kurzreise benutzen möchten, kann natürlich auch geholfen werden. Immer beliebter werden sogenannte Mitternachtssonnen-Flüge, die kurze, aber um so intensivere Erlebnisse bieten. Wer das nötige Kleingeld besitzt, muß nur einen Flug buchen, zur Not noch die Zahnbürste und die Kamera einpacken, und los geht's zur großen Sonnen-Show! Wenn möglich, sollte man vielleicht doch drei oder vier Tage für einen Ausflug in den hohen Norden einplanen. Der Sommer in Nordnorwegen kann so phantastisch sein, daß man natürlich auch bei einem längeren Aufenthalt auf seine Kosten kommt.

»Auf zur Sonne« - Nordkap

Wen die Magie des Nordens mit seiner Mitternachtssonne schon immer fasziniert hat, der träumt sicherlich auch davon, einmal mitten in der Nacht am Nordkap-Plateau zu stehen und gen »Ende der Welt« zu blicken. Die Nebel lichten sich und die tiefstehende Sonne taucht die Landschaft in ein fast unnatürlich intensives Licht mit zahllosen Farbnuancen ...

»Tor zum Eismeer« - Tromsø

Wer die nördlichste Universitätsstadt der Welt kennenlernen möchte, der nördlichsten Kathedrale einen Besuch abstatten will und anschließend vielleicht noch ein kühles »Mack-Øl« genießen möchte, ein Bier, gebraut - wie sollte es anders sein - in der nördlichsten Brauerei, der ist in Tromsø genau richtig. Neben solchen Superlativen gibt es in Tromsø natürlich auch »normale« Sehenswürdigkeiten wie das Polarmuseum, das Freilichtmuseum und nicht zu vergessen das Nordlichtplanetarium auf dem Universitätsgelände. Schöne Ausblicke auf eine hinreißende nordnorwegische Landschaft bietet der Gipfel des Storsteinen, auf den man mit der Fjellheisen-Gondelbahn gelangt.

Tromsø ist eine Stadt, die im Frühsommer ganz von der nie untergehenden Sonne geprägt ist. Wer einmal um zwei Uhr nachts im T-Shirt auf der Außenterasse einer echt nordnorwegischen Kneipe gesessen hat, das Pils fest in der Hand und die Sonne im Gesicht, den wird es unweigerlich wieder hinaufziehen in die Stadt am Nordmeer.

»Alpine Gipfel mitten im Meer« - Lofoten

Hautnahe Landschaftserlebnisse bietet ein Kurztrip auf die Lofoten. Je nachdem, ob man sich für den Frühsommer als Reisezeit entscheidet - die Mitternachtssonne scheint auch auf den Lofoten fast zwei Monate lang - oder lieber in den Wintermonaten den Fischern bei ihrer harten Arbeit zusieht und das rauhe Klima des Nordens auf sich wirken läßt, eines ist sicher: Diesen Kurzurlaub vergißt man nicht so schnell! Das Gebiet ist landschaftlich äußerst vielfältig, die größte Anziehungskraft aber übt die gewaltige Natur im Süden der Inselgruppe aus. Die »Hauptstadt« der Lofoten ist Svolvær. Hier ließen sich zahlreiche Künstler nieder, um ihre auf den Inseln gewonnenen Landschaftseindrücke festzuhalten.

Sehenswürdigkeiten, die man sich auch bei einem sehr kurzen Trip nicht entgehen lassen sollte, sind vor allem die idyllischen Fischerdörfchen Ramberg (echter Sandstrand!), Hamnøy, Nusfjord, das seit 1975 unter Natur- und Denkmalschutz steht, Reine und Å.

Kurzrundreisen

Einige Reiseveranstalter bieten auch Rundreisen an, die zumeist für drei bis acht Tage konzipiert sind und einen guten Überblick über verschiedene Landschaftsformen bieten.

Eine erlebnisreiche Kurzrundreise ist zum Beispiel eine Tour mit dem Schiff nach Oslo, von dort mit der Bergenbahn durch typisch norwegische Hochgebirgslandschaft nach Bergen, weiter mit der Hurtigrute auf dem Schiffsweg nach Trondheim und zurück mit der Dovrebahn durch das Gudbrandsdal und die zukünftige Olympiastadt Lillehammer nach Oslo. Dort wartet dann wieder das Schiff, und man läßt die Reise durch eine Kreuzfahrt bis Kiel langsam ausklingen. Übrigens bietet allein die Bahnfahrt von Oslo nach Bergen mit der Bergenbahn so phantastische Eindrücke, daß sie für viele schon ein lohnendes Kurzreiseziel darstellt.

Aktuelle Kurzreiseangebote, Reiseveranstalter und Reiseziele finden Sie auch an anderer Stelle in diesem Reisehandbuch sowie im NORWEGEN MAGAZIN.

Aktiv in Norwegen

ANGELN

Seinen Anfang nahm der Tourismus in Norwegen, als reiche englische Adlige im 19. Jahrhundert dem Angeln und Jagen im Fjordland frönten. Mit einer 2.650 km langen Küstenlinie (ohne Fjorde und Buchten), über 200.000 großen und kleinen Seen sowie unzähligen Flüssen ist Norwegen als Angelparadies wie geschaffen. Nachdem die englischen Lords schon etliche Male die Nordsee überquert hatten, kamen im 20. Jahrhundert auch die Amerikaner auf den Geschmack. Sie pachteten die Fischereirechte für die besten Gewässer, so daß viele Europäer dabei leer ausgingen.

Während der letzten Jahrzehnte hat sich die Situation wieder grundlegend geändert. Fast alle Seen und Flüsse sind heute in norwegischem Besitz. Zu vergleichsweise erschwinglichen Preisen erhält man eine Angelerlaubnis für ein bestimmtes Gebiet, sei es für einen Tag, eine Woche oder auch länger.

Die Sportfischer, die Lachs und Forellen locken, sind oft von den zahlreichen anderen Fischarten in Süß- und Salzwasser überrascht.

Das Angeln ist für viele Norwegen-Touristen die beliebteste Aktivität. Aus diesem Grund wollen wir hier auch ausführlich auf die notwendigen Bestimmungen hinweisen, um Fischarten und Angelmöglichkeiten zu erhalten.

»Allmenning«

Auf allen staatlichen Ländereien (»allmenning«) hat die Bevölkerung das Nutzungsrecht. In fast allen diesen Gebieten erhalten auch Touristen, die eine gültige Angelkarte besitzen, das Recht, mit Rute und Handschnur zu fischen.

Privates Grundeigentum

Etwa 2/3 von Norwegens Gesamtfläche sind Privateigentum, auf dem die Grundeigentümer die Fangrechte innehaben. Gewöhnlich schließen mehrere Grundeigentümer sich für größere Gebiete zu Verbänden zusammen und betreiben Fischpflege sowie Vermietung und Verkauf von Angelkarten gemeinsam. Das private Fangrecht wird häufig auch an Jagd- und Angelvereine verpachtet, die ihrerseits unter bestimmten Bedingungen die Sportfischerei in dem in Frage kommenden Gebiet verwalten und Angelkarten verkaufen.

Staatliche Angellizenz

Jeder über 16 Jahre, der in Norwegen angeln will, muß auf einem Postamt eine »Fischschutzabgabe« entrichten. Sie betrug 1990 NOK 70,-.

Angelkarte (Fiskekort)

Diese gibt es in Sportgeschäften, an Kiosken, in einigen Fremdenverkehrsämtern, Hotels, auf Campingplätzen und in den lokalen Touristenbüros. Eine Angelkarte gilt meistens für ein bestimmtes Gebiet. Ihr Preis richtet sich u.a. nach ihrer Gültigkeitsdauer, nach der Größe des Gebiets und der Qualität des Fisches. An vielen Orten kann zwischen Tages-, Wochen-, Monats- und Saisonkarten gewählt werden. Im allgemeinen ermächtigt die Angelkarte zum Angeln mit Rute oder Handschnur, aber an einigen Orten erlaubt sie auch das Fischen mit Netz und »Oter« (s. Angelgeräte). Einschränkungen in Bezug auf die Sportfischerei sind gewöhnlich auf der Angelkarte angegeben. Die Angelkarte muß jeweils am Ort gekauft werden. Preisunterschiede für Norweger und Nicht-Norweger sind möglich.

Desinfektion von Angelgeräten

Netzausrüstungen und Geräte für den Krebsfang dürfen nur in Norwegen selbst, nicht jedoch vorher in anderen Ländern benutzt werden. Das gilt auch für Netze und Ausrüstungen, die in Gewässern benutzt wurden, in denen man Fischkrankheiten nachgewiesen hat. Selbst Krebsausrüstungen, die nur einmal in Norwegen benutzt wurden, müssen in der nächsten Saison desinfiziert werden. Einige Fischereipächter schätzen es, wenn man die gesamte Ausrüstung desinfiziert. Auf Schildern wird jeweils darauf hingewiesen. Um die Verbreitung des Lachsparasiten zu verhindern, gelten folgende Bestimmungen:
- Sämtliche Angelausrüstung (Ruten, Schöpfnetz, Stiefel, Boote, Netze usw.), die in Berührung mit Wasser aus solchen Flüssen gewesen ist, muß völlig trocken sein, bevor sie in einem neuen Wasserlauf verwendet werden kann.
- Wasserbehälter mit Wasser von einem Gewässer dürfen nicht direkt in einen anderen (z.B. beim Camping) entleert werden.

Verbot der Einfuhr neuer Fischarten

In weiten Teilen des Landes gibt es nur Lachs und/oder Forellen. Das ist ein großer Vorteil für die Sportfischerei und die Fischpflege des jeweiligen Gebiets. Damit keine neuen und unerwünschten Fischarten verbreitet werden, ist es verboten, in Gewässern Fischarten auszusetzen, die es vorher dort nicht gegeben hat. In Norwegen ist es verboten, lebenden Fisch als Köder zu benutzen!

Organisierte Angelaktivitäten

Überall im Land finden besonders während der Sommermonate Angelwettbewerbe, Angelfestivals u.ä. statt. Mehr darüber erfahren Sie auf den Informationsseiten der einzelnen Bezirke!

Süßwasserangeln

In den 200.000 Binnenseen, Flüssen und Bächen tummeln sich allein 42 verschiedene Fischarten. Die norwegischen Sportfischer haben hauptsächlich auf Forelle und Saibling ein Auge geworfen, die man in vielen sog. Lachsflüssen findet. Doch auch und gerade die Gewässer in den weiten Fjellgebieten bieten für Angelfreunde spannende Erlebnisse.

Fangzeiten

Die beste Fangzeit für Forellen und Saiblinge ist nach der Schneeschmelze, eine Zeit, die nicht nur von Jahr zu Jahr, sondern auch von Landesteil zu Landesteil variiert. Für die tiefer liegenden Gewässer im Süden und im Fjordland beginnt das Fliegenfischen auf Forellen normalerweise im April, die Hochsaison liegt zwischen Mai und Juni. Im Hochsommer ist es zu warm, erst ab 15. September geht die gute Fangzeit weiter. Als Faustregel für das Forellenangeln in Südnorwegen gilt: die ergiebigsten Fänge macht man vor Juni, ebenso in den Waldgebieten in Ostnorwegen und in allen nördlichen Gebieten, die unter 400 m.ü.d. Meer liegen. Für die nordnorwegischen Gewässer, die über 800 m hoch liegen, ist die beste Zeit vom 15. Juli bis 31. August.
Je weiter nördlich und je höher die Fischgewässer liegen, um so später liegt die günstigste Angelzeit.

Angelgeräte

Für Fliegenfischer eignen sich an den norwegischen Flüssen und Seen Ruten von 2,5 bis 3 m Länge. Vorfächer sollten aus bestem Nylon bestehen; die Rollen eine Kapazität von etwa 30 m Wurfschnur und 50 m sog. Hinterschnur besitzen. In Verbindung mit dieser Ausrüstung kann man Naß- und Trockenfliegen, Nymphen und andere Nachahmungen, Streamer (Fliege mit langen Federn) und Würmer benutzen. Bei Naßfliegen verwendet man meist Größe 10 (nachts Gr. 8), bei Trockenfliegen Größe 12. Typ und Größe der Ausrüstung sind von verschiedenen Faktoren abhängig. Je größer der Fluß, desto größer müssen die Fliegen sein; Wind, Wetter, Lichtverhältnisse und Wasserstand bestimmen den Köder. Zum Fliegenfischen muß die Wurfschnur der Rutengröße und dem Fluß angepaßt sein. Einheimische haben dazu oft gute Tips! An mehreren Stellen ist Schleppangeln vom Boot und Angeln mit »Oter« (ein Schleppbrett mit einer Hauptschnur und mehreren Seitenarmen für Haken mit künstlichen Fliegen) zugelassen.

Süßwasserfische

Aal	ål
Äsche	harr
Bachforelle	bekkaure / ørret
Barsch	abbor
Brasse	brasme
Felche	sik
Hecht	gjedde
Quappe	lake
Saibling	røye
Schleier	suter
Zander	gjørs

Schonzeiten

Das Angeln von Forellen und Saiblingen ist an den meisten Gewässern von September bis Ende Oktober/Anfang November nicht gestattet. Zusätzlich hat jedes Gebiet eigene Schonzeiten. Mehrere Bestände von Fischen und Schalentieren sind so vom Aussterben bedroht, daß Schonzeiten und Mindestgrößen eingeführt wurden. Die Mindestgröße für geangelte Fische beträgt 20 - 25 cm.

Gute Angelgebiete für Süßwasserfisch

Hecht, Brasse, Felche und Aal findet man reichlich in der Glomma (Hedmark), um Kongsvinger und in den niederen Flußläufen in Sørland. Mandalselva und Audneelva in Aust-Agder sind speziell für ihre Aale bekannt.
Die besten Angelgebiete für Forellen sind die Gebirgsseen und -flüsse oberhalb der Baumgrenze. Die Größe und Qualität dieser Fische unterscheidet sich deutlich von denen im Flachland. Je weiter man nach Norden reist, um so niedriger wird die Baumgrenze, und die Auswahl an guten Forellengewässern steigt somit. In Nordnorwegen (mit Ausnahme der östlichen Finnmark) und in einigen Fjellgebieten Südnorwegens sind Forellen und Saiblinge die einzigen Fischarten. In den meisten der größeren Gewässer der Finnmark und Ostnorwegens findet man zudem Hecht und Äsche. Gute Gebiete in den südlichen Landesteilen liegen um Kristiansand und nördlich von Røros, in den großen Tälern Østerdal, Gudbrandsdal, Hallingdal und Valdres. In Westnorwegen in den Gebirgsseen der Hardangervidda.
Die übrigen Fischarten, die für Sportangler von Interesse sind, z.B. Barsche, findet man in den tieferen Lagen in Ostnorwegen und in der Ost-Finnmark.

Lachsangeln

Zum Lachsangeln rechnet man das Angeln nach Lachsen, Meerforellen und Wandersaiblingen. Norwegen besitzt insgesamt 240 Lachsflüsse, in denen fast überall eigene Lachsstämme wandern. Die besten Lachsflüsse liegen im Fjordland und nördlich davon. Der Bezirk Møre og Romsdal zählt insgesamt 62 Lachsflüsse, Trøndelag 35, Finnmark 56, Sogn og Fjordane 25, Hordaland 21, Nordland 19, Rogaland 14 und Telemark, Buskerud, Vestfold, Akershus, Oslo und Østfold haben zusammen 11 Lachsflüsse. Norwegischer Lachs ist für seine Größe berühmt. Den bislang größten registrierten Lachs fand man in den dreißiger

LACHSTABELLE:

Bezirk	Fluß	Durchschnittsgewicht	Lachsfang-Saison
Vestfold:	Lågen	4,9 kg	Anfang Mai - Ende August
Buskerud:	Drammenselva	5,2 kg	Juni
Rogaland:	Ogna	2,6 kg	Nachsaison
	Håelva	2,7 kg	Nachsaison
	Figgjoelva	2,8 kg	Juli - August
	Suldalslågen	5,0 kg	August - September
Hordaland:	Etneelva	2,9 kg	–
	Bolstadelva/Vossa	7,0 kg	Anfang Juni - Ende August
Sogn og Fjordane:	Lærdalselva	6,7 kg	Juni - August
	Strynselven	9,1 kg	
Møre og Romsdal:	Oselva	1,9 kg	Juni - Juli
	Surna/Rinna	3,4 kg	Juni
	Ørstaelva	1,9 kg	–
	Bondalselva	1,9 kg	–
	Eira	–	–
	Driva	5,0 kg	–
Trøndelag:	Orkla	7,1 kg	Juli
	Gaula/Sokna	6,3 kg	Anfang Juli
	Nidelva	6,8 kg	
	Stordalselva	1,9 kg	Juni
	Stjørdalselva	5,3 kg	Juni
	Verdalselva	4,3 kg	Juni - Juli
	Namsen	5,2 kg	Juli
Troms:	Reisaelven	3,4 kg	Juli - August
Finnmark:	Lakselva i Porsanger	6,6 kg	–
	Neidenelva	3,6 kg	–
	Altaelva	8,1 kg	Ende Juni

Jahren - er wog 36 kg! Auch wenn solche Rekorde die Ausnahme sind, liegt das Durchschnittsgewicht der Lachse in einigen Flüssen bei 20 kg. Insgesamt beträgt das Durchschnittsgewicht 7 bis 10 kg, in manchen Flüssen auch nur 3 bis 4 kg. In den Seen darf der Lachs mit Rute oder Handleine geangelt werden. Angelscheine sind erforderlich.

Fangzeit

Offiziell beginnt die Lachssaison am 1. Juni und endet am 1. bzw. 15. September. Da die größten Lachse immer zuerst den Fluß hinauf wandern, gelten die Tage Ende Mai/Anfang Juni als beste Fangzeit. Die kleineren Lachse folgen anschließend. Mitte Juli steigt dann die Anzahl der Meerforellen, abhängig von Wasserstand, Temperatur usw. in den verschiedenen Flüssen. In Nordnorwegen verschiebt sich die beste Fangzeit um vier bis sechs Wochen, verglichen mit der in Südnorwegen.

Angelgeräte

Beim Lachsangeln ist eine besonders solide Ausrüstung erforderlich. Üblich sind Fliegenruten, Einhand- oder Zweihandruten.
Für einen kleinen Fluß reicht eine Einhandrute von 2,5 bis 3 m Länge aus Glasfiber oder anderen Kunststoffen. Die Schnur sollte 0,40 mm dick sein. In Flüssen mit stärkerer Strömung empfiehlt sich eine 3,5 - 4 m lange Zweihandrute mit mindestens 0,45 mm Dicke. Die Wurfschnur muß zur Rute und zum Fluß passen. Auf der Spule sollten mindestens 150 m Schnur sein, denn der Lachs kann groß sein und braucht entsprechend viel Spielraum. Da ein Lachs erheblich an der Angel zappeln kann, muß die Nylonschnur reißfest sein (»backline« Nr. 045-050). Man kann sowohl mit Fliege als auch mit Blinker oder Regenwurm angeln (Regenwurm reicht nicht für alle Flüsse). Dort nehme man eine kurze, einhändig benutzbare Fliegenrute (Schnur mit mindestens 0,45 mm).
Auf einigen Flüssen darf vom Boot aus geangelt werden, üblicher ist das Fischen vom Ufer aus. Oft sind »Anglerhosen« oder hohe Stiefel notwendig und natürlich ein guter, spitzer Gaff (Fischhaken). Zu Beginn der Fangsaison empfehlen sich große Fliegen (7/0), später etwas kleinere Fliegen.
Lachs, Meerforelle und Wandersaibling kann man in den Seen mit einer Schleppangel angeln. Dazu benutzt man relativ schwere, große Löffelblinker, Wobler oder Fliegen.

Da fast jedes Gewässer seine eigenen Bestimmungen hat, sollten Sie sich vorher danach erkundigen.

Schonzeiten

Für Lachs, Meerforelle und Wandersaibling im Meer sind die Schonzeiten vom 5. August bis einschließlich 31. Mai, in den Flüssen normalerweise vom 1. September bis 31. Mai. Es ist streng verboten, abgelaichten Fisch sowie Exemplare unter 30 cm zu fangen. Die Bestimmungen für das Lachsangeln sind besonders streng; bitte beachten Sie die örtlich geregelten Schonzeiten. Das Ziel aller Einschränkungen ist, die Fischbestände zu erhalten, was natürlich zum Wohle aller ist!

Angeln im Meer

Küsten-Norwegen hat während der letzten Jahre viel für die Sportfischer getan: Man vermietet Hütten mit eigenem Boot, bietet die Möglichkeit, den gefangenen Fisch gleich einzufrieren, Ausrüstungen werden verliehen, und vieles mehr.
Die norwegische Küste bietet so auch für Urlauber hervorragende Angelmöglichkeiten. An einem schönen Sommertag, wenn die See ruhig ist, kann man weit draußen auf den Schären und auf offener See fischen. Bei rauher See hat der Sportangler die Möglichkeit, im Schutz der vielen Schären und vorgelagerten Inseln oder in den Fjorden selbst zu angeln. Man kann sich einfach an den Uferrand setzen und die Schnur auswerfen, oder aber mit einem Kutter und großer Ausrüstung hinaus fahren. Jeder darf mit Rute und Handschnur im Meer angeln. Dazu braucht man weder Angelschein noch eine staatliche Angellizenz. Beachten Sie jedoch, daß für Lachs, Meerforelle und Wandersaibling die gleichen Schonzeiten wie im Süßwasser bestehen. Wurfnetze sind, mit gewissen Ausnahmen, verboten.
Viele der Salzwasserfische laichen in den Fjorden. Dank des Golfstroms herrschen dort milde Wassertemperaturen. Dorsch, Köhler, Lengfisch, Schellfisch und Makrele gibt es in rauhen Mengen. Das Durchschnittsgewicht der Dorsche (Kabeljau) liegt bei 1-5 kg, ein Dorsch kann aber auch zwischen 10-15 kg wiegen. Der Köhler hat ein Gewicht zwischen 250 g und 1 kg. Seltener als die oben genannten Fische findet man Flunder oder Steinbutt. Fährt man mit dem Boot hinaus, kann man auf den Grönlandshai oder Heilbutt (kveite) stoßen.
Wie bereits erwähnt, gibt es für das Meer zwei Fangarten: Entweder mit der Rute oder Handschnur vom Boot aus oder mit der Wurfschnur vom Land aus. An der norwegischen Küste kann man überall kleinere Boote mit Außenbordmotor zu erschwinglichen Preisen mieten. Adressen finden Sie unter »Bootsverleih«. Auch örtliche Touristenbüros, Hotels, Pensionen, Campingplätze verleihen Boote, auf Wunsch mit Skipper. An vielen Orten gibt es organisierte Angeltouren auf dem Meer mit Fischkuttern. Dazu braucht man eine gute Ausrüstung, die oft an Bord angeboten wird. »Wertvolle« Fänge belohnen für alle Strapazen. Ein Preisbeispiel für geliehene Boote, auch wenn die Preise stark variieren:
Ruderboot ohne Außenbordmotor: ca. NOK 20,- pro Stunde, ca. NOK 500,- pro Woche.
Ruderboot mit Außenbordmotor: ca. NOK 30,- pro Stunde, ca. NOK 700,- pro Woche (ohne Benzin).
Ferienhütten am Meer werden oft mit Boot und/oder Angelausrüstung vermietet. Häufig hat man Gelegenheit, seine Fänge an Ort und Stelle einzufrieren, gelegentlich kann man die Fische auch räuchern lassen.

Fangzeit

Auf dem Meer kann man eigentlich das ganze Jahr über angeln. Frühjahr und Herbst sind für Dorsch die beste Zeit. Während des Sommers, wenn die Wassertemperaturen steigen, halten sich die Fische im tieferen Wasser auf, so daß man vom Boot aus angeln muß. In Nordnorwegen kann man auch im Hochsommer gut angeln. Der Köhler ist ein ausgesprochener Sommerfisch.

Angelausrüstung

Angeln im Meer kann man mit Rute oder Handschnur vom Boot aus, oder mit Wurfangeln vom Land aus. Will man Dorsch mit Blinkern angeln, empfehlen sich relativ schwere Blinker. Der Blinker muß tief einsinken, dann zieht man ein paar Mal ruckartig an und zieht ein. In der Regel beißt der Dorsch an, wenn der Blinker sinkt. Man kann einfache Wurfblinker zum Meeresangeln benutzen, wenn solides Nylongarn (Nr. 0,40 - 0,50) vorhanden ist. Nehmen Sie zusätzliche Blinker und ein Gaff mit langem Schaft als Reserve mit. Für alle anderen Fische können Regenwürmer, Muscheln, Krabben, Herings- oder Sprottenstücke als Köder benutzt werden. Vom Boot aus benutzt man am besten eine Schleppangel oder Blinker. Oft verraten Vogelschwärme, wo die Fische sich aufhalten. Die Schleppangel sollte man langsam durchs Wasser ziehen. Geeignete Länge: 15-20 Meter. Besonders spannende Angelerlebnisse bieten die Gezeitenströme.

Salzwasserfische

Dorsch, Kabeljau	torsk
Gefleckter Lippfisch	berggylte
Grönlandshai	håkjerring
Köhler, Kohlfisch	sei
Lengfisch	lange
Makrele	makrell
Schellfisch	hyse
Wittling, Merlan	hvitting

Schonzeiten

In den unten genannten Gebieten und Zeiträumen ist es verboten, Hummer zu fangen oder Spindeln mit oder ohne Laich auszusetzen, um Hummer zu fangen:
a) An der Küste nahe der schwed. Grenze und im Bezirk Rogaland vom 1. Jan. bis 1. Okt.
b) In Hordaland, Sogn of Fjordane und Sunnmøre (Møre og Romsdal), vom 1. Juni bis 1. Oktober.
c) Bezirk Trøndelag und Teile von Møre og Romsdal, vom 1. Juli bis 16. September.
d) Kommune Tysfjord im Bezirk Nordland, vom 1. Januar bis 1. Oktober.
e) In den Gebieten, die nördlich der unter a) und b) genannten Grenzen liegen, vom 15. Juli bis 1. Oktober.

Fällt der letzte Tag der Schonzeit auf ein Wochenende, so beginnt der erste Angeltag erst am darauffolgenden Werktag um 8.00 Uhr.
Scholle (»rødspette«) darf innerhalb der 12-Meilen-Zone von der schwedischen Grenze bis nach Romsdal vom 1. März bis 31. Mai nicht gefischt werden.
Lachs, Meerforelle und Wandersaibling sind im Meer vom 5. August bis zum 31. Mai geschützt. In der gesetzlich erlaubten Angelzeit ist es verboten, Geräte wie Wurfnetze u.a. für diese Fischarten zu benutzen. An den Wochenenden müssen ebenfalls alle Gegenstände von den Booten eingeholt werden, in denen Lachsfische gefangen werden könnten.

Eisangeln

Sportfischer können in Norwegen nicht nur im Sommer, sondern auch im Winter ihr Hobby ausüben. Auf den zugefrorenen Seen werden dazu ca. 15 cm große Löcher gebohrt. Zum Eisangeln benutzt man dann sog. Pilker, eine besondere Art Saibling, die man kaufen kann. Für das Eisangeln benötigt man die staatl. Angellizenz und einen Angelschein. Vorsicht: An den Ufern und Flußmündungen kann die Eisdecke erheblich dünner sein als auf der Seemitte. Weitere nützliche Tips erhält man bei den örtlichen Touristenbüros.

Information:

Ausführliche Informationen und Gebietsbeschreibungen findet man in dem Buch »Angeln in Norwegen« (NORTRABOOKS).

Weitere Auskünfte erteilen die folgenden Verbände:
- Norges Jeger- og Fiskerforbund, Hvalstadåsen 5, N-1364 Hvalstad, Tel. 02 - 78 38 60; oder:
- Direktoratet for Naturforvaltning, Tungasletta 2, N-7004 Trondheim, Tel. 07 - 91 30 20 sowie alle örtlichen Touristenbüros.

Einzelne Angelgebiete:

Akershus
- A/S Artemis, Stangeskovene, N-1933 Lierfoss, Tel. 06 - 86 58 88
Forellenangeln.

Oslo
- Oslo Markas Fiskeadministrasjon, Mailundvn. 21, N-0569 Oslo 5, Tel. 02 - 22 60 08
- Fastfisk Sportsforretning, Arbeidersamfunnetsplass 1 C, N-0181 Oslo 1, Tel. 02 - 11 00 59

Østfold
- Østfold Utmarkslag, N-1870 Ørje, Tel. 09 - 81 11 22

Hedmark
- Aktiv Fritid Trysil, Korsberget, N-2420 Trysil, Tel. 064 - 50 659
Gute Angelmöglichkeiten in Flüssen und Seen.
- Glommen Skogeierforenings utmarkslag, Postboks 1329 Vestad, N-2401 Elverum, Tel. 064 - 10 166
Angeln mit Rute oder Netz; Forelle, Renke und Äsche mit Fliege in Flüssen und Seen; auch Verleih von Netzen und Booten.
- Stor-Elvdal Reiselivslag, N-2480 Koppang, Tel. 064 - 60 000
Gute Angelmöglichkeiten in Flüssen und Seen.
- Trysil Ferie og Fritid, N-2420 Trysil, Tel. 064 - 50 511
Gute Angelmöglichkeiten in Flüssen und Seen.
- A/S Artemis, Stangeskovene, N-1933 Lierfoss, Tel. 06 - 86 58 44
Gute Angelmöglichkeiten in Flüssen und Seen.

Oppland
Zum Angeln im Gudbrandsdal braucht man eine sog. »G-Kort«; sie ist in den lokalen Touristenbüros erhältlich.
Hauptangelgebiete:
- im See Mjøsa
Angeln vom Boot aus ist allen erlaubt. Beim Angeln vom Ufer müssen die Grundbesitzer ihre Genehmigung geben.
- Gausdal / Espedalen
Fischreich sind die Flüsse Gausa und Jøra sowie die Seen Jevsjøen und Nisjuvannet. Lokale Angelkarte.
- Peer Gynts Rike
Fischen mit Angel, Ottergerät und Netz (auch Kurse) in Golå und den umliegenden Flüssen und Seen. Lokale Angelkarte.
Informationen bei:
- Peer Gynt Sommerarena, Tel. 062 - 98 528.
- Rondane (Rapham/ Mysuseter)
Lokale Angelkarte für die Seen der Region zusätzlich zur »G-kort«. Informationen beim Touristenbüro in Otta, Tel. 062 - 30 365.
- Jotunheimen
Zum Angeln im Lemonsjøen und Sjodalen lokale Angelkarte in Vågåmo erhältlich. Für die Gewässer im Bøverdalen, Vårdalen, Visdalen und Leirdalen Angelkarte in Lom, für den Fluß Skim spezielle Angelkarte erforderlich (ebenfalls in Lom erhältlich).
- Dovrefjell/ Grimsdalen
Lokale Angelkarte wird nur im Touristenbüro in Dombås verkauft.
- Gemeinde Lesja/ Lesjaskogsvannet
Lokale Angelkarten in Dombås und Bjorli.
- Valdres
Regionale Angelkarte und verschiedene lokale Karten.
- Vestoppland
Im Randsfjord ist nur die Genehmigung des Grundbesitzers notwendig zum Angeln, für die anderen Gewässer sind lokale Angelkarten er-

Erholsame Ferien und Angelglück

Europas Meeresangler treffen sich in Rogaland im südwestlichen Norwegen. Der Fischreichtum Rogalands zwischen den Schären und Klippen vor der Küste wird all jene versöhnen, die beim Lachsfischen kein Glück hatten. Hier fängt man z.B. stattliche Dorsche, Dornhaie, Leng, Köhler, Pollacks, Brosme, Schellfisch, Wittlinge usw. Kein Wunder, daß hier alljährlich auch Europameisterschaften ausgetragen werden.

Auf Wunsch werden von **Norwegische angelferie a.s** auch Hochseefahrten organisiert. Die Fahrt, die ab 14 Personen DM 65,- kostet, führt hinaus nach Utsira, das für phantastisches Meeresangeln bekannt ist.

Erleben Sie Norwegen von seiner schönsten Seite: unendliche Natur, bizarre Landschaft und erholsame Ruhe. Verzichten Sie aber nicht auf den Komfort, den Sie von zuhause gewohnt sind. Wir bieten Ihnen: Hütten von 60 m² (so groß wie ein Einfamilienhaus) auf einem großen Grundstück mit direkter Aussicht auf den Fjord. Zu jeder Hütte gehört ein 4,5 m langes Polyesterboot mit einem starken Außenbordmotor, das ebenso wie eine Gewässerkarte im Hüttenpreis enthalten ist.

Sie werden vor Ort übrigens nicht nur deutschsprachig betreut. Wir machen Ihnen auch ein Aktivitätsangebot und besorgen z.B. Lizenzen und Genehmigungen. Sie brauchen nichts weiter zu tun, als sich wohlzufühlen.
Weitere Informationen erhalten Sie kostenlos bei:

NORWEGISCHE angelferie a.s
Norwegische angelferie a.s
Box 38, N-4265 Haavik
Tel. 04 - 84 30 30 / 90 - 426 98
Fax 04 - 84 22 09

forderlich. Im Randsfjord und in den Flüssen Dokka und Etna gibt es reiche Felchengründe. Hauptangelzeit ist der Oktober mit Tagesfängen bis zu 50 kg. Nähere Informationen erteilen die örtlichen Touristenbüros.

Buskerud
Angeln im Numedalslågen und in den Gebirgsseen in Nore und Uvdal.
- Kongsberg Turistkontor,
  N-3600 Kongsberg, Tel. 03 - 73 15 26
- Numedal Turist- og Næringsservice,
  N-3630 Rødberg, Tel. 03 - 74 13 90

Angeln in Drammenselva (Lachs), Krøderen, Soneren und Haglebuvannet.
- Turistkontoret for Midt-Buskerud,
  N-3516 Noresund, Tel. 067 - 46 611
- Reiselivslaget for Krødsherad,
  Modum og Sigdal,
  N-3515 Krøderen, Tel. 067 - 47 960

Angeln im Tyrifjorden.
- Hole og Ringerike Markedsføring A/S,
  N-3500 Hønefoss, Tel. 067 -23 330

Forellenangeln im Hallingdalselva.
- Gol Turistkontor,
  N-3550 Gol, Tel. 067 - 74 840
- Geilo Turistservice A/L,
  N-3580 Geilo, Tel. 067 - 86 300
- Ål Turistkontor,
  N-3570 Ål, Tel. 067 - 81 060
- Hemsedal Fiskeforening v/ Erik Langehaug,
  N-3560 Hemsedal, Tel. 067 - 78 315
- Hemsedal Turistkontor, Postboks 3,
  N-3560 Hemsedal, Tel. 067 - 78 156
- Hadding Info A/S,
  N-3540 Nesbyen, Tel. 067 - 70 170

Saibling- und Forellenangeln in Gebirgsseen und Bächen. Forellenfischen mit Fliege in Heimsila und Hallingsdalselva.

Vestfold
Fischgebietskarte für Süßwasserfische beim
- Turistkontoret for Tønsberg og Omland,
  Storgt. 55,
  N-3100 Tønsberg, Tel. 033 - 10 220
- Rica Havna Hotell og Skjærgårdspark,
  N-3145 Tjøme, Tel. 033 - 90 802

Angeln auf dem Meer mit M/S »Bornøy«.
- Tønsberg Havfiskeklubb v/May Hansen,
  Postboks 42,
  N-3101 Tønsberg, Tel. 033 - 32 784
- Hem Elvelag v/Anton Evjen Jr., Styrmo,
  N-3275 Svarstad, Tel. 034 - 29 010
- Brufossfisket v/Fossekroa, Brufoss,
  N-3275 Svarstad, Tel. 034 - 29 041
- Svarstaad Laksefiske, v/Asmyhr Foto og Fritid,
  N-3275 Svarstad, Tel. 034 - 28 640
- Kjærrafossen v/Svarstad Tankstelle,
  N-3275 Svarstad, Tel. 034 - 28 065
- Hvarnes Lakselag
  v/Lågendalen Fina Senter, Odberg,
  N-3272 Kvelde, Tel. 034 - 13 018
- Kjelde Lakselag v/Asbjørn Næss,
  Tankstelle,
  N-3272 Kvelde, Tel. 034 - 12 099 / 12 098
- Holmfoss v/Harald A. Holm, Holm,
  N-3272 Kvelde, Tel. 034 - 12 054
- Melø-Bjerke v/Larvik Turistkontor,
  Storgt. 20, N-3250 Larvik, Tel. 034 - 82 623
- Hedrum Lakselag v/Larvik Turistkontor
- Hans A. Trevland,
  N-3243 Kodel, Tel. 034 - 41 022

Hagneselva, Svartåa, Skorgeelva u.a.
- Delfin Havfiskeklubb v/Jan Erik Johannessen,
  Turistkontoret, Storgt. 20,
  N-3250 Larvik, Tel. 034 - 86 623

Agder
Forellenangeln in den Flüssen Otra und Nidelva, Lachsangeln im Mandalselva und Audneelva (Angelschein in Geschäften), Aalangeln in Mandal, Flekkefjord und im Gebiet von Arendal. Mehrere Campingplätze haben eigene Aalräuchereien und können Ihre Fänge räuchern. In Farsund und Korshamn werden Angeltouren auf dem Meer organisiert.

- Korshamn Rorbuer,
  N-4586 Korshamn, Tel. 043 - 47 233
- Hovden Ferieservice A/S, Postboks 18,
  N-4695 Hovden, Tel. 043 - 39 630
- Nedre Setesdal Reiselivslag, Postboks 146,
  N-4660 Evje, Tel. 043 - 31 056
- Valle/Rysstad Reiselivslag,
  N-4690 Valle, Tel. 043 - 37 312
- Sørlands INFO, Torvgt. 6,
  N-4800 Arendal, Tel. 041 - 22 193
- Tvedestrand Turistkontor, Postboks 32,
  N-4901 Tvedestrand, Tel. 041 - 61 101
- Otra Fiskelag,
  N-6484 Bygland, Tel. 043 - 31 056
- Egenes Camping,
  N-4400 Flekkefjord, Tel. 043 - 20 148

Aalfischen in Selura.
- Fiskeforvaltaren, Fylkesmannen i Vest-Agder,
  Miljøvernavdelinga, Tinghuset,
  N-4605 Kristiansand S., Tel. 042 - 28 000
- Sirdalstene A/S,
  N-4440 Tunstad, Tel. 043 - 70 586,

Forellenangeln in Bergseen und Bächen.

Rogaland
Angelmöglichkeiten in den Flüssen Bjerkreimselva, Ognaelva, Håelva, Figgja, Frafjord, Dirdal, Helle, Jørpelandselva, Vorma i Tøtlandsvik, Ulla, Hålandselva, Suldalslågen, Nordelva, Storelva i Sauda und Vikedalselva.
Angelscheine NOK 20,- / 350,-.
- Karmøy Reiselivslag,
  N-4250 Kopervik, Tel. 04 - 85 22 00

Meeres- und Süßwasserangeln, Angelfestival.
- Reisetrafikkforeningen for Haugesund,
  Smedsundet 90,
  N-5500 Haugesund, Tel. 04 - 72 52 55

Organisierte Angeltouren montags, mittwochs, freitags, Salz- und Süßwasser, Angelfestival.
- Dalane og Sirdal Reiselivslag,
  N-4370 Egersund, Tel. 04 - 49 08 19
- Strand Reiselivslag,
  N-4100 Jørpeland, Tel. 04 - 44 74 00

Fjordangeln, Lachs- und Forellenangeln, Aalangeln.
- Suldal Reiselivslag,
  N-4230 Sand, Tel. 04-79 72 84 / 79 74 11

Lachs- und Forellenangeln im Suldalslågen, Lachsfestival; Angeln im Fjord.
- Stavanger Reiselivslag, Postboks 11,
  N-4001 Stavanger, Tel. 04 - 53 51 00

3stündige Angeltour; alljährlich: »Nordseefestival« (Angelfestival).
- Sola Reiselivslag,
  N-4050 Sola, Tel. 04 - 65 15 75

Tananger-Festival.

Hordaland
Forellen-, Lachs- und Aalangeln im Granvinfjord und im See Granvinvatnet. Angelkarte bei den Campingplätzen in Granvin, Hardanger, erhältlich. Viele Flüsse und Seen mit guten Angelmöglichkeiten in Hardanger, Ullensvang, Kvam und Ulvik. Auskunft über den Verkauf von Angelkarten geben die örtlichen Fremdenverkehrsämter. Freies Angeln im Hardangerfjord.
Meeresangeln im Gebiet von Sunnhordland. Verleih von Booten und Ausrüstung. Viele Flüsse und Seen mit Lachs- und Forellenvorkommen. Auskunft über den Verkauf von Angelkarten geben die örtlichen Fremdenverkehrsämter. Freies Angeln im Meer und im Fjord. Bootsverleih.
Lachsangeln im Fluß Melselva, Rosendal.
Lachsangeln im Fluß Etneelva. Saison von 1. Mai bis Ende August. Angelkarte und Information bei:
- Etne Hotel,
  N-5590 Etne, Tel. 04 - 75 66 00
- Skånevik Fjordhotel,
  N-5593 Skånevik, Tel. 04 - 75 55 00
- E. Grindheim und Sohn,
  N-5590 Etne, Tel. 04 - 75 60 51

Lachsangeln in Vosso und Bolstadelva, Voss. Saison vom 1. Juni bis Ende August. Saibling-, Forellen- und Seeforellenangeln in vielen Seen und Flüssen im Bereich von Voss. Angelkarte und Information bei S. Endeve Sport, Voss und Intersport Voss A/S. Auch Verleih von Angelausrüstungen und Karten.
Lachs-/Forellenangeln in den Flüssen Eio, Bjoreia und Sima in Eidfjord. Saison 1. Juni bis 30. August. Information und Verkauf von Angelkarten:
- Eidfjord Turistinformasjon,
  N-5783 Eidfjord, Tel. 054 - 65 177.

Nationalpark Hardangervidda: Hunderte Seen und Flüsse mit Bergforellen. Angelkarte und Information:
- Eidfjord Turistinformasjon,
  N-5783 Eidfjord, Tel. 054 - 65 177.

Meeresangeltouren mit dem Fischkutter »Fiskestrilen«. Ausgangspunkt ist Glesvær an der Südspitze der Insel Sotra westlich von Bergen. Angelausrüstung erhält man an Bord. Der Kutter kann auch von Gruppen gemietet werden. Busverbindungen von Bergen und Steinsland. Information:
- Marsteinen Fjordhotel,
  N-5395 Steinsland, Tel. 05 - 33 87 40
- Kulturbüro, Tel. 05 - 33 75 00

Meeresangeltouren im Gebiet Nordhordaland, nördlich von Bergen, speziell von der Insel Fedje aus. Ausleihe von Booten und Kuttern. Information:
- Nordhordaland Reiselivslag,
  N-5100 Isdalstø, Tel. 05 - 35 16 01

Weitere Adressen:
- Etne Reiselivslag, Postboks 105,
  N-5590 Etne, Tel. 04 - 75 69 26
- Kvinnherad Reiselivslag,
  N-5470 Rosendal, Tel. 054 - 81 311 / 81 328
- Kvam Reiselivslag,
  N-5600 Norheimsund, Tel. 05 - 55 17 67
- Bjørnafjorden Reiselivslag,
  N-5200 Os, Tel. 05 - 30 15 60

Lachs- und Forellenangeln.

Sogn og Fjordane
- Fiskeferie A/S v/Ottar Silden,
  N-6714 Silda, Tel. 057 - 55 396 / 55 372

Nach Absprache: Angeltouren auf dem Meer mit 70 Fuß langen Fischkuttern. Angeln vom Ufer aus, Sporttauchen, Übernachtungsmöglichkeiten.
- Flora Reiselivslag, Postboks 219,
  N-6901 Florø, Tel. 057 - 42 010 / 41 000

Organisierte 5-7stündige Meeresangeltour mit Führung zu den besten Angelstellen. Fischkutter aus Florø. Zubereitung der Fänge an Bord. Auf Anfrage: Angeltour mit Verpflegung.
- Svein Fosse,
  N-6913 Kalvåg, Tel. 057 - 92 118
- Selje Hotell,
  N-6740 Selje, Tel. 057 - 56 107
- HAFS Turist Kontor,
  N-5942 Hyllestad, Tel. 057 - 88 513

Halbtägige, organisierte Meeresangeltouren mit Führer. Lachsangeln/Kurse.
- Einar Losnegård,
  N-5985 Krakhella, Tel. 057 - 87 928
- Eivindvik Vertshus,
  N-5966 Eivindvik, Tel. 057 - 84 121
- Gloppeneventyret v/Jørn Holst Kristiansen,
  Postboks 223,
  N-6860 Sandane, Tel. 057 - 66 100

3tägige Meeresangeltour, Angeln im Fjell, Fjordsafari mit Grillparty. Nach Absprache in Luster organisierte Fjordtouren mit einem Wikingerschiff, Angelausrüstung kann geliehen werden.
- Selje Sjøsportsenter v/Trond Sætren,
  N-6740 Selje, Tel. 057 - 56 606

Angeltouren auf dem Meer und Fjord nach Absprache.
- Eid Reiselivslag, Postboks 92,
  N-6671 Nordfjordeid, Tel. 057 - 61 375

Lachsangeln im Eidselva und im Fluß Hjalma. Angeln nach Forelle, Saibling und Aal im Hornindalsvatnet und den umliegenden Seen.
- Stryn Reiselivslag, Postboks 18,
  N-6880 Stryn, Tel. 057 - 71 533

Angeln in Olden, auf dem See Loenvatnet und im Fluß Stryneelva.
- Turtagrø Hotell,
  N-5834 Fortun, Tel. 056 - 86 143 / 86 116

- Årdal Reiselivslag, Postboks 126,
N-5875 Årdalstangen, Tel. 056 - 61 177
- Aurland Reiselivslag,
N-5745 Aurland, Tel. 056 - 33 313
- Gulen Reiselivslag,
N-5966 Eivindvik, Tel. 057 - 84 342

Meeres- und Fjordangeltouren mit einem 63 Fuß großen alten Rettungskreuzer. Wöchentliche, feste Termine und für Gruppen nach Absprache. Zubereitung des Fanges an Bord. Angelausrüstung und Regenkleidung stehen für 10 - 40 Personen zur Verfügung. Außerdem Angelferien im Herbst. Salz- und Süßwasserangeln und Krabbenfang. Übernachtung.

- Sogndal Jeger og Sportsfiskarlag
v/Oddvar Fimreite, Kjørnes,
N-5800 Sogndal, Tel. 056 - 71 483
- Sogndal Reiselivslag, Postboks 222,
N-5801 Sogndal

Mehrere andere Fremdenverkehrsämter veranstalten Angeltouren / Ausrüstungsverleih, siehe Adressenliste auf den Informationsseiten der einzelnen Bezirke.

Møre & Romsdal
- Åndalsnes og Romsdal Reiselivslag, Postboks 133, N-6301 Åndalsnes, Tel. 071 - 21 622

Verkauf von Angelkarten, Angeln in Flüssen und Gebirgsseen.

- Hotel Christineborg, Postboks 23,
N-6096 Runde, Tel. 070 - 85 950

Trøndelag
- Trondheim Omegn Fiskeadministrasjon, Postboks 917,
N-7001 Trondheim, Tel. 07 - 52 78 23

Angeln in der Gaula (Melhus) und im Nidelva.
- Orkledal Fiske og Fritid A/S,
N-7300 Orkanger, Tel. 074 - 82 426

Komplettes Angelpaket für die Orkla (Meldal).
- Salvesen & Thams,
N-7332 Løkken Verk, Tel. 074 - 96 700
- Fosen Fjord Hotel,
N-7170 Åfjord, Tel. 076 - 31 421

Angeln in den Flüssen Stordalselva und Nordalselva.
- Osen Turistnemnd, Kommuneadministrasjonen,
N-7740 Steinsdalen, Tel. 077 - 77 180

Angeln im Steindalselva.
- Båtservice A/S,
N-7300 Orkanger, Tel. 074 - 82 230

Haiangeln.
- Overhalla Reiselivslag,
N-7863 Overhalla, Tel. 077 - 81 500
- Grong Reiselivslag,
N-7870 Grong, Tel. 077 - 31 550
- Høylandet Reiselivslag, N-7977 Høylandet

Lachsangeln im Namsen.
- Verdal Reiselivslag,
N-7650 Verdal, Tel. 076 - 78 500

Lachsangeln im Verdalselva.
- Stjørdal Reiselivslag,
N-7500 Stjørdal, Tel. 07 - 82 42 11

Lachsangeln im Stjørdalselva.
- Turistinformasjon Berkåk,
N-7391 Berkåk, Tel. 074 - 27 705

Lachsangeln im Flußlauf Orklavassdraget.

Nordland
Meeresangeln frei entlang der gesamten Küste. Organisierte Bootsangeltouren; Information durch die örtlichen Fremdenverkehrsämter. Ruderbootverleih durch die Campingplätze entlang der Küste, »Rorbuer« auf den Lofoten und Vesterålen. Süßwasserangeln in Binnenseen und Flüssen. Angelkarten über die örtlichen Fremdenverkehrsämter erhältlich.

- Nord-Norsk Reiselivsindustri A/S,
N-8501 Narvik, Tel. 082 - 46 033
- Meløy Reiselivslag Turistkontor,
N-8150 Ørnes, Tel. 081 - 54 011 oder 54 888
- Ørnes Hotell,
N-8150 Ørnes, Tel. 081 - 54 599
- Bolga Gjestegård,
N-8177 Bolga, Tel. 081 - 51 045
- Torghatten Reiselivslag,
N-8901 Brønnøysund,
Tel. 086 - 21 688 oder 21 601
- Halsa Gjestegård,
N-8178 Halsa, Tel. 081 - 50 677 oder 50 550
- Brennviksanden Camping,
N-8082 Leines, Tel. 081 - 78 519

Angeln mit Rute nach Grönlandhaien. Angeltouren mit einheimischen Fischern.
- Lovund Turist A/S,
N-8764 Lovund, Tel. 086 - 94 532

Meeresangeln.
- Polar Mushing and Wildlife, Osvoll - Nyjord,
N-8200 Fauske, Tel. 081 - 42 462

Wildnistouren mit Hunden, Angeln in Gebirgsseen im Sommer und Winter.
- Svartisen Turistsenter, Holandsfjord,
N-8178 Halsa, Tel. 081 - 50 032 / 50 011

Troms
Angeltouren (Süß- und Salzwasser) auf Anfrage:
- Tromsø Arrangement A/S, Postboks 1077,
N-9001 Tromsø, Tel. 083 - 10 000
- Harstad og Omland Arrangement A/S,
Postboks 447,
N-9401 Harstad, Tel. 082 - 63 235
- Nord-Troms Reiseliv A/S, Bjørklisvingen 13,
N-9086 Sørkjosen, Tel. 083 - 67 020
- Troms Adventure A/S, Andslimoen,
N-9201 Bardufoss, Tel. 089 - 33 644
- Senja Tour A/S, Postboks 326,
N-9301 Finnsnes, Tel. 089 - 42 090
- Bjørnar Hansen,
N-9130 Hansnes, Tel. 083 - 48 100

Finnmark
Spezielle Angelbestimmungen gelten für Neidenelva, Altaelva und und alle Gewässer im Grenzland. Für Ausländer ist das Angeln in den Flüssen Pasvikelva, Jakobselva und allen Seitenarmen des Tanaelva verboten.
- Wisløff Camping, Øvre Alta,
N-9500 Alta, Tel. 084 - 34 303

Angeln nach Lachs, Meerforelle, Wandersaibling im Eibyelv, Lachs und Meerforelle im Mathiselva.
- Kviby Postkontor,
N-9530 Kviby, Tel. 084 - 38 112

Lachs, Meerforelle, Wandersaibling im Lakselva.
- Hasvik Gjestgiveri,
N-9590 Hasvik, Tel. 084 - 21 207

Angeln nach Wandersaibling im Risvågelva.
- Skaidi Turisthotell,
N-9626 Skaidi, Tel. 084 - 16 121

Angeltouren: Meerforelle, Wandersaibling.
- Levajokk Fjellstue,
N-9826 Sirma, Tel. 085 - 28 746

Lachs, Meerforelle im Tanaelva.
- Solstad Camping,
N-9700 Lakselv, Tel. 084 - 61 404

Angeln nach Lachs und Meerforelle im Brennelva.
- Banak Camping,
N-9700 Lakselv, Tel. 084 - 61 031

Angeln nach Lachs, Meerforelle und Wandersaibling im Lakselva (Porsanger).
- Karasjok Turistinformasjon,
N-9730 Karasjok, Tel. 084 - 66 902

Angeln nach Lachs, Meerforelle im Tanaelva (Karasjok).
- Karasjok Opplevelser A/S, Postboks 45,
N-9730 Karasjok

Verschiedene Angeltouren, teils mit Flußbooten, Touren durch die Finnmarksvidda, Angeln in den Fjellseen (Bergforelle). Lachsangeln im Tana, Karasjokka, Annarjokka. 7tägige Ausflüge, Tagesausflüge, Süßwasserangeln.
- Berlevåg Kommune,
N-9980 Berlevåg, Tel. 085 - 81 162

Angeln nach Lachs und Wandersaibling im Kongsfjordelv. Jährliches Lachsangelfestival.
- Lilly Hansen, Hamningberg Jern og Sport,
N-9950 Vardø.

Lachsangeln im Sandfjordelva.
- Vadsø Samvirkelag,
N-9800 Vadsø, Tel. 085 - 51 643

Angeln nach Lachs und Wandersaiblingen im Skallelva, Wandersaibling im Storelva (Vadsø),
Lachs, Meerforelle, Wandersaibling im Vestre Jacobselva.
- Kirkenes Turistkontor,
N-9900 Kirkenes, Tel. 085 - 92 544

Lachsangeln bei Grense Jakobselv (Sør-Varanger).
- Neiden Fjellstue,
N-9930 Neiden, Tel. 085 - 96 141

Angeln nach Lachs, Meerforelle, Wandersaibling im Neidenelva.
- Rica Hotell,
N-9900 Kirkenes, Tel. 085 - 91 491

Angeln nach Lachs, Meerforelle, Wandersaibling.
- Stabbursdalen Camp & Villmarksenter,
N-9710 Indre Billefjord, Tel. 084 - 64 760

Angeltouren mit Übernachtung in samischen Lavvu-Zelten. 4tägige Lachsangeltour, 3tägige Angelferien in den Schären, 4tägige Fjellangeltour.
- M/S »Casus«, Bossekop,
N-9500 Alta, Tel. 090 - 97 123

3tägige Angeltour auf dem Meer, 64-Fuß-Boot für 30 Personen, Angelausrüstung ist an Bord. Die Fänge können gleich an Bord zubereitet und serviert werden. Auf Anfrage: Gletscherwanderungen für Gruppen, Reisegesellschaften, Vereine.
- Altafjord Camping,
N-9545 Bognelv, Tel. 084 - 32 824

Angeln mit Booten für 4 Personen.
- Nordkapp Båtservice,
N-9750 Honningsvåg, Tel. 084 - 72 008 / 73 277

Touren mit M/S »Solfuglen«, einem Katamaran mit Platz für 58 Personen. M/S »Isfuglen« nimmt bis zu 15 Personen an Bord.
- Vadsø Hotell,
N-9800 Vadsø, Tel. 085 - 51 681

Täglich Angeltouren auf dem Varangerfjord. Verleih von Angelausrüstungen.
- Adventure Tourism Consultants, Postboks 31,
N-9730 Karasjok, Tel. 084 - 66 408
- Finnmark Wildlife Services, Snekkernes,
N-9710 Indre Billefjord, Tel. 084 - 64 731

Alle Angelarten; Paketangebote; Sommer und Winter.
- Schulstad Adventures, Stabbursdalen,
N-9710 Indre Billefjord, Tel. 084 - 64 746

Lachs- und Forellenangeln; Paketangebote.
- Viddas Veiviser, Båteng,
N-9845 Tana, Tel. 085 - 28 869 / 28 857
oder Tel. 090 - 99 319 / 16 789

Längere Angeltouren auf der Vidda mit Übernachtung in Samenzelten oder Hotels.
- Finnmark Fjellferie, Tverrelvdalen,
N-9500 Alta, Tel. 084 - 33 823

Angel- und Jagdtouren auf der Finnmarksvidda.

BADEN

Badeferien in Norwegen? Aber ja! An der Südküste Norwegens mit langen Sandstränden, Tausenden von Inseln, Holmen und Schären, abgelegenen Buchten und blankgespülten Felsen kann sich jeder seinen Lieblingsplatz aussuchen. Es ist erwiesen, daß diese Gegend Norwegens die meisten Sonnentage im Jahr hat. Schöne Sandstrände und einsame Badeplätze finden Sie aber auch an den meisten Binnenseen, an der Westküste und selbst nördlich des Polarkreises: Kilometerlange Sandstrände laden sogar auf den Lofoten und Vesterålen zum Verweilen ein; allerdings müssen Sie sich hier für Wassertemperaturen unter 20°C begeistern können. Überzeugen Sie sich selbst und machen Sie Badeferien in Norwegen. Die meisten offiziellen Badeplätze sind mit Schildern markiert; an vielen Campingplätzen und Hütten sind Badeplätze für Kinder angelegt. Laut Gesetz ist Nacktbaden in Norwegen nicht verboten, jedoch sind stark bevölkerte Strände und die Umgebung von privaten Gebieten zu meiden.

Informationen über FKK-Anlagen in Norwegen erhalten Sie bei:
- Norsk Naturistforbund (NNF),
Postboks 189 Sentrum, N-0102 Oslo 1

Viele Hotels haben eigene Frei- oder Hallenbäder, meist zusammen mit Sauna und Solarium. Ansonsten stehen die städtischen Schwimmhallen und Freibäder jedem Besucher offen. Die örtlichen Touristenbüros geben weitere Auskünfte.

BERGSTEIGEN

Die norwegische Gebirgswelt bietet reichlich Gelegenheit, wilde, unberührte Gletscher und Gipfel zu erleben. Herausforderungen findet man in allen Schwierigkeitsgraden. Die 1000 m hohe, fast senkrechte Felswand »Trollveggen« im Romsdal ist eine der anspruchsvollsten Wände und zieht Spitzenbergsteiger aus der ganzen Welt an. Einfachere Bergsportarten kann man fast überall im Land betreiben. In Südnorwegen bieten sich in erster Linie Jotunheimen und einige der westnorwegischen Gebirgszüge dafür an. Im Norden locken Lofoten und Lyngsalpen mit vielen Wanderungen in allen Schwierigkeitsgraden. Gletscherwanderungen werden vor allem in Jotunheimen und auf dem Jostedalsbreen angeboten. Dafür sind keine besonderen Vorkenntnisse erforderlich. Man kann beispielsweise die Bezwingung des Galdhøppigen, mit 2.468 m Meereshöhe Norwegens höchster Berg, mit einer prickelnden Gletscherwanderung verbinden. Sowohl im Jostedal (Sogn og Fjordane) als auch in Lom (Oppland) gibt es Gletscher- und Bergführervereinigungen, die den Urlauber über jeden Berg bringen. Am Hardangerjøkulen auf der Hardangervidda werden Touren mit Führer und Kletterkurse von Finse aus angeboten. Gletschertouren werden auch am Folgefonna und am Svartisen organisiert. Am Folgefonna werden die Touren mit einem Gletscherführer von Jondal, Rosendal und Odda aus durchgeführt. Das Aak Fjellsportsenter im Romsdal ist Norwegens einziges ganzjährig betriebenes Bergsportzentrum und ein sehr guter Ausgangspunkt für Bergtouren im Nordwesten. Gletscher- und Kletterkurse werden an mehreren Stellen in Norwegen angeboten. Der größte Veranstalter ist - traditionell - der DNT (siehe S. 145).

Oslo
- Knut Mork v/Turistinformasjonen,
  N-0037 Oslo Rådhus, Tel. 02 - 33 43 86
Veranstaltet Kurse und Touren.
- Norsk Tindeklubb v/DNT, Postboks 1727 Vika,
  N-0125 Oslo 1, Tel. 02 - 83 25 50

Oppland
- Norwegian Wildlife & Rafting,
  N-2254 Lunderseter,
  Tel. 06 - 62 97 94 / 23 87 27
- Mad-Rafters, Hasselbakken 3,
  N-2020 Skredsmokorset,
  Tel. 062 - 38 916 oder 094 - 77 376

Buskerud
- Norges Høgfjellskole,
  N-3560 Hemsedal, Tel. 067 - 78 306
Sommerkurse in freier Natur, Gipfeltouren, alpines Klettern auf Klippen.
- Skandinavisk Høyfjellsutstyr A/S,
  N-3560 Hemsedal, Tel. 067 - 78 177
- Turistkontoret for Midt-Buskerud,
  N-3516 Noresund, Tel. 067 - 46 611
Bergsteigen möglich in »Andersnatten«.

Agder
- Valle og Rysstad Reiselivslag,
  N-4690 Valle, Tel. 043 - 37 312
- Sirdalsferie A/S,
  N-4440 Tonstad, Tel. 043 - 70 586

Hordaland
- Folgefonn Sommerskisenter, N-5627 Jondal,
  Tel. 054 - 68 500 od. 090 - 44 650
- »Finse 1222«,
  N-5690 Finse, Tel. 05 - 52 67 11
- Odda Reiselivslag,
  N-5751 Odda, Tel. 054 - 41 297
- Folgefonn Villmarksturar,
  N-5470 Rosendal, Tel. 054 - 80 040
- DNT Bergen Turlag, C. Sundtsgt. 3,
  N-5004 Bergen, Tel. 05 - 32 22 30
- Odin Adventure, N-5470 Rosendal,
  Tel. 054 - 81 311 oder 81 950

Sogn og Fjordane
- Gloppen Eventyret
  v/Jørn Holst Kristiansen, Postboks 223,
  N-6860 Sandane, Tel. 057 - 66 100
Leichte Klettertour über 6 Stunden. Auch für Anfänger geeignet.
- Turtagrø Hotell,
  N-5834 Fortun, Tel. 056 - 86 143
Bergsteigerschule mit Einführung ins Bergsteigen, Klettern im Fjell, Führungen über Gletscher und durch schwieriges Gelände. Turtagrø ist der wichtigste Ausgangspunkt für Kletter- und Gletschertouren in Hurrungane, einem hoch-alpinen Gebiet mit 24 Gipfeln über 2.000 m. Höchster Berg: Store Skagastølstind (2.405 m). Der Kurs ist geeignet für Teilnehmer mit etwas Erfahrung im norwegischen Fjell und mit mittlerer Kondition.
- Sogndal Klatreklubb v/Jon Pedersen, Postboks 22, N-5801 Sogndal, Tel. 056 - 71 542

Møre og Romsdal
- AAK Fjellsportsenter, Postboks 238,
  N-6301 Åndalsnes, Tel. 072 - 26 444
Verschiedene Bergsportkurse im Romsdalsfjell; kombinierte Erlebnistouren mit Klettern, Fjellwandern und Flußpaddeln; im Sommer geführte Bergwanderungen.
- Ålesund og Sunnmøre Turistforening,
  Tollbugt. 6, N-6002 Ålesund, Tel. 071 - 25 804

Trøndelag
- Oppdal Turistkontor, Postboks 50,
  N-7340 Oppdal, Tel. 074 - 21 760
Kletterkurs in Trollheimen.

Nordland
- Nord-Norsk Klatreskole, Postboks 3057,
  N-8501 Narvik, Tel. 082 - 47 338
- Sulitjelma Wildlife and Adventure,
  N-8230 Sulitjelma, Tel. 081 - 40 147 oder 40 416

Troms
- Lyngen Adventure A/S,
  N-9060 Lyngseidet, Tel. 083 - 86 390
- Tromsø Arrangements A/S v/Turistkontoret,
  Postboks 312,
  N-9001 Tromsø, Tel. 083 - 84 776
Bergsteigen und Wandern, von 8-9stündigen Tagestouren bis zu einer Woche.
- Senja Tour A/S, Postboks 326,
  N-9301 Finnsnes, Tel. 089 - 42 090

Finnmark
- Finnmark Wildlife Services, Snekkernes,
  N-9710 Indre Billefjord, Tel. 084 - 64 731

Svalbard
- Svalbard Polar Travel A/S, Næringsbygget,
  N-9170 Longyearbyen, Tel. 080 - 21 971

BERGWANDERN

Urlauber finden in Norwegen hervorragende Bergwandermöglichkeiten vor. Ein dichtes Netz von Hütten und markierten Wanderwegen erschließt alle wichtigen Gebirgsregionen des Landes - ohne die Natur zu schädigen. Das würde nur die Freude am Wandern schmälern. Der Abstand zwischen den Hütten entspricht einem »normalen« Tagesmarsch. Wenn man will, kann man auf diese Weise ganz Norwegen durchwandern. Bei den Norwegern ist diese Form des Urlaubs sehr beliebt: sowohl per Ski zu Ostern als auch zu Fuß im Sommer. Die in den letzten Jahren schwunghaft gestiegene Anziehungskraft der Berge läßt es ratsam erscheinen, Touren in die Zeit außerhalb der traditionellen Hochsaison (Juli, August) zu verlegen. Das Hüttenangebot reicht von einfachen und rustikalen Häusern, in die man Verpflegung und Schlafsack selber mitbringen muß, bis zu fast luxuriös zu nennenden Berghöfen mit jeglichem Komfort. Der norwegische Gebirgswanderverein (DNT) ist die Hauptanlaufstelle für Bergwanderer. Er stellt Informationsmaterial bereit, und hier erfährt man auch, welche Tour dem eigenen Können am besten angemessen ist. Tourenvorschläge und Angaben über die Entfernungen zwischen den einzelnen Hütten sind ebenfalls dort zu erhalten. Die Hardangervidda, Europas größtes Hochgebirgsplateau, eignet sich sowohl für wenig erfahrene Bergwanderer als auch für die, die größere Herausforderungen suchen. In Breheimen dagegen gibt es durchaus Touren mit großen Höhenunterschieden und langen Entfernungen zwischen den Hütten. Wandermöglichkeiten gibt es in der norwegischen Bergwelt auf jedem Niveau: Von den idyllischen Almgründen an der schwedischen Grenze bis zu den wilden Gebirgszügen Westnorwegens, von den kleinen Gipfeln der Setesdalsheiene im Süden bis zu den weiten Ebenen der Finnmark im Norden. Auf den Übersichtskarten des DNT ist die Zeit angegeben, die man von einer Hütte zur anderen benötigt. Wer mehr von Norwegen sehen möchte, kann mehrere Gebiete per Zug, Bus oder Schiff zusammenlegen.

Ausrüstung
Eine gelungene Fjellwanderung ist nicht nur vom Wetter, sondern auch erheblich von einer guten Ausrüstung abhängig. Der Rucksack soll möglichst nicht mehr als 7-8 kg wiegen. Im Fjell muß man mit allen Wetterverhältnissen rechnen, deshalb ist es wichtig, sowohl luftige Kleidung als auch warme Wäsche dabeizuhaben. Für die meisten Touren reichen normale Bergschuhe, Bedingung ist nur, daß sie ausreichend eingelaufen sind. Vielleicht hilft Ihnen unser Packvorschlag weiter?
Kleidung: Mütze, Halstuch, Unterwäsche, Hemd, Schal, Pullover, Socken/Strümpfe, gute Stiefel aus Leder oder Gummi, Einlegsohlen, Hosen, Anorak.
In den Rucksack und die Taschen: Messer, Geld, Schlüssel, Mitgliedskarte des DNT, Sonnenbrille, Stullen, Schokolade, gutes Regenzeug mit Kopfbedeckung, Jacke, zweite Hose, Ersatzschuhe und -strümpfe. Warme Unterwäsche (möglichst Wolle), Trainingsanzug, zweites Hemd, Handschuhe, Taschentücher, Taschenlampe, Streichhölzer, Karten, Kompaß, Schnellverband, Pflaster, Wundsalbe, Mückenöl, Handtuch, Waschzeug, Schlafsack, Sonnencreme, Stiefelfett.

Die Planung
Bei jeder Wanderung sind Planung und Vorbereitung unerläßlich. Hat man im Wandergebiet ausgewählt, kann man sich entscheiden, ob man preiswert im eigenen Zelt übernachtet oder bequemer in einer Hütte. Die Wahl des Terrains und die Entfernungen einer Tagesetappe sollten sich immer nach dem konditionsschwächsten Mitglied der Gruppe richten.
Wichtig für die Planung ist gutes Kartenmaterial. Der norwegische Gebirgswanderverein (DNT) hat Übersichtskarten über die Gebirge in Südnorwegen und über die Finnmarksvidda herausgegeben. Auf ihnen sind die entsprechenden Detailkarten, die Touristenhütten und die gekennzeichneten Wege mit ihrer durchschnittlichen Wanderzeit angegeben. Die Übersichtskarten erhält man beim DNT kostenlos. Für Wanderungen empfehlen sich außerdem topografische Karten im Maßstab 1 : 50.000. Diese können Sie beim NORDIS Buch- und Landkartenhandel, Postfach 343, D-4019 Monheim, Tel. 02173 - 5 66 65 bestellen (siehe auch S. 231). Auch sollte man frühzeitig die Ausrüstung kontrollieren, denn bei richtiger Planung und Vorbereitung lassen sich Engpässe im Beschaffen von Kartenmaterial oder Ergänzung der Ausrüstung vermeiden.
Sind Sie vor Ort, erkundigen Sie sich stets bei den Hüttenwirten oder ortskundigen Wanderern nach den Wetteraussichten und dem aktuellen Strek-

Fjell-Ferien

Den Norske Turistforening - DNT

»Den Norske Turistforening« wurde 1868 als Organisation für Wanderer gegründet. Der Verein betreibt und organisiert Aktivitäten in den norwegischen Fjell- und Gebirgsregionen wie geführte Wanderungen oder verschiedene Kurse. Neben mehreren Rabatten erhalten DNT-Mitglieder auch kostenlose Vereinsnachrichten mit vielen »Insider-Tips«.

Übernachtungsmöglichkeiten:

Das Netz der vom DNT verwalteten Gebirgshütten ist sehr dicht, so daß auch in den entlegensten Gebieten für gute Übernachtungsmöglichkeiten gesorgt ist. Insgesamt 286 Hütten und Herbergen stehen Wanderbegeisterten zur Verfügung. Dabei reicht die Palette von der unbewirtschafteten Hütte mit nur 4 Betten bis zur großen Herberge mit Platz für über 100 »müde Häupter«.

Der DNT teilt seine Hütten in drei verschiedene Klassen ein:
- Bewirtschaftete Herberge, Vollpension (B).
- Hütte mit Selbstbedienung, Bettzeug und Kochgeschirr ist vorhanden, Proviant wird verkauft (SB).
- nicht bewirtschaftete Hütte ohne Proviant, ansonsten wie SB-Hütten (NB).

(Proviantverkauf = PR; Anzahl Betten = B).

Schlüssel zu den Hütten:

Die nicht bewirtschafteten Hütten und die Selbstbedienungshütten sind verschlossen. Um sie zu benutzen, muß mindestens einer der Gruppe Mitglied im DNT sein. Den Universalschlüssel, der in alle DNT-Hütten paßt, erhält man dann gegen Pfand. Einige der Hütten werden von örtlichen Vereinen verwaltet und können besondere Schlüssel benötigen, die man in der nächstgelegenen Hütte oder direkt über den DNT in Oslo erhalten kann.

Schlafsack:

In den Selbstbedienunghütten und den nicht bewirtschafteten Hütten empfiehlt es sich, immer einen eigenen Schlafsack (Leinen!) mitzubringen. In den bewirtschafteten Hütten gilt dies nur während der Osterferien. Leinenschlafsäcke erhält man in den Hütten oder im Hauptbüro des DNT in Oslo.

Saison:

Bis auf wenige Ausnahmen sind die Selbstbedienungshütten des DNT vom 15. Februar bis 1. Oktober benutzbar. Die Hütten auf der Hardangervidda sind vom 1. März bis 1. Oktober zugänglich, bis auf Stordalsbu (schließt 25. August). Die Hütte in Bjordalsbu auf dem Fillefjell schließt wegen der Jagdsaison schon etwas früher. Einige Hütten sind im Frühjahr teilweise geschlossen: Route Hjerkinn - Rondane - Lillehammer, Hellevassbu und Torehytten auf der Hardangervidda (geschlossen vom 1. Mai bis 10. Juni). Die Hütten auf der Route Blefjell - Lufsjå sind ganzjährig geöffnet. Während der Wintersaison öffnet der DNT einen Teil der Hütten von Februar bis Ostern. Einige nehmen Gäste in den zwei Wochen vor Ostern auf, andere haben eingeschränkte Öffnungszeiten während der Ostertage (Samstag vor Palmsonntag bis Ostermontag). Die Sommersaison beginnt Ende Juni und endet Mitte September, Hochsaison ist vom 15. Juli bis 15. August. Die Öffnungszeiten können von Hütte zu Hütte variieren. Eine komplette Übersicht über die Öffnungs- und Schließzeiten erhält man beim DNT.

Wegmarkierungen:

Alle Wege sind mit einem rotgemalten T auf Steinen markiert. An Wegkreuzungen steht meist ein Schild. So gelangen auch Touristen, die sich in den Gebieten nicht auskennen, bequem und sicher von Hütte zu Hütte. Dennoch sollte man bei einer längeren Wanderung auf eine genaue Karte und einen Kompaß nie verzichten.

Geführte Wanderungen:

Jeden Sommer bietet der DNT 200 verschiedene geführte Wanderungen an. Die Touren sind nach verschiedenen Schwierigkeitsgraden angelegt, im allgemeinen reicht eine durchschnittlich gute Kondition.

Andere Angebote:

Gletscherkurse, Bergsteigerkurse, geführte Touren mit Hundeschlitten. Weitere Informationen erhält man beim DNT.

Mitgliedschaft im DNT:

Auch Nicht-Norweger können die Vorteile einer Mitgliedschaft im DNT voll ausnutzen:
- Rabatte und »Erstrecht« bei der Übernachtung in allen Mitgliedshütten.
- Rabatte in weiteren privaten Hütten.
- Teilnahme an geführten Touren, Mitgliedertreffen und verschiedene Kurse, die der DNT organisiert.
- Ratschläge beim Planen von Wanderungen.
- Rabatte bei geführten Gletscherwanderungen.
- Mitgliederzeitschrift »Fjell og Vidde« (viermal jährlich) sowie Jahrbuch des DNT.

Beiträge 1991:

- Mitglied: .... NOK 240,-
- Jugendliche (unter 21 Jahren): .... NOK 150,-
- Senior (über 67 Jahren): .... NOK 150,-
- Familienmitglied: .... NOK 80,-
+ Rückporto für Mitgliedsausweise und versch. Publikationen: .... NOK 40,-

Tarife 1991: (Haupt- /Nichtmitglied)

- Bewirtschaftete Hütten:
- Bett im 1-2 Bettzimmer: .... NOK 125,- / 170,-
- 3-6 Bettzimmer: .... NOK 85,- / 135,-
- Schlafraum: .... NOK 65,- / 110,-
- Hütten mit Selbstbedienung: .... NOK 75,- / 120,-
- Pfand für Hüttenschlüssel: .... NOK 50,-
- Hauptmahlzeit (middag) mit 3 Mahlzeiten: .... NOK 105,- / 125,-
- Frühstück: .... NOK 53,- / 73,-
- Proviantpaket und Kaffee: . NOK 42,- / 52,-

Information:

Über die Adresse des DNT-Hauptverbands erhalten Sie ausführliche Informationen zum Thema Fjellwandern.

- Den Norske Turistforening
  Stortingsgt. 28, Postboks 1963 Vika
  N-0125 Oslo 1
  Tel. 02 - 83 25 50, Telefax: 02 - 83 24 78

kenzustand, und hinterlassen Sie in den Hütten eine Tourenmitteilung. Durch Steinhaufen gekennzeichnete Pfade verbinden die Hütten miteinander. Üblicherweise tragen die Steinhaufen ein rotes T. An Brücken, Furten und Kreuzungen sind Wegweiser aufgestellt. Das Übernachten im Zelt unterwegs ist gestattet, allerdings sollte sich Ihr Zeltplatz nicht auf privatem Gelände und möglichst weiter als 150 m vom nächsten Wohngebäude entfernt befinden. Der Platz muß immer sauber hinterlassen werden.

Fjellregeln:
(besonders wichtig im Winter)
1. Machen Sie keine langen Touren ohne vorheriges Training!
2. Hinterlassen Sie Ihre Tagesroute am Ausgangspunkt!
3. Beachten Sie die Wettervorhersage!
4. Beachten Sie die Tips der Einheimischen!
5. Rechnen Sie mit plötzlichen Wetterstürzen, auch auf kurzen Touren, und nehmen Sie immer die notwendige Ausrüstung mit!
6. Karten und Kompass nicht vergessen!
7. Gehen Sie nie allein!
8. Kehren Sie beizeiten um!
9. Sparen Sie Kräfte und graben Sie sich, falls notwendig, im Schnee ein!

AKERSHUS

Ausflüge und geführte Wanderungen durch die bewaldete Hügellandschaft von Akershus organisiert:
- Kim Camp Safari v/Knut Ivar Mork, Aas Gård, N-1488 Hakadal, Tel. 02 - 77 52 05
Weitere Auskünfte erteilt das Informationsbüro:
- Akershus Reiselivsråd, Postboks 6888, N-0130 Oslo 1, Tel. 02 - 36 56 00

JOTUNHEIMEN - BREHEIMEN

Jotunheimen - »Riesenheim« - ist eines der urwüchsigsten Fjellgebiete Norwegens. Hier findet man die höchsten Gipfel des Landes, und es wimmelt von Gletschern, Seen und Wasserfällen. Viele Gebirgshütten liegen im Jotunheimen-Gebiet, die Wege sind markiert und die meisten Flüsse überbrückt.
Breheimen - »Gletscherheim« - heißt die Landschaft westlich von Jotunheimen. Große und kleinere Gletscher prägen die Gegend. Einige der Hütten sind auch für Selbstverpfleger mit Proviant. Beachten Sie, daß Gletscherwanderungen unbedingt mit einem erfahrenen Führer und am Seil durchgeführt werden müssen. Der DNT, Bergen Turlag und Årdal Turlag verwalten folgende Hütten im Gebiet:
(NB = nicht bewirtschaftet,
SB = Selbstbedienung, B = bewirtschaftet,
PR = Proviant, m = Meter ü.d.M., B = Betten)

- Arenzbu (SB, PR, 870 m, 10 B)
- Befringstølen (NB, kein PR, 660 m, 4 B)
- Bødalseter (SB, PR, 500 m, 12 B)
- Fannaråkhytta (einfache B, 2.069 m, 35 B)
- Fast (SB, PR, 850 m, 5 B)
- Hjelledalseter (NB, kein PR, 764 m, 2 B)
- Gjendebu (B/SB, 990 m, 110 B)
- Gjendesheim (B, 995 m, 125 B)
- Glitterheim (B, 1.384 m, 116 B)
- Gravdalseter (NB, kein PR, 858 m, 2 B)
- Navarsete (SB, PR, 620 m, 6 B)
- Nørdstedalseter (einfache B, 937 m, 27 B)
- Olavsbu (SB, 1.440 m, 40 B)
- Skagastølsbu (NB, kein PR, 1.756 m, 6 B)
- Skogadalsbøen (B, 834 m, 59 B)
- Skridulaupbu (SB, PR, 925 m, 4 B)
- Skålatårnet (SB, PR, 1.840 m, 20 B)
- Slettningsbu (SB, kein PR, 1.315 m, 14 B)
- Slæom (SB, PR, 1.110 m, 20 B)
- Sprongdalshytta (SB, PR, 1.260 m, 12 B)
- Stølsmaradalen (NB, kein PR, 849 m, 4 B)
- Sulebu (SB, PR, 1.330 m, 16 B)
- Trulsbu (SB, PR, 1.290 m, 12 B)
- Vigdalstøl (SB, PR, 800 m, 6 B)

Tourenvorschlag:

Jotunheimen, 7-8 Tage

1. Tag: Gjendesheim. Mit dem Zug nach Otta und dem Bus nach Gjendesheim, oder im Sommer mit dem Expreßbus von Oslo nach Gjendesheim.
2. Tag: Memurubu, 6 Stunden. Der Weg verläuft über den Besseggen-Kamm, in schwindelnden Höhen, aber ungefährlich. Eine der spannendsten Touren in Jotunheimen.
3. Tag: Gjendebu, 4 1/2 Stunden. Über Memurutunga mit großartigem Rundblick. Zum Schluß steil hinunter über Bukkelegeret nach Gjende. Für eine Wochenendtour kann man von Gjende aus das Boot zurück nehmen.
4. Tag: Olavsbu, 5 Stunden. Leichte Tour über Veslådalen und Rauddalen. Bei gutem Wetter: Über Gjendetunga, von dort herrliche Aussicht über Gjende und die umliegenden Gipfel, dann zurück zum Wanderweg nach Grisletjønn.
5. Tag: Skogadalsbøen, 5 Stunden. Idyllisch gelegene Hütte. Bei gutem Wetter weiter über Skogadalsnåsi und hinunter ins Skogadal.
6. Tag: von Skogadalsbøen eine Tagestour zum Fannaråken, 7 Stunden Auf- und Abstieg. Oder zum restaurierten »Fjellgarten« Vormeli.
7. Tag: Vetti, 5 Stunden. Der Weg führt am Wasserfall Vettisfoss (271 m freier Fall) vorbei.
8. Tag: Nach Hjelle, 1 Stunde. Bus nach Øvre Årdal und weiter nach Fagernes und Oslo oder von Øvre Årdal mit dem Bus nach Årdalstangen und weiter mit dem Boot nach Aurland/Flåm oder Bergen.

Karten:
Für diese Region empfehlen wir folgende topographischen Karten: 1317 I Fjærland, 1318 I Stryn, 1318 II Briksdalsbreen, 1417 I Lusterfjord, 1417 IV Solvorn, 1418 I Skridulaupen, 1418 II Mørkrisdalen, 1418 III Jostedalen, 1418 IV Lodalskåpa, 1518 I Skjåk, 1518 II Visdalen, 1518 Sognefjell, 1518 IV Pollfoss, 1517 I Tyin, 1517 II Hurrungane.
Alle im Maßstab 1:50.000. Zusätzlich empfehlen wir für diese Region die Tourenkarte Jotunheimen 1 : 100.000.

Organisierte Wanderungen mit Führer bei:
- Lom Bre- og Fjellførarlag, v/ Lom Turistinformasjon, N-2686 Lom, Tel. 062 - 11 286
- Norsk Fjellferie, N-2680 Vågåmo, Tel. 062 - 37 880

DOVREFJELL - TROLLHEIMEN - MØRE OG ROMSDAL

Diese Fjellgebiete sind besonders schön und abwechslungsreich. Sie bieten sich zu interessanten Touren an, die sich auch gut mit Wanderungen in Jotunheimen und Rondane kombinieren lassen.
Der DNT, Kristiansund og Nordmøre Turistforening, Møre og Romsdals Turistforening, Trondhjems Turistforening und Ålesund-Sunnmøre Turistforening verwalten Hütten in diesen Gebieten:
- Aursjøhytta (NB, kein PR, 862 m, 16 B)
- Bårdsgården (SB, PR, 620 m, 22 B)
- Dindalshytta (SB, PR, 850 m, 11 B)
- Fokhaugstova (NB, kein PR, 493 m, 40 B)
- Gjevilvasshytta (B, 700 m, 48 B)
- Grøvudalshytta (SB, PR, 875 m, 20 B)
- Hoemsbu (SB, PR, 30 m, 36 B)
- Jøldalshytta (B, 725 m, 48 B)
- Kaldhusseter (B/SB, 590 m, 42/18 B)
- Kårvatn (SB, PR, 240 m, 19 B)
- Loennechenbua (NB, kein PR, 1.250 m, 2 B)
- Måsvassbu (SB, PR, 592 m, 24 BE)
- Orkelsjøhytta (NB, kein PR, 1.070 m, 8 B)
- Pyttbua (SB, PR, 1.125 m, 34 B)
- Raubergshytta (NB, kein PR, 1.290 m, 8 B)
- Reindalseter (B, SB, 705 m, 80 B)
- Reinheim (SB, PR, 1.380 m, 26 B)
- Reinvassbu (SB, PR, 900 m, 8 B)
- Svartvassbu (NB, kein PR, 900 m, 6 B)
- Todalshytta (NB, kein PR, 50 m, 4 B)
- Torsbu (SB, PR, 1350 m, 8 B)
- Trollheimshytta (B, 540 m, 55 B)
- Vakkerstøylen (SB, PR, 862 m, 24 B)
- Vangshaugen (B/NB, 775 m, 40/8 B)
- Vasstindbu (NB, kein PR, 1.200 m, 6 B)
- Veltdalsbu (SB, PR, 1.180 m, 12 B)
- Åmotdalshytta (SB, PR, 1.310 m, 21 B)

Tourenvorschlag:

Dovrefjell - Romsdal, 7 Tage

1. und 2. Tag: Reinheim und Åmotdalshytta. Von dort nach links zum Leirsjøen und über Salhø, oder an
3. Tag: Salhøtjern entlang und ins Tal hinunter zur Gruvedalshytta, 8 Std.
4. Tag: Aursjøhytta, 7 Std. (Oder über Vangshaugen und Raubergshytta)
5. Tag: Reinvassbu, 6-7 Std. Guter Weg durch das Stordal über Vakkerdalsbandet und durch Søttubotn. Der Schlüssel zur Hütte muß mitgenommen werden.
6. Tag: Hoemsbu, 3-4 Std. Guter Weg durch einfaches Gelände nach Vikeskaret, von dort steiler, aber gut ausgebauter Weg nach Vike. Von dort gehen mehrmals täglich Boote nach Hoemsbu.
7. Tag: Hoemsbu - Grøvdalen, 6 Std. Taxi oder Bus nach Åndalsnes und Molde.

Karten:
Für dieses Gebiet empfehlen wir folgende topographische Karten: Trollheimen 1 : 100.000, 1319 I Romsdalen, 1319 II Torsvatnet, 1319 III Tafjord, 1319 IV Valldal, 1320 II Eresfjord, 1320 III Åndalsnes, 1320 IV Eide, 1419 I Storskrymten, 1419 II Dombås, 1419 III Lesjaskund, 1419 IV Aursjøen, 1420 I Snota, 1420 II Romfo, 1420 III Sunndalsøra, 1420 IV Stangvik, 1519 I Einunna, 1519 II Folldal, 1519 III Hjerkinn, 1519 IV Snøhetta, 1520 II Inset, 1520 III Oppdal, 1520 IV Trollhetta.

RONDANE

Das Rondane-/Dovrefjellgebiet ist eine großartige Bergregion, mit Gipfeln bis über 2.000 m Höhe, die relativ leicht bestiegen werden können. Gute Möglichkeiten für Klettertouren bieten Bjørnhollia und Rondvassbu. Rondane kann man auch gut mit dem Nachbargebiet Sølnkletten kombinieren, denn dort gibt es viele Almen mit Übernachtungsmöglichkeiten. Ideal für ältere Menschen oder Familien mit Kindern, denn die Tagesetappen sind kurz und leicht zu bewältigen.
DNT, Kristiansund og Nordmøre Turistforening und Lillehammer og Omland Turistforening verwalten folgende Hütten im Gebiet:
- Bjørgeseter (SB, PR, 970 m, 7 B)
- Bjørnhollia (B, 907 m, 90 B)
- Breitjønnbu (SB, PR, 1.108 m, 8 B)
- Djupsli (SB, PR, 950 m, 12 B)
- Eldåbu (SB, PR, 1.000 m, 14 B)
- Grimsdalshytta (B, 1.000 m, 34 B)
- Gråhøgdbu (SB, PR, 1.160 m, 8 B)
- Rondvassbu (B, 1.173 m, 132 B)

Tourenvorschlag:

Rondane - Lillehammer, 6 Tage

1. Tag: Rondvassbu-Eldåbu, 6 Std. Zuerst nach Mysuseter, dann den »Rørosvegen« nach Mysuseter und Bjørnhollia, nördlich von Øvre Tverrglitra. Weiter nach Mjølrakhaugan, Skjerellfjell und Steinbudalshø, und dann abwärts immer entlang am Store Eldaa bis nach Djupbeken. Eldåbu liegt eine knappe Stunde nördlich der Eldåseter Turisthytte.
2. Tag: Gråhøgdbu, 5 Std. Von Mikkelsmyrin, nördlich von Rundhøa, hinunter nach Rundhøtjern-

na. An der Nordseite von Ramsholet geht es wieder bergan und über Ramshøgda wieder hinunter zur Ramshytta. Der Weg führt weiter an der Straße Ringebu-Atna entlang, später über die Straße und am Hang des Muen-Berges entlang nach Gråhøgdbu.

3. Tag: Breitjønnbu, 6 Std. Über Gråhøgdin an der Nordseite von Dørmyrin entlang, vorbei am See Hirisjø. Dann eine Zeitlang in Richtung Osten nach Hirishøgda und weiter nach Åsdalstjørna. Dann nach Remsdalsbua und Breitjønnhøgdene bis Breitjønnbu.
4. Tag: Bjørgeseter, Gopollen, 5 Std. Über Gråhøgda und das Gebiet von Breijordan, durch einen Birkenwald und den Traktorweg nördlich von Tromsbua schließlich nach Bjørgeseter.
5. Tag: Djupli seter, 4 Std. Hoch zum Gopollfjell östlich vom Høgtind und vorbei an Tautra Seter. Von dort in südwestlicher Richtung nach Djupsli seter.
6. Tag: Nordseter, 6-7 Std. Westlich nach Djupern und Brettdalen seter, Vedemslia seter und Gullbringen. Dann nördlich vom Sjøsæterfjell zum Weg nach Hornsjø. Weiter über den Snauskallen und hinunter nach Sjøsætra. Von dort nach Pellestova (4-5 Std.), über die Spitze des Neverfjells und hinunter nach Nordseter (2 Std.). Von Pellestova und Norseter verkehrt ein Bus nach Lillehammer.

Karten:
Für das Gebiet empfehlen wir folgende Karten: Touristenkarte Sølnkletten 1:75.000, 1519 II Folldal, 1519 III Hjerkinn, 1519 IV Snøhetta, 1619 II Tyldal, 1619 III Alvdal, 1718 I Rondane, 1718 IV Otta, 1817 I Gopollen, 1818 I Sollia, 1818 II Imsdalen, 1818 III Ringebu, 1818 IV Atnasjøen. Alle im Maßstab 1:50.000. Die Karte von Rondane im Maßstab 1:100.000 kann auch benutzt werden.

Tages- und Wochentouren mit Führer organisiert:
- Den Norske Fjellskolen Rondeheim A/S, N-2679 Høvringen, Tel. 062 - 33 714

PEER GYNTS REICH

Durch dieses Gebiet im Herzen Opplands führen der »Peer-Gynt-Pfad« (stien), der »Peer-Gynt-Weg« (veien) und der »Peer-Gynt-Almweg« (seterveg). Von allen Strecken bieten sich schöne Aussichten auf die Berge von Jotunheimen und Rondane. Die Wanderwege sind markiert, übernachten kann man in Hotels.
Geführte Wanderungen werden angeboten von:
- Peer Gynt Hotels, N-2647 Hundorp, Tel. 062 - 96 666
- Peer Gynt Sommerarena, Golå N-2645 Harpefoss, Tel. 062 - 98 528

RYFYLKEHEIENE

Auf der weiten Hochebene von Setesdal und Ryfylke mit ihren vielen Seen gibt es zahlreiche markierte Wanderwege. Die Stavanger Turistforening unterhält über 30 bewirtschaftete und nichtbewirtschaftete Hütten. Eine Aufstellung der Hütten ist erhältlich bei:
- Stavanger Turistforening, Postboks 239, Muségate 12, N-4001 Stavanger, Tel. 04 - 52 75 66

Karten:
Abgedeckt wird das Gebiet durch die folgenden topographischen Karten: 1312 I Blåfjell, 1313 I-IV Blåfjell, Lysekammen, Lyngsvatn, Sand, 1412 I Austad, 1412 IV Kvifjorden, 1413 I-IV Urdenosi, Valle, Rjuven, Botsvatnet.

HARDANGERVIDDA

Die Hardangervidda ist Nordeuropas größte Hochebene. Sie ist den größten Teil des Jahres schneebedeckt, nur im Sommer bricht die besondere Vegetation durch. Die Hardangervidda ist für alle Arten von Familien-, Angel- und Gletscherurlaub ein ideales Betätigungsfeld, zumal sich dort mit 12.000 Tieren Norwegens größter Rentierbestand findet. Ausgangspunkte für Wanderungen können die Straße 7, Finse an der Bergenbahn oder Kinsarvik sein. Der DNT vertreibt eine eigene Broschüre mit Gebirgswanderungen auf der Hardangervidda. Erhältlich ist die Broschüre in den Fremdenverkehrsämtern in Oslo und Bergen oder direkt bei:
- Eidfjord Reiselivslag, N-5783 Eidfjord

Der DNT und die Wandervereine in Bergen, Drammen, Oppland, Telemark und Stavanger betreiben außerdem die folgenden Hütten:
- Dalamot (975 m, 4 B)
- Finsehytta (1.222 m, 114 B)
- Hallingskeid (1.110 m, 30 B)
- Hadlaskard (1.000 m, 30 B)
- Haukeliseter (1.000 m, 110 B)
- Hellevassbu (1.160 m, 26 B)
- Kalhovd (1.100 m, 70 B)
- Kjeldebu (1.060 m, 40 B)
- Krækkjahytta (1.161 m, 66 B)
- Litlos, (1.180 m, 52 B)
- Lågaros, (1.280 m, 32 B)
- Middalsbu (850 m, 8 B)
- Mogen, (936 m, 48 B)
- Mårbu, (1.130 m, 30 B)
- Rauhelleren, (1.221 m, 50 B)
- Rembedalsseter, (960 m, 18 B)
- Sandhaug, (1.250 m, 82 B)
- Stavali, (1.024 m, 30 B)
- Stordalsbu, (1.100 m, 12 B)
- Storurdi, (1.142 m, 20 B)
- Torehytten, (1.340 m, 18 B)
- Tyssevassbu, (1.320 m, 12 B)
- Viveli Fjellstue, 877m, 63 B)

Tourenvorschlag:

Finse - Haukeliseter, 9-10 Tage

1. Tag: Mit dem Zug nach Finse, Übernachtung in der Finsehytta. Bei Ankunft morgens Tagestour zum Blåisen oder zum Gipfel des Hardangerjøkulen möglich. Bergführer in Finse. Oder Haugastøl-Krækkja, 4 Std.
2. Tag: Krækkja, 6-7 Std. Am Fuß des Hardangerjøkulen entlang, vorbei am Finnsbergvann und Dragøyfjorden.
3. Tag: Kjeldebu, 4 Std. Leichte Tour über Olavsbuvatn - Kjelsås.
4. Tag: Vøringsfoss, 3 Std. Fossli Hotell, Garen und Liset Pension.
5. Tag: Hedlo, 3 1/2-4 Std. Um Skiseter - Hallinghaugane, Brückensteg über Berdøla.
6. Tag: Sandhaug, 7 Std. (oder von Hadlaskar, 6 Std.). Über Rjotoseter und Sørfjordingsrindane.
7. Tag: Litlos, 7 Std. Abwechslungsreiche Tour über Groflot, östlich über das Fjell Holken.
8. Tag: Hellevassbu, 5 Std. Um Belabotn und Sigridtjern.
9. Tag: Haukeliseter, 6-7 Std. Um den Abfluß des Holmesjøen und durch die Felsenge in Vesle Nup. Eventuell von Litlos nach Middalsbu, 6 Std. Weg am Valldalsvatnet entlang nach Røldal, evtl. auf markiertem Weg westlich um Klentanut nach Røldal.

Karten:
Für das Gebiet empfehlen wir folgende topographische Karten: 1314 I Røldal, 1315 I Ullensvang, 1315 II Ringedalsvann, 1414 iV Haukeliseter, 1415 I Bjoreio, 1415 II Normannslågen, 1415 III Hårteigen, 1415 IV Eidfjord, 1515 I Skurdalen, 1515 II Kalhovd, 1515 III Lågaros, 1515 IV Hein, 1416 I Hardangerjøkulen, 1416 II Ulvik, 1514 I Frøystul, 1514 IV Møsstrand, 1516 II Hallingskeid. Alle im Maßstab 1:50.000. Hardangervidda 1:200.000 umfaßt das gesamte Gebiet.

ØSTERDAL - FEMUND

Das Herb-Ursprüngliche findet man in der Femundsmarka. Hier versammeln sich große Seen, langgezogene Flußläufe und in den Höhen rauhe Fjellregionen. Noch heute findet man Spuren der Bergbewohner, die ihren Lebensunterhalt mit Jagd und Fischen bestritten haben. Eine Landschaft, die so manches Gemüt in Bewegung versetzt und in ihren Bann gezogen hat.

Der DNT verwaltet folgende Hütten im Gebiet:
- Marenvollen (SB, PR, 692 m, 14 B)
- Raudsjødalen (SB, PR, 900 m, 12 B)
- Røvollen (SB, PR, 710 m, 21 B)
- Svukuriset (B, 819 m, 30 B)
- Knausenseter (SB, PR, 718 m, 10 B)
- Sæter (SB, PR, 670 m, 20 B)

Tourenvorschlag:

Tynset-Svukuriset, 5 Tage

1. Tag: Mit dem Zug nach Tynset (Übernachtung). Auf der Straße 1 km in südliche Richtung, dort der Markierung nach Skistua folgen und weiter südöstlich übers Grønnfjelletnach Brydalstjern. Von dort auf dem Pfad zur Alm »Knausen seter«, 5 Std.
2. Tag: Raudsjødalen, 5 Std. Markiert. Hinunter nach Størrøsta und hinauf am Berghang bis Bergsetra, südlich von Langkletten nach Klettseter und südlich über Raudsjøtangen nach Raudsjødalen.
3. Tag: Ellefsplass Gård, 6 Std. Zur Meierei Richtung Raudsjødalskletten. Hinunter zum Raudsjøen und in östliche Richtung über Storbekkfatet. Um Heggeråseter und auf dem Gutsweg nach Ellefsplass. Täglich Bus nach Tolga.
4. Tag: Sæter im Tufsingdal, 6 Std. Durch Øversjøgrenda und weiter am Fuß von Sålekinna entlang. Bis zur Hirtenhütte am Weiher nordwestlich vorm Blåkletten, zu den Sætertjerna-Seen und hinunter zum Sæter gård.
5. Tag: Svukuriset, Boot über den Fluß, und 2 Std. auf dem Pfad nach »Jonasvollen«. Wenn man Glück hat, kommt gerade das Linienboot, ansonsten kann man von Sæter aus ein Motorboot telefonisch bestellen. (Das Boot liegt am Jonasvollen.)
Am nächsten Tag nach Elgå, 2 Std., von dort mit dem Bus nach Rena oder mit Boot/Bus nach Røros.

Karten:
Für das Gebiet gibt es folgende topographische Karten: 1619 I Tynset, 1619 II Tyldal, 1619 III Alvdal, 1719 I Roa, 1719 II Elgå, 1719 III Holøydal, 1719 IV Narbuvoll, 1720 II Brekken, 1720 III Røros, 1818 I Sollia. Alle im Maßstab 1 : 50.000.

FINSE - BYGDIN

Das Streckengebiet der Bergenbahn zwischen Sundnefjord und Filefjell dominiert im Süden ein mächtiger Fjellkamm, Hallingskarvet. Vom Sundnefjord aus zwängen sich tiefe Täler in das Fjellmassiv hinein, Flåmsdal, Aurlandsdal und Lærdal. Im Osten liegen Valdres und Hemsedal. Für Wanderer hat diese Gegend viel zu bieten. In bequemen Abständen liegen Hütten und andere Quartiere. Die Wege sind gut markiert. Die Tour von Finse nach Tyin ist schön und abwechslungsreich, zudem gut kombinierbar mit Wanderungen in Jotunheimen oder als Skitour im Winter.

DNT, Bergen Turlag und Voss Utferdslag verwalten die folgenden Hütten:
- Bjordalsbu (SB, 1.575 m, 22 B)
- Finsehytta (B, 1.222 m, 114 B)
- Geiterygghytta (B, 1.229 m, 82 B)
- Grindaflethytta (SB, 1.083 m, 12 B)
- Hallingskeid (SB, 1.110 m, 30 B)
- Iungsdalshytta (B, 1.110 m, 32 B)
- Kaldevasshytta (NB, kein PR, 1.240 m, 4 B)
- Kjeldebu (SB, 1.060 m, 40 B)
- Kljåen (SB, 982 m, 10 B)
- Kongshelleren (SB, 1.475 m, 12 B)
- Krækkja (B, 1.161 m, 66 B)
- Rembesdalseter (SB, 970 m, 18 B)
- Slettningsbu (SB, 1.315 m, 14 B)

145

- Stavali (SB, 1.024 m, 30 B)
- Storurdi (SB, 1.142 m, 20 B)
- Sulebu (SB, 1.330 m, 16 B)

Tourenvorschlag:
Aurlandsdalen, 4-5 Tage
1. Tag: Zug nach Finse, Übernachtung auf der Finsehytta.
2. Tag: Geiterygghytta, 5 Std. Der Weg verläuft um Klemsbu (Wetterschutzhütte), östlich von St. Pål, über den spaltenfreien Storefonn und östlich um Omnsvatn. Großartiger Blick, u.a. auf den Hardangerjøkul.
3. Tag: Steinbergdalshytta, 3 Std. Leichte und schöne Tour, hoch oben über dem Fluß.
4. Tag: Østerbø, 3 Std. Am Aurlandselv entlang und hinunter zur Berghütte am idyllischen Aurlandsvatn, Østerbø Fjellstove und Østerbø Turisthytte.
5. Tag: Aurland, 6 Std. Spannende und interessante Tour, regulierte Wassertrasse. An den Berghöfen Sinjarheim und Almen vorbei nach Vassbygd. Mehrmals täglich Bus nach Aurlandsvangen (Hotel), von dort weiter mit dem Bus nach Flåm und Lærdal, oder mit dem Boot nach Gudvangen, Kaupanger, Årdalstangen und Bergen.

Die Tour durch das Aurlandsdal kann man gut kombinieren mit einer Tour nach Haugastøl - Krækkja - Kjeldebu - Finse oder über Rembesdalseter. Von Aurland kann man auch mit dem Boot nach Årdalstangen fahren, weiter mit dem Bus nach Hjelle und über Vetti nach Jotunheimen wandern.

Karten:
Für das Gebiet empfehlen wir folgende topographische Karten:
Flåmsdalen, Aurlandsdalen, Djup, Hemsedal, Hallingskarvet, Hardangerjøkulen, Fillefjell, Borgund, Øye und Vangsmjøsi. (Alle 1 : 50.000, oder 1 : 100.000).

STØLSHEIMEN - VOSS

In diesem Gebiet zwischen dem Vikafjell, Voss und dem Sognefjord finden sich sieben kleinere Hütten. Ausgangspunkte für Wanderungen auf den markierten Wegen sind Voss, Vik oder Nordhordland.
Weitere Informationen:
- DNT Bergen Turlag, C Sundtsgt. 3, N-5004 Bergen, Tel. 05 - 32 22 30

LUSTER

Die Gemeinde Luster veranstaltet geführte Fjellwanderungen von Ende Juni bis Anfang August.
- Touren nach Dalseter im Mørkridsdal (4 bis 5 Std.)
- Touren nach Nørstedalseter (5 Std.)
- Touren nach Turtagrø und Skagastølsbandet (4 Std.)

Außerdem viele markierte Wanderwege in Luster wie im gesamten Bereich von Sogn og Fjordane. Weitere Informationen und auch Wanderkarten erhält man im örtlichen Fremdenverkehrsamt.

SUNNFJORD

Im Sunnfjord-Gebiet, das vom Nordfjord nach Norden und dem Førdefjord nach Süden hin begrenzt wird, führen Wanderstrecken vom Meer im Westen bis auf den Ålfotbreen-Gletscher und ins Gebirge von Gloppen, Jølster und Naustdal hinauf.
Flora Turlag und Indre Sunnfjord Turlag betreiben folgende Hütten:
- Blåbrebua (NB, 800 m, 7B)
- Børavassbua (NB, 510 m, 2B)
- Gjegnabua (SB, PR, 1.150 m, 6B)
- Grytadalsbua (NB, 312 m, 6B)
- Longevasshytta (SB, 880 m, 7B)

Karten:
Folgende topographische Karten decken das Gebiet ab: 1118 I Måløy, 1118 II Eikefjord, 1118 III Florø, 1118 IV Bremanger, 1218 I Nordfjordeid, 1218 II Fimlandsgrend, 1218 III Naustdal, 1218 IV Ålfoten, 1318 III Breim. Eine Karte für die gesamte Ålfothalbinsel kommt 1991 heraus.

GAUSDAL VESTFJELL

Im Gausdal Vestfjell findet man typisch ostnorwegische Landschaftsformen, mit Flüssen und Seen und harmonisch-abwechslungsreichen Fjellgebieten. So z.B. auch den Ormtjernkampen Nasjonalpark, mit dem Skaget (1.686 m ü.d.M.) und Langesuen (1.595 m ü.d.M.). Hier gibt es gute Wandermöglichkeiten, die sich auch für Familien mit Kindern eignen. Von Liomseter kann man Rundtouren machen.

DNT verwaltet hier folgende Hütten:
- Liomseter (B, 915 m, 26 B)
- Oskampen (SB, PR, 1.175 m, 12 B)
- Storeskag (SB, PR, 1.122 m, 10 B)
- Storkvelvbu (SB, PR, 1.200 m, 14 B)
- Svarthamar (SB, PR, 887 m, 6 B)

Karten:
Wir empfehlen folgende topographische Karten: 1617 I Sikkilsdalen, 1618 II Sjodalen, 1717 I Svatsum, 1717 II Synnfjell, 1717 III Fullsenn, 1717 IV Espedalen.

BLEFJELL

Das Blefjell liegt zwischen dem Numedal und dem Tinnsjø, mit dem Bletoppen auf 1.341 m ü.d.M. Der Pfad verläuft auf bzw. an dem Höhenkamm entlang mit vielen schönen Aussichtspunkten. Die höchsten Gipfel sind Borgsjåbrotet (1.484 m), Skjerveggin (1.381 m), Bletoppen (1.341 m), Store

---

Aktivurlaub für Entdecker

FJORDTRA, der Norwegen-Spezialist, hat einen eigenen Katalog für Aktivferien in Norwegen herausgegeben - »Abenteuerurlaub für Entdecker«. Dort finden Sie Wanderungen, Paddeltouren, Fahrradreisen, Spitzbergen-Exkursionen und vieles mehr. Vom Kurz-Arrangement, das in jede Norwegen-Rundreise eingebaut werden kann und auch einen Hüttenurlaub aktiv ergänzt, bis zur Komplett-Reise. Bei FJORDTRA brauchen Sie nicht lange zu suchen. Wir wollen Ihnen hier zwei Reisen aus unserem Programm vorstellen:

Mit dem Fahrrad vom Fjell zum Fjord

Diese ungewöhnliche Fahrradtour startet auf Norwegens höchstem Fjellplateau, der Hardangervidda. Von ca. 1.000 m Höhe geht es hinauf bis auf 1.222 m (dem höchstgelegenen Übernachtungsort). Dann verläuft die Fahrt talwärts zum Sognefjord, dem längsten Fjord des Landes. Gefahren wird auf autofreien Gebirgswegen.
Die Kombination aus Fjord und Fjell macht diese Tour zu einem ganz besonderen Erlebnis. Sie treten im Gebirge kräftig in die Pedale und rollen später hinab zum Fjord - vorbei an brausenden Wasserfällen und Flüssen, deren Wasser so sauber ist, daß man es trinken kann. Die Tour, bei der man drei Tage auf Achse ist, wurde übrigens so konzipiert, daß sie von ganz »normalen« Touristen bewältigt werden kann - man muß also keine Sportskanone sein, um hier mitzumachen.
Geboten werden: vier Übernachtungen mit Vollpension (guter Hochgebirgshotelstandard) in Doppelzimmern, Leihfahrrad, Fahrradtaschen, Zug Flåm - Mjølfjell (zurück zum Ausgangspunkt) und Führer.
Die Touren beginnen 1991 an folgenden Terminen:
7.7., 11.7., 16.7., 20.7., 25.7., 30.7., 2.8., 8.8., 13.8. und 17.8.
Preis: DM 980,- pro Person (im Doppelzimmer / EZ-Zuschlag: DM 130,-)

In den Fußspuren Peer Gynts - Eine Gebirgswanderung von Hotel zu Hotel

Der »Peer Gynt Wanderweg« überbrückt eine Luftlinie von 62 km und führt von Skei bis ins Espedal. Die durch gelbe Markierungen gut gekennzeichnete Strecke führt durch ein leicht begehbares Terrain, das sich hervorragend eignet für Wanderer, die eine Herausforderung suchen - sich dabei aber doch nicht überfordern wollen. Unterwegs bieten sich faszinierende Landschaftseindrücke und eine weite Aussicht auf die Gebirge Rondane und Jotunheimen.

Man übernachtet bequem in den bekannt guten Peer Gynt Hotels, die an der Wanderstrecke liegen. Damit man unbeschwert die Landschaft genießen können, wird das Gepäck für Sie von Hotel zu Hotel transportiert.
Die Leistungen umfassen: 5 Übernachtungen (Zimmer mit Dusche/WC) mit Frühstück, Lunchpaket und Abendessen, Führer, Gepäcktransport von Hotel zu Hotel, Transport zurück zum Ausgangspunkt in Skei.
Die Touren beginnen 1991 jeweils montags an folgenden Terminen: 1.7., 8.7., 15.7., 22.7., 29.7., 5.8.
Preis: DM 780,- pro Person (im Doppelzimmer / EZ-Zuschlag: DM 90,-)

FJORDTRA
Handelsgesellschaft mbH
Rosastr. 4-6, D-4300 Essen 1
Tel. 0201 - 79 14 43
Fax 0201 - 79 18 23

Außerdem FJORDTRA-Büros in Berlin und Frankfurt/M.

Wo Anders muß man danach suchen...

grønut (1.296 m) und Taggrønut (1.159 m). An allen führt der Wanderweg vorbei.

DNT, Kongsberg und Omegns Turistforening, Drammens und Opplands Turistforening verwalten die folgenden Hütten:
- Taggrøhytta (SB, 980 m, 12 B)
- Eriksbu (NB, 940 m, 14 B)
- Lufsjå (SB, 1.250 m, 12 B)
- Sigridsbu (NB, 1.200 m, 16 B)
- Øvre Fjellstøl (NB, 815 m, 6 B)

Karten:
Folgende topographische Karten gibt es über das Gebiet: 1515 II Kalhovd, 1515 III Lågaros, 1714 II, 1614 I Tinnsjø, 1615 II Nore, 1615 III Austbygdi. Für die Gegend zwischen Bolkesjø u. Eriksbu gibt es eine Spezialkarte über das Blefjell.

FINNMARKSVIDDA

Die Finnmark, das norwegische »Lappland«, bietet Wege auf Hunderten von Kilometern an, die über bewaldete Hochebenen mit offenem Birkenwald und Krüppelbirken führen. Auf den Pfaden treiben die Samen seit Jahrhunderten ihre Rentierherden zusammen. Unzählige Flüsse, Bäche und kleine Seen müssen täglich überquert werden, meist ohne Brücken oder Stege.
Hervorragende Angelmöglichkeiten bieten sich überall in der Finnmark. Beachten Sie, daß dazu Angelscheine nötig sind! (Saison vom 15. Juni - 15. September)
Die Berghütten in der Finnmarksvidda sind während der Sommermonate auch gleichzeitig Jugendherbergen. Dazu werden je 8 Betten zusätzlich aufgestellt. Folgende Hütten liegen zwischen den Flüssen Tana und Anarjokka: Sirma, Levajok, Valjok und Storfossen. Zwischen Kautokeino und Karasjok: Lappoluobbal, Suodnju, Sjusjavrre und Jergul. Zwischen Kautokeino und Alta: Suolovuobme und Gargia. Zwischen Karasjok und Alta: Ravnastua, Mollisjok, Jotkajavrre und Tverrelvdalen.

Tourenvorschlag:
Alta - Karasjok, 4 Tage
1. Tag: Alta - Jotkajavrre (6 - 8 Std.). Mit dem Taxi von Alta ins Tverrelvdal bis Stilla. Duch den Wald hinauf auf die Hochebene. Herrliche Aussichten von Ordaoaivve und Cævdne. Das letzte Stück auf dem Wirtschaftsweg nach Jotkajavrre.
2. Tag: Jotkajavrre - Mollisjok (10 - 12 Std.). Die Strecke führt am Jiesjavrre vorbei, dem größten See der Finnmarksvidda. Unterwegs schöne Ausblicke.
3. Tag: Mollisjok - Ravnastua (7 - 9 Std.). Mit dem »Zugboot« über den Mollisjokka. Weiter durch den Canyon Stiipanasgæcci mit üppiger Vegetation und bei Ravnastua wieder hinab in den Birkenwald.
4. Tag: Ravnastua - Assebakte (7 - 9 Std.). Auf dem Wirtschaftsweg durch bewaldetes Gebiet nach Assebakte an der Straße 92. Von dort mit dem Bus nach Karasjok oder Kautokeino.

Karten:
2033 I Karasjok, 2033 IV Lesjåkka, 1934 II Lesjavri, 1934 IV Gargia (alle 1 : 50.000).

Wörterverzeichnis Norwegisch-Deutsch:

aksla	Ausläufer
austre	östlich
bekk, bekken	Bach
berg, berget, bergi	Berg(e)
botn, botnen, botnane	Talmulde, oberes Ende eines Tals (geogr. Kar)
bukt, bukti, bukta	Bucht
dal, dalen	Tal
dokk, dokki	Loch, Höhle, Senke
egg, egga, eggi	(Gebirgs-)Kamm
eid, eidet	Landenge
elv, elva, elvi	Fluß, Bach
fjell, fjellet	Berg, Gebirge
foss, fossen	Wasserfall
hallet, halline	Abhang (Halde)
halsen, halsane	(Land-, Meer-)Enge, Engpass
hamar, hamrane	steiler Fels
haug, haugen, haugane	Hügel, Anhöhe
hav	Meer, Ozean
hei, heiane	flacher Gebirgsrücken, (auch:) Bergmoor
holm, holmen	kleine Insel
hovd, hovda	Hügel, Berg
hø, høene	Höhe(n), Gipfel
høgda, høgdene	Hügel, Berg(e)
hølen	(Wasser-, Fluß-)Tiefe
kvelven	Wölbung
li, lii, lia	Abhang
litle	klein
lægret, lega, legene	Schutz(hütte)
ned, nedre	unterer, -e, -es
nibba	Gipfel
nordre	nördlich
nut, nuten, nutane	Gipfel, Spitze
os, osen	(Fluß-)Mündung
pigg, piggen	Gipfel, Spitze
rygg, ryggen	(Gebirgs-)Kamm
sjø, sjøen	See
skar, skard, skardet	Einschnitt, Pass
stein, steinen	Stein, Fels
store	groß
strupen	Paß
sund	Sund, Meeresenge
sæter (seter), støl, stul, støyl	Bergbauernhof, Alm
søndre	südlich
tangen	Landzunge
tind, tinden, tindan, tindane	Gipfel
tjørn, tjern, tjørnan	See, Teich(e)
topp, toppen	Spitze, Gipfel
turisthytte	Wanderer-, Touristenhütte
ur, urd, urdi, urda	Geröll
varde, varden	Steinhaufen
vatn, vatnet, vatni	(Binnen-)See(n)
vesle	klein
vestre	westlich
vik, viki, vika	Bucht
voll, vollen	Bergwiese (bei einem seter)
vær	Fischerdorf
våg, vågen	Bucht
øvre	oberer, -e, -es
øy, øya, øyni	Insel(n)
å, åi, åa, åni	Bach
ås, åsen	Hügel, Bergrücken

Nähere Informationen:
- DNT, Stortingsgt. 28, Postboks 1693, N-0161 Oslo 1, Tel. 02 - 83 25 50

Weitere Tourenvorschläge finden Sie in dem Buch »Bergwandern in Norwegen«, NORTRABOOKS.

FAHRRADFAHREN

Auf den ersten Blick scheint Norwegen nicht gerade das ideale Land für einen Fahrradurlaub zu sein. Bei so mancher Steigung muß das Rad bergauf geschoben werden. Anschließend geht es dann in rasantem Tempo bergab, aber von weitem sieht man schon, wie sich die Straße am nächsten Berg wieder in Serpentinen hochschlängelt. Muß man Leistungssportler sein, um Norwegen mit dem Fahrrad zu entdecken? Nein, auch das ist ein Vorurteil, denn die abwechslungsreiche norwegische Landschaft mit ihren langgestreckten Flußtälern und den flachen Uferstreifen entlang der Küste und der Fjorde bietet genügend Möglichkeiten für eine längere Radwanderung oder eine Tagestour.
Fahrradfahren ist die vielleicht faszinierendste Art, Norwegen kennenzulernen. Relativ lange Strecken kann man in verhältnismäßig kurzer Zeit zurücklegen - und das in der schönsten Natur und mit den Menschen, die in ihr leben. Man kann auch einfacher mit der einheimischen Bevölkerung in Kontakt kommen, wenn man z.B. per Fahrrad »vorfährt«, anstatt motorisiert an verärgerten Gesichtern vorbeizubrausen.
Fahrradferien kann man auch gut mit dem Zug und einer Fährüberfahrt verbinden. Außerdem gibt es auch in Norwegen Möglichkeiten, auf autofreien Straßen vorwärtszukommen. Die dramatischsten und großartigsten Fahrradtouren erlebt man selbstverständlich in den Gebirgen Westnorwegens. Natürlich wird hier auch die Kondition am härtesten geprüft. Zudem muß man das Feld mit den Autos teilen.
In Ostnorwegen ist die Natur von ruhigen, bewaldeten Hügeln, idyllischen Seen und kreuzenden Flüssen geprägt. Hier findet man auch eher Straßen mit weniger Autos. Idylle und wenig Autos bietet auch die Küste des Sørlandet.
Eine etwas »schroffere«, aber in ihrer Art ebenso schöne Küstenstrecke befindet sich bei den Lofoten. »Rund um die Lofoten« mit Übernachtungen in »rorbuer« (Fischerhütten) und kleinen Fähren zwischen den Inseln ist für geübte »Drahteselfreaks« ein tolles Erlebnis. Wenn man seine Radtouren ins Hochgebirge verlegt, sollte man auf die besonderen Angebote des norwegischen Wetters gefaßt sein, denn Schnee und Frost sind auf den höchsten Gebirgspässen selbst im Juli keine Seltenheit. Geländeräder (Mountain Bikes) haben in den letzten Jahren neue Möglichkeiten für den Radsport in Norwegen geschaffen. Bisher gibt es aber noch keine Übersicht über Straßen, die besonders für Mountain Bikes geeignet sind. Auf jeden Fall sind Alm- und Feldwege dafür prädestiniert.
Wer Fahrradtouren mit dem Zelt vorzieht, für den reicht ein »normales« Fahrrad mit Gangschaltung natürlich auch aus. Der Landesverband der Radfahrer hat eine Broschüre mit über 20 verschiedenen Touren im ganzen Land herausgegeben, die auch praktische Hinweise gibt (z.B. sind manche Tunnel für Fahrradfahrer gesperrt). Diese Broschüre bekommt man auch in Deutschland unter dem Titel »Radwandern in Norwegen« beim Hayit Verlag (Edition Rutsker). Sie wurde 1987 von Sissel Jenseth verfaßt.

Planung:
Eine längere Radtour sollte auf jeden Fall sorgfältig vorbereitet werden. Die beste Zeit für ein solches Unternehmen ist Anfang Juni bis Mitte September. Um Ihnen die Planung Ihrer Reise zu erleichtern, hat der norwegische Radfahrerverband (Syklistenes Landsforening) ein Buch mit Karten über Fahrradtouren in Norwegen herausgegeben (NOK 45,-), auf der 22 Radtouren in ganz Norwegen verzeichnet sind. Die einzelnen Tourvorschläge sind durch Verbindungsstrecken (koblingsrutene) miteinander verbunden. So können Sie entweder mehrere Touren kombinieren oder sich Ihre individuelle Reiseroute zusammenstellen. Auf den Karten finden Sie für Radfahrer geeignete Strecken von der Sørlandküste bis zum Nordkap. Ebenfalls verzeichnet sind alle Straßenabschnitte und Tunnel, die in Norwegen für Radfahrer gesperrt sind. Davon besonders betroffen ist die E 18 von Kristiansand nach Oslo. Hier sind aber Ausweichstrecken für Radfahrer ausgeschildert. Das gleiche gilt für die E 6 bis etwa 200 Kilometer nördlich von Oslo. Trotzdem sollten Sie die Europastraßen in Norwegen nach Möglichkeit meiden, denn Fahrradwege gibt es dort kaum. Da kann es für den Radler zwischen Wohnwagengespannen, Campingbussen und Lastwagen schon mal ganz schön eng werden. Aber wie gesagt, kleine Straßen gibt es ja genug. Wenn Sie das erste Mal mit dem Fahrrad unterwegs sind, empfiehlt sich eine Rundtour durch Østfold, das Grenzgebiet zwischen Norwegen und Schweden, südlich von Oslo. Die Steigungen auf dieser Strecke sind kaum erwähnenswert und mit einem Dreigangrad durchaus zu schaffen.

Ausrüstung:
Ganz allgemein gilt: Nehmen Sie nur das Allernotwendigste mit. Jedes Kilogramm zuviel merken Sie beim mühevollen Bergauffahren. Das Gepäck

sollte mit niedrigem Schwerpunkt gleichmäßig auf das Fahrrad verteilt werden, d.h. Sie benötigen je einen Gepäckträger für hinten und vorne. Denken Sie an Flickzeug, Ersatzschläuche, eventuell auch einen Ersatzreifen. Die Taschen sollten wasserdicht sein oder mit großen Plastikmüllsäcken von innen gegen Nässe geschützt werden. Ganz wichtig sind auch ein guter Regenanzug und leichte Gummistiefel.

Straßen: Die Hauptstraßen sind gut ausgebaut und haben Asphaltbelag. Bei Nebenstaßen hingegen ist der Belag recht unterschiedlich (festgefahrener Ölkies, Grus, Lehmdecke, meist jedoch auch hier fester Belag). Wenn Sie Gebirgsübergänge Anfang des Sommers einplanen, sollten Sie sich vorher erkundigen, ob die Pässe geöffnet sind.

Tunnel: Hier ist es wichtig, eine gute Lampe zu haben! Einige Tunnel sind für Radfahrer sogar gesperrt (Hinweise s.o.).

Transport mit der Bahn: Auch die Bahn nimmt Fahrräder mit. Es kostet - ungeachtet der Entfernung - jeweils NOK 25,- (Tandem NOK 50,-). Das Fahrrad muß 30 Minuten vor Abfahrt des Zuges am Bahnhof aufgegeben werden (in Oslo besser 30 bis 60 Minuten vor Abfahrt). Wichtig: Expreßzüge nehmen keine Fahrräder mit (aber Schnellzüge/Hurtigtog).

Bustransport: In Städten und deren Umgebung ist es verboten, Fahrräder im Bus zu befördern. In ländlichen Gebieten haben die Busse meist eine spezielle Vorrichtung. Die Kapazität ist begrenzt. Der Preis entspricht ungefähr dem Entgelt für eine Kinderfahrkarte.

Transport mit der Hurtigrute: Der Fahrrad-Transport ist kostenlos auf dem Schiff, aber ein gültiges Personenticket muß vorgewiesen werden. Fahrräder können auch bei vielen Touristenbüros gemietet werden.

Tourenvorschläge:

1. »Rund um die Nordmarka«

Die Tour beginnt in Hammeren im Maridal und führt zunächst am Skjærsjødammen entlang und weiter in nordöstlicher Richtung nach Bjørnholt. Der Weg ist einfach, geht aber ständig bergan. Eine steile Abfahrt führt dann hinunter nach Fortjern, von dort fährt man in östlicher Richtung am Ufer des Sees Bjørnsjøen entlang nach Kikut. Nach einer verdienten Rast geht es dann weiter am See »Fyllingen« entlang. Über eine Brücke führt der Weg südlich bergauf nach Glåmene und später wieder hinunter nach Brenna im Sørkedal. Hier beginnt eine öffentliche Straße zur örtlichen Schule und südwärts zum See Bogstadvannet. Nun geht es wieder nach Osten, vorbei am Bogstad-Campingplatz und der Straße »Ankerveien« folgend ein kleines Stück in Richtung Slemdal, bis man an der Station Vettakollen nach links in den Båndtjernsveien abbiegt. Man gelangt nach Sognsvann und weiter nach Svartkulp, um dort auf den Fahrradweg nach Skjærsjødammen abzubiegen. In südlicher Richtung geht es schließlich wieder zurück nach Hammeren.
Fahrradverleih, Karten und Tourenvorschläge:
- »Den Rustne Eike«, Oscarsgt. 32, N-0352 Oslo 3, Tel. 44 18 80

2. Oslo - Nesodden - Moss - Fredrikstad - Hvaler - Halden - Hemnes - Oslo

Ausgangspunkt dieser Tour ist Oslo. Mit dem Schiff fährt man bis Nesoddtangen, das auf einer Landzunge am Ostufer des Oslofjords liegt. Von hier aus folgt man zunächst auf der Straße 157, später auf kleinen Nebenstraßen, dem Fjord Richtung Süden bis Moss. Auf der Straße 118, parallel zur E 6, geht es weiter bis Karlshus, dort Abzweig auf der Straße 110 nach Fredrikstad. Hier gibt es zwei Möglichkeiten: entweder fährt man direkt über Skjeberg weiter nach Halden oder macht einen Umweg über das sehenswerte Schärengebiet Hvaler auf der Insel Kirkeøy südlich von Fredrikstad. Von dort aus gibt es eine Schiffsverbindung bis Sponvika; es sind dann nur noch 8 km bis Halden.
Jetzt folgt man wieder einem Wasserlauf, dem Haldenvassdraget, einem Seengebiet entlang der schwedischen Grenze. Parallel dazu verläuft die Straße 21, die man über Ørje bis Tangen fährt (gute Angel- und Bademöglichkeiten). Von hier aus geht es auf der Straße 170 über Bjørkelangen und Fetsund wieder zurück nach Oslo. Die ganze Strecke umfaßt etwa 350 km.
Ein guter Ausgangspunkt für eine Radwanderung ist auch die Bergstadt Røros. Von hier aus können Sie über Trondheim auf die Lofoten oder gar bis zum Nordkap fahren.
Überschaubarer ist die Strecke von Røros nach Oslo, auch hier halten sich die Steigungen in Grenzen. Auf einer Nebenstraße folgt man zunächst dem Lauf des Gebirgsflusses Håelva bis Sørvika am Femundsee. Über den See geht es mit dem Schiff bis Elgå oder bis Femundsenden (bis hierher verkehrt das Schiff nicht täglich!).
In Elgå nimmt man die Straße 221 bis Røstvollen (Steigungsstrecke), dann Abzweig nach rechts Richtung Drevsjø. Von Femundsenden sind es nur 5 km bis Drevsjø. Über 60 km fährt man jetzt durch ein langgestrecktes Flußtal, zunächst entlang dem Engeråa, dann am Trysilelv (gute Angelmöglichkeiten). In Jordet verläßt man das Tal und wendet sich Richtung Westen auf der Straße 215 bis Rena. Danach durchfährt man auf einer Strecke von 230 km über Elverum, Kongsvinger, Skarnes und Fetsund das Glåmatal und erreicht schließlich durch flaches Gebiet Oslo. Die gesamte Tour umfaßt etwa 400 km.

Weitere Tourenvorschläge:

- Eidsvoll - Hamar - Moelv - Lillehammer - Mjøsa (»Skibladner«) - Gjøvik - Toten - Hurdal.
- Oslo - Sandvika - Sætre - Holmsbu - Drammen - Hokksund - Blaafarveverket - Krøderen - Vikersund - Drammen.
- Horten - Tønsberg - Sandefjord - Larvik - Langesund - Kragerø - Risør - Tvedestrand - Arendal - Grimstad.
- Nelaug - Arendal.
- Skien (Telemarkskanalen »M/S Victoria«) - Kviteseid - Vrådal - Nisser - Gjerstad - Risør.
- Bø - Seljord - Kviteseid (Telemarkskanalen »M/S Victoria«) - Dalen - Setesdal - Byglandsfjord.
- Kristiansand - Mandal - Lindesnes - Farsund - Lista - Kvinesdal.
- Egersund - Brusand - Ålgård - Lauvik - Tau - Stavanger - Sola - Varhaug.
- Haugastøl - Finse - Myrdal - Flåm - Aurland - Lærdal - Hemsedal - Fagernes.
- Voss - Ulvik - Kinsarvik - Utne - Rosendal - Halsenøy - Nedstrand - Stavanger.
- Bergen - Knarvik - Rysjedalsvika - Dale - Førde - Jølster - Byrkjelo - Briksdalsbreen - Stryn - Stad - Måløy.
- Ålesund - Ulsteinvik - Rundø - Volda - Nordangsdalen - Geiranger - Åndalsnes - Molde - Bud - Kristiansund.
- Sjoa - Heidal - Lom - Bøverdalen - Sognefjellet - Øvre Årdal - Tyin - Eidsbugarden - Fagernes.
- Hjerkinn - Folldal - Atnasjøen - Ringebufjellet - Ringebu - Røros - Vingelen - Tynset - Savalen - Folldal - Grimsdalen - Dovre - Dombås.
- Røros - Tydal - Selbu - Hegra - Frosta - Levanger - Verdalsøra - Steinkjer - Inderøy - Leksvik - Trondheim.
- Røros - Femunden - Trysilelva - Jordet - Rena - Elverum - Flisa - Kongsvinger.
- Mo i Rana - Nesna - Ørnes - Inndyr - Bodø - Kjerringøy - Fauske.
- Stamsund - Leknes - Nusfjord - Reine - Henningsvær - Svolvær - Stokmarknes - Straumsnes - Sortland.
- Tromsø - Lyngseidet - Målselvdalen - Finnsnes - Senja - Lavangen - Rolla - Harstad.
- Øksfjord - Alta - Sennalandet - Hammerfest - Honningsvåg - Nordkap - Berlevåg - Båtsfjord - Vardø - Kirkenes.

Alle Touren sind in dem Buch »Radwandern in Norwegen« von Sissel Jenseth ausführlich beschrieben und skizziert (s.o.).

CROSS

Geländeräder (Mountainbikes) sind in den letzten Jahren auch in Norwegen immer populärer geworden. Zwar gibt es noch keine allgemeine Übersicht über Straßen und Wege, die für Mountainbikes besonders geeignet sind, doch einige Fremdenverkehrsämter bieten bereits organisierte Touren in den Gebirgen und Fahrräder zum Verleih an.

Buskerud
- Numedal Turist- og Næringsservice, N-3630 Rødberg, Tel. 03 - 74 13 90

Interessante Wege für Mountainbiker auf der Hardangervidda, Mountainbike-Verleih.

Hordaland
»Über Norwegens Dach«
Der norwegische Jugendherbergsverband organisiert jeden Sommer Radtouren über die Hardangervidda. Die Strecke führt von Geilo nach Voss und nimmt fünf Tage in Anspruch. Für Geländerad, Führer, Übernachtung und Verpflegung wird gesorgt. Eine Broschüre und weitere Informationen erhalten Sie bei:
- Terra Nova, Strandgt. 4, N-5013 Bergen, Tel. 05 - 32 23 77

Dort bekommen Sie auch spezielle Fahrradkarten von der Hardangervidda und den Gebirgen um Voss.

GLETSCHERWANDERN

Ein Gletscher kann zu einem großartigen Erlebnis werden, egal ob Sie eine Gletscherwanderung unternehmen, das Eiswunder aus sicherem Abstand betrachten oder aus der Luft bestaunen. Gletscher-Norwegen bietet Ihnen alle Möglichkeiten. An den großen Gletschern werden täglich Wanderungen mit Führern veranstaltet.

Gletscherwandern / Kurse:

Jeden Tag während der »Touristensaison« gibt es Gletscherkurse mit Führer von Leirvassbu, Glitterheim, Spiterstulen, Juvasshytta, Krossbu und Sognefjell Turisthytter. Mit dem Ausgangspunkt Spiterstulen und Juvasshytta kommt man hinauf zum Galdhøpiggen, dem höchsten norwegischen Gipfel (2.468 m.ü.M.). Jostedalsbreen, der größte Festlandgletscher Europas mit seinen 486 km, bietet organisierte Touren auf dem Seitenarm Nigardsbre. Darüber hinaus gibt es Gletscherführer für verschiedene andere Gebiete des Gletschers und bei einigen Hütten. Gletscherkurse werden auf dem Hardangerjøkul, Svartisen Gård, Jostedalsbre und in Jotunheimen arrangiert. Informationen darüber gibt es bei:
- Den Norske Turistforening (DNT), Postboks 1963 Vika, N-0125 Oslo 1, Tel. 02 - 83 25 50

Oppland, Jotunheimen
- Norwegian Wildlife & Rafting, N-2254 Lunderseter, Tel. 06 - 62 97 94 / 23 87 27
- Lom Bre- og Fjellførarlag v/Lom Turistinformasjon, N-2686 Lom, Tel. 062 - 12 578

Gletschertour zum Smørstabbre, Grottentour durch das Dummudal, Sonntagstour in Jotunheimen sowie Kletter- und Gletscherkurse. Geführte Touren auf Norwegens höchsten Berg, den Galdhøppigen (2.469 m). Juli - August. Feste Termine.

> **Gletscher:**
> **Schön - aber gefährlich!**
>
> Eine Gletscherwanderung ist ein großartiges Erlebnis, wenn sie zusammen mit ortskundigen Führern gemacht wird. Gletscher bestehen aus gewaltigen Ansammlungen von Schnee und Eis, die ständig in Bewegung sind.
> Die norwegischen Gletscher wandern täglich bis zu 2 Meter! Die Spalten können daher mehrere Meter lang sein und 30-40 Meter tief. Allerdings sind sie oft mit Schnee bedeckt und nicht sichtbar. Daher sind die Schneefelder oft die gefährlichsten Gebiete auf einem Gletscher. Wo Gletscher über steile Berge hängen oder abrupt enden, können sich Lawinen bilden. Fallen Lawinen oder Eisstürze von Gletschern in ein Gewässer, kann es zu Aufstauungen kommen. Werden diese durchbrochen, können sich plötzlich große Mengen Wasser und Eis in das Tal hinunter ergießen - eine ernstzunehmende Gefahrenquelle.
> Deshalb:
> - Gehen Sie nie ohne ortskundige Führer über Gletscher!
> - Gehen Sie nie nah an steile Gletscherwände und niemals unter Gletscher!
> - Beachten Sie unbedingt alle Warnschilder!

Der DNT veranstaltet Wochenkurse von Anfang Juli bis Anfang August in den Gebieten: Krossbu - Smørstabbreen, Glitterheim - Veobreen.

Buskerud
- Norges Høgfjellskole,
  N-3560 Hemsedal, Tel. 067 - 78 306

Alpine Gletschertouren in Jotunheimen, Ende Juli bis Anfang August.

Telemark
- Haukeli Høyfjellshotell A/S, Vågslid,
  N-3895 Edland, Tel. 036 - 70 585

Hordaland
- Norwild Adventure, Boks 105,
  N-5600 Norheimsund, Tel. 05 - 55 56 20

Gletscherkurse mit Führer, zu Fuß oder mit Skiern. Hundeschlittentouren auf dem Folgefonn-Gletscher.
- Bergen Turlag - Fjellsportgruppen,
  C. Sundtsgt. 3,
  N-5004 Bergen, Tel. 05 - 32 22 30

Gletscherkurs auf dem Folgefonn im Sommer mit Orientierung auf dem Gletscher, Erlernen verschiedener Sicherungsmethoden, Rettungstechniken u.a.
- Finse 1222, Postboks 12,
  N-3590 Finse, Tel. 05 - 52 67 11

Gletscherkurs auf dem Hardangerjøkul oder geführte Sommerskitouren auf dem Plateau. Wochenendveranstaltungen von August bis September.
Der DNT veranstaltet Wochenkurse auf der Finsehütte (Bergenbahn), mit Touren zum Hardangerjøkul.
- Odda Reiselivslag, Postboks 147,
  N-5751 Odda, Tel. 054 - 41 297

Gut markierte Wege von Buar zum Buarbre, eine Stunde Aufstieg. An den Wochenenden im Juli und August oder nach Absprache mit dem örtlichen Fremdenverkehrsamt werden geführte Wanderungen zum Buarbre (Folgefonna) durchgeführt.
- Kvinnherad Reiselivslag,
  N-5470 Rosendal, Tel. 054 - 81 311 oder 81 328

Tagestour oder zweitägige Tour zum Bondhusbre. Bergen Turlag (Tel. 05 - 32 22 30) veranstaltet Gletscherkurse auf dem Bondhusbre von Juli-August und Skitouren auf dem Følgefonna.
- Folgefonn Sommerskisenter,
  N-5627 Jondal, Tel. 054 - 68 500 od.
  090 - 44 650
- Folgefonn Villmarksturar, Boks 3,
  N-5470 Rosendal, Tel. 054 - 80 040

Sogn og Fjordane, Jostedalsbreen
- Sogn og Fjordane Turlag, Postboks 365,
  N-6901 Florø, Tel. 057 - 71 200/71 184

Veranstaltet Touren über den Gletscher und das Fjell von Mai-September. Feste Termine.
- Jostedalen Breførarlag v/Heidi Zimmermann,
  N-5828 Gjerde, Luster, Tel. 056 - 83 119; oder:
- Luster Reiselivslag, Rådhuset,
  N-5820 Gaupne, Tel. 056 - 81 211

Gletscherkurse und -wanderungen mit unterschiedlicher Länge und Schwierigkeitsgrad. Wochen- und Tagestouren, Skitouren auf dem Gletscher, Ende Juni-Ende August.
- Flatbrehytta v/Anders Øygard,
  N-5855 Fjærland, Tel. 056 - 93 118

Organisierte Touren von der Hütte zum Flatbre donnerstags und sonntags, 3stündige Tour von Mitte Mai-Ende September. Gletscherkurs.
- Balestrand og Fjærland Reiselivslag,
  Postboks 57,
  N-5850 Balestrand, Tel. 056 - 91 255

Arrangiert Touren nach Fjærland und weiter mit dem Bus zu den Gletscherarmen des Jostedalsbre, Bøyabre und Suphellebre. Gletscherwanderungen mit ortskundigen Führern von Mai bis September.
Der DNT veranstaltet Wochenkurse auf dem Suphellebre in Fjærland, die mit einer zweitägigen Skitour auf dem Gletscher abschließen.
- Vest Hotels, Selje Hotel,
  N-6740 Selje, Tel. 057 - 56 107

»Die große Vestlandstour« ist ein Tourenvorschlag der Hotels Sogndal Hotell, Stryn Hotell und Selje Hotell. Zusätzlich zur Gletschertour auf dem Jostedalsbre, gehören noch andere Aktivitäten wie Pferdekutschentour, Bootstour, Meeresangeltour und ein Museumsbesuch.
- Stryn Reiselivslag, Postboks 18,
  N-6880 Stryn, Tel. 057 - 71 526

Für Touren zum Briksdalsbre erkundigen Sie sich bitte im voraus beim Fremdenverkersamt.
- Gloppen Eventyret v/Jørn Holst Kristiansen,
  Postboks 223, N-6860 Sandane, Tel. 057 - 66 100

Gletschertour über 10-12 Stunden mit Führer.
- Stryn Fjell- og Breførarlag v/ Eivind Skjerven,
  Postboks 72, N-6880 Stryn, Tel. 057 - 71 200
- Nordfjord Booking,
  N-6880 Stryn, Tel. 057 - 72 070

Angeboten werden Gletscherkurse und -wanderungen unterschiedlicher Länge und Schwierigkeitsgrade. Wochen- und Tagestouren. Skitouren auf dem Gletscher. Ende Juni - Ende August.
Der DNT veranstaltet Wochenkurse auf Bødalsseter (Nordfjord) u.a. mit einer zweitägigen Tour auf dem Jostedalsbre.

Nordland, Svartisen
- Friundervisningen i Bodø,
  Havnegt. 5, Postboks 444,
  N-8001 Bodø, Tel. 081 - 29 951

Gletscherkurs auf Svartisen Gard, u.a. mit einer zweitägigen Tour auf dem Engabre, einem Gletscherarm des Svartisen. Saison von Juli bis August.
- Rana Turistkontor,
  N-8600 Mo i Rana, Tel. 087 - 50 421

Gletschertour auf dem Okstindbre im Juli und im August, je nach Wetter.
- Meløy Reiselivslag Turistkontor,
  N-8150 Ørnes, Tel. 081 - 54 011 / 54 888

Gletscherkurse und -wanderungen mit Führer auf dem Svartisen.
- Okstindan Allsport, Boks 52,
  N-8646 Korgen, Tel. 087 - 91337 / 91 316
- Polarsirkelen Reiselivslag, Boks 225,
  N-8601 Mo i Rana, Tel. 087 - 50 421
- Sulitjelma Wildlife and Adventure A/S, Postboks 57, N-8230 Sulitjelma,
  Tel. 081 - 40 147 / 40 416
- Svartisen Turistsenter, Holandsfjord,
  N-8178 Halsa, Tel. 081 - 50 032 / 50 011

Troms
- Tromsø Arrangement A/S v/Turistkontoret,
  Postboks 312,
  N-9001 Tromsø, Tel. 083 - 10 000

Klettertour und Wanderungen. 3-6tägige Kurse mit Gletscherwanderungen, Rettung aus Gletscherspalten u.a., Juli-September.
- Nord-Reiser A/S, Postboks 6,
  N-9060 Lyngseidet, Tel. 089 - 10 508

Gletscherwanderungen in den Lyngsalpen, Juni - September.

Finnmark
- Finnmark Wildlife Services, Snekkernes,
  N-9710 Indre Billefjord, Tel. 084 - 64 731

Svalbard
- Svalbard Polar Travel A/S, Næringsbygget,
  N-9170 Longyearbyen, Tel. 080 - 21 971

GOLDWASCHEN

Reich wird man dabei kaum, aber es macht dennoch einen Riesenspaß, im Bezirk Finnmark unter der Mitternachssonne Gold zu waschen. Wenn man Glück hat, findet man einen kleinen Klumpen, den man sich um den Hals hängen kann. Und das ist nicht nur ein Touristen-Mitbringsel. Seriöse Zechen haben in den letzten Jahren in der Finnmark förderbare Goldadern entdeckt. Und wer weiß, was die alten Goldfelder an der norwegisch-finnischen Grenze noch alles bergen! Waschpfannen und alle übrige Ausrüstung kann man in mehreren Ortschaften der Finnmark mieten. Ein wenig Anleitung, und Sie dürfen sich ins Abenteuer stürzen! Übrigens: auch in einigen Abenteuerparks kann man das Goldwaschen ausprobieren (s. »Abenteuerparks« im »A-Z Info« am Ende des Buches).

Hordaland
- Bømlo Fremdenverkehrsamt, Postboks 130,
  N-5420 Rubbestadneset, Tel. 054 - 27 705

Die Goldgruben Lykling bei Bømlo sind seit den Goldgräberzeiten vor hundert Jahren bekannt. Dort wird das Goldwaschen demonstriert und die notwendige Ausrüstung ausgeliehen.

Finnmark
- Karasjok Opplevelser A/S, Postboks 45,
  N-9730 Karasjok, Tel. 084 - 66 902

Zur Jahrhundertwende wurde das Gold kommerziell aus dem Flußkies geschürft. Zwar wurde eine richtige Hauptader nie gefunden, aber es gibt auch heute noch Goldstaub im Flußsand. Im Finnmark Feriesenter können Sie eine Goldwaschpfanne erwerben und erhalten auch Informationen, wo Sie fündig werden können. Oder Sie nehmen einen ortskundigen Führer mit, der Sie zu den alten Goldfeldern nahe des Anarjokka Nasjonalpark leitet.
- Levajok Fjellstue,
  N-9826 Levajok, Tel. 085 - 28 746

Goldwasch-Touren
- Schulstad Adventures, Stabbursdalen,
  N-9710 Indre Billefjord, Tel. 084 - 64 746

Lapplandtour: Diese Tour, die einen Tag in Anspruch nimmt, zeigt die ältesten Goldfelder im Bezirk Finnmark. Die Anmeldung kann im vorhinein unter folgender Adresse erfolgen:
- Lapplandsturer,
  N-9730 Karasjok, Tel. 084 - 66 445

GOLF

Die Saison dauert von ca. Mai bis September. Preise: NOK 100,- bis 200,- pro Gast/Tag (Juniorrabatt)
Weitere Informationen über Golfturniere etc. erhalten Sie bei:
- Norges Golfforbund, Hauger Skolevei 1,
  N-1351 Rud, Tel. 02 - 51 88 00

Informationen erhalten Sie auch bei folgenden Adressen:

Oslo
- Oslo Golfklubb, Bogstad,
  N-0757 Oslo 7, Tel. 02 - 50 44 02
Verleih von Golfausrüstung, 18-Lochplatz.

Akershus
- Bærum Golfklubb, Postboks 158,
  N-1310 Blommenholm, Tel. 02 - 51 30 85
- Oppegaard Golfklubb, Postboks 84,
  N-1411 Kolbotn

Østfold
- Borregaard Golfklubb, Postboks 348,
  N-1701 Sarpsborg, Tel. 09 - 15 74 01
  9-Lochplatz.
- Skjeberg Golfklubb, Postboks 67,
  N-1740 Borgenhaugen, Tel. 09 - 16 63 10
  Neuer 18-Lochplatz seit 1989.
- Sarpsborg Turistkontor, Rådhuset,
  N-1700 Sarpsborg, Tel. 09 - 11 90 00
  18-Lochplatz und 9-Lochplatz.
- Oslofjorden Golf- og Country Club,
  N-1600 Fredrikstad, Tel. 09 - 33 30 33
  18-Lochplatz innerhalb eines größeren Freizeitgeländes.
- Reisetrafikkforeningen for Fredrikstad og Omegn, Turistsenteret,
  N-1600 Fredrikstad, Tel. 09 - 32 03 30
  18-Lochplatz.

Oppland
- Randsfjorden Golfklubb,
  N-2860 Hov, Tel. 061 - 28 000

Buskerud
- Kjekstad Golfklubb v/ Douglas Craig,
  Postboks 201,
  N-3440 Røyken, Tel. 02 - 85 58 50 / 85 53 53
  18-Lochplatz Greenfee NOK 100,-.

Vestfold
- Vestfold Golfklubb v/Jenice Vinder,
  Postboks 64,
  N-3101 Tønsberg, Tel. 033 - 65 105
  18-Lochplatz, Verleih von Ausrüstung.
- Borre Golfbane, Semb Hovedgård,
  N-3190 Horten, Tel. 033 - 73 240

Telemark
- Grenland Golfklubb, Postboks 433,
  N-3701 Skien

Agder
- Arendal og Omegn Golfklubb, Postboks 15,
  N-4801 Arendal, Tel. 041 - 88 101
- Kristiansand Golfklubb, Postboks 31,
  N-4601 Kristiansand S., Tel. 042 - 45 863
  9-Lochplatz, Verleih von Ausrüstung, Unterricht nach Absprache.
Einige Hotels in Kristiansand vergeben sogenannte »Greenfee«-Karten, die Hotelgästen freien Zugang zum Golfplatz ermöglichen:
Hotel Caledonien, Hotel Christian Quart, Ernst Park Hotel, Rica Fregatten Hotel, Hamresanden Appartements, Hotell Norge.

Rogaland
- Stavanger Golfklubb, Longebakken 45,
  N-4040 Stavanger,
  Tel. 04 - 55 54 31 / 55 70 25
  18-Lochplatz, Verleih von Ausrüstung. Zeiten müssen mit den Trainern abgesprochen werden.

Hordaland
- Bergen Golfklubb, Postboks 470,
  N-5001 Bergen, Tel. 05 - 18 20 77
  9-Lochplatz.

Trøndelag
- Trondheim Golfklubb, Sommersæter,
  N-7020 Trondheim, Tel. 07 - 53 18 85
  Einer der nördlichsten Golfplätze, auf dem man bis tief in die Nacht hinein spielen kann. 9-Lochplatz.
- Nidaros Golfklubb, Postboks 2180,
  N-7001 Trondheim

HÖHLENWANDERN

Im norwegischen Bezirk Nordland liegt mit 600 m Tiefe Nordeuropas tiefste Höhle. Die tiefsten Höhlen kommen vor allem in Kalkgesteinen vor, die typisch für Nordnorwegen und Nordland sind. Da fast jedes Jahr noch neue Höhlen entdeckt werden, wächst Nordland mittlerweile zur »Höhlen-Hochburg« heran. Natürlich gibt es solche Kalksteinvorkommen sowie interessante Exkursionen »in die Unterwelt« auch in anderen Landesteilen. Höhlen auf eigene Faust zu entdecken, sollte übrigens nur Spezialisten vorbehalten bleiben. In mehreren Orten werden aber mittlerweile geführte, ungefährliche, aber deshalb nicht weniger spannende Höhlentouren angeboten.

Oppland
- Norwegian Wildlife & Rafting,
  N-2254 Lunderseter,
  Tel. 06 - 62 97 94 /23 87 27
- Lom Bre- og Fjellførarlag,
  N-2686 Lom, Tel. 062 - 11 286

Møre & Romsdal
- Reiselivsforeningen i Molde, Boks 484,
  N-6401 Molde, Tel. 072 - 57 133

Nordland
- Polarsirkelen Reiselivslag, Boks 225,
  N-8601 Mo i Rana, Tel. 087 - 50 421
- Torghatten Reiselivslag,
  N-8901 Brønnøysund,
  Tel. 086 - 21 688 oder 21 601

HUNDESCHLITTENFAHREN

Polarhunde im Geschirr, ein hinterhersausender Schlitten und ein knallender Peitschenschlag in der klaren Winterluft, während schneeschwangere Wolken über der Spur hängen und der Vollmond über den Gebirgen am Horizont kauert. Das hört sich an wie aus den Pioniertagen in Alaska. Aber diese »Pelzjägerstimmung« kann man auch heute noch erleben. An vielen Stellen gibt es hundeschlittenbegeisterte Tourenanbieter, die ihren Gästen dieses kleine »Abenteuer« nicht vorenthalten möchten. Als Hundeschlittenpassagier kann man auf bequeme Art die weiße Wildnis kennenlernen. Im Sommer kann man den Schlitten mit dem Packgeschirr vertauschen, und die Hunde transportieren alles, was man für eine gute Angeltour oder eine erlebnisreiche Bergwanderung benötigt.

Allgemeine Auskünfte:
- Den Norske Turistforening (DNT),
  Postboks 1963 Vika, N-0125 Oslo 1,
  Tel. 02 - 83 25 50/83 80 20

Hedmark
- Aktiv Fritid Trysil, Korsberget,
  N-2420 Trysil, Tel. 064 - 50 659
- Trysil Ferie og Fritid
  N-2420 Trysil, Tel. 064 - 50 511
- Artemis, Stangeskovene,
  N-1933 Lierfoss, Tel. 06 - 86 58 44

Oppland
- Togo Sledeturer, v/ Odd Rydjord, Roterud,
  N-2600 Lillehammer, Tel. 062 - 69 899
- Roar Laugerud,
  N-2655 Heidal, Tel. 062 - 34 955
- Peer Gynt Ski og Sommerarena, Golå,
  N-2645 Harpefoss, Tel. 062 - 98 528
- Randsverk Hundesenter,
  N-2680 Vågåmo, Tel. 062 - 38 750
- Beitostølen Reiselivslag,
  N-2953 Beitostølen, Tel. 063 - 41 006
- Venabu Fjellhotell,
  N-2632 Venabygd, Tel. 062 - 84 055

Buskerud
- Hemsedal Turistkontor, Postboks 3,
  N-3560 Hemsedal, Tel. 067 - 78 156
- Ove Enger, Ekeberg,
  N-3073 Galleberg, Tel. 03 - 77 07 78
  Hundeschlittenfahrt am Osethotel in Golsfjellet.

Telemark
- Haukeli Høyfjellshotell A/S, Vågslid,
  N-3895 Edland, Tel. 036 - 70 585

Agder
- Sirdal Høgfjellsenter,
  N-4444 Fidjeland, Tel. 043 - 71 122

Hordaland
- Finse 1222, Postboks 12,
  N-3590 Finse, Tel. 05 - 52 67 11
- Geilo Turistservice A/L, Postboks 85,
  N-3581 Geilo, Tel. 067 - 86 300
- Norwild Adventure, Postboks 105
  N-5600 Norheimsund, Tel. 05 - 55 56 20
- Folgefonn Villmarkstur, Postboks 3,
  N-5470 Rosendal, Tel. 054 - 80 040
- Odin Adventures,
  N-5470 Rosendal, Tel. 054 - 81 311 oder 81 950

Trøndelag
- Sør-Trøndelag Reiselivsråd, Postboks 65,
  N-7001 Trondheim, Tel. 07 - 52 15 31
- Meråker Fjell A/S,
  N-7530 Meråker, Tel. 07 - 81 36 11

Nordland
- Polar Mushing and Wildlife, Osvoll - Nyjord,
  N-8200 Fauske, Tel. 081 - 42 462
- Nord-Norsk Reiselivsindustri A/S, Postboks 318,
  N-8501 Narvik, Tel. 082 - 46 033 oder 43 309

Troms
- Harstad og Omland Arrangement A/S,
  Postboks 447,
  N-9401 Harstad, Tel. 082 - 63 235
- Tromsø Arrangement A/S, Postboks 1077,
  N-9001 Tromsø, Tel. 083 - 10 000
- Troms Adventure A/S, Andslimoen,
  N-9201 Bardufoss, Tel. 089 - 33 644

Finnmark
- Nordkapp Reiselivslag, Postboks 34,
  N-9750 Honningsvåg, Tel. 084 - 72 894
- Porsangerfjord Turisthotell,
  N-9700 Lakselv, Tel. 084 - 61 377
- Adventure Tourism Consultants, Postboks 31,
  N-9730 Karasjok, Tel. 084 - 66 408
- Finnmark Tur og Guideservice, Postboks 101,
  N-9500 Alta, Tel. 084 - 37 277
- Canyon Huskies, Stengelsen,
  N-9500 Alta, Tel. 084 - 33 314 / 33 306
- Finnmark Wildlife Services, Snekkernes,
  N-9710 Indre Billefjord, Tel. 084 - 64 731
- Schulstad Adventures, Stabbursdalen,
  N-9710 Indre Billefjord, Tel. 084 - 64 746
- Stabbursdalen Camp og Villmarkssenter A/S,
  N-9710 Indre Billefjord, Tel. 084 - 64 760
- Husky Adventures, Sven Engholm,
  N-9730 Karasjok, Tel. 084 - 66 851

Svalbard
- Svalbard Polar Travel A/S, Næringsbygget,
  N-9170 Longyearbyen, Tel. 080 - 21 971

JAGD

Norwegen hat eine Fläche von über 324.000 km^2, von denen große Teile aus Wald und Fjell bestehen. Das Land besitzt eine vielfältige Natur mit einer artenreichen Fauna.

Wichtige Wildarten
Gute Bestände bei den Hirschwildarten Elch, Hirsch, Ren, und Reh. Bei den Hühnervögeln sind Schneehuhn (»rype«), Birkhuhn (»orrfugl«), Auerhahn (»storfugl«) und Haselhuhn (»jerpe«) die begehrtesten. Gute Bestände weisen auch Watvögel (»vadarar«), Enten, Gänse und Seevögel auf. Von den kleineren Säugetieren wird besonders der Hase gern erlegt.

Jagdrecht
Auf Privatgrundstücken hat der Grundeigner oft zusammen mit anderen Eigentümern das Jagdrecht. Es kann an andere, auch Ausländer, verpachtet werden. Im Staatsforst (»statsalmenningane«) hat die jeweilige Bezirksbehörde das Jagdrecht bei Niederwild- und Rentierjagd, wobei die Behörde »fjellstyret« die Jagd verwaltet. Alle anderen Jagden im Staatsforst oder in anderen staatlichen Ländereien obliegen den Forstämtern (»skogforvaltarane«). Ausländer, die nicht in Norwegen leben, haben im allgemeinen keinen Zugang zum Staatsforst, Ausnahmen genehmigt die Forstverwaltung für die Hochwildjagd, mit Ausnahme der Rentierjagd. Auf den anderen Staatsländereien gibt es für Ausländer ebenfalls vereinzelt Jagdmöglichkeiten.

Jäger- und Schießprüfung
Personen, die im Ausland leben, brauchen keine Jägerprüfung in Norwegen abzulegen, wenn sie entsprechende Qualifikationen und Bescheinigungen aus ihrem Heimatland vorlegen. Hochwildjäger (Ausnahme: Rehwild) müssen jedes Jahr eine Schießprüfung ablegen. Personen mit Wohnsitz im Ausland sind davon befreit, sofern sie entsprechende Nachweise aus ihrem Land vorlegen.

Jägerabgabe
Wer in Norwegen auf die Jagd gehen will, muß eine Gebühr in den sog. »Wildfond« einzahlen. Diese Abgabe beträgt zur Zeit NOK 150,- und gilt für das ganze Jahr. Das Jagdjahr rechnet man vom 1. April - 31. März. Die Abgabe ist Voraussetzung, um jagen zu dürfen, sie gewährt aber kein Jagdrecht in einem Gebiet. Eine Einzahlungskarte erhält man beim Bezirksobmann oder beim »Direktoratet for Naturforvaltning«. Bei Abschuß von Rentieren, Hirschen oder Elchen ist anschließend eine »Erlegungsgebühr« zu entrichten. Sie beträgt für einen Elch ca. NOK 8.000,- und für Rentiere NOK 1.000,- bis NOK 2.000,- (abhängig von der Art des Jagdrechts).

Einfuhr von Waffen
Um eigene Waffen nach Norwegen einzuführen, müssen Ausländer bei der Ankunft dem Zoll die Waffenlizenzen des Heimatlandes vorlegen. Dabei muß eine doppelte Erklärung ausgestellt werden. Danach erhält man einen norwegischen Waffenschein für drei Monate.

Waffen und Munitionsvorschriften
Die genauen Bestimmungen über Waffen und Munitionsvorschriften erhält man beim »Direktoratet for Naturforvaltning«. Adresse siehe Punkt »Information«.

Jagdzeiten
Die Jagdzeiten sind in den verschiedenen Bezirken unterschiedlich. Sie variieren von Jahr zu Jahr und von Tierart zu Tierart. Die Eigentümer, das »fjellstyre«, der Bezirksobmann oder die Jagdbehörde (»viltnemnd«) geben genaue Einzelheiten über die jeweiligen Zeiten und Jagdmöglichkeiten bekannt.

Information
Weitere Einzelheiten erfährt man bei:
- Direktoratet for Naturforvaltning,
  Tungasletta 2, N-7004 Trondheim,
  Tel. 07 - 91 30 20

Akershus
- Artemis Norw. Wildlife Experience,
  Stangeskovene,
  N-1933 Lierfoss, Tel. 06 - 86 58 88

Organisierte Elch- und Waldvögeljagd.

Østfold
- Viking Natur v/Øystein Toverud,
  N-1870 Ørje, Tel. 09 - 81 11 22

Spezielle Atmosphäre der norwegischen Elchjagd als Gastjäger, entweder als Jagdposten oder zusammen mit ortskundigen Führern. Elche, Rehwild, Waldhühner.

Hedmark
- Glommen Skogeierforenings utmarkslag,
  Postboks 1329 Vestad,
  N-2401 Elverum, Tel. 064 - 10 166

Elch-, Rentier-, Reh-, Biber- und Kleinwildjagd.
- Nordjakt A/S, Herbert Bachmann,
  N-4695 Hovden, Tel. 043 - 39 766 / 39 647

Elch-, Auer- und Birkwildjagd, Schneehuhn-, Hasen-, Fuchs-, Marder- und Minkjagd.

Oppland
- Ringebu Reiseliv A/L,
  N-2630 Ringebu, Tel. 062 - 80 533

Jagdscheinverkauf und Hüttenvermittlung während der Jagdsaison.

Buskerud
- Tempelseter Fjellstue,
  N-3359 Eggedal, Tel. 03 - 71 46 71

Verleih von Ausrüstung.
- Geilo Jeger og Fiskeforening v/Bjørn Furuseth,
  N-3580 Geilo, Tel. 067 - 85 199
- Statsalmenningen v/Gunnar Skogheim,
  N-3580 Geilo, Tel. 067 - 85 204/85 586

Telemark
- Haukeli Høyfjellshotell, Vågslid,
  N-3895 Edland, Tel. 036 - 70 532

Rentier- und Vogeljagd.

Agder
- Norsk Skytesenter A/S, Øisang,
  N-4990 Søndeled, Tel. 041 - 54 695

Schießschule, geführte Jagd.
- Sirdal Høgfjellsenter,
  N-4444 Fidjeland, Tel. 043 - 71 122

Schneehuhnjagd.

Hordaland
- Norwild Adventure v/Thor Mørklid,
  N-5600 Norheimsund, Tel. 05 - 55 56 20

Hochwildjagd.
- Nordhordaland Reiselivslag,
  N-5100 Isdalstø, Tel. 05 - 35 16 01

Hirschjagd in der Zeit von 10.09.-25.09. und 10.10.-14.10. nur für Jäger.
- Hardangervidda, Eidfjord Reiselivslag,
  N-5783 Eidfjord, Tel. 054 - 65 177

Møre og Romsdal
- Aure Turistsenter,
  N-6690 Aure, Tel. 073 - 46 555

Jagd auf Rehwild und Hirsche. Saison von September bis Dezember.

Trøndelag
- Atlanten Reisebyrå,
  N-7240 Fillan, Tel. 074 - 41 470

Hirsch- und Wildgänsejagd.

Troms
- Norw. Activities / Tour and Adventure v/Johann Stirner,
  N-9454 Ånstad, Tel. 082 - 97 257

Elch-, Rentierjagd, Auerwild und Waldvögel.
- Espnes Reiser A/S, Postboks 57,
  N-9250 Bardu, Tel. 089 - 81 211

Organisierte Jagdtouren.
- Troms Adventure A/S, Andslimoen,
  N-9201 Bardufoss, Tel. 089 - 33 644

Finnmark
- Karasjok Opplevelser A/S, Postboks 45,
  N-9730 Karasjok, Tel. 084 - 66 902

Schneehuhnjagd auf der Finnmarksvidda mit Packhunden.
- Levajok Fjellstue,
  N-9826 Sirma, Tel. 085 - 28 746 / 28 714
- Schulstad Adventures, Stabbursdalen,
  N-9710 Indre Billefjord, 084 - 64 746
- Stabbursdalen Camp og Villmarkssenter A/S,
  N-9710 Indre Billefjord, Tel. 084 - 64 760
- Viddas Veiviser, Båteng, N-9845 Tana,
  Tel. 085 - 28 869 / 28 857 oder 090 - 99 319 / 16 789
- Finnmark Fjellferie, Tverrelvdalen,
  N-9500 Alta, Tel. 084 - 33 823

KANU

Mit dem Kanu ruhig auf einem See dahingleiten ist für viele ein beeindruckendes Naturerlebnis. Vom Boden eines Kanus aus gewinnt man eine ganz neue Perspektive für die Umgebung. Für idyllische Kanutouren eignet sich besonders das Sørlandet. Flüsse, Seen und Kanäle ermöglichen lange, zusammenhängende Fahrten. An vielen Orten in Norwegen kann man Kanus mieten. Die Gewässer östlich des Femund-Sees gehören zu den beliebtesten Paddelgebieten Südnorwegens. Ansonsten findet man auf den Seen und Kanälen Østfolds und Telemarks gute Möglichkeiten zum »Paddeln«. Mit seinen vielen Wildwassern bietet Norwegen auch Flußpaddlern, die auf Wasserfälle und Strudel aus sind, viele Gelegenheiten. In den meisten Landesteilen befinden sich Flüsse unterschiedlichster Schwierigkeitsgrade.
Der norwegische Kajak- und Kanuverband hat 1987 das Buch »Elvepadling« (Wildwasserfahren) auf norwegisch und englisch herausgegeben. Darin findet man Tourenbeschreibungen der meisten Flüsse Südnorwegens. Einen organisierten Kajakverleih gibt es in Norwegen allerdings noch nicht.
Weitere Informationen:

Oslo
- Aktiv Fritid Padlesenter, Tel. 02 - 84 80 70
- Bull Kajakk A/S, Middelthunsgt. 19,
  N-0368 Oslo 3, Tel. 02 - 56 94 86
- Knut Mork
  v/Turistinformasjonen på Rådhuset,
  N-0037 Oslo Rådhus, Tel. 02 - 33 43 86

Akershus
- Padlesenteret, Berger Gård v/Per Rødland,
  Bergervn. 6,
  N-1362 Billingstad, Tel. 02 - 78 80 70
- U-BI-LA v/Terje Lier,
  N-1540 Vestby, Tel. 02 - 95 07 08
- A/S Artemis (Norwegian Wildlife Experience),
  Stangeskovene,
  N-1933 Lierfoss, Tel. 06 - 86 58 88

Østfold
- Viking Natur v/Øystein Toverud,
  N-1870 Ørje, Tel. 09 - 81 11 22

Kanuverleih und organisierte Touren.
- Tojak Friluftsservice v/Thore Hoell,
  Postboks 53 Glenne,
  N-1750 Halden, Tel. 09 - 19 20 11

Kanuverleih.
Auch die örtlichen Touristenbüros verleihen teilweise Kanus.

Hedmark
- Canorado, N-2480 Koppang,
  Tel. 064 - 61 102 / 60 424

Kanuverleih und -transport, Tourenvorschläge. Tourenangebote Mai-Ende Sept. Im Frühling Touren bei Eisgang für speziell Interessierte.
- Femund Canoe Camp,
  N-2445 Femundsenden, Tel. 064 - 59 019
- Trysil Ferie og Fritid,
  N-2420 Trysil, Tel. 064 - 50 511
- Trysil Flåteferie A/S,
  N-2422 Nybergsund,
  Tel. 064 - 53 175 od. 09 - 49 25 39

Kanuverleih.
- Artemis, Stangeskovene,
  N-1933 Lierfoss, Tel. 06 - 86 58 44

Oppland
- Venabu Fjellhotell,
  N-2632 Venabygd, Tel. 062 - 84 055

Kanuverleih, Touren mit Führer.
- Rondane Turleiarlag v/Turistkontoret,
  N-2630 Ringebu, Tel. 062 - 80 533

Paddeln in ruhigen Gewässern, Tagestour mit Kaffee und Grillen.
- Spidbergseter Fjellstue,
  N-2632 Venabygd, Tel. 062 - 84 000

Kanuverleih.

151

- Krekke Camping,
  N-2634 Fåvang, Tel. 062 - 84 571
Kanuverleih.
- Espedalen Fjellstue,
  N-2628 Espedalen, Tel. 062 - 99 912
Kanuwoche im Peer-Gynt-Reich, mit Einführung, Safari und Ausflügen.
- Nordseter Aktivitetssenter,
  N-2614 Nordseter, Tel. 062 - 64 037
- Fjellheimen Vannsportsenter,
  N-2612 Sjusjøen, Tel. 065 - 63 409
- Strand Restaurant og Vannsportsenter, Vingnes,
  N-2600 Lillehammer, Tel. 062 - 54 800
Verleih von Kajaks, Segelbooten und Tretbooten.
- Austlid Feriesenter,
  N-2622 Svingvoll, Tel. 062 - 28 513
Verleih von Kanus und Kajaks.
- Beitostølen Sport v/Arve Kalrud,
  N-2953 Beitostølen, Tel. 063 - 41 081
Kanuverleih.
- Peer Gynt Ski og Sommerarena,
  N-2645 Harpefoss, Tel. 062 - 98 528
Paddeln im Fluß Gudbrandsdalslågen und in Gebirgsseen. Geführte Touren und Kanuverleih.
- Randen Kajakk, N-2584 Dalholen,
  Tel. 064 - 93 125 / 93 015
Wochen- und Wochenendkurse von Januar - Juni; Kanuverleih.
- NOR-UT, Postboks 3,
  N-2671 Otta, Tel. 062 - 31 410
Touren auf dem Fluß Lågen und dem See Furusjøen; Kanuverleih.
- Fagernes Camping,
  N-2900 Fagernes, Tel. 063 - 60 510
- Strandefjord Hytte & Fritidssenter,
  N-2920 Leira, Tel. 063 - 62 365
- Solvik Kanoutleie og kiosk v/ Ingvar Bølviken,
  N-3522 Bjoneroa, Tel. 063 - 38 068

Buskerud
- Norefjell Aktiv Ferie v/Olav Golberg,
  N-3516 Noresund, Tel. 067 - 46 611
Tagestouren mit und ohne Führer.
- Turistkontoret for Kongsberg og Numedal,
  N-3600 Kongsberg, Tel. 03 - 73 15 26
- Hemsedal Turistkontor,
  N-3560 Hemsedal, Tel. 067 - 78 156
Verleih von Kanus, Ruderbooten, Segeljollen und Zugbooten für Wasserski.
- Geilo Turistservice A/L, Postboks 85,
  N-3581 Geilo, Tel. 067 - 86 300
- Vik Fritidssenter A/S,
  N-3506 Røyse, Tel. 067 - 39 240

Vestfold
- Håkon Rishovd, Furuhøgda 5,
  N-3260 Østre Halsen, Tel. 034 - 86 707
- Tønsberg Kajakklubb v/Jan Johansen, Nordbyen, N-3100 Tønsberg,
  Tel. 033 - 83 601 / 83 920
- Jan Høeg, Hovlandveien 150 c,
  N-3250 Larvik, Tel. 034 - 14 495
Paddeltouren auf dem Lågen.

Der Telemark-Kanal
- Telemark Reiser A/L, Nedre Hjellegt. 18,
  Postboks 743, N-3701 Skien, Tel. 03 - 52 92 05
Der Telemark-Kanal ist ein einzigartiges Bauwerk: Von Dalen in der Telemark verläuft ein Kanal über 110 km nach Skien. Auf einigen Strecken dieses Kanalsystems kann man auch paddeln. 18 Schleusen heben die Schiffe und Boote auf 72 m ü.d.M. an. Will man mit dem Kanu weiterkommen, muß man direkt in die Schleusen hineinfahren und wird dann »geschleust«. Achtung: Es ist gefährlich, sich den Weg neben den Schleusen durch die Wasserfälle zu suchen. Bleiben Sie in Ufernähe. Der Kanal ist in beiden Richtungen mit dem Kanu befahrbar, am besten ist es jedoch, wenn man von Kviteseid aus startet.
1. Etappe: Der Bandaksjøen ist fast 30 km lang und bietet gleich einen Höhepunkt der Tour. Wilde Fjellgebiete, Vögel und Wild leben ungestört, und der Bandaksjøen ist ein fischreiches Gewässer.
2. Etappe: Bei Straumane fängt eine neue Welt an: Der Fluß wird hier ruhiger und Buchten mit Sandstränden laden zu einer Rast ein.
3. Etappe: Der See Kviteseidvatn ist »lieblicher« als der Bandaksee. Die Berge sind hier weniger steil und Badeplätze gibt es überall. An der Brücke in Kviteseid kann man einen kleinen Spaziergang machen, z.B. zum Bezirksmuseum. Auf dieser Etappe hat man auch Einkaufsmöglichkeiten in Fjågesund. Bis jetzt ist man auf der Südseite der Seen gepaddelt, hier wird nun die Seite gewechselt. Richtung Kilen liegen wieder einige idyllische Rastplätze.
4. Etappe: Wir nähern uns den Schleusen Hogga und Kjeldal.
5. Etappe: Die Kanalanlage ist ein Meisterwerk alter norwegischer Ingenieurskunst. Auch die Natur hat einiges zu bieten. Wir empfehlen eine Übernachtung auf der Halbinsel mitten im Nomevatn. Die nächste Paddeletappe führt durch Nome, eine exzellente »Kanalgemeinde«. Hier kann man überall Schleusen und ihre Anlagen besichtigen. Legen Sie an und schauen Sie sich einmal um!
In Ulefoss gibt es übrigens eine »Kanalausstellung«, die das Leben auf dem Kanal in alten Zeiten darstellt. Hier gibt es auch ein Touristenbüro mit Kunstgewerbeverkauf.
- Hallbjønnsekken Høyfjellssenter, Tokke,
  N-3880 Dalen, Tel. 094 - 51 436
- Telemark Vannsport v/ Norsjø Ferieland,
  N-3812 Akkerhaugen, Tel. 03 - 95 84 30
- Lifjell Turisthotell,
  N-3800 Bø i Telemark, Tel. 03 - 95 00 11
Halbtägige Tour mit Aktivitäten.
- Morgedal Turisthotell,
  N-3847 Brunkeberg, Tel. 036 - 54 144
Kanuverleih.
- Gaustablikk Høyfjellshotell,
  N-3660 Rjukan, Tel. 036 - 91 422
- Haukeli Høyfjellshotell,
  N-3892 Vinje, Tel. 036 - 70 532
Touren mit Führer.

Agder
Audnedalselva, Lyngdalsvassdraget, Otra, Tovdalselva und Nidelva sind gute Paddelgewässer. Kanu- und Kajakverleih an vielen Campingplätzen.
- Aust-Agder Idrettskrins, Postboks 1673,
  N-4801 Arendal, Tel. 041 - 26 060
Verleih von Kanus und Anhängern.

Wichtige Verhaltensregeln

- **Bleiben Sie in Ufernähe!**
  Das ist nicht nur sicherer, sondern man sieht und erlebt mehr.

- **Gehen Sie lieber zu Fuß...**
  wenn das Gewässer sich nicht sicher zum Paddeln eignet! Es ist leichter, wenige hundert Meter zu tragen, als sich mit einer nassen Ausrüstung oder einem gekenterten Kanu herumzuärgern.

- **Meiden Sie hohe Wellen und Sturm!**
  Machen Sie besser eine Pause als durch unruhiges Gewässer zu paddeln oder nehmen Sie einen anderen Weg.

- **Wenn Sie kentern ...**
  versuchen Sie so schnell wie möglich alle Sachen aus dem Boot zu sammeln! Ist das Kanu voll Wasser, werfen Sie Ihr Gepäck ins Nachbarboot oder an Land!

- **Tragen Sie immer eine Schwimmweste!**

- **Machen Sie keine allzu langen Tagesetappen!**

- **Ausrüstung**
  Reserveruder, Flickzeug, Leine mit Senkblei, Notraketen, Taschenlampe und trockene Kleidung im wasserfesten Beutel. Vorsicht bei niedrigen Wassertemperaturen!

- Hegni Friluftsområde, N-4695 Hovden i Setesdal, Tel. 043 - 39 662
- Hovden Ferie Service, N-4695 Hovden i Setesdal, Tel. 043 - 39 630
- Rosfjord Apt. Hotell,
  N-4580 Lyngdal, Tel. 043 - 43 700
- Sirdal Høyfjellsenter,
  N-4444 Sirdal, Tel. 043 - 71 122
- Tregde Marina,
  N-4500 Mandal, Tel. 043 - 68 630
- Åros Motell Camp,
  N-4640 Søgne, Tel. 043 - 66 411
- Kristiansand og Omlands Turistforening, Rådhusgt. 5,
  N-4611 Kristiansand S., Tel. 042 - 25 263
Organisierte Wochenendtouren.
- Hamresanden Båtutleie, Moneheia 4,
  N-4752 Hamresanden, Tel. 042 - 46 825
Verleih von Kajaks.
- Eiken Hotell- og Feriesenter,
  N-4596 Eiken, Tel. 043 - 48 200
- Hamresanden Apartments/Camping,
  N-4752 Hamresanden, Tel. 042 - 46 200
- Åseral Turistsenter v/Qvarstein,
  N-4544 Fossdal, Tel. 043 - 83 850

Rogaland
- Rogaland Wildlife v/Dag Tveit, Nessevn. 8,
  N-4330 Ålgard, Tel. 04 - 61 76 87 / 090 - 72 259
Verkauf von »Inkas«- und »Ally«-Kanus und Booten; Vermittlung von Jagd, Süßwasser- und Meeresangeln; Verleih von Kanus (Inkas Aluminiumkanus) und Ruderbooten (mit oder ohne Außenbordmotor); Lavvu-Verleih (moderne, tragbare 8–Mann Samenzelte).
- Grindafjord Naturcamping,
  N-550 Grindafjord, Tel. 04 - 77 57 40

Hordaland
- Smedholmen Kyst- og Naturlivsskule,
  N-5419 Fitjar, Tel. 054 - 97 432
Kajak-Kurs: Die Teilnehmer bauen selbst ihr Kajak und unternehmen anschließend eine Tour.
- Norwild Adventure v/Thor Mørklid,
  N-5600 Norheimsund, Tel. 05 - 55 56 20
Kanu- und Kajakpaddeln in Seen und Flüssen.
- Finse 1222 v/O. G. Nordengen, Postboks 12,
  N-3590 Finse, Tel. 05 - 52 67 11
Kanuwochenende mit geschulten Führern; Angelmöglichkeiten.
- Jonshøgdi Turisthytte, Kvamskogen,
  N-5600 Norheimsund, Tel. 05 - 55 89 80
- Voss Vandrerhjem, Evangervn. 27,
  N-5700 Voss, Tel. 05 - 51 20 17
- Harding Motell & Hyttetun,
  N-5780 Kinsarvik, Tel. 054 - 63 182
- ER-AN Auto Service,
  N-5210 Kalandseidet, Tel. 05 - 30 71 75
- Hotell Ullensvang,
  N-5774 Lofthus, Tel. 054 - 61 100
- Brakanes Hotell,
  N-5730 Ulvik, Tel. 05 - 52 61 05
- Nord-Hordaland Turistkontor,
  N-5100 Isdalstø, Tel.05 - 35 16 01
Kanuverleih für den See Storavatnet in Meland (NOK 50,- pro Stunde, NOK 200,- pro Tag).
- Bømlo Reiselivslag, Postboks 130,
  N-5420 Rubbestadneset, Tel. 054 - 27 705
Herstellung und Verleih von Kanus in der Schule Olavskulen.
- Folgefonn Villmarkstur v/Jostein Hatteberg, Postboks 3,
  N-5470 Rosendal, Tel. 054 - 80 040
Kanu- und Kajaktouren.
- Litlabø Kurs og Treningssenter, Postboks 1298,
  N-5401 Stord, Tel. 054 - 14 357

Sogn og Fjordane
- Gloppen Eventyret, Postboks 223,
  N-6860 Sandane, Tel. 057 - 66 100
Zweitägige Touren, Verleih von Kanus, Wassersportzentrum.
- Hotel Mundal,
  N-5855 Fjærland, Tel. 056 - 93 101
Kanuverleih.

- Hauglandsenteret,
  N-6820 Flekke i Sunnfjord, Tel. 057 - 35 761
  Veranstaltet Touren für Gruppen.

Møre og Romsdal
- Aak Fjellsportsenter, Postboks 238,
  N-6301 Åndalsnes, Tel. 072 - 26 444
- Åndalsnes Camping og Motell,
  N-6300 Åndalsnes, 072 - 21 629

Trøndelag
- Røros Reiselivslag, Postboks 61,
  N-7460 Røros, Tel. 074 - 11 165
  Kanuverleih.
- Håneset Camping,
  N-7460 Røros, Tel. 074 - 11 372
- Røros Turisthotell, An Magritt vei,
  N-7460 Røros, Tel. 074 - 11 011
- Sibe's Kystmarina v/Sigbjørn Larsen, Flatval,
  N-7263 Hamarvik, Frøya, Tel. 074 - 41 470
  Kanu- und Kajakverleih.
- Teveltunet Fjellstue,
  N-7530 Meråker, Tel. 07 -81 36 11

Nordland
Kanuverleih bei vielen Übernachtungsbetrieben an der Küste. Informationen in den örtlichen Touristenbüros.
- Lovund Turist A/S,
  N-8764 Lovund , Tel. 086 - 94 532
- Polar Mushing and Wildlife, Osvoll - Nyjord,
  N-8200 Fauske, Tel. 081 - 42 462
  Geführte Touren.
- Svartisen Turistsenter, Holandsfjord,
  N-8178 Halsa, Tel. 081 - 50 032 / 50 011

Troms
- Harandvollen Leirskole v/Rachel Vangen,
  N-9200 Bardufoss, Tel. 089 - 33 249
  Kanuverleih.
- Dividalen Camping,
  N-9234 Øverbygd, Tel. 089 - 37 816
- Tromsø Arrangement A/S, Turistkontoret,
  Postboks 312,
  N-9001 Tromsø, Tel. 083 - 10 000
- Tromsø Havpadleklubb, Postboks 2803,
  N-9001 Tromsø, Tel. 083-81 418 / 56 233
- Spitsbergen Travel,
  N-9170 Longyearbyen, Tel. 080 - 21 160 / 21 300

Finnmark
- Karasjok Opplevelser A/S, Postboks 45,
  N-9730 Karasjok, Tel. 084 - 66 902

Touren auf dem Karasjokka mit samischen Flußbooten. Mit diesen bis zu 15 m langen Booten wurden früher hunderte Kilo Gepäck und Lasten transportiert. Das Finnmark Feriesenter läßt Sie nicht nur die nördliche Landschaft direkt vom Fluß aus erleben, sondern auch Pausen mit Lagerfeuer und nordnorwegischen Spezialitäten sind im Programm. Die dreistündige Tour kostet NOK 250,- inkl. Guide und Verpflegung. Die zweistündige kostet NOK 120.- (Guide, Kaffee, Kuchen).
- Levajok Fjellstue,
  N-9826 Sirma, Tel. 085 - 28 746
  Kanuverleih, Unterricht.
- Finnmark Leirskole/Aktivitetssenter,
  N-9500 Alta, Tel. 084 - 32 644
- Karalaks Vandrerhjem,
  N-9700 Lakselv, Tel. 084 - 61 476
  Verleih von Kanus, gut für Kinder geeignet.
- Skoganvarre Turistsenter,
  N-9700 Lakselv, Tel. 084 - 64 846
  Kanuverleih.
- Neiden Fjellstue,
  N-9930 Neiden, Tel. 085 - 96 141
  Tourenvorschläge mit dem Kanu.
- Br. Triumf Turistservice,
  N-9520 Kautokeino, Tel. 084 - 56 516 / 56 694
  Flußboottouren mit traditionellen Flußbooten.
- Tornensis Elvebåtservice,
  N-9525 Masi, Tel. 084 - 57 587 / 57 599
  Flußboottouren.
- Alta Elvebåtservice, Storelvdalen,
  N-9500 Alta, Tel. 084 - 33 378

Flußboottouren.
- Finnmark Wildlife Services, Snekkernes,
  N-9710 Indre Billefjord, Tel. 084 - 64 731
  Geführte Touren.
- Schulstad Adventures, Stabbursdalen,
  N-9710 Indre Billefjord, Tel. 084 - 64 746
  Geführte Touren.
- Cavzo Safari v/ Tore Fredrik Turi,
  N-9525 Masi

Flußtouren vom samischen Ort Masi aus. Samische Bootsführer.

LUFTSPORT

Informationen über Drachen- und Segelfliegen, Fallschirmspringen und andere »luftige« Abenteuer erhalten Sie über den Dachverband »Norsk Aeroclub«. Dort erhält man auch Auskunft über alle geltenden Richtlinien und darüber, welche Gebiete sich für welchen Sport eignen.
- Norsk Aeroklub, Møllesvingen 2,
  N-0854 Oslo 8, Tel. 02-69 03 11
  oder bei den jeweiligen Clubs:

Oslo
- Norsk Aeroclub, Møllesvingen 2,
  N-0854 Oslo 8, Tel. 02 - 69 03 11
- Christiania Ballongklubb,
  Postboks 6628 Rodeløkka,
  N-0502 Oslo 5
- Oslo Ballongklubb, Postboks 2642,
  St. Hanshaugen, N-0131 Oslo 1
- KS Fallskjermklubb, Postboks 42 Linderud,
  N-0517 Oslo 5, Tel. 02 - 64 91 90
- Oslo Fallskjermklubb, Postboks 125,
  N-2020 Skedsmokorset

Akershus
- Asker og Bærum Fallskjermklubb,
  Linderudlia 44, N-1353 Bærums Verk
- HJS Fallskjermklubb, Postboks 15,
  N-2059 Trandum, Tel. 06 - 97 80 10
- Ikaros Fallskjermklubb, Postboks 14,
  N-1405 Langhus, Tel. 09 - 87 52 46
- Skedsmo og Omegn Fallskjermklubb,
  Postboks 44, N-2014 Blystadlia

Østfold
- RW Klubb Nimbus
  v/Lars Jakob Coucheron Aamodt, Postboks 3,
  N-1580 Rygge, Tel. 032 - 53 520

Oppland
- Ving Fallskjermklubb Oppland,
  Kirkebyskogen 42,
  N-2800 Gjøvik, Tel. 062 - 80 000
- Regionsenteret for Luftsport
  v/H.J. Nordskogen, N-2640 Vinstra
- Valdres Flyklubb v/Bjarne Bergsund,
  N-2900 Fagernes, Tel. 063 - 60 299
  (nach 16.00 Uhr)

An den Wochenenden Flugunterricht und Sommerkurse auf den Flugplätzen Klanten (21 km von Fagernes entfernt Richtung Gol) und Leirin bei Fagernes.
- Norsk Rikssenter for Hanggliding,
  N-2680 Vågåmo
- Reisetrafikklaget for Valdres og Jotunheimen,
  Rådhuset,
  N-2900 Fagernes, Tel. 063 - 60 400

Buskerud
- Drammen Fallskjermklubb,
  Postboks 2106 Strømsø,
  N-3001 Drammen, Tel. 03 - 81 26 35
- Klanten Flyklubb v/Knut O. Kvissel,
  N-3550 Gol, Tel. 067 - 74 818
  Segeln und Motorsegeln.
- Hemsedal, Oslo Paragliderclub
  v/Lasse Solberg, Tel. 02 - 49 32 38
- Hemsedal Turistkontor, Postboks 3,
  N-3560 Hemsedal, Tel. 067 - 78 156
- Turistkontoret for Kongsberg og Numedal,
  Schwabesgt. 1,
  N-3600 Kongsberg, Tel. 03 - 73 15 26

Vestfold
- Skylift A/S, Sightseeing by air,
  Jarlsberg Flyplass,
  N-3100 Tønsberg, Tel. 033 - 80 711
Fallschirmspringen und Segelfliegen: Treffpunkt am Flugplatz Jarlsberg: samstags und sonntags ab 12.00 Uhr.
- Tønsberg Fallskjermklubb, Postboks 601,
  N-3101 Tønsberg, Tel. 033-10356/11690

Telemark
- Grenland Fallskjermklubb, Postboks 101,
  N-3701 Skien, Tel. 03 - 54 66 50

Agder
- Kjevik Fallskjermklubb, Postboks 316,
  N-4601 Kristiansand S., Tel. 042 - 63 200
9stündiger Kurs im Fallschirmspringen.
- Kristiansand Fallskjermklubb, Postboks 2089,
  N-4602 Kristiansand S., Tel. 042 - 25 354
- Lyngdal & Lista Fallskjermklubb,
  Postboks 243, N-4580 Lyngdal

Rogaland
- Stavanger Fallskjermklubb, Stavanger Lufthavn,
  Sola, N-4050 Sola, Tel. 04 - 65 64 11

Hordaland
- Bergen Hangglider klubb, Postboks 336,
  N-5051 Nesttun, Tel. 05 - 11 93 62
- Bergen Fallskjermklubb, Postboks 34,
  N-5069 Bergen Lufthavn, Tel. 05 - 22 99 40
- Voss Fallskjermklubb v/Anton Lahlum,
  Postboks 285, N-5701 Voss, Tel. 05 - 51 23 08
- Voss Hangggliderklubb, Gjernesvn. 22,
  N-5700 Voss
- Folgafonn Hangglider Klubb, Postboks 104,
  N-5451 Valen
- Norwild Adventure, Boks 105,
  N-5600 Norheimsund, Tel. 05 - 55 56 20

Sogn og Fjordane
- Stryn Hangglidingklubb v/John Lødøen,
  N-6880 Stryn, Tel. 057 - 71 621

Møre og Romsdal
- Molde Fallskjermklubb, Postboks 1093,
  N-6401 Molde
- Volda/Ørsta Hanggeliderlag, Postboks 519,
  N-6151 Ørsta, Tel.070 - 66439
- Ørsta Reiselivslag, Postboks 324,
  N-6150 Ørsta, Tel. 070 - 66 100

Trøndelag
- Røros Fallskjermklubb, Bersvenåsen 25,
  N-7460 Røros
- Røros Reiselivslag, Boks 61,
  N-7460 Røros, Tel. 074 - 11 165
Segelfliegen.
- NTH Fallskjermklubb, Student post 243,
  N-7034 Trondheim
- Trondheim Ballongklubb, Postboks 46,
  N-7058 Jakobsli
- Trondheim Fallskjermklubb v/R. Ramstad,
  Hoemshøgda 16 B, N-7023 Trondheim
- Bjørgan Fritidssenter, N-7870 Grong

Nordland
- Bodø Reiselivslag, Postboks 514,
  N-8001 Bodø, Tel. 081 - 21 240
- Vesterålen Reiselivslag, Postboks 243,
  N-8401 Sortland, Tel. 088 - 21 555
- Nord-Norsk Reiselivsindustri A/S, Postboks 318,
  N-8501 Narvik, Tel. 082 - 46 033 / 43 309

Troms
- Harstad Fallskjermklubb v/Kjetil Olufsen,
  Postboks 890,
  N-9401 Harstad, Tel. 082 - 76 333
- Troms Fallskjermklubb, Postboks 200,
  N-9201 Bardufoss, Tel. 089 - 39 996
- Tromsø Fallskjermklubb,
  Postboks 3297 Grønnåsen,
  N-9001 Tromsø, Tel. 083 - 72 755
- Tromsø Arrangement A/S,
  Turistkontoret, Boks 312,
  N-9001 Tromsø, Tel. 083 - 10 000

Finnmark
- Alta Fallskjermklubb,
  Postboks 2266 Elvebakken, N-9501 Alta

MINERALOGIE

Informationen über Mineralvorkommen erhalten Sie bei:

Oppland
- Fossheim Steinsenter,
  N-2686 Lom, Tel. 062 - 11 460

Buskerud
- Kongsberg Silbergrube, Bergwerksmuseum,
  N-3600 Kongsberg, Tel. 03 - 73 32 60
Grubenzug 2,5 km in den Berg hinein, Führung in 342 m Tiefe.

Vestfold
- Vestfold Geologiforening,
  Postboks 1237, Krokemoa,
  N-3201 Sandefjord, Tel. 033 - 30 540

Telemark
Telemark ist eines der ältesten Grubengebiete Norwegens. In den letzten Jahren hat man hier einige vorher nie entdeckte Mineralien gefunden. So fand man 1976 in der Høydalen Grube das sog. Tveitit. In den Gruben im Westen Telemarks gibt es die Mineralvorkommen Bornit, Chalcopyrit, Galena, Molybdenit und Bismuhtinit. Daneben gibt es Funde in Arsen-, Kupfer-, Silber-, Gold–, Eisen-, Fluorit- und Mangangruben. Während der Sommermonate vom 15. Mai bis 1. Oktober sind diese Gruben dem Publikum zugänglich. Geführte Besichtigungen nach Absprache. Eine Broschüre erhält man bei:
- Telemark Reiser A/L, Postboks 743 Hjellen,
  N-3701 Skien, Tel. 03 - 52 92 05

Agder
Für den Steinsammler sind die unermeßlichen Mineralienadern in Evje/Iveland im Bezirk Aust-Agder ein Dorado. Dort gibt es mehrere stillgelegte Gruben, und auf dem angelegten »Evje Mineralienpfad« kann man mit der ganzen Familie Mineralien sammeln. Mit etwas Glück findet man den blaugrünen Amazonit. In Iveland sind mehrere Gruben für Mineraliensammler geöffnet. Berechtigungskarten hierzu verkaufen die örtlichen Läden. Im Gemeindehaus Iveland sind Mineralien der Gegend ausgestellt. Seit 1989 gibt es das neue Auensneset Mineralsenter. An verschiedenen Stellen im Evjegebiet kann man gefundene Mineralien bestimmen und auch schleifen lassen.
- Nedre Setesdal Reisetrafikklag,
  N-4660 Evje, Tel. 043 - 31 056
- Valle og Rysstad Reiselivslag,
  N-4690 Valle, Tel. 043 - 37 127

Rogaland
- Dalane Geologiforening
  v/Formann Solveig Aase, Vierveien 2 A,
  N-4370 Egersund, Tel. 04 - 49 01 57
In Egersund findet Mitte April eine Stein- und Mineralienmesse statt.

Hordaland
- Bergen Geologiforening, N-5000 Bergen
- Bergen Steinsenter, Bredsgården 1F, Bryggen,
  N-5003 Bergen, Tel. 05 - 32 52 60
- Naturhistorisk Museum, Muséplass 3,
  N-5000 Bergen
Große geologische Sammlung, geöffnet täglich (außer donnerstags) 11 bis 14 Uhr. Eintritt frei.

Sogn og Fjordane
- Hyen Turistsenter,
  N-6780 Hyen, Tel. 057 - 69 802
- HAFS Turist Kontor,
  N-5942 Hyllestad, Tel. 057 - 88 513
Interessante Gebiete: Askvoll, Fjaler, Solund, Gulen.

- Steinbui, N-5743 Flåm, Tel. 056 - 32 149
- Kunstsenteret, Lunde Camping,
  N-5745 Aurland, Tel. 056 - 33 540
- Stryn Steinsenter,
  N-6880 Stryn, Tel. 05 - 71 433

Trøndelag
- Salvesen & Thams,
  N-7332 Løkken Verk, Tel. 074 - 96 700
Im Grubenland Løkken vermitteln erfahrene Grubenarbeiter die Arbeit unter Tage. Während der geführten Rundgänge kann man den Edelstein Jaspis finden.

Svalbard
- Spitsbergen Travel,
  N-9170 Longyearbyen, Tel. 080 - 21 160 / 21 300
- Svalbard Polar Travel A/S, Næringsbygget,
  N-9170 Longyearbyen, Tel. 080 - 21 971

MOTORSPORT

Nähere Informationen:

Oslo
- Touristeninformation im Rathaus,
  N-0037 Oslo Rådhus, Tel. 02 - 33 43 86

Østfold
- Rudskogen Motorsenter A/S, Rudskogen,
  N-1890 Rakkestad, Tel. 09 - 22 52 01

Buskerud
- Norsk Motorklubb Modum og Sigdal
  v/Turistkontoret for Midt-Buskerud,
  N-3516 Noresund, Tel. 067 - 46 611
Internationale Wettbewerbe für Motorcross und Rallyecross.
- Norsk Motorklubb avd. Gol v/K. Møllerplass,
  N-3550 Gol, Tel. 067 - 77 661
- Yamaha Fritidspark v/Per Bakke,
  N-3550 Gol, Tel. 067 - 74 569
- Geilo Motorklubb v/Knut Erik Hallingstad,
  N-3580 Geilo, Tel. 067 - 85 164

Vestfold
- Tønsberg MC-klubb, Vium Gard, Jarlsberggaten, N-3170 Sem, Tel. 033 - 85 057

Agder
- Arendal Trafikkskole, Teaterpl. 1,
  N-4800 Arendal, Tel. 041 - 22 444
Go-kart-Bahn und Verleih.
- Nedre Setesdal Reiselivslag,
  N-4660 Evje, Tel. 043 - 31 056
Go-kart-Bahn und Verleih in Hornnes.
- Agder MC-service, Torridalsvn. 122,
  N-4630 Kristiansand S., Tel. 042 - 90 964
- Motoreknikk A/S, Barstølvn. 25,
  N-4600 Kristiansand S., Tel. 042 - 43 600
- Norol Senteret, Elvegt. 52,
  N-4614 Kristiansand S., Tel. 042 - 22 093

Hordaland
- Nordhordaland Reiselivslag,
  N-5100 Isdalstø, Tel. 05 - 35 16 01
Autocrossbahn in Eikefet.

Sogn og Fjordane
- Sogndal Motorsenter A/L, Postboks 3,
  N-5801 Sogndal, Tel. 056 - 78 750

NATIONALPARKS

1987 wurde der 16. Nationalpark Norwegens im Reisagebiet eingeweiht. Die Zahl der staatlich geschützten Naturgebiete wächst ständig an. Mit der Einrichtung von Nationalparks will die norwegische Umweltbehörde zur Erhaltung der ursprünglichen Landschaft mit ihrer vielfältigen Tier- und Pflanzenwelt beitragen. Die Nationalparks bieten häufig gute Wandermöglichkeiten, teilweise auch Übernachtungsmöglichkeiten in Hütten. Siehe »Nationalparks« im »A-Z Info«.

ORIENTIERUNGSLAUF

Eine weit verbreitete Sportart in Norwegen ist der Orientierungslauf, in Norwegen »orientering« genannt. Dieser in Deutschland noch recht unbekannte Sport wird im ganzen Land betrieben, und das schon seit mehr als 20 Jahren. Die Aufgabe besteht darin, innerhalb eines bestimmten Gebiets mit Hilfe von Karte und Kompaß den Weg von Kontrollpunkt zu Kontrollpunkt zu finden. Die Reihenfolge, in der man die Kontrollpunkte anläuft, ist dabei beliebig. Orientierungstouren werden oft als Wettbewerbe in Märschen usw. organisiert und eignen sich auch hervorragend als Familiensport.
Insgesamt gibt es über 200 Orientierungsstrecken in Norwegen, an denen die örtlichen Vereine ihre Karten mit den eingezeichneten Kontrollpunkten verkaufen. Die Saison beginnt etwa Mitte Mai und endet im September. Man sammelt in dieser Zeit seine Punkte und kann sich damit als Landesmeister qualifizieren, denn »orientering« ist auch ein anerkannter Vereinssport in Norwegen.

Østfold
- Østfold Orienteringskrets, O.H. gate 41,
  N-1700 Sarpsborg, Tel. 09 - 15 29 85

Oppland
- Beitostølen Reiselivslag,
  N-2953 Beitostølen, Tel. 063 - 41 006
Orientierungs-Touren in leichtem Fjellterrain. (Lift) Information beim örtlichen Touristenbüro.

Buskerud
- Nedre Sigdal Idrettsforening, Orienteringsgruppa, N-3350 Prestfoss
- Vikersund Idrettsforening, Orienteringsgruppa, N-3370 Vikersund
- Gol Idrettslag, Orienteringsgruppa
  v/Jan Henrik Engh,
  N-3550 Gol, Tel. 067 - 74 544
- Geilo Idrettslag, Orienteringsgruppa
  v/Øivind Jacobsen,
  N-3580 Geilo, Tel. 067 - 86 469
- Hemsedal Turistkontor,
  N-3560 Hemsedal, Tel. 067 - 78 156
- Ål Turistkontor,
  N-3570 Ål, Tel. 067 - 81 060

Vestfold
- Vestfold Orienteringskrets, Kretskartrådet
  v/Knut Lysebo, Beitenv. 1,
  N-3200 Sandefjord, Tel. 034 - 76 506
- Tønsberg og Omland Reiselivslag, Storgt. 55,
  N-3100 Tønsberg, Tel. 033 - 14 819
Orienteringskarte zum Verkauf.

Agder
- Sørlands INFO, Torvgt. 6,
  N-4800 Arendal, Tel. 041 - 22 193
Ständige Orientierungsbahn im Gebiet um Arendal.
- Kristiansand Orienteringsklubb,
  N-4600 Kristiansand S., Tel. 042 - 94 534

Sogn og Fjordane
- Sogn og Fjordane Friidrettskrins, Hafstadvn. 29 A, N-6800 Førde, Tel. 057 - 23 540
- Sogndal Turistkontor, Postboks 222,
  N-5801 Sogndal, Tel. 056 - 71 161

Troms
- Tromsø Arrangement A/S, Postboks 1077,
  N-9001 Tromsø, Tel. 083 - 10 000
- Bardu og Målselv Reiselivslag, Postboks 187,
  N-9250 Bardu, Tel. 089 - 81 111
- Senja Tour A/S, Postboks 326,
  N-9301 Finnsnes, Tel. 089 - 42 090

- Troms Adventure A/S, Andslimoen,
  N-9201 Bardufoss, Tel. 089 - 33 644

Finnmark
- Finnmark Orienteringskrets v/ Torgeir Strand,
  Frøyasvei 2, N-9500 Alta

ORNITHOLOGIE

In Norwegen gibt es folgende Vogelgebiete, die besonders interessant sind:

Oslo
Der Østensjø-See sowie die Steilene und andere Inseln im Oslofjord haben Vogelreservate. Anfahrt: Mit der Østensjøbahn Nr. 3 bis Skøyenåsen Station.

Akershus
Das Naturreservat Nordre Øyeren ist das größte skandinavische Inlandsdelta, Brut- und Rastplatz für 233 registrierte Vogelarten.
- Fylkesmannen i Oslo og Akershus,
  Miljøvernavd., N-0032 Oslo 1,
  Tel. 02 - 42 90 85

Østfold
Vogelreservat auf Øra vor Fredrikstad.

Oppland
- Fokstua Fjellstue,
  N-2660 Dombås, Tel. 062 - 41 497
- Info Nor,
  N-2660 Dombås, Tel. 062 - 41 444

Das Moor Fokstumsmyra liegt nicht weit vor Dombås, im Dovrefjell. Seit 1969 ist dieses Gebiet ein Naturreservat mit einem reichhaltigen Vogelleben. Von Pfaden und markierten Wegen aus kann man Kraniche, Kampfläufer, Odinshühnchen, Blaukehlchen, Kornweihe, Spornammer, Buchfink und Schafstelze beobachten. Auf Wunsch geführte Wanderungen. Beste Jahreszeit: Frühjahr, Frühsommer.

Buskerud
- Geilo Ornitologforening v/Bill Sloan,
  N-3580 Geilo, Tel. 067 - 86 028

Vestfold
- Norsk Ornitologisk Forening, avd. Vestfold
  v/Formann Terje Axelsen, Postboks 153,
  N-3201 Sandefjord, Tel. 033 - 37 771

Vogelbeobachtungsturm am Grafenpfad, Ilene Naturschutzgebiet, Tønsberg. Information beim:
- Turistkontoret for Tønsberg og Omland,
  Storgt. 55,
  N-3100 Tønsberg, Tel. 033 - 10 220

Rogaland
Auf der Insel Utsira in Rogaland liegt ein wahres Vogelparadies. Die Insel zählt mit ihren 260 registrierten Vogelarten zu einem der größten norwegischen Vogelreservate längs der Küste. Bootsverbindung von Haugesund aus. Weitere Vogelgebiete liegen in Revtangen im westlichen Jæren sowie in Ryfylke.
- Utsira Kommune,
  N-5515 Utsira, Tel. 04 - 74 91 35
- Stavanger Museum, Zoologisk avdeling,
  Muségt. 16,
  N-4010 Stavanger, Tel. 04 - 52 60 35
- Ornitologisk stasjon Revtangen,
  Tel. 04 - 42 01 68

Hordaland
- Fylkesmannen i Hordaland-Miljøavdelinga,
  Walckendorffsgt. 6,
  N-5012 Bergen, Tel. 05 - 32 67 20

Karte und Broschüre über die Vogelreservate, besonders die Seevogelreservate in Hordaland.

Møre og Romsdal
Die Vogelinsel Runde ist durch eine Brücke mit dem Festland verbunden. Von Ålesund aus sind es etwas 2 1/2 Stunden. Auf dem Campingplatz Goksøyr erhält man ausführliche Informationen über Runde (auch für Gruppen und Schulklassen). Die Vogelreservate liegen auf der West- und Nordseite. Hier gibt es ca. 170.000 brütende Seevogelpaare, wie z.B. Dreizehenmöwen, Papageientaucher, Tordalk, Trottellumme, Scharbe, Eissturmvogel, und Baßtölpel. Die Brutzeit ist von April bis Mitte August.
- Goksøyr Camping,
  N-6096 Runde, Tel. 070 - 85 905
- Christineborg Turisthotel,
  N-6096 Runde, Tel. 070 - 85 950
- Runde Camping,
  N-6096 Runde, Tel. 070 - 85 916

Nordland
Die Insel Røst, 60 Seemeilen vor Bodø südlich der Lofoten, erreicht man mit der Fähre oder mit dem Flugzeug. Hier leben Papageientaucher, Baßtölpel, Seeschwalben, Eissturmvögel, Austernfischer und Eiderenten. Die Fährüberfahrt von Bodø aus dauert 4 - 6 Stunden, der Flug 40 min. Andere interessante Vogelgebiete in Nordland sind Vørøy, Lovund in Helgeland und Træna. Den größten Bestand an Seeadlern in Norwegen hat Lurøy.
- Polarsirkelen Reiselivslag, Postboks 225,
  N-8601 Mo i Rana, Tel. 087 - 50 421
- Lofoten Reiselivslag, Postboks 210,
  N-8301 Svolvær, Tel. 088 - 71 053

Finnmark
In Finnmark gibt es mehrere Vogelfelsen oder Vogelgebiete. Im »Hornøya og Reinøya naturreservat« nisten im Inneren der Vogelinseln 40-50.000 Paar Grau-, Sturm- und Mantelmöwen, während man in den steilen Felswänden Alke, Trottel- und Dickschnabellummen, Papageientaucher, Dreizehenmöwen und einige Krähenscharben findet. Im »Gjesværstappan naturreservat« am Nordkap nistet eine der größten Papageientaucherkolonien Finnmarks. Reiches Vogelleben ist auch in den Nationalparks »Øvre Pasvik« und Stabbursdalen und im Stabbursnes-Naturreservat zu beobachten. Der Vogelfelsen von Ekkerøy bei Vadsø ist der einzige, der man mit dem Auto erreichen kann.
- Finnmark Opplevelser A/S, Postboks 1223,
  N-9501 Alta, Tel. 084 - 35 444

Svalbard
- Svalbard Polar Travel A/S, Næringsbygget,
  N-9170 Longyearbyen, Tel. 080 - 21 971

Dreizehenmöwe .... krykkje
Papageientaucher .... lunde
Tordalk .... alke
Trottellumme .... lomvi
Scharbe .... skarv
Eissturmvogel .... havhest
Baßtölpel .... havsule
Kranich .... trane
Kampfläufer .... brushane
Odinshühnchen .... svømmesnipe
Blaukehlchen .... blåstrupe
Kornweihe .... myrhauk
Spornammer .... lappspurv
Bergfink .... bjørkefink
Schafstelze .... gulerle

PILZE UND BEEREN SAMMELN

In den riesigen norwegischen Wäldern wachsen Mengen von schmackhaften Pilzen, darunter aromatische Pfifferlinge. Diesen Pilz findet man nur in Laub- und Nadelwäldern von Juli bis Mitte September. Nehmen Sie ein Pilzbestimmungsbuch zum Sammeln mit oder fragen Sie Einheimische bei besonders »seltenen« Exemplaren.

Pilz .... sopp
Pfifferling .... kantarell

Auch Beerenpflücken ist sehr populär in Norwegen. Bei einer Fjellwanderung kann man auf große Mengen wilder Himbeeren, Erdbeeren, Brom- und Blaubeeren, sogar kostbare Multebeeren stoßen. In der Finnmark darf - nach einem alten Gesetz - nur die dort lebende Bevölkerung »molte« pflücken. In den übrigen Landesteilen beachten Sie bitte, daß Sie nicht Privatgrundstücke einfach »abgrasen«. Achten Sie auf evtl. Schilder und pflücken Sie nicht mehr, als Sie wirklich verzehren wollen, damit Sie auch noch im nächsten Sommer auf Ihrem »tyttebær-Plätzchen« ernten können. Beeren und Pilze findet man in allen Wald- und Fjellgebieten Norwegens, nähere Auskünfte erhält man in den Touristenbüros vor Ort.

Multebeere .... molte-/multebær
Brombeere .... bjørnebær
Himbeere .... bringebær
Erdbeere .... jordbær
Blaubeere .... blåbær
Preißelbeere .... tyttebær

RAFTING / WILDWASSERFAHREN

Wenn Sie die wilden norwegischen Gebirgsflüsse einmal hautnah erleben möchten, sollten Sie unbedingt eine Rafting-Tour ausprobieren. Auf den breiten Gummischlauchbooten finden ca. 8 Personen Platz, erfahrene Führer begleiten Sie und zeigen Ihnen nützliche Kniffe. Haben Sie Mut? Dann auf zur nächsten Stromschnelle.

Akershus
- Flåte Opplevelser a/s, H.M. Gystadvei 8,
  N-2050 Jessheim, Tel. 06 - 97 29 04

Hedmark
- Trysil Flåteferie A/S,
  N-2422 Nybergsund,
  Tel. 06 - 45 31 75 od. 09 - 49 25 39

Oppland
- Flåteopplevelser A/S, H.M.Gystadsv. 8,
  N-2050 Jessheim,
  Tel. (Sommer) 062 - 35 051, (Winter) 06 - 97 29 04
- Sjoa Rafting v/ Vågå Turistkontor,
  N-2680 Vågåmo, Tel. 062 - 37 880
- Norwegian Wildlife & Rafting A/S,
  N-2254 Lundersæter,
  Tel. (Sommer) 062 - 38 727, (Winter) 066 - 29 794
- Mad Rafters, Hasselbakken 3,
  N-2020 Skedsmokorset,
  Tel. (Sommer) 062 - 38 916, (Winter) 06 - 87 69 21

Buskerud
- Gol Campingsenter,
  N-3550 Gol, Tel. 067 - 74 144

Rafting auf dem Hallingdalselva.
- Flåteopplevelsen A/S, Numedalslågen,
  N-3588 Dagali, Tel. 067 - 87 820
- Numedal Turist- og Næringsservice,
  N-3630 Rødberg, Tel. 03 - 74 13 90

Rafting auf dem Numedalslågen.

Telemark
- Haukeli Høyfjellshotell,
  N-3892 Vinje, Tel. 036 - 70 532

Rafting mit Gummifloß.

Agder
- Nedre Setesdal Reiselivslag,
  N-4660 Evje, Tel. 043 - 31 056

Hordaland
- Norwild Adventure
  v/Thor Mørklid,
  N-5600 Norheimsund, Tel. 05 - 55 56 20

Rafting im Fluß.

Trøndelag
- Sporty Oppdal v/Stein Mellemseter,
  Hotel Nor Alpin,
  N-7340 Oppdal, Tel. 074 - 22 130

Floßfahrt auf der Driva.
- Oppdal Friluftsenter A/S,
  N-7340 Oppdal, Tel. 074 21 382

- Oppdal Næringsforening, Boks 50,
  N-7341 Oppdal, Tel. 074 - 21 760

Nordland
- Polarsirkeleventyr,
  N-8255 Røkland, Tel. 081 - 93 199

Finnmark
- Karasjok Opplevelser A/S, Postboks 45,
  N-9730 Karasjok, Tel. 084 - 66 902
Spannende Ausflugsfahrt. Große Gummiboote mit Platz für 8 Personen. Mit Guide, mindestens 4 Personen.
- Levajok Fjellstue,
  N-9826 Sirma, Tel. 085 - 28 746
Flußpaddeln auf dem Tanavassdraget, auf Wunsch mit Guide.
- Alta Elvebåtservice, Storelvdalen,
  N-9500 Alta, Tel. 084 - 33 378
Flußboot-Touren zum Canyon.
- Br. Triumf Turistservice,
  N-9520 Kautokeino, Tel. 084 - 56 516
- Karakroa A/S, Kautokeinovn. 9,
  N-9830 Karasjok, Tel. 084 - 66 466
- Cavzo Safari v/ Tore Fredrik Turi,
  N-9525 Masi

REITEN

Die gemütlichen norwegischen Fjordpferde sind nicht nur begehrte Fotomotive, sondern auch beliebte Reittiere. Überall in Norwegen können Sie Pferde leihen und Unterricht nehmen.
Dazu bieten die Reitzentren gute Möglichkeiten: Man kann für bestimmte Stunden oder Tage Pferde mieten oder an organisierten Tages- oder Wochentouren teilnehmen. Auch für spezielle Reitlehrgänge gibt es Angebote. Einige der Zentren sind besonders gut geeignet für Körperbehinderte, wie z.B. Steinseth Reitzentrum in Asker und Kjell's Rideskole in Gol. Falls Sie es vorziehen, die Vierbeiner lieber mit Abstand zu bewundern, dann ist es nicht weit bis zur nächsten Trabrennbahn.
Weitere Informationen:
- Norsk Rytterforbund, Hauger Skolevei 1,
  N-1351 Rud, Tel. 02 - 51 88 00

Oslo
- EKT Rideskole, Jomfrubråtvn. 40,
  N-1179 Oslo 11, Tel. 02 - 19 97 86
- Oslo Ridehus, Drammensvn. 131,
  N-0277 Oslo 2, Tel. 02 - 55 69 80
- Helge Torp, Sørbråten Gård, Maridalen,
  N-0890 Oslo 8, Tel. 02 - 42 35 79
- Elveli Gård v/Sørkedalen Skole,
  Tel. 02 - 49 91 58 / 49 90 75

Akershus
- Steinseth Ridesenter, Sollivn. 74,
  N-1370 Asker, Tel. 02 - 78 20 24
Theoretischer und praktischer Reitunterricht mit Einführung im Pferdestall. Reitkurse für Kinder und Jugendliche im Sommer. Therapeutisches Reiten für Körperbehinderte.
- A/S Artemis (Norwegian Wildlife Experience), Stangeskovene,
  N-1933 Lierfoss, Tel. 06 - 86 58 88
Reittouren durch die Wälder von Akershus.
- Hurdal Hestesenter A/S,
  N-2090 Hurdal, Tel. 06 - 98 77 55

Oppland
- Sørumstallen Randsverk,
  N-2680 Vågåmo, Tel. 062 - 38 723/37 547
- Sjusjøstallen,
  N-2612 Sjusjøen, Tel. 065 - 63 477
13 Pferde für kürzere oder längere Touren, Präriewagen, Reitkurse.
- Dalseter Høyfjellshotell,
  N-2628 Espedalen, Tel. 062 - 99 910
- Gausdal Høyfjellshotell,
  N-2622 Svingvoll, Tel. 062 - 28 500
5 Pferde für kürzere oder längere Touren, Reitunterricht.

- Peer Gynt Rideskole, Slangen Seter,
  N-2643 Skåbu, Tel. 062 - 95 518
Unterricht im Fjellreiten, Springen, Dressur. Auch gut geeignet für Körperbehinderte.
- Venabu stallen v/Line Tvete, Venabu Hotell,
  N-2632 Venabygd, Tel. 062 - 84 055
8-10 Pferde für Touren, auch mit Übernachtung, Pferdefuhrwerk usw.
- Per's Rideskole, Sulseter Fjellstugu,
  N-2640 Vinstra, Tel. 062 - 90 153
10 Dølapferde und Fjordpferde.
- Wadahl Høgfjellshotell,
  N-2645 Harpefoss, Tel. 062 - 98 300
3-5 Pferde.
- Golå Høyfjellshotell,
  N-2646 Golå, Tel. 062 - 98 109
7 Pferde.
- Varmalækur Rideleir, Hjerkinn Fjellstue v/Dr. Østensen,
  N-7080 Heimdal, Tel. 07 - 88 77 66; oder:
- Varmalækur Fjellstue v/Dr. Østensen,
  N-2660 Dombås, Tel. 062 - 42 927.
  Nur ab 1.6.
Isländerpferde, Wochenprogramm für Erwachsene und Kinder.
- Sermitsiak Rideferie, Hjerkinn Fjellstue v/Hr. Wilton Johansen,
  N-7341 Oppdal, Tel. 074 - 21 012
- Beitostølen Hestesenter v/Torgeir Svalesen,
  N-2953 Beitostølen, Tel. 063 - 41 101
12 Pferde, Reitunterricht, Tagestouren mit Führer, Wochen- und Wochenendtouren in Jotunheimen
- Yddin Fjellstue,
  N-2940 Heggenes, Tel. 063 - 40 276
5 Pferde für Touren.
- Glenna Høgfjellsenter,
  N-2890 Etnedal, Tel. 061 - 21 000
5 Pferde, Reitunterricht.
- Gjøvik Ridesenter,
  N-2800 Gjøvik, Tel. 061 - 75 785
- Hadeland Kjøre- og Rideklubb v/Karin Castberg,
  N-2754 Vestre Gran, Tel.063-39096
- Lure Helsesportsenter v/Anne Løvik,
  N-2820 Biri, Tel. 061 - 81 204
- Toten Kjøre- og Rideklubb,
  Tel. 061 - 91 585
- Øyer Turistinformasjon,
  N-2636 Øyer, Tel. 062 - 78 950
Reitkurs im Øyerfjell.
- Torgeir Svalesen,
  N-2950 Skammestein, Tel. 063 - 41 101
Unterricht auf der Bahn, kleine Touren mit Reitlehrern, Fjelltouren in Jotunheimen.
- Reinli Ridesenter,
  N-2933 Reinli, Tel. 061 - 47 143
Reitkurs mit Unterricht.
- Dovre Reiselivslag / Info-Nor, Postboks 153,
  N-2660 Dombås, Tel. 062 - 41 444
- Fjellrittet,
  N-2950 Skammestein, Tel. 063 - 41 101
- Rondane Fjellridning, N-2679 Høvringen,
  Tel. 062 - 33 711 / 02 - 23 01 09
- Vågå Produkt og Reiselivslag, Brennvegen 1,
  N-2680 Vågåmo, Tel. 062 - 37 880
- Kjells Ridesenter, Rondablikk,
  N-2670 Otta, Tel. 094 - 44 175
Stunden- und Tagestouren, Reitunterricht.
- Høvringen Fjellridning,
  N-2679 Høvringen,
  Tel. 062 - 33 760 oder 030 - 45 102
- Dokka Ridesenter v/ Anne Karin Rognerud,
  N-2870 Dokka
Reittouren aufs Synnfjell.

Buskerud
- Geilo Hestesenter v/Asle Kirkevoll,
  N-3580 Geilo, Tel. 067 - 85 181
Stunden- und Tagestouren.
- Fjellheim Hestesenter,
  N-3550 Gol, Tel. 067 - 77 922
Touren, gut geeignet für Körperbehinderte.
- Eivindsplass Fjellgard, Skurdalen
  N-3580 Geilo, Tel. 067 - 86 300
Wochentour im Hallingdalsfjell mit gebirgserprobten Isländer-Ponys.
- Skogshorn Hytteutleige og Hestesenter,

  N-3560 Hemsedal, Tel. 067 - 78 133
- Hemsedal Hestesenter v/Morten Guldbrandsen, N-3560 Hemsedal, Tel. 067 - 78 862
Wochentour im Hemsedal, Hallingdal und Valdres, Übernachtung in Hotels.
- Eirik Torpe,
  N-3579 Torpo, Tel. 067 - 83 115
Wochentouren in Hemsedal, Hallingdal und Valdres.
- Norefjell Hestesenter, Dynge Gård v/Håkon Hede,
  N-3516 Noresund, Tel. 067 - 46 184
- E-K-T Fjellgård og Naturskole, Langedrag,
  N-3540 Nesbyen, Tel. 03 - 74 46 50
- »Vassfarrittet« Nes Ridesenter v/Olaf Brenno,
  N-3540 Nesbyen, Tel. 067 - 73 124
Praktischer und theoretischer Unterricht, täglich Touren und Voltigieren, Stallarbeit. Behindertenfreundliche Wohnungen.
- Drammen Travbane, Buskerudvn. 200,
  N-3027 Drammen, Tel. 03 - 82 14 10
- Hemsedal Turistkontor, Postboks 3,
  N-3560 Hemsedal, Tel. 067 - 78 156
- Reiselivslaget for Krødsherad, Modum og Sigdal, N-3515 Krøderen, Tel. 067 - 47 960
- Stall Gulsrud,
  N-3359 Eggedal, Tel. 03 - 71 48 75
- Numedal Turist- og Næringsservice,
  N-3630 Rødberg, Tel. 03 - 74 13 90
- Bentestøveren Gård v/ Christina Ege,
  N-3510 Sokna, Tel. 067 - 44 371

Vestfold
- Hovland Ridestall,
  N-3250 Larvik, Tel. 034 - 14 407
- Jarlsberg Rideklubb, Sande Gård,
  N-3100 Tønsberg, Tel. 033 - 24 688
- Vestfold Travforbund, Postboks 110,
  N-3101 Tønsberg, Tel. 033 - 32 299
- Waaler Farm, Skauen,
  N-3160 Stokke, Tel. 033 - 39 424
- Gipø Ponnistall,
  N-3145 Nøtterwy, Tel. 033 - 21 041
- Grorud Gård,
  N-3240 Andebu, Tel. 033 - 95 398

Telemark
- Rauland Hestesenter,
  Rehabilitationszentrum in Rauland,
  N-3864 Rauland, Tel. 036 - 73 500
Reittouren, Unterricht, Kurse im Sommer, Rehabilitationszentrum.
- Fjellhest v/Rjukan Turistkontor,
  N-3660 Rjukan, Tel. 036 - 91 290
Wochenaufenthalt mit Tagestouren, Übernachtung in Hütten auf der Hardangervidda.
- Straand Hestesenter,
  Straand Hotel & Konferansesenter
  N-3853 Vrådal, Tel. 036 - 56 100
7 Pferde für Touren in Wald und Fjell, Touren mit dem Pferdewagen.
- Haukeli Høyfjellshotell A/S, Vågslid,
  N-3895 Edland, Tel. 036 - 70 585
- Kalhovd Turisthytte, Hardangervidda,
  N-3656 Atrå, Tel. 036 - 97 105

Agder
- Fjellgardane Rideklubb v/Hovden Ferie Service,
  N-4695 Hovden i Setesdal,
  Tel. 043 - 39 630
Verleih von Pferden, Unterricht.
- Sørlands INFO, Torvgt. 6,
  N-4800 Arendal, Tel. 041 - 22 193
Reitzentrum in Fevik.
- Valle/Rysstad Reiselivslag,
  N-4690 Valle, Tel. 043 - 37 127
Reitzentrum in Valle.
- Nedre Setesdal Reiselivslag, Postboks 146,
  N-4660 Evje, Tel. 043 - 31 056
Reitzentrum in Evje.
- Åros Reitzentrum,
  N-4640 Søgne, Tel. 042 - 67 177

Rogaland
- Hytte- og Campingsenter Arthur Vatne,
  Bjørheimsbygd,

N-4120 Tau, Tel. 04 - 44 64 17
- Torstein Fossan, Fossanmoen,
  N-4110 Forsand, Tel. 04 - 64 37 61
Reittour mit Isländerpferden über das Uburen-Fjell, Aussicht über den Lysefjord, 3-stündige Tour. Wochen- und Wochenendtouren auf Bestellung.
- Sokndal Rideklubb, v/Harald Olsen, Kvassåsen,
  N-4380 Hauge i Dalane, Tel. 04 - 47 76 92
- Grindafjord Naturcamping,
  N-5570 Grindafjord,
  Tel. 04 - 77 57 40/77 55 47
- Karmøy Ridesenter,
  N-4274 Stol, Tel. 04 - 82 06 73

Hordaland
- Roligheten Reitzentrum,
  N-5044 Nattland, Tel. 05 - 28 95 90
- Storebø Kurs- og Feriesenter,
  N-5392 Storebø, Tel. 05 - 38 06 10
- Sletten Reitzentrum,
  N-5065 Blomsterdalen, Tel. 05 - 22 68 11
- Stall Alvøen,
  N-5076 Alvøy, Tel. 05 - 93 24 40
- Svana Reitzentrum, Strømsnes,
  N-5306 Erdal, Tel. 05 - 14 93 27/14 29 21
- Sætregården Ungdoms- og Reitzentrum,
  N-5087 Hordvik, Tel. 05 - 19 04 45
- Alver Hotel,
  N-5102 Alversund, Tel. 05 - 35 00 24
- Myrkdalen v/Helgatun Ungdomsheim,
  N-5700 Voss, Tel. 05 - 52 27 68
- Hardanger Feriepark,
  N-5780 Kinsarvik, Tel. 054 - 63 288/63 141
- Sunnhordland Ritell v/Severin Eskeland,
  Postboks 1310, N-5401 Stord,
  Tel. 054 - 12 000 od. 090 - 65 924
Pferdeverleih und organisierte Reitkurse.
- Folgefonn Villmarksturar, Postboks 3,
  N-5470 Rosendal, Tel. 054 - 81 590
- Jonshøgdi Leirskole og Aktivitetssenter, Kvamskogen,
  N-5600 Norheimsund, Tel. 05 - 55 89 80
- Kvinnherad Reiselivslag,
  N-5470 Rosendal, Tel. 054 - 81 311 / 81 328
- Litlabø Kurs og Treningssenter, Postboks 1298, N-5401 Stord, Tel. 054 - 14 357
- Geilo Hestesenter,
  N-3580 Geilo, Tel. 067 - 85 181

Sogn og Fjordane
- Norsk Fjordhestsenter v/ Ove Natland,
  N-6770 Nordfjordeid, Tel. 057 - 60 233
Reitunterricht. Kurse im Sommer. Fahren mit Pferd und Wagen. Ausflüge.
- Gloppen Eventyret v/Jørn Holst Kristiansen, Postboks 223,
  N-6860 Sandane, Tel. 057 - 66 100
Reitsafari auf dem Utvikfjell, Tagestouren, 2-tägige Touren mit Übernachtung in Jagdhütte, Unterricht.
- Norsk Fjordhestgard v/Bjørn Fløtre,
  N-6867 Byrkjelo, Tel. 057 - 67 394
Reiten und Pflege von Fjordpferden.
- Sogn Hest og helsesportsenter v/Turistkontoret,
  N-5875 Årdalstangen, Tel. 056 - 61 177
- Årdal Rideklubb,
  N-5870 Øvre Årdal, Tel. 056 - 62 056
- Sogndal Køyre- og Rideklubb, Vestrheim,
  N-5880 Kaupanger, Tel. 056 - 78 562
- Brandsøy og Naustdal Rideklubb v/Flora Reiselivslag, Postboks 219,
  N-6901 Florø, Tel. 057 - 42 010 / 41 000
- Hauglandssenteret,
  N-6820 Flekke, Tel. 057 - 35 761
Nur für Gruppen.
- Klakegg Reitzentrum,
  N-6852 Klakegg, Tel. 057 - 28 151

Møre og Romsdal
- Rindal og Surnadal Reiselivslag,
  N-6650 Surnadal, Tel. 073 - 60 551
- Sula Rideklubb,
  N-6030 Langevåg, Tel. 071 - 92 977
- Setnes Hestesenter,

  N-6310 Veblungsnes, Tel. 072 - 21 595
Pferdeverleih.
- Ørsta Reiselivslag, Postboks 324,
  N-6150 Ørsta, Tel. 070 - 66 100
- Magne Hestflått,
  N-6686 Valsøybotn, Tel. 073 - 35 322
Reittouren ins Gebirge. Reitschule ganzjährig geöffnet.

Trøndelag
- Rissa Næringsforening,
  N-7100 Rissa, Tel. 076 - 51 980
- Atlanten Reisebyrå,
  N-7240 Fillan, Tel. 074 - 41 470
- Wiltons Rideferie, Sletten Fjellgård,
  N-2584 Dalholmen, Tel. 064 - 93 108
Reitausflüge auf dem Dovrefjell und in Rondane.
- Kvåles Reitzentrum v/Jorid og Amund Kvåle,
  N-7320 Fannrem, Orkdal, Tel. 074 - 85 215
Organsierte Touren durch Trollheimen. Kurze und längere Reitouren mit Lehrern, Touren mit Pferd und Planwagen im Sommer. Auch für Anfänger.
- Dyrhaugs Reitzentrum, N-7590 Tydal
Reittour auf alten Pilgerwegen zwischen Jämtland und Trøndelag, mit Isländerpferden.
- Tveltunet Fjellstue,
  N-7530 Meråker, Tel. 07 - 81 36 11
- Endre Østby,
  N-7977 Høylandet, Tel. 077 - 21 625

Nordland
- Svartisen Turistsenter, Holandsfjord,
  N-8178 Halsa, Tel. 081 - 50 032 /50 011
- Stall Nygård,
  N-8900 Brønnøysund, Tel. 086 - 20 259
- Saltdal Hestesenter,
  N-8255 Røkland, Tel. 081 - 93 455
- Bodø Fritidsgård & Camping,
  N-8052 Bertnes, Tel. 081 - 14 148

Troms
- Tromsø Ryttersportsklubb, Sandnes,
  N-9000 Tromsø, Tel. 083 - 71 131
- Øverbygd Hestesenter v/Erik Bjørkeng, Bjørkeng Gård,
  N-9234 Øverbygd, Tel. 089 - 38 291
- Harraldvollen Leirskole, Rachel Vangen, Andslimoen,
  N-9200 Bardufoss, Tel. 089 - 33 249
- Nordreisa Rideklubb v/Kjell Alstad,
  N-9080 Storslett, Tel. 083 - 65 673
Nach Absprache Reittouren für Touristen.
- Harstad og Omland Arrangement A/S, Postboks 447,
  N-9401 Harstad, Tel. 082 - 63 235
- Troms Adventure A/S, Andslimoen,
  N-9201 Bardufoss, Tel. 089 -33 644

Finnmark
- Rigmor og Johan Daniel Hætta,
  N-9520 Kautokeino, Tel. 084 - 56 351 / 56 273
- Alta Strand Camping,
  N-9500 Alta, Tel. 084 - 34 240
- Levajok Fjellstue,
  N-9826 Sirma, Tel. 085 - 28 746 / 28 714
Reitschule, organisierte Reittouren.
- Stabbursdalen Camping & Villmarksenter,
  N-9700 Lakselv, Tel. 084 - 63 285 / 64 760
- Stein Torgeir Salamonsen,
  N-9700 Lakselv, Tel. 084 - 61 009
Touren nach Wunsch mit Übernachtung. Angeltouren, Fotosafari, Unterricht. Gruppen bis 8 Personen.
- Sør-Varanger Kommune v/Reiselivskonsulenten, N-9900 Kirkenes, Tel. 085 - 91 601
- Sør-Varanger Reiselivslag, Postboks 184,
  N-9901 Kirkenes, Tel. 085 - 92 544
- Bugøynes Turistinformasjon,
  N-9935 Bugøynes, Tel. 085 - 96 405
Verleih von Pferden, Unterricht, 5stündige Tour.
- Finnmark Wildlife Services, Snekkernes,
  Ø-9710 Indre Billefjord, Tel. 084 - 64 731
- Ongajoksetra - Villmarksgård v/ Line Kjellmann Pedersen, Mattisdalen,
  N-9500 Alta, Tel. 084 - 33 521

RENTIER-SAFARI

Oppland
- Vågå Turistkontor,
  N-2680 Vågåmo, Tel. 062 - 37 880

Nordland
- Polar Mushing and Wildlife, Osvoll - Nyjord,
  N-8200 Fauske, Tel. 081 - 42 462

Troms
- Lyngen Adventure A/S,
  N-9060 Lyngseidet, Tel. 083 - 86 390

Finnmark
- Fam. Gaup,
  N-9730 Karasjok, Tel. 084 - 56 771
Trabrennen mit Rentieren, Unterricht, »reinraid« mit der Herde, Touren nach Absprache. Paketangebot für Gruppen. An den Wochenenden Verkauf von Rentierfleisch und Bouillion. Bitte vorher bei Familie Gaup anrufen.
- Br. Triumf Turistservice,
  N-9520 Kautokeino, Tel. 084 - 56 516 / 56 694
Rentiersafari in der Finnmarksvidda auf Anfrage.
- Karen Anna Bongo,
  N-9520 Kautokeino, Tel. 084 - 56 160
Traditionelle samische Gerichte im Lavvu, dem Samenzelt. Voranmeldung.
- Karasjok Opplevelser A/S, Postboks 45,
  N-9730 Karasjok, Tel.084 - 66 902
- Adventure Tourism Consultants, Postboks 31,
  N-9730 Karasjok, Tel. 084 - 66 408
- Finnmark Tur og Guideservice, Postboks 101,
  N-9500 Alta, Tel. 084 - 37 277
- Arctic Safari / Kautokeino Turisthotell,
  N-9520 Kautokeino, Tel. 084 - 56 205

SEGELN

Nur wenige Länder besitzen eine Küste, die sich besser zum Segeln und Wassersport aller Art eignet als Norwegen. Mit Ausnahme einer weniger offenen Küstenzüge ist die gesamte Küste mit Inseln, Holmen und Schären reich bestückt. Fast überall ist das Wasser bis zum Festland tief genug, jedoch ist es gefährlich, ohne Seekarten durch den zerklüfteten Küstengürtel zu navigieren. Ausgezeichnetes Kartenmaterial ist erhältlich und die Fahrwasser sind nach dem IALA A-System markiert. Daher kann man nur Karten benutzen, die nach 1982 erschienen sind.
Viele Naturhäfen bieten gute Ankerplätze. In Südnorwegen ist zudem die Differenz zwischen Hoch- und Niedrigwasser minimal. Obwohl es entlang der nordnorwegischen Küste viele Ankermöglichkeiten gibt, sind die Gastliegeplätze in den Häfen oft knapp. Jeder möchte gerne einmal kleine Fischerdörfer, Ortschaften mit Sehenswürdigkeiten besuchen oder auch größere Küstenstädte anlaufen, in denen man die Vorräte ergänzen, sowie Treibstoff und Wasser erhalten kann.

Zoll, Dokumente u.a.

Wenn Sie mit eigenem Boot nach Norwegen reisen, müssen Sie zuerst einen Zollhafen ansteuern. Dokumente über das Eigentumsverhältnis, Nationalitäts- und Heimatnachweis sind erforderlich. Die genauen Bestimmungen erfährt man beim Zoll. (vgl. »A-Z«, Zoll). Für geliehene Boote muß der Chartervertrag vorgelegt werden. Mit Rücksicht auf militärische Anlagen sollten ausländische Boote sich immer an die in der Seekarte markierten Seewege halten und ihre Flagge zeigen.

Wetterbericht

Da das Wetter sich schnell ändert, sollte man mindestens fünfmal täglich den ausführlichen Wetterbericht im Radio hören: um 6.00, 8.00, 14.55, 18.30 und 21.50 Uhr (werktags). An Sonn- und Feiertagen um 7.00, 9.00, 14.55, 18.30 und 21.50 Uhr (nur auf norwegisch). Überall in Norwegen können Sie unter der Telefonnummer 0174 den tel. Wetterbericht hören (nur auf norwegisch).

Seekarten

Es gibt verschiedene Reihen der offiziellen norwegischen Seekarten: Die Hauptkartenserie (Maßstab 1 : 50.000 bis zu 1 : 100.000) deckt die gesamte Küste ab, der Maßstab ist zum Navigieren ausreichend. Zusätzlich empfehlen sich, die »Hafen- und Ansteuerungskarte« für die Gebiete, in denen man anlegen will. Sie haben den Maßstab 1 : 50.000 und sind bequem zu lesen. Die sog. »Bootsportkarte« gibt es für alle Küstenbereiche, die extrem stark von Freizeitbooten befahren werden. Im kleineren und praktischen Format bildet sie einen Auszug aus der Hauptkartenserie. Sie enthält zusätzlich Informationen über Servicestellen, Campingplätze, u.ä. Diese Serie umfaßt 6 - 8 Karten und deckt folgende Gebiete: A, B, C und D für den Oslofjord und die Sørlandsküste bis Kristiansand. Serie G und F deckt das Gebiet von Stavanger und Haugesund und die Serie L und M die Gegend um Bergen. Alle Seekarten erhalten Sie über den norwegischen Buchhandel oder direkt bei:
- Norges Sjøkartverk, Postboks 60,
  N-4001 Stavanger

Benutzen Sie nur Karten, die Norges Sjøkartverk herausgibt und die neueren Datums sind!

Wassersportverbände:
- Kongelig Norsk Motorbåt-Forbund, Frognerstranda 2, N-0271 Oslo 2
- Kongelig Norsk Seilerforening (KNS), Huk Aveny 3, N-0287 Oslo 2

Im folgenden finden Sie weitere Adressen und Charterfirmen.

Oslo
- Norway Yacht Charter A/S, Skippergt. 8, N-0152 Oslo 1, Tel. 02 - 42 64 98 / 41 43 23
- CMC, Rådhusgt. 2, N-0151 Oslo 1, Tel. 02 - 42 36 98
- Adventure Yacht Charter A/S, Skippergt. 30, N-0154 Oslo 1, Tel. 02 - 33 27 61 / 42 10 79

Hedmark
- Femund/Engerdal Reiselivslag, Postboks 64, N-2440 Engerdal, Tel. 064 - 58 158
Windsurfing.

Oppland
- Austli Feriesenter, N-2622 Svingvoll, Tel. 062 - 28 513
Bootsverleih.
- Peer Gynt Ski og Sommerarena, N-2645 Harpefoss, Tel. 062 - 98 528
Windsurfing.
- Vågå Produkt og Reiselivslag, Brennvegen 1, N-2680 Vågåmo, Tel. 062 - 37 880
Segeln mit Rahsegel und Rudern auf dem Gjende.

Telemark
- Telemark Reiser, N. Hjellegt. 18, N-3700 Skien, Tel. 03 - 52 92 05
Segeln auf dem Telemark-Kanal. Näheres siehe unter »Kanu«.

Agder
- Stiftelsen Fullrigg »Sørlandet«, Gravane 2, N-4610 Kristiansand S, Tel. 042 - 29 890
14-tägige Sommertörns in der Nordsee mit Besuch mindestens eines ausländischen Hafens.
- Sørlands-Info, Torvgt. 6, N-4800 Arendal, Tel. 041 - 22 193
Der Segler »Ekstrand« und das Schulschiff »Agder« können zu Segeltörns an der Sørlandküste gechartert werden (mit Skipper).
- "S/S Liberty" v/Arne Krogstad, Vennesla Ungdomsskole, N-4700 Vennesla, Tel. 042 - 55 455 / 55 862 oder:
- Arne Bang, Vennesla Ungdomsskole, Tel. 042 - 55 453 / 56 492
Die S/S Liberty war ursprünglich ein Fischerboot, das 1932 gebaut wurde. Das Schiff kann sehr gut für einen Segelurlaub gemietet werden, z.B. an der südnorwegischen Schärenküste.
Miete pro Stunde: NOK 500,- / pro Tag: NOK 5.000,- / pro Woche: NOK 14.000,-

Vestfold
- Adventure Travel Båtcharter A/S, Søebergkvartalet, Postboks 349, N-3201 Sandefjord, Tel. 034 - 62 296
Verleih von Segelbooten mit oder ohne Mannschaft.
- Stiftelsen Havnøy, Kirkeveien 572, N-3145 Kjøpmannskjaer/ Nøtterøy Tel. 033 - 84 267 / 86 730
S/S Havnøy, galeassegetakelte Hardanger-Jacht, 72 Fuß.
- Turistkontoret i Larvik, Storgt. 20, N-3251 Larvik, Tel. 034 - 82 623
S/S Frithjof II - restauriertes Colin Archer Lotsenboot. Segeltouren während der Sommermonate.

Rogaland
- West Coast Charter v/Jarle Worre, Alexander Kiellandsv. 11, N-4250 Kopervik, Tel. 04 - 72 68 55 / 85 21 47
Verleih von Segelbooten, 30 - 40 Fuß.
- Nordic Charter, Lyder Sagens gt. 8, N-4012 Stavanger, Tel. 04 - 56 79 20
Verleih von Segelbooten, 30 - 50 Fuß.
- Andreas Kleppe, Grasholmen, N-4020 Stavanger, Tel. 04 - 53 33 90
Verleih von Segelbooten.
- Finn Stokke, Rogaland Sykehus, Arm. Hansensv. 2, N-4011 Stavanger, Tel. 04 - 53 10 70
Verleih von Segelbooten, 38 Fuß, Luxusklasse.

Als »Matrose« auf einem großen Segelschiff - mit der »Sørlandet« über Nord- und Ostsee

97 % aller bisherigen Teilnehmer können sich vorstellen, einmal wiederzukommen, 99 % wollen ihren Freunden eine Teilnahme empfehlen - welches andere Ferienangebot kann schon solche Zahlen vorweisen? Für fünf Fahrten im Sommer 1991 nimmt das Vollschiff **Sørlandet** *jeweils 70 Personen an Bord, die im Schnellkurs erste seemännische Grundkenntnisse vermittelt bekommen.*

So bunt gestreut wie die Teilnehmer - jeglicher Nationalität, beiderlei Geschlechts, im Alter von 16 bis 65 Jahren (der Durchschnitt liegt bei 25 Jahren) - so vielfältig sind auch die Tätigkeiten, mit denen die »Trainees« während der 12tägigen Tour vertraut gemacht werden. Nach anderthalb Tagen Sicherheitstraining vor dem Starthafen Kristiansand geht die Fahrt über die Ost- oder Nordsee in einen europäischen Hafen und wieder zurück. Einzig die Fahrt Ende August 1991 wird durch die Fjorde Westnorwegens führen.

Die Bedienung der Segel ist eine Kunst für sich, in die die Teilnehmer von der fünfzehnköpfigen Crew eingewiesen werden. Nur das Erklimmen der Masten und Rahen ist freiwillig, ansonsten teilen sich alle die anfallenden Aufgaben. Nebenbei werden die Landratten

in die seemännischen Fertigkeiten wie das Knoten und das Spleißen von Tauwerk, Segelführung und Manöver unter Segeln, Wetterkunde und terrestrische Navigation einge-

führt. Für manche Strapazen entschädigt um so mehr die Seefahrerromantik mit farbenprächtigen Sonnenauf- und -untergängen und dem Glitzern des Sternenhimmels; und natürlich das Gefühl, mit dabei zu sein und genausoviel wie jeder andere an Bord für das Schiff Verantwortung zu tragen.

Die **Sørlandet** *ist ein Vollschiff mit stählernem Rumpf. Sie wurde 1927 gebaut, ist aber mehrfach, zuletzt 1988, modernisiert worden. Die Schiffslänge beträgt 60 m, die Segelfläche umfaßt 1.166 m².*

Die Stiftung, die das Schiff betreibt, ist eine nicht-kommerzielle Organisation, die sich zum Ziel gesetzt hat, seemännische Kenntnisse zu vermitteln und gleichzeitig das Schiff einsatzfähig zu erhalten.

Die Bordsprache ist Englisch, Starthafen der Touren ist Kristiansand. Die Kosten betragen NOK 6.500,-, für Studenten und Arbeitslose NOK 5.525,-. Die vorläufigen Termine für das kommende Jahr sind: 24.6. - 5.7., 8.7. - 19.7., 22.7. - 2.8., 5.8. - 16.8., 19.8. - 30.8.

*Weitere Informationen und Anmeldung bei:
Stiftelsen Fullriggeren »Sørlandet«, Gravane 2, N-4610 Kristiansand, Tel. 042 - 29 890, Fax 042 - 29 334*

Ferien mit dem Motorboot

franks Charter bietet eine Ferienart, die sich an Menschen richtet, die individuell planen wollen, die gerne neue Erlebnisse herausfordern, die jung und verantwortungsvoll zugleich sind - Ferien mit dem Motorboot. Abenteuerdrang und Entdeckerlust kommen durch all das, was solche Ferien bieten können, niemals zu kurz.

Das Boot ist so gebaut und eingerichtet, daß Sie Ihre Ferien in jedem Fall genießen können, ganz gleich, welche Erlebnisse und Ziele Sie ansteuern wollen. An Bord finden Sie einige Vorschläge für Reise- und Erlebnisziele. Sie können sich aber auch eine Route nach Ihren eigenen Wünschen fertig ausarbeiten lassen - eine wirklich persönliche Art, mit der Familie Ferien zu machen.

Sie können die Reiseziele immer wieder individuell ändern und Ihren Bedürfnissen kurzfristig anpassen, vom Schippern in ruhigen, einsamen Gewässern bis zum großen Bootstreffen mit vielen lokalen Profis und Freizeitkapitänen, von Stadtausflügen, z.B. durch Åndalsnes, Ålesund oder Molde, bis zu Strandwanderungen.

Und Angler können ihren Fang gleich an Bord zubereiten. Ein wunderbares Naturerlebnis, zusammen mit Freunden und Familie an Bord eines herrlichen Kabinenkreuzers, und ringsum das Schönste, was die Natur zu bieten hat.

Sie bestimmen die Fahrtrichtung und das Tempo! Gibt es eine bessere und gemütlichere Art, sich zu entspannen und neue Kräfte zu tanken? Das ganze Jahr über steht Ihnen unser Angebot zur Verfügung, die beste Reisezeit ist von Anfang Mai bis Ende August - wir reservieren Ihnen gerne einen Kabinenkreuzer im spannenden Fjord- und Küstenbezirk Møre og Romsdal.

franks Charter, N-6270 Brattvåg, Tel. 071 - 15 590

Für weitere Informationen wenden Sie sich bitte an:

Fax 071 - 16 290

franks CHARTER

Hordaland
- Nordhordland Turistinformasjon,
  N-5100 Isdalstø, Tel.05 - 3516 01
M/K »Hindøy«: Fischerboot mit Motor und Segel zu mieten. Angeltouren und Sightseeing. Angelausrüstung an Bord.
- Kilstraumen Gjestehus,
  N-5130 Austrheim, Tel. 05 - 36 96 90
Verleih von 2 Fischerbooten mit Platz für 10-15 Personen.
- Nautisk Asistanse A/S, Postboks 2363,
  N-5037 Solheimsvik, Tel. 05 - 20 41 41
Verleih von Yachten und Segelbooten inkl. Crew.
- Askøy båtsenter A/S, Bakarvågen,
  N-3505 Florvåg, Tel. 05 - 14 35 20
Verleih von Freizeit- und Ruderbooten.
- Marsteinen Fjordhotel,
  N-5382 Skogsvåg, Tel. 05 - 33 75 00
»Fiskestrilen«. Ein Fischkutter aus dem Jahre 1904. Meeres-Angeltouren. Angelausrüstung an Bord. 45 Personen. Salon unter Deck. Bus ab Bergen.
- Veteranskiplaget Fjordabåten, Klostergt. 28,
  N-5005 Bergen, Tel. 090 - 56 209
Veteranboot »Granvin«. Restauriertes Veteranboot (Fjordschiff), 40 Personen, Sonnendeck. Angeltouren. »Lunchcruise«. Kreuzfahrt zu alten Handelsplätzen in Sunnhordland. Rundfahrt durch den Bergener Hafen vom Fisketorget aus, im Sommer täglich. Ausflüge zur Insel Lysøyen sonntags und mittwochs.
- HDS - maritime avdeling, Strandgt. 191,
  N-5004 Bergen, Tel. 05 - 23 87 00
- Stiftinga Hardangerjakt,
  N-5600 Norheimsund, Tel. 05 - 55 22 77
»Stiftung Hardangerjacht« ist ein Verein, der sich auf das Restaurieren alter Yachten und Segelschiffe spezialisiert hat. Das Segelschiff »Mathilde«, 1884 gebaut, wurde originalgetreu restauriert. Es kann für Tagesausflüge oder Fünftagestouren von Gruppen von 25-50 Personen gemietet werden. Spezielles Tourprogramm für Individualreisende.

- Fitjar Fjordhotel,
  N-5419 Fitjar, Tel. 054 - 97 888
Meeresangeltour zu alten Handelsplätzen entlang der Küste.
- OK Charter, Fløksand, N-5110 Frekhaug,
  Tel. 05 - 37 91 77 od. 090 - 51 848
Touren zu den Lofoten und den Shetlandinseln.
- Statsraad Lehmkuhl, Lodin Leppsgt. 2,
  N-5003 Bergen, Tel. 05 - 32 25 86
Auch mit Norwegens größtem Rahsegler, der »Statsraad Lehmkuhl«, kann man von Mai bis Oktober Törns machen.
- Fjordseil Yacht Charter, Dolviken, Ytrebygdvn. 37, N-5060 Søreidgrend, Tel. 05 - 12 47 41
- Nøiten & Hausberg P/R, Gimlebakken 9,
  N-5037 Solheimsvik, Tel. 05 - 20 07 35
Charter-Segelfrachter M/S »Willy Willy«.
- West Marine Trading A/S, Skuteviksboder 19,
  N-5035 Sandviken, Tel. 05 - 31 25 25
- Westland Boat Pool, Damgårdsvn. 99,
  N-5037 Solheimsvik, Tel. 05 - 34 63 90
- Sarine Marine,
  N-5350 Brattholmen, Sotra, Tel. 05 - 33 26 46
- Norwild Adventure, Postboks 105,
  N-5600 Norheimsund, Tel. 05 - 55 56 20
Segelboot-Charter, alte Frachter und Kutter, Collin Archer und Hardangerjacht. Organisierte Segelkreuzfahrten mit Mannschaft auf der »Kristianna« und »Stina Mari«.
- Smedholmen Kyst- og Naturlivsskule,
  N-5419 Fitjar, Tel. 054 - 97 432
Touren mit alten Wikingerseglern.
- Hotell Ullensvang,
  N-7574 Lofthus, Tel. 054 - 61 100
Verleih von Segelbooten.
- Folgefonn Villmarksturer, Postboks 3,
  N-5470 Rosendal, Tel. 054 - 81 590
- Jonshøgdi Leirskole og Aktivitetssenter, Kvamskogen,
  N-5600 Norheimsund, Tel. 05 - 55 89 90
- Litlabø Kurs og Treningssenter, Postboks 1298,
  N-5401 Stord, Tel. 054 - 14 357

- Nordhordland Reiselivslag, Postboks 108,
  N-5100 Isdalstø, Tel. 05 - 35 16 01

Sogn og Fjordane
- Touristeninformation in Florø,
  N-6900 Florø, Tel. 057 - 42 010
Segeltouren nach Absprache.
- Vesterland Feriepark, Postboks 230,
  N-5801 Sogndal,
  Tel. 056 - 71 011 / 78 330
- Gulen Reiselivslag,
  N-5966 Eivindvik, Tel. 057 - 84 342
Segeltouren im Sognefjord und Ytre Sogn mit einem alten Rettungskreuzer, 63 Fuß, 220 m² Segelfläche. Übernachtungsmöglichkeiten an Bord für 6-16 Personen.

Møre og Romsdal
- Svein Flem,
  N-6533 Kårvåg, Tel. 073 - 12 146
Der Veteransegler »Framstig« macht Touren von Kristiansund nach Geiranger. Übernachtung in Naturhäfen, Angeln. Alle Teilnehmer können an Bord mitarbeiten.
- Ulstein Turistservice A/S, Ulstein Hotell,
  N-6065 Ulsteinvik, Tel. 070 - 10 162
»Wikinger für einen Tag«. Information über das Schiff »Saga Siglar«, Törn zum Küstenmuseum Herøy Gard, geschichtl. Informationen.
- Håholmen,
  N-6533 Kårvåg, Tel. 073 - 12 412
- Strømsholmen Sjøsportsenter
  v/Olav Magne Strømsholm,
  N-6494 Vevang, Tel. 072 - 98 174
Segeltouren.
- Høstmark Yachting, Postboks 18,
  N-6401 Molde, Tel. 072 - 52 855
Verleih von 2 Segelbooten: Drabant 38 (38 Fuß) und Hero 101 (34 Fuß).

Trøndelag
- Båtservice A/S,
  N-7300 Orkanger, Tel. 074 - 88 449

Mit M/S »Poseidon« erleben Sie den schönen Schärengarten längs der Trøndelag-Küste. Das Motorschiff hat viel Platz an Deck, gemütliche Salons und eignet sich hervorragend für kleinere Gruppen und Vereine.
- K/S A/S Midnight Sun Charter,
  Olav Tryggvasonsgt. 15,
  N-7011 Trondheim, Tel. 07 - 51 24 09

Verleih von Segelbooten
- Stiftelsen Pauline, Seilmakergt. 2,
  N-7700 Steinkjer, Tel. 077 - 45 500

Der Küstensegler »Pauline« von 1897 ist der letzte seiner Art. Er kann zu verschiedenen Unternehmungen gechartert werden.

Troms
- Tromsø Yachting klubb, Postboks 60 A,
  N-9100 Kvaløysletta, Tel. 083 - 81 530

Verleih von Segelbooten und Motorseglern
- Harstad og Omland Arrangement A/S,
  Postboks 447, N-9401 Harstad, Tel. 082 - 63 235
- Senja Tour A/S, Postboks 326,
  N-9301 Finnsnes, Tel. 089 - 42 090

Dänemark
- Dansk Yacht Charter, Vonsild Stations vei 13,
  DK-6000 Kolding, Tel. 075 - 56 70 08

Gästehäfen

In Norwegen gibt es rund 120 Gästehäfen. Die Preise für die jeweiligen Anleger variieren zwischen NOK 20,- bis NOK 100,-. Eine Auflistung aller Häfen und ausführliche Informationen bietet das Buch »Gästehäfen in Norwegen« (NORTRA-BOOKS).

SOMMERSKI

Ein typisch norwegisches Erlebnis: an einem warmen Sommertag fährt man mit dem Wagen einige Kilometer vom Badestrand bis in das Gebirge und schnallt dort die Skier an. Slalom- oder Langlaufski wohlgemerkt. Bikini oder Shorts kann man anbehalten.
Es stimmt wirklich: Auf Gletschern und ewigem Schnee kann man auch im Juli noch Skifahren. Abgerundet wird das Erlebnis unter Umständen durch die Mitternachtssonne, die die Nacht zum Tag macht und den Skianzug vergessen läßt. Nähere Informationen:

Oppland
- Galdhøpiggen Sommarskisenter v/Per Vole,
  N-2687 Bøverdalen, Tel. 062 - 12 142

Gleich neben dem Galdhøpiggen liegt das Galdhøpiggen Sommarskisenter auf dem Veslejuvbreen. 3 Skilifte, mit je 400 m Länge. Insgesamt 1.500 m lange Abfahrten, mit einem Höhenunterschied von 350 m. Abfahrtskurse (Info: Kjell Fjeld Tel. 062 - 12 109), Verleih von Ausrüstung (Alpin, Langlauf, Telemarkski und Snowboard). Saison: Anfang Juni bis Mitte Oktober.
- Reisetrafikklaget for Valdres og Jotunheimen,
  Rådhuset, N-2900 Fagernes, Tel. 063 - 60 400

Skitouren auf der Hochebene Valdresflya bis Mitte Juni.

Hordaland
- Finse Skisenter & Alpinanlegg, Postboks 12,
  N-3590 Finse, Tel. 05 - 52 67 11

Abhängig vom Schneefall, Oktober bis Mai/Juni. Die höchste Bergstation Nordeuropas, 1.450 m hoch. Flutlicht, 850 Meter Länge, 200 m Höhenunterschied, geeignet für nationale Slalommeisterschaften.
- Folgefonn Sommarskisenter A/S
  N-5627 Jondal, Tel. 054 - 68 500 und 090 - 44 650

Sommerskizentrum auf dem Gletscher Folgefonna. In 1200 Meter Höhe (Autostraße), 3 Lifte, Aufwärmraum / Cafeteria, Skiverleih und Skischule für Abfahrt und Telemarkski. Autobus von Bergen und Jondal. Langlauf- und Alpinmöglichkeiten, geführte Gletscherwanderungen. Saison von Juni bis Oktober.

Sogn og Fjordane
- Strynefjellet Sommarski A/S v/Frode Bakken,
  N-6880 Stryn, Tel. 057 - 71 995

Seit 1988 ist das neue Sommerskizentrum am Strynefjell in Betrieb: 975 m Sessellift, 775 m Gletscherlift, 8 Alpinpisten, 30 km Langlaufloipen, »Snøland«, ein Aktivitätszentrum mit Spiel und Spaß für die ganze Familien, Ski- und Rennschule, Telemarkski, Monoski, Freestyle, »Haute Route«, u.v.m. Saison: Mitte Juni bis Mitte August.

Møre & Romsdal
- Aak Fjellsportsenter, Boks 238,
  N-6301 Åndalsnes, Tel. 072 -26 444

Unterricht, Verleih von Telemarkzubehör.

Nordland
- Rana Turistkontor v/Liss Steinbekk,
  N-8600 Mo i Rana, Tel. 087 - 50 421

Sommerski auf den Gletschern Okstindbre und Høgtuvbre.
- Sulitjelma Wildlife and Adventure,
  N-8230 Sulitjelma, Tel. 081 - 40 147 oder 40 416

SURFEN

Auch in Norwegen gewinnt das Segeln auf dem schmalen Brett immer mehr Freunde. Das Land mit seinen Seen und der mehrere tausend Kilometer langen Küste mit zahlreichen Buchten und Schären eignet sich hervorragend für diese Sportart. An zahlreichen Stränden, Hotels und Campingplätzen kann man Surfausrüstung (»seilbrett«) leihen, auch Kurse, Regatten und spezielle Arrangements werden im Sommer veranstaltet, so z.B. von:

Oslo
- Sea-Sport Windsurfingcenter, Bygdøy Allé 60 A,
  N-0265 Oslo 2, Tel. 02 - 44 79 28

Verleih von Ausrüstung.

Østfold
Adressen über die örtlichen Touristenbüros.

Oppland
- Peer Gynt Sommerarena, Golå,
  N-2645 Harpefoss, Tel 062 - 98 528

Windsurfen auf dem See Golåvann; Brettverleih.

Vestfold
- Petterson, Tønsberg Seilbrettskole,
  N-3100 Tønsberg, Tel. 033 - 28 460

Telemark
- Kragerø UH og Maritime Leirskole,
  Lovisenbergv. 20,
  N-3770 Kragerø, Tel. 03- 981866

Verleih von »Defour-Brettern«, Unterricht.
- Fyresdal Turisthotell,
  N-3870 Fyresdal, Tel. 036 - 41 255

Verleih von »Aftenposten-Brettern«, Anzüge und Ausrüstung.
- Rauland Alpin Appartementshotell,
  N-3864 Rauland, Tel. 036 - 73 555

Windsurfing auf dem Totak.
- Straand Hotell,
  N-3853 Vrådal, Tel. 036 - 56 100

Verleih von Brettern, Unterricht.

Agder
- Sørlands-Info, Torvgt. 6,
  N-4800 Arendal, Tel. 041 - 22 193
- G-Sport Hauge A/S, Henrik Wergelandsgt. 20,
  N-4612 Kristiansand S., Tel. 042 - 29 414

Surfkurs in Hamresanden.
- Blomberg Sport, Kongensgt. 8,
  N-4600 Kristiansand S., Tel. 042 - 21 709
- Dvergsnestangen Camping,
  Tel. 042 - 47 155
- Rosfjord Apt. Hotel,
  N-4580 Lyngdal, Tel. 043 - 43 700
- Åros Motell Camp,
  N-4640 Søgne, Tel. 042 - 66 411
- Korshamn Rorbuer,
  N-4586 Korshamn, Tel. 043 - 47 233

Rogaland
- Karmøy Reiselivslag,
  N-4250 Kopervik, Tel. 04 - 85 22 00
- Stavanger Reiselivslag, Postboks 11,
  N-4001 Stavanger, Tel. 04 - 53 51 00
- Stavanger Surfsenter, Paradisvn. 33,
  N-4000 Stavanger, Tel. 04 - 52 31 08

Verleih von Ausrüstung, Kurse.
- A/S Sjø og Land v/Erik Astad, Faahadlet,
  N-4160 Judaberg, Tel. 04 - 51 25 81,
  Kontakt: Olav Reilstad, Tel. 04 - 51 24 29

Hordaland
- BT Brettseilerskole, Nygårdsgt. 5/11,
  N-5015 Bergen, Tel. 05 - 21 45 00.

2tägiger Surfkurs im Sommer.
Verleih von Ausrüstung und Brettern auf Anfrage.

Sogn og Fjordane
- Gloppen Eventyret v/Jørn Holst Kristiansen,
  Postboks 223,
  N-6860 Sandane, Tel. 057 - 66 100

Verleih von Surfbrettern.
- Selje Sjøsportsenter v/Trond Sætren,
  N-6740 Sandane, Tel. 057 - 56 606

Verleih von Surfbrettern, Anzügen und sonstiger Ausrüstung.
- Hotel Mundal,
  N-5855 Fjærland, Tel. 056 - 93 101

Verleih von Surfbrettern.
- Kviknes Hotell,
  N-5850 Balestrand, Tel. 056 - 91 101
- Måløy Sport,
  N-6700 Måløy, Tel. 057 - 51 600
- Stongfjorden Surfing og Vannski,
  N-6790 Stongfjorden, Tel. 057 - 31 783
- Flora Reiselivslag, Postboks 219,
  N-6901 Florø, Tel. 057 - 42 010/43 166
- S-Sport, N-6800 Stryn, Tel. 057 - 71 965
- Sogndal Turistkontor, Postboks 222,
  N-5801 Sogndal, Tel. 056 - 71 161

Trøndelag
- Øysand Camping,
  N-7083 Leinstrand, Tel. 07 - 87 06 98
- Dolmsundet Marina,
  N-7250 Melandsjø, Tel. 074 - 45 979

Brettverleih.
- Sogndal Turistkontor, Postboks 222,
  N-5801 Sogndal, Tel. 056 - 71 161

Troms
- Tromsø Arrangement A/S, Postboks 1077,
  N-9001 Tromsø, Tel. 083 - 10 000
- Spitsbergen Travel,
  N-9170 Longyearbyen, Tel. 080 - 21 160 / 21 300
- Harstad og Omland Arrangement A/S,
  Postboks 447,
  N-9401 Harstad, Tel. 082 - 63 235

TAUCHEN

Die norwegische Küste mit ihrem im europäischen Vergleich sehr klaren, sauberen Wasser, guter Sicht und einer vielfältigen Unterwasserfauna bietet Sporttauchern in Norwegen ungeahnte Möglichkeiten. Im gesamten Küsten- und Schärengebiet liegen zahlreiche Taucherzentren (»Dykkersenter«), die Kurse organisieren, Ausrüstungen verleihen und oft auch Unterkunftsmöglichkeiten bieten. Außerdem beherbergt kaum eine andere europäische Küste so viele Schiffwracks wie Norwegen an seiner südlichen Küste. Einige davon wurden in den letzten Jahren entdeckt und geborgen, aber es liegen immer noch

genug im Wasser, um den Entdeckerdrang zu befriedigen.
Für ausländische Sporttaucher gelten im Prinzip die gleichen Regeln wie für Norweger. Neben strengen Regeln, die das Entfernen von Gegenständen in den Wracks verbieten, dürfen Ausländer auch nur in Begleitung eines Norwegers von Booten aus tauchen. Luftflaschen müssen alle 2 Jahre auf ihre Sicherheit überprüft werden. Für eigene Luftflaschen muß ein Zertifikat mitgebracht werden, um sie auffüllen lassen zu können.
Dachverband:
- Norges Dykkerforbund, Hauger Skolevei, N-1251 Rud, Tel. 02 - 51 88 00

Hier die Adressen in den einzelnen Bezirken:

Oslo
- Dykkerreise, Postboks 395 Sentrum, N-0152 Oslo 1, Tel. 02 - 41 10 60
Hütten, kostenloses Nachfüllen und Verleih von Flaschen und Bleigürteln. Sporttaucherkurse, Schwimmbad. Veranstaltet auch Taucherreisen.
- Oslo Froskemannsskole, Gøteborgsgt. 27B, N-0566 Oslo 5, Tel. 02 - 71 75 60
- Tema Froskemannskole, Storgt. 37, N-0182 Oslo 1, Tel. 02 - 60 03 79

Akershus
- Sub Aqua Dykkerskole & Aqua-Sport A/S, N-1458 Fjellstrand, Tel. 09 - 91 97 30

Buskerud
- Drammen Dykkerklubb, v/Trond B. Hansen, Scania E-18 A/S, Lierstranda 93, N-3400 Lier, Tel. 03 - 84 01 66
- Drammen Sportsdykkere v/Odd Åge Lid, Postboks 210, N-3001 Drammen, Tel 03 - 83 88 70
- Hallingdal Dykkerklubb v/Oddvar Oland, N-3570 Torpo, Tel. 067 - 83 229

Vestfold
- Vestfold Froskemannsenter, Farmannsvn. 37, N-3100 Tønsberg, Tel. 033 - 14 513
Wochenkurs für Anfänger. 2-3 Tageskurse für Fortgeschrittene, Spezialkurs für Nachttauchen, Rettungskurs, Ausrüstungsverleih.

Agder
- Risøya Folkehøyskole, N-4912 Gjeving, Tel. 041 - 66 333
- Hegner Dykkerservice, Riggen 22 c, N-4950 Risør, Tel. 041 - 52 140
- Norwegian Diving Senter, N-4990 Søndeled, Tel. 041 - 54 695
- Korshamn Rorbuer, N-4586 Korshamn, Tel. 043 - 47 233
- Nordykk A/S, Markensgt. 41, N-4612 Kristiansand S., Tel. 042 - 25 124
Tauchkurs mit internationalem Zertifikatsabschluß, Werkstatt, Verkauf von Ausrüstung, Surfbretter, Wasserski.
- Kristiansand Froskemannskole, Kristian IV's gt. 7, N-4612 Kristiansand S., Tel. 042 - 22 100
Tauchkurs mit internationalem Zertifikatsabschluß, Werkstatt, Druckprüfung für Flaschen.

Rogaland
- Ryvarden Dykkerklubb, Ryvarden Fyr, N-5500 Haugesund, Tel. 04 - 72 77 77
- Haugesund Sportsdykkere, Tonjer Fyr, N-5500 Haugesund, Tel. 04 - 72 77 77
- Siddis Dykkerskole, N-4174 Helgøysund, Tel. 04 - 53 32 97
Alle Veranstalter verleihen Ausrüstungen.

Hordaland
- Bergen Froskemannsenter/-skole, L. Sagensgt. 12, N-5008 Bergen, Tel. 05 - 32 62 07 / 32 47 75
Tauchkurse werden von Zeit zu Zeit angeboten, Verleih von Ausrüstung.
- Fedje Sportsdykkerklubb v/M. Gullaksen, N-5133 Fedje, Tel. 05 - 36 80 95

Eigenes Tauchboot zur Verfügung.
- Norwild Adventure, Boks 105, N-5600 Norheimsund, Tel. 05 - 55 56 20
- Sund Reiselivsnemd v/Rolf Hummelsund, N-5382 Skogsvåg, Tel. 05 - 33 75 00

Sogn og Fjordane
- Vestro A/S, Postboks 109, N-6701 Måløy, Tel. 057 - 54 510
- Kjell Beitveit, N-6750 Stadlandet, Tel. 057 - 57 263
Taucherzentrum für Sporttaucher mit kompletter Ausrüstung, Boote und Fischerhütten.
- Florø Reiselivslag, Postboks 219, N-6901 Florø, Tel. 057 - 42 010 / 43 166
Tauchen in den Schären nach Absprache.
- Selje Sjøsportsenter v/Trond Sætren, N-6740 Selje, Tel. 057 - 56 606
Verleih von Taucherausrüstungen.
- Måløy Undervassteknikk v/Kristin Lillebø, Gate 1 nr. 24, N-6700 Måløy, Tel. 057 - 50 488
Ausrüstungsverleih, Service, Flaschenauffüllung.
- Hafs Turist Kontor, N-5942 Hyllestad, Tel. 057 - 88 513
Aktive Tauchvereine in der Region.
- Sogndal Dykkarklubb v/Øyvind Gaden, N-5801 Sogndal, Tel. 056 - 72 797

Møre og Romsdal
- Barmanns Dykkesenter, Postboks 201, N-6501 Kristiansund N., Tel. 073 - 71 649
Übernachtung, Ausrüstung, Werkstatt, Boote.
- Strømsholmen Sjøsportsenter, v/Olav Magne Strømsholm, N-6494 Vevang, Tel. 072 - 98 174
Kompressor, Wasch- und Trockenraum, Bootsverleih, Spezialität: Wintertauchen, viele Wracks an der Küste. Tauchtouren mit Guide, Meeresangel- und Segeltouren.
- Ulstein Turistservice A/S, Ulstein Hotell A/S v/Steinar Sivertsen Kulen, N-6065 Ulsteinvik, Tel. 070 - 10 162
Viele Wracks, nach denen man tauchen kann, sowie organisierte Aufenthalte speziell für Taucher. Kompressor, Boote. Verleih von Taucherflaschen und Blei.
- Herøy Dykkerklubb, N-6510 Fosnavåg, Tel. 070 - 85 905
- Ålesund Dykkersenter, Storgt. 38, N-6002 Ålesund, Tel. 071 - 23 424

Trøndelag
- Fosen Fjord Hotel, N-7170 Åfjord, Tel. 076 - 31 421
- Dolmsundet Marina og Camping, N-7250 Melandsjø, Hitra, Tel. 074 - 45 979
Sporttauchen, organisierte Touren.
- Havsport A/S, Kjøpmannsgt. 41, N-7011 Trondheim, Tel. 07 - 51 19 16
- Atlanten Reisebyrå / H&F Hytteformidling, Postboks 164, N-7240 Fillan, Tel. 074 - 41 500 / 41 470
- Øysand Camping, N-7083 Leinstrand, 07 - 87 06 98

Nordland
- Lofoten Reiselivslag, Postboks 210, N-8301 Svolvær, Tel. 088 - 71 053
- Polarsirkelen Reiselivslag, Postboks 225, N-8601 Mo i Rana, Tel. 087 - 50 421
- Narvik Reiselivslag, Postboks 318, N-8501 Narvik, Tel. 082 - 43 309
- Torghatten Reiselivslag, N-8901 Brønnøysund, Tel. 086 - 21 688 / 21 601
- Brennviksanden Camping N-8082 Leines, Tel. 081 - 78 519
- Lovund Turist A/S, N-8764 Lovund, Tel. 086 - 94 532

Troms
- A/S Teamdykk, Ringvn. 200, N-9000 Tromsø, Tel. 083 - 73 511
Verleih von Ausrüstungen.

- Uvitek A/S, Postboks 5253, N-9020 Tromsdalen, Tel. 083 - 30 611
- Dykkersenteret, Hansjordnesgt. 12, N-9000 Tromsø, Tel. 083 - 57 915
- Harstad Sportsdykkerklubb v/Rikard Mathisen, N-9400 Harstad, Tel. 082 - 61 374
- Tromsø Arrangement A/S, Turistkontoret, Boks 312, N-9001 Tromsø, Tel. 083 - 10 000

Finnmark
- Havøysund Hotell, N-9690 Havøysund, Tel. 084 - 23 103

TENNIS
Zahlreiche Hotels besitzen eigene Tennisplätze, teils überdacht, teils im Freien. Während der Sommersaison arrangieren einige Hotels auch Kurse. Genaueres erfährt man über:
- Norges Tennisforbund, Haslevangen 33, N-0580 Oslo 5, Tel. 02 - 65 75 50

TIERSAFARIS
Eine Reihe europäischer Tierarten bekommt man fast nur in Skandinavien zu sehen. Die exotischsten darunter sind vielleicht Wal und Moschusochse. Um den Touristen diese und andere wild lebende Tiere etwas »näherzubringen«, werden an verschiedenen Orten in Norwegen Exkursionen an. Von Andenes an der Nordspitze der Vesterålen aus kann man mit dem Schiff aufs Meer fahren, um die bis zu 40 Tonnen schweren Pottwale zu beobachten, wie sie aus dem Wasser auftauchen. Aus kürzester Entfernung sieht man diese riesigen Tiere im Meer spielen. Die wenigen Moschusochsen, die es in Skandinavien noch gibt, leben überwiegend auf dem Dovrefjell. Von Oppdal, Dovre und Kongsvold werden Kurzexkursionen angeboten, um diese an prähistorische Mammuts erinnernden Tiere zu beobachten und zu fotografieren.
In Trysil schließlich kann man an Elch-, Biber- und Bärenhöhlen-Safaris teilnehmen.

Hedmark
- Aktiv Fritid Trysil, Korsberget, N-2420 Trysil, Tel. 064 - 50 659
Elch- und Bibersafari.

Oppland
- A/L Øyer Turist, Postboks 48, N-2636 Øyer, Tel. 06 - 27 89 50
Elchsafari.
- Dovre Reiselivslag /Info-Nor, Postboks 153, N-2660 Dombås, Tel. 062 - 41 444
Moschusochsensafari.
- Kongsvold Fjeldstue og Svein Taagvold, Dovrefjell, N-7340 Oppdal, Tel. 074 - 20 980 / 074 20 911
Moschusochsensafari.
- Vågå Produkt og Reiselivslag, Brennvegen 1, N-2680 Vågåmo, Tel. 062 - 37 880
Rentiersafari.

Trøndelag
- Oppdal Næringsforening, Postboks 50, N-7341 Oppdal, Tel. 074 - 21 760
Moschusochsensafari.

Nordland
- Hvalsafari A/S, Postboks 58, N-8480 Andenes, Tel. 088-42611/ 41273
Walsafari.

Svalbard
- Svalbard Polar Travel A/S, Næringsbygget, N-9170 Longyearbyen, Tel. 080 - 21 971

TRABSPORT

Der Trabsport in Norwegen hat lange Traditionen. Der Sport wird überwiegend mit zwei Pferderassen bestritten, die gleichwertig vertreten sind. Als »rein norwegisch« gelten die Kaltbluttraber, während die Warmbluttraber meist amerikanischer Abstammung sind.

Der norwegische Trabsport ist nicht zuletzt ein wichtiger »Wirtschaftszweig«, in dem rund 3.500 Personen einen Arbeitsplatz finden. Daneben kommt ihm in der Pferdezucht auch eine kulturfördernde Aufgabe zu. Auf den derzeit zehn norwegischen Trabrennbahnen kann man spannende Rennen verfolgen. Im Laufe der neunziger Jahre wird sogar Nordnorwegen eine Trabrennbahn erhalten.

Die norwegischen Trabrennbahnen:
- **Bjerke Travbane.** Hauptarena des Norw. Trabsports. Im nördlichen Stadtgebiet von Oslo. Rennen: mittwochs im Sommerhalbjahr. Sonst: Mittwoch und Sonntag
- **Biri Travbane.** Am Binnensee Mjøsa zwischen Gjøvik und Lillehammer. Rennen: jeden Freitag und vereinzelt sonntags.
- **Momarken Travbane.** Bei Mysen in Østfold. Rennen: montags und vereinzelt sonntags.
- **Drammen Travbane.** Stadtteil Åssiden. Rennen: dienstags und vereinzelt sonntags.
- **Jarsberg Travbane.** Rekordbahn von Tønsberg. Rennen: jeden Freitag ab 18.00 Uhr.
- **Klosterskogen Travbane.** Bei Skien. Rennen: donnerstags.
- **Sørlandets Travpark.** Gegenüber dem Dyreparken (Zoo) zwischen Grimstad und Kristiansand. Rennen: montags, gelegentlich auch sonntags.
- **Forus Travbane.** In Rogaland Nähe Stavanger. Rennen: dienstags, gelegentlich am Wochenende.
- **Bergen Travpark.** Stadtteil Åsane. Rennen: donnerstags, gelegentlich am Wochenende.
- **Leangen Travbane.** Trondheim. Rennen: montags, gelegentlich am Wochenende.

WASSERSKI

Informationen erhalten Sie über:

- Norges Vannskiforbund, Hauger Skolevei 1, N-1351 Rud, Tel. 02 - 51 88 00

Østfold
Adressen über die örtlichen Touristenbüros.
- Halden Turistkontor, Postboks 167, N-1751 Halden, 09 - 18 24 87
- Moss Turistinformasjon, Chrystiesgt. 3, N-1500 Moss, Tel. 09 - 25 54 51

Vestfold
- Rica Havna Hotell og Skjærgårdspark, N-3145 Tjøme, Tel. 033 - 90 802
- Kvelde Vannskiklubb, Tom Hvaara, Postboks 77, N-3272 Kvelde, Tel. 034 - 88 688

Telemark
- Skien Vannskiklubb, Postboks 344, N-3701 Skien

Agder
- Kuholmen Marina v/Roligheden Camping, N-4632 Kristiansand, Tel. 042 - 96 635

Hordaland
- Ulvik Vannskiklubb, N-5730 Ulvik, Tel.05 - 52 63 60

Sogn og Fjordane
- Selje Sjøsportsenter v/Trond Sætren, N-6740 Selje, Tel. 057 - 56 606
Verleih von Ausrüstung.
- Kviknes Hotell, N-5850 Balestrand, Tel. 056 - 91 101

- Måløy Sport, N-6700 Måløy, Tel. 057 - 51 600
- Stongfjorden Surfing og Vannski, N-6790 Stongfjorden, Tel. 057 - 31 783
- Flora Reiselivslag, Postboks 219, N-6901 Florø, Tel. 057 - 42 010/43 166
- Hotel Alexandra, N-6867 Loen, Tel. 057 - 77 660
- Sogndal Reiselivslag, Postboks 222, N-5801 Sogndal, Tel. 056 - 71 161

Trøndelag
- Dolmsundet Marina, N-7250 Melandsjø, Hitra, Tel. 074 - 45 979

WILDNIS-FERIEN

Es gibt Leute, denen Paddeln, Klettern oder Reiten allein zu wenig ist und die gerne verschiedene Aktivitäten miteinander kombinieren möchten. Mancherorts hat man deswegen spezielle »Wildnisangebote« zusammengestellt, die ein wenig von allem bieten. Die Angebote variieren je nachdem, welche Aktivitäten in welchem Landesteil gerade »in« sind. Die meisten Anbieter haben ihr Spezialgebiet. Sie können sich direkt an diese wenden und in Erfahrung bringen, woraus das Angebot im einzelnen besteht.

Oslo
- Kim-Camp Nordic Safari v/K.I. Mork, Touristeninformation, Rådhuset, N-0037 Oslo 1, Tel. 02 - 33 43 86

Akershus
- Artemis Norw. Wildlife Experience Stangeskovene, N-1933 Lierfoss, Tel. 06 - 86 58 88

Hedmark
- Trysil Flåteferie A/S, N-2422 Nybergsund, Tel. 064 - 53 175

Oppland
- Norsk Fjellferie A/S, N-2680 Vågåmo, Tel. 062 - 37 880
- Peer Gynt Ski & Sommerarena, Golå, N-2645 Harpefoss, Tel. 062 - 98 528
- NOR-UT, v/ Stein Øvereng, N-2670 Otta, Tel. 062 - 31 410
- Lom Bre- ob Fjellførarlag v/ Lom Turistinformasjon, N-2686 Lom, Tel. 062 - 11 286
- Brennabu Leirskole og Aktivitetssenter, Vaset, N-2960 Røn, tel. 063 - 63 102
- Beitostølen Reiselivslag, N-2953 Beitostølen, Tel. 063 - 41 006
- Vassfarfoten A/S, N-3528 Hedalen, Tel. 063 - 49 675
Bärensafari.

Buskerud
- Norefjell Aktiv Ferie/Sommerleir v/Olav Golberg, N-3516 Noresund, Tel. 067 - 46 611
- Hemsedal Turistkontor, N-3560 Hemsedal, Tel. 067 - 78 156
Aktive Feriengestaltung mit Reiten, Klettern, Kanufahren, Touren über Nacht, Gebirgstouren.
- Villmarksteam A/S, N-3540 Nesbyen, Tel. 067 - 70 140
Erlebnisreiche Ferien mit Segeln, Angeln, Aktivitäten im freien und auf dem Bauernhof.

Agder
- Triangel Villmarkskole, N-4695 Hovden i Setesdal, Tel. 043 - 39 501
- Hovden Ferie Service A/S, N-4695 Hovden i Setesdal, Tel. 043 - 39 630
- Sirdal Høgfjellsenter, N-4444 Fidjeland, Tel. 043 - 71 122

Sogn og Fjordane
- Gloppen Eventyret v/Jørn Holst Kristiansen, Postboks 223, N-6860 Sandane, Tel. 057 - 66 100

Hordaland
- Norwild Adventure v/Thor Mørklid, N-5600 Norheimsund, Tel. 05 - 55 56 20
- Smedholmen Kyst- og Naturlivsskule, N-5419 Fitjar, Tel. 054 - 97 432
- Finse 1222, Postboks 12, N-3590 Finse, Tel. 05 - 52 67 11
- Voss Utferdslag, N-5700 Voss
Gemeinschaftstouren ins Fjell.
- Folgefonn Villmarksturer v/ Jostein Hatteberg, N-5470 Rosendal, Tel. 054 - 81 590
Gletscherwanderungen, Bergsteigen, Rafting, Kajakkpaddeln, Fjelltouren, Segeln.
- Bømlo Reiselivslag, Postboks 130, N-5420 Rubbestadneset, Tel. 054 - 27 705
- Bergen Turlag - Fjellsportgruppen, C. Sundtsgt. 3, N-5004 Bergen, Tel. 05 - 32 22 30
Gemeinschaftstouren ins Fjell oder auf Gletscher.

Møre og Romsdal
- AAK Fjellsportsenter, Postboks 238, N-6301 Åndalsnes, Tel. 072 - 26 444
- Herdalsferie, N-6214 Norddal, Tel.071 - 59 229

Trøndelag
- Stølsvang Turistgård, N-7340 Oppdal, Tel. 074 - 25 418
- Oppdal Turistkontor, N-7340 Oppdal, Tel. 074 - 21 760
- Væktarstua Turistsenter, N-7590 Tydal, Tel. 07 - 81 46 10
- Namsskogan Familiepark, Trones Kro og Motell, N-7896 Brekkvasselv, Tel. 077 - 34 255
- Oppdal Motell, N-7340 Oppdal, Tel. 074 - 20 600

Nordland
- Polar Mushing and Wildlife, Osvoll - Nyjord, N-8200 Fauske, Tel. 081 - 42 462

Troms
- Norw. Activities / Tour & Adventure v/J. Stirner, N-9454 Ånstad, Tel. 082 - 97 257
- Nord-Reiser A/S, Postboks 6, N-9060 Lyngseidet, Tel. 089 - 10 508
- Espne's Reiser A/S, Postboks 57, N-9250 Bardu, Tel. 089 - 81 211
- Lyngen Adventure A/S, N-9060 Lyngseidet, Tel. 083 - 86 390
- Troms Adventure A/S, Andslimoen, N-9201 Bardufoss, Tel. 089 - 33 644
- Tromsø Arrangement A/S, Postboks 1077, N-9001 Tromsø, Tel. 083 - 10 000

Finnmark
- Karasjok Opplevelser A/S, Postboks 45, N-9730 Karasjok, Tel. 084 - 66 902
- Levajok Fjellstue, N-9826 Sirma, Tel. 085 - 28 764
- Robert Pettersen Turbusser, Postboks 2196, N-9501 Alta, Tel. 084 - 30 908
- Finnmark Reisebyrå A/S, Postboks 295, N-9601 Hammerfest, Tel. 084 - 12 088
- Overlevningsskolen, Schulstad Adventures, Stabbursdalen, N-9710 Indre Billefjord
- Finnmark Leirskole & Aktivitetssenter, Øksfjordbotn, N-9545 Bognelv, Tel. 084 - 32 644
- Adventure Tourism Consultants, Postboks 31, N-9730 Karasjok, Tel. 084 - 66 408
- Finnmark Tur og Guideservice, Postboks 101, N-9500 Alta, Tel. 084 - 37 277
- Stabbursdalen Camp og Villmarkssenter A/S, N-9710 Indre Billefjord, Tel. 084 - 64 760
- Finnmark Fjellferie v/Ulf Bakken, Tverrelvdalen, N-9500 Alta, Tel. 084 - 33 823
- Viddas Veiviser, Båteng, N-9845 Tana, Tel. 085 - 28 869 / 28 857 oder 090 - 99 319 / 16 789

Svalbard
- Svalbard Polar Travel A/S, Næringsbygget, N-9170 Longyearbyen, Tel. 080 - 21 971

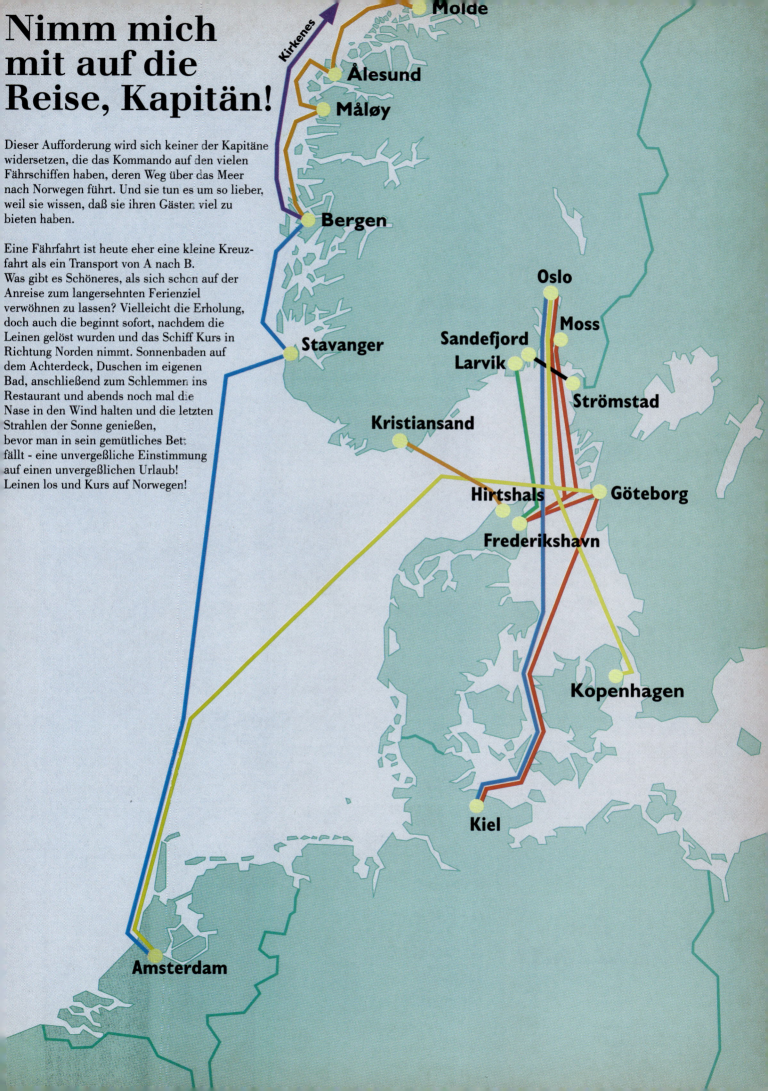

Kurzreisen: Komfortabel nach Oslo ...

Ein Norwegenurlaub will gut vorbereitet sein, denn bekanntlich muß man nicht nur den fahrbaren Untersatz und die werten Mitreisenden auf Vordermann bringen. Wer nicht gerade hoch über den Wolken nach Norwegen »jetten« will, muß sich möglichst zeitig um eine Fährpassage bemühen, um in den hohen Norden zu gelangen.

Die nachfolgend vorgestellten Reedereien bieten für jeden Geschmack die richtige Überfahrt an und sorgen durch ihre bequeme und sichere Ausstattung für einen entspannten Urlaubsbeginn. Viele Reisende freuen sich auf ihre »Kreuzfahrt« beinahe ebenso wie auf den gesamten Urlaub und genießen es, in der gemütlichen Kabine zu sitzen und durch das Fenster das »Fernsehprogramm« der leise schaukelnden Wellen und kreuzenden Schiffe und Boote an sich vorbeiziehen zu lassen. Bei schönem Wetter ist man sogar »live« dabei, das rege Treiben auf dem Sonnendeck erinnert dabei eher an die Atmosphäre eines Straßencafes an der Côte d'Azur als an eine Fährüberfahrt. Und

FÄHREN STATT FAHREN

BISHER: JAHRE LINE/NORWAY LINE

Color Line
Oslo Kai
D-2300 Kiel 1
Tel. 0431 - 97 40 90
Fax 0431 - 97 40 920

FREDERIKSHAVN–LARVIK

Reisebüro Norden
Ost-West-Straße 70
D-2000 Hamburg 11
Tel. 040 - 36 00 15 78
Fax 040 - 36 64 83

STENA LINE
Schwedenkai
D-2300 Kiel 1
Tel. 0431 - 90 90
Fax 0431 - 90 98 00

Mit der Hurtigrute Norwegens Küsten vom Logenplatz aus erleben

auch das sonst im Urlaub arg strapazierte Auto darf friedlich auf dem Autodeck vor sich hin schlummern, bevor es später wieder zu großer Form auflaufen muß.

Nicht weniger als 6 Reedereien bieten ihre Dienste an, um dem geneigten Norwegentouristen das (Fahr-)Leben zu erleichtern.

Wer schon von Deutschland aus die bequemen Schiffsplanken einer Fähre unter den Füßen spüren möchte, kann zwischen zwei Reedereien wählen. Die Color Line (ehem. Jahre Line) bringt ihre Passagiere quasi »im Schlaf« von Kiel nach Oslo. Die Stena Line verkehrt - ebenfalls über Nacht - von Kiel nach Göteborg und bietet Norwegenurlaubern damit noch die Möglichkeit, auf der Durchreise die schwedische Westküste und die Schärenstadt Göteborg zu erleben.

Wer über Dänemark seinem Traumziel Norwegen näher kommen möchte, kann sich den Reedereien Larvik Line, Fred. Olsen Lines und Scandinavian Seaways anvertrauen. Während die Larvik Line in fünf Stunden von Frederikshavn nach Larvik übersetzt - ein guter Ausgangspunkt zur Weiterfahrt an die Südküste ebenso wie ins Landesinnere oder nach Oslo -, bietet Fred. Olsen Lines die schnelle Verbindung von Hirtshals nach Kristiansand an; in nur 4 Stunden erreicht man von der nordjütländischen Küste den Fährhafen in Südnorwegen. Die Reederei Scandinavian Seaways - ihre Schiffe starten von Kopenhagen aus nach Oslo - bietet den Reisenden dagegen die Möglichkeit, einen Zwischenstop in der dänischen Hauptstadt einzulegen und das Flair dieser internationalen Großstadt zu erleben. Last not least bietet die Scandi Line mit der Fährüberfahrt von Strömstad nach Sandefjord ein besonderes »Schnäppchen« für alle, die Südnorwegen als Reiseziel auserkoren haben.

Urlauber, die sich auch in Norwegen gern etwas Besonderes gönnen möchten, können eine Reise mit dem Postschiff entlang der norwegischen Küste unternehmen. Eine Fahrt mit der traditionsreichen »Hurtigru-

Gepflegtes Speisen im schwimmenden Luxushotel

te« dauert insgesamt 11 Tage und und vermittelt einen hervorragenden Eindruck von der Vielfältigkeit der norwegischen Natur. Übrigens: Das alte Vorurteil, man bekomme auf den Hurtigruten-Dampfern keinen Platz, hat durch den Einsatz moderner, größerer Schiffe endgültig jede Grundlage verloren. Ein Tip zum Schluß: Außerhalb der Hauptferienzeit bieten die Reedereien oft besonders günstige Tarife an. Ein sorgfältiges Studium der Fahrpläne und Tarife kann also durchaus zu einigen Scheinchen mehr in der Urlaubskasse verhelfen.

Eingangs war vom Fliegen die Rede. Wer sein Auto ganz in der Garage lassen möchte und einen besonders schnellen Trip nach Norwegen plant, kann auf zwei Fluggesellschaften vertrauen, um »über den Teich« zu gelangen. Die skandinavische Fluggesellschaft SAS (siehe S. 180) und die deutsche Lufthansa (nähere Auskünfte bei allen Lufthansa-Büros und Reisebüros mit Lufthansa-Agentur) bieten gute Verbindungen von mehreren deutschen Flughäfen an.

Scandi Line
SANDEFJORD - STRØMSTAD

Reisebüro Norden
Ost-West-Straße 70
D-2000 Hamburg 11
Tel. 040 - 36 00 15 74
Fax 040 - 36 64 83

NSA Norwegische Schiffahrts-Agentur
Kleine Johannisstr. 10
D-2000 Hamburg 11
Tel. 040 - 37 69 30
Fax 040 - 36 41 77

SCANDINAVIAN SEAWAYS

Scandinavian Seaways
Jessenstr. 4
D-2000 Hamburg 50
Tel. 040 - 38 90 371
Fax 040 - 38 90 31 20

Hurtigrute

NSA Norwegische Schiffahrts-Agentur
Kleine Johannisstr. 10
D-2000 Hamburg 11
Tel. 040 - 37 69 30
Fax 040 - 36 41 77

Für Unterhaltung ist bestens gesorgt

MIT KREUZFAHRTFLAIR IN DEN URLAUB

Informationen und Buchung
im Reisebüro oder bei:
STENA LINE
Schwedenkai
D-2300 Kiel 1
Tel. 0431 - 90 90
Fax 0431 - 90 98 00

oder:
STENA LINE
Immermannstr. 65 A
D-4000 Düsseldorf 1
Tel. 0211 - 35 70 04
Fax 0211 - 16 17 82

Eine frische Meeresbrise und attraktive Borderlebnisse versprechen die Angebote der schwedischen Reederei STENA LINE, deren sechs Fährschiffe zu den größten und modernsten auf der Ostsee zählen.

Zahlreiche Extras lassen die Reise über das Meer zu einem richtigen Kreuzfahrterlebnis werden. Ein großes Buffetrestaurant steht den Passagieren zur Verfügung. Es bietet einen kulinarischen Überblick über die Genüsse der skandinavischen Küche mit ca. 60 verschiedenen warmen und kalten Spezialitäten. Auch im à la carte-Restaurant kann man sich von internationalen Speisen und vorzüglichen Fischgerichten verwöhnen lassen. Doch nicht nur für das leibliche Wohl auf See ist gesorgt. Ein vielseitiges Bordprogramm mit Freizeitangeboten für jeden Geschmack und jedes Temperament bietet Abwechslung und Entspannung.

Während draußen die nächtliche Ostsee vorübergleitet, haben die Passagiere an Bord viele Möglichkeiten zu Unterhaltung und Aktivität: Filmfreunde fühlen sich im gemütlichen Bordkino wohl, Plauderer zieht es in eine der gastlichen Bars, Einkaufsbummler in den Duty-free-Shop und die lieben Kleinen ins Kinderparadies. Spielernaturen vergnügen sich mit Roulette und Black Jack, Nachtschwärmer im Nightclub. In den Kabinen wird sich jeder Passagier wohlfühlen, denn je nach Geschmack und Geldbeutel reicht die Auswahl von der Vierbett-Innenkabine bis zu einem Komfortappartement in der Luxuskabine. Es gibt sogar spezielle Allergiker-Kabinen, die bei Bedarf zum normalen Preis gebucht werden können. Selbstverständlich gibt es an Bord auch behindertengerecht ausgebaute Kabinen.
Morgens wird das große Stena Line-Frühstücksbuffet in den beiden Restaurants aufgetischt - ein gelungener Start in einen guten Morgen. Man bedient sich selbst, und zwar sooft man möchte.

Eine Fährüberfahrt mit der Stena Germanica läßt schon die Anreise ins Urlaubsland zu einem Erlebnis werden

Eines steht also sicher fest: an Bord wird bestimmt keine Langeweile aufkommen.

Insgesamt fahren auf der Ostsee sechs Fährschiffe der STENA LINE auf vier verschiedenen Routen. Die beiden Schwesterschiffe »Stena Germanica« und »Stena Scandinavica« und alle anderen Schiffe sind nach höchsten schwedischen Sicherheitsnormen gebaut. Zu jeder Jahreszeit garantieren sie eine angenehme und sichere Reise.

Dazu kommt ein Höchstmaß an umweltfreundlicher Technik. Turbolader und Filter, die die Abgase schadstoffgemindert entlassen, dienen ebenso dem Umweltschutz wie die Entsorgung von Abwässern, Müll und Ölrückständen im Hafen.

Und wer am Ferienort oder zu Hause mehr über Nautik und Schiffsbau wissen will - STENA-LINE hat sich als erste Reederei die Mühe gemacht, ein Buch über dieses interessante Thema herauszugeben.

Außerhalb der Hauptreisezeit bietet STENA LINE erlebnisreiche Kurztrips gen Norden an, bei denen die Kosten der Schiffsreise (inkl. des berühmten skandinavischen Buffets, Frühstücksbuffets und der Kabinenübernachtungen) im Preis inbegriffen sind. Diese Kurzreisen sind genau das Richtige für alle, die außerhalb des Sommertrubels die Klarheit, Ruhe und Harmonie des Nordens suchen.

Besonders zu nennen ist hier die fünftägige kombinierte Schiffs-/Busreise Kiel - Göteborg - Oslo ab DM 296,-, die zur Winterzeit stattfindet. In der norwegischen Metropole steht eine große Stadtrundfahrt auf dem Programm. Ihre Stationen sind der Vigelandpark mit seinen zahlreichen Skulpturen aus Bronze und Stein, das Fram-Museum mit dem Polarschiff Fridtjof Nansens und die weltbekannte Skischanze Holmenkollen. Daneben bleibt genug Zeit, um Oslo auf eigene Faust zu entdecken.

Die aktuellen Fahrpläne befinden sich auf der Rückseite der Beilagekarte.

DIE SCHÖNSTE SEEREISE DER WELT

Hurtigrute

Informationen und Buchungen
im Reisebüro oder bei:
NSA Norwegische Schiffahrts-Agentur
Kleine Johannisstr. 10
D-2000 Hamburg 11
Tel. 040 - 37 69 30
Fax 040 - 36 41 77

Mit der Hurtigrute an der norwegischen Küste entlang

Wenn das Hurtigrutenschiff ablegt und Bergen hinter sich gelassen hat, liegen 2.500 Seemeilen voller beeindruckender Erlebnisse vor den Passagieren. In 11 Tagen werden 36 Häfen angelaufen: Große Städte, kleine Orte und Fischerdörfer. Auf der Reise passiert man Norwegens westlichsten, den nördlichsten und den östlichsten Punkt. Der Polarkreis wird überquert, das Nordkap umrundet. In ein Licht getaucht, das sich von Stunde zu Stunde ändert, erlebt man das offene Meer und enge Fjorde - bei warmem Sonnenschein oder auch mal bei eiskaltem Polarwind. Der Blick fällt auf die märchenhafte Küste Helgelands, und es eröffnet sich ein Ausblick auf den Svartisen, den zweitgrößten Gletscher Norwegens mit seiner 500 km² großen Eisfläche. Ständig wechselt das Landschaftsbild.

Das Überqueren des Polarkreises ist ein besonderes Ereignis. Am dritten Tag verschlägt der Anblick der mächtigen Lofotenwand so manchem die Sprache. Das gewaltige Bergmassiv mit seinen bizarren Felsformationen fällt senkrecht ins Wasser ab. Die Lofoten - Inbegriff aller Norwegenromantik - sind unbeschreiblich schön. Faszinierend ist das Licht zwischen Meer und Gipfel.

Kleine Fischerdörfer klammern sich an die Küste, Siedlungen voller Tradition und Leben; sie begleiten die Schiffsreisenden ständig auf ihrer Reise.

Finnmark, das Land der Samen, besitzt die besten Lachsflüsse der Welt. Die Vielfalt der Natur zeigt sich in üppig bewachsenen Berghängen bis zu kahlen Gipfeln, die an eine Mondlandschaft erinnern. Viele Ausländer bezweifeln, daß es hier überhaupt Ansiedlungen gibt, bis sie es mit eigenen Augen gesehen haben.

Kirkenes, die Stadt, die nur 10 Minuten von der sowjetischen Grenze entfernt liegt, ist die letzte Station der Reise, bevor die Rückfahrt beginnt. Nach weiteren sechs Tagen macht das Schiff dann wieder in Bergen fest, dem Ausgangspunkt der Reise.

Besondere Atmosphäre an Bord

Die Schiffe der Hurtigrute sind selbst schon ein Erlebnis. Nicht nur wegen der modernen technischen Ausrüstung und der erfahrenen Besatzung - was eine Selbstverständlichkeit ist -, sondern wegen der ungezwungenen Atmosphäre an Bord, die man während der Reise besonders schätzen lernt. Die Hurtigruten-Flotte besitzt keinen Kreuzfahrtcharakter, sie ist vielmehr Ausdruck einer langen Tradition Norwegens als Seefahrernation im Fracht- und Passagierdienst.

Drei norwegische Reedereien betreiben heute diesen fast 100 Jahre alten Dienst, um Post, Fracht und Passagiere von einem Küstenort zum anderen zu befördern. Elf Schiffe sind gegenwärtig im Einsatz, zwischen 2.189 BRT und 4.200 BRT groß. Die Schiffe legen binnen eines Jahres 1,5 Millionen Kilometer zurück. Speziell für den kombinierten Fracht- und Passagiertransport gebaut, sind die »Postschiffe« ein lebenswichtiges Glied in der Versorgungskette für rund eine halbe Million Norweger. Für die Bewohner mancher Ortschaften ist das Hurtigrutenschiff oft die Hauptverbindung zur großen Welt. Post wird gebracht und abgeholt, Freunde und Verwandte kommen und gehen, Lebensmittel, Güter und Zeitungen werden von »draußen« angeliefert, Kinder benutzen das Schiff sogar als »Schulbus« zum nächsten größeren Ort. So ist auch das Publikum an Bord immer bunt gemischt, Passagiere aller Herren Länder treffen mit Einheimischen zusammen und genießen gemeinsam diese ganz besondere Reise.

Alle Kabinen der neuen, größeren Schiffe sind mit Dusche und WC ausgestattet. Auch die übrigen Schiffe wurden modernisiert. Für Passagiere, die besonders günstig reisen wollen, gibt es nach wie vor auch noch Kabinen nur mit fließend Wasser. Ausreichend Duschen und Toiletten stehen zur Verfügung.

Für Unterhaltung an Bord ist immer gesorgt. Ein Reiseleiter unterrichtet die Rundreisepassagiere ständig über Sehenswürdigkeiten und stattfindende Veranstaltungen. Es werden zum Beispiel Filme gezeigt oder Vorträge über Norwegens Natur, Kultur und Lebensverhältnisse gehalten. Während das Schiff den Polarkreis überquert, kommt König Neptun an Bord und tauft die Passagiere. Jeder erhält ein »Polarkreiszertifikat«. Eine ganz besondere Abwechslung stellen die Landausflüge dar, die zu schönen Abstechern und Besichtigungen einladen. Auf dem Programm stehen zum Beispiel das musikhistorische Ringve Museum in Trondheim, der Gezeitenstrom »Saltstraumen« bei Bodø und ein Ausflug über die Vesterålen; weiter Tromsø, das Nordkap, Kirkenes und viele andere Ziele.

Eine Reise mit der Hurtigrute wird zu einem unvergeßlichen Erlebnis: man erlebt die Küstenlandschaft mit ihren zahlreichen Höhepunkten, Komfort und Atmosphäre an Bord und nicht zuletzt eine interessante Verquickung des Linienfrachtverkehrs mit einem Hauch von internationalem Flair.

Hurtigruten zum Kennenlernen

Während der kommenden Monate führt NSA Kurzreisen durch, die einen ersten Eindruck für Norwegeninteressenten bieten. In sechs Tagen geht es von Kiel nach Oslo, weiter mit der Bergenbahn durch die Hochgebirgslandschaft nach Bergen. Von hier aus mit den Schiffen der Hurtigruten nach Trondheim und zurück mit der Dovrebahn durch das malerische Gudbrandsdal (Lillehammer) zurück nach Oslo und Kiel.
Preise: DM 918,- bis 998,-

Aktuelle Fahrpläne befinden sich auf der Rückseite der Beilagekarte.

Die norwegische Postflagge weht auf allen Schiffen der Hurtigrute

Vom Postschiff aus erlebt man die norwegische Küste in ihrer ganzen Vielfalt.

Persönlicher Einsatz und modernste Navigationstechnik sorgen dafür, daß Sie sicher ans Ziel Ihrer Reise kommen

2.000 Seemeilen Erlebnisse auf den modernen Schiffen der Hurtigrute

Mit der Winston Churchill in den hohen Norden

Steile Gipfel, tiefe Fjorde, schwindelnde Höhen
Fjordkreuzfahrten mit der »Winston Churchill«

Informationen und Buchung
im Reisebüro oder bei:
Scandinavian Seaways
Jessenstr. 4
D-2000 Hamburg 50
Tel. 040 - 38 90 371
Fax 040 - 38 90 31 20

Das Auge ißt mit

Es gibt viel zu sehen ...

Neben ihren bekannten Kreuzfahrten zum Nordkap bietet die dänische Reederei Scandinavian Seaways jetzt auch Kreuzfahrten durch die berühmtesten Fjorde Norwegens an. Wer schon immer fasziniert war von der Einzigartigkeit der majestätischen Gewässer, hat jetzt mindestens drei gute Gründe, um sich für die Kreuzfahrt mit der Winston Churchill zu entscheiden: erstens den Hardangerfjord, zweitens den Sognefjord und drittens den Geirangerfjord!

Die achttägige Fjordkreuzfahrt wird zu drei Terminen angeboten, (26. April, 3. Mai, 29. August), kostet von DM 1.149,- pro Person in der 2-Bett-Economy-Kabine bis zu DM 3.481,- in der 2-Bett-de-Luxe-Kabine mit Bad/Dusche/WC und beginnt im dänischen Esbjerg in Jütland (Bustransfer ab Hamburg im Preis inbegriffen).

Noch ehe man sich davon überzeugt hat, daß man auf dem richtigen Dampfer seiner Träume ist, hat das Schiff bereits den Atlantik erreicht und kreuzt ruhig und zielsicher gen Norden.

Etwa zur Zeit des Sonnenaufgangs erreicht das Schiff die norwegische Küste. Ein reichhaltiges Frühstücksbuffet läßt auch Morgenmuffel schnell munter werden. Dann tauchen die Umrisse des Hardangerfjords auf. Die ersten Urlaubsträume werden wahr! Nach abwechslungsreicher Fahrt erreicht das Schiff den Eidfjord, den am weitesten in das Binnenland hineinreichenden Arm des Hardangerfjords.

Am dritten Tag steht die alte Hansestadt Bergen auf dem Programm. 10 Stunden hat man Zeit, um die zweitgrößte Stadt Norwegens »unsicher zu machen«. Einige besondere Highlights: »Gamle Bergen«: die Altstadt Bergens, die Festung Bergenhus, das hanseatische »Bryggen«-Museum.

Abends geht es dann wieder »fjordwärts«, bis man am nächsten Tag den Sognefjord erreicht. Um 8.00 Uhr beginnt die Ausschiffung nach Flåm und damit die Möglichkeit zu weiteren Ausflügen in die großartige Berg- und-Tal-Landschaft (Eisenbahnfahrt Flåm - Myrdal und zurück, Busfahrt nach Voss und Gudvangen). Um 13.00 Uhr heißt es Weiterreisen bis Gudvangen, das man um 15.00 erreicht. Auch hier wartet ein großartiges Ausflugs- und Erlebnisprogramm auf die Reisenden.

Nordostwärts läuft die Winston Churchill am fünften Tag in den weitausladenden Trondheimsfjord ein. Zielort ist Trondheim, dort hat man von 13.00 Uhr bis 20.00 Uhr Zeit, sich einen Eindruck von dieser kleinen aber feinen Stadt zu verschaffen. Eindrucksvoll: der Nidaros-Dom: traditionelle Krönungsstätte der norwegischen Könige, der Stiftsgård: eines der größten Holzbauwerke des Landes, die Festung Kristiansten. Am sechsten Tag der Kreuzfahrt geht es von Trondheim wieder nach Süden, bis dann der berühmte Geirangerfjord angelaufen wird. Dieses wohl meistbesuchte und -fotografierte Touristenziel Norwegens ist in natura fast noch imposanter als in den kühnsten Träumen und bietet von der ersten bis zur letzten Minute des Aufenthaltes großartige Eindrücke.

Am nächsten Tag heißt es in Stavanger, der Ölstadt an der Südwestküste, Abschied nehmen vom gelobten Land. Vorher aber macht das Schiff noch einmal am Pier dieser geschäftigen Stadt fest und sorgt so für die letzten reizvollen Urlaubsdias. Sehenswert ist unter anderem die Aussicht vom Valbergturm, von dort hat man einen Blick über den gesamten Hafen, mit der Winston Churchill als Prunkstück!

Schließlich kreuzt die Winston Churchill dem Happy-End der Traumreise entgegen: Esbjerg erwartet zum zweiten Mal die wehmütigen »Kreuzfahrer«, die in Gedanken schon ihre nächste Reise planen. In diesem Sinne: Auf Wiedersehen auf der Winston Churchill!

Scandinavian Seaways bietet während der Seereise interessante Ausflüge an, die gegen ein geringes Entgelt zu den schönsten Sehenswürdigkeiten Norwegens führen. Man erlebt Lachsflüsse und Wasserfälle, die unendliche Weite der Hochebene Hardangervidda, kann an einer Stadtrundfahrt durch Bergen teilnehmen, eine Fahrt mit der Hochgebirgs-Eisenbahn von Flåm nach Myrdal oder weiter nach Voss unternehmen, hat in Trondheim die Möglichkeit, das Volksmuseum in Sverresborg, das Ringve-Musikmuseum und den Nidaros-Dom zu besuchen, bewundert in Stavanger im Rahmen einer Stadtrundfahrt viele geschichtsträchtige Schauplätze einer weit über 850-jährigen Stadtentwicklung und kann sogar auf den Spuren der Wikinger wandeln. Ein buntes Programm, das kaum mehr Wünsche offenläßt!

Die aktuellen Fahrpläne befinden sich auf der Rückseite der Beilagekarte.

Individuelle Reisen auf Abenteuerkurs

Neben der Kreuzfahrt-Faszination mit der »Winston Churchill« bietet Scandinavian Seaways durch den Veranstalter »Scandinavian Tours« noch eine ganze Reihe anderer komfortabler Ausflüge in nördliche Gewässer an.

Ein ganz außergewöhnliches Angebot stellt dabei die Tour zur Inselgruppe Svalbard dar, die unter dem Motto *Spitzbergen - Reise in eine abenteuerliche Welt* arrangiert wird. Svalbard liegt im Eismeer zwischen dem 10. und 35. östlichen Längen- und dem 74. und 81. nördlichen Breitengrad. Die beiden größten Inseln sind Spitzbergen und Bjørnøya. Trotz seiner extrem nördlichen Lage ist Svalbard eines der wenigen hocharktischen Gebiete, das eine längere Zeit des Jahres zugänglich ist. Ein Ausläufer des Golfstromes hält die Westküste im Sommer eisfrei, und während des kurzen arktischen Sommers gedeihen im Schein der Mitternachtssonne sogar wunderschöne Blumen.

Ein ganz anderes Vergnügen bietet sich bei der nächsten Reise: *Mit dem Postdampfer auf Küstenfahrt* heißt es bei einer 2.500 Seemeilen langen Rundreise von Bergen nach Kirkenes und zurück. Man fährt auf Kombischiffen, die normalerweise der norwegischen Küstenbevölkerung als öffentliches Verkehrsmittel und zur Beförderung von Post und Lebensmitteln dienen. Zwar reist man auf diesen Schiffen nicht im Kreuzfahrtstil, dafür hat man aber als Tourist die Möglichkeit, nicht nur Norwegens schönste Seite - die Küste - zu bewundern, sondern auch das tägliche Leben und seine Menschen kennenzulernen.

Aber nicht nur auf dem Wasser, auch zu Lande kann man sich gut erholen. Wer zum Beispiel *Rundreisen im eigenen Wagen* unternehmen möchte, ist bei Scandinavien Tours an der richtigen Adresse. Gibt es eine ungebundenere Form, ein fremdes Land zu entdecken, als durch eine Reise im eigenen Auto? Anhalten, wo es besonders schön ist, abseits der großen Straßen die verborgenen Schätze der Gegend entdecken, ohne sich viel um andere Dinge zu kümmern. Der Platz auf dem Fährschiff ist reserviert, das Bett in der Unterkunft steht jeden Abend bereit. Nur Tanken muß man noch selbst ...

Überhaupt stellt der *Urlaub im »eigenen Heim«* eine von Norwegern besonders geschätzte Urlaubsform dar. Als behagliche Unterkunft mit der Familie oder mit Freunden findet diese Art der Erholung auch hierzulande immer mehr Anhänger.

Die ehemalige Bergwerksstadt Røros

Samenfamilie auf Magerøya

Scandinavien Tours bietet für interessierte Norwegenfreunde und solche, die es noch werden wollen, landschaftlich besonders schön gelegene Ferienhausanlagen an.

Im Frühjahr, Früh- oder Spätsommer versprechen *Hüttenferien zum Kennenlernen* einen Urlaub mit viel frischer Luft in einer nahezu unberührten Natur und ohne strapaziösen Klimawechsel. Rechtzeitig zur Baumblüte Erholung in den westnorwegischen Fjordorten Ulvik oder Sogndal genießen, oder zum Angeln, Pilze- und Beerensammeln nach Hellevik reisen, wer möchte das nicht?

Urlauber, die sich in Norwegen ganz besonders verwöhnen lassen möchten, sind mit einem Hotelaufenthalt bestens bedient. Auf einer speziellen Autokarte findet man alle Vertragshotels eingezeichnet, so daß einer individuellen Pkw-Rundreise nichts mehr im Wege steht. Abends heißt es dann jeweils: *»Skandinavien ganz nach Wunsch«*.

Natürlich können sich auch Nicht-Autofahrer in Norwegen wohlfühlen, denn das Netz öffentlicher Verkehrsmittel sorgt auch *Auf Schiff und Schiene* überall für gute Verbindungen. Per Bahn, Bus, Fjordfähren oder auch vom Flugzeug aus erschließt sich die ganze Vielfalt der Naturschönheiten Norwegens. Mit leichtem Gepäck reist man zudem individuell und bequem.

Rentierherde in Lappland

Informationen und Buchung im Reisebüro oder bei:
Scandinavian Tours
Rathausstr. 12
D-2000 Hamburg 1
Tel. 040 - 389 03 163

FRED. OLSEN LINES
UNSER »HEIMATHAFEN« KRISTIANSAND

KEINER FÄHRT SCHNELLER NACH NORWEGEN

FRED. OLSEN LINES

Informationen und Buchung
im Reisebüro oder bei:
NSA Norwegische Schiffahrts-Agentur
Kleine Johannisstr. 10
D-2000 Hamburg 11
Tel. 040 - 37 69 30
Fax 040 - 36 41 77

Die norwegische Traditions-Reederei Fred. Olsen Lines, gegründet 1843, bietet ganzjährige Verbindungen mit sicheren und komfortablen Fähren ins Land der Mitternachtssonne.

Ausgangspunkt ist der Norden Dänemarks - dort, wo die Entfernung zwischen den beiden Ländern am kürzesten ist ...

Die Überfahrt nach Kristiansand dauert etwa 4 Stunden. Während der Sommermonate gibt es täglich 4 Abfahrten von Hirtshals nach Kristiansand mit MS »BORGEN« und MS »BAYARD«.

Darüber hinaus werden zweimal wöchentlich interessante Verbindungen von Bergen nach Molde angeboten (Küstenfahrt Westnorwegen).

Einschiffung

MS »BAYARD«, das neue Flaggschiff der Reederei, bietet genügend Platz für 2300 Passagiere und 550 PKW's.

In den 328 Kabinen finden bequem 778 Fahrgäste Platz; außerdem gibt es insgesamt 296 Liegesessel an Bord.

Zahlungsmittel auf allen Fred. Olsen Lines Fähren: NOK + DKR. Selbstverständlich werden in Restaurants und Duty-free-shops sämtliche Kreditkarten akzeptiert.
Bei uns erleben Sie Urlaub von Anfang an. Herzlich willkommen an Bord!

MS »BAYARD«, das neue Flaggschiff der Fred. Olsen Lines

So fing es an

Drei Kapitäne zur See gründeten Mitte des 18. Jahrhunderts die jetzige Fred. Olsen Reederei; dies waren Frederik Christian, Petter und Andreas Olsen.

Petter Olsen, der Sohn Frederiks, führte die Tradition weiter. 1886 übernahm er das Schiff seines Vaters und baute ein umfangreiches Liniennetz auf; sein Handeln war stets von Sicherheit und Selbstvertrauen geprägt. Durch Aufkaufen anderer Reedereien setzte er sein Erfolgskonzept konsequent fort. Bereits im Jahre 1896 bestellte er sein erstes Dampfschiff - im Zeitalter der Segelschiffe wurde eine Zukunftsversion wahr!

Im Jahre 1911 besaß Fred. Olsen 44 Schiffe. Nach dem Tod des ältesten Sohnes Petter wurde die Reederei dem Fred. Olsen Konzern angegliedert. Während des 1. Weltkrieges gingen insgesamt 23 Schiffe verloren - eine traurige Bilanz ... Dann folgte 1930 der Einstieg in die Tankerflotte. Viele Schiffe wurden damals bei Aker gebaut; heute ist Aker eine der größten an der Börse gehandelten Eigentumsgesellschaften Norwegens.

1935 gründete Fred. Olsen die norwegische Luftfahrtgesellschaft. Heute befinden sich 2/7 Anteile der SAS in Fred. Olsens Besitz. Im 2. Weltkrieg gingen nochmals 28 Schiffe verloren; gleich nach Ende des Krieges begann jedoch ein bemerkenswerter Neubeginn und Aufstieg - typisch für Fred. Olsen: Einsatz geeigneter Schiffe auf den richtigen Routen ...

Die aktuellen Fahrpläne befinden sich auf der Rückseite der Beilagekarte.

Kreuzfahrtatmosphäre an Deck

Auf sicherem Kurs von Dänemark nach Norwegen

LARVIK LINE - URLAUB NACH MASS

FREDERIKSHAVN–LARVIK

Informationen und Buchung im Reisebüro,
bei Automobilklubs oder bei:
Reisebüro Norden
Ost-West-Straße 70
D-2000 Hamburg 11
Tel. 040 - 36 00 15 78
Fax 040 - 36 64 83

Ein Norwegenurlaub beginnt bei einer Fahrt mit der Reederei Larvik Line schon im dänischen Fährhafen Frederikshavn. Hier legt täglich die »Peter Wessel« an, das 1988 modernisierte und vergrößerte Fährschiff der Larvik Line. Tag für Tag und Nacht für Nacht werden bis zu 2.200 Passagiere sowie bis zu 650 Autos sicher und zuverlässig über das Skagerrak in das südnorwegische Küstenstädtchen Larvik gebracht.

Schon das »Entern« des Schiffes geht erfreulich schnell und reibungslos vor sich. Die Einweisung in die drei Parkdecks erfolgt routiniert und effektiv. Wer eine der 525 Kabinen - alle mit Dusche und WC - vorbestellt hat, kann per Lift direkt auf das entsprechende Deck fahren. Dort erhält man auch die Kabinenschlüssel, die »Eintrittskarte« für das erste Urlaubsdomizil. Wer dagegen die Aussicht lieber von ganz oben genießen möchte, kann es sich in einem der bequemen Liegesessel des 10. Decks gemütlich machen.

In der Haupthalle können Sie sich über das aktuelle Programm des Bordkinos informieren, Geld wechseln und einen Tisch in einem der Restaurants bestellen. Könnte denn ein Urlaub besser beginnen als mit einem gemütlichen Essen in angenehmer Atmosphäre?

Schlemmen bei Pianomusik

Wer in Ruhe genießen möchte, dem sei das Grillrestaurant »Kommandøren« (üppiges Schlemmerbüffet) oder das à la carte-Restaurant »Admiralen« im Heck des Schiffes empfohlen: Riesige Panoramafenster über zwei Decks und Oberlicht geben den Räumen eine für Fährschiffe überraschende Großzügigkeit. Ein Pianospieler am weißen Flügel sorgt für anregende musikalische Untermalung.

Zur Verdauung bietet sich dann ein Bummel durch das Schiff an, dessen verschiedene Auf- und Abgänge zur besseren Orientierung unter anderem mit Tiersymbolen gekennzeichnet sind. Hier wurde - typisch skandinavisch - auch an die Kinder gedacht. Wie wäre es nun mit einem steuerfreien Einkauf, einem Schlummertrunk an der Bar, einem Tänzchen in der Disco oder einem Spielchen im Casino? Kein Problem, auf der

Bequemlichkeit ist Trumpf

»Peter Wessel« ist die Überfahrt fast zu kurz, um alle Angebote richtig auszunutzen. Und nachts läßt man sich in der Kabine gern vom gleichmäßigen, leisen und sehr beruhigend wirkenden Summen der Maschinen in den Schlaf wiegen.

Natur pur

Wer zum ersten Mal nach Norwegen reist, wird besonders von der Ruhe und dem Frieden beeindruckt sein, den die in weiten Teilen unberührt wirkende Natur ausstrahlt: Riesige, dunkle Wälder wechseln ab mit weiten Ebenen und imposanten Felsformationen. Überall plätschern Bäche und kleine Flüsse, Seen laden zum Träumen und farbenfroh gestrichene Holzhäuser und Hütten zum Verweilen ein. Bei strahlendem Sonnenschein und blitzblauem Himmel scheint ein eigenwilliger Zauber über dem Land zu liegen, dem sich kaum jemand entziehen kann.

Reiseziele mit der Larvik Line

Im neuen Sommerkatalog des Reiseveranstalters »Norden Tours« finden Norwegenfreunde wieder interessante Möglichkeiten, die Anreise mit der Larvik Line mit verschiedenen Urlaubsformen zu verbinden. Freunde des Hüttenurlaubs etwa können mit der Fährpassage gleich den Aufenthalt in einem komfortablen Ferienhaus buchen. Sie schlagen zwei Fliegen mit einer Klappe: Zum einen ersparen Sie sich langes Suchen in Katalogen, zum anderen können Sie durch diese Kombi-Angebote oft nicht nur Zeit, sondern auch viel Geld sparen.

Angelparadies Svarstad

Neben den schon im letzten Jahr angebotenen Hütten können Passagiere der Larvik Line in diesem Jahr noch einige andere Reiseziele ansteuern, so die Ferienhausanlage in Brufoss bei Svarstad. Die Hütten liegen direkt am Fluß Lågen, einem der besten Lachsflüsse Norwegens, ca. eine halbe Autostunde von Larvik entfernt. Die Ferienhäuser bieten jeglichen Komfort in einem herrlichen Lachsangelgebiet.

Fjone

Auch die neue Hüttenanlage bei Fjone an der Westseite des Sees Nisservann läßt Freunde eines Ferienhausurlaubs voll auf ihre Kosten kommen. Sowohl Angel- als auch Wassersportler finden am See Nisser ein reiches Betätigungsfeld in typisch südnorwegischer Landschaft. Sie wohnen in einer von vier neuerbauten, gemütlichen Hütten direkt am See. Die Hütten haben eine Grundfläche von 38 m² und bieten Platz für 6 Personen.

Golsfjellet

Eine große Auswahl besteht auch im Gebirge in der Nähe von Gol. Hier stehen Ferienwohnungen, Hüttensiedlungen und Einzelhütten zur Verfügung. Dieses Gebiet eignet

In der Piano Bar

sich besonders gut für Bergwanderungen und ist auch ein idealer Ausgangspunkt für Ausflüge nach Westnorwegen und in das traditionsreiche Gudbrandsdal. Gol liegt in der Nähe der beiden Nationalparks Jotunheimen und Hardangervidda, so daß man bei einem Aufenthalt auf jeden Fall die Wanderstiefel einpacken sollte.

Ferienzentrum Gautefallheia

Viele Aktivitätsmöglichkeiten bietet auch die Gegend von Gautefall. Das Ferienzentrum Gautefallheia mit eigenem Angelgewässer ist genau das Richtige für Urlauber, die ihren Aufenthalt aktiv nutzen möchten. Sie können wandern, angeln und auf Mineraliensuche gehen oder traditionelles norwegisches Kunsthandwerk bewundern.

Nicht unerwähnt bleiben soll zum Schluß, daß sich die Fahrpreisstruktur bei Larvik Line geändert hat. Auch in der Vor- und Nachsaison und im Winter lohnt sich eine Reise mit der Larvik Line. Besonders günstige Tarife außerhalb der Hauptreisezeit können eifrigen Urlaubern schnell zu einem »Schnäppchen« verhelfen. 10% Ermäßigung erhält man z.B. bei gleichzeitiger Buchung von Hin- und Rückreise. Ebenso gibt es besondere Preise für bestimmte Wochentage und Wochenenden.

Und Winterurlauber wissen es längst: Mit Larvik Line haben Sie die Möglichkeit, ausgesprochen schnell und bequem in die traditionellen Wintersportgebiete des Bezirks Telemark - der Wiege des Skisports - zu gelangen.

Für den Winter 1990/91 bietet der Katalog auch einige neue Reiseziele - z.B.: Hütten und Hotels in Geilo, Hütten und Ferienwohnungen in Gol, das in altem Stil gebaute Ferienzentrum Raulandtunet in Rauland und das ganz neue Ferienzentrum Tinn Telemark mit Hütten und Appartements auf dem Gausta-Plateau.
Im allgemeinen gelten die Wintersportgebiete in den etwas höheren Lagen in der Zeit von Mitte November bis Anfang Mai als schneesicher. In den tieferen Lagen ist die Saison etwas kürzer.
Neu im Angebot für den Sommer 1991 sind Auto-Rundreisen mit Hotel-Aufenthalt im Bezirk Telemark sowie im Fjordgebiet (Vrådal und Hardanger- / Sognefjord) - 1 Woche bis 10 Tage mit Verlängerungsmöglichkeiten.

Die aktuellen Fahrpläne befinden sich auf der Rückseite der Beilagekarte.

Ab 1991: Die Schiffe der Color Line im neuen Design

COLOR LINE MACHT DIE MEERE BUNTER

Informationen und Buchung
im Reisebüro oder bei:
Color Line
Oslo Kai
D-2300 Kiel 1
Tel. 0431 - 97 40 90
Fax 0431 - 97 40 920

Der Weg nach Norwegen ist bunter geworden. Bunt im Sinne von vielfältig, fröhlich, erlebnisreich, unterhaltsam, abwechslungsreich. *Color Line* heißt die farbenfrohe Linie. Nie gehört? Können Sie auch nicht, denn *Color Line* ist eine neue Reederei. Doch hinter *Color Line* stecken gute, alte Bekannte mit viel Erfahrung.

Neue Linie - alte Bekannte

Color Line ist ein Zusammenschluß der traditionsreichen Jahre Line und der jüngeren Norway Line zu einer neuen norwegischen Großreederei. Fast dreißig Jahre lang hat Jahre Line Maßstäbe in puncto Qualität und Komfort gesetzt. *M/S Kronprins Harald* und *M/S Prinsesse Ragnhild* gehören zu den schönsten und bestausgestatteten Schiffen auf der Ostsee. Norway Line führte seit 1984 die hundertjährige Tradition der Englandfähren fort. Norway Line brachte die *M/S Venus* als Mitgift in den Zusammenschluß ein. Mit diesen drei Schiffen führt *Color Line* das Erbe von Jahre Line und Norway Line würdig fort.

Die Strecken der *Color Line* sind den meisten wohl noch gut im Gedächtnis, ist doch die Route von Kiel nach Oslo die einzige Direktverbindung nach Norwegen. Hier spart man Zeit und Nerven: Statt sich über dänische oder schwedische Landstraßen gen Norden zu quälen, genießt man an Bord der *Color Line* die Sonne im Liegestuhl an Deck oder das Menü im Restaurant - oder beides nacheinander. 19 Stunden dauert die Überfahrt, genügend Zeit, das reichhaltige Unterhaltungsangebot an Bord von *M/S Kronprins Harald* oder *M/S Prinsesse Ragnhild* zu genießen.

M/S Venus verbindet weiterhin Bergen und Stavanger mit Newcastle, aber auch mit Amsterdam. Die Verbindung von Amsterdam in die Fjordregion wurde erst 1990

Nicht nur für anspruchsvolle Indivudialreisende ...

aufgenommen und ist vielen noch nicht so recht ins Bewußtsein gerückt. Gerade für den westdeutschen Raum mit den guten Straßenverbindungen in die Niederlande ist die Strecke von Amsterdam nach Stavanger und Bergen eine echte Bereicherung. Nun kann die Rundreise losgehen: über Oslo hin und über Stavanger oder Bergen zurück. Das sind doch ganz neue Aussichten.

Neu ist auch vieles an Bord der Schiffe von *Color Line*. Erlebnisurlaub heißt das Zauberwort, denn die Überfahrt ist ein Erlebnis für sich. Egal, ob man sich nun ganz in Ruhe entspannen oder lieber bis tief in die Nacht hinein amüsieren möchte, für jeden Geschmack wird etwas geboten. *Color Line* bringt eben Farbe in den grauen Alltag. Und das letzte Farbtüpfelchen setzt am Morgen die Einfahrt in den Fjord.

Urlauber, die von Jahre Line noch die Einteilung in erste Klasse und Touristenklasse kennen, werden erstaunt feststellen, daß es auf den Schiffen der *Color Line* diesen Unterschied nicht mehr gibt. Das bedeutet aber nicht, daß Qualität einem Einheitslook weichen mußte, im Gegenteil. Um die verschiedenen Kabinenstandards anschaulicher zu machen, wurde ein Sterne-System eingeführt, das an die Sterne-Verteilung in großen Hotels angelehnt ist.

Ein bis fünf Sterne wurden vergeben, und je mehr Sterne eine Kabine hat, um so höher ist der Standard. Komfort, Ausstattung, Service und Lage der Kabine auf dem Schiff sind die Kriterien, nach denen die Tester die Kabinen beurteilten. Drei, vier und fünf Sterne entsprechen der bisherigen ersten Klasse, während die Kabinen der früheren Touristenklasse zwei Sterne und die günstigsten Kabinen unter dem Autodeck einen Stern erhielten. Die Vier- und Fünf-Sterne-Kabinen gehören zu den luxuriösesten ihrer Art. Sie sind mit Mini-Bar, Haartrockner, Radio, Hosenbügler und Bademantel ausgestattet. So kann *Color Line* auf allen Schiffen den verschiedenen Bedürfnissen und Ansprüchen der Gäste besser und genauer entsprechen.

»Color Club« für hohe Ansprüche

Für den anspruchsvollen Individualreisenden hat *Color Line* etwas ganz Besonderes zu bieten: den *Color Club*. Er ist gedacht für Gäste, die besondere Ansprüche an Service und Komfort haben. Bucht man eine *Color-Club*-Passage, bekommt man nicht nur eine der bestausgestatteten Vier- oder Fünf-Sterne-Kabinen mit Fernseher, sondern auch eine eigene Bedienung, einen Top-Kabinenservice, automatische Tischreservierung an den besten Tischen von Restaurant und Salon und eine bevorzugte Abfertigung beim Einchecken. Der *Color Club* ist auf allen drei Schiffen der *Color Line* eingeführt worden.

Kurzreisen und mehr

Das Kurzreisen-Programm der Jahre Line hat viele Liebhaber gewonnen. Wer auf diese Art Norwegen einmal ausprobiert hat, kommt gern wieder. *Color Line* hat nicht nur die bekannten Highlights übernommen, sondern bietet auch viele neue Reisen an.

Klassiker sind die drei Oslo-Reisen von Kiel aus, die zwei, drei oder fünf Tage dauern. Zwischen fünf Stunden für Eilige und drei Tagen Aufenthalt kann gewählt werden. Da warten Thor Heyerdahls Floß »Kon-Tiki«, die Wikingerschiffe und das Polarschiff »Fram«, mit dem Nansen und Amundsen unterwegs waren, auf neugierige Betrachter. Und im »Norsk Folkemuseum«, dem großen Freilichtmuseum auf der Halbinsel Bygdøy, kann man Norwegen en miniature bewundern.

Zum Shopping nach Oslo? Das ist nicht nur in der Vorweihnachtszeit eine Alternative. Das neue Einkaufszentrum »Aker Brygge« mit seinen Boutiquen und Cafés, die Läden auf der Osloer Prachtstraße Karl Johan, das ist schon einen Besuch wert.

Oslos großer Gegenspieler in Norwegen ist Bergen, die Hauptstadt des Fjordlandes. Bergen blickt auf eine lange und interessante Stadtgeschichte zurück, auf die die Bergenser sehr stolz sind. Die Hansezeit verhalf der Stadt zu internationaler Bedeutung als Handelsplatz. Hier wurde vor allem der nordnorwegische Stockfisch umgeschlagen. Touristen können auf dem Bergenser Fischmarkt direkt am Hafen neben »Bryggen«, den alten Hansehäusern, ein Stück dieser Atmosphäre schnuppern - und das ist wörtlich zu verstehen. Von frischem, lebendem Fisch über frische Garnelen bis zu abgepackten Lachsseiten gibt es hier alle Früchte des Meeres.

Für die Reise nach Bergen bietet *Color Line* verschiedene Anreisemöglichkeiten an. Die fünftägige Reise über Kiel und Oslo führt mit der berühmten Bergenbahn über das Gebirge nach Bergen. Mehr Zeit in Bergen, nämlich vier Tage Aufenthalt, bietet die sechstägige Reise von Amsterdam aus mit der *M/S Venus*. Da kann man auch Ausflüge in die Umgebung machen, beispielsweise nach Troldhaugen, dem Haus des norwegischen Komponisten Edvard Grieg, wo im Sommer Konzerte seiner Werke gegeben werden.

Die dritte Stadt im Bunde ist Trondheim, das zu Wasser, zu Lande und durch die Luft zu erreichen ist. Die kombinierte Schiffs-, Bahn und Flugreise dauert fünf Tage. Der imposante Nidarosdom ist die nördlichste gotische Kathedrale. Zehn Könige liegen hier begraben.

Im Sommerprogramm enthalten sind weiterhin Lillehammer, das Tor zum Gudbrandsdal, Bolkesjø in Telemark und Balestrand am Sognefjord. Neu ins Programm gekommen ist das im Hallingdal gelegene Gol. Besonders interessant sind die neuen Rundreisen, die Bergen und Oslo einschließen, wobei je eine Strecke über Amsterdam - Stavanger/Bergen und Kiel - Oslo gefahren wird. Familien dürften sich besonders für die Appartements und Hütten interessieren, die in Geilo und Trysil angeboten werden.

Skifahren mit Südsee-Atmosphäre

Ein eigener Teil des *Color Line* Kurzreisen-Programms ist dem Winterurlaub gewidmet. Lillehammer, der Austragungsort der Olympischen Winterspiele 1994, fehlt ebensowenig wie die traditionsreichen Wintersportorte Geilo, Gol und Trysil. Wer Ruhe und Langlauf pur erleben möchte, ist in Sjusjøen richtig aufgehoben. Dort bietet Dag Bjørndal, ein Erbe des berühmten Film- und Romanhelden, Pferdeschlittenfahrten durch die sternenklare Winternacht an. Wer mehr den prickelnden Skizirkus sucht, kann im Pers Hotel in Gol unterkommen. Das »Tropicana«, ein Badeparadies, ermöglicht den Sprung von der Piste in Südsee-Atmosphäre. *Color Line* bietet eben für jeden Geschmack etwas.

Die aktuellen Fahrpläne befinden sich auf der Rückseite der Beilagekarte.

»Auf Deck«

Alle Köstlichkeiten der Meere ...

Im à la carte Restaurant

Luxuskabinen zum Verwöhnen

Gepflegte Atmosphäre

SANDEFJORD – STRØMSTAD

Informationen und Buchung
im Reisebüro oder bei:
Reisebüro Norden
D-2000 Hamburg 11
Ost-West-Straße 70
Tel. 040 - 36 00 15 74
Fax 040 - 36 64 83
Telex 2 13 055

SCANDI LINE - DIE SCHNELLE NORWEGEN - SCHWEDEN - VERBINDUNG

Unter pfiffigen Norwegenurlaubern macht seit einiger Zeit der Name einer Reederei die Runde, die es zwar schon seit längerem gibt, die aber bisher unter deutschen Norwegenfans noch als »Geheimtip« galt: Scandi Line, die schnelle Verbindung von Sandefjord an der südnorwegischen Küste bis nach Strömstad an der schwedischen Westküste, nicht weit von der E 6.

Gestreßte Autofahrer, die ihren Südnorwegen-Urlaub bisher »traditionell« mit einem Stau um Oslo herum begonnen oder beendet haben, können mit der geruhsamen Überfahrt durch die norwegischen und schwedischen Schären etwas für ihren Blutdruck tun.
Auch wer einen »Sørlandet«-Aufenthalt mit einem kleinen Abstecher an die schwedische Westküste verbinden möchte, ist bei Scandi Line an der richtigen Adresse.

Die Überfahrt von Sandefjord nach Strömstad dauert nur 2,5 Stunden, gegenüber der E 6/E 18-Straßenverbindung spart man fast 250 km. Die Fahrt geht zumeist durch ruhiges und idyllisches Gewässer mit zahllosen Holmen und Schären. Statt sich durch benzingeschwängerte »Stauluft« zu quälen, genießt man lieber die frische Seebrise, trinkt einen Kaffee in der Cafeteria oder trifft sich zum »Shopping« im Tax-Free-Shop.
Und noch ehe man sich an der großartigen Landschaft rings um den Oslofjord sattgesehen hat, macht das Schiff in der kleinen Hafenstadt Strömstad fest. Während »Oslo-Durchquerer« noch immer damit beschäftigt sind, verzweifelt auf der Karte nach Abfahrten von der Hauptroute zu suchen, sind »Scandi Line«-Gäste schon auf der E 6 in Richtung Süden unterwegs.

Die moderne Auto- und Passagierfähre »Bohus II« bietet Platz für 650 Passagiere und 180 Fahrzeuge. Neben Cafeteria, Restaurant, Bar und Tax-Free-Shop, die die Schiffsreise noch angenehmer machen, findet man auf der Fähre auch einen Spielraum für die Kinder, so daß auch die kleinsten Schiffsgäste ihren Aktivitätsdrang voll ausleben können. Wer mit Scandi Line reist, muß sich auf keinen Fall langweilen.

Bei gleichzeitiger Buchung von Hin- und Rückfahrt erhält man 50 Prozent Rabatt auf die Rückfahrkarte. Findet die Rückreise noch am gleichen Tag statt, gilt der Preis für die einfache Fahrt (gilt nur für Personen, Fahrzeuge kosten auf der Rückfahrt 50 Prozent).

Die aktuellen Fahrpläne befinden sich auf der Rückseite der Beilagekarte.

Preise 1991: (einfache Fahrt / NOK)	1.1. - 14.6 19.8 - 31.12	15.6. - 18.8.
Erwachsene	80,-	100,-
Kinder 4 bis 16 Jahre, Rentner, Behinderte m. Begleitperson	50,-	60,-
Kinder unter 4 Jahren	gratis	gratis
Erwachsene in Gruppen ab 10 Pers., ab 20 Pers. Reiseleiter gratis	60,-	80,-
Kinder in Gruppen ab 10 Pers., ab 20 Pers. Reiseleiter gratis	40,-	50,-
PKW/LKW/Campingmobil unter 5 m Länge, Motorrad mit Seitenwagen	90,-	120,-
Campingmobil 5 bis 6 m Länge	140,-	180,-
Gepäck-/Bootsanhänger bis 6 m	90,-	120,-
Motorrad/Scooter/Moped	50,-	60,-
Fahrrad	20,-	30,-
Bus über 8 m Länge bis 20 zahlende Passagiere	180,-	220,-
Bus über 8 m Länge ab 21 zahlende Passagiere	gratis	gratis
Minibus 6 bis 8 m	140,-	180,-
Autopakete:		
PKW inkl. 5 Personen	330,-	420,-
Campingmobil 5 bis 6 m, inkl. 5 Personen	380,-	480,-
- über 6 m, pro angefangenem m	50,-	60,-

Wer eine Reise durch Norwegen plant, sollte seine mitteleuropäischen Vorstellungen von Entfernungen und Fahrzeiten zuhause lassen. Die vielen Gebirgszüge und weit ins Land hineinreichenden Fjorde sorgen dafür, daß Reisen in Norwegen noch ein Erlebnis ist, aber auch mehr Zeit erfordert. Dazu kommt natürlich die besondere Länge des Landes: würde man Norwegen bei Kap Lindesnes am Skagerak einmal »umklappen«, dann käme das Nordkap bei Neapel zu liegen!

Reisen in Norwegen

...in der Luft

...zu Wasser

Kein Wunder, daß Norwegen dem Reisenden so unendlich viel zu bieten hat: ständig wechselnde Landschaften voller Höhepunkte, kulturelle Sehenswürdigkeiten, altes Bauernland und quirlige Städte.
Wer hier mit dem eigenen Auto reist, stößt in der Regel auf ein gut bis sehr gut ausgebautes Straßennetz, von dem aus man immer wieder Neues entdecken kann. Manche Serpentinenstraßen und Brückenkonstruktionen sind schon Sehenswürdigkeiten für sich.

Bis weit hinauf über den Polarkreis kommt man auch mit der Bahn. Zwar ist das Streckennetz der NSB mit 4.241 km nicht so groß, doch diese haben es in sich und machen das Bahnfahren zu einem außergewöhnlichen Erlebnis.
Als Ergänzung bzw. Alternative zur Bahn bietet sich in Norwegen vor allem der Bus an. Überlandbusse ergänzen nämlich das Eisenbahnnetz und korrespondieren meist

...mit dem Auto

mit den Fahrplänen der NSB. So verkehren überregionale Schnellbusse der Gesellschaft »NOR-WAY Bussekspress« zwischen den meisten größeren Städten und Orten des Landes.
Am schnellsten geht es natürlich mit dem Flugzeug. Fast 50 Flughäfen, die über das ganze Land verteilt sind, werden mehrmals täglich angeflogen und sorgen für ein außergewöhnlich dichtes Flugnetz. Norwegen aus der Vogelperspektive zu erleben, ist dank zahlreicher Sondertarife gerade im Sommer ein erschwingliches Erlebnis.
Ein Blick auf die topographischen Gegebenheiten des Landes macht deutlich, das Schiffe und Fähren unverzichtbare Verkehrsmittel sind, sei es zur Überquerung der zahllosen Fjorde und ihrer Seitenarme oder zur Versorgung der vielen abseits gelegenen Inseln und Küstenabschnitte. Autofähren, Schnellboote und die Postschiffe der Hurtigrute sind die »Lebensadern« des Landes - auch sie machen in Norwegen aus dem Transport eine Reise.

Mit der Bahn nach Norwegen, mit der Bahn in Norwegen

Weitere Informationen bei der:
NSB
Norwegische Staatsbahn
Jernbanetorget 1
N-0154 Oslo 1
Tel. 02 - 36 78 52
Telefax: 02 - 36 75 88

Mit der NSB modern und komfortabel reisen

Eine Norwegenreise mit der Bahn wird immer zeitsparender und komfortabler. So fährt jede Nacht der Nachtzug »Alfred Nobel« in 17 Stunden von Hamburg nach Oslo. Er führt sowohl Schlaf- als auch Liegewagen mit sich, von denen jeder seinen eigenen Schaffner hat. So reist man schnell, sicher und bequem nach Norwegen. Als zusätzliche Tagesverbindung zum »Alfred Nobel« verläßt der »Skandia-Expreß« Hamburg um 7.03 Uhr und erreicht Oslo um 21.58 Uhr.
Die in Norwegen verkehrenden Expreß-

und Inter-City-Züge fahren alle mit modernem rollenden Material. Nicht nur deshalb ist die norwegische Eisenbahn eine effektive und bequeme Ergänzung zum Schiffs- und Flugverkehr innerhalb des Landes. Darüber hinaus führen viele Bahnstrecken in Norwegen durch außergewöhnlich schöne Landschaften. Insbesondere die Bergenbahn, die Dovrebahn, die Nordlandbahn und die Flåmsbahn sind außergewöhnliche Touristenattraktionen.

Norwegen aus der Vogelperspektive

Braathens SAFE
Markedsavd.
Postboks 55
N-1330 Oslo Lufthavn
Tel. 02 - 59 70 00

Mit der Boeing 737-400 fliegt Braathens SAFE 15 Flugplätze in ganz Norwegen an.

Die Maschinen vom Typ Boeing 737 der norwegischen Fluggesellschaft Braathens SAFE verkehren von Kristiansand im Süden bis Tromsø und Spitzbergen im Norden des Landes und fliegen dabei 15 Flugplätze an. Ihren Namen verdankt die Gesellschaft der Tatsache, daß sie nach ihrer Gründung durch Ludvig G. Braathen 1946 zuerst nach »South America & Far East« flog, bevor sie sich ganz auf den innernorwegischen Liniendienst konzentrierte.

Braathens SAFE ist heute Norwegens größte Fluggesellschaft und befördert rund 3 Millionen Passagiere jährlich auf den Inlandsstrecken. 1989 eröffnete die Gesellschaft darüber hinaus eine Route von Billund in Dänemark nach Oslo, eine Strecke, die auch für Norwegenreisende aus Norddeutschland eine populäre Alternative ist. Im Frühjahr 1991 wird die Gesellschaft den Flugverkehr von und nach England aufnehmen. Die ersten Strecken werden Stavanger/Bergen - Newcastle sowie Oslo - Newcastle und Oslo - London sein.

»Visit Norway Pass«

Vom 1. Mai bis zum 30. September 1991 bietet Braathens SAFE wieder eine besondere Vergünstigung an, den VISIT NORWAY PASS, diesmal in neuer Konzeption. Der Paß ist einen Monat lang gültig und kann nur von Reisenden erworben werden, die ihren Wohnsitz außerhalb der skandinavischen Länder haben. Die Preise richten sich danach, ob man innerhalb Norwegens eine Kurz- oder eine Langstrecke fliegt. Das Land wird bei Trondheim in zwei Hälften geteilt; wird diese Grenze überschritten, handelt es sich um eine Langstrecke, während alle Flüge nördlich oder südlich dieser Grenze als Kurzstrecken gelten. Eine einfache Kurzstrecke kostet DM 109,-, eine einfache Langstrecke DM 218,-. Kinder im Alter zwischen 2 und 12 Jahren erhalten einen Rabatt von 50%. Jede Strecke, ob kurz oder lang, muß auf dem kürzest möglichen Flugweg zurückgelegt werden. Der VISIT NORWAY PASS gilt zwischen den 14 innernorwegischen Städten, also nicht von und nach Svalbard oder außerhalb der Landesgrenzen.

Zusammen mit dem VISIT NORWAY PASS von Braathens SAFE erhalten Sie den Scandinavian BonusPass im Wert von DM 40,-, mit dem Sie vom 1. Juni bis zum 1. September in den 43 Hotels der Inter Nor Hotelkette vergünstigte Übernachtungen buchen können.

Einen Überblick über das Flugnetz gibt der nebenstehende Streckenplan.

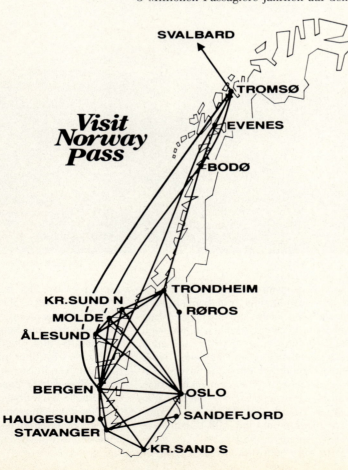

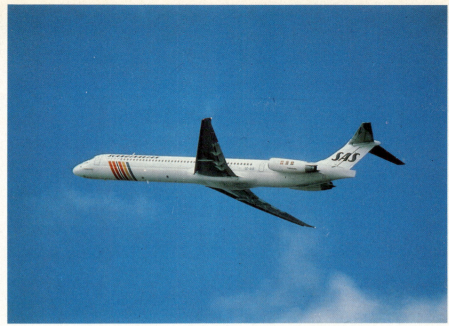
Die neue MD 80 - ER Reihe - komfortabel und umweltfreundlich

Mit Scandinavian Airlines preisgünstig nach Norwegen

SAS Büros in Deutschland
Berlin: Kurfürstendamm 209,
Tel. 030 - 88 17 011
Düsseldorf: Flughafen, Terminal 2,
Tel. 0211 - 42 00 71
Frankfurt: Flughafen, Terminal Mitte,
Tel. 069 - 69 45 31
Hamburg: Flughafen, Gebäude 130,
Tel. 040 - 59 19 51
Hannover: Flughafen, Postfach 420208,
Tel. 0511 - 73 08 63
München: Flughafen Riem, Postfach 870229,
Tel. 089 - 90 80 21
Nürnberg: Flughafen, Postfach 990263,
Tel. 0911 - 52 50 00
Stuttgart: Flughafen, A-Bau, Abflughalle,
Tel. 0711 - 79 90 56

Malerisches Bergen mit Blick auf den Hafen

Scandinavian Airlines, SAS, bietet mehr als 16 tägliche Flugverbindungen nach Norwegen von sieben deutschen Flughäfen an. Von Oslo erreichen Sie durch zeitlich günstige SAS-Anschlußflüge die Städte Stavanger, Bergen und Trondheim. Nach Nordnorwegen, in die Region der Mitternachtssonne, fliegen wir Sie u.a. nach Bodø, Tromsø, Alta und Kirkenes. Dabei muß eine Flugreise nach Norwegen nicht teuer sein. Speziell für den Urlaubsverkehr hat SAS »Flieg und Spar«- sowie »Super Flieg und Spar«-Tarife eingeführt, die bis zu 62% ermäßigt sind. An Weihnachten, Ostern und in den Sommermonaten gelten die sogenannten »Skandinavien Spezial«-Tarife, die nochmal 20% günstiger sind. Für Flüge innerhalb Norwegens stehen Ihnen zahlreiche Sondertarife, die insbesondere Familien preisliche Vorteile gewähren, zur Verfügung.
Nähere Informationen erteilt Ihnen gerne Ihr Reisebüro oder das nächstgelegene SAS-Büro.

SAS The Businessman's Airline

Wenn Sie geschäftlich nach Norwegen reisen, empfehlen wir Ihnen die SAS »EuroClass«. Eine separate Kabine an Bord, 86 cm Sitzabstand mit viel Beinfreiraum, leckere Menüs und Drinks vom Cocktail bis zum Champagner erwarten Sie.
Bereits am Boden finden Sie in den komfortablen Lounges auf allen größeren Flughäfen, durch den EuroClass Check-in Schalter und durch den SAS-Limousinen-Service als preisgünstiger Transfer zwischen Flughafen und dem Stadtzentrum/Hotel, eine Reihe von Vorzügen, die Ihnen das Reisen angenehm macht. In den SAS-Hotels in Oslo, Stavanger, Bergen, Bodø und Tromsø können Sie für den Flug einchecken und Ihr Gepäck aufgeben. Das Gepäck wird automatisch vom Hotel zum Flugzeug transportiert und Sie halten bereits Ihre Bordkarte in Händen, wenn Sie am Flughafen ankommen. Auf den Flughäfen Bergen, Bodø, Oslo und Stavanger besteht die Möglichkeit, für das jeweilige SAS-Hotel einzuchecken. Ihr Gepäck wird somit automatisch in Ihr Zimmer gebracht. Sollten Sie weitere Serviceaspekte wünschen, kontaktieren Sie bitte Ihr Reisebüro oder SAS in Ihrer Nähe. Noch ein Tip: Sollten Sie einmal umsteigen müssen, so lädt Sie der Flughafen Kopenhagen mit seiner großen Ladenstrasse zum Einkaufsbummel ein. Die Duty Free Shops zählen zu den preisgünstigsten in Europa. Zu Ihrer Erfrischung und bei längerem Aufenthalt buchen Sie bitte einen Schlafraum oder die Sauna im Flughafengebäude.

Norwegen auf einen Blick ...

In den Programmen namhafter deutscher Veranstalter wird ein breites Spektrum von Individual- und Pauschalreisen nach Norwegen angeboten. Ganz gleich, ob im Winter oder Sommer, Norwegen ist zu jeder Jahreszeit eine Reise wert.
Einiges aus dem Inhalt: Skiferien in schneesicheren Regionen, Urlaub in Gebirgs- oder Fjordhotels, Hurtigruten-Fahrten von Bergen bis Kirkenes, Fly & Drive-Arrangements, Spitzbergen-Abenteuer, Angelreisen, Fjordkreuzfahrten und Städtereisen. Falls Sie mal mit Ihren Kollegen Schlitten fahren wollen - mit Huskies am Polarkreis natürlich - auch das ist machbar. Der Ideenreichtum und die Freundlichkeit der Norweger wird Sie überzeugen. Haben Sie noch Fragen, können wir bei der Planung behilflich sein. Rufen Sie uns an.

Norwegische Fjordlandschaft

Widerøe – Norwegens dichtestes Linienflugnetz

Für weitere Informationen und Buchungen wenden Sie sich bitte an die SAS-Geschäftsstellen oder direkt an:

Widerøe
Postboks 82 Lilleaker
N-0216 Oslo 2
Tel. 02 - 73 65 00
Telefax: 02 - 73 65 90

Mit Widerøe gelangt man schnell zu Norwegens schönsten Ferienzielen.

Norwegen aus der Luft erleben

Widerøe und ihre Tochtergesellschaft NORSK AIR fliegen innerhalb Norwegens 40 Flugplätze an - wesentlich mehr, als irgendeine andere norwegische Gesellschaft. Besonders in West- und Nordnorwegen ist das Flugnetz dicht, hier verlängern die bekannten grün-weißen Maschinen sozusagen die Strecken von SAS und Braathens SAFE bis direkt zu den Touristenattraktionen. Für Kombinationsflüge gibt es günstige Durchgangstarife. Auch ein- oder zweitägige »Aus-Flüge« mit Widerøe sind ein interessantes Angebot, um die Highlights der norwegischen Natur zu genießen. Mehrere abwechslungsreiche Kombinationen Flug hin / Bahn oder Bus zurück sind möglich. Vom 24. Juni bis zum 15. August 1991 gilt ein besonderes Rabattangebot. In diesem Zeitraum können Sie für NOK 395,- eine Strecke in einem von vier Bereichen fliegen, in die das Land zu diesem Zweck eingeteilt wurde. Ihre Grenzen verlaufen bei Trondheim, Bodø und Tromsø. Kinder zwischen 2 und 15 Jahren fliegen für die Hälfte. Außerdem erhalten Sie, wenn Sie in dieser Periode einen Flug buchen, einen Preisnachlaß in allen Inter Nor Hotels. Bei der Anmeldung im Hotel brauchen Sie nur ihren Flugschein vorzuweisen und bekommen dann den Scandinavian BonusPass.

Mit dem Expreßbus durch Norwegen

NOR-WAY Bussekpress A/S
Karl Johansgt. 2
N-0154 Oslo 1
Tel. 02-33 01 90
Telefax: 02-42 50 33

Persönliche Beratung:
NOR-WAY Terminal, Havnegata, Oslo

Nähere Informationen auch bei:
FJORDTRA im NOR-CENTER
Rosastr. 4
D-4300 Essen 1
Tel. 0201-791443
Telefax: 0201-791823

Komfortabel und sicher - die Busse von NOR-WAY Bussekpress

Per Bus zu Fjord und Fjell!

Mit den Bussen von NOR-WAY Bussekpress können Sie bequem alle interessanten Ferienziele erreichen - auch dort, wo es keine Bahn gibt. Diese Reisen führen durch Fjord- und Fjellgebiete, vorbei an den großen und kleinen Städten, vom Westen bis zur schwedischen Grenze, vom Süden bis hoch in den Norden.

Die Preise sind moderat. So kostet beispielsweise eine Fahrt von Bergen nach Oslo DM 125,-, von Kristiansand nach Stavanger DM 67,-, von Bergen nach Ålesund DM 110,- und von Bergen nach Trondheim DM 175,-. Angeboten werden auch komfortable, nach eigenen Bedürfnissen zusammengestellte Rundreisen.

Bei NOR-WAY reisen Kinder unter 4 Jahren gratis, Kinder unter 16 Jahren und Senioren erhalten einen Rabatt von 50 Prozent. Mehrere Personen, die zusammen reisen, können außerdem Gruppenrabatte in Anspruch nehmen.

Wer individuelle Reiseplanung bevorzugt und trotzdem auf den bequemen Transport in einem Luxusbus nicht verzichten möchte, ist bei »NOR-WAY« genau an der richtigen Adresse.

Ganz Norwegen für weniger Geld.

Mit FJORDTRA's »NORWAY-TICKET« reist man preiswerter und bequemer durch Norwegen. Übernachtet wird in den bekannt guten Best Western Hotels, in den preisgünstigen norwegischen Familienherbergen, oder in anderen ausgesuchten Hotels und Pensionen. Insgesamt stehen 150 Übernachtungsbetriebe unterschiedlicher Kategorien zur Verfügung, die alle eines gemeinsam haben - sie sind mit dem »Norway-Ticket« besonders vorteilhaft.

Wer nicht mit dem eigenen Wagen reisen will, der kann die Maschinen der innernorwegischen Fluggesellschaften Widerøe und Norsk Air oder die Schnellbusse von NOR-WAY-Busekspress zu erheblich verbilligten Tarifen benutzen. Widerøe/Norsk Air fliegen täglich 44 Flughäfen in Norwegen an, und das täglich befahrene Streckennetz der Expreßbusse ist ungefähr 11.000 km lang. Die Benutzung des Tickets ist denkbar einfach: Für DM 480,- (Kinder bis 12 Jahre DM 240,-) erhält man ein Heft mit 60 Coupons, die Sie bei der Benutzung der obengenannten Übernachtungsbetriebe und Transportmittel einlösen können.

Das Norway-Ticket gilt auch hier!

Wenn ein Ticketheft (mit 60 Coupons) nicht reicht, kann man jeweils 20 Coupons für DM 160,- (Kinder DM 80,-) zusätzlich kaufen. Und wer - wider Erwarten - nicht alle Tickets verbraucht, kann sie problemlos zurückgeben: Zurückgezahlt wird der volle Betrag abzüglich einer Bearbeitungsgebühr in Höhe von DM 1,50 pro Coupon, mindestens jedoch DM 10,- und höchstens DM 30,-. Das NORWAY-TICKET gilt übrigens in der Zeit vom 1. Juni bis zum 31. August 1991.

Zum Ticket gehört eine ausführliche Broschüre, die eine genaue Beschreibung der Leistungen enthält. Außerdem erhält jeder Ticket-Käufer eine detaillierte Straßenkarte im Maßstab 1 : 1.200.000.

DAS WICHTIGSTE IN KÜRZE:

A. BEST WESTERN-HOTELSCHECKS
8 Norway - Tickets = 1 Hotelscheck. Gilt für 1 Person, 1 Übernachtung im Doppelzimmer mit Frühstück in Hotel der Basis-Kategorie (alle Zimmer mit Dusche/WC). Zuschläge für Hotels der A- und S-Kategorie sowie Einzelzimmer sind vor Ort zu zahlen (ca. DM: A: 13,50, S: 27,-, Einzelzimmer: ab 30,-). Die erste Nacht kann vorgebucht werden, ansonsten wird man von Hotel zu Hotel weitervermittelt (je nach vorhandenen freien Plätzen). Die Buchung von Hotel zu Hotel (frühestens 3 Tage im voraus) ist im Preis inbegriffen.

Preiswert fliegen mit Widerøe

B. COUPONS DER NORWEGISCHEN FAMILIENHERBERGEN
3 NORWAY-TICKETS gewähren einer Person eine Übernachtung in einer Familienherberge. 3 Personen, die zusammen reisen, können damit rechnen, ein gemeinsames Zimmer zu erhalten. Vorausbuchungen sind möglich.

C. NOR-WAY - BUSEKSPRESS
1 NORWAY-TICKET hat beim Lösen einer Busfahrkarte einen Wert von 40 Kronen (= Nennbetrag), Sie zahlen jedoch nur DM 8,- (ca. 30 Kronen) für ein Ticket. Dies ergibt einen Rabatt von 25% (nur bei Normaltarifen anwendbar). Falls die Fahrkarte bis zu 10 Kronen mehr kostet als der Nennbetrag des/der in Zahlung gegebenen Norway-Tickets, geht dieser überstehende Betrag auf Kosten von NOR-WAY-Busekspress. Kostet die Karte jedoch ab 11 Kronen mehr als dies dem Nennbetrag der Tickets entspricht, muß ein Extra-Ticket in Zahlung gegeben werden. So kostet z.B. die Fahrt von Oslo nach Trysil 165 Kronen - Sie zahlen mit 4 Tickets. Kostet eine Busreise jedoch 185 Kronen, so müssen Sie 5 Tickets in Zahlung geben.

D. WIDERØE / NORSK AIR
12 Tickets für eine beliebige durchgehende Flugreise innerhalb einer Tarifzone oder von einer Tarifzone in eine angrenzende. Vorbestellung nicht möglich. Beförderung nur, wenn Platz vorhanden (stand-by-Basis).

E. FJORDTRA'S RESTPLATZBÖRSE
Kurzfristige Buchungen, frühestens 7 Tage vor Mietbeginn für 6/7 des Wochenpreises. Hütten/Häuser im Fjordland. Gilt nur für Häuser, die dem FJORDTRA-Restplatzbörsen-Programm angeschlossen sind.

F. SONSTIGE LEISTUNGEN
Die sonstigen Leistungen, die mit dem NORWAY-TICKET bezahlt werden können, sind in einem ausführlichen Begleitheft aufgeführt, das zusammen mit dem Ticket ausgegeben wird (erhältlich ab März).

* Außerdem gilt das Norway-Ticket auch für eine Reihe von interessanten Aktivitäten. So erhält man z.B. für 3 Tickets die Oslo-Karte mit Reiseführer (24 Stunden u.a. freier Eintritt zu den meisten Museen und freie Benutzung der öffentlichen Verkehrsmittel der Hauptstadt), man kann für 4 Tickets eine Fahrt mit der Pferdekutsche im Fjordland oder eine Bootsfahrt auf dem Sognefjord mitmachen.

* Und das war noch nicht alles: Eingeschlossen ist auch eine Rabattkarte, die Vorteile in zahlreichen Hotels, Restaurants, Museen, bei Ausflügen, Automiete usw. bietet.

Das NORWAY-TICKET kann von Ihnen oder Ihrem Reisebüro bei FJORDTRA bestellt werden.

Preisgünstige Fjordferien

Wenn Sie vor allem im Fjordland (Rogaland, Hordaland, Sogn og Fjordane und Møre og Romsdal) Urlaub machen wollen, dann ist das FJORDTICKET das Richtige für Sie. Ein Fjordticket kostet 30 Kronen (= DM 8) und kann bei zahlreichen Übernachtungsbetrieben, Transportgesellschaften, Aktivitätsproduzenten, Restaurants usw. in Zahlung gegeben werden. In der Regel erhalten Sie hier 20% Rabatt auf Übernachtungen und mindestens 10% Rabatt bei anderen Leistungen (Transport, Sightseeing, Essen und Trinken usw.). Insgesamt sind weit über 100 Betriebe im ganzen Fjordland angeschlossen. Das Fjordticket-System gilt vom 1. Juni bis zum 31. August 1991. Couponhefte mit 30 Tickets sind zum Preis von DM 240,- erhältlich, Zusatztickets sind im 10er-Block für jeweils DM 80,- zu haben. Eine ausführliche Begleitbroschüre beschreibt die teilnehmenden Betriebe und deren Leistungen (ab März erhältlich).

Das FJORDTICKET ist die ideale Ergänzung zum NORWAY-TICKET, vor allem, wenn man in Westnorwegen Urlaub macht.

Rosastr. 4-6, 4300 Essen 1
Tel. 0201 - 79 14 43
Telefax: 0201-79 18 23
FJORDTRA-Filialen:
Berlin und Frankfurt

Wo Anders Muss Man Danach Suchen...

Wie man sich bettet ...

»Rorbuer« auf den Lofoten

Zu einer gelungenen Reise gehören immer auch passende und gute Übernachtungsmöglichkeiten. Und da gibt es in Norwegen viele Alternativen, die alle eines gemeinsam haben: einen hohen Standard. Das fängt bei den Hotels an und hört bei den Campingplätzen auf. Natürlich ist Norwegen kein billiges Reiseland, aber »preiswert« im wahrsten Sinne des Wortes sind die Übernachtungsmöglichkeiten immer, zumal es im Sommer oft viele Vergünstigungen gibt. Das gilt vor allem für die komfortablen Hotels, für die es in der Sommersaison oft erstaunliche Ermäßigungsangebote gibt. Ein schickes, gemütliches Zimmer und ein reichhaltiges skandinavisches Frühstücksbuffet in einem Stadt-, Fjord- oder Hochgebirgshotel gehören bestimmt zu den bleibenden Erinnerungen einer Norwegenreise.

Eine ganz andere Wohnmöglichkeit bieten die zahlreichen bunten Ferienhäuser und Hütten, die überall dort zu finden sind, wo Norwegen am schönsten ist. »På hytta« zu sein gehört zu den angenehmsten Freizeitbeschäftigungen fast jeden Norwegers. »Hytte« ist aber eigentlich ein irreführender Begriff: Dahinter verbirgt sich meist ein komfortables und oft urgemütliches Feriendomizil. Wer's einfach liebt, findet aber auch einsame Häuser mit Petroleumlicht und Plumpsklo. Da sich die Häuser alle in Privatbesitz befinden, sind sie nach dem individuellen Geschmack des Besitzers eingerichtet. Deshalb helfen Ihnen die ausführlichen Kataloge der Hüttenvermieter bei der Suche nach »Ihrer« Hütte.

Eine andere preiswerte Übernachtungsmöglichkeit sind natürlich die norwegischen Jugendherbergen (norw. »Vandrerhjem«). Auch hier ist der Begriff irreführend, denn es müßte eigentlich Familienherbergen heißen. Gemütliche Doppelzimmer sowie Zimmer für vier oder sechs Personen sind vor allem für Familien mit Kindern eine ausgezeichnete Übernachtungsalternative, zumal auch die Verpflegung denkbar einfach geregelt ist: wer sich in seinem Urlaub gerne »bedienen« lassen möchte, bekommt ein schmackhaftes Essen serviert, Selbstverpflegern stehen komplett eingerichtete Küchen zur Verfügung.

Rauschende Wasserfälle, tiefblaue Fjorde oder stille Wälder sind natürlich auch der ideale »Hintergrund« für die über 1.400 Campingplätze Norwegens.

Die Qual der Wahl bleibt Ihnen also nicht erspart, doch die folgenden Informationen können Ihnen sicherlich weiterhelfen.

Neset Camping

Neset Camping ist ein ruhiger 3-Sterne-Campingplatz am Byglandsfjord, an der Straße 12 im unteren Setesdal. Der Platz eignet sich für Wohnwagen, Zelte und Wohnmobile und verfügt über 200 Stromanschlüsse. Darüber hinaus stehen auch 20 Hütten, ein Geschäft und ein Café zur Verfügung. Spielplätze und sichere Bademöglichkeiten in sauberem, klarem Wasser sorgen dafür, daß auf dem Platz auch Kinder gut aufgehoben sind. Auf dem 4,5 ha großen Gelände, dessen Wege asphaltiert sind, befinden sich drei separate Sanitäranlagen, u.a. mit Waschmaschinen und Trocknern.

Rings um Neset Camping gibt es mehrere markierte Wanderwege, u.a. zu einem Aussichtspunkt, zur Grotte Tjuvhelleren und zu kleinen Bergseen, in denen man die Hütten und Dämme der dort lebenden Biber beobachten kann. Bei uns erhalten Sie auch Tips, wo man gute Chancen hat, Elche in freier Wildbahn zu sehen. Geologen helfen gerne dabei, Mineralienfunde aus dieser Region zu bestimmen. Auch ein Wassersportzentrum gehört zu Neset Camping. Man kann hier nicht nur Ruderboote, Kanus und Kajaks in verschiedenen Ausgaben leihen, sondern erhält auch Tips zur deren Anwendung. Sie eignen sich für kurze Touren ebenso wie zu mehrtägigen Expeditionen in den 40 Kilometer

Neset Camping, ein idyllischer Campingplatz am Byglandsfjord

langen Byglandsfjord. Zusätzlich bestehen Möglichkeiten für Windsurfen, Paragliding hinter einem Motorboot, Wasserski und Bronco for fun. Rafting-Touren auf dem Syrtveitsfossen werden ebenso angeboten wie Bergsteigerkurse im umliegenden Gelände. Dies läßt sich auch mit zu leihenden Mountain-Bikes erforschen. Für Angler gibt es gute Möglichkeiten zum Forellenangeln und im Wald lassen sich viele unbelastete und gute Pilze sowie verschiedene Beerensorten pflücken.

Wir sprechen Deutsch und können Ihnen somit alle notwendigen Tips und Informationen geben. Herzlich willkommen im unteren Setesdal!

Für weitere Informationen wenden Sie sich bitte an:

N-4680 Byglandsfjord
Tel. 043 - 34 255, Telefax: 043 - 34 393

Norwegische Familien- und Jugendherbergen

NORSKE VANDRERHJEM

Den FERIENPASS
und weitere Informationen
erhalten Sie bei:

Norske Vandrerhjem
Dronningens gate 26
N-0154 Oslo 1
Tel. 02 - 42 14 10
Telefax: 02 - 42 44 76

oder auch bei:

FJORDTRA
im NOR-CENTER
Rosastr. 4-6
D-4300 Essen 1
Tel. 0201 - 79 14 43
Telefax: 0201 - 79 18 23

Jugendherberge in Voss

Wenn Sie bei Ihrem nächsten Ferienaufenthalt in Norwegen gut wohnen möchten, ohne Ihre Reisekasse allzu sehr plündern zu müssen, dann haben wir einen Tip für Sie: Die norwegischen Jugendherbergen (»vandrerhjem«) bieten keinen überflüssigen Luxus, sondern eine gute, zweckmäßige Übernachtungsmöglichkeit zu einem annehmbaren Preis. Selbst in einer »Dreisterne-Jugendherberge« liegen die Preise für eine Übernachtung unter DM 40,- pro Person. Außerdem gibt es spezielle Familienangebote.

Die 85 Jugendherbergen liegen über das ganze Land verteilt - am Meer, im Gebirge, in den Großstädten oder in ländlicher Umgebung. Es gibt Einzel- und Doppelzimmer, Vierbett- und Sechsbettzimmer, ganz nach Bedarf und Wunsch. Duschen und Toiletten findet man auf den Zimmern, oder um die Ecke auf dem Flur - manchmal auch Saunen. Die Jugendherbergen haben gemütliche Aufenthaltsräume, manche auch eine Kaminstube. In fast allen Jugendherbergen können Sie sich voll verpflegen lassen, in einigen ist ein ausgiebiges Frühstück im Übernachtungspreis inbegriffen. Weil die Übernachtungspreise so günstig sind, bleibt Geld für andere Dinge übrig. Jeder kann seine Ferien so gestalten, wie er möchte.

Und wenn Sie noch günstigere Ferien in Norwegen verbringen möchten, nutzen Sie das FERIENPASS-Angebot der norwegischen Jugendherbergen.

Auf den Spuren Peer Gynts

PEER GYNT HOTELS

Peer Gynt Hotellene
Postboks 115
N-2647 Hundorp
Tel 062 - 96 666
Telefax 062 - 96 688

-Peer Gynt Hotel Gausdal
-Peer Gynt Hotel Skeikampen
-Peer Gynt Hotel Dalseter
-Peer Gynt Hotel Especalen Fjellstue
-Peer Gynt Hotel Ruten Fjellstue
-Peer Gynt Skei Apartement
-Golå Høyfjellshotel & Hytter

Buchungen und weitere Informationen bei:
FJORDTRA im NOR-CENTER
Rosastr. 4-6
D-4300 Essen 1
Tel. 0201 - 79 14 43
Telefax: 0201 - 79 18 23

Im Bereich des Gudbrandsdals sorgen die Peer Gynt Hotels dafür, daß Reisende auf den Spuren der bekannten Ibsen-Figur ausgezeichnete Unterkünfte vorfinden. Die Hotels organisieren verschiedene Touren durch dieses besonders reizvolle Gebiet mit seinen zahlreichen Sehenswürdigkeiten. Sie können das Haus des Literaturnobelpreisträgers Bjørnstjerne Bjørnson, die größte Gletschermühle Nordeuropas und ein Almmuseum besuchen - und natürlich die abwechslungsreiche Landschaft genießen.

Die Gebirgswanderung auf dem Wanderpfad »Peer Gynt Sti« von Hotel zu Hotel ist genau das Richtige für diejenigen, die sich eine Herausforderung wünschen, aber auch Komfort nicht missen möchten. Die geführte Wanderung dauert 5 Tage und geht auf markierten Wegen über eine Distanz von 62 km. Die Tour beinhaltet 5 Übernachtungen mit Frühstück, Lunchpaket und warmem Abendessen, den Gepäcktransport zwischen den Hotels, eine qualifizierte Führung und die Rückfahrt zum Ausgangspunkt. Die Tour, die im Zeitraum vom 1.7. bis 5.8. durchgeführt wird, kostet DM 780,-. (siehe S. 146)

Peer Gynt Hotels gibt es in Gausdal, Skeikampen, Dalseter, Espedalen, Ruten und Skei.

Im Reich Peer Gynts

Von einsam bis komfortabel - Hütten für jeden Geschmack

»Der ist aus unserem See!«

Familienferien mit Norsk Hytteferie

Ferienhäuser mitten in der Natur

Norsk Hytteferie
Den Norske Hytteformidling A.S.
Postboks 3207 Sagene
N - 0405 Oslo 4
Tel. 02 - 35 67 10
Telefax: 02 - 71 94 13

Ob man sich in einer zünftigen, einsam gelegenen Blockhütte im Gebirge oder an einem stillen Waldsee am wohlsten fühlt oder ein komfortables Ferienhaus in einer gut organisierten Anlage mit Schwimmbad und Aktivitätsangeboten für die ganze Familie vorzieht, im Katalog »Norsk Hytteferie« finden Sie Objekte für jeden Geschmack und Geldbeutel. Alle Häuser sind komplett für Selbstversorger ausgestattet und gemütlich eingerichtet. Die meisten haben einen offenen Kamin und bieten für 4 - 6 Personen bequem Platz. Es gibt aber auch Häuser für Gruppen bis zu 32 Personen.

Hier schmeckt's nochmal so gut

Wer sich in unmittelbarer Nähe der unberührten Natur Norwegens so richtig erholen und nicht nur von Ort zu Ort jagen möchte, der wählt eines der mehr als 1.000 Ferienhäuser aus dem Katalog »Norsk Hytteferie«. Unter den verschiedensten Landschaftstypen von der südlichsten Spitze Norwegens bis hinauf zum Nordkap kann jeder sein Traumhaus finden: An abwechslungsreicher Küste mit Fels und Sandstränden, in idyllischen Wald- und Seengebieten mit guten Angelflüssen oder im Gebirge mit seinen Hochebenen, die zu herrlichen Wanderungen einladen. Mit einer Hütte als Ausgangspunkt kann der Feriengast zum Beispiel seltene Tiere wie Seeadler, Elch oder Rentier beobachten. Lassen Sie sich einfach von den Lauten der Natur wecken, anschließend werden Sie dann durch ein erfrischendes Bad im nahen See so richtig wach, angeln selbst den Fisch für das Mittagessen und schwelgen zum Nachtisch im Überfluß der wilden Beeren Norwegens - all dies sind echte Hüttenerlebnisse.

Norwegische Ferienhäuser sind immer eine preiswerte Unterkunft. Eine durchschnittlich ausgestattete Hütte für 4 - 6 Personen ist in der Nebensaison bereits ab DM 270,- und in der Hochsaison für DM 400,- zu haben. Die Mietpreise für komfortablere Häuser liegen zwischen DM 400,- und 800,- pro Woche. Norwegens größter Ferienhausspezialist »Den norske Hytteformidling« kann auf eine 40jährige Erfahrung zurückblicken und kontrolliert selbst jedes einzelne Haus, bevor es zur Vermietung angeboten wird. Fordern Sie unseren Katalog an!

Bei Fjaler

»Fjordhytter«
Urlaub zwischen Fjord und Fjell

Weitere Informationen und einen Katalog erhalten Sie bei:

Fjordhytter
Jon Smørsgt. 11
N - 5011 Bergen
Tel. 05 - 23 20 80
Telefax: 05 - 23 24 04

Urlaub in Westnorwegen, das sind tiefblaue Fjorde und graue, schroffe Klippen, die sich direkt aus dem Wasser erheben. Das sind saftiggrüne Wiesen auf schmalen Uferstreifen und Obstbäume in üppiger Blüte. Das ist das nicht enden wollende Rauschen eines Wasserfalls, der sich aus schwindelnden Höhen in die Tiefe stürzt. Können Sie sich vorstellen, in so einer Umgebung einmal »Hausbesitzer auf Zeit« zu sein?

Kein Problem, sich diesen Wunsch zu erfüllen. Die norwegische Hüttenvermittlung »Fjordhytter« hat sich mit ihrem Angebot ganz auf das Fjordland spezialisiert. Im Katalog von »Fjordhytter« finden Sie nicht weniger als 600 Ferienhäuser, Hütten und Wohnungen, die den unterschiedlichsten Ansprüchen genügen. Das Richtige für Sie ist sicher dabei.

Die angebotenen Objekte haben durchweg hohen Komfort: Dusche und WC sind beinahe eine Selbstverständlichkeit und fast überall gehört ein Ruderboot (oft mit Außenbordmotor) zur Grundausstattung. Ganz gleich, ob Sie ein Ferienhaus für zwei Personen suchen oder noch 40 Gäste mitbringen: »Fjordhytter« hilft Ihnen sicher weiter. Wer's nostalgisch liebt, kommt auch auf seine Kosten: Hütten ohne Strom und mit der Wasserversorgung aus einem rauschenden Bach werden ebenfalls angeboten. Daß den Aktivitätsmöglichkeiten in der vielfältigen norwegischen Natur kaum Grenzen gesetzt sind, braucht wohl kaum extra erwähnt werden:
Baden in Fjord oder Meer, Hochsee- oder Süßwasserangeln, Ski fahren auf Wasser oder Gletschereis... Mit einer Hütte von »Fjordhytter« als Ausgangspunkt ist Ihr Urlaub schon so gut wie gelungen. Besorgen Sie sich doch einfach den Katalog!

Mit solch einer Unterkunft ist der Urlaub schon gelungen

»Die Norwegischen Hüttenspezialisten«

Den Katalog erhalten Sie bei:
FJORDTRA
Rosastr. 4-6
D-4300 Essen 1
Tel. 0201 - 79 14 43
Telefax: 0201 - 79 18 23

Der Katalog sowie eine Adressenliste der Büros der Hüttenspezialisten in Norwegen erhalten Sie auch von:
DE NORSKE HYTTESPESIALISTENE
Sørlandets Hytteutleie A/S
Boks 2113 Posebyen
N - 4602 Kristiansand S
Norwegen
Tel. 042 - 23 800 / 22 711 / 20 050
Telefax: 042 / 20 862

Gut behüttet am Fjord

Komfort gibt's auch in Norwegens Natur.

Ganz Norwegen in einem Ferienhausprogramm

»Die Norwegischen Hüttenspezialisten« heißt der Zusammenschluß von sechs regionalen Ferienhausvermittlern, die Häuser von der Südküste bis in den hohen Norden zu bieten haben. Rund 800 Objekte in unterschiedlichsten Kategorien stehen zur Verfügung. Die besondere Stärke der Hüttenspezialisten ist, daß die einzelnen Mitgliedsfirmen vor Ort aktiv sind. Sie haben ihre Büros nicht in der Hauptstadt, sondern in den Gebieten, in denen die Hütten stehen. Sie kennen dadurch ihr »Revier« in und auswendig und können diesen Standortvorteil durch eine gute Hüttenauswahl an ihre Kunden weitergeben.

Hütten für jeden Geschmack ...

So verschiedenartig wie Norwegens Landschaften sind auch die angebotenen Objekte - von kleinen einfachen Hütten mitten im Hochgebirge bis hin zu komfortablen Ferienhäusern mit allem erdenklichen Komfort. Im Katalog finden Sie Fischerhäuser direkt am Meer, Hütten im Wald oder am Fjord und preisgünstige Appartements im Hochgebirge. Wer die Einsamkeit sucht, wird genauso sein »Traumhaus« finden wie derjenige, der die Vorteile einer Ferienhausanlage zu schätzen weiß - mit Aktivitäten, Restaurantangebot und Geselligkeit. Die »Hüttenspezialisten« sind eben darauf eingestellt, die unterschiedlichsten Ferienwünsche in Norwegen zu erfüllen.

... und jeden Geldbeutel

Hüttenurlaub in Norwegen ist übrigens eine preiswerte Angelegenheit. Eine Woche in einem Ferienhaus für 4 Personen ist schon für unter 400 Mark zu haben.
Dies sind die »Norwegischen Hüttenspezialisten« im einzelnen: Sørlandets Hytteutleie A/S (Kristiansand): Südküste, Setesdal. Rogaland Hytteformidling (Brusand): Rogaland (südliches Fjordland). FJORDTRA A/S (Sogndal): Hordaland und Sogn und Fjordane (mittleres Fjordland). Norbo Ferie A.S (Midsund): Møre og Romsdal (nördliches Fjordland). H & F Ferieformidling: Trøndelag (Mittelnorwegen). Nordnorsk Hytteferie (Bodø): Nordnorwegen. Außerdem werden Häuser in den übrigen Landesteilen von Sørlandets Hytteutleie und FJORDTRA gemeinsam angeboten.
Alle Objekte werden in einem Katalog zusammen vorgestellt und sind über eine Adresse zu buchen.

Hüttenspezialisten bei FJORDTRA

In Deutschland wird das Programm der Hüttenspezialisten durch die FJORDTRA Handelsgesellschaft mbH vertreten. Sämtliche Häuser können in den FJORDTRA-Büros und natürlich auch über alle Reisebüros bestellt werden. Die telefonische Bestätigung erhält man normalerweise noch am selben Tag. Ein Vorteil ist auch, daß alle Vertragspunkte wie Anzahlung, Rücktritt, Reklamationen usw. nach deutschem Recht geregelt sind. Natürlich erfolgt die Zahlung auch gebührengünstig auf ein Inlandskonto.
Und noch ein Vorteil: man kann die Hütten entweder wochenweise einzeln buchen - oder in einem preisgünstigen »Paket« in dem u.a. die Anreise, innernorwegische Fähren sowie umfangreiches Infomaterial enthalten sind. Dieser besondere Hüttenspezialisten-Service der FJORDTRA umfaßt auch eine Norwegen-Straßenkarte, einen Norwegen-Reiseführer und eine Gebietskarte im Maßstab 1: 50 000 von der Umgebung des jeweils gebuchten Hauses - damit man schon zu Hause die Unternehmungen von seinem zukünftigen Urlaubsdomizil aus planen kann.
Überhaupt wird Information bei den Hüttenspezialisten großgeschrieben, darauf weist schon der übersichtlich gegliederte Katalog hin, der nicht nur die einzelnen Objekte, sondern auch die Erlebnismöglichkeiten beschreibt.

Vassfarfoten a.s

Weitere Informationen bei:
Vassfarfoten a.s.
N-3528 Hedalen
Tel. 063 - 49 675
Telefax: 063 - 49 691

Guten Appetit!

Urlaub in der Wildnis! Das ist selbst in der prachtvollen norwegischen Natur etwas Besonderes. Ein einzigartiges Wildnisparadies ist das Naturschutzgebiet Vassfaret, an dessen Eingang sich das Hüttendorf Vassfarfoten befindet. Besuchern stehen hier nicht nur Luxushütten zur Verfügung, die Platz für 4 bis 13 Personen bieten, sondern auch ein herrlicher urwüchsiger Gasthof, in dem bei einem zünftigen Wildessen mehr als 100 Gäste bewirtet werden können. Zu Vassfarfoten gehören Hunderte von Seen und Flüssen, in denen sich die Fische tummeln, ebenso wie ein großes eigenes Jagdgelände. Wer einen schlagenden Beweis dafür haben möchte, daß das Naturschutzgebiet Vassfaret wirklich eine richtige Wildnis ist, der kann nach einer halbstündigen Wanderung vom Vassfarfoten-Dorf aus mehrere Bärenhöhlen erreichen. Ja, tatsächlich: Hier lebt der einzige ursprüngliche Bärenstamm Norwegens. Freunde des Wassersports können übrigens auch mit dem Kanu die Wildnis erforschen. Daß sich Natur bzw. Wildnis und Kultur nicht ausschließen, sondern durchaus ergänzen, beweist u.a. ein Besuch der schön gelegenen Hedalen-Stabkirche, die aus dem 12. Jhdt. stammt. Selbst wenn sich im Winter die Landschaft in einem dicken weißen Kleid präsentiert, hat ein Aufenthalt in Vassfarfoten viel zu bieten. Von hier aus führen zig Kilometer lange, gut präparierte, Loipen durch diese einmalige wilde Natur. Wer lieber angelt als auf Skiern zu wandern, kann beim Eisangeln auf den zugefrorenen Gewässern Jagd auf Saibling und Forelle machen.

Gemütliches Vassfarfoten

Nye Polarsirkelen Høyfjellshotell A/S

Nye Polarsirkelen
Høyfjellshotell A/S
N-8240 Lønsdal
Tel. 081 - 94 122
Telefax: 081 - 94 127

Langseth Hotell
N-2600 Lillehammer
Tel. 062 - 57 888
Telefax: 062 - 59 401

Restaurant »Sydvesten«, Kirkegt. 30, Oslo
Tel. 02 - 42 19 82, Telefax: 02 - 33 34 45

Im Restaurant »Sydvesten«

Willkommen im Langseth Hotell

Drei gastfreundliche Treffpunkte auf Ihrem Weg zum Nordkap:
- Das Restaurant »*Sydvesten*«, ein besonderes Restaurant im Herzen von Oslo. Gutes Essen in nordnorwegischer Atmosphäre. Sowohl die Einrichtung des Restaurants als auch die Speisen sind geprägt durch enge Verbindungen mit dem nördlichen Teil des Landes. Spezialität: Fisch. Für Gruppen besondere Preise.
- Das *Langseth-Hotell* in Lillehammer. Hier wohnen Sie gut und preiswert in einem neurenovierten und familienfreundlichen Hotel. Viele Aktivitätsmöglichkeiten in der näheren Umgebung. Für Gruppen besondere Preise.
- Das »*Polarsirkelen Høyfjellshotell*« in Lønsdal am Polarkreis. Auf Ihrem Weg zum Nordkap ist das Hotel eine gute und preiswerte Übernachtungsmöglichkeit. Das Haus hat einen hohen Standard und ist familienfreundlich. Viele Aktivitätsmöglichkeiten wie Angeln und Jagen sowie Fuß- und Skiwanderwege in nächster Umgebung. Für Gruppen besondere Preise.

Bis zu 50% Rabatt in über 120 der besten Hotels Skandinaviens

Tyholmen Hotel, Arendal

Inter Nor Hotels A/L
Dronningensgate 40
N-0154 Oslo 1
Tel. 02 - 33 42 00
Telefax: 02 - 33 69 06

In Norwegen finden Sie uns an folgenden Orten:

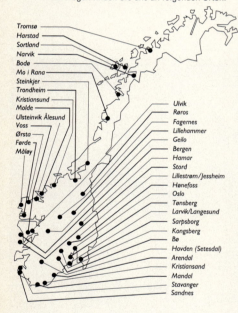

Sie erhalten den BonusPass auch bei:
NORTRA Marketing GmbH
Versandservice
Christophstraße 18-20
D-4300 Essen
Tel. 0201 - 78 70 48

oder bei unseren Agenten in der Bundesrepublik:
Airtours International (Frankfurt a. M.)
Deutsch-Finnische Gesellschaft Hof e.V. (Hof)
Finnland-Reiseagentur (Wiesbaden)
Finnland-Reisen (Freiburg i.Br.)
FJORDTRA Handelsgesellschaft mbH (Essen)
Janssen Reisen (Wittmund)
NSA-Norwegische Schiffahrtsagentur (Hamburg)
Reisebüro Herboth (Wilhelmshaven)
Reisebüro Norden (Hamburg/Düsseldorf)
Schwedisches Reisebüro (Berlin)
Skandinavisches Reisebüro (Frankfurt a.M./Stuttgart)
Skandireisen (Renningen)
Wolters Reisen (Bremen)

Sommer in Norwegen

Wenn der Sommer naht, verbannen die Norweger ihre Winterkleidung und ziehen sich Sommerhemd und Shorts an. Bei gutem Essen und einem kalten Pils sitzen sie in Straßenrestaurants und -cafés und genießen die langen und hellen Sommernächte. Am Meer sind sie entweder mit einem der vielen Boote unterwegs oder strecken ihre nackten Füße auf langen, schönen Stränden und Klippen aus. Im Gebirge machen sie oft lange Wanderungen - gerne auch über mehrere Tage. In den Städten werden Festivals und alle möglichen anderen Veranstaltungen durchgeführt.

Mit anderen Worten - Aktivitäts- und Erlebnismöglichkeiten gibt es mehr als jemals zuvor, und das sowohl für Kinder als auch für Erwachsene. In dieser Jahreszeit ist es kaum möglich, Norwegen zu besuchen, ohne von dieser lockeren Sommerstimmung mitgerissen zu werden, die überall in der Luft liegt.

Norwegen ist im Sommer am billigsten

Während der Sommersaison stellen die Boutiquen ihre Kleidungsstücke zu herabgesetzten Preisen auf der Straße aus. Hotels haben in dieser Zeit besonders günstige Sommerpreise und Restaurants bieten oft spezielle Sommermenüs. Auch die öffentlichen Verkehrsmittel haben zu dieser Jahreszeit niedrige Tarife. Deshalb muß man auch nicht mit dem Auto anreisen, wenn man soviel wie möglich von Norwegen zu erschwinglichen Preisen erleben will. So arbeiten die Inter Nor Hotels mit den skandinavischen Eisenbahnen zusammen - für Reisende, die das »Nordtourist«-Ticket haben, gilt dieses als Scandinavian BonusPass.

Scandinavian BonusPass - bis zu 50% Rabatt in erstklassigen Hotels

Immer mehr entscheiden sich dazu, während des Urlaubs im Hotel zu wohnen: das Essen wird serviert, das Zimmer gerichtet und die Menschen drumherum sorgen für Ihren Service und Komfort.

Mit dem Scandinavian BonusPass ist dies sogar ausgesprochen günstig - damit erhalten Sie in der Zeit vom 1.6. bis 1.9.1991 bis zu 50% Rabatt. Der BonusPass gilt für 2 Erwachsene und mitreisende Kinder in ca. 50 erstklassigen Hotels in Norwegen und 120 Hotels im gesamten Norden. Kinder bis einschließlich 15 Jahre übernachten kostenlos im Zimmer der Eltern und bezahlen nur NOK 20,- für das Frühstück. Die Hotels garantieren für ein Extrabett. Mitreisende Kinder bis einschließlich 15 Jahre, die in einem eigenen Zimmer wohnen, erhalten auf den Erwachsenenpreis 50% Rabatt. Mitreisende Kinder über 16 Jahre, die im Zimmer der Eltern wohnen, bezahlen NOK 85,- für ein Extrabett. Ein Erwachsener und mitreisende Kinder bezahlen den Einzelzimmerpreis.

Die Preise beim Scandinavian BonusPass variieren zwischen NOK 255,- und NOK 415,- pro Person im Doppelzimmer.

Das System des Scandinavian BonusPass ist ganz einfach. Vor der Reise kann man das erste und das letzte Hotel buchen, in dem man in Norwegen (oder im übrigen Norden) wohnen möchte. Während der Reise können Sie Ihre Zimmer von Hotel zu Hotel reservieren lassen. Bei der Ankunft in einem Hotel hilft Ihnen unser Empfangspersonal kostenlos bei der Zimmerreservierung für das nächste Hotel, in dem Sie wohnen möchten.

Familienferien mit dem BonusPass

Der Scandinavian BonusPass gilt täglich vom 1.6. bis 1.9.1991 in unseren Hotels in ganz Skandinavien. Außerhalb der Sommersaison gilt der BonusPass an Wochenenden in den Hotels in Norwegen, Dänemark und Finnland. Der BonusPass kostet DM 40,-. Sein Inhaber hat Anspruch auf die genannten Vorzugspreise.

Sommer am Sørfjord

FJORD Pass

Weitere Informationen erhalten Sie bei:
Norwegisches Fremdenverkehrsamt
Mundsburger Damm 27, D-2000 Hamburg 76,
Tel. 040 - 22 71 08 - 10, Telefax: 040 - 22 71 08 - 15

oder direkt bei:
Fjord Tours a/s
Postboks 1752 Nordnes, N-5024 Bergen
Tel. 05 - 32 65 50, Telefax: 05 - 31 86 56

Norwegen sei teuer, meinen viele. Dabei kann ein Urlaub in diesem Land weitaus preiswerter ausfallen als ursprünglich erwartet. Einen wichtigen Beitrag zur Kostensenkung leistet zum Beispiel der FJORD PASS, der preisgünstige Übernachtungen in ca. 240 komfortablen Hotels, gemütlichen Pensionen und anheimelnden Gebirgsgasthöfen im ganzen Land ermöglicht.

Abwechslung heißt die Devise: Mit dem FJORD PASS wohnen Sie im Hochgebirge, am Fjord, an der Küste oder im Landesinneren. Ob Sie sich für spannende Tage in der Stadt oder für einen ruhigen Aufenthalt in einem kleinen Ort irgendwo auf dem Lande entscheiden - fast überall werden Sie eine nette Übernachtungsmöglichkeit finden. Oft gibt es sogar die Auswahl zwischen mehreren Betrieben am selben Ort.

Eine Übernachtung mit Frühstück kostet mit dem FJORD PASS etwa zwischen DM 50,- und DM 98,-. Kinder unter drei Jahren schlafen gratis im Zimmer der Eltern, für junge Gäste zwischen 3 und 15 Jahren wird nur der halbe Preis berechnet. Ein Extrabett kostet altersunabhängig DM 26,-. Auch wer allein reist, spart mit dem FJORD PASS, denn damit beträgt der Einzelzimmerzuschlag nur ca. DM 32,-.

Der FJORD PASS ist flexibler als manche anderen Rabattsysteme. Man kann mehrere Tage am selben Ort bleiben oder auch jede Nacht woanders verbringen. Die Mitgliedsbetriebe bieten durchweg einen hohen Standard. Bei Ihrer Rundreise brauchen Sie sich nicht im voraus festzulegen, sondern übernachten dort, wo es Ihnen gefällt.

Durchqueren Sie das Land vom Süden bis in den Norden, von der schwedischen Grenze bis an die Westküste - sowohl entlang der Hauptverkehrswege als auch in entlegenen Regionen finden Sie kleine und große Hotels. So kann jeder mit dem FJORD PASS in der Tasche entsprechend seinen Interessen und seiner Geldbörse Urlaub nach Lust und Laune machen.

Wenn Sie allerdings ganz sicher sein wollen, können Sie alle Übernachtungen vorbestellen. Falls sich Ihre Pläne unterwegs ändern sollten: kein Problem - mit dem FJORD PASS stehen Ihnen alle Möglichkeiten offen.

Der FJORD PASS kostet DM 17,- und gilt für zwei Erwachsene und deren Kinder unter 15 Jahren im Zeitraum vom 1.5. bis 30.9.1991.

FJORD PASS-Verkaufsstellen:

NORTRA Marketing GmbH
Mundsburger Damm 45, D-2000 Hamburg 76

FJORDTRA im NOR-CENTER,
Rosastr. 4-6, D-4300 Essen 1, Tel. 0201 - 79 14 43
Telefax: 0201 - 79 18 23

Schwedisches Reisebüro
Joachimstaler Str. 10, D-1000 Berlin 15

Skandinavisches Reisebüro
Kurfürstendamm 206, D-1000 Berlin 15

Reisebüro Norden
Ost-West Str. 70, D-2000 Hamburg 11

Reisebüro Norden
Immermannstr. 54, D-4000 Düsseldorf 1

NORTRA Marketing GmbH Versandservice
Christophstr. 18-20, D-4300 Essen 1

Skandinavisches Reisebüro
Amtliches Reisebüro der Dänischen Staatsbahnen
Friedensstr. 1, D-6000 Frankfurt a.M. 1

Skandinavisches Reisebüro
Calwerstr. 17, D-7000 Stuttgart

Amtliches Bayrisches Reisebüro
Im Hauptbahnhof, D-8000 München 2

Reisebüro Glur
Spalenring 111, CH-4009 Basel

Lamprecht Reisen
Brandschenkestr. 6, CH-8039 Zürich

Blaguss Reisen
Wiedner Hauptstraße 15, A-1040 Wien

Fjord Tours a/s
Postboks 1752 Nordnes, N-5024 Bergen
Tel. 05 - 32 65 50, Telefax: 05 - 31 86 56

RICA Hotell- og Restaurantkjede

Rica Hotell- og Restaurantkjede A/S
Postboks 453
N-1301 Sandvika
Tel. 02 - 54 62 40
Telefax: 02 - 51 82 44
Telex: 74 899

Die 24 erstklassigen Hotels der Rica-Gruppe bieten von Kristiansand bis Hammerfest und Kirkenes ausgezeichneten internationalen Service. Die Hotels dieser größten privaten Hotelkette Norwegens befinden sich durchweg in günstiger, zentraler Stadtlage. Das flächendeckende Angebot der Rica Hotels bietet Gruppenreisenden eine optimale Möglichkeit, Touren zu planen. Individualtouristen, die mit der »Fjordpass«-Karte reisen, gewährt die Hotelkette in Zusammenarbeit mit 290 anderen bekannten Hotels in ganz Norwegen zwischen 40 und 50 Prozent Rabatt auf die regulären Preise. Buchungen können im voraus beim jeweiligen Hotel oder bei der Buchungszentrale in Sandvika vorgenommen werden.

Allein in Oslo gibt es 5 Rica Hotels, von denen zwei mitten im Zentrum liegen. Nordwärtsreisenden Autotouristen kann Rica Hotels in Gjøvik/Hamar/Lillehammer, Trondheim/Værnes, Sandnessjøen, Hammerfest und in Kirkenes anbieten. Ganz neu ist das Rica Nordkapp Hotel, das am 15. Mai 1991 öffnet und 200 moderne, gut ausgestattete Doppelzimmer am Nordkap anbieten kann. Von unseren zwei Hotels in Kirkenes werden täglich visafreie Tagesausflüge mit dem Schiff nach Murmansk angeboten, von Hammerfest aus tägliche Bootsausflüge zum Nordkap. Auskünfte und Buchungen bei Ricas zentralem Buchungsbüro.

Rica Hotells finden Sie in Kirkenes, Nordkapp, Hammerfest, Sandnessjøen, Trondheim/Værnes, Kristiansund, Ålesund, Bryne, Kristiansand, Skien, Tjøme, Drammen, Oslo, Gjøvik, Hamar und Lillehammer.

Das Rica Hell Hotel, Værnes

Willkommen im

INTER NOR
Royal Christiania Hotel
Oslo

- eine gastfreundliche Oase im Zentrum von Oslo.

Hotel Royal Christiania
Postboks 768 Sentrum
N-0106 Oslo 1
Tel. 02 - 42 94 10
Telefax: 02 - 42 46 22

Hotel Royal Christiania

Das Hotel liegt ganz zentral gleich gegenüber dem Hauptbahnhof, der Haltestelle des Flughafenbusses und einem Einkaufszentrum. Auch Oslos Sehenswürdigkeiten und kulturelle Angebote lassen sich alle zu Fuß erreichen. Für Autofahrer steht dennoch eine eigene Garage zur Verfügung, Linienbusse und Straßenbahnen halten direkt vor der Tür. Das Hotel verfügt über 456 komfortable Zimmer, von denen 100 Zwei-Zimmer-Suiten sind, die sich u.a. auch als Familienzimmer eignen.

Für das leibliche Wohl und interessante Abwechslung sorgen drei Restaurants, drei Bars, ein Nachtcafé und ein Pub, die alle ihre ganz persönliche Atmosphäre und passende Angebote für jeden Geldbeutel haben. Die Konferenz- und Banketträumlichkeiten des Royal Christiania bieten Platz für bis zu 400 Personen. Für Fitneß und Entspannung sorgt das Erholungszentrum, in dem den Gästen ein Swimmingpool, Saunen, ein türkisches Bad, Solarium, Trainingsgeräte und Möglichkeiten zur Hautpflege zur Verfügung stehen. Damit auch die Kleinen nicht zu kurz kommen, steht den Kindern während des Sommers ein Spielzimmer zur Verfügung. Da das Hotel Mitglied der »Scandinavian BonusPass«-Kette ist (siehe Inter Nor-Anzeige), bietet das Royal Christiania Hotel während der Sommermonate günstige Übernachtungsmöglichkeiten. Das gilt insbesondere für Familien, da Kinder unter 15 Jahren kostenlos im

Zimmer ihrer Eltern übernachten. Das Café Atrium bietet zusätzlich Familienmenüs an.

Buchungen durch Ihr örtliches Reisebüro oder direkt beim Hotel.

Weitere Informationen bei:
Best Western Hotels Norwegen
Storgaten 117, Postboks 25
N-2601 Lillehammer
Tel. 062 - 57 266
Telefax: 062 - 52 159
Telex: 72 149

FJORDTRA im NOR-CENTER
Rosastr. 4-6
D-4300 Essen 1
Tel. 0201 - 79 14 43
Telefax: 0201 - 79 18 23

Ob Sie allein, zu zweit oder mit Ihrer Familie reisen, die Best Western Hotelcheques Scandinavia sind immer richtig für Sie. Nicht nur in Norwegen, sondern auch in Dänemark, Finnland und Schweden können Sie 1991 mit den Schecks Ihre Übernachtungskosten senken. Insgesamt haben Sie die Möglichkeit, zwischen 141 Hotels zu wählen (Norwegen 61, Dänemark 25, Finnland 11 und Schweden 44).

Bergen

Scheckinhaber zahlen pro Person/Tag im Doppelzimmer mit Dusche oder Bad/WC einschließlich Frühstück ab NOK 230,-. Ein Kind unter 15 Jahren übernachtet gratis im Bett der Eltern, für ein Extrabett wird der halbe Preis berechnet. Die Best Western Hotelcheques Scandinavia gelten in Norwegen und Dänemark zwischen dem 15.5. und 15.9., in den beiden anderen Ländern vom 1.6. bis zum 1.9. Sie sind bei den meisten Skandinavien-Reiseveranstaltern (NSA, Reisebüro Norden, Skandinavische Reisebüros, Stena Line, Wolters u.a. sowie Finlandia Reisen, Glur in der Schweiz und ÖAMTC in Österreich) erhältlich. Alle genannten Reiseveranstalter werden durch viele Reisebüros in Ihrer Nähe vertreten. Vorausreservierungen, die über die Zentralbüros der Best Western Hotels vorgenommen werden, sind nur für die erste Übernachtung möglich. Bei allen weiteren Reservierungen (max. 3 Tage vor Ankunft) helfen die Hotels, ein Telefongespräch zur Buchung ist dabei gratis.

In Norwegen sind alle Best Western Hotels dem vorteilhaften Schecksystem angeschlossen. Die Mitgliedhotels eignen sich sowohl im Sommer als auch im Winter hervorragend für einen längeren Aufenthalt. Weitere Angaben finden Sie in dem ausführlichen Prospekt und dem übrigen Informationsmaterial, das Sie beim Reiseveranstalter, Ihrem Reisebüro oder direkt vom Hauptbüro in Norwegen erhalten.

Best Western Hotels finden Sie in folgenden Städten und Orten: Asker (Oslo), Balestrand, Beitostølen, Bergen, Byglandsfjord, Dombås, Førde, Geilo, Gjøvik, Gol, Grimstad, Grotli, Hornindal, Hovden, Jevnaker, Kinsarvik, Kongsberg, Kristiansand, Kristiansund, Lakselv, Lillehammer, Lærdal, Melbu, Nesbyen, Olden, Oppdal, Oslo, Rjukan, Røros, Sjusjøen, Skei (Jølster), Skånevik, Stavanger, Surnadal, Trondheim, Trysil, Tønsberg, Vinstra, Voss, Ytre Vinje, Øystese.

Willkommen zu Naturerlebnissen, behaglicher Atmosphäre und gutem Essen !

Günstige Preise ab DM 110,-/Tag für Übernachtung, Frühstück, Mittags-Buffet und Drei-Gänge-Menü. Fjordpass - Inhaber sind herzlich willkommen.

Weitere Informationen bei:
Ranten Hotell
Myking
N-3540 Nesbyen
Tel. 067 - 73 445
Telefax: 067 - 73 463

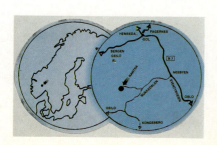

Das Ranten Hotell

Das Ranten Hotel liegt in einer sehr schönen Umgebung, einer alten, traditionsreichen Almsiedlung, die Ruhe bietet. Hier gibt es frische Luft, sauberes Wasser und während der Sommermonate lange helle Abende. Für Aktivitäten im Freien stehen ein beheizter Swimming-Pool, Angelgewässer, Wanderwege, Fahrräder und ein Boots-Verleih zur Verfügung.

Das Hotel ist für seine außergewöhnliche Architektur, seine Behaglichkeit und für sein gutes, traditionelles norwegisches Essen bekannt. Die komfortablen Zimmer haben alle Dusche / WC und sind mit Telefon, Radio und Fernsehen ausgestattet.

So kommt man nach Ranten

Ranten liegt zwischen OSLO und BERGEN und ist mit Auto, Bus oder Bahn leicht zu erreichen. Von NESBYEN folgt man der Straße 214 in Richtung TUNHOVD. Nach ca. 12 km biegt man in Richtung MYKING und RANTEN ab. Von RØDBERG fährt man auf der Straße 120 bis TUNHOVD und folgt dann der Straße 214 bis zur Beschilderung nach MYKING und RANTEN.

Silk Hotels - mitten in der Natur

Behaglichkeit und gute Küche

Für weitere Informationen wenden Sie sich bitte an:
Silk Hotels A/S
Torget 15, N-5014 Bergen
Tel. 05 - 32 91 30, Telefax: 05 - 96 03 32
Nystuen Høyfjellshotell/Maristuen
N-2985 Tyinkrysset
Tel. 063 - 67 710
Bergsjø Høyfjellshotell
N-3575 Bergsjø
Tel. 067 - 84 630

Buchung:
Nystuen/Maristuen
Tel. 063 - 67 710,
Telefax: 063 - 67 754
Bergsjø
Tel. 067 - 84 630,
Telefax: 067 - 84 784

Drei unterschiedliche, aber gleichwohl herrliche Unterkünfte in der norwegischen Bergwelt - das sind die Silk Hotels: das Nystuen Høyfjellshotell und Maristuen Apartement auf dem Filefjell und das Bergsjø Høyfjellshotell (1.080 m.ü.d.M.) nördlich von Ål im Hallingdal. Trotz ihrer individuellen Note haben alle Hotels eines gemeinsam: ein komfortables Inneres mit Bar, Cafeteria und Restaurant sowie ein attraktives Freizeitangebot: Sauna, abendliche Tanzmusik und ein weitläufiges Netz an Wanderwegen und markierten Loipen in der umliegenden faszinierenden Gebirgswelt.

Das **Nystuen Høyfjellshotel**, das im Frühjahr 1991 total renoviert wird, verfügt über 52 Zimmer und sechs gutausgestattete Hütten mit insgesamt 150 Betten. Übernachtung mit Frühstück schon ab NOK 240,-, Vollpension ab NOK 400,-. Die Verbindung zwischen traditionellem lokalen Baustil, modernem Komfort und prachtvoller Natur garantiert einen angenehmen Aufenthalt und gute Erholung.

Nicht weniger attraktiv ist **Maristuen Apartement**, das über gutausgestattete Wohnungen für 4 bis 5 Personen verfügt. Alle haben Dusche/WC, eine eigene Küche, Telefon und Radio/TV. Zum Haus gehören zusätzlich ein Schwimmbad, Solarium, und ein Fitneß-Raum. Für Aktivitäten außerhalb von Maristuen Apartement stehen u.a. Boote, Fahrräder und Cricketspiele zur Verfügung.

Etwas ganz Besonderes ist auch das

Schwimmbad in Maristuen

Bergsjø Høyfjellshotell. Mitten in Norwegens schönster Gebirgsnatur bietet das gemütliche Hotel 60 Zimmer mit Dusche/Bad/WC, Kaminzimmer, Schwimmbad mit Sauna und Solarium und abends Musik und Tanz. Wintersportlern stehen 200 km markierter Loipen in Wald und Gebirge, ein naher Schlepplift sowie ein Skiverleih zur Verfügung. Auf Angler warten mehr als zehn Flüsse und Seen. Ruder- und Segelboote werden kostenlos verliehen. Erlebnisreiche Tage für die ganze Familie - willkommen in den Silk Hotels!

First class und zentral

Savoy Hotel, Universitetsgt. 11,
N - 0164 Oslo 1, Tel. 02 - 20 26 55,
Telefax: 02 - 11 24 80,
Telex: 76 418 savoy n

Hotel Europa
Hotel Europa, St. Olavsgt. 31,
N - 0166 Oslo, Tel. 02 - 20 99 90,
Telefax: 02 - 11 27 27, Telex: 71 512 eurht n.

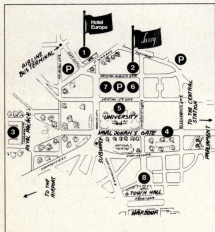

① Hotel Europa ⑤ Universität
② Savoy Hotel ⑥ Nationalgalerie
③ Königsschloß ⑦ Museum
④ Hauptstraße ⑧ Stadthalle
Karl Johan`s Gate (Parkmöglichkeit)

Savoy Hotel

Wenn sie in Oslo nur einen Katzensprung von der Karl Johan entfernt wohnen möchten, dann ist das *Savoy Hotel* genau die richtige Adresse für Sie. Gegenüber liegt die Nationalgalerie. Das Savoy ist ein gemütliches Hotel mit besonderer Atmosphäre. Die Zimmer sind hell und freundlich und bieten der ganzen Familie Platz. Restaurant und Bar sind gleich im Haus. Das Restaurant Savoy ist bekannt für sein gutes Essen zu günstigen Preisen, und die Bar im Savoy ist ein beliebter Treffpunkt der Osloer.

Sie werden sich wohlfühlen!

Das *Hotel Europa* ist ganzjährig eines der populärsten Hotels in Oslo. Der Flughafenbus hält direkt vor der Tür. Erleben Sie das Flair des »Europa« - eine rundherum freundliche und behagliche Atmosphäre, zu der nicht zuletzt das aufmerksame Hotelpersonal beiträgt. Hier wohnen Sie mitten im Zentrum in erstklassigen, hochmodernen Zimmern, die u.a. mit Kabel - TV, extra breiten Betten und Minibar ausgestattet sind. Für Nichtraucher stehen eigene Zimmer zur Verfügung.

Das »Europa« ist für sein vorzügliches Frühstück bekannt, das im gemütlichen Frühstücksraum serviert wird.

Im Hotel Europa

Diese Bilder stammen aus dem Norwegen - Kalender 1991. Genießen Sie die norwegischen Jahreszeiten mit diesem Kalender, und entdecken Sie das Land im Großformat.

Erleben Sie die Faszination einer Landschaft. Diesen hochwertigen Fotokalender erhalten Sie für DM 39,80 inkl. Verpackung und Versandkosten (bester Vierfarbdruck auf Kunstdruckpapier im Format 46 x 44 cm). Hinweise zur Bestellung finden Sie auf den Seiten 224 / 225.

Das Reich der Gleichzeitigkeit

Norwegen im wirtschaftlichen Aufbruch
Von Egil A. Hagen

Der deutsche Schriftsteller Hans Magnus Enzensberger fand bei einem Besuch in Norwegen seine bereits vor 25 Jahren getroffene Feststellung bestätigt, daß die Uhren hierzulande immer anders gegangen sind als die des westeuropäischen Kontinents. Er nannte das Land das »Reich der Ungleichzeitigkeit«. Betrachtet man jedoch das Nebeneinander von Traditionspflege und wirtschaftlichem Aufbruch genauer - ist es dann nicht vielmehr das Reich der Gleichzeitigkeit?

Schon immer war die See für die Norweger der günstigste Transportweg. Vor mehr als 1.000 Jahren trugen ihre legendären Langschiffe sie bis an die Ufer ferner Kontinente. Die bedeutendsten Siedlungen des Landes liegen an der durch warme Meeresströmungen klimatisch bevorzugten Küste, an der die Mehrzahl der Bürger des Königreiches leben. Die See aber ist auch Nahrungsquelle ersten Ranges: Fischfang war und ist für die Versorgung wie für den Handel von größter Bedeutung. War noch vor wenigen Jahrzehnten der Stockfisch, der noch heute an der kalten, reinen Luft Nordnorwegens getrocknet wird, Exportgut Nummer eins einer blühenden Fischwirtschaft, so sind es heute rund 20.000 Fischereifahrzeuge und mehr als 100 hochmoderne Gefrieranlagen, die den Segen des Meeres veredeln und verarbeiten.

Vom Fischfang zur Fischfarm

Doch aus den Fischern von einst sind zu einem großen Teil Manager von Aquakultur-Betrieben geworden. Und nicht mehr Hering und Makrele stehen im Mittelpunkt, sondern der Lachs. Denn der wichtige Exportartikel Fisch stammt längst nicht mehr nur aus dem Fang auf offener See: Er wird qualitativ wie quantitativ bedarfsgerecht in speziellen Anlagen entlang der Küste gezüchtet.

Über 100.000 Tonnen Zuchtlachs im Wert von nahezu einer Milliarde D-Mark stellen fast ein Drittel der gesamten Ausfuhr des Landes an frischem, gefrorenem, getrocknetem oder geräuchertem Fisch dar. Auch in einem anderen Bereich sind die Norweger der Tradition treu geblieben: In der Schiffahrt. Das Land, das mit etwa 4,2 Millionen Einwohnern nur ein Promille der Weltbevölkerung stellt, verfügt immerhin über acht Prozent der Welt-Handelsflotte. 1.500 in der internationalen Seefahrt eingesetzte Schiffe sind in norwegischem Besitz und repräsentieren mit über 50 Millionen Bruttoregistertonnen die drittgrößte Handelsflotte der Welt.

Die von der norwegischen Schiffahrt jährlich erwirtschafteten Auslandserträge belaufen sich auf rund 12 Milliarden Mark. Das ist immerhin ein Fünftel des Gesamtwertes norwegischer Exporte, einschließlich Rohöl und Erdgas.

Norwegens Reeder besitzen zudem 81 hochmoderne Bohr- und Service-Schiffe sowie 75 bewegliche Öl-Plattformen, sogenannte »Jack-ups«. Das entspricht einem Anteil von 15 Prozent an der internationalen Plattform-Flotte: Nur die USA rangieren noch vor Norwegen.

Ölbohrfeld »Frigg«

Freizeit-Schipper in aller Welt, sofern sie Komfort, Sicherheit und solide Verarbeitung schätzen, richten ihr Augenmerk dagegen mehr auf Sportboote aus Norwegen. Auf der jahrhundertealten Tradition in der Konstruktion kleiner, seetüchtiger Fischereifahrzeuge fußend, zeigt der Bootsbau in Norwegen einen hohen Standard. Jede zweite Familie des norwegischen Königreiches besitzt ein eigenes »funboat«.

Natur nutzen - Natur schützen

Neben modernem Styling und exzellenter Technik berücksichtigen norwegische Boote konsequent den Umweltschutz. Motoren der jüngeren Generation sind erheblich leiser und emissionsärmer, für die Schmierung werden geschlossene Systeme verwendet. Die neuen, organisch abbaubaren Schmierstoffe verursachen ohnehin keinerlei ökologische Belastungen mehr. Rund 2.500 Beschäftigte in den zirka 100 Bootswerften des Landes fertigen jährlich über 20.000 Einheiten. Ihr Wert beläuft sich umgerechnet auf 180 Millionen Mark. Rund 20 Prozent der Boote werden exportiert, und nach Schweden ist die Bundesrepublik das wichtigste Abnehmerland. Große Energiemengen werden aus der Wasserkraft gewonnen, aus der Norwegen rund 80 Prozent seiner gesamten elektrischen Energie bezieht. Die Bewohner des »Landes der 1.000 Wasserfälle« haben denn auch den höchsten Pro-Kopf-Verbrauch an Elektrizität: Rund 26.000 Kilowattstunden pro Einwohner und Jahr sind Weltrekord.

Vor allem liefert die Wasserkraft aber die Energie für mehrere energieintensive Branchen. So kommt es, daß Norwegen weltweit führende Positionen bei der

Veredelung von Metallen einnimmt, insbesondere bei Aluminium und anderen Nichteisen-Metallen.

Leichtmetall und schwarzes Gold

Elkem, eines der größten norwegischen Unternehmen, ist bei Ferro-Silicium die Nummer eins auf dem Weltmarkt. Norsk Hydro steht an der Spitze der Magnesiumproduzenten in der Welt. Hydro Aluminium ist größter Einzelproduzent von Alu-Profilen in Europa.

Haben sich die Norweger jahrhunderte-

Exportartikel Fisch

lang über Wasser gehalten, entdeckten sie Ende der sechziger Jahre einen Unterwasserschatz: das Öl. Nachdem 1972 die ersten Ölexporte einsetzten, hat sich kein anderer Wirtschaftszweig derart sprunghaft entwickelt und der Bevölkerung einen bis dahin ungeahnten Wohlstand beschert. Die Norweger zählen zu den Bürgern mit dem höchsten Pro-Kopf-Einkommen in der Welt. Das sie allerdings, wie viele Touristen festellen müssen, mit einem relativ hohen Preisniveau bezahlen.

Norwegen besitzt heute rund die Hälfte aller in Europa nachgewiesenen Gas-Reserven und etwa 60 Prozent der Ölvorkommen. Auf dem Festlandssockel wurden bislang 5,15 Milliarden Tonnen Erdöl-Äquivalente entdeckt. Lediglich 15 Prozent, das sind 0,76 Milliarden Tonnen, wurden bislang gefördert. Die tägliche Fördermenge beträgt ungefähr 1,55 Millionen Barrels, damit wird Norwegen derzeit nur von Saudi-Arabien, Iran und Venezuela übertroffen.

Die notwendigen hohen Investitionen vor allem in die Offshore-Technik gaben entscheidende Impulse für den Ausbau der Computer- und Nachrichtentechnik im Land. Das norwegische Telekommunikations-System zum Beispiel, mit digitalem Datennetz, Satelliten-Technik und mobilen Diensten, ist eines der fortschrittlichsten in der Welt. Es ermöglicht den Teilnehmern den Zugriff auf zahlreiche internationale Datenbanken. Norwegen hat zudem die höchste Dichte an Mobiltelefonen aller Länder.

Mit einem breiten Angebot innovativer Produkte und branchenspezifischer Lösungen für die Sprach- und Datenverarbeitung hat sich die norwegische Informations- und Kommunikations-Industrie längst international einen Namen gemacht. Wie keine andere Branche haben sich Unternehmen, darunter Norsk Data, Tandberg Data, Norsk Computer Industrie und andere, dem internationalen Wettbewerb mit etablierten Konkurrenten gestellt.

Vier renommierte Firmen, Computas, Informasjonscontrol, Norsk Data und Spacetec brachten ihre Erfahrungen aus der Offshore-Technik, der Telemetrie, der Meteorologie und der Atomforschung ein und gründeten gemeinsam das Unternehmen Norspace. Die neue Organisation wickelt Aufträge der europäischen Raumfahrt-Agentur ESA und der Boden-Empfangsstation Tromsø für den ERS-1-Satelliten ab. Dazu gehören die Verarbeitung von Meßdaten und die Bildverarbeitung von Radaraufzeichnungen. Auch beim Raumstationprogramm Columbus arbeitet Norspace bereits mit Matra, Frankreich, und MBB in der Bundesrepublik zusammen.

Das Bild der modernen Industrienation Norwegen wäre unvollständig ohne die Erwähnung vieler kleiner Branchen, die nach wie vor auf traditioneller Grundlage tätig sind. Dazu gehört eine leistungsfähige, sich auf hohem Produktions- und Verarbeitungsniveau bewegende Nahrungsmittelindustrie, deren Angebot neben einer breiten Palette von Fischprodukten auch die in aller Welt geschätzten Käsesorten und Backwaren aller Art umfaßt.

Doch der Norweger ißt nicht nur gern und gut, er gibt auch unter den europäischen Nachbarn das meiste Geld für Möbel aus. Die 4,2 Millionen Einwohner pflegen ihre Wohnkultur jährlich mit umgerechnet über einer Milliarde Mark. Rund 500 Firmen stellen in Norwegen Möbel in erstklassiger Verarbeitung und in stilvollem, typischen Design her.

1000 m² Ausstellungsräume mit skandinavischem Kunsthandwerk und Schmuck aus eigener Werkstatt
Täglich geöffnet von 8.30 Uhr bis 22.00 Uhr

JUHLS SILVERGALLERY, KAUTOKEINO

Norwegens Wälder liefern hochwertiges Kiefern-, Fichten- und Birkenholz, daneben werden Aluminium aus inländischer Produktion und Stahl verarbeitet, eine kleine aber feine Textilindustrie liefert die Bezüge, wenn dafür nicht norwegische Rinder ihre Haut zu Markte tragen müssen.

Tüftler, Trolle, Traditionen

Typisch Norwegisches spiegelt sich nach wie vor in den Erzeugnissen des Kunsthandwerks wieder, das in Arbeiten aus Glas, Porzellan, Metall, Holz und Textilien sichtbar wird. Viele dieser Produkte machen deutlich, wie sehr Tradition und Naturverbundenheit auch die Kultur eines Landes prägen.

Vielleicht ist es gerade dieser Bereich der norwegischen Wirtschaft, der unterstreicht, daß dieses Land ein Reich der Gleichzeitigkeit ist, dessen Bewohner in Tausenden von Metern unter dem Meeresboden mit atemberaubender Technik dem schwarzen Golde nachjagen und gleichzeitig in ihrer Freizeit in mehr als 400.000 »hytter« die Naturburschen herauskehren. Was, so mag der Reisende fragen, ist denn noch typisch an Norwegen? Ist es die »hardingfele«, die alte norwegische Fiedel? Oder der »geitost«, der nach Karamel schmeckende Ziegenkäse? Sind es die Stabkirchen, die alten Trachten, die Holzschnitzereien, die bunten Häuser und die Fischspezialitäten?

Oder ist es typisch norwegisch, daß mehr als 50 Prozent der Gesamtbevölkerung berufstätig sind, wobei 13 Prozent ein

Geschmackvoll und beliebt: norwegische Keramikprodukte

Hochschulstudium absolviert haben? Daß die Norweger einen eigenen, kooperativen Stil der Zusammenarabeit pflegen, der den Menschen in den Mittelpunkt der unternehmerischen Überlegungen stellt, die Kreativität der Mitarbeiter fördert und damit enorme Kräfte für die Entwicklung avancierter Technik freisetzt? Nein, typisch norwegisch ist, daß es beides gibt: Die Liebe zur Natur ebenso wie den Drang zur Forschung in der Biotechnik, der Medizin und der Ökologie. Die Wikinger entdecken ihren Spaß an High Tech. Norwegen - das Reich der Gleichzeitigkeit.

Der Autor: Konsul Egil A. Hagen ist Leiter des Norwegischen Exportrates in der Bundesrepublik Deutschland. Als Diplom-Kaufmann und Hobby-Segler trat er nach kurzem Gastspiel in der heimischen Nahrungsmittel-Industrie in die Dienste des Norwegischen Exportrates. Von 1978 bis 1982 sammelte er Erfahrungen in London, bevor ihm die Leitung der Abteilung für deutschsprachige Länder im Hauptbüro des Norwegischen Exportrates anvertraut wurde. 1986 übernahm der mit einer Osloerin verheiratete Vater zweier Kinder seinen derzeitigen Posten im Kgl. Norwegischen Generalkonsulat in Düsseldorf.

Dale of Norway -
»Der Name, der norwegische Pullover weltbekannt gemacht hat.«

Eine Top-Kollektion norwegischer Pullover präsentiert der größte Pullover-Hersteller des Landes, die Firma Dale of Norway. Sowohl die hand- als auch die maschinengefertigten Pullover sind Spitzenprodukte unter skandinavischen Pullovern und überzeugen durch Design, Tradition, Qualität und Preis.

Dale A/S, N-5280 Dalekvam
Tel. 05 - 59 60 01,
Telefax: 05 - 59 67 32

Unsere Vertretung in der Bundesrepublik Deutschland:

Sport-Mode-Vertriebs GmbH, Egon Rehagel,
Langmannskamp 30,
4300 Essen 14
Tel. 0201 - 51 35 61,
Telefax: 0201 - 51 29 61

Maya, das Weltberühmte

Die einzige norwegische Firma, die Qualitätsbesteck aus rostfreiem Stahl herstellt, hat ihren Sitz in Ytre Sandviken/Bergen. Neben Funktionalität wird bei Norsk Stålpress viel Wert auf zeitloses und ästhetisches Design gelegt. Besonders stolz ist man auf die Erfolge bei norwegischen und sogar internationalen Ausstellungen. So stellt zum Beispiel das bekannte »Philadelphia Museum of Art« Besteck der norwegischen Firma aus.

Durch seine zeitlose Form ist das Besteck »Maya« ein richtiger »Renner« geworden. Es wurde 1960 von dem Designer Tias Eckhoff für Norsk Stålpress entworfen und mittlerweile in über 3 Millionen (!) Teilen verkauft. Die Herstellung des Bestecks erfordert bis zu 20 unterschiedliche Arbeitsgänge. Seine endgültige Form erhält es in einer Presse mit einem Druck bis zu 700 Tonnen. Letzter Arbeitsgang ist schließlich das Polieren. Soviel Sorgfalt hat natürlich ihren Preis - als Gegenleistung erhalten Sie aber ein Qualitätsprodukt, das höchsten Ansprüchen gerecht wird. Und das ist wiederum typisch norwegisch ...

 Norsk Stålpress A/S
Postboks 3440 Ytre Sandviken
N-5022 Bergen
Tel. 05-25 85 00
Telefax: 05-25 63 35

Zu kaufen in allen Rosenthal Studio-Häusern, bei BODO GLAUB in Köln und Böhmler Einrichtung, München

In seiner Heimat ist er seit eh und je eines der beliebtesten »Lebenswasser«, aber in den letzten Jahren hat er auch bei uns einen großen Kreis von Freunden gewonnen, die das Besondere schätzen: der Linie Aquavit.

Seine einzigartige Herstellung macht ihn zu der wohl ungewöhnlichsten Spirituose unserer Tage. Zunächst schlummert er dem aufregenden Moment seiner Reise entgegen. In alten Sherryfässern, die auf ihrer monatelangen Reise von Norwegen über Australien rund um die Welt zweimal den Äquator passieren, reift er heran. Dabei vereint sich der natürliche Gehalt der Würzkräuter mit den Geschmacksstoffen des alten Sherry im Faß. Die »Weltreise im Faß« trägt zu einem vollendeten Genuß bei.

Schon seit mehr als 100 Jahren bringen die Schiffe der Wilhelm Wilhelmsen Reederei die Sherryfässer mit ihrem köstlichen Inhalt von Norwegen über Australien und zurück. Auf jeder einzelnen Flasche steht auf der Rückseite des Vorderetiketts - durch die Flasche hindurch sichtbar -, auf welchem Schiff und in welcher Zeit die »Reifereise« stattfand.

So schmeckt Linie am besten

Linie Aquavit genießt man am besten so, wie es die Norweger tun: eisgekühlt aus ungekühlten Originalgläsern. Auf diese Weise kommen sein mildes Aroma und die leichte Sherry-Note besonders gut zur Geltung. Und beim Eingießen beschlägt das Glas, so daß auch der optische Eindruck nicht zu kurz kommt. Goldgelb leuchtet der Linie Aquavit in den edlen Originalgläsern mit dem markanten Stiel. Kenner wissen den Anblick eines stilgerecht servierten Aquavit zu schätzen.

Seit 1976 bringt das Flensburger Markenspirituosenunternehmen Herm. G. Dethleffsen den weltbekannten Aquavit als Alleinimporteur in die Bundesrepublik und - seit Mitte 1989 - auch in die anderen Staaten der Europäischen Gemeinschaft. Schon zum Start des Linie Aquavit in Deutschland Mitte der siebziger Jahre stand für Herm. G. Dethleffsen fest: Zu diesem ungewöhnlichen Aquavit gehört auch ein besonderes Glas! So wurde das markante Linie-Glas entwickelt, das bis heute nur auf dem deutschen Markt erhältlich ist.

Glas und Produkt bildeten von Anfang an im Erscheinungsbild der Marke und im Bewußtsein der Verbraucher eine Einheit. So trägt das extravagante Glas erheblich zur Verbreitung des Linie Aquavit auf dem deutschen Markt bei. Gastronomen erkannten und nutzten zunehmend den »Fortpflanzungseffekt«: Gäste, die am Nebentisch das Servieren eines Linie Aquavit in den attraktiven Gläsern beobachten, probieren gern selbst diese Spezialität. Der Erfolg blieb nicht aus. Über 3 Millionen Linie-Gläser wurden mittlerweile ausgeliefert.

Mit maritimem Touch auf dem richtigen Kurs

In den letzten Jahren baute das Haus Herm. G. Dethleffsen sein Angebot an stilvollen Accessoires weiter aus und konnte damit zunehmend Erfolge verzeichnen.

Das Linie-Kajütbord aus echtem Mahagoni bietet sicheren Platz für sechs Original-Linie-Gläser, die einzeln verriegelt eingehängt werden.

Auch Landratten können mit dem Kajütbord ihrer Hausbar einen maritimen Anstrich geben. Zudem finden sich in manchen Gastronomiebetrieben die exklusiven Servierständer für Linie-Gläser oder auch speziell entwickelte Tisch- und Menükarten. Wer Linie stilgerecht in Originalgläsern serviert, wird vom Importeur mit dem geschmackvollen Linie-Depotschild ausgezeichnet.

Ob zu Hause oder im gepflegten Restaurant: mit einem »Linie« genießt man weltweit - im norwegischen Stil.

Aquavit mit der Äquator-Reife

Alleinimporteur für Bundesrepublik Deutschland und EG-Staaten:
Herm. G. Dethleffsen GmbH & Co
Schleswiger Straße 107
D-2390 Flensburg
Tel. 0461 - 99 88-0
Telefax: 0461 - 99 88 325
Telex: 22 828 hgd d

Souvenirs zum Mitnehmen

Das »Made in Norway«-Etikett garantiert für Qualität

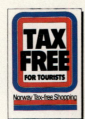

Turistfondet
Handelens Hovedorganisasjon
Drammensveien 30
N-0255 Oslo 2
Tel. 02 - 55 82 20
Telefax: 02 - 55 82 25

Spezialitäten und »Schnäppchen«

Norwegische Spezialitäten - was in aller Welt ist das? Wenn Sie die Norweger fragen, antworten sie: Praktische Freizeitkleidung, Sportartikel, Glas, Pozellan, Pelzwaren und Schmuck. In diesen Bereichen haben sie nämlich eine lange Tradition.

Es ist nur natürlich, daß norwegische Freizeitkleidung von hohem Standard ist. Dasselbe gilt für Zelte, Schlafsäcke, Regenkleidung, Gummistiefel usw. - alles wurde im Hinblick auf das rauhe skandinavische Klima hergestellt.

Das gilt auch für Pelzwaren. Hier sind die Norweger qualitäts-, mode- und preisbewußt. Die Auswahl ist sehr groß und das Design oft neu und überraschend.

Norwegisches Design ist allgemein für seine einfachen, klaren Linien bekannt, z.B. bei Glas, Porzellan, Keramik - und Zinn. Das norwegische Zinn ist bleifrei und kann ruhig zum Servieren verwendet werden.

Die Schmuckkunst ist auch etwas ganz Besonderes, das gilt für die traditionellen silbernen Filigranbroschen ebenso wie für das moderne Schmuckdesign mit der Verwendung von norwegischen Natursteinen (Thulit heißt der Nationalstein).

Das echte Souvenir

Sie finden sie überall - Souvenirs in tausend verschiedenen Gestalten. Wählen Sie nicht unbedingt das Teuerste, sondern sorgen Sie dafür, daß Ihre Wahl den Stempel »Made in Norway« trägt. Das ist am sichersten.

Holzfiguren, Schalen und Schüsseln sind beliebte Souvenirs. Holzschnitzerei und Akanthusmuster-Malerei gehören in Norwegen zur Volkskunst, und die angebotenen Artikel wurden oft von örtlichen Künstlern hergestellt.

Trolle, Wikingerschiffe und Wikinger gibt es in Hülle und Fülle. Das gilt auch für Puppen in Volkstracht. Aber vielleicht suchen Sie etwas Praktisches? Ein handgemachtes Fahrtenmesser? Einen Käsehobel (eine norwegische Erfindung für den Ziegenkäse)? Oder vielleicht lieber einen Pullover, eine Mütze oder ein Paar Fäustlinge mit dem traditionsreichen Muster? Etwas Norwegischeres gibt es nicht!

Tax-free Shopping und Kreditkarten

Die Mehrwertsteuer ist in den Preisen der Geschäfte enthalten und beträgt 16,67% der Kaufsumme.

Bei Waren, die aus Norwegen ausgeführt werden, wird die Mehrwertsteuer rückerstattet. Nach Abzug einer Gebühr erhalten Sie 10-14% der Kaufsumme. Das Geld bekommen Sie in bar, auch wenn Sie die Waren mit einer Kreditkarte bezahlt haben - und die Rückzahlung kann ohne Wartezeiten an Flughäfen, auf Fähren und an wichtigen Grenzübergängen erfolgen.

Es gibt ca. 2.500 Tax-free-Geschäfte in Norwegen. Sie sind durch das Schild am Eingang erkennbar. Falls Sie in diesen Geschäften für einen Betrag von über NOK 300,- einkaufen, erhalten Sie einen Scheck über den MwSt.-Wert. Aber nicht

vergessen, Ihren Paß vorzuzeigen, da die MwSt.-Rückerstattung nur für außerhalb von Skandinavien ansässige Personen gilt. Waren, deren MwSt. Sie rückerstattet haben möchten, dürfen nicht vor der Ausreise benutzt werden. Alle Gegenstände sind an der Tax-free-Schranke zusammen mit dem Scheck vorzuzeigen (die Zollkontrolle ist für die MwSt.-Rückvergütung nicht zuständig).

Norwegen ist eines der führenden Länder in bezug auf den Gebrauch von Kreditkarten. Die gebräuchlichsten Karten sind Visa, Eurocard, American Express und Diners. Aber Norwegen ist auch bei anderen Zahlungsmethoden führend. Dem Personal der Geschäfte ist der Gebrauch von Kreditkarten nicht fremd, und als Kreditkartenkunde sind Sie herzlich willkommen.

Shopping in Norwegen

Norweger sind wie alle anderen - sie kaufen gern ein. Wo es Häuser und Menschen gibt, gibt es auch Geschäfte mit vielen, vielen Möglichkeiten. Kleine und große, alte und moderne - mit einem bunten Warensortiment ...

Selbstgestrickte wollene Strümpfe und der letzte Schrei aus Paris. Oder Angelhaken und Silberschmuck. Es ist nicht ungewöhnlich, in norwegischen Geschäften solche Waren Seite an Seite zu finden.

Wenn Sie einmalige Geschenke mit nach Hause nehmen möchten, sollten Sie sich deshalb nicht von einer einfachen Fassade täuschen lassen. Dahinter kann sich eine wahre Fundgrube verbergen. Nicht zuletzt, weil kleine Läden, Tankstellen, Gaststätten - ja, selbst Kioske - oft Handarbeiten und kunstgewerbliche Gegenstände anbieten, die von den örtlichen Bewohnern hergestellt wurden.

Kommen Sie vorbei, schauen Sie sich alles unverbindlich an und fragen Sie ruhig. Die Norweger wirken vielleicht etwas zurückhaltend, aber sie sind sehr hilfsbereit, und viele sprechen Englisch. In den Städten und größeren Ortschaften ist das Geschäftsleben noch reger. Hier gibt es Kaufhäuser und große moderne Einkaufszentren, ohne daß dadurch die kleinen, schiefen Holzhäuser, die originellen Fachgeschäfte und die gemütlichen Lädchen mit ihrer anheimelnden Atmosphäre verdrängt würden.

Preis und Qualität

»Norwegen ist ein teures Land« - haben Sie das schon mal gehört? Den Norwegern wird es immer vorgehalten, obwohl unzählige Beispiele belegen, daß Waren hier tatsächlich preisgünstiger sind als in den Nachbarländern. Kleider, Schuhe und Sportartikel sind äußerst preisgünstig. Auch Gold- und Silberwaren, Uhren und vieles mehr sind im Vergleich zu den anderen europäischen Ländern preiswert. Als Faustregel gilt, daß es sich lohnt, auf Qualität zu achten. Billige italienische Schuhe z.B. sollten Sie in Italien kaufen. Italienische Qualitätsschuhe sind dagegen preisgünstiger in Norwegen. Interessant, nicht?!

Statoil bietet ein dichtes Tankstellennetz vom Skagerak bis zum Eismeer

Statoil - vom Meeresboden bis zum Motor

Norsk Olje a.s
Postboks 1176 Sentrum
N-0107 Oslo 1
Tel. 02 - 31 05 50
Telefax: 02 - 69 32 00

Besucheradresse:
Sørkedalsveien 8
N-0107 Oslo 3

In ganz Norwegen, selbst in den dünn besiedelten Randregionen, findet man die Kraftstoffverkaufsstellen von Statoil. Die Statoil-Tankstellen - die bis zum Frühjahr 1991 den Namen NOROL führen - sind Teil der größten Gesellschaft Norwegens für den Verkauf von raffinierten Ölprodukten und haben einen Anteil von rund 28 Prozent am gesamten Binnenmarkt.

Die Statoil-Tankstellen sind Teil des Statoil-Konzerns, der in allen Bereichen der Ölbranche tätig ist. Dazu gehören die Suche nach Rohöl und Gas sowie deren Gewinnung, petrochemische Industrie, Raffination, der Verkauf fertiger Produkte sowie eine umfassende Forschung. Wir kümmern uns gewissenhaft um jedes Produkt - von der ersten Behandlung des Rohöls bis zu den Tanks der Kunden.

Unsere vielen hunderttausend Kunden - auf dem Land, zu Wasser und in der Luft - werden durch unser modernes, feinmaschiges und landesweites Versorgungssystem bestens bedient. Unseren reisenden Kunden stehen mehr als 600 Tankstellen zur Verfügung - vom Skagerak im Süden bis zum Eismeer im Norden.

Statoil-Tankstellen verkaufen aber nicht nur Treibstoff und Schmiermittel. Mehr als 400 unserer gut 600 Stationen haben Kioske, die verschiedene Konsumgüter für Mensch und Fahrzeug anbieten. Praktisch führt eine ganze Reihe unserer Tankstellen ein größeres Warenangebot als viele Lebensmittelgeschäfte.

Statoil - Tankstellen in Norwegen bieten heute alle gängigen Treibstoffe. Das bedeutet bleifreies Benzin mit 95 und 98 Oktan, niedrigverbleites mit 97 Oktan und bleihaltiges Benzin mit 98 Oktan. Darüber hinaus gibt es natürlich auch Dieseltreibstoff und Petroleum.

Auch in Dänemark und Schweden unterhält Statoil ein umfassendes Tankstellen-Netz. Dadurch wird Skandinavien-Reisenden mit insgesamt 1.600 Tankstellen ein guter Service geboten.

Bis zum Frühsommer 1991 werden die Statoil-Tankstellen in Norwegen noch mit NOROL gekennzeichnet sein. Dieses Warenzeichen hat unsere 71 Jahre alte Gesellschaft seit 1976 gehabt. Unter der Bezeichnung NOROL haben wir den ersten Platz auf dem norwegischen Markt erobert. Wenn wir jetzt den Namen und das Warenzeichen zu Statoil ändern, dann wollen wir uns auch weiterhin bemühen, auf unser traditionell gutes Verhältnis zu den Kunden zu achten - und gleichzeitig noch besser zu werden.

Schon seit Menschengedenken sind Lachs und Forelle in Norwegen äußerst begehrte Fische. Der Lachs ist die älteste im Land bekannte Fischart, der atlantische Lachs (Salmo Salar) sogar die älteste aller Lachsarten.

Der Salmo Salar fühlt sich sowohl in Salz- als auch in Süßwasser zu Hause. Natürliche Lachsvorkommen gibt es auf beiden Seiten des Nordatlantiks - in Europa von Portugal im Süden bis zum sowjetischen Fluß Petschora im Nordosten.

Nach der Laichzeit und einer Wachstumsperiode von zwei bis drei Jahren verläßt der Salmo Salar die 400 bis 500 norwegischen Lachsflüsse und wandert ins Meer. Einige Jahre später kehrt er in seinen Ursprungsfluß zurück, um den Nachwuchs zu sichern. Es hat sich als schwierig erwiesen, für die Lachswanderung eine wissenschaftliche Erklärung zu finden. Sie beginnt zeitig im Frühjahr, und ab Mai/Juni wird die Lachsangelsaison eröffnet, die in der Regel bis August dauert.

Früher war die Lachsfischerei für die Bauern, die an den Flüssen lebten, eine wichtige Nebenerwerbsquelle. Es kursieren viele Geschichten von langen, hellen und aufregenden Sommernächten, an denen - sehr zur Freude der norwegischen und ausländischen Fischer - abenteuerliche Lachsfänge gelangen. Die norwegischen Lachsflüsse sind übrigens vor nur 170 Jahren von englischen Sportanglern »entdeckt« worden.

Es gibt aber auch viele Geschichten darüber, daß die Landarbeiter, die auf den Höfen entlang der Lachsflüsse beschäftigt waren, diesen Fisch einfach satt hatten. Bis in unser Jahrhundert hinein hatten viele von ihnen in ihrem Arbeitsvertrag eine Zusatzklausel über die Anzahl der zumutbaren Lachsmahlzeiten: nicht mehr als drei pro Woche!

Aufregende Angelerlebnisse und die Begegnung mit unberührter Natur führten die ersten Lachsfischer an die norwegischen Flüsse. Heute ist das Lachsangeln ein Hobby bzw. eine oft nicht ganz billige Freizeitbeschäftigung. Für Flußeigner hat die Vermietung von Angelrechten eine gewisse wirtschaftliche Bedeutung erlangt: Deutsche, Dänen, Franzosen und Engländer sind dabei die wichtigsten Interessenten.

Das Lachsangeln war immer ein wichtiges Saisongeschäft, wobei allerdings die Fangquoten beschränkt und viel diskutiert wurden. Heute hat das Fischen nach wildem Lachs keinerlei wirtschaftliche Bedeutung mehr.

Trotzdem sind es weder die beschränkten Fangquoten noch der Mangel an Wildlachs, die zur Lachszucht, Norwegens neuer Wachstumsbranche, geführt haben. Schuld ist vielmehr der Hering. Sowohl Pioniere als auch Skeptiker der Lachszucht waren nämlich oft Heringsfischer, die das Aussterben einer Fischart nach der anderen beobachteten und deshalb gezwungen waren, mit ihren Kuttern immer weiter auf das Meer hinauszufahren. Ihr Wunsch war es, wieder über ein sicheres Einkommen zu verfügen, ohne dafür ihre Familien so lange Zeit verlassen zu müssen. So entstanden im Laufe der letzten Jahrzehnte Hunderte von Fischfarmen. Norwegischer Lachs ist heute ein weltweit nachgefragter Exportartikel. Zum einen sind es natürlich die idealen Umweltbedingungen, die den Zuchtlachs zu einem erstklassigen Produkt machen. Aber auch die kontinuierliche Optimierung des genetischen Materials sorgt für ständige Qualitätsverbesserungen. Es stammt zum Teil aus dem Laich der besten Wildlachse. Die Könige der wilden Flüsse Norwegens sind somit die Stammväter des Zuchtfisches.

Begehrt seit Jahrhunderten: Norwegischer Lachs

Norwegisches Lachs-Center
Oederweg 15
D-6000 Frankfurt/M. 1
Tel. 069 - 55 00 30
Telefax: 069 - 55 00 39

Allgemeine Reiseveranstalter in Deutschland (1)

	Gruppen-reisen	Individual-reisen	Ferienhaus-urlaub	Zielort-Hotelurlaub	Rundreisen	Aktivurlaub	Kurzreisen	Winterreisen	Allgemeines Norwegen-Angebot
ACE Reisedienst GmbH 2000 Hamburg 1	●				●				
ADAC Reise GmbH 8000 München 70		●			●			●	
Arktis Reisen Schehle 8960 Kempten	●	●	●	●	●	●	●	●	●
Asmus Studienreisen GmbH 4400 Münster	●						●		●
atash Ferien Betten Börse GmbH 8000 München 21		●		●			●		
Athena Weltweit Studienreisen 2000 Hamburg 36	●								
Balzer-Angelreisen 6420 Lauterbach						●			
Biblische Reisen GmbH 7000 Stuttgart 1	●				●				●
Color Line 2300 Kiel 1		●	●	●	●		●	●	
Conti-Reisen GmbH 5000 Köln 91	●								
CVJM-Reisen GmbH 3500 Kassel-Wilhelmshöhe	●							●	●
Des Angler's Reisedienst 4300 Essen 1		●	●			●			●
Deutsches Reisebüro GmbH 6000 Frankfurt 1		●			●				
Ferien und Freizeitdienst 4600 Dortmund 1	●								

REISEBÜRO ›NORWEGEN‹
INDIVIDUELLE REISEBERATUNG UND -PLANUNG

Am Alten Markt 12 - D-2351 Bornhöved
Tel. 0 43 23 - 76 54, Telex 299 616 norge d
BTX-Nr. 40 20 00 12, Telefax 0 43 23 - 60 20
Fordern Sie meine Kataloge für variable PKW-
Rundreise-Vorschläge und für meine eigenen Busreisen an.

Margot Briesemann

Ihr Spezialist für *jede* Art von Reisen nach und innerhalb *ganz* Norwegens; zu *allen* Jahreszeiten, zu *günstigen* Preisen!

So wie dieser Troll über sein Alter nachgrübelt, ...

... denke ich über die PLANUNG IHRER REISE nach!

Allgemeine Reiseveranstalter in Deutschland (2)	Gruppen- reisen	Individual- reisen	Ferienhaus- urlaub	Zielort- Hotelurlaub	Rundreisen	Aktivurlaub	Kurzreisen	Winterreisen	Allgemeines Norwegen- Angebot
Ferienwerk ASHRA GmbH 5455 Rengsdorf	●								
Finnland-Reisen GmbH 7800 Freiburg	●	●	●	●	●	●	●	●	●
FINNTRAVEL GmbH 5400 Koblenz	●	●	●	●	●	●	●	●	●
Fishing- and Hunting Tours 8032 Gräfelfing	●	●				●			
FJORDTRA Handelsges. mbH 4300 Essen 1	●	●	●	●	●				
Freizeit-Ferienwerk Beersheba 5000 Köln 80	●								
FUN Reisen GmbH 2000 Hamburg 20	●					●			
Hauser Exkursionen 8000 München 2	●					●			
Horizonte Erlebnisreisen GDBR 6945 Hirschberg	●				●	●			
impuls cruising 2308 Postfeld	●						●		●
impuls incentive 2308 Postfeld	●						●	●	
Institut für Bildungsreisen 5300 Bonn 1	●						●		
Erich Kalusche OHG 6842 Bürstadt		●	●						
Kath. Ferienwerk Wuppertal 5600 Wuppertal 1	●								

Im Jahr 1988 feierte Hemming-Reisen ein bemerkenswertes Jubiläum: seit über 25 Jahren führt der Norwegen-Spezialist aus Offenbach Nordkapreisen durch. Hemming-Reisen war eines der ersten Reisebüros in der Bundesrepublik, das in Pionierarbeit persönlich und sorgfältig die Reiserouten zum Nordkap erschlossen hat. Aus bescheidenen Anfängen entstand dabei im Laufe von über 25 Jahren das wohl umfangreichste Nordkap-Programm, das bei uns angeboten wird. Nicht ohne Grund nennt man Hemming-Reisen heute den »Nordkap-Spezialisten«.

Hemming-Reisen arbeitet ohne Zwischenhändler: durch Direktverträge mit den Reedereien und Hotels werden so erstaunlich günstige Preise erzielt, die an die Kunden weitergegeben werden. Obwohl man auf allen Reisen - bis in den hohen Norden - nur in erstklassigen Hotels übernachtet, sind die Preise angenehm niedrig. Außerdem werden immer nur Gesamtpreise angegeben, bei denen praktisch alles inklusiv ist.

Neu im Hemming-Angebot: die Anreise im Intercity der DB 2. Klasse von Ihrem Heimatbahnhof direkt zum Einschiffungshafen nach Kiel, Puttgarden oder Cuxhaven. Seit 12 Jahren veranstaltet Hemming-Reisen Kreuzfahrten zum Nordkap - eine davon ist die 13tägige Lofoten - Nordkap - Kreuzfahrt mit der »MS ISTRA« entlang der Traumküste Norwegens, an der Sie vom 22.6. - 4.7.1991 teilnehmen können. Ein besonderer Leckerbissen in dem vielfältigen Hemming-Programm sind die Nordkap-Kombinations-Reisen per Bus, Kreuzfahrtschiff und Linienflugzeug (SAS), die ein wohl einmaliges Angebot darstellen.

Alle Eintrittsgelder sind im Endpreis enthalten, egal ob Stadtrundfahrt oder Museumsbesuch. Eine Spitzenleistung!

Ferienwohnungen am Sognefjord

Das neue Ferienzentrum von Hemming-Reisen-Norge »Solstrand« am Sogne-/Lusterfjord, geöffnet von Mai bis September: Die Ferienwohnungen von Solstrand befinden sich auf einem 12.000m² großen Areal mit 300m eigenem Strand direkt am Fjord. Alle Wohnungen sind komfortabel und gemütlich ausgestattet, Du/WC und Küchenzeile, Balkon mit Blick zum Fjord. Als zusätzlichen Service bieten wir Ihnen: kostenlose Möglichkeit zum Angeln im Fjord sowie die Benutzung der hauseigenen Ruderboote. Außerdem besteht die Gelegenheit zum Surfen und anderen Wassersportarten. Anreise mit eigenem PKW. Beratung und Buchung bei Hemming-Reisen.

HEMMING-REISEN
Der Nordkap-Spezialist mit über 25jähriger Erfahrung

Wir nehmen nur erstklassige Hotels -
Wir fahren die besonderen Touren -
Jahr für Jahr tolle Busreisen-
Der große Katalog mit »Traumreisen zum Nordkap und zur Mitternachtssonne« wird Ihnen von Hemming-Reisen gerne kostenlos zugeschickt. Informationen über die Reiseprogramme erhalten Sie auch auf den Informationsveranstaltungen des Norwegischen Fremdenverkehrsamtes sowie am Norwegen-Stand auf zahlreichen Touristik-Messen.

Hemming-Reisen, Biebererstr. 60,
6050 Offenbach
Tel. 069 - 81 11 18 , Fax: 069 - 81 01 48
Telex: 41 85 496

Allgemeine Reiseveranstalter in Deutschland (3)	Gruppenreisen	Individualreisen	Ferienhausurlaub	Zielort-Hotelurlaub	Rundreisen	Aktivurlaub	Kurzreisen	Winterreisen	Allgemeines Norwegen-Angebot
Kingfisher Reisen, 5400 Koblenz		●	●			●			
Köpf-Sport-Reisen, 8000 München 2	●					●	●	●	●
Kontinent-Reisen GmbH, 6250 Limburg / Lahn	●						●		
Kranich-Reisen GmbH, 8000 München 2									●
Kulturelle Studienreisen, 8000 München 34	●								
R. Mach - Erlebnisreisen, 4030 Ratingen 1	●	●	●	●		●		●	
Natur Pur Toll und Trimkowski GBR, 2850 Bremerhaven	●	●	●	●	●	●	●	●	
Natur-Studienreisen GmbH, 3410 Northeim 1	●								
Natur & Wildnis Reisen, 7254 Hemmingen		●				●		●	
Nordland-Aktiv-Reisen, 4630 Bochum	●	●	●	●	●	●	●	●	
Nordland Tours, 2000 Hamburg 1					●				●
Nordwest & Orient Reisen GmbH, 3505 Gudensberg	●						●		
Novasol, 2000 Hamburg 1		●	●		●				
NSA Norwegische Schiffahrts-Agentur GmbH, 2000 Hamburg 11	●	●	●	●	●		●	●	●
Pferd & Reiter, 2000 Tangstedt		●				●			
Polarkreis Reisebüro, 4220 Dinslaken		●	●	●	●	●	●	●	●
Reba-Eno Reisen GmbH, 8500 Nürnberg 1	●	●			●				
Reise-Agentur Singer, 2000 Hamburg 67	●	●				●		●	
Reisebüro Berolina Magasch GmbH, 1000 Berlin 31	●				●		●		
Reisebüro Norden GmbH, 2000 Hamburg 11	●	●	●	●	●		●	●	●
Reisebüro »Norwegen«, 2351 Bornhöved	●	●	●	●			●	●	●
RUT-Reiseservice GmbH, 6305 Buseck 2	●						●		
Scanatur Reisen GmbH, 8591 Fichtelberg		●	●		●	●	●	●	●
Scandinavian Tours, 2000 Hamburg 1		●	●	●	●	●	●	●	
Spezialagentur für Thema-Reisen, 3437 Bad Sooden-Allendorf		●	●	●	●	●			●
Spitsbergen Tours, 2300 Kiel 1	●	●				●			
Stena Line, 2300 Kiel 1	●	●			●	●		●	●
St. Nikolaus-Ferienwerk e.V., 5000 Köln 91	●								
Tauchreisen Th. Schönemann, 6903 Neckargemünd		●				●		●	●
Trails Natur- + Erlebnisreisen GmbH, 8960 Kempten	●				●	●			●

Unterwegs zu den Schönheiten Norwegens: Lufthansa macht schon den Flug zum besonderen Erlebnis.

Bei einem Flug auf Lufthansa Niveau finden Sie vom Start weg die perfekte Aufmerksamkeit, die Sie die Vorfreude auf Ihr Ziel in aller Ruhe genießen läßt. Sie können sich entspannt auf die Schönheiten Norwegens einstellen: die beruhigende Stille der Wälder und Seen, die aufregenden Blicke in tiefe Fjorde und die Begegnung mit Menschen, die Hast und Hektik nicht kennen. Die Lufthansa Vorteile beginnen mit einem sehr günstigen, dichten Flugplan. Wir fliegen von Frankfurt, Düsseldorf und Hamburg nach Norwegen – nach Oslo bzw. Bergen. Und das Erlebnis, auf Lufthansa Niveau zu reisen, kostet oft weniger, als Sie denken. Informieren Sie sich im Lufthansa Stadtbüro oder Ihrem Reisebüro mit Lufthansa Agentur über unsere besonders attraktiven Angebote wie z. B. den flieg & spar- bzw. Superflieg & spar- und Jugend-Tarif. Nicht zuletzt sichern Sie sich mit jedem Lufthansa Flug die ganze Qualität, die eine der weltweit renommiertesten Fluglinien zu bieten hat. Dürfen wir Sie bald an Bord begrüßen?

Lufthansa in Btx ✱ 50000 #.

Allgemeine Reiseveranstalter in Deutschland (4)	Gruppen- reisen	Individual- reisen	Ferienhaus- urlaub	Zielort- Hotelurlaub	Rundreisen	Aktivurlaub	Kurzreisen	Winterreisen	Allgemeines Norwegen- Angebot
Troll Tours GmbH 5789 Medebach	●	●	●	●	●	●			●
TTH-Wanderreisen 2000 Hamburg 20	●					●		●	
VIATOR-REISEN 4600 Dortmund 1	●	●		●	●				
Waldemar Viol Reisen GmbH 8580 Bayreuth	●		●		●				
Weichert-Reisen GmbH & Co. 1000 Berlin 65	●						●		
Wikinger Reisen GmbH 5800 Hagen 7	●							●	
Wolters-Reisen GmbH 2800 Bremen 1	●	●	●	●	●	●	●	●	●

Busreiseveranstalter in Deutschland

Anton Götten-Reisen Faktoreistr. 1, 6600 Saarbrücken Tel. 0681 / 3032-00, Fax 0681 / 3032-217	●	●			●				
Astl-Reisen GmbH Naunspitzstr. 1, 8203 Oberaudorf Tel. 08033 / 1091, Fax 08033 / 1095	●								
Autoreisen Bregenzer GmbH Rengoldshauser Str. 11, 7770 Überlingen Tel. 07551 / 4044, Fax 07551 / 3546	●		●	●	●				●

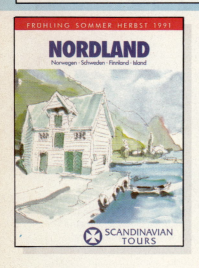

ÜBERLASSEN SIE IHREN NORDLAND-URLAUB NICHT DEM ZUFALL. SONDERN UNS.

Mit den Postschiffen die ganze norwegische Küste entlang.

Auf dem Göta-Kanal mit dem Dampfer quer durch Schweden.

Kreuzfahrten zu den Fjorden, zum Nordkap und nach Leningrad.

Mit dem eigenen PKW oder per Bus durch Norwegen, Schweden, Finnland und Island.

Prospekte in Ihrem Reisebüro und bei Scandinavian Tours, Rathausstraße 12 2000 Hamburg 1, Tel. 040-38 90 3163

Über 30jährige Norwegen- / Skandinavien-Erfahrung
ausgesuchte Hotels, ausgewählte Reisen

7000 Stuttgart 30
Wilhelm Geiger - Platz 1
Tel. 0711 / 81 50 04
Fax 0711 / 81 80 65
Telex 72 23 51

❑ Norwegens schönste Fjorde
❑ Norwegen - Nordkap
❑ Märchenland Norwegen
❑ Hurtigruten - Schiffsreise
❑ Erholungs- / Wanderaufenthalt am Nordfjord

Busreiseveranstalter in Deutschland (2)	Gruppenreisen	Individualreisen	Ferienhausurlaub	Zielort-Hotelurlaub	Rundreisen	Aktivurlaub	Kurzreisen	Winterreisen	Allgemeines Norwegen-Angebot
Binder Reisen Wilhelm-Geiger-Platz 1, 7000 Stuttgart 30 Tel. 0711 / 815004, Fax 0711 / 818065	●								
Busreisen ettenhuber GmbH Eggenfeldener Str. 123, 8000 München 81 Tel. 089 / 937801, Fax 08093 / 851	●				●				
Bustouristik Verkehrsbetriebe Diedrichstr. 5, 2300 Kiel 14 Tel. 0431 / 705851 / 52, Fax 0431 / 705880	●						●		●
Cebu Reise-Center Döhrbruch 24, 3000 Hannover 71 Tel. 0511 / 51007-0, Fax 0511 / 521825	●				●				
CTS Gruppen-, Studien-, Paketreisen Herforder Str. 75, 4920 Lemgo Tel. 05261 / 25060, Fax 05261 / 16300	●								
Förde Reederei GmbH Am Lautrupsbach 4, 2390 Flensburg Tel. 0461 / 811263, Fax 0461 / 27782	●						●		
Gauf-Reisen GmbH Münchener Str. 10-12, 6000 Frankfurt Tel. 069 / 230861, Fax 069 / 251181	●								
Globetrotter-Reisen GmbH Harburger Str. 20, 2107 Rosengarten 5 Tel. 040 / 7962255, Fax 04108 / 1715	●				●				
Globus Reisen Salierring 47-53, 5000 Köln 1 Tel. 0221 / 207930, Fax 0221 / 2079339	●				●			●	
Heideker Reisen Dottinger Str. 43, 7420 Münsingen Tel. 07381 / 731, Fax 07381 / 4535	●								●

Spezialveranstalter für Nordeuropa-Reisen

In Skandinavien sind wir zu Hause.

- In dem vielfältigen Programm werden PKW-Rundreisen mit Hotelaufenthalt in schönen Hotels am Fjord und im Gebirge oder zu den Lofoten angeboten.
- Mit dem Best Western Hotelscheck bieten sich günstige Übernachtungsmöglichkeiten an.
- Für Selbstversorger steht eine Auswahl verschiedener Ferienhäuser zur Verfügung.
- Hurtigruten - die schönste Schiffsreise der Welt im Sommer wie auch im Winter.
- Generalagent der LARVIK LINE - Fährüberfahrt Frederikshavn - Larvik und zurück.
- Wintersport - Aufenthalt im Hotel oder einer Hütte.

Welche Art von Norwegen-Urlaub Sie auch wünschen, bei Reisebüro Norden GmbH sind Sie stets gut beraten - zu jeder Jahreszeit.

NORDEN

Reisebüro Norden GmbH
2000 Hamburg 11
Ost-West-Str. 70
Tel. 040 - 36 00 15 - 0

Reisebüro Norden GmbH
4000 Düsseldorf 1
Immermannstr. 54
Tel. 0211 - 36 09 66

Busreiseveranstalter in Deutschland (3)

Veranstalter	Gruppen-reisen	Individual-reisen	Ferienhaus-urlaub	Zielort-Hotelurlaub	Rundreisen	Aktivurlaub	Kurzreisen	Winterreisen	Allgemeines Norwegen-Angebot
Hemming-Reisen Biebererstr. 60, 6050 Offenbach / M. Tel. 069 / 811118, Fax 069 / 810148	●	●	●		●		●		●
Hörmann-Reisen Bergstr. 4, 8901 Rehling Tel. 08237 / 1044, Fax 08237 / 5331	●								
INS Isaria NordSüd Reisen GmbH Heidemannstr. 220, 8000 München 45 Tel. 089 / 323040, Fax 089 / 3232927	●								
Karibu Touristik Gütchen 8, 5650 Solingen 19 Tel. 0212 / 593050, Fax 0212 / 593058			●			●	●	●	●
Kattwinkel-Reisen GmbH & Co. KG Glockenweg 1-5, 5884 Halver 2 Tel. 02351 / 7437, Fax 02351 / 7440					●				●
Kläs Reisen GmbH An der Wethmarheide 9, 4670 Lünen Tel. 02306 / 16 91, Fax 02306 / 16 95	●						●		●
Knipschild-Reisen Briloner Straße 46, 5778 Meschede Tel. 0291 / 50 007, Fax 0291 / 27 62	●	●			●		●		
Kraftverkehr Gebr. Wiedenhoff GmbH Bismarckstr. 45, 5650 Solingen 1 Tel. 0212 / 81 30 81, Fax 0212 / 81 72 78	●				●				
Lilo Klinger-Touristik GmbH Eichhornstr. 21, 8700 Würzburg Tel. 0931 / 50 37 5-6, Fax 0931 / 58 971	●				●		●		
main-kinzig-reisen Burgstr. 9, 6466 Gründau 5 Tel. 06058 / 10 11-14, Fax 06058 / 336	●						●		

NORWEGEN
mit Charterflug
1x wöchentlich
in der Zeit
vom
29. 5. - 28. 8. 91

Frankfurt-Fagernes
mit Busy Bee
(Norwegen)

■ Wohnmobile
■ Rundreisen (Bus + Auto)
■ Mietwagen
■ Hütten + Hotels
■ Aktivangebote (Lachsangeln, Wandern etc.)

TROLL TOURS
Reisen GmbH
Hinterstraße 8
D-5789 Medebach
Telefon (02982) 8368
Telefax (02982) 799

Abseits der großen Straßen die Welt entdecken seit 1969

NORWEGEN

Skiwandern in *FEFOR / Gudbrandsdal* ab DM 1.595,- inkl. Fähre/Bus, HP, RL.

Bergwandern im *Trollheimengebirge* ab DM 1.495,- inkl. Flug, HP, RL. *Vollwertkost* möglich!

Nordkaptour ab DM 1.495,- inkl. Flug, Busrundreise, HP, Zeltübernachtungen, RL.

Aktivferien am *Surnadalfjord* ab DM 1.178,- inkl. Flug, HP, RL und großem Sportprogramm.

Katalog bitte anfordern!

Büddinghardt 9
5800 Hagen 7
Tel.: 02331 / 40881

Wikinger Reisen GmbH

Coupon

Name _____
Str. _____
PLZ/Ort _____

Alles für Freizeit, Sport und Abenteuer!

Fordern Sie einfach unverbindlich unseren kostenlosen 84-seitigen Gesamtkatalog an.

LARCA Sportartikel GmbH
Lutherstraße 83
7060 Schorndorf
Tel. 07181 / 21076
Fax 07181 / 69042

Filiale Stuttgart
Schloßstraße 49
7000 Stuttgart 1
Tel. 0711 / 22 51 33

LARCA SPORT

Busreiseveranstalter in Deutschland (4)	Gruppen-reisen	Individual-reisen	Ferienhaus-urlaub	Zielort-Hotelurlaub	Rundreisen	Aktivurlaub	Kurzreisen	Winterreisen	Allgemeines Norwegen-Angebot
Mildner-Reisen Unterschmitte 32, 5653 Leichlingen 1 Tel. 02175 / 50 48, Fax 02175 / 30 59	●				●				
Möller's Reisedienst Stover Weg 1 B, 2350 Neumünster Tel. 04321 / 32 222, Fax 04321 / 37 787	●	●			●				●
Nordring Rejser ApS Weilburger Str. 20, 6333 Braunfels Tel. 06442 / 63 66, Fax 06442 / 40 23	●								
Nordwärts-Reisen Brunnleite 8, 8400 Regensburg Tel. 0941 / 572 33	●					●			
Numssen-Reisen Breite Str. 4, 2210 Itzehoe Tel. 04821 / 20 25-6, Fax 04821 / 22 15	●								
RAGAZZI Reisen GmbH Breslauer Str. 26, 4790 Paderborn Tel. 05251 / 75 00 11, Fax 05251 / 73 06 09	●		●					●	●
Reisebüro Grüninger Karlstr. 60, 7929 Gerstetten Tel. 07323 / 60 11, Fax 07323 / 41 56	●						●		
Reisebüro Janning GmbH Hagenstr. 2, 4405 Nottuln Tel. 02502 / 14 50	●						●		
Reisebüro Scholz Bahnhofstr. 13, 5980 Werdohl Tel. 02392 / 15 88, Fax 02392 / 15 39	●	●			●				
Reisebüro Schumacher Hauptstr. 27, 6940 Weinheim Tel. 06201 / 12 061, Fax 06201 / 69 753	●							●	●
Reisebüro Georg Volz Liebenzeller Str. 32, 7260 Calw-Hirsau Tel. 07051 / 56 01, Fax 07051 / 51 744	●								
Reisering Hamburg Adenauerallee 78, 2000 Hamburg 1 Tel. 040 / 28 03 911, Fax 040 / 28 03 988	●	●			●		●		●
Rheingold Reisen Wittener Str. 77 a-c, 5600 Wuppertal 2 Tel. 0202 / 64 70 96, Fax 0202 / 66 40 20	●						●	●	●
rotel tours Herrenstr. 11, 8391 Trittling Tel. 08504 / 40 40, Fax 08504 / 49 26					●				
Scandinavien Reisen Gartenstr. 2, 3114 Wrestedt Tel. 05802 / 47 97	●			●	●	●	●	●	●
Schirra Reisen GmbH Mittelbachweg 2, 6648 Wadern-Lockweiler Tel. 06871 / 30 11, Fax 06871 / 77 39	●	●			●		●		●
Service Reisen Rödgener Str. 12, 6300 Gießen Tel. 0641 / 40 06-0, Fax 0641 / 40 06-60	●						●		●
Siggelkow-Reisen GmbH Saseler Damm 7, 2000 Hamburg 65 Tel. 040 / 60 17 12-0, Fax 040 / 60 17 12-52	●							●	
SPONTAN Reisen Servatiiplatz 7, 4400 Münster Tel. 0251 / 51 10 46, Fax 0251 / 44 135	●		●		●	●		●	
Steber Reisen GmbH Krumbacher Str. 45, 8948 Mindelheim Tel. 08261 / 30 22, Fax 08261 / 36 75	●				●				●
Strier Reisen Bäumerstr. 9-13, 4530 Ibbenbüren Tel. 05451 / 15 044, Fax 05451 / 41 41	●	●			●		●		
Sutor Angelreisen Schillerstr. 35, 7523 Graben-Neudorf Tel. 07255 / 42 41 / 88 42	●								

Busreiseveranstalter in Deutschland (5)	Gruppen-reisen	Individual-reisen	Ferienhaus-urlaub	Zielort-Hotelurlaub	Rundreisen	Aktivurlaub	Kurzreisen	Winterreisen	Allgemeines Norwegen-Angebot
K. Tank Reisen GmbH Gießener Str. 16, 6305 Buseck 2 Tel. 06408 / 20 11, Fax 06408 / 35 31	●						●	●	
Wolters Bustouristik GmbH Bremer Str. 49, 2805 Stuhr 1 Tel. 0421 / 89 991, Fax 0421 / 80 14 47	●								
Wrede-Reisen Ostertorstr. 14, 2810 Verden / Aller Tel. 04231 / 81 023, Fax 04231 / 41 22	●				●				●

Reiseveranstalter in Österreich

	Gruppen-reisen	Individual-reisen	Ferienhaus-urlaub	Zielort-Hotelurlaub	Rundreisen	Aktivurlaub	Kurzreisen	Winterreisen	Allgemeines Norwegen-Angebot
Blaguss Reisen Wiedner Hauptstr. 15, A-1040 Wien Tel. 0222 / 50 180, Fax 0222 / 50 180 / 125	●	●	●	●	●		●		
Eder Reisen A-8632 Gusswerk Tel. 03882 / 41 41, Fax 03882 / 39 88	●								
Kneissl-Touristik Ges.m.b.H. Linzer Str. 4, A-4650 Lambach Tel. 07245 / 25 01, Fax 07245 / 23 65	●				●	●			●
Kratschmar Reisen Ybbsstr. 22, A-3300 Amstetten Tel. 07472 / 38 28, Fax 07472 / 61 165	●								
Reisebüro Kuoni Ges.m.b.H. Bräuhausgasse 7-9, A-1050 Wien Tel. 0222 / 54 15 23, Fax 0222 / 54 25 47	●	●	●	●	●	●	●	●	●

Reiseveranstalter in der Schweiz

	Gruppen-reisen	Individual-reisen	Ferienhaus-urlaub	Zielort-Hotelurlaub	Rundreisen	Aktivurlaub	Kurzreisen	Winterreisen	Allgemeines Norwegen-Angebot
aronda tours ag Birmannsgasse 12b, CH-4009 Basel Tel. 061 / 25 35 35, Fax 061 / 25 35 30	●								
J. Baumeler AG Zinggentorstr. 1, CH-6002 Luzern Tel. 041 / 50 99 00, Fax 041 / 51 59 71						●			
Blaser Reisen Postfach 189, CH-5734 Reinach AG Tel. 064 / 71 64 66, Fax 064 / 71 64 22	●	●			●	●			●
Color Line Les Jordils, CH-1261 Le Vaud Tel. 022 / 66 42 60, Fax 022 / 66 41 78	●	●		●	●	●	●	●	
Finlandia-Reisen Birmensdorferstr. 51, CH-8036 Zürich Tel. 01 / 24 22 288, Fax 01 / 24 15 037		●	●		●				●
FUNI-CAR Reisen AG Seevorstadt 15-17, CH-2502 Biel-Bienne Tel. 032 / 22 88 18, Fax 032 / 22 25 59	●				●	●	●	●	
Gebr. Ebneter St. Georgenstr. 160 a, CH-9011 St. Gallen Tel. 071 / 22 88 31, Fax 071 / 22 88 59	●				●				
Gull's Reisen AS Adlibogenstr. 18, CH-8155 Niederhasli Tel. 01 / 85 02 454, Fax 01 / 85 04 396	●	●	●	●	●			●	
Imbach Reisen AG Grendel 19, CH-6000 Luzern 5 Tel. 041 / 50 11 44, Fax 041 / 52 87 77	●			●	●	●			
kontiki reisen ag Mattenstr. 27, CH-5430 Wettingen Tel. 056 / 26 51 51, Fax 056 / 27 25 80	●	●		●	●				●
Lamprecht Reisen Brandschenkestr. 6, CH-8039 Zürich Tel. 01 / 20 13 444, Fax 01 / 20 10 626	●	●	●	●	●		●		●

TRAUMURLAUB IM NORDEN

Lassen Sie sich für den Norden begeistern, und nehmen Sie mit uns Kurs auf Traumurlaub. Entdecken Sie die Faszination Norwegens, und genießen Sie den Ausblick auf die schönsten Horizonte des Nordens. – An Bord unserer WINSTON CHURCHILL. Ob Sie sich für eine Kreuzfahrt durch Norwegens Fjorde entscheiden, ob es Sie zum schönsten Ende der Welt zieht – dem Nordkap – oder ob Sie sich für die Metropolen Oslo und Kopenhagen mit ihren Attraktionen Zeit nehmen möchten, an Bord der Schiffe von SCANDINAVIAN SEAWAYS werden Sie ins Schwärmen geraten. Was zum einen am Programm, zum anderen an der gemütlichen Kabinen-Unterkunft und an der ausgezeichneten Küche liegt. Informationen auch zu unseren Kreuzfahrten nach Leningrad sowie unsere attraktiven Tarife finden Sie in unseren aktuellen Prospekten. Daher gleich den Coupon ausschneiden und ab die Post an:

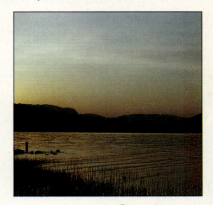

ANKER LOS NACH NORDEN! BITTE SENDEN SIE MIR:

☐ Prospekt KREUZFAHRTEN '91   ☐ Fahrplan

SCANDINAVIAN SEAWAYS
Jessenstraße 4 · 2000 Hamburg 50 · Telefon 040/3 89 03-71
Telefax 040/3 89 03-120 · Telex 2161759

Name/Vorname   Telefon   A 54

Straße/Nr.   PLZ/Ort

Reiseveranstalter in der Schweiz (2)	Gruppen- reisen	Individual- reisen	Ferienhaus- urlaub	Zielort- Hotelurlaub	Rundreisen	Aktivurlaub	Kurzreisen	Winterreisen	Allgemeines Norwegen- Angebot
A. Rattin u. Co. Oberstadt 5, CH-8201 Schaffhausen Tel. 053 / 25 31 00, Fax 053 / 25 77 26	●								
Reisebüro Glur Spalenring 111, CH-4009 Basel Tel. 061 / 22 67 33, Fax 061 / 22 67 79	●	●	●	●	●	●	●	●	●
Reisebüro Kuoni AG Neue Hard 7, CH-8037 Zürich Tel. 01 / 27 74 444, Fax 01 / 27 15 282	●	●	●	●	●	●		●	●
Reisebüro Marti Brünnenstr. / Bümplizstr. 104 CH-3283 Kallnach Tel. 032 / 82 28 22, Fax 032 / 82 21 23	●								
Saga Reisen AG Emmentalstr. 2 CH-3510 Konolfingen Tel. 031 / 79 2 171, Fax 031 / 79 10 738	●					●			
Schmid Reisen Russikerstr. 54, CH-8330 Pfäffikon Tel. 01 / 95 03 535, Fax 01 / 95 03 018	●				●				●
SPI-Reisen Hauptstr. 25, CH-2560 Nidau Tel. 032 / 51 88 77, Fax 032 / 51 91 37			●		●	●	●		
Tödi Reisen Rathausplatz, CH-8750 Glarus Tel. 058 / 61 54 54, Fax 058 / 61 59 00	●	●	●	●	●				
Wüthrich Reisen Rosenstr. 24, CH-4410 Liestal Tel. 061 / 92 14 444, Fax 061 / 92 15 986	●								

Norwegen - Skandinavien

Mit Luxusbus und Hüttchenübernachtung zum Nordkap und nach Südnorwegen. Wandertour in der Hardangervidda. Erlebnisreisen auf die Lofoten oder nach Spitzbergen.

z.B.: **20 Tage Skandinavien - Nordkap DM 2.000,--**

Kneissl Touristik Ges. m. b. H.
...der Natur auf der Spur

A-4650 Lambach, Linzerstraße 4 - 6, Tel: 0043/7245/2501 ab Jan. 91: 32501
D-8390 Passau, Theresienstraße 14

Norwegen ganz nach Wunsch

Ein Erlebnisurlaub der Extraklasse

POLARKREIS REISEBÜRO, Odd H. Andreassen, Wallstraße 10, 4220 Dinslaken, Tel. 02134/55396, Fax: 02134/13604

Norwegen auf eigene Faust entdecken. Mit einer guten und richtigen Beratung können Sie Geld sparen.

Meine Angebote:
- Rundreise mit dem eigenen Auto
- Kombinierte Auto- und Schiffsreise mit der Hurtigrute
- Ferienhäuser: Ich habe insgesamt 2000 Häuser und Hütten zu vermieten.
- Angelurlaub: Ich kenne die besten Angelgebiete Norwegens
- Für die Anreise: Fährfahrkarten nach Norwegen.

Ich berate Sie gerne, und würde mich freuen, Ihnen mein schönes Heimatland zeigen zu können.

Ihr Odd H. Andreassen

Willkommen an Bord – beim Reisen und Erleben! Ihr Reisepartner im Norden

Mit dem Bus zu reisen heißt, mit der Seele reisen

Reisen Sie mit uns in der ROYAL CLASS königlich durch Norwegen Skandinavien à la carte!

Traumhafte BUS-Reisen in 4-Sterne-Spezial-Bussen. Denn wir haben seit über 30 Jahren die besten Verbindungen in Norwegen. Buchung nur direkt bei uns, damit es eine preiswerte Reise bleibt. Ihren Pkw können Sie während der Reise kostenlos bei uns abstellen. Einige Beispiele unserer preiswerten Busreisen. Vergleichen Sie! Verlangen Sie unseren Reisekatalog.

13 Tage Nordkap-Lofoten Traumküsten Norwegens, in das Land der Mitternachtssonne. Fünf Termine vom 18. 6.–30. 6. + 23. 6.–5. 7. + 3. 7.–15. 7. + 8. 7.–20. 7. + 18. 7.–30. 7., **DM 1990,–**

13 Tage Lofoten Spezial-Schwedische Wildmark, Siljan See und Westeralen, 23. 7.–4. 8., **DM 1860,–**

7 Tage Royal-Panorama Fjord Reise, Hardanger- und Sognefjord, Hansestadt Bergen, Stabkirchen, Borgund und Heddal, 3 Termine vom 1. 6.–7. 6. + 8. 6.–14. 6. + 26. 6.–30. 6., **DM 990,–**

9 Tage Royal Wikinger Fjord Reise, Geiranger, 25 Fjorde, Briksdalsgletscher, Trollstiegen, Adlerstraße, Flam und Bergenbahn, drei Termine vom 4.–12. 6. + 13. 6.–21. 6. + 13. 7.–21. 7., **DM 1190,–**

10 Tage Malerischer Herbst an Fjord und Fjell, Dovrefjell Moschussafari, Hardangervidda, Stabkirchen vom 16. 9.–25. 9., **DM 1295,–**

7 Tage Naturwunder Norwegen, faszinierende Küstenroute, Naturerlebnis der gigantischen Fjorde, Küsten und Täler, 2 Tage auf der Vogelinsel RUNDE, vom 13. 6.–19. 6., **DM 1050,–**

12 Tage Zum Dach Europas. Finnmarkvidda, Walfischbucht, Hammerfest, Nordkap, Kirkenes, Rußland, Murmansk-Expedition, vom 13.–24. 8., **DM 1950,–**

Ausgewählte Hotels – alle Reisen mit Halbpension – Spezialitäten werden serviert.

2350 Neumünster · Stoverweg 1b · Tel. 0 43 21 / 3 22 22 + 3 77 77 · Telex 299 515 · Fax 3 77 87

Heideker Reisen

- Ihr Spezialist für Skandinavienreisen -

Busreisen nach Skandinavien, und speziell nach Norwegen, werden immer beliebter. Wir haben seit über 12 Jahren unser Angebot an hochwertigen Rund- und Aufenthaltsreisen ständig erweitert. Die eingesetzten Luxusbusse und vor allem die guten Hotels lassen für Sie die Naturwunder Norwegens zu einem einmaligen Erlebnis werden. Hier eine Auswahl unserer schönsten Busrundreisen:

- Nordkap - Lofoten - Helgeland
- Südnorwegen - Stavanger - Bergen
- Nordkap - Kirkenes - Lofoten
- Zu den schönsten Fjorden Norwegens
- Nordkap - Schweden - Finnland
- In das Gletschergebiet nach Loen
- Westnorwegen - Land der Fjorde

Wir arbeiten auch gerne individuelle PKW - Reisen oder Gruppenreisen aus. Bitte fordern Sie unser ausführliches Skandinavien - Programm an.

Heideker Reisen, Dottinger Straße 43
7420 Münsingen, Tel. 07381/731, Fax 07381/ 4535

Heideker Reisen, Münsterplatz 38
7900 Ulm, Tel. 0731/68066, Fax 0731/68035

VEVELSTAD, eine Gemeinde in Norwegen (Sør-Helgeland)

Wollen Sie einen der saubersten Fjorde Norwegens und seine vorzüglichen Angelmöglichkeiten kennenlernen?

Aktiv- und Erlebnisferien für Jugendliche und Deutsch-Norwegische Jugendbegegnungen, Tausende von Inseln, eine faszinierende Natur, eindrucksvolle Schären und eine vorzügliche Gastfreundschaft bietet Ihnen VEVELSTAD in Nordland.

Informationen: Rainer Lausmann, Tulpenstr. 1, 6113 Babenhausen 4, Telefon: 06073 / 43 08

FJORDTRA: Die Norwegen-Experten

Norwegen-Urlaub ist selten „Urlaub von der Stange". Wer nach Norwegen reist, sucht das individuelle Ferienerlebnis. Da hilft der große Buchungs-Computer kaum weiter. Stattdessen ist Spezialwissen gefragt. Und genau das findet man bei FJORDTRA. Dort arbeitet ein Team, das Norwegen in- und auswendig kennt. Die

meisten FJORDTRA-Leute sind dort sogar geboren. Kein Wunder also, daß man bei FJORDTRA Norwegen-Informationen aus erster Hand bekommt.

FJORDTRA ist eine deutsch-norwegische Firma. Dies bedeutet für Sie, daß Sie uns auch in Ihrem Urlaubsland finden. Wir haben ein Servicebüro mitten in der Hauptstadt Oslo und unser Hauptbüro liegt im Herzen des Fjordlandes, in Sogndal. Wenn sich also unterwegs Ihre Reisepläne ändern sollten oder irgendwelche Fragen auftreten, stehen wir vor Ort für Sie bereit - und lösen nicht nur die Sprachprobleme für Sie.

In unseren Katalogen finden Sie auf insgesamt fast 200 Seiten interessante Angebote aus ganz Norwegen. Ferienhaus-Urlaub, Rundreisen mit dem eigenen Wagen, Aktivitätsferien, Kurzreisen, Hotelurlaub, Rundfahrten mit öffentlichen Verkehrsmitteln, - ein ausführlicheres Programm müssen Sie lange suchen.

Schreiben Sie uns, rufen Sie uns an, kommen Sie einfach bei uns vorbei oder nehmen Sie über Ihr Reisebüro Kontakt mit uns auf. Übrigens sind wir auch auf den meisten großen Touristikmessen mit einem eigenen Stand vertreten (zusammen mit u.a. den Fährreedereien und dem Fremdenverkehrsamt).

In unseren deutschen Büros erhalten Sie auch das Reiseführer- und Kartenprogramm der NORDIS Versandbuchhandlung und die meisten FJORDPROFIL-Produkte - norwegische Spezialitäten, Norweger-Pullover, Kunsthandwerk, Schmuck und vieles mehr aus Norwegen.

Wo Anders Muss Man Danach Suchen...

Unsere Kataloge

Hütten und Ferienhäuser

FJORDTRA ist der deutsche Repräsentant der „Norwegischen Ferienhausspezialisten" - einem Zusammenschluß von 7 regionalen Vermittlungsbüros aus ganz Norwegen. In dem umfangreichen und übersichtlichen Katalog findet man über 1.000 Hütten von der Südküste bis zum Nordkap. Typisch FJORDTRA: Neben dem reinen Hüttenaufenthalt kann man preisgünstig komplette Pakete buchen, in denen neben der Fähranreise auch umfangreiches Reiseführer- und Kartenmaterial (u.a. Topographische Karten 1:50.000) und andere Extras enthalten sind.

Mit dem Auto durch Norwegen

Die meisten Norwegen-Urlauber reisen mit dem Auto in den hohen Norden. Deshalb haben wir einen eigenen Katalog für PKW-Rundreisen zusammengestellt. Hier findet man fertige Rundreisen in verschiedensten Preisklassen (mit Fähren, Übernachtungen, Aktivitäten) und ein Bausteinsystem, mit dem man sich selber eine Rundreise nach Maß zusammenstellen kann. Die einzelnen Bausteine bestehen aus Übernachtungsangeboten, kombiniert mit interessanten Aktivitäten zu besonders preisgünstigen Paketen. Dieser Katalog informiert auch über Hotelschecks, Rabattkarten und andere preislich interessante Angebote für Autotouristen.

Urlaubsland für Entdecker

FJORDTRA hat einen eigenen Katalog für alle, die sich in Norwegen körperlich betätigen wollen. Dort kann man schließlich nicht nur „Autowandern". In dieser Spezialbroschüre findet man Wander-, Fahrrad- und Kanutouren, Ferienangebote für Angler, Spitzbergen-Exkursionen und vieles mehr. Die meisten Angebote lassen sich hervorragend mit Hüttenferien oder Rundfahrten kombinieren - sind aber auch alleine eine Reise wert.

Auch wer nicht mit dem Auto nach Norwegen reisen will, findet bei FJORDTRA etwas Passendes. In einem Spezialkatalog präsentieren wir Kurzreisen mit Schiff und Flugzeug, Kreuzfahrten und Rundreisen mit öffentlichen Verkehrsmitteln - übrigens eine hervorragende Reiseart, wenn man Kontakt mit den „Einheimischen" bekommen möchte. Hier werden auch unser „NORWAY-TICKET" sowie die Reisen der Deutsch-Norwegischen Freundschaftsgesellschaft vorgestellt.

Wer echten Winterurlaub - mit viel Schnee und Skilaufen ohne Schlangestehen - erleben will, ist in Norwegen gut aufgehoben. FJORDTRAs Winterprogramm bietet von der Skisafari über traditionelle Hotelferien bis zum gemütlichen Ferienhausurlaub etwas für jeden Geschmack.

Ganz Norwegen aus einer Hand

NORWAY-TICKET
Nur über FJORDTRA erhalten Sie (oder Ihr Reisebüro) das NORWAY-TICKET. Dieses Schecksystem macht das Übernachten in Best Western Hotels und in den Norwegischen Familienherbergen besonders preiswert. Außerdem bieten die NORWAY-TICKETS erhebliche Rabatte bei Reisen mit den Fluggesellschaften Widerøe und Norsk Air (44 Flughäfen) und den NOR-WAY Expressbussen. (11.000 km Streckennetz) So kostet zum Beispiel eine Flugreise von Oslo über Sogndal nach Sandane oder von Trondheim nach Bodø ganze DM 96,-; und für DM 64,- übernachtet man komfortabel im Doppelzimmer (mit Dusche/WC) in einem Best Western Hotel - inklusive Frühstücksbuffet. Mit den Schnellbussen reist man 25% unter Normaltarif - und eine Übernachtung in einer Norwegischen Familienherberge kostet DM 24,-. Ein Heft mit 60 Tickets nur DM 480,-.

Reisen mit dem Postdampfer der Hurtigrute, Spitzbergen-Kreuzfahrten oder eine Bootstour von Kirkenes zum sowjetischen Eismeerhafen Murmansk - FJORDTRA hat's.

Wollen Sie mit Ihren Freunden, Ihrem Verein oder Club nach Norwegen fahren, kann unsere Gruppenabteilung ein Angebot für Sie ausarbeiten. Wir können zwar keine Kegelfahrten an den Sognefjord anbieten, dafür aber eine Reihe interessanter Touren für so ziemlich jeden Geschmack und Geldbeutel.

Die besonderen Norwegen-Reisen - mit der DNF
Die Deutsch-Norwegische Freundschaftsgesellschaft bietet über FJORDTRA ganz besondere Norwegen-Reisen an: zu den Musikfestpielen in Bergen, zum Nationalfeiertag (17. Mai) und zum Holmenkollen-Rennen,- außerdem eine vorweihnachtliche Fahrt nach Oslo sowie eine Sprach- und Kulturreise an den Sognefjord.

Hotels und Familienherbergen
Alle norwegischen Hotels, Pensionen und Familienherbergen können Sie über uns buchen. Besonders preiswert - bei hohem Komfort - sind Übernachtungen in den Best Western Hotels durch das Best Western Hotelscheck-System. 1 Scheck kostet bei uns DM 64,-. Auch der Ferienpaß der Norwegischen Familienherbergen ist über uns erhältlich - für 7 Übernachtungen zahlt man DM 180,-, Zusatzcoupons werden mit DM 24,- berechnet.

FJORDTRA arbeitet mit Color Line (Jahre Line/Norway Line) und Larvik Line besonders eng zusammen. Aber auch alle andere Reedereien im Verkehr nach Skandinavien und innerhalb Norwegens können über FJORDTRA gebucht werden. Unser besonderes Angebot: wöchentliche Frachtschiffreisen (mit Autotransport) auf der Route Bremerhaven-Esbjerg-Stavanger-Bergen-Ålesund.

Und außerdem:
Können Sie so ziemlich alles, was Norwegen zu bieten hat, über uns buchen: Vom einsamen Ferienhaus bis zum Konferenz-Hotel - natürlich auch alles, was Sie nicht in unseren Katalogen sondern anderswo finden.

Schreiben Sie uns, rufen Sie uns an...

FJORDTRA-Zentrale,
Rosastr. 4-6,
4300 Essen 1,
Tel. 0201 - 79 14 43,
Fax 0201 - 79 18 23

FJORDTRA Berlin,
Ku-Damm-Eck 227/228,
1000 Berlin 15

FJORDTRA Frankfurt,
Vilbeler Straße 29,
Konstabler Arkaden,
6000 Frankfurt am Main

FJORDTRA Oslo,
NOR-WAY Bussekspressterminalen
(am Hauptbahnhof)

FJORDTRA Sogndal,
5600 Sogndal,
Tel. 0047 - 056 - 72 300,
Fax 0047 - 056 - 72 806

FJORDTRA Handelsgesellschaft mbH

STENA LINE
DIE SCHWEDISCHE ART, NACH SKANDINAVIEN ZU REISEN.

Schwedischer Familiensinn.
Gewinnen Sie beim Roulette oder Black Jack, lassen Sie Ihre Kinder im Spielzimmer neue Freunde finden, oder sehen Sie sich gemeinsam einen aktuellen Spielfilm im Bordkino an.

Schwedische Gastfreundschaft.
Genießen Sie den Charme schwedischer Gastfreundschaft bereits auf dem Weg nach Skandinavien.

Schwedische Verbindungen.
Sparen Sie Zeit und Geld: Verbinden Sie Ihre Skandinavienreise mit einer der vier attraktiven STENA LINE Routen.

Schwedisches Schlemmerbuffet.
Rund 60 warme und kalte Köstlichkeiten erwarten Sie am „Smörgåsbord", dem Skandinavischen Schlemmerbuffet.

Schwedische Spartarife.
Nutzen Sie unsere besonders lange Nebensaison, die günstigen Tarife bei gleichzeitiger Buchung von Hin- und Rückfahrt und die attraktiven Preise für PKW bis 6 m Länge.

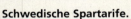

Schwedischer Komfort.
Ihre gemütliche Kabine an Bord ist großzügig, bequem und mit Dusche/WC ausgestattet.

Auszug aus den Tarifen/Fahrplänen 1991**	Kiel – Göteborg				Frederikshavn – Göteborg				Frederikshavn – Oslo			
Fahrpreise in DM. Alle Kabinen mit DU/WC	1.3. – 20.6.91 / 5.8. – 3.11.91		21.6. – 4.8.91		1.1. – 20.6.91 / 5.8. – 31.12.91		21.6. – 4.8.91		1.1. – 20.6.91 / 5.8. – 31.12.91		21.6. – 4.8.91	
	→	↔	→	↔	→	↔	→	↔	→	↔	→	↔
Tarife: Überfahrt für 1 Auto inkl. max. 6 Pers. So. – Do.	300,–	410,–	430,–	660,–	85,–	140,–	135,–	190,–*	180,–	300,–	290,–	430,–
Überfahrt für 1 Auto inkl. max. 6 Pers. Fr. – Sa.	300,–	480,–	480,–	780,–	90,–	160,–	155,–	210,–*	200,–	330,–	390,–	550,–
4-Bett-Innenkabine, pro Bett	30,–	60,–	40,–	80,–	–	–	–	–	29,–	58,–	29,–	58,–
2-Bett-Innenkabine, pro Bett	39,–	78,–	48,–	96,–	–	–	–	–	39,–	78,–	39,–	78,–

Fahrpläne:		
* Nachtfahrten zum Nebensaison Tarif.	ab 19.00 Uhr Kiel / an 9.00 Uhr Göteborg / ab 19.00 Uhr Göteborg / an 9.00 Uhr Kiel } täglich	Frederikshavn Göteborg / Göteborg Frederikshavn } Abfahrten 6–8 x täglich 3 Std. Überfahrtsdauer	9.30 Uhr Fred. / 18.30 Uhr Oslo / 19.30 Uhr Oslo / 7.30 Uhr Fred.	Im Sommer täglich (Übrige Zeit 5x p. Woche)
** Der Fahrplan 1991, gültig vom 1.1.91 bis 31.12.91, erscheint Ende November 1990.				

Gefällt Ihnen die schwedische Art, nach Skandinavien zu Reisen? Weitere attraktive Angebote finden Sie in unseren STENA LINE Katalogen. Und der STENA LINE Fahrplan 1991 sagt Ihnen alles über Fahrzeiten, Fahrpreise, Fahrtrouten, Sondertarife und über unsere Schiffe. Fragen Sie in Ihren Reisebüro danach. Oder fragen Sie uns.

STENA LINE · Schwedenkai · 2300 Kiel · Telefon 04 31/90 9-0
STENA LINE · Immermannstr. 65A · 4000 Düsseldorf 1 · Telefon 02 11/35 70 04

Stena Line
Gute Reise auf schwedisch.

Reisebüros

mit Norwegenreisen im Angebot (Auswahl)

BUNDESREPUBLIK DEUTSCHLAND

Die Sortierung erfolgt nach den vorläufig noch gültigen Postleitzahlbereichen. »O« ist den ostdeutschen (ehem. DDR) und »W« den westdeutschen Postleitzahlen vorangestellt.

O-3000

Reiseland HVG
Straße der DSF 11
O-3240 Haldensleben
Tel. 25 41

O-4000

Reiseland Eisleben
Markt 56
O-4250 Eisleben
Tel. 2408* / 25 95

Reiseland Bernburg
Liebknechtplatz 1
O-4350 Bernburg
Tel. 20 31

Reiseland Dessau
Fr.-Naumann-Str. 12
O-4500 Dessau
Tel. 46 61

Reiseland Meissner
Aylsdorfer Str. 8
O-4900 Zeitz
Tel. 21 49

O-5000

Reiseland
Bahnhofstr. 1
O-5020 Erfurt
Tel. 21 55 74

Reiseland, Kultur & Freizeitzentrum
Moskauer Platz
O-5020 Erfurt
Tel. 77 31 99

Reiseland
Regierungsstr. 68
O-5020 Erfurt
Tel. 27 286

Reiseland Lessel
W.-Pieck-Str. 46
O-5400 Sondershausen
Tel. 25 71

Reiseland Fischer
Brückenstr. 21
O-5700 Mühlhausen
Tel. 24 39

Reiseland Dietrich
Erfurter Str. 15
O-5800 Gotha
Tel. 41 68

Reisebüro Thüringen
Reinhardsbrunner Str. 5
O-5804 Friedrichsroda / Thür.
Tel. 48 90 (vorläufig)

O-6000

Reiseland Lipfert
E.-Thälmann-Str. 17
O-6820 Rudolstadt
Tel. 23 254

Hemming-Reisen Thüringen
Sachsenstr. 2a
O-6100 Meiningen
Tel. 20 12

O-8000

Reiseland Thieme & Weise
Innere Weberstr. 22
O-8800 Zittau
Tel. 21 20

O-9000

Reiseland Rössler
R.-Breitscheid-Str. 20
O-9360 Zschopau
Tel. 23 37

W-1000

Deutsches Reisebüro
Theodor-Heuss-Platz 2
W-1000 Berlin 19
Tel. 030 / 30 26 200

Reisebüro Berolina Magasch GmbH
Bielefelder Str. 4
W-1000 Berlin 31
Tel. 030 / 86 10 161

Schwedisches Reisebüro
Joachimstaler Str. 10
W-1000 Berlin 15
Tel. 030 / 88 21 516

W-2000

Nordring-Reisebüro
Harksheider Str. 8 a
W-2000 Hamburg 65
Tel. 040 / 60 230 66 - 67

Norwegische Schiffahrtsagentur GmbH
Kleine Johannisstr. 10
W-2000 Hamburg 11
Tel. 040 / 37 69 30

Reisebüro Norden GmbH
Ost-West-Str. 70
W-2000 Hamburg 11
Tel. 040 / 36 00 15 - 0

Reisebüro »Norwegen«
Am alten Markt 12
W-2351 Bornhöved
Tel. 04323 / 76 54

Scandinavian Tours
Rathausstr. 12
W-2000 Hamburg 1
Tel. 040 - 38 90 31 63

Wolters-Reisen GmbH
Bremer Str. 48
W-2805 Stuhr 1 - Brinkum
Tel. 0421 / 89 991

W-3000

Luftreisebüro
Ernst-August-Platz 4
W-3000 Hannover 1
Tel. 0511 / 32 24 56

CVJM-Reisen GmbH
Im Druseltal 8
W-3500 Kassel-Wilhelmshöhe
Tel. 0561 / 30 870

W-4000

Norden GmbH
Immermannstr. 54
W-4000 Düsseldorf 1
Tel. 0211 / 36 09 66

Scandinavian Airlines
Flughafen / Terminal 2
W-4000 Düsseldorf-Flughafen
Tel. 0211 / 42 11

Arktis Reisen Schehle
Moltkestr. 21
W-4150 Krefeld
Tel. 02151 / 24 796

Polarkreis Reisebüro
Wallstr. 10
W-4220 Dinslaken
Tel. 02134 / 55 396

Fjordtra Handelsges.mbH
Rosastr. 4-6
W-4300 Essen 1
Tel. 0201 / 79 14 43

VIATOR-REISEN
Propsteihof 4
W-4600 Dortmund 1
Tel. 0231 / 14 44 66

Nordland-Aktiv-Reisen
Königsallee 10
W-4630 Bochum
Tel. 0234 / 33 62 62

W-5000

Der Part-Reisebüro, Frenzen
Severinstr. 156
W-5000 Köln 1
Tel. 0221 / 16 01 20

FINNTRAVEL GmbH
Am Pfaffendorfer Tor 4
W-5400 Koblenz
Tel. 0261 / 70 15 00

Kingfisher Reisen
Schloßstr. 43 / 45
W-5400 Koblenz
Tel. 0261 / 10 00 482

Troll Tours GmbH
Hinterstr. 8
W-5789 Medebach
Tel. 02982 / 83 86

W-6000

Deutsches Reisebüro GmbH
Hauptbahnhof
W-6000 Frankfurt / M. 1
Tel. 069 / 15 66 562

Reisebüro Hemming-Reisen
Bieberer Str. 60
W-6050 Offenbach
Tel. 069 / 81 11 18

Balzer-Angelreisen
Spessartstr. 13
W-6420 Lauterbach / Hess
Tel. 06641 / 88 12

Erich Kalusche OHG
Am Jahnplatz 6
W-6842 Bürstadt 1
Tel. 06206 / 61 81

W-7000

Skandinavisches Reisebüro
Calwer Str. 17
W-7000 Stuttgart 1
Tel. 0711 / 22 30 61

Finnland-Reisen GmbH
Sedanstr. 10
W-7800 Freiburg
Tel. 0761 / 22 700

Heideker Reisen
Münsterplatz 38
W-7900 Ulm
Tel. 0731 / 680 66 - 67

W-8000

Amtl. Bayerisches Reisebüro GmbH
Nymphenburger Str. 154
W-8000 München 19
Tel. 089 / 16 65 990

Amtliches Bayerisches Reisebüro
Englschalkingerstr. 12
W-8000 München 81
Tel. 089 / 12 04 460

Kranich-Reisen GmbH
Dachauer Str. 4
W-8000 München 2
Tel. 089 / 55 74 41

Reba-Eno Reisen
Hallplatz 2
W-8500 Nürnberg 1
Tel. 0911 / 20 44 44

Waldemar Viol Reisen GmbH
Friedrichstr. 1
W-8580 Bayreuth
Tel. 0921 / 57 001

Scanatur Reisen GmbH
Fichtelseestr. 23
W-8591 Fichtelberg
Tel. 09272 / 476

Arktis Reisen Schehle
Memminger Str. 71-75
W-8960 Kempten
Tel. 0831 / 21 049

Trails GmbH
Bahnhofstr. 20
W-8960 Kempten
Tel. 0831 / 15 359

ÖSTERREICH

A-1000

Österreichisches Verkehrsbüro
Friedrichstraße 7
A-1010 Wien
Tel. 0222 / 58 800 - DW 288

Ruefa Reisen GmbH
Abt. City Cocktail
Fleischmarkt 1
A-1010 Wien
Tel. 0222 / 53 404 - DW 266

Blaguss Reisen
Wiedner Hauptstrasse 15
A-1040 Wien
Tel. 0222 / 50 18 00

Klug Reisen
Klosterneuburger Str. 22
A-1200 Wien
Tel. 0222 / 33 11 98 oder 33 11 69

A-3000

Kratschmar Reisen
Ybbsstraße 22
A-3300 Amstetten
Tel. 07472 / 38 28

A-4000

natur & reisen
K.J.-Platz 2
A-4600 Wels
Tel. 07242 / 63 526

Kneissl Touristik GmbH
Linzerstr. 4
A-4650 Lambach
Tel. 07245 / 25 01

A-5000

Salzburger Landesreisebüro
Schwarzstr. 9
A-5020 Salzburg
Tel. 0662 / 78 78 60

A-6000

IDEALTOURS
Marktstraße 6 b
A-6230 Brixlegg
Tel. 05337 / 42 52

SCHWEIZ

CH-5000

kontiki reisen ag
Mattenstr. 27
CH-5430 Wettingen
Tel. 056 - 26 51 51

CH-6000

Imbach-Reisen AG
Grendel 19
CH-6000 Luzern 5
Tel. 041 - 50 11 44

J. Baumeler AG
Zinggentorstr. 1
CH-6002 Luzern
Tel. 041 - 50 90 00

CH-8000

Gulls Reisen AG
Gerbergasse 5
CH-8180 Bülach
Tel. 01 - 86 08 274

Tödi Reisen
Rathausplatz
CH-8750 Glarus
Tel. 058 - 61 54 54

KIEL-OSLO / AMSTERDAM-STAVANGER-BERGEN

Norwegen direkt

Jetzt haben Sie jede Woche 8 Möglichkeiten, Norwegen direkt und bequem zu erreichen:
- täglich von Kiel nach Oslo mit MS Kronprins Harald und MS Prinsesse Ragnhild.
- 1 x wöchentlich von Amsterdam nach Stavanger und Bergen mit MS Venus.

Wo und wie immer Sie an Bord eines unserer komfortablen Kreuz-Fährschiffe kommen (ob in Kiel oder Amsterdam, ob mit eigenem Wagen oder solo) – Ihr erster Reisetag ist auch Ihr erster Urlaubstag auf See...und der Alltag ganz weit weg. Während Sie Seeluft und Bordleben genießen, bringen wir Sie bequem und sicher direkt nach Norwegen.

WILLKOMMEN IM COLOR-CLUB!
Mit unserem „Color Club"-Service bieten wir Ihnen die Möglichkeit, sich an Bord noch mehr verwöhnen zu lassen. COLOR LINE – ein neuer Name für zwei renommierte Reedereien: die Jahre Line mit 30 Jahren Erfahrung auf der Ostsee-Route Kiel-Oslo und Norway Line, auf den Nordsee-Routen von Amsterdam oder Newcastle nach Stavanger und Bergen. Bitte fragen Sie in Ihrem Reisebüro nach unserem Fahrplan, Kurzreisen-Programm und Tagungsprospekt.

KIEL - OSLO - KIEL AB DM 895,- 4 PERSONEN +1 AUTO

Wir bringen Farbe in Ihre Ferien.

Color Line
BISHER: JAHRE LINE/NORWAY LINE

COLOR LINE
Oslo-Kai, 2300 Kiel 1
Tel. 04 31/97 40 90
Telefax 04 31/9 74 09 20
Telex 292 721

KOMM MIT IN DEN NORDEN...

Skandinavien ist unsere Domäne als Reiseveranstalter. Drei Hauptkataloge enthalten alle Urlaubsarten, die der Norden bietet: Im 88 Seiten starken **Nordland-Katalog** werden hochwertige Reisen – von der Studien-, Rund- und Aufenthaltsreise bis zur Postdampferreise zum Nordkap angeboten. Eine weitere Abrundung und Ausweitung erfährt das Nordland-Angebot durch die Aufnahme der bei Nordland-Kennern beliebten "Fast Reisen". Wolters Reisen und Fast Reisen in einem Katalog – da bleiben für Ihre Nordland-Reisepläne keine Wünsche mehr offen.

Ferienhäuser

Weit über 4000 Ferienhäuser stehen zur Auswahl, betrachtet man den **Ferienhaus-Katalog** von Wolters Reisen und den Katalog von Nord-Reisen, unserer Tochterfirma aus Rendsburg.

Interessante Rundreisen für Autoreisen finden Sie in unserem Spezialprospekt **"Autowandern in Norwegen"**. Ausführliche Beratung und Buchung in allen guten Reisebüros.

Prospekte erhalten Sie auch direkt von unserem Prospektservice: Postfach 10 01 47, 2800 Bremen 1, Telefon 04 21 / 89 99 289

WOLTERS REISEN
Das sichere Urlaubsgefühl

NORD REISEN RENDSBURG

Den Katalog NORD-REISEN – mit interessanten **Ferienhausangeboten** und sorgfältig geplanten **Autowandertouren** – erhalten Sie im Reisebüro oder von NORD-REISEN Bahnhofstraße 8, 2370 Rendsburg Telefon 0 43 31 / 51 31

Jetzt mit **FAST REISEN**

- Wir möchten Sie gern darüber informieren, wie Sie sich
- besser informieren können. Damit Sie Spaß an der
- Urlaubsplanung und natürlich am Urlaub selbst haben.
- Und damit Sie auch nach dem Urlaub noch
- Vergnügen an Norwegen haben.

Erst kommt der Spaß

Informationen

Für Informationen über Norwegen ist das Norwegische Fremdenverkehrsamt in Hamburg die offizielle Anlaufstelle. Schauen Sie einfach herein, wenn Sie in Hamburg sind, und lassen Sie sich ausführlich beraten. Oder rufen Sie uns an. Die Öffnungszeiten sind Mo-Fr 10.00-16.30 für Besucher, telefonisch erreichen Sie uns Mo-Fr 9.00-16.30.

Norwegisches Fremdenverkehrsamt
Mundsburger Damm 27
Postfach 76 08 20
2000 Hamburg 76
Tel. 040/22 71 08-10
Telefax 040/22 71 08-15

NEU: Das Lillehammer - Buch

Jetzt gibt es einen Bildband über das Wintersportland Norwegen, der seinesgleichen sucht. Wertvolle Fotodokumente, ergänzt durch Artikel und Essays namhafter norwegischer Autoren und Journalisten vermitteln ein umfassendes Bild über die Geschichte und Traditionen einer führenden Wintersportnation.

Der außergewöhnliche Band **Richtung Lillehammer** ist für DM 135,- über NORTRA Marketing GmbH zu beziehen (auf Wunsch zur Ansicht, Bestelladresse siehe rechts).

Das Offizielle Reisehandbuch 1991

DM 12,- (zzgl. DM 3,- Versandkostenanteil). Für Sammler: Die früheren Jahrgänge des Reisehandbuches sind noch erhältlich. Bei Einzelbestellung kostet die Ausgabe 1990 DM 12,-, die '89er Ausgabe DM 10,-, ältere Jahrgänge bekommen Sie für DM 5,- (jeweils plus DM 3,- Versandkostenanteil). Günstiger wird es, wenn Sie gleich 3 Ausgaben zum Paketpreis von nur DM 20,- bestellen. Versandkosten werden dann nicht extra berechnet.

Norwegen Magazin

6x im Jahr halten sich Fans auch außerhalb der Reisesaison über Norwegen informiert: mit einem Abonnement des NORWEGEN MAGAZINS. Reisereportagen, Kulturberichte, touristische Neuigkeiten (natürlich alles mit vielen Fotos), Nachrichten der Reedereien und der Deutsch-Norwegischen Freundschaftsgesellschaft.
Die 6 Hefte sind nur im Abonnement erhältlich, das Wintermagazin gehört zum Lieferumfang dazu.
6 Hefte **NORWEGEN MAGAZIN + 1 Wintermagazin** für nur DM 12,- jährlich.

Wintermagazin

Norwegen im Winter bedeutet: »Land unter« - im Schnee. Im Wintermagazin erwarten Sie interessante Winterreportagen, die Winterreisegebiete mit ihren Winterangeboten und viele Wintertips von A-Z. Damit auch Ihr Winterurlaub ein gelungener Urlaub wird.
Das **Wintermagazin** ist einzeln gegen eine Schutzgebühr von nur DM 3,- erhältlich.

Angeln in Norwegen

Das Angeln ist in Norwegen bekanntlich ein sehr fischreiches und schier unerschöpfliches Thema. Welchen Fisch angle ich wo, und wo bekomme ich einen Angelschein? Auf diese und andere Fragen finden Sie in dem Buch **Angeln in Norwegen** die Antwort.
Außerdem enthält es zahlreiche Karten und allgemeine Informationen.
Angeln in Norwegen, hrsg. v. NORTRABOOKS, 1990, DM 39,80

Mit dem Auto durch Norwegen

Ein kleiner Autoreiseführer, mit dem Sie durch das ganze Land kommen. Er enthält ausgewählte, kurze Routen- und Städtebeschreibungen.
Mit dem Auto durch Norwegen, hrsg. v. NORTRA Marketing GmbH, 1990, DM 9,50

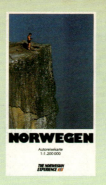

● Norwegen-Übersichtskarte
Mit dieser Karte haben Sie den nötigen Überblick. Der Maßstab 1:1.200.000 sorgt für ein handliches Format.
Schutzgebühr DM 3,-

Kalender »NORWEGEN 1991«
Machen Sie ein ganzes Jahr lang Kalenderurlaub. Entdecken Sie Norwegen im Großformat und erleben Sie die Faszination der Landschaft im Wechsel der Jahreszeiten.
Den Fotokalender
»NORWEGEN 1991«
(Format: 46 x 44 cm) mit 12 hervorragend gedruckten Farbtafeln erhalten Sie für DM 39,80.

● Oslo-Karte
Der Spartarif für die Hauptstadt. Statt sich durch die Einbahnstraßen zu quälen, parken Sie Ihren Wagen frei auf allen öffentlichen Parkplätzen oder im städtischen Parkhaus, benutzen alle öffentlichen Verkehrsmittel gratis, haben freien Eintritt zu Museen und anderen Sehenswürdigkeiten, erhalten Ermäßigung in vielen Hotels und Restaurants u.v.m.
Die Oslo-Karte gibt's

für	zum Preis von
24 Std.	DM 26,-
48 Std.	DM 37,-
72 Std.	DM 45,-

Kinder unter 16 Jahren und Rentner ab 65 Jahre zahlen die Hälfte.

● Bonus Pass
Eine Rabattkarte für 110 erstklassige skandinavische Hotels. In Norwegen ist es die Inter Nor-Kette.
DM 40,-

● Fjord Pass
Eine Rabattkarte für 200 Hotels, Gasthöfe und Pensionen in ganz Norwegen.
DM 17,-

● Info-Pakete
Wie fährt man in den Urlaub? Gut informiert natürlich! Immer mehr Norwegenreisende nutzen daher unseren Service und fordern Informationspakete an. Denken Sie daran, Ihre Bestellung frühzeitig abzusenden, denn der große Informationsdurst vor der Hauptreisezeit erfordert ca. 3 Wochen Bearbeitungszeit. Folgende Informationspakete haben wir für Sie zusammengestellt:

1 Nordnorwegen (mit Spitzbergen) / Trøndelag
2 Westnorwegen
3 Sørlandet / Telemark
4 Oslo / Oslofjordgebiet
5 Ostnorwegen
6 Anreise
7 Reisen in Norwegen
8 Hotelangebote
9 Camping / Sonstige einfache Übernachtungsmöglichkeiten
10 Ferienhäuser
11 Aktivurlaub
12 Reiseveranstalter
13 Winterreisen

Bitte fügen Sie Ihrer Bestellung eine Schutzgebühr in Briefmarken bei. Für 1 Paket: DM 1,-; bis zu 3 Pakete: DM 1,50; bis zu 5 Pakete: DM 2,-; bis zu 7 Pakete: DM 2,50; bis zu 11 Pakete: DM 3,50; für alle Pakete zusammen: DM 4,-.

● Besonders fix: Btx
Über die Btx-Seite »*23 999#« können Sie das Norwegische Fremdenverkehrsamt anwählen und erhalten Zugang zu mehr als 500 Seiten Norwegen-Informationen, die ständig aktualisiert werden. Das von jedermann abrufbare Datenmaterial umfaßt vor allem Informationen über Verkehrsmittel, Veranstaltungen, Übernachtungsmöglichkeiten, Sonderangebote und -aktionen sowie touristische Nachrichten.

● Norwegen-Tournee
Das Erlebnis besonderer Art. Die Norwegen-Show präsentiert sich mit neuem Namen und neuem Konzept. Seit 1990 findet sie immer im November statt. Die Termine können Sie beim Norwegischen Fremdenverkehrsamt erfragen (Tel. 040/22 71 08 - 10). Der Terminplan wird rechtzeitig im NORWEGEN MAGAZIN veröffentlicht.

● Messen 1991
Bummeln Sie doch mal über eine Messe. Auf folgenden Touristik-Messen können Sie sich direkt an unseren Ständen über Norwegen informieren.

CMT
Stuttgart, 19.-27.1.91
BOOT '91
Düsseldorf, 19.-27.1.91
CBR
München, 2.-10.2.91
Freizeit + Reisen
Oldenburg, 8.-10.2.91
»Reisen«
Hamburg, 9.-17.2.91
ITB
Berlin, 2.-7.3.91
Camping + Touristik
Essen, 16.-24.3.91
TOURISTICA
Frankfurt, 2.-10.11.91
Intern. Reisemarkt
Köln, 29.11. -1.12 .91

Außerdem:
Norwegische Kulturtage
Wiesbaden (Kurhaus),
16. - 17.2.91

● Schicken Sie ihre
● Bestellung an:
● NORTRA
● **Marketing GmbH**
● **- Versandservice -**
● **Christophstraße 18-20**
● **D-4300 Essen 1**
● Die Lieferung erfolgt
● gegen Vorkasse
● (bitte Scheck beilegen)
● oder per Nachnahme

dann das Vergnügen

FRED. OLSEN LINES — Urlaub von Anfang an!

Keiner fährt schneller nach Norwegen

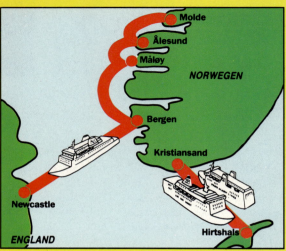

Herzlich willkommen an Bord unserer modernen und sicheren Fährschiffe!

Schiffs-Sicherheit

Der Qualitätsstandard unserer Fährschiffe wird den neuzeitlichen Erkenntnissen ständig angepaßt. M/S »BAYARD« (14.990 BRT) wurde in Deutschland nach den deutschen Sicherheitsvorschriften und nach den **SOLAS-Regeln** (Safety of Life at Sea) gebaut. Daher ist auch dieses Schiff nach dem modernsten Stand der Technik ausgestattet.

SICHERHEIT geht über alles!

Auf wiedersehen 1991

Deutsch - Norwegische Freundschaftsgesellschaft

Norwegen ist kein Urlaubsland wie jedes andere. Wer erst einmal den Sprung ins kalte Wasser gewagt hat und dabei entdecken konnte, wie erfrischend anders als die übrigen Reiseziele Norwegen ist, kann sich der Faszination dieses Landes kaum entziehen.
Wer einmal da war, wird schnell zum Fan.
Seit 1988 gibt es die "**Deutsch-Norwegische Freundschaftsgesellschaft**" (DNF), die sich das Ziel gesetzt hat, die kulturellen, touristischen und gesellschaftlichen Beziehungen zwischen der Bundesrepublik Deutschland und Norwegen zu fördern.
In der kurzen Zeit seit der Gründung hat die DNF bereits 3.500 Mitglieder gewonnen. Besonders stolz ist die DNF auf ihren Ehrenpräsidenten Kåre Willoch, den ehemaligen Ministerpräsidenten Norwegens.
Die große Zahl der Mitglieder führte zur Gründung von Regionalgruppen, damit unter den Mitgliedern eine rege Vereinsarbeit möglich wird.

DNF - VEREINSARBEIT

Die DNF ist sehr daran interessiert, **deutsch-norwegische Begegnungen** zu initiieren oder zu unterstützen. Unter dem Zeichen der Begegnung steht auch die **Vermittlung von Brieffreundschaften. DNF-Sprachkurse** helfen, die Sprachbarrieren abzubauen. Auch die **DNF-Fahrten** sollen zukünftig stärker unter dem Aspekt der deutsch-norwegischen Begegnung durchgeführt werden.
Der **Kulturausschuß** wird 1991 wieder Projekte fördern. Geplant sind Ausstellungen mit norwegischen Künstlern, Informationsabende und Diskussionsrunden sowie eine intensive Öffentlichkeitsarbeit. Aber auch die Geselligkeit kommt bei der DNF nicht zu kurz. Die Mitglieder treffen sich zu **Stammtischen** und feiern gemeinsam, natürlich auch Weihnachten und St. Hans.

Nicht zuletzt ist die **Information über Norwegen** wichtig. Als Mitglied der DNF haben Sie Anspruch auf folgende Leistungen:
Jährlich neu die **aktuelle Ausgabe des Offziellen Reisehandbuchs**, das **Norwegen-Magazin** (sechsmal jährlich), außerdem können Sie **kostenlos Kleinanzeigen** darin aufgeben. Sie erhalten **Ermäßigungen** bei allen Veranstaltungen der DNF und des **Norwegischen Fremdenverkehrsamtes**, eine **Auto-Reisekarte**, einen **Mitgliedsausweis**, einen **Autoaufkleber** sowie auf Wunsch (bitte auf dem Antrag vermerken) einen **Fjord Paß**, der den Urlaub preiswert macht.
Wie wär's? Wollen Sie nicht auch Mitglied in der DNF werden? Der jährliche Mitgliedsbeitrag beträgt DM 45,- für Einzelmitglieder, DM 15,- für weitere Familienmitglieder und DM 150,- für Firmen und Vereine. Falls Sie sich für eine Mitgliedschaft in der DNF interessieren, genügt ein formloser Antrag. Wir senden Ihnen dann die Unterlagen zu.
Den Antrag senden Sie bitte an:

DNF
z. Hd. Edith Neumann
Rosastr. 4-6
4300 Essen 1

Die Karte

Auch 1991 gibt es eine **Rabattkarte exklusiv für DNF-Mitglieder**.
Sie kostet **DM 25,-** und bietet **Vergünstigungen**, die ein Vielfaches dieses Betrages wert sind.
Mit dieser Karte erhält man Rabatt bei einigen Reedereien und Transportgesellschaften. Man kann in zahlreichen Hotels preiswerter übernachten oder Hüttenurlaub zum Sonderpreis buchen. Auch Ausflüge oder Museumsbesichtigungen werden mit der Karte preiswerter. Und hin und wieder erhält man sogar etwas ganz umsonst.
Nur DNF-Mitglieder können diese Karte erwerben, die sich schon nach kurzer Zeit bezahlt macht.
Karteninhaber können übrigens auch die Dienste der **DNF-Bereitschaftszentrale** im Hafslotun am Sognefjord in Norwegen kostenlos nutzen.
Unter der Telefonnummer **056-84 650** erreichen Sie tagsüber und teilweise abends ein DNF-Mitglied, das Deutsch und Norwegisch beherrscht und versuchen wird, eventuelle Probleme für Sie zu lösen.
Diese Hilfe ist kostenlos für Sie. Lediglich die entstehenden Telefon-/Telefaxgebühren werden berechnet. Bitte haben Sie Verständnis, wenn der DNF-Ansprechpartner nur begrenzte Zeit für Sie hat, weil er dort arbeitet und die Betreuung im ehrenamtlichen Rahmen erfolgt.
Im Hafslotun am Sognefjord ist für die Mitglieder auch ein Stammtisch eingerichtet, der als Verabredungspunkt mit Freunden geeignet ist oder aber auch zum Plausch mit anderen DNF-Reisenden, die gerade hereinschauen.

EXQUISITES AUS NORWEGEN

Ein Stück Norwegen liegt jetzt mitten in Deutschland. Im NOR-Center in Essen erhalten Sie die typischen Erzeugnisse für die Norwegen berühmt ist.
Hier eine kleine Auswahl:

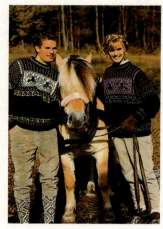

Weltmeisterschaftspullover »Duell«, Farben wie abgeb. (Abb.), Unisex-Gr. M-L-XL	DM 178,-
Strickjacke »Oslo«, weiß, Gr. 40-44	DM 199,-
Pullover »Finnmark«, blau-weiß-rot, grau-weiß-rot und weiß-grau-schwarz, Gr. 40 - 56	DM 169,-
Norweger-Mütze	DM 39,00
Stirnband »Norway«	DM 21,90
Fingerhandschuhe	DM 39,00
Fausthandschuhe	DM 38,50
Fjordpferd in Holz, 170 mm	DM 29,90
Steintrolle, klein	DM 9,00
Kerzenständer, Kiefernholz natur	DM 19,90
dazu passend: 2 Kerzen in den norw. Landesfarben	DM 4,95
Salatschale aus Kiefernholz, Ø - 330mm, H - 95mm; edle Form, Sonderpreis	DM 89,00
Echter Räucherlachs ca. 200 g, geschnitten	DM 14,90
ca.1000g-Seite, am Stück	DM 59,80
Hausgemachte »Syltetøy«, nach altem Rezept-etwas ganz Besonderes, exklusiv für den Norwegen-Shop-ca. 250 g	
- Erdbeer	DM 6,80
- Himbeer	DM 6,80
- Preiselbeer	DM 8,80
- Moltebeer	DM 11,80
Hausgemachter süß-sauer eingelegter Hering, nach traditionellen Rezepten, exklusiv für den Norwegen-Shop - ca 250 g	
-Tomatsild	DM 9,80
-Sennepsild	DM 9,80
-Kryddersild	DM 9,80
»Geitost«, milder brauner Ziegenkäse mit Karamelgeschmack, 250 g	DM 6,90
Käsehobel	DM 19,90
Das berühmte »Mack-Øl«, 0,33 l Dose, 6-Pack	DM 8,90
Der weitgereiste »Linie-Aquavit«, 0,04 l	DM 3,50
Dazu passend die Original-Gläser, Stück	DM 7,50

Viele weitere norwegische Qualitätsprodukte finden Sie in unserem Katalog.
Ihre Bestellung nehmen wir gern telefonisch oder schriftlich entgegen. Oder kommen Sie doch einfach vorbei und schauen sich um. 1991 finden Sie uns auch in Berlin, Frankfurt und Hamburg.

FJORDPROFIL

Rosastraße 4 - 6 (im NOR - Center), D - 4300 Essen 1, Tel. 0201 / 78 43 03, Fax 0201 / 79 18 23

Chaco

Das elegante Modell der neunziger Jahre: schlank, fortschrittlich, attraktiv. Einzigartig in Form und Verarbeitung. Eine Meisterleistung handwerklicher Besteckfertigung.

Formgeber: Tias Eckhoff Goldmedaillengewinner in Design.

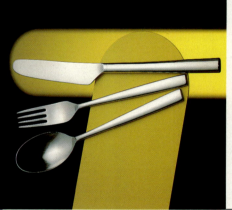

norsk stålpress a·s

Postboks 3440 Ytre Sandviken,
N-5022 Bergen,
Telefax: 05 - 25 63 35

Zu kaufen bei BODO GLAUB in Köln und Böhmler Einrichtung, München

---

Seit 1879 stellt Dale A/S in der kleinen westnorwegischen Ortschaft Dale Pullover und Strickjacken mit klassischen Norweger-Muster her. Mit hochmodernen Strickmaschinen und rund 500 Heimstrickerinnen ist die Gesellschaft heute der größte norwegische Strickwarenproduzent. »Dale of Norway« - Strickwaren werden aus reiner Schurwolle nach strengen Qualitätsnormen gearbeitet.

DALE OF NORWAY®
DER NAME, DER NORWEGISCHE PULLOVER WELTBEKANNT GEMACHT HAT

DALE
Dale A/S, 5280 Dalekvam,
Tel. 0047 - 5 - 59 60 01
Fax 0047 - 5 - 59 67 32

Vertretung in der BRD:
Sport - Mode - Vertriebs GmbH
Egon Rehagel
Langmannskamp 30
D - 4300 Essen 14
Tel. 0201/51 35 61
Telefax: 0201/51 29 61

Bücher über Norwegen

Im Norwegen-Reisehandbuch steht zwar viel, aber bestimmt nicht alles, was Sie zum Thema Norwegen interessiert. Deshalb stellen wir Ihnen im folgenden eine Auswahlliste mit Reiseführern, Bildbänden und Romanen norwegischer Autoren vor, die in deutscher Übersetzung erschienen sind. Die aufgeführten Titel können Sie über jede Buchhandlung beziehen oder beim NORDIS Buch- und Landkartenhandel, Postfach 343, in 4019 Monheim bestellen. Sollten wir unter der Fülle von Neuerscheinungen einen Titel übersehen, dann teilen Sie es uns bitte mit.

Reiseführer

- Autoreiseführer Norwegen
  26 Orts- und 14 Streckenbeschreibungen sowie ein ausführlicher Informationsteil für Autofahrer, Touristen mit Wohnwagen oder Wohnmobil. Übersichts- und Orientierungskarten, Tips von A - Z.
  3. neu bearbeitete Auflage. 216 S.
  U. Kreuzenbeck und U. Groba
  NORDIS Reiseführerverlag 1989.
  DM 26,80

- Die Bergen- und Flåmbahn.
  C. Haardiek. Verlag Die Fähre 1988. DM 21,80

- Mit dem Auto durch Norwegen.
  NORTRA 1989. DM 9,50

- Norwegen kennen und lieben.
  G. Eckert. LN-Verlag 1983.
  DM 18,80

- Nach Norwegen reisen.
  L. Schneider. Fischer 1986.
  DM 9,80

- Norwegen.
  H. Barüske. Kohlhammer 1986.
  DM 64,-

- Norwegen.
  Grieben 10. Aufl. 1988. DM 24,80

- Norwegen.
  K. Kunzmann-Lange. Goldstadtverlag 10. Aufl. 1988. DM 19,80

- Norwegen.
  Polyglott. Gr. Ausg. DM 19.80, kl. Ausg. DM 7,80

- Norwegen.
  A. Kamphausen. Prestel 1983.
  DM 42,-

- Norwegen.
  J. May. Walter 1989. DM 36,-

- Norwegen.
  A. Patitz. Hallwag 1980. DM 32,-

- Norwegen.
  Beschreibung eines Landes.
  A. Schroth-Jakobsen. NORDIS Reiseführerverlag 1985. DM 19,80

- Norwegen -
  ein politisches Reisebuch
  I. Ambjørnsen und G. Haefs. VSA Verlag 1988. DM 26,80

- Norwegen. Ein Reisebuch.
  A. Schroth-Jakobsen. Ellert & Richter 1987. DM 29,80

- Norwegens Fjorde.
  E. Kolnberger. Touropa 1986.
  DM 9,80

- Norwegen.
  Knaurs Kulturführer in Farbe.
  M. Mehling. Knaur 1989. DM 34,-

- Norwegen - Süd/Mitte
  Schröder/Pagenstecher.
  Velbinger Verlag 1989. DM 36,-

- Preiswert reisen.
  A. Schroth-Jakobsen. Hayit.
  2. Aufl. 1989. DM 24,80

- Quer durch Norwegen.
  W. Rau. Rau Verlag 1989.
  DM 28,80

- Reisehandbuch Mittel- und Nordnorwegen.
  U. Kreuzenbeck und U. Groba.
  NORDIS Reiseführerverlag 1985.
  DM 24,-
  (Neuauflage in Vorbereitung)

- Reisehandbuch Nordkalotte.
  U. Kreuzenbeck und U. Groba.
  NORDIS Reiseführerverlag 1986.
  DM 26,80

- Reisehandbuch Ostnorwegen und Sørlandet.
  U. Kreuzenbeck und U. Groba.
  NORDIS Reiseführerverlag 1985.
  DM 24,-
  (Neuauflage in Vorbereitung)

- Reisehandbuch Westnorwegen.
  U. Kreuzenbeck und U. Groba.
  NORDIS Reiseführerverlag 1984.
  DM 24,-
  (Neuauflage in Vorbereitung)

- Richtig reisen - Norwegen
  R. Dey. DuMont. 7. Aufl. 1989.
  DM 39,80

- Skandinavien. Kunstreiseführer
  R. Dey. DuMont. 1989. DM 39,80

- Spitzbergen.
  A. Umbreit. Umbreit Verlag 1988.
  DM 19,80

- Wikingfahrt 1 und 2
  W. zu Mondfeld. Bastei Lübbe.
  je DM 12,80

- 2500 Seemeilen mit dem Schnelldampfer. E. Welle-Strand.
  NORTRABOOKS. DM 21,80

Aktivführer

- neu 1990
  Angeln in Norwegen.
  Ein ausführlicher Wegweiser für Freunde des Angelsports, genaue Geländebeschreibungen, Hinweise auf vorkommende Fischarten, Saisonzeiten und Angelscheinpreise.
  J. Berge. NORTRABOOKS.1990.
  DM 39,80

- Bergwandern in Norwegen.
  E.W. Strand. NORTRABOOKS.
  Oslo. DM 23,80

- Gästehäfen in Norwegen.
  NORTRABOOKS. Oslo. DM 34,80

- Gebirgswandern in Norwegen.
  M. Reuter. NORDIS Reiseführerverlag.
  (Neuauflage in Vorbereitung)

- Kanuwandern. Sognefjord I/II.
  Hartmann. Syro. DM 9,80

- Radwandern in Norwegen.
  S. Jenseth. Rutsker. DM 18,80
  (zur Zeit vergr.)

- Wintersport in Norwegen.
  C. Nowak. NORDIS
  Reiseführerverlag 1985. DM 22,-

Reisebeschreibungen

- Im Banne der Arktis.
  Mit dem Kajak an der Westküste Spitzbergens.
  Gallei/Hemsdorf. Motorbuch Verlag. DM 48,-

- Lappländische Reise.
  C. von Linné. Insel. DM 14,-

- Norwegen zu Fuß und auf Ski.
  3500 km von Oslo nach Kirkenes.
  B. Klauer. Motorbuch Verlag.
  DM 32,-

Landeskunde

- Norwegen.
  Beck'sche Reihe. Aktuelle Länderkunde.
  G. Austrup und U. Quack.
  C.H. Beck Verlag 1989. DM 18,80

- Norwegen.
  E. Gläßer. Wiss.Buchgesellschaft Darmstadt. DM 74,-

- Norwegische Stabkirchen.
  E. Burger. DuMont
  (zur Zeit vergriffen)

- Stabkirchen in Norwegen.
  G.Bugge. Dreyer

Bildbände

- De Tusen Fossers Land
  Bildband über die Vielfalt norwegischer Wasserfälle und Stromschnellen.
  E. Welle-Strand/J. Berge.
  NORTRABOOKS. DM 109,-

- Ein Jahr im Norden.
  scandica-Magazin.
  U. Marschel. NORDIS Reiseführerverlag DM 14,80

- Fjordland.
  K. Bossemeyer und K.H. Farni.
  Merian 1989. DM 24,-

- Lappland.
  H. Madej. Ellert & Richter.
  DM 19,80

- Naturerlebnis Norwegen.
  Breskow/Larsen. terra magica Reihe. Reich Verlag. DM 49,-

Mehr erleben mit Grieben Reiseführern

Fjorde, Gletscher, Berge, Hochplateaus – Norwegen, das Land der Kontraste. Von Oslo bis Spitzbergen – 264 Seiten Information mit farbigem Bildteil u. Karten sowie zahlreichen s/w Fotos und Abbildungen.

Norwegen Bd. 278
ISBN 3-7744-0278-7
DM 24.80
Erhältlich überall wo's Bücher gibt!
GRIEBEN

Poster

Postersatz Norwegen
12 herrliche Motive lassen Sie die Schönheit des Landes nicht nur ahnen. Format 32 x 48, **DM 24,80**

...für Sammler:
alle bisher erschienenen
**Norwegen
Reisehandbücher**
('87,'88,'89) plus einem 3'er Satz Norwegenpostkarten. **DM 20,-**

Reise- und Aktivführer

U. Kreuzenbeck/U. Groba
**Autoreiseführer
Norwegen**

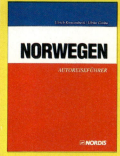

Die Mehrzahl der Norwegen-Urlauber reist heutzutage mit dem Auto, mit dem Wohnwagen oder Wohnmobil. Im Rahmen von 27 Strecken- und Ortsbeschreibungen gibt der Autoreiseführer Auskunft über Sehenswertes in Natur und Kultur, Ausflugsziele, Alternativrouten, Aktivitäten. 210 Seiten, zahlr. farbige Abb., 3. neubearb. Auflage, **DM 26,80**

Anja Schroth - Jakobsen
**Norwegen -
Ein Reisebuch**

Dieses Buch vermittelt nicht allein Fakten über Land und Leute, sondern weckt beim Leser das Gefühl, daß Norwegen mehr ist als „nur" Fjorde, Berge und Seen. Hier leben Menschen, die ihre eigene Kultur und Geschichte besitzen und sich den Naturverhältnissen anpassen mußten. Lernen Sie diese Menschen und ihr Land kennen. 240 Seiten, **DM 29,80**

Wolfram zu Mondfeld
Wikingfahrt I und II
Ein erfrischender, zweibändiger Taschenbuch-Kulturreiseführer, der die traditionellen Reiseführer hervorragend ergänzt. Mit profunder Kenntnis begleitet der Autor den Leser durch die Heimat der Wikinger und Nordgermanen und führt zu berühmten Sehenswürdigkeiten, weist aber auch auf kaum Bekanntes hin, das abseits der ausgetretenen Tourismuspfade liegt.

Bd. I Dänemark - Norwegen - Norddeutschland, 348 Seiten, zahlr. Abb. und Skizzen, früher DM 12,80, jetzt **DM 6,80**.
Bd. II Schweden - Gotland - Öland, 350 Seiten, zahlr. Abb. und Skizzen, früher DM 12,80, jetzt **DM 6,80**.
Beide Bände zusammen für **DM 12,-**

Johan Berge
Angeln in Norwegen
Mehr als 100 Lachsflüsse gibt es in Norwegen. Wo findet man diese Flüsse? Wie gelangt man dorthin? Von wem erhält man die Erlaubnis zum Angeln? Das Buch gibt Ihnen auf alle Fragen präzise Antworten. Experten haben die besten Angelgebiete Norwegens sorgfältig ausgewählt und geprüft. 191 Seiten, **DM 39,80**

Bildbände

Gabriele Winter, Hans-Jürgen Sitting
**Weite des Nordlichts -
Lappland**

Ein Bildband aus der Reihe „Sehnsucht Natur". Wie die anderen Bücher dieser Reihe gehört dieser Band zu den eindrucksvollsten Fotobänden über den Norden.
72 Seiten, 42 Fotos, **DM 29,80**

Hubert Neuwirth
**Traumstraßen
Skandinaviens**

Dieses Buch ist ein Klassiker unter den Skandinavien-Bildbänden. Der Autor hat bei mehreren Fahrten durch Skandinavien eine Reiseroute erstellt, die durch die typischen Landschaften der drei Länder führt. Die beschriebene Tour umfaßt 8500 Kilometer in 17 Etappen. Das Buch ist konzipiert als praktisch verwendbarer Reiseführer und als anregender Bildband.
208 Seiten, 128 Fotos, **DM 78,-**

Roger Engvik
**Die Vögel von Runde
und der norwegischen
Westküste**
Ein dreisprachiger (norw./engl./deut.) Bildband über die artenreiche westnorwegische Vogelwelt mit Beschreibungen der verschiedenen Vogelarten (See- und Raubvögel, Papageientaucher, usw.) und meist ganzseitigen wunderschönen Farbaufnahmen.
136 Seiten, zahlr. farb. Abb., **DM 54,-**

Video

**Norwegen
Land der 1000 Fjorde**
Malerische Landschaften und kulturelle Zentren - die beliebtesten Ziele Norwegens in hervorragender Bildqualität! Die eingeblendeten Karten und Informationen über Reiserouten, Restaurants und Unterkünfte machen das Video zur idealen Urlaubsvorbereitung. Ein Kompaktreiseführer im Taschenformat ist zusätzlich beigefügt. VHS 60 min., **DM 59,80**
(kein Umtausch möglich)

Belletristik

Ketil Bjørnstad
Ballade in G - Moll
Ein Roman über das Leben des norwegischen Komponisten Edvard Grieg. 459 Seiten, **DM 19,80**

Gunnar Staalesen
**Das Haus mit der
grünen Tür**
Der erste Roman von Gunnar Staalesen mit dem melancholischen Privatdetektiv Varg Veum. Ein neuer Leckerbissen für die wachsende Varg Veum Fangemeinde.
176 Seiten, **DM 14,80**

F.u.H. Dressler/L. Schneider
Norwegen
Ein prachtvoller Bildband mit ausgezeichneten Fotos des bekannten Fotografen Fritz Dressler zeigt Norwegen in vielen Variationen. Ein Reise- und Textteil bietet detaillierte Informationen über Land und Leute. 184 Seiten, 172 Fotos, **DM 58,-**

NORWEGEN '91

NORGE '91: Entdecken Sie Norwegen im Großformat und erleben Sie die Faszination einer Landschaft. Den außergewöhnlichen Fotokalender erhalten Sie für **DM 39,80** inkl. Verpackung und Versandkosten (Vierfarbdruck auf Kunstdruckpapier, Format 46 x 44 cm). Mit dem Kalender **Norwegen '91** begleiten Sie Norwegen durch die Jahreszeiten.

Kalender

Der Elch präsentiert:
Weit und breit nur Bücher!

Wir haben unseren Katalog stark erweitert und stellen Ihnen hier einige neue, aber auch altbewährte Titel vor! Selbstverständlich besorgen wir Ihnen auch alle anderen in diesem Reisehandbuch vorgestellten Bücher und Landkarten!

Fordern Sie unseren kostenlosen Gesamtkatalog an!

Bestelladresse: NORDIS Buch- und Landkartenhandel, Abt. NR 91
Böttgerstr. 9, 4019 Monheim, Telefon 02173/56665, Fax 02173/54278

Die Lieferung erfolgt gegen Rechnung, gemäß den Lieferbedingungen in unserem Hauptkatalog.

NORDIS Buch- und Landkartenhandel

Dies und das

Asbjørnsen und Moe
Norwegische Märchen
Ein hervorragend gestalteter Band mit den traditionellen Märchen Norwegens - von Trollen, Riesen, Elfen und anderen sagenumwobenen Gestalten. 288 Seiten, mehrere hist. Abb., **DM 36,-**

Theodor Kittelsen
Troll - in Norwegen
Th. Kittelsen ist Norwegens berühmtester Trollzeichner und auch ein Meister des Wortes. Lassen Sie sich entführen in die fantastische Welt der Trolle und die wilde norwegische Natur. **DM 55,-**

Wörterbücher

**Norwegisch - Deutsch,
Deutsch - Norwegisch**
pro Band **DM 48,-**

Unterwegs in Norwegen?
Wir haben die entsprechenden Karten!

**Fremdenverkehrskarte
Norwegen**
Hervorragende Planungs- und Reisekarte mit Stichwortregister, Streckenbeschreibungen und Stadtplänen. Maßstab 1:1.000.000, **DM 12,80**

**Wanderkarten
Norwegen**

Jotunheimen 1:100.000 **DM 26,80**,
Jostedalsbreen 1:100.000 **DM 26,80**,
Hemsedal 1:50.000 **DM 14,80**,
Nordkapp 1:100.000 **DM 19,80**,
Romsdalen 1:80.000 .... **DM 19,80**
Snøhetta 1:100.000 .... **DM 19,80**
Trollheimen 1:100.000 ..... **DM 19,80**
Über 50 weitere Wanderkarten der unterschiedlichen Gebiete ab Lager lieferbar.

Terrac Autokartenserie
Diese Kartenserie deckt Norwegen in sieben Blättern ab und enthält alle wichtigen Informationen für Touristen. Außerdem vermittelt sie durch Farbgebung und Schattierung einen Eindruck der norwegischen Landschaft.
Bl. 1-5 Maßstab 1:300.000
Bl. 6-7 Maßstab 1:400.000
je Blatt **DM 14,80**

Neben den hier erwähnten Karten führen wir auch topographische Karten (komplett ab Lager), Seekarten, Loipenkarten, historische Karten, usw...
Fordern Sie unseren kostenlosen Gesamtkatalog an!

- Naturparadies Süd-Norwegen. K. Gallei. Badenia

- **neu 1990**
  Norwegen
  GEO-Special. DM 13,50

- Norwegen.
  Begegnung mit Knut Hamsun.
  H. Haack. List DM 29,80

- Norwegen.
  W. Ligges. DuMont. DM 68,-

- Norwegen.
  Imber/Tietze. Kümmerly & Frey

- Norwegen.
  Schilde/Schmid. Reich. DM 49,80

- Norwegens Küste.
  Holm/Nissen-Lie. DM 78,-

- Norwegens Norden.
  Merian. Hoffmann & Campe.
  DM 14,80

- Oslo. scandica-Magazin
  U. Marschel. NORDIS Reiseführerverlag. DM 14,80

- Oslo und Südnorwegen.
  Merian. Hoffmann & Campe.
  DM 14,80

- Skandinavien.
  Aubert/Müller. Bruckmann.
  DM 88,-

- Skandinavien.
  Trobitzsch/Dey. Umschau.
  DM 78,-

- Sommer in der Arktis.
  Mader. Rombach. DM 29,80

- Stille des Nordens.
  Spiegelhalter. Huovi. Rombach.
  DM 29,80

- Traumstraßen Skandinaviens.
  H. Neuwirth. Süddeutscher
  Verlag. DM 78,-

- Die Vögel von Runde und der norwegischen Westküste.
  R. Engvik. DM 49,-

- Wanderwege in Skandinavien.
  K. Betz. Bruckmann. DM 58,-

- Wildes unbekanntes Norwegen.
  J. Trobitsch. Umschau. DM 36,-

- Weiße Nacht.
  Oesterreicher-Mollwa und Galli.
  Herder. DM 24,-

Landkarten

Norwegen-Karte in fünf Blättern.
Kümmerly & Frey. Lizenzausgabe der norwegischen Cappelen-Autokarte.
- Blatt 1: Norwegen südlich der Linie Oslo - Bergen
- Blatt 2: Fjordland, zentrales Gebirge. Ostnorwegen
- Blatt 3: Møre og Romsdal, Trøndelag
- Blatt 4: Nordland West-Troms (mit Lofoten)
- Blatt 5: Troms und Finnmark
Blätter 1 - 3 im Maßstab 1 : 325.000
Nordblätter im Maßstab 1 : 400.000
je DM 16,80

Norwegen-Karte in sieben Blättern.
Terrac-Straßenkarten-Serie
- Blatt 1: Gebiet um Oslo, Süd- und Ostnorwegen
- Blatt 2: westl. Sørland, südl. Westnorwegen
- Blatt 3: Ostnorwegen, Süd-Trøndelag
- Blatt 4: Westnorwegen, Süd-Trøndelag
- Blatt 5: Nord-Trøndelag, südl. Nordland
- Blatt 6: Nordland und Troms
- Blatt 7: Finnmark
Maßstab 1 : 300.000, bzw. 1 : 400.000
je DM 14,80

Norwegen Autoreisekarte
Übersichtskarte hrsg. vom Norwegischen Fremden-verkehrsamt.
ein Blatt im Maßstab 1 : 1.200.000
DM 3,-

Spitzbergen - Svalbard
Übersichtskarte 1 : 1.000.000
Gebietskarten (vier Blätter)
1 : 500.000
je DM 18,80

Topographische Karten
in einer Serie im Maßstab
1 : 50.000
je DM 14,80
Siehe Übersicht des NORDIS Buch- und Landkartenhandel

Wanderkarten
Herg. vom Norw. Landes-vermessungsamt auf der Grund-lage der topogr. Kartenblätter. Von allen bekannten Wander-gebieten (Hardangervidda, Jotunheimen, Sunnmøre-Alpen, u.a.) erhältlich.
Maßstab i.d.R. 1 : 50.000
DM 14,80 - 26,80

Sprachführer

- Norwegisch.
  Langenscheidts Sprachführer.
  DM 8,80

- Norwegisch.
  Taschenwörterbuch Polyglott.
  DM 4,80

- Norwegisch für Globetrotter.
  P. Rump. Kauderwelsch-Reihe.
  DM 12,80

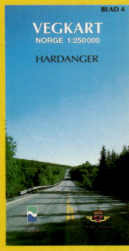
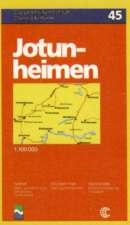
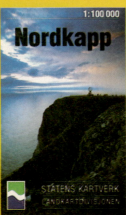

Originalkarten

SCANMAPS Skandinavien
Fordern Sie unsere dekorative Skandi-navien-Karte an (vierfarbig, 51x68 cm). Auf der Rückseite die wichtigsten skandinavischen Kartenserien - alle Karten sind von NORDIS sofort lieferbar.
Schutzgebühr **DM 3,00** in Briefmarken.

Norwegen 1:1.000.000
Ganz Norwegen mit detailliertem Stra-ßennetz und Fährverbindungen, die Rückseite bebildert mit Sehenswürdig-keiten und Streckenvorschlägen. Neu im Jan. 1991; hervorragend für die Urlaubsplanung. **DM 19,80**

Vegkart Norwegen
Die norwegische Original-Straßenkarte mit erstklassigem Kartenbild, exakten Entfernungsangaben, Straßen-klassifikation nach Wegbreite und 100m-Höhenlinien. 21 Blätter im günstigen Maßstab 1:250.000. Für Autotouristen, Wohnmobil- und Fahrrad-fahrer. Je Blatt **DM 16,80**

Wander- und Skikarten
64 Sonderkarten der attraktivsten Gebiete Norwegens, z. B. Jotunheimen, Rondane, Nordkapp. 1:50.000 bis 1:200.000 mit touristischen Einrichtun-gen, Berghütten, Ski- und Wanderwegen. Je Blatt **DM 14,80 bis DM 26,80**

Neuerscheinungen 1990/91 Finse, Saltfjell, Nordmarka, Geilo u.a.

Norge 1:50.000
Die topographische Hauptkartenserie in 727 Blättern (Übersichtskarte in unserem SCANMAPS-Katalog). Für Wanderungen jeder Art.
Je Blatt **DM 14,80**

Spitzbergen (Svalbård)
Auch alle Spitzbergen-Karten liefert NORDIS umgehend. Fordern Sie unseren Sonderkatalog an.

Sprachführer

Kvifte/Berg
Norwegisch-Lehrbuch
Das 1990 neu erschienene Lehrbuch für Universitäten und Volkshochschulen, das sich auch hervorragend zum Selbststudium eignet.
220 Seiten **DM 34,00**,
mit Tonkassette **DM 45,00**

Haben Sie gute Karten?

Ob als Autofahrer oder bei der Gebirgswanderung: Ohne gute Karten kommen Sie in Norwegen nicht weit.

NORDIS distribution liefert dem Buchhandel die SCANMAPS-Originalkarten der skandinavischen Landesvermessungsämter. Alle gängigen Titel direkt ab Lager - schnell und problemlos. Wir teilen Ihnen gerne mit, welche Buchhändler unsere Karten vorrätig haben.

SCANMAPS-Originalkarten für Norwegen werden von Statens Kartverk hergestellt.

Wollen Sie mehr wissen? Wir schicken Ihnen gerne den großen SCANMAPS-Kartenkatalog (kostenlos) und die große SCANMAPS-Skandinavien-karte (DM 3,00 in Briefmarken).

Auslieferung: NORDIS distribution GmbH, Abt. NR 91
Postfach 343 · D-W 4019 Monheim

- Norwegisch-Deutsch / Tysk-Norsk. Berlitz
- Ordbok Nork-Tysk / Tysk-Norsk. 2 Bände. Gyldendal. Oslo
- Pons Reisewörterbuch. Pons
- Sprachführer Skandinavien K. Opfermann. NORDIS Reiseführerverlag. DM 12,80
- Universalwörterbuch Norwegisch. Langenscheid. DM 8,80

Norwegische Literatur in deutscher Übersetzung 1990

- Ambjørnsen, Ingvar: San Sebastian. Roman. Übersetzt von G. Haefs. Edition Nautilus, Hamburg 1990
- Johannesen, Georg: Ars moriendi oder Die sieben Todesarten, Gedichte. Übersetzt von B. Gentikow. Kleinheinrich, Münster 1990
- Michelet, Jon: Hotel coconut, Roman. Übersetzt von G. Haefs. Ernst Kabel Verlag, Hamburg 1990
- Michelet, Jon: Mit tödlichem Auftrag, Roman. Übersetzt von G. Haefs. Fischer Taschenbuch Verlag, Frankfurt 1990
- Michelet, Jon: Auf hartem Kurs, Roman. Übersetzt von G. Haefs. Fischer Taschenbuch Verlag, Frankfurt 1990
- Nedreaas, Torborg: Hinter dem Schrank steht die Axt, Kurzgeschichten. Übersetzt von C. Meyenburg und M. Mächler. Persona Verlag, Mannheim 1990
- Staalesen, Gunnar: Das Haus mit der grünen Tür, Roman. Übersetzt von K. Hartmann. Wolfgang Butt Verlag, Mönkeberg 1990

Kinder- und Jugendbücher

- Abrahamsen, Aase Fosse: Wie ein endloser Schrei. Übersetzt von Senta Kapoun. Benziger Edition, Arena Verlag, Würzburg 1990
- Ambjørnsen, Ingvar: Giftige Lügen. Übersetzt von G. Haefs. Sauerländer Verlag, Frankfurt 1990
- Christensen, Lars Saabye: Herman. Übersetzt von Ch. Hildebrandt. Arena, Würzburg 1990
- Eide, Torill: Ich und Johanna oder der Weg zur Hölle. Übersetzt von S. Kapoun. Verlag St. Gabriel, A-Mödling 1990
- Hagbrink, Bodil: Die Kinder aus Tibet. Übersetzt von L. Kaulbach. Gerstenberg Buchverlag, Hildesheim 1990
- Hansen, Bjørn Erik: Der Prinz von Fogo. Übersetzt von G. Haefs. Sauerländer, Frankfurt 1990
- Kierulf, Anne: Nicoline, eine Katzengeschichte. Übersetzt von S. Hindelang. Gerstenberg, Hildesheim 1990
- Kjærstad, Jan / Olsen, Vivian Zahl: Waffelfest im Hochhaus. Übersetzt von H. Schmidt-Henkel. Boje Verlag, Erlangen 1990
- Lillo, Gerd Eva: Sofias wundersame Katzen. Übersetzt von C. Meyenburg.
- Lindell, Unni: Die Überraschung im Zirkus. Übersetzt von G. Haefs. Sauerländer, Frankfurt 1990
- Newth, Mette: Anne, meine Freundin. Übersetzt von G. Haefs. Sauerländer, Frankfurt 1990
- Osmundsen, Mari / Harald Norberg. Das Sonnenkind. Übersetzt von A. Kutsch. Oetinger, Hamburg 1990
- Pedersen, Hæge Follegg Das Geheimnis der Bucht. Übersetzt von G. Haefs. Metta Kinau Verlag, Hamburg 1990

EIGENTUM IN NORWEGEN

Immobilien

EIGENTUM IN NORWEGEN

■ Wer hat ihn nicht schon einmal geträumt: Den Traum von der eigenen kleinen Hütte am Fjord oder im Fjell?

■ Wir können Ihnen helfen, sich diesen Wunsch zu erfüllen.
Bei uns können Sie Informationen und Objektbeschreibungen anfordern.
Vielleicht ist Ihr Traumhaus sogar unter den ersten Vorschlägen?!

■ Wir erledigen für Sie die administrativen Angelegenheiten und tun unser Bestes, daß Ihr Traumhaus seine Türen so schnell wie möglich für Sie öffnet.

NORDIS Holding GmbH
NORDIS Holding GmbH,
Christophstr. 18-20, 4300 Essen I

○ Ich möchte mich allgemein informieren
○ Ich interessiere mich für ein Haus, das folgende Ansprüche erfüllen soll:

Preis: ○ DM 60.000,- bis 80.000,-   ○ DM 80.000,-- bis 100.000,-
○ DM 100.000,- bis 130.000,-   ○ über DM 130.000,-

Lage: _____

○ Sonderwünsche: _____
_____
_____
_____

Name: _____
Straße: _____
PLZ/Ort: _____   Telefon _____
Unterschrift: _____

Bitte einsenden an:
**NORDIS Holding, betr. Eigentumserwerb in Norwegen,
Christophstr. 18-20, 4300 Essen I**

Velkommen til
Fyresdal
Telemark

FYRESDAL KOMMUNE, 3870 Fyresdal, Tel. 0047 - 36 - 41 100

Eines der schönsten Täler Südnorwegens mit einer 5.000 Jahre alten Kultur. Wald, Gebirge und ergiebige Fischgewässer sind ebenso charakteristisch für Fyresdal wie das Sammeln von Pilzen und Beeren. Hotel, Hüttenvermietung und Campingplätze. Fyresdal bietet viel Platz, frische Luft und ist ein ausgezeichneter Ausgangspunkt für Wanderungen in Telemark.

Fyresdal Turisthotell am schönen Fyresvatn. Ein vollständig renoviertes Hotel mit bezaubernder Atmosphäre und familienfreundlichen Preisen. Günstige Gruppenpreise und sehr großzügige Kinderrabatte. 60 große Zimmer, davon 12 Familienzimmer, alle mit Dusche/WC. Sehr behindertengerecht. Gemütlicher Park und privater Sandstrand. Wir bieten:
Wanderungen durch Gebirge, Wald und Feld auf gekennzeichneten Wegen. Planung und Ausarbeitung von Wanderungen, maßgeschneidert für Ihre Gruppe. Tennisplätze, Ruderboote, Tretboote, Kanus, Surfbretter, Sauna, Solarium, Fitnessraum und großes Kinderspielzimmer. Reitmöglichkeiten nach Absprache. Täglich außer Sonntag Tanz zu Life-Musik. Bar mit allen Schankrechten. Den ganzen Sommer über bietet ein Programmgestalter abwechslungsreiche Aktivitäten für groß und klein an. Wenn Sie weitere Informationen wünschen, dann rufen Sie uns wochentags zwischen 9 und 16 Uhr an.

Herzlich willkommen im
FYRESDAL TURISTHOTELL
N-3870 FYRESDAL
Tel. 0047 - 36 - 41 255
Fax: 0047 - 36 - 41 154

Das Sørnorsk Økosenter liegt in herrlicher Natur im nördlichen Teil von Fyresdal. Das Zentrum nimmt Gruppen auf und freut sich, folgendes anbieten zu können:
Übernachtung in Einzel- und Doppelzimmern zu vernünftigen Preisen. Gute Konferenzsäle. Wirtschaftsgebäude, Hütten, Almhütten. Fachkompetenz in den Bereichen Ökologie, Umweltschutz und Verwaltung von nicht kultivierten Böden. Themenreisen - maßgeschneiderte Angebote, damit Ihre Veranstaltung genau den von Ihnen gewünschten Charakter erhält.

Hauggrend, 3870 Fyresdal
Tel. 0047 - 36 - 42 422
Fax: 0047 - 36 - 42 430

Norwegen von A-Z

(Preise und Zeitangaben ohne Gewähr)

A

ABENTEUERPARKS, FREIZEIT- UND TIERPARKS

In den letzten Jahren sind in verschiedenen Orten Abenteuer- und Freizeitparks eröffnet worden. Hier finden Sie Vergnügungen für die ganze Familie, aber besonders die Kinder fühlen sich wohl, wenn sie u.a. herrliche Wasserrutschen, jede Menge Karussells, Zirkus, Spielplätze mit den tollsten Spielgeräten u.v.m. vorfinden.

Kristiansand Tier- und Freizeitpark:
Auf der E 18 11 km in Richtung Osten; 100 verschiedene Tierarten, außerdem ein großes Spielgelände, Bobbahn, Goldgräberdorf, Wellenschwimmbad. Ganzjährig geöffnet. Eintritt: 19.5.-12.8. sowie Sa./So. v. 13.8.-16.9.: Erw./Kinder NOK 120,-/100,-; vom 13.8.-16.9. werktags und später: NOK 60,-

Hardanger/Ullensvang:
Ferienpark in der Nähe von Kinsarvik. Wasserrutschbahn, Spielplätze, Rudern, Trampolin, Minizoo, Wassersportanlage, Aussichtsturm, Freilichtbühne. Mitte Juni - Mitte August täglich geöffnet. Eintritt: NOK 35,-/Familien NOK 100,-

Skien Lekeland:
Westernstadt, Saloon, Reit- und Rudermöglichkeit, Minigolf und viele andere Spielangebote. Vom 13.6.-3.8. geöffnet. Eintritt: NOK 50,-

Kongeparken Stavanger:
27 km südlich von Stavanger an der E18. Bobbahn, Vogelpark, Reitbahn, Mini-Autostadt, Fahrradcross und viele andere Attraktionen.
Geöffnet: Anfang Mai bis Ende Sept. Eintritt: Erw./Kinder NOK 80,-/60,-

Hunderfossen Familienpark:
15 km nördlich von Lillehammer. Verschiedenste Spielmöglichkeiten. Der größte »Troll« der Welt. Kletterlandschaften, Möglichkeiten zum Goldwaschen, Autos für Kinder, ein eigener Bauernhof u.v.m.
Geöffnet: Ende Mai - Mitte August. Eintritt: Erw./Kinder NOK 85,-/70,-

»Lilleputthammer Spielstadt«:
20 km nördlich vor Lillehammer, bei Øyer Gjestegaard. Modellwerkstätten aller Art, Trampolin, Autos, Zug. Hier wurde Alt-Lillehammers Haupt- und Geschäftsstraße im Maßstab 1:4 nachgebaut. Geöffnet: Ende Mai - Mitte August. Eintritt: Erw./Kinder NOK 15,-/10,-

Røysundkanalen Ferien und Freizeit:
In Bømlo, 5440 Mosterhamn. 1.200 m² überdachter Spielplatz inkl. Schwimmbad, Restaurants, Geschäften, Camping, Hütten u.v.m. Von Mai bis September geöffnet.

Skarnes Lekeland:
5 km vor Skarnes, westlich von Kongsvinger an der Straße 2; Wasserrutschen, Wasserspiele, Trampoline, Minigolf, Spielplatz. Geöffnet: 1.6.-31.8. Eintritt: NOK 35,- (Gruppenermäßigung).

Telemark Sommerland, Bø:
Abenteuerspielplatz mit Wasserrutsche, Indianer- und Cowboystadt, Märchenhaus, Schloß und andere Spielmöglichkeiten.
Geöffnet: Mitte Juni - Mitte August. Eintritt: Erw./Kinder NOK 90,-/70,-

Panorama Spielpark, Bodø:
Tier- und Spielpark mit tollen Angeboten für Kinder, großes Restaurant. Geöffnet: Anfang Juni - Ende August. Eintritt: Erw./Kinder NOK 30,-/20,- (Gruppenermäßigung).

TusenFryd:
Am Mossevei (E 6/E 18), ca. 20 Minuten vom Zentrum Oslos entfernt. Norwegens größte Berg- und Talbahn, große Wildwasserbahn, Kino mit Panoramaleinwand, Minigolf, Restaurants, Botanischer Garten und andere Attraktionen. Geöffnet: 11.6-31.8. Preise: Erw./Kinder NOK 90,-/70,-

ALKOHOL

Abgesehen von Bier bekommt man in den Supermärkten keinen Alkohol. Wein und hochprozentiger Alkohol sind nur im »Vinmonopolet« (staatl. eingerichtete Geschäfte) erhältlich, die nur an größeren Orten vorhanden sind. Die Preise liegen erheblich über dem deutschen Niveau. Fast alle Restaurants besitzen eine Schankgenehmigung. Größere Hotels bieten zudem Spirituosen (»brennevin«) im Ausschank an. Allerdings müssen Sie an allen Sonn- und Feiertagen auf ihren Whisky oder Kognak verzichten, denn an diesen Tagen herrscht absolutes »brennevin«-Verbot.

ALLEINREISENDE

Wer nicht allein nach Norwegen aufbrechen will, aber noch keinen geeigneten Reisepartner gefunden hat, oder wer als Individualtourist auch mal bei einer norwegischen Familie übernachten will, für den ist der »Freundeskreis Alleinreisender e.V.« die richtige Anlaufstelle. Der seit einigen Jahren existierende Verein gibt monatlich die Zeitung »Reisepost« heraus. Interessenten wenden sich bitte an den:
- Freundeskreis Alleinreisender
  Internationales Netzwerk e.V.
  Droysenstr. 12
  D-2000 Hamburg 52

APOTHEKEN

Medizin ist in Norwegen nur in den Apotheken erhältlich, vieles nur auf Rezept eines norwegischen Arztes. Täglich benötigte Medikamente sollten Sie mitbringen, um sicher zu sein, das gewohnte Präparat zur Verfügung zu haben.

Wo ist hier eine Apotheke?
.... Hvor er det et apotek?
Ich habe ein Rezept...Jeg har en resept.
Ich möchte ein .... Jeg vil gjerne ha
- Beruhigungsmittel ....-et beroligende middel
- Hustenmittel ....- et middel mot hoste
- Schlafmittel .... - et sovemiddel
- Mittel gegen .... - et middel mot.
Können Sie mir etwas geben gegen ... ?
.... Kan du gi meg noe mot ... ?
- Durchfall .... - diare
- Erkältung .... - forkjølelse
- Halsschmerzen .... - halssmerter
- Insektenstiche .... - insektstikk
- Kopfschmerzen .... - hodepine
- Zahnschmerzen .... - tannverk

Abführmittel	avføringmiddel
Alkohol	alkohol
Antibabypille	p-pille
Antibiotikum	antibiotika
Augentropfen	øyendråper
Binde	bind
Hustensaft	hostesaft
Kamille	kamille
Magentropfen	magedråper
Plaster	plaster
Puder	pudder

ARBEITS- UND AUFENTHALTSERLAUBNIS

Staatsbürger aus EG-Ländern sowie u.a. Österreicher und Schweizer mit gültigem Personalausweis dürfen sich bis zu drei Monaten in Norwegen aufhalten. Ist beabsichtigt, in Norwegen zu arbeiten, muß im Heimatland eine Arbeits- und Aufenthaltserlaubnis beantragt werden. (Genauere Informationen erteilen die jeweiligen Botschaften und Konsulate, s.u. *Diplomatische Vertretungen*).
Ausländische Jugendliche im Alter von 18 bis 30 Jahren können in den Sommer- bzw. Semesterferien auf norwegischen Bauernhöfen arbeiten. Sie bekommen dafür Kost und Logie sowie ein kleines Taschengeld. Interessenten wenden sich bis spätestens zum 15.4. an:
- Landsrådet for Norske
  Ungdomsorganisasjoner (LNU)
  Rolf Hofmosgt. 18
  N-0655 Oslo 6, Tel. 02 - 67 00 43

ÄRZTLICHE VERSORGUNG

Da Norwegen noch kein Sozialabkommen mit der BRD hat, werden deutsche Krankenscheine nicht anerkannt. Ärzte und Zahnärzte müssen daher bar bezahlt werden (eine normale Arztkonsultation kostet ca. NOK 62,-). Sie sollten unbedingt für die Dauer Ihres Aufenthaltes in Norwegen eine private Krankenversicherung abschließen, die von vielen Versicherungsunternehmen angeboten wird.
Ärztliche Telefonnummern befinden sich auf der zweiten Seite des norwegischen Telefonbuches unter »legevakten«.

AUTOVERMIETUNG

In allen größeren Städten und auf Flughäfen können Sie Autos mieten. Das Mindestalter für das Mieten eines PKW beträgt 21 Jahre; ein gültiger Führerschein muß vorgelegt werden.
Auch Wohnwagen können Sie mieten. Bei manchen Autovermietungen müssen Sie allerdings 25 Jahre alt sein, um einen Mietvertrag abschließen zu können.

B

BAHNVERKEHR

Das Streckennetz der Norwegischen Staatsbahnen (NSB) ist relativ dünn. Dennoch erreichen Sie schnell und bequem viele Orte. Die Hauptstrecken führen von Oslo aus nach Stavanger (über Kristiansand), Bergen, Åndalsnes, Trondheim (über Dombås oder Røros) und Bodø (Anschluß an den Norwegen-Bus nach Kirkenes). Es bestehen eine Reihe von Ermäßigungen. Sogenannte »Minipreise« gelten an verkehrsarmen Tagen, d.h. an fast allen Tagen außer freitags, sonn- und feiertags. Der maximale Fahrpreis beträgt an diesen Tagen NOK 410,- (für Kinder unter 16 Jahren NOK 215,-).
Es gibt Ermäßigungen für »Minigruppen« (2 - 9 Personen, 10 %), Gruppen über 10 Personen (25 %) und Senioren (ab 67 Jahre, 50 %). Rentner über 60 Jahre erhalten mit einem Seniorenpaß des Heimatlandes in Verbindung mit einer Rail-Europ-S-Karte einen Rabatt von 50 %. Studentenermäßigungen gelten dagegen nur für Studenten an norwegischen Hochschulen.
Die *Nordtourist-Karte* gibt die Möglichkeit, 21 Tage lang mit der Bahn kreuz und quer durch Dänemark, Finnland, Norwegen und Schweden zu fahren. Sie kostet NOK 1.510,- (2. Klasse) bzw. NOK 2.030,- (1. Klasse). Jugendliche zwischen 12 und 25 Jahren bezahlen NOK 1.130,- (2. Klasse) bzw. NOK 1.520,- (1. Klasse); Kinder zwischen 4 und 12 Jahren erhalten 50% Ermäßigung (Preise von 1990).
Auch *Inter-Rail-Karten* sind in Norwegen gültig.
Alle Expreßzüge sind in der 1. und 2. Klasse platzkartenpflichtig.
Die NSB verfügt über speziell für Körperbehinderte ausgerüstete Wagen, die in den Schnell- und Expreßzügen eingesetzt werden. Daneben gibt es Mutter-und-Kind-Abteile und Schlafwagenabteile für Allergiker mit spezieller Bettwäsche.

Fahrradtransport mit der Bahn:
Die Beförderung eines Fahrrades kostet ungeachtet der Entfernung NOK 25,- (Tandem: NOK 50,-). Wichtig: Expreßzüge nehmen keine Fahrräder mit! Nähere Informationen finden Sie in der Broschüre »Verkehrsverbindungen für Touristen« in unserem *Infopaket Nr. 7* (siehe S. 224/25).

BANKEN

In allen Städten und Ortschaften findet man Banken. Bankfilialen auf dem Lande haben oft verkürzte Öffnungszeiten. Auf vielen norwegischen Flughäfen und großen Bahnhöfen gibt es Wechselstuben, die abends und an Wochenenden geöffnet sind. Auch viele Hotels wechseln ausländische Währung oder lösen Euroschecks ein.

Öffnungszeiten:
montags - freitags .... 8.15 - 15.30 Uhr
donnerstags .... 8.15 - 17.00 Uhr
im Sommer (15.5.-1.9.):
montags - freitags .... 8.15 - 15.00 Uhr

BÜCHER

Folgende Bücher erhalten Sie im Buchhandel sowie bei den unter *Karten* genannten Bezugsquellen.

Mit dem Auto durch
  Norwegen .... DM 9,50
Bergwandern in Norwegen . DM 23,80
Gästehäfen in Norwegen .... DM 34,80
Wir kreuzen in norwegischen Gewässern .... DM 19,80
2.500 Seemeilen mit
  dem Schnelldampfer .... DM 21,80
Autoreisen in Norwegen ...... DM 26,80
Angeln in Norwegen .... DM 39,80

BUSVERKEHR

In einem Land mit einem nur weitmaschigen Eisenbahnnetz haben Überland-Busverbindungen eine große Bedeutung. Nahezu alle norwegischen Hauptstraßen werden von Buslinien befahren. Die wichtigsten sind in der Broschüre »Verkehrsverbindungen für Touristen« aufgeführt, die in unserem *Infopaket Nr. 7* enthalten ist.

Expreßbusverbindungen:

NOR-WAY Bussekspress, ein Zusammenschluß mehrerer norwegischer Busgesellschaften, betreibt 200 Busse, die auf 50 Strecken die meisten größeren norwegischen Städte und Orte miteinander verbinden. Folgender Service wird unterwegs geboten: Klimaanlage, WC, Imbiß, verstellbare Sitze, Mobiltelefon u.v.m.
Kinder bis 4 Jahre reisen gratis, Kinder zwischen 4 und 16 Jahren und Senioren ab 67 Jahre erhalten 50 % Ermäßigung. Im folgenden finden Sie eine Übersicht über die Strecken, auf denen Busse der Gesellschaft NOR-WAY Bussekspress verkehren (Stand Sept. 1990):

»E 6-Express«
Oslo - Göteborg. 3 x tgl.,
  ca. 5 Std. 30 Min., NOK 210,-
»Trysilexpress«
Oslo - Trysil. 1 x tgl. u. Sa.,
  ca. 3 Std. 30 Min., NOK 165,-
»Nordfjordexpress«
Oslo - Otta - Stryn - Måløy.
  1 x tgl., ca. 11 Std., NOK 513,-
»Totenexpress«
Oslo - Minnesund - Gjøvik. 1 x Fr. u. So., ca. 2 Std. 30 Min., NOK 96,-
»Valdresexpress«
Oslo - Fagernes / Beitostølen - Ardalstangen. 6 x tgl., 6 Std. 30 Min., NOK 230,-
»Express Førde - Gol - Oslo«
Oslo - Gol - Sogndal - Førde. 2 x tgl., ca. 10 Std. 30 Min., NOK 430,-
»Geiteryggexpress«
Bergen - Aurland - Oslo. 1 x tgl.,
  1 Std., NOK 454,-
»Haukeliexpress«
Haugesund / Odda - Haukeli - Bø - Oslo.
  1 x tgl. 5 Std. 30 Min., NOK 371,-
»Rjukanexpress«
Oslo - Kongsberg - Rjukan.
  1 x Fr. u. So. 3 Std. 40 Min., NOK 165,-
»Telemark - Oslo - Express«
Oslo - Notodden - Seljord.
  3 x tgl. außer Sa. u. So., ca. 4 Std., NOK 150,-
»Sør - Vestexpress«
Stavanger - Kristiansand. 2 x tgl.,
  ca. 4 Std. 40 Min., NOK 240,-
»Fjordexpress«
Bergen - Nordfjord - Ålesund.
  1 x tgl. außer Sa. u. So., ca. 10 Std. 50 Min., NOK 649,-
»Bergen - Trondheim - Express«
Bergen - Førde - Trondheim.
  1 x tgl., ca. 15 Std. 30 Min., NOK 649,-
»Trondheim - Stockholm - Express«
Trondheim - Idre - Stockholm.
Ab Trondheim Do. u. ab Stockh. So., ca. 14 Std. 30 Min., NOK 410,-
»Rørosexpress«
Trondheim - Støren - Røros.
  1 x tgl. außer So., ca. 3 Std., NOK 120,-
»Møreexpress«
Trondheim - Molde - Ålesund. 1 x tgl., ca. 7 Std. 45 Min., NOK 327,-
»Tosenexpress«
Mosjøen - Brønnøysund.
  2 x tgl. 3 Std. 30 Min., NOK 137,-
»Setesdalsexpress«
Voss - Kristiansand. 1 x tgl.,
  ca. 9 Std. 30 Min., NOK 420,-
»Nord-Norwegen-Bus«
Bodø - Fauske - Narvik.
  2 x tgl., ca. 7 Std., NOK 267,-
Narvik - Tromsø.
  1 x tgl. + 1 x tgl. a/So. 1 x tgl. a/Sa. u. So. ca. 5 Std. 30 Min., NOK 220,-
Narvik - Nordkjosbotn - Alta.
Ab Narvik 1 x tgl. a/So. ca. 11 Std. ab Alta
  1 x tgl. a/So., ca. 11 Std. 30 Min., NOK 346,-
Tromsø - Lyngseidet - Alta.
  1 x tgl., ca. 7 Std.15 Min., NOK 283,-
Alta - Karasjok - Kirkenes.
  1 x tgl., 10 Std.50 Min., NOK 499,-
»Ekspress 2000«
Oslo - Uppsala - Alta - Hammerfest.
Abfahrt von Oslo 1 x tgl.
Montag, Mittwoch und Freitag,
Von Hammerfest 1 x tgl.
Montag, Mittwoch und Samstag,
Preis NOK 1.400,-
Platzreservierung erforderlich!
»Sørlandsbus«
- Kristiansand - Arendal. 1 x tgl., 5 Std. 30 Min., NOK 310,-
»Tromsøexpress«
Oslo - Sundsvall - Umeå - Kiruna - Tromsø. 1 x wöch., 28 Std., NOK 875,-
. Platzreservierung erforderlich!
»Stockholmexpress«
Oslo - Stockholm.
  2 x wöch., 9 Std., NOK 295,-
»Landexpress«
Oslo - Dokka.
  3 x tgl., 2 Std. 40 Min., NOK 123,-
»Skienexpress«
Sauland - Notodden - Skien.
  1 x tgl. außer Sa. und So.,
  2 Std. 25 Min., NOK 86,-
»Rjukan - Skien - Express«
Rjukan - Skien.
  1 x tgl., 2 Std. 50 Min., NOK 146,-
»Polenexpress«
Oslo - Göteborg - Warschau.
  2 x wöch., NOK 800,-

Informationen und Platzreservierungen bei:
- NOR-WAY Bussekspress,
  Karl Johansgt. 2, N-0154 Oslo 1
  Tel. 02 - 33 01 90, Fax 02 - 42 50 33

CAMPING

Die ca. 1400 Campingplätze des Landes sind in drei Kategorien eingeteilt, klassifiziert mit ein, zwei oder drei Sternen. Auf fast allen Campingplätzen stehen sogenannte Campinghütten (2 - 6 Betten, Kochplatten, Kühlschrank) zur Verfügung. Eine Auflistung der Campingplätze sowie eine Karte für Wohnwagen auf norwegischen Straßen bekommen Sie in unserem *Infopaket Nr. 9* (siehe S. 224/25). Campinginformationen auch bei:
- Norges Automobil Forbund (NAF)
  Storgt. 2
  N-0105 Oslo 1
  Tel. 02 - 34 16 00
(s.a. *Wohnwagen* im Autofahrerinfo)

CB - FUNK

Die Erlaubnis für die Mitnahme eines CB-Funkgerätes nach Norwegen ist zu beantragen bei:
- Privatradiogruppen
  Postboks 196
  N-9250 Bardu
Der Antrag muß mindestens einen Monat vor Reiseantritt eingeschickt werden. Anzugeben sind: Typ des Senders, Fabrikat, Anzahl der Kanäle und Sendeleistung, deutsches Kennzeichen (Kfz-Nummer), Reisedauer in Norwegen.

D

DIEBSTAHL

Zwar herrschen, was Diebstahlsdelikte angeht, in Norwegen noch keine »italienischen Verhältnisse«, dennoch werden alle Urlauber gebeten, insbesondere vollgepackte Autos auch tagsüber nicht unbeobachtet abzustellen. Auch in Norwegen gilt leider der Grundsatz: »Gelegenheit macht Diebe.«

DIPLOMATISCHE VERTRETUNGEN

Norwegische Vertretungen in der Bundesrepublik Deutschland.
- Kgl. Norwegische Botschaft,
  Mittelstraße 43,
  5300 Bonn 2, Tel. 0228 - 81 99 70
- Kgl. Norwegisches Generalkonsulat,
  Otto-Grotewohl-Str. 5,
  O-1080 Berlin, Tel. 02 - 229 24 79/89
- Kgl. Norwegisches Konsulat,
  Faulenstraße 2-12,
  2800 Bremen 1, Tel. 0421 - 3 03 42 93
- Kgl. Norwegisches Generalkonsulat
  Karl-Arnold-Platz 3,
  4000 Düsseldorf 30,
  Tel. 0211 - 45 79 449
- Kgl. Norwegisches Konsulat
  Am Borkumkai
  2970 Emden, Tel. 04921 - 89 07 23/29
- Kgl. Norwegisches Konsulat
  Hanauer Landstr. 330
  6000 Frankfurt/M., Tel. 069 - 41 10 40
- Kgl. Norwegisches Generalkonsulat
  Neuer Jungfernstieg 7-8
  2000 Hamburg 36, Tel. 040 - 34 34 55
- Kgl. Norwegisches Konsulat
  Herrenhäuserstr. 83
  3000 Hannover, Tel. 0511 - 7 90 70
- Kgl. Norwegisches Konsulat
  Lorentzendamm 28
  2300 Kiel 1, Tel. 0431 - 592 10 50
- Kgl. Norwegisches Konsulat
  Göniner Str. 249
  2400 Lübeck, Tel. 0451 - 530 22 11
- Kgl. Norwegisches Konsulat
  Promenadeplatz 7
  8000 München 2, Tel. 089 - 22 41 70
- Kgl. Norwegisches Generalkonsulat
  Nordbahnhofstraße 41
  7000 Stuttgart 1,
  Tel. 0711 - 256 89 49 / 257 60 00

Norwegische Vertretung in Österreich
- Kgl. Norwegische Botschaft
  Bayerngasse 3
  A - 1037 Wien,
  Tel. 0222 - 715 66 92/93/94

Norwegische Vertretung in der Schweiz
- Kgl. Norwegische Botschaft
  Dufourstraße 29
  CH - 3005 Bern, Tel. 031 - 44 46 76

Vertretungen der Bundesrepublik Deutschland in Norwegen
- Forbundsrepublikken Tysklands
  Ambassade, Oscarsgate 45
  N-0258 Oslo 2, Tel. 02 - 55 20 10
- Konsulat der Bundesrepublik
  Deutschland, Moveien 15
  N-8520 Ankenesstrand
  Tel. 082 - 56 707
- Konsulat der Bundesrepublik
  Deutschland, Strandgaten 221
  N-5004 Bergen-Nordnes
  Tel. 05 - 32 38 43
- Konsulat der Bundesrepublik
  Deutschland, Sjøgaten 19
  N-8000 Bodø, Tel. 081 - 20 031
- Konsulat der Bundesrepublik
  Deutschland, Skrenten 19
  N-1630 Gamle Fredrikstad
  Tel. 032 - 11 700
- Konsulat der Bundesrepublik
  Deutschland, Smedesundet 93
  N-5501 Haugesund, Tel. 047 - 23 588
- Konsulat der Bundesrepublik
  Deutschland, Dr. Wesselsgate 8
  N-9900 Kirkenes, Tel. 085 - 91 244
- Konsulat der Bundesrepublik
  Deutschland, Skolebakken 6
  N-4630 Kristiansand S.
  Tel. 042 - 92 340
- Konsulat der Bundesrepublik
  Deutschland, Strandgaten 78
  N-6508 Kristiansund N
  Tel. 073 - 71 111
- Konsulat der Bundesrepublik
  Deutschland, Sørbergtorget 4
  N-3200 Sandefjord, Tel. 034 - 62 390
- Konsulat der Bundesrepublik
  Deutschland, Hagebyveien 26,
  Gratenmoen,
  N-3700 Skien, Tel. 035 - 95 466
- Konsulat der Bundesrepublik
  Deutschland, Kongsgaten 10
  N-4012 Stavanger, Tel. 04 - 52 25 94
- Konsulat der Bundesrepublik
  Deutschland, Stakkevollveien 65
  N-9000 Tromsø, Tel. 083 - 87 575
- Konsulat der Bundesrepublik
  Deutschland, Leksvikensgaten 2
  N-7041 Trondheim, Tel. 07 - 52 11 20

Österreichische Vertretungen in Norwegen
- Botschaft der Republik Österreich
  Sophus Lies gt. 2
  N-0244 Oslo 2, Tel. 02 - 55 23 48
- Österreichisches Generalkonsulat
  Postboks 9, Øvre Ullern
  N-0311 Oslo 3, Tel. 02 - 56 33 84
- Konsulat der Republik Österreich
  Kong Oscarsgate 56
  N-5017 Bergen, Tel. 05 - 31 21 60

Schweizer Vertretungen in Norwegen
- Botschaft der Schweiz
  Bygdøy Allé 78
  N-0268 Oslo 2, Tel. 02 - 43 05 90
- Konsulat der Schweiz
  Postboks 4345, Nygårdstangen
  N-5028 Bergen, Tel. 05 - 32 51 15

E

EINREISEBESTIMMUNGEN

Für die Einreise nach Norwegen ist ein gültiger Personalausweis oder Reisepaß erforderlich. Kinder bis 16 Jahre benötigen einen Kinderausweis (ab 10 Jahren mit Bild). (Einfuhrbestimmungen siehe *Zoll*.)

ELEKTRIZITÄT

220 Volt / Wechselstrom

F

FAHRRADFAHREN

Ein bißchen Kondition sollte man für eine Radtour in Norwegen schon mitbringen, gilt es doch meist, die eine oder andere Steigung zu überwinden. Dennoch gibt es Gegenden, die das Radfahren nicht ausschließlich zu einer schweißtreibenden Angelegenheit machen, z.B. an der Küste, längs der Fjordarme, im Oslofjordgebiet, in Trøndelag und sogar auf den Lofoten. Zu beachten ist allerdings, daß einige Tunnel für Radfahrer gesperrt sind. Beachten Sie auch, daß Fahrradwege nur begrenzt vorhanden sind. Benutzen Sie die vielen Nebenstraßen.

Eine Fahrradkarte ist für DM 5,- beim Norwegischen Fremdenverkehrsamt in Hamburg erhältlich.

FEIERTAGE 1991

Neujahrstag	01.01.91
Gründonnerstag	28.03.91
Karfreitag	29.03.91
Ostersonntag	31.03.91
Ostermontag	01.04.91
Tag der Arbeit	01.05.91
Nationalfeiertag	17.05.91
Christi Himmelfahrt	09.05.91
Pfingsten	19./20.05.91
Weihnachten	25./26.12.91

FERIENHÄUSER

In Norwegen gibt es eine große Anzahl Ferienhäuser und Hütten, die an Gäste vermietet werden.
Einen ausführlichen Katalog über Ferienhäuser (mit Preisliste) erhalten Sie in unserem *Infopaket Nr. 10* (siehe S. 224/25) oder bei:
- Den Norske Hytteformidling A/S
  Kierschowsgt. 7
  Postboks 3207 Sagene
  N-0405 Oslo, Tel. 02 - 35 67 10
- Fjordhytter, Den Norske Hytteformidling Bergen A/S
  Jan Smørsgt. 11
  N-5011 Bergen, Tel. 05 - 23 20 80
- De norske Hyttespesialistene A/S,
  NOR-Center, FJORDTRA Handelsgesellschaft mbH, Rosastr. 4 - 6
  D-4300 Essen 1
  Tel. 02 01 - 79 14 43, Fax 02 01 - 79 18 23

De norske Hyttespesialistene A/S ist die deutsche Vertretung für:
- Sørlandets Hytteutleie A/S
- Nordisk Hytteferie
- Lusterfjorden Turistservice A/S
- Norbo Ferie A/S
- Nordnorsk Hytteferie

FERIENTERMINE

Die norwegischen Schulferien dauern ca. 8 Wochen, von Mitte Juni bis Mitte August.
Im Juli haben außerdem einige größere Firmen ihre Betriebsferien. Zusätzlich gibt es noch eine Woche Ferien im Februar und in der Zeit von Palmsonntag bis zum dritten Ostertag.

FEUER IM FREIEN

Vom 15. April bis 15. September ist es streng verboten, offenes Feuer zu machen.

FKK - STRÄNDE

Laut Gesetz ist das Nacktbaden in Norwegen nicht verboten. Sie sollten jedoch stark bevölkerte Strände und die Umgebung von privaten Gebieten meiden. Nähere Informationen über FKK-Strände erhalten Sie bei:
- NNF - Norsk Naturistforbund
  Postboks 189 Sentrum, N-0102 Oslo 1

FLUGVERBINDUNGEN

Hauptflughäfen mit direkten Auslandsverbindungen befinden sich in Oslo, Bergen und Stavanger. Im Land selbst gibt es ein gut ausgebautes Netz an Flugverbindungen. Es bestehen viele Rabattmöglichkeiten, die Sie bei den Fluggesellschaften erfragen können. Die Flugpläne entnehmen Sie bitte der Broschüre »Verkehrsverbindungen für Touristen« in unserem *Infopaket Nr. 7* oder wenden Sie sich direkt an die Fluggesellschaften:
- Braathens S.A.F.E
  Markedsavdeling, Postboks 55
  N-1330 Oslo Lufthavn, Tel. 02 / 59 70 00
- Widerøe
  Postboks 82 Lilleaker
  N-0216 Oslo 2, Tel. 02 / 73 65 00
- SAS Hauptbüro, Am Flughafen,
  Terminal Mitte, HBK 45
  D-6000 Frankfurt/M., Tel. 069 / 69 45 31
- Deutsche Lufthansa AG
  Lufthansa-Basis
  D-6000 Frankfurt/M. 75
  (Bitte wenden Sie sich an Ihr Lufthansa-Büro oder an Ihr Reisebüro mit Lufthansa-Agentur.)

Buchungen können über alle autorisierten Reisebüros vorgenommen werden.

Wichtige Flugverbindungen:	Normal- (einfach)	/ Minipreis (zurück)
Oslo - Bergen:	865,-	940,-
Oslo - Kristiansand:	630,-	715,-
Oslo - Stavanger:	865,-	940,-
Oslo - Haugesund:	865,-	940,-
Oslo - Ålesund:	875,-	985,-
Oslo - Kristiansund:	875,-	985,-
Oslo - Trondheim:	905,-	1.010,-
Oslo - Bodø:	1.610,-	1.695,-
Oslo - Evenes:	1.665,-	1.870,-
Oslo - Tromsø:	1.695,-	2.005,-
Bergen - Hammerfest: (via Ålesund)	1.970,-	2.365,-
Bergen - Trondheim: (via Ålesund)	1.065,-	1.180,-
Bergen - Stavanger:	480,-	515,-
Bergen - Bodø:	1.550,-	1.630,-
Trondheim - Evenes:	1.355,-	1.430,-
Trondheim - Vadsø:	1.845,-	2.215,-
Trondheim - Kirkenes:	1.725,-	1.870,-
Trondheim - Bodø:	1.035,-	1.085,-

(Stand 1. Juni 1990, Preise in NOK)

G

GELD UND DEVISEN

Die Einfuhr norwegischer und ausländischer Geldscheine und Münzen ist unbegrenzt erlaubt. Übersteigt der Betrag jedoch insgesamt NOK 25.000,-, so muß dieser dem Zoll auf einem an den Grenzstellen ausliegenden Formular angegeben werden. Für Reiseschecks gelten keine Begrenzungen.
Die Währungseinheit in Norwegen ist die Krone = 100 Øre. Mit bundesdeutschen Postsparbüchern können Sie auf nahezu allen größeren Postämtern Geld abheben. Reiseschecks und Kreditkarten sind in Norwegen allgemein üblich und werden gewöhnlich akzeptiert.

NOK 100,- .... ca. DM 26,10
DM 100,- .... ca. NOK 382,-
(Stand Oktober 1990)

H

HAUSTIERE

Norwegen ist heute eines der wenigen Länder Europas, in dem es keine Tollwut gibt, und die Norweger wünschen, daß es weiterhin so bleibt. Alle Tiere, die illegal nach Norwegen geschmuggelt werden, müssen bei Entdeckung sofort das Land verlassen oder werden eingeschläfert. Die Besitzer haben mit hohen Geldstrafen zu rechnen. Auch Tiere, die in ihrem Heimatland gegen Tollwut geimpft sind, dürfen nicht einreisen, da sie trotzdem Überträger von Krankheiten sein können.

HOTELS

Die Bezeichnung *Hotell* ist in Norwegen gesetzlich geschützt, weshalb es landesweit nur etwa 400 Hotels gibt, die dafür aber einen recht hohen Standard haben. Der Inhaber eines Hotels muß ein Hotelfachdiplom besitzen, das er erst nach fünfjähriger Praxis und bestandenem Examen erhält. Häuser mit besonderen Leistungen dürfen sich *Turisthotell* oder - sofern sie in Höhen über 7-800 m liegen - *Høyfjellshotell* nennen. Zahlreiche Betriebe haben sich zu Hotelketten zusammengeschlossen, die eigene *Rabattsysteme* haben, so der BonusPaß von Inter Nor Hotels, die Best Western Hotelschecks, der Pro Scandinavia Voucher von Haman Scandinavia oder der Fjordpaß. In den Sommermonaten bieten Hotels im allgemeinen Preisnachlässe.

Preiswerter als Hotels, aber auch einfacher, sind die weiteren Übernachtungsmöglichkeiten: *Pensjon* (Pension), *Gjestgiveri* (Gasthaus), *Fjellstue* (Berggasthaus), *Turiststasjon, Turistheim, Gård* (Hof) oder *Seter* (Senn- oder Almhaus). Private Übernachtungsmöglichkeiten werden mit *værelser, rom* oder *overnatting* angeboten.

Nähere Informationen finden Sie in unserem *Infopaket Nr. 8* (siehe S. 224/25).

HURTIGRUTEN

11 Postschiffe der Hurtigrute verkehren täglich auf der Strecke *Bergen - Kirkenes - Bergen*.

Diese Kreuzfahrt ist ein ganz besonderes Erlebnis. Drei der Schiffe können bis zu 40 PKW mitnehmen. So lassen sich Schiffs- und Autorundreisen hervorragend kombinieren. Kinder bis elf Jahren erhalten 25 % Ermäßigung. Jugendliche im Alter zwischen 16 und 26 Jahren können einen »Coastal Pass« für DM 450,- erwerben. Der Paß ist drei Wochen gültig. Die Schiffsreise kann beliebig unterbrochen werden.

Platzreservierungen und weitere Informationen:
- NSA Norwegische Schiffahrts-Agentur, Kleine Johannisstraße 10
  D-2000 Hamburg 11
  Tel. 040 - 37 69 30, Fax 040 - 36 49 15

oder in unserem *Infopaket Nr. 7* (siehe S. 224/25).

HÜTTEN- UND WOHNUNGSTAUSCH

Die Idee, seine Wohnung bzw. Hütte während der Ferien mit einer anderen Familie zu tauschen, hat auch in Norwegen eine Reihe von Anhängern gefunden. Unter dem Namen *Norsk Bolig Bytte* sind sie der Directory Group Association angeschlossen, die als nichtkommerzielle Organisation in rund 50 Ländern Wohnungstauschaktionen organisiert. Wer also gern mit Norwegern zwecks Wohnungstausch in Kontakt kommen will, kann im dreimal jährlich erscheinenden Katalog annoncieren.

Weitere Informationen:
- Norsk Bolig Bytte
  Postboks 4526 Torshov
  N-0401 Oslo 4, Tel. 02 - 15 80 19

oder in der Bundesrepublik:
- Holiday Service Wohnungstausch
  Sigrid Lypold, Ringstr. 26
  D-8608 Memmelsdorf 1
  Tel. 0951 - 430 55 56

I

INFORMATION

Das Norwegische Fremdenverkehrsamt in Hamburg ist die Anlaufstelle in Sachen Information über Norwegen. Dort werden Sie ausführlich beraten, und falls Sie gerade in Hamburg sind, können Sie auch vorbeischauen.

- Norwegisches Fremdenverkehrsamt
  Postfach 76 08 20,
  Mundsburger Damm 27
  D-2000 Hamburg 76
  Tel. 040 / 22 71 08 10
  Fax 040 / 22 71 08 15

Aktuelle und ausführliche Norwegeninformationen, die ständig ergänzt werden, finden Sie über die Btx-Leitseite *23 999#.
Das Fremdenverkehrsamt ist montags bis freitags von 9 bis 16.30 Uhr telefonisch zu erreichen.
Für Publikumsverkehr geöffnet ist das Fremdenverkehrsamt montags bis freitags von 10 bis 16.30 Uhr.

J

JEDERMANNSRECHT

Dieses an keiner Stelle schriftlich festgehaltene Gesetz regelt den Aufenthalt und die Fortbewegung in freier Natur. Im Prinzip können Sie sich in Norwegen überall frei bewegen, allerdings dürfen Menschen, Tiere und die Natur dadurch nicht beeinträchtigt werden.
Beachten Sie bitte folgendes: Zelte, Wohnmobile und Wohnwagen dürfen nie näher als 150 m vom nächsten Haus oder der nächsten Hütte aufgestellt werden. Außerdem dürfen sie nicht auf öffentlichen Rastplätzen aufgestellt werden.

JUGENDHERBERGEN

In den rund 90 norwegischen Jugendherbergen, *Vandrerhjem* genannt, besteht keine Altersgrenze, und auch Familien werden aufgenommen. Jedoch werden Wanderer und Radfahrer bei Bettenknappheit den motorisierten Reisenden vorgezogen. Es gibt keine Schlafsäle mehr, sondern 4-6-Bett-Zimmer mit durchweg hohem Standard (oft eigene Dusche/ WC). Eine Übernachtung kostet zwischen NOK 70,- und NOK 140,-. Mitglieder von Jugendbergsverbänden erhalten eine Ermäßigung von NOK 20,-. Viele Jugendherbergen sind nur während einiger Sommer- oder Wintermonate geöffnet. In der Hauptreisezeit ist eine Voranmeldung erforderlich.
Weitere Informationen:
- Norske Vandrerhjem,
  Dronningensgate 26
  N-0154 Oslo 1, Tel. 02 - 42 14 10

K

KARTEN

- Übersichtskarte (NORTRA)
  im Maßstab 1 : 1.200.000 ... DM 3,00
- Fremdenverkehrskarte
  (NORTRABOOKS) im
  Maßstab 1 : 1.000.000 .... DM 12,00
- Olympiakarte Norwegen
  1 : 1.000.000 (reiche Bebilderung
  und vielfältige touristische
  Hinweise) .... DM 19,80
- Terrac Straßenkarten:
  7 Blätter im Maßstab 1 : 300.000
  bzw. 1 : 400.000 .... je DM 14,80
- Cappelen Karten
  (Kümmerly & Frey):
  5 Blätter im Maßstab 1 : 325.000
  bzw. 1 : 400.000 .... je DM 16,80
- Gebietskarte Indre Sogn
  1:250.000 mit Übersicht Südnorwegen 1 : 1.200.000 .... DM 16,80
- topographische Karten im
  Maßstab 1 : 50 000 .... je DM 14,80
- Wanderkarten im Maßstab
  1 : 50 000 - 200.000 .... ab DM 14,80

Übersichts- und Gebietskarten und eine vielfältige Auswahl an Norwegenliteratur erhalten Sie u.a. bei

- Die Fähre, Barsortiment und Verlag,
  Postfach 5, D-4553 Neuenkirchen,
  Tel. 0 54 65 / 476
- NORDIS Buch- und Landkartenhandel, Abt. NA 91, Böttgerstr. 9,
  D-4019 Monheim, Tel. 0 21 73 / 5 66 65

KLIMA

Die Wetterverhältnisse in Norwegen sind denen in Mitteleuropa ähnlich, woran der Golfstrom maßgeblich beteiligt ist. An der Westküste liegen die Temperaturen im Jahresdurchschnitt zwischen 7 und 12° C, im Januar sogar bis zu 15° C höher als in anderen Gebieten dieser Breitengrade. In Nordnorwegen kann man ohne weiteres Sommertage mit 25° C erleben. Hohe Niederschlagsmengen werden besonders im äußeren Küstengebiet verzeichnet, im Landesinneren lassen die recht trockenen Sommer sogar Bewässerungsmaßnahmen nötig werden.

KÖRPERBEHINDERTE

Viele Hotels und Campingplätze verfügen über behindertengerechte Einrichtungen. Fast alle Hotels sind auf Behinderte eingestellt. Die norwegischen Staatsbahnen verfügen über speziell ausgerüstete Wagen, die in den Schnell- und Expreßzügen und auch in einem Teil der Nachtzüge eingesetzt werden. Weitere Informationen:
- Norges Handikapforbund
  Postboks 9217 Vaterland
  N-0134 Oslo 1
  Tel. 02 - 17 02 55

Durchschnittstemperaturen von Mai bis Oktober in °C (1989):

	Oslo	Bergen	Trondheim	Bodø	Tromsø	Vardø
Mai	10,9	9,3	8,6	6,5	5,1	5,1
Juni	15,2	13,2	13,0	10,5	10,1	9,3
Juli	17,0	14,2	12,9	10,5	9,6	10,0
August	14,2	12,9	13,4	13,3	12,4	10,3
September	11,5	11,8	10,0	9,1	7,4	7,7
Oktober	6,4	8,7	6,4	4,6	2,2	2,2

Niederschläge von Mai bis Oktober in mm (1989):

	Oslo	Bergen	Trondheim	Bodø	Tromsø	Vardø
Mai	38	198	127	97	104	39
Juni	60	200	48	63	49	56
Juli	59	152	87	76	143	69
August	178	352	161	70	53	89
September	53	269	77	213	140	42
Oktober	59	205	107	163	76	43

M

MAHLZEITEN

Das Frühstück oder das Frühstücksbuffet können Sie in den Hotels zwischen 8 und 10 Uhr zu sich nehmen. Hier finden Sie neben einer reichhaltigen Brot- und Marmeladenauswahl auch typische Käsespezialitäten wie den milden *Gudbrandsdalsost* aus Kuh- und Ziegenmilch und den bekannten braunen Ziegenkäse *Geitost*.
Zwischen 13 und 14 Uhr wird normalerweise das Mittagessen eingenommen (lunsj). Entweder bekommen Sie ein kaltes Buffet *(koldtbord)* oder ein dreigängiges Menü. Typische norwegische Gerichte sind *fiskeboller* oder *fiskekaker*, Fischfrikadellen oder -klöße oder vor allem *kjøttkaker med surkål*, Frikadellen mit Sauerkraut.
Was Fleisch betrifft, sind Elchbraten, gebratenes Schneehuhn *(rype)* und Rentierbraten mit Preißelbeeren norwegische Spezialitäten. *Rømmegrøt* (Sauerrahmgrütze) und Cremespeisen aus Multe- und anderen Beeren sind andere typische Gerichte. Wenn Sie zum Mittagessen ein *koldtbord* genossen haben, werden Sie zwischen 18.30 und 19.30 Uhr ein dreigängiges warmes Abendessen bekommen *(middag)*, sonst wird am Abend ein kaltes Buffet aufgetragen.
Guten Appetit!

Eis	is
Gebäck	bakverk
Kaffee	kaffe
- schwarz	svart
- mit/ ohne Zucker/ Milch	med/ uten sukker/melk
Kakao	kakao
Kuchen	kake
ein Stück	et stykke
Sahne	fløte
Tee	te
Brot	brød
Ei	egg
- hart/ weich	hardkokt/ bløtkokt
Spiegelei	speilegg
Käse	ost
Ziegenkäse	geitost
Honig	honning
Marmelade	syltetøy
Obst	frukt
Apfelsine	appelsin
Banane	banan
Brombeere	bjørnebær
Blaubeere	blåbær
Himbeere	bringebær

Erdbeere	jordbær
Apfel	eple
Pfirsich	fersken
Pampelmuse	grapefrukt
Kirsche	kirsebær
Erdbeere	jordbær
Johannisbeere	solbær
Nüsse	nøtter
Pflaume	plomme
Birne	pære
Weintrauben	vindruer
Zahnstocher	tannstikker
Serviette	serviett
Tasse	kopp
Senf	sennep
Suppe	suppe
Fisch	fisk
Fleisch	kjøtt
Wurst	pølser
Salat	salat
Gemüse	grønnsaker
Gurke	agurk
Bohnen	bønner
Erbsen	erter
Mohrrüben	gulrøtter
Weißkohl	hodekål
Zwiebeln	løk
Rosenkohl	rosenkål
Pilze	sopp
Sauerkraut	surkål
Wein	vin
Bier	øl
Ein Bier!	En øl, takk.
Aquavit	akevitt
Saft	saft
Limonade	brus
Wasser	mineralvann

Ich möchte etwas essen/ trinken.	
Jeg vil gjerne ha noe å drikke/ spise.	
Tagesmenü	dagens rett
Speisekarte	meny
Bringen Sie mir bitte...	Kan jeg få...
Die Rechnung, bitte.	
	Kan jeg få regningen.

MITTERNACHTSSONNE

Nördlich des Polarkreises geht die Sonne tage- oder sogar wochenlang nicht unter. Der Körper stellt sich innerhalb kurzer Zeit auf die ununterbrochene Helligkeit ein und braucht dann deutlich weniger Schlaf als normal.

Svalbard (Longyearbyen)	20.4. - 21.8.
Nordkap	13.5. - 29.7.
Hammerfest	16.5. - 27.7.
Vardø	17.5. - 26.7.
Alta	18.5. - 24.7.
Tromsø	20.5. - 22.7.
Svolvær (Lofoten)	28.5. - 14.7.
Bodø	4.6. - 8.7.

N

NATIONALPARKS

Norwegen besitzt zur Zeit 16 Nationalparks. Die Zahl der staatlich geschützten Naturgebiete wächst ständig weiter. Mit der Einrichtung von Nationalparks will die norwegische Umweltbehörde zur Erhaltung der ursprünglichen Landschaft mit ihrer vielfältigen Tier- und Pflanzenwelt beitragen. Die Nationalparks bieten häufig gute Wandermöglichkeiten, teilweise auch Übernachtungsmöglichkeiten in Hütten. Klar, daß Sie dabei besonders rücksichtsvoll mit »der Natur« umgehen müssen und möglichst den markierten Wegen folgen sollten!

Hier die einzelnen Parks:

Hardangervidda (3.430 km²): Buskerud / Telemark / Hordaland-Gebiet. Hochgebirgsgebiete bis zu 1.700 m Höhe, 21 verschiedene Säugetierarten, über 100 Vogelarten.

Jotunheimen (1.140 km²): Oppland/Sogn og Fjordane, im Kerngebiet der Kaledonischen Bergkette. 3 große Binnenseen, mehrere Gletscherflüsse, Norwegens höchste Berge und größter Gletscher liegen in Jotunheimen (Galdhøpiggen, Glittertinden).

Ormtjernkampen (9 km²): Oppland. Ein Waldgebiet, das bis heute in seinem natürlichen Gleichgewicht erhalten und nie von Menschen gerodet oder wirtschaftlich genutzt wurde.

Rondane (572 km²): Oppland / Hedmark. Wurde als Erholungsgebiet für die Südnorweger gegründet, seit 1970 Nationalpark. Hier leben Rentiere, Vielfraße, Füchse, Hermeline, sogar Moschusochsen. Eine typische Vogelart des Hochgebirges ist z. B. das Schneehuhn (rype).

Gutulia (19 km²): Hedmark, schwedisches Grenzgebiet, im Süden der Femundsmarka. Tiefe Kiefern- und Fichtenwälder, Kontinentalklima mit großen Temperaturschwankungen.

Femundsmarka (385 km²): Hedmark, schwedisches Grenzgebiet. Kiefernwälder und Heidelandschaft; große, fischreiche Gewässer.
(Angelkarte kaufen!)

Dovrefjell (265 km²): Oppland / Sør-Trøndelag. Erstreckt sich zu beiden Seiten der Driva, eines der großen Lachsflüsse Norwegens. Hier verlaufen die ältesten Straßen- und Wegeverbindungen zwischen den östlichen Landesteilen und Trøndelag, z.B. der »Gamtstigen«.

Gressåmoen (180 km²): Nord-Trøndelag. Wald- und Moorgebiete, gute Angelmöglichkeiten.

Børgefjell (1.087 km²): Nord-Trøndelag / Nordland. Im Westen alpine Hochgebirgsformationen mit tiefen Talschluchten und felsigen Gipfeln.

Rago (170 km²): Nordland/Grenze zu Schweden. Gletscher, Seen- und Flußnetz im östlichen Teil (10 km2 der Fläche sind von Wasser bedeckt). Der größte Gletscher befindet sich am Lappfjell (1.149 m) im Süden.

Ånderdalen (68 km²): Troms, auf der Insel Senja. Kiefern- und Birkenwald, reichhaltige Flora, Küstenklima.

Øvre Dividalen (741 km²): Troms. Kiefern- und Birkenwälder, Gebirge und Hochgebirge mit Seen und Moorgebieten. Im Sommer hält sich hier eine große Anzahl schwedischer Rentiere auf. Es gibt im Bereich des Nationalparks drei bewirtschaftete Touristenhütten.

Reisa (803 km²): an der Grenze zwischen Finnmark und Finnland. Wurde im April '87 eröffnet.

Øvre Anarjåkka (1.290 km²): südliche Finnmark, an der Grenze zum finnischen Lemmenjoki Nationalpark. Raubvögel, darunter noch der Königsadler, auch Bären sind hier zu Hause.

Stabbursdalen (96 km²): Finnmark. Hier liegt auf 70°10' der nördlichste Kiefernwald der Welt. Fischadler und Zwergfalken, Elche und Füchse. Die Quänen, die hier ihre Rentiere weiden, sind Nachkommen der Finnen und vor ca. 150 Jahren eingewandert.

Øvre Pasvik (63 km²): im Osten der Finnmark, an der sowjetischen Grenze. Für die Flora und Fauna ist es das Grenzgebiet zwischen Europa und Asien. Die Sommertage sind zwar gezählt, können aber trotzdem recht warm sein. Die höchste hier gemessene Temperatur war 29,7°C.

NORWEGISCHE PRODUKTE

Überall in Norwegen gibt es diese typischen Erzeugnisse:
- Strickwaren aus reiner Wolle in traditionellen und modernen Norweger-Mustern
- Trachtenschmuck und modernen Schmuck aus Silber und Bronze
- Glas- und Holzarbeiten mit klaren Linienführungen
- Delikatessen wie Lachs, süß-sauer marinierte Heringsspezialitäten, braunen Geitost (Ziegenkäse), Moltebeermarmelade, Aquavit.

Diese Produkte erhalten Sie auch in Deutschland bei:
- NOR-Center, FJORDTRA
  Rosastr. 4-6, D-4300 Essen 1
  Tel. 02 01 / 78 03 53, Fax 02 01 / 79 18 23
  Geöffnet ist das NOR-Center
  Mo - Fr: 10-18.30 Uhr, Sa: 9-14 Uhr

NOTRUF

In Norwegen gibt es keine einheitliche Telefonnummer für Polizei, Feuerwehr und Krankenwagen. Jede Stadt und jeder Landkreis besitzt einen eigenen Notruf. Auf der Innenseite des Telefonbuches finden Sie ein großes SOS in roten Buchstaben, daneben sind die Nummern für Polizei, Krankenwagen und Feuerwehr aufgeführt.

O

ÖFFNUNGSZEITEN

Ein einheitliches Ladenschlußgesetz gibt es in Norwegen nicht.

Normalerweise haben die Geschäfte folgende Öffnungszeiten:
Mo - Mi .... 9 - 16/17 Uhr
Do - Fr .... 9 - 19/20 Uhr
Sa .... 9 - 13/15 Uhr

Öffnungszeiten der Banken:
Mo - Mi u. Fr .... 8.15 - 15.30 Uhr
Do .... 8.15 - 17 Uhr

Öffnungszeiten »Vinmonopolet«:
Mo - Mi .... 10 - 16 Uhr
Do .... 10 - 17 Uhr
Fr .... 9 - 16 Uhr
Sa .... 9 - 13 Uhr
im Sommer (15.5.-1.9.) .... 8.15 - 15 Uhr

Narvesen-Kioske sind häufig auch sonntags und abends bis 22 Uhr geöffnet. Einige *Lebensmittelgeschäfte* haben bis 24 Uhr geöffnet.

P

POST

Portokosten:
Brief bis 20 g (N → BRD) .... NOK 4,-
Postkarte gleiches Porto.

Postöffnungszeiten:
Mo-Fr .... 8/8.30-16/17 Uhr
Sa .... 8-13 Uhr

Das Hauptpostamt in Oslo, Dronningensgate 15, ist Mo-Fr von 8-17 Uhr und Sa von 8-13 Uhr geöffnet. Bei ca. 260 Postämtern können bundesdeutsche Sparer Geld abheben.

Wo ist das nächste Postamt?
.... Hvor er nærmeste postkontor?
Wo ist ein Briefkasten?
.... Hvor er det en postkasse?
Was kostet ein(e) Brief / Karte nach ...?
.... Hva er portoen for et brev /
et postkort til ...?
Ich möchte ein Telegramm aufgeben.
.. Jeg vil gjerne sende et telegramm.
Wo ist die nächste Telefonzelle?
...... Hvor er nærmeste telefonkiosk?
Die Leitung ist besetzt.
.... Linjen er opptatt.
Hallo, mit wem spreche ich?
.... Hvem snakker jeg med?
Kann ich mit Frau/Herrn ... sprechen?
. Kan jeg få snakke med fru/ herr ...?

absenden .... sende
Absender .... avsender
Adresse .... adresse
Anruf .... oppringing
Ansichtskarte .... prospektkort
Auslandsgespräch .... utenrikssamtale
Brief .... brev
Briefkasten .... postkasse
Briefmarke .... frimerke
Briefumschlag .... konvolutt
Einschreiben .... rekommandert brev
Empfänger .... mottaker
Ferngespräch .... rikstelefonsamtale
Formular .... blankett
Gebühr .... gebyr
Gewicht .... vekt
Luftpost .... luftpost
Ortsgespräch .... lokalsamtale
Paket .... pakke
Postamt .... postkontor
Postkarte .... postkort
postlagernd .... poste restante
Telefon .... telefon
Telefonbuch .... telefonkatalog
Telefonzelle .... telefonkiosk
Telegramm .... telegram
Verbindung .... forbindelse
Vermittlung .... sentral
Vorwahlnummer .... retningsnummer
wählen .... slå et nummer

R

RAUCHVERBOT

Nach den Vereinigten Staaten hat auch Norwegen drastische Maßnahmen ergriffen, um die Rechte der Nichtraucher in der Öffentlichkeit zu sichern. Öffentliche Raucherzonen, wie z.B. im Osloer Hauptbahnhof, wurden abgeschafft. Restaurants, Cafés, Bars usw. sind verpflichtet, separate Räume für Nichtraucher einzurichten.

RORBU

Der Aufenthalt in einem *Rorbu* ist vielleicht die romantischste und stilvollste Art der Übernachtung in Norwegen. *Rorbuer* sind ursprünglich einfache Holzhäuser am Meer oder am Fjordufer, die während der Fangsaison von Fischern bewohnt und in den Sommermonaten an Touristen vermietet werden. Mittlerweile gibt es aber auch eine Reihe neuer Rorbuer, die den Fischerhütten nachempfunden, aber mit allem erdenklichen Komfort ausgestattet sind. Rorbuer gibt es hauptsächlich auf den Lofoten.

RUNDFUNK

Je nach geographischer Lage ist das deutschsprachige Programm des Deutschlandfunks in Norwegen zu empfangen, und zwar auf Langwelle 153 und 207 kHz und auf Mittelwelle 1269 kHz.

S

SCHIFFSVERBINDUNGEN

Im folgenden finden Sie eine Übersicht der wichtigsten Passagierschifflinien in Norwegen. Genauere Informationen und die Fahrpläne aller wichtigen innernorwegischen Fährverbindungen finden Sie in unserem *Infopaket Nr. 7* (siehe auch S. 224/25)

Binnenschiffahrt:

- Eidsvoll - Hamar - Gjøvik - Lillehammer (Mjøsa-See mit D/S »Skibladner«, dem ältesten Raddampfer der Welt)

- Tovika - Iungsdalshytta (Ål i Hallingdal)

- Bygdin - Eidsbugarden (Jotunheimen, Oppland)

- Gjendesheim - Memurubu - Gjendebu (Jotunheimen, Oppland)

- Rondvassbu - Nordvika (Rondane, Oppland)

- Notodden - Dalen (Telemarkkanal)

- Skien - Dalen (Telemarkkanal)

- Vråvatn - Nisser (Telemark)

- Stegaros - Mårbu (Mårvatn)

- Skinnarland Landhandel - Mogen (Møsvatn, Telemark)

- Søndervika - Femundsenden (Femundsee)

SOMMERKURSE

Die Universitäten in Oslo und Bergen bieten in den Sommermonaten Kurse für ausländische Studenten an.

Internationale Sommerschule Oslo

Der Sommerkurs besteht seit über 40 Jahren. Bisher haben über 13.000 Teilnehmer aus 124 Ländern daran teilgenommen. Bei allen Kursen stehen Themen des Landes Norwegen oder ganz Skandinaviens im Mittelpunkt des Interesses. Behandelt werden die Bereiche Literatur, Geschichte, Politik und Gesellschaft, Gesundheit, Sport. Die Unterrichtssprache ist Englisch oder Norwegisch. Selbstverständlich gehören auch Norwegisch-Sprachkurse für Anfänger und Fortgeschrittene zum Angebot der Internationalen Sommerschule.

Die Kurse sind kostenlos, nur für Unterkunft und Verpflegung müssen die Teilnehmer selbst aufkommen. Die Kosten für einen sechswöchigen Aufenthalt betrugen im Sommer '90 NOK 11.300,-. Untergebracht werden die ausländischen Gäste im Studentenwohnheim Blindern im Norden Oslos in unmittelbarer Nähe der Universität.

Mit zum Sommerschulprogramm gehören landeskundliche Exkursionen. Es besteht die Möglichkeit, entweder bei der Universität Oslo oder bei der Norwegischen Botschaft Stipendien für die Teilnahme an der Internationalen Sommerschule zu beantragen. Anmeldeschluß ist der 1. März.

Weitere Informationen und Anmeldung bei:
- International Summer School, University of Oslo, Postbox 3, Blindern, N-0313 Oslo 3, Tel. 02 - 45 50 50

Norwegisch lernen in Bergen

Die Universität bietet jedes Jahr einen dreiwöchigen Norwegisch-Sprachkurs an. Erste Sprachkenntnisse werden allerdings vorausgesetzt, denn die Unterrichtssprache ist ausschließlich Norwegisch. Die Kursgebühr betrug 1990 NOK 1.050,-. Hinzu kommen ca. NOK 1250,- für die Unterbringung in einem Studentenwohnheim. Der Norwegische Staat stellt 18 Stipendien für den Sommerkurs zur Verfügung. Anmeldeschluß ist der 10. April. Informationsbroschüren sind ab Januar erhältlich, damit Interessierte sich auch um DAAD-Stipendien bewerben können (Bewerbungsschluß schon im Februar!).

Weitere Informationen und Anmeldung bei:
- Sommerkurs for utenlandske norskstuderende, Nordisk institutt, Sydnesplass 9 N-5007 Bergen, Tel. 05 - 21 24 22

SOMMERZEIT

In Norwegen gilt die Sommerzeit vom 31.3. - 29.9.1991.

SPITZBERGEN (SVALBARD)

Die Inselgruppe können Sie mit dem Flugzeug von Tromsø aus in ca. 100 Minuten erreichen *(SAS, Braathens SAFE)*. Einige Kreuzfahrtschiffe laufen Spitzbergen an, einen Liniendienst gibt es aber nicht. Bei der Einreise wird kontrolliert, ob man genug Ausrüstung für den Inselaufenthalt dabei hat. Es gibt keine normalen Unterkunftsmöglichkeiten wie Hotels, Pensionen oder Jugendherbergen. Ein sehr einfacher Campingplatz befindet sich in der Nähe des Flughafens. Ausreichend Verpflegung muß auch selbst vom Festland mitgebracht werden. Fordern Sie bitte die Spezialbroschüre »Spitzbergen als Reiseziel«, herausgegeben vom Norwegischen Außenministerium, bei der norwegischen Botschaft in Bonn an.

Einige Veranstalter, die Spitzbergen in ihrem Programm anbieten:
- Nordland Aktiv Reisen, Königsallee 10 D-4630 Bochum 1, Tel. 02 03 / 33 62 62
- Andreas Umbreit, Spitzbergen Tours Dammstraße 36 D-2300 Kiel 1, Tel. 04 31 / 9 16 78
- Reisebüro Norden, Ost-West-Straße 70 D-2000 Hamburg 11, Tel. 040 / 36 00 15-0
- Spitzbergen Reisebyrå (Spitra) N-9170 Longyearbyen Tel. 080 - 21 160 / 21 300, Fax 080 - 21 841

SPRACHE

In Norwegen gibt es zwei offizielle Schriftsprachen: *bokmål* (»Buchsprache«) und *nynorsk* (»Neunorwegisch«). Während der Union mit Dänemark vom 14. bis ins 19. Jh. wurde die norwegische Sprache so stark vom Dänischen beeinflußt, daß sie ihm bis auf einzelne Wörter und den Tonfall sehr ähnlich wurde. Als Gegenreaktion entwickelte Ivar Aasen im 19. Jh. aus den verschiedensten Dialekten Westnorwegens eine neue Sprache. Da man sich nicht für eine von beiden entscheiden konnte, erkannte man 1929 beide Sprachen offiziell an. Alle norwegischen Schüler lernen beide Sprachformen. Etwa 80 % der Schulkinder haben *bokmål* als Hauptsprache, 20 % *nynorsk*. Dänen, Schweden und Norweger können sich übrigens ohne große Probleme verständigen, sowohl mündlich als auch schriftlich.

Die drei norwegischen Zusatzzeichen æ/Æ, ø/Ø und å/Å stehen am Ende des Alphabets. Hier seien kurz einige Regeln der etwas komplizierten Aussprache angeführt:

Vokale:
- *o* wie *o*, aber auch wie *u*
- *u* wie *ü*
- *y* ist ein Laut zwischen *i* und *ü*
- *å* wie *o*

Konsonanten:
- *d* am Wortende ist meist stumm
- *g* vor *i* und *j* wie *j*
- *h* stumm vor *j* und *v*
- *k* vor *i*, *j* und *y* wie *ch* (Kirche)
- *s* wie *ß*
- *sk* vor *i* und *y* wie *sch*
- *sj* und *skj* wie *sch*
- *v* wie *w*

außerdem, außer in Westnorwegen:
- *rs* wie *sch*
- *sl* wie *schl*

Zahlen:
en (1), to (2), tre (3), fire (4), fem (5), seks (6), syv oder sju (7), åtte (8), ni (9), ti (10), tyve oder tjue (20), hundre (100), tusen (1000).

Wochentage
mandag, tirsdag, onsdag, torsdag, fredag, lørdag, søndag.

Guten Morgen!	God morgen!
Guten Tag!	God dag!
Guten Abend!	God kveld!
Hallo!	Hei!
Wie geht es?	Hvordan går det?
Gut/schlecht	bra/ dårlig
danke	takk
- oft: danke für...	takk for...
bitte (bittend, fragend)	Vær så snill å...
bitte (schön) (etwas gebend)	Vær så god!
ja	ja
nein	nei
nicht	ikke
Entschuldigung!	Unnskyld!
Auf Wiedersehen!	På gjensyn!
Tschüß!	Ha det bra / godt!
Gute Nacht!	God natt!
Sprechen Sie deutsch?	Snakker du tysk?
Ich spreche nicht/ etwas norwegisch.	Jeg snakker ikke/ litt norsk.
Ich verstehe nichts.	Jeg forstår ingenting.

T

TAX-FREE / SOUVENIRS

In den meisten Orten gibt es interessante Kunstgewerbeläden, Töpfereien, Silberschmieden und andere Werkstätten. Achten Sie auf traditionelle Qualitätsprodukte wie Rentierfelle, Textildrucke, Webstoffe, Strickwaren, Strickgarn aus reiner Wolle, Holzarbeiten, Silber-, Bronze-, Emaille- und Zinnwaren, Keramik, Glas und Porzellan. Beim Kauf im Wert ab NOK 300,- stellen viele Geschäfte (erkennbar an ihren Plaketten) »Tax-free-Schecks« aus, mit denen an Flughäfen, auf Fähren und an größeren Grenzübergängen die bezahlte Mehrwertsteuer von 16,67 % des Endpreises abzüglich einer Gebühr in bar zurückvergütet wird. Dabei muß ein Paß oder Personalausweis vorgelegt werden. Die Ware darf nicht vor der Ausreise in Gebrauch genommen werden und muß spätestens nach vier Wochen außer Landes sein. Bei der Ausreise gehen Sie mit dem Scheck und allen eingekauften Gegenständen zum Tax-free-Schalter. Dort erhalten Sie die Mehrwertsteuer abzüglich einer Gebühr zurück.

Nähere Informationen erhalten Sie bei
- Norway-Tax-free-Shopping A/S, Postboks 48, N-1345 Østerås Tel. 02 - 24 99 01, Fax 02 - 24 97 84

TELEFONIEREN

Telefonieren können Sie in den öffentlichen Telefonzellen oder in den Telegrafenämtern (Post und Telefon sind in Norwegen verschiedene Institutionen). Auf dem Land finden Sie auch besonders gekennzeichnete Privathäuser, in denen Sie anrufen können. In fast allen Telefonzellen besteht die Möglichkeit, sich anrufen zu lassen. Die entsprechende Telefonnummer finden Sie in der jeweiligen Zelle.

Vorwahl
Bundesrepublik Deutschland 095 49
Vorwahl Österreich 095 43
Vorwahl Schweiz 095 41
Nach Norwegen
aus Deutschland, Österreich und der Schweiz 00 47

TRINKGELD

Bei einem Restaurantbesuch ist es durchaus üblich, die Summe aufzurunden. Auch dem Taxifahrer können Sie gern ein kleines Trinkgeld geben. Ansonsten wird normalerweise kein Trinkgeld erwartet.

ÜBERNACHTUNG

In Norwegen stehen Ihnen die verschiedensten Unterkunftsmöglichkeiten zur Verfügung. Einzelheiten finden Sie unter den Stichwörtern Camping, Ferienhäuser, Hotels, Hütten- und Wohnungstausch, Jugendherbergen.

Z

ZEITUNGEN

Bei fast allen NARVESEN-Kiosken sind während der Sommermonate ausländische Zeitungen und Zeitschriften erhältlich. In einigen norwegischen Tageszeitungen finden Sie auf der letzten Seite Kurznachrichten und den Wetterbericht in englischer Sprache.

ZOLL

Bei der Einreise nach Norwegen müssen Sie die mitgebrachten Waren selbst angeben. An einigen Einreiseorten sind rote und grüne Felder eingeführt. Wenn Sie etwas zu verzollen haben oder im Zweifel sind, müssen Sie das rote Feld benutzen.

Abgabenfrei sind (ab 20 Jahren):
- Spirituosen .... 1 l
- Wein .... 1 l
- Bier .... 2 l

oder:
- Wein .... 2 l
- Bier .... 2 l

Zusätzlich kann gegen Verzollung mitgenommen werden:
- Spirituosen/Wein .... 4 l
- Bier .... 10 l

Tabakwaren (ab 16 Jahre):
- Zigaretten u. -papier .... 200 Stck.
- Zigarren .... 50 Stck.
- Tabak .... 250 gr

Für folgende Waren ist die Einfuhr verboten:

Fleisch (ausgenommen Fleisch- und Wurstkonserven bis zu 5 kg pro Person), Pflanzen, Eier und Kartoffeln, Rauschgifte, Medikamente und Giftstoffe, Waffen, Munition und Sprengstoffe (nur für die Jagd dürfen Gewehre und Munition eingeführt werden). Ausrüstung für Krebsfang, Angelnetze.

Autofahrer Info

ACHSLAST

Eine Karte über die zulässigen Achslasten auf norwegischen Fernstraßen erhalten Sie kostenlos beim Norwegischen Fremdenverkehrsamt in Hamburg. (Nur für Busunternehmen)

ALKOHOL AM STEUER

Die Strafgrenze liegt in Norwegen bei 0,5 Promille. Wer sie überschreitet, kann mit einem Gefängnisaufenthalt rechnen, gleichzeitig wird der Führerschein für mindestens 1 Jahr entzogen. Auch ausländische Autofahrer sind von diesen strengen Maßnahmen im Interesse der Verkehrssicherheit betroffen.

ANSCHNALLPFLICHT

In Norwegen gilt die Anschnallpflicht auf Vordersitzen; auf Rücksitzen gilt sie nur, wenn Gurte vorhanden sind. Kinder unter vier Jahren sollten spezielle Kindersitze benutzen. Wird man unangeschnallt erwischt, drohen hohe Geldstrafen.

AUTOFÄHREN

In keinem anderen Land Europas haben Autofähren eine so große Bedeutung wie im Land der Fjorde. Das Straßennetz Norwegens wird durch über 200 Autofähren und Fähren zu den Inseln verknüpft. Obwohl zahlreiche Linien im Lauf der letzten Jahrzehnte durch Brücken ersetzt wurden und viele Verbindungen durch neue Straßen verkürzt werden konnten, ist ein großer Teil der Autofähren bis heute, sowohl aus technischen als auch finanziellen Gründen, nicht zu ersetzen.

Das Betreiben der Autofähren erfordert hohe staatliche Subventionen. Die Fähren verkehren schließlich nicht nur an schönen Sommertagen, sondern auch mitten im Winter. Nehmen Sie bitte kurze Wartezeiten in Kauf, wenn die Fähren während der Wintermonate einmal nicht so häufig verkehren. Die norwegischen Fähren gelten jedoch als sehr pünktlich und zuverlässig.

Ein vollständiges Verzeichnis aller inländischen Fähren finden Sie im amtlichen Kursbuch (Rutebok for Norge), das u.a. an den norwegischen Zeitungskiosken erhältlich ist.

Die wichtigsten Fährverbindungen finden Sie auch in unserem *Infopaket Nr. 7* (siehe S. 224/25).

AUTOMOBILCLUBS

Wenn Sie in Ihrem Land Mitglied eines Automobilclubs sind, der der Alliance Internationale de Tourisme (AIT) angeschlossen ist, erhalten Sie auch in Norwegen Unterstützung im Schadensfall. Notruftelefone der Automobilclubs finden Sie an den Europa- und an den Fernstraßen. Pannenhilfe ist für Mitglieder des ADAC mit einem Euro-Auslands-Schutzbrief kostenlos. Allerdings werden in vielen Pannenfällen Vertragswerkstätten vom NAF (Norges Automobil Forbund) gegen feste Gebühren vermittelt. Beim NAF erhalten Sie auch kostenlose Tips für ihre Reiseplanung. Die Adresse des größten norwegischen Automobilclubs ist:
- NAF, Storgt 2
  N-0105 Oslo 1, Tel. 02 - 34 14 00

AUTOVERMIETUNG

In allen größeren Orten Norwegens und auf praktisch allen Flughäfen besteht die Möglichkeit, Autos zu mieten. Die meisten Firmen vermieten ihre Fahrzeuge nur an Personen über 25 Jahre. Ein gültiger Führerschein und Personalausweis sind erforderlich. Während des Wochenendes und in der Sommersaison werden vielfach Sondertarife geboten. Besonders problemlos ist das Mieten von Autos für Kreditkarteninhaber.

Adressen können Sie den örtlichen Telefonbüchern unter dem Stichwort »Bilutleie« entnehmen.

BENZINPREISE (Stand Oktober 1990)

Benzin (95 Oktan) bleifrei .... ca. NOK 6,70
Super (98 Oktan) .... ca. NOK 7,20
Diesel .... ca. NOK 3,60
Super bleifrei ist nur an sehr wenigen Tankstellen erhältlich.

CAMPING GAZ

Um denjenigen Touristen, die in Norwegen CAMPING GAZ-Flaschen verwenden, entgegenzukommen, wurde einigen Geschäften von den norwegischen Sicherheitsbehörden gestattet, eine begrenzte Anzahl gefüllter Flaschen 904 und 907 zum Umtausch gegen leere Flaschen zu deponieren. Die Anzahl bei jedem Händler ist sehr begrenzt, und es kann nicht garantiert werden, daß der Händler immer gefüllte Flaschen auf Lager hat.

Alta .... Bilservice E. og O. Nielsen
Arendal .... Einar Johnsen, P. Thomassonsgt. 8
Bergen .... * Progas A/S, Engen 17
Bodø .... Joh. Løvold A/S, Tollbugt. 9
                                         Gustav Moe, Storgt. 7
Dalen i Telemark ... Vistad Landhandel, G. Skaalen
Dombås .... Storrusten A/S
Edland .... Lindskog Auto-Servicenter
Egersund .... H.E. Seglem A/S, Strandgt.
Fagernes .... Lage Kvissel Sport
Fredrikstad .... Fossum & Ingerø A/S
Gjøvik .... Arne Haugom
Hamar .... Asperlin-Stormbull Hamar
Hammerfest .... Trygvge Nissen
Harstad .... Sivert Eines
Haugesund .... Maskinforr. Thv. Christensen A/S
Honningsvåg .... Nordkapp Bilservice
Kaupanger .... Bil & Båtservice
Lakselv .... Byggekompaniet A/S
Lillehammer .... Gausdal Landhandleri A/S
Lom .... Egil Nordal, Essostasjonen
Mo i Rana .... Ing. Andreas Quale A/S,
                                         Nordahl Griegs gt. 11
Narvik .... J. Revold A/S, Kongensgt. 40
Oslo .... Bogstad Camping Center, Røa
                                         Ekeberg Camping Center
                                         Progas A/S, Ryensvingen 1
                                         * Progas A/S, Sjursøya
                                         Ekeberg Camping, Oslo 11
Otta .... Otta Jernvare
Røros .... Røros Samvirkelag, Shell-stasjonen
Sandvika .... A/S Selectron, Sandvica Godshus
Sauda .... Leif Moe
Skutvik .... Håkon Apold
Solheimsvik .... Progas A/S Fjørsangervn.
Stavanger .... * Progas A/S. Lagårdsvn. 79
Stryn .... Aug. Ytre-Eide
Svolvær .... Axel Jacobsen, Maskinforretning
Tromsø .... Tromsø Maskinforretning
Trondheim .... * Progas A/S, Lade allé 11
Trysil .... Per. P. Galaasen
Tynset .... Tynset Maskinforretning
Verdal .... Verdal Samvirkelag
Vikane .... Johs. Andersen
Voss .... Georg Rokne & Co.
Vågåmo .... Brødrene Storlien
Ålesund .... P. D. Stafseth & Aarskog A/S,
                                         Fjordgt. 18/20
Åndalsnes .... Per Mjelva
                                         Leif Kroken A/S Caravanimp.

* Diese Händler haben immer Flaschen mit den Nummern 904 und 907 auf Lager.

Couchettes sind auf allen besseren Campingplätzen und in guten Sportgeschäften erhältlich.

ENTFERNUNGEN

Ein in Norwegen weitverbreitetes und für die weiten Distanzen sehr nützliches Entfernungsmaß ist die norwegische Meile *(mil)*. Eine Meile entspricht 10 km. Entfernungen sind auf offiziellen Schildern immer in Kilometer angegeben, aber wenn Ihnen der freundliche Norweger am Wegesrand sagt, es seien nur noch zwei Meilen bis zum nächsten Ort, so wundern Sie sich nicht, wenn auf den nächsten Kilometern keine Ortschaft auftaucht.

Und hüten Sie sich davor, die Entfernungen zu unterschätzen. 3-400 km sind bei den z.T. sehr kurvenreichen Straßen mit ihren starken Steigungen und Gefällen oft ausreichend für eine Tagesetappe. Messen Sie die norwegischen Entfernungen nicht nach deutschem Maßstab.

FAHREN MIT LICHT

In Norwegen muß man auch tagsüber mit Abblendlicht fahren (Bußgeld: NOK 400,-).

GESCHWINDIGKEITSBEGRENZUNGEN

Die zulässige Höchstgeschwindigkeit beträgt außerhalb geschlossener Ortschaften 80 km/h. Auf einigen Autostraßen darf man 90 km/h fahren. Für Busse gilt immer das Höchsttempo von 80 km/h. Anhänger-Gespanne dürfen nicht schneller als 70 km/h fahren; ist der Anhänger ungebremst, gilt die Geschwindigkeitsbegrenzung von 60 km/h. Innerhalb geschlossener Ortschaften darf man nicht schneller als 50 km/h sein.

Eine Überschreitung der Höchstgeschwindigkeit kann Sie in Norwegen teuer zu stehen kommen. Wenn Sie bei einer zugelassenen Geschwindigkeit von 60 km/h nur bis zu 5 km/h zu schnell fahren, kostet es Sie NOK 400,-. Jede weiteren 5 km/h kosten zusätzlich NOK 400,-. Es wird häufig kontrolliert, sowohl mit zivilen Messwagen als auch mit Radar.

HOCHGEBIRGSSTRASSEN

Falls Sie Ihre Reise für das Frühjahr geplant haben, beachten Sie bitte, daß in Norwegen folgende Straßen im Winter/Frühjahr gesperrt werden (s. Tabelle). Nähere Auskünfte über Sperrung und Öffnung der Hochgebirgsstraßen erhalten Sie während der Saison bei der
- NAF Alarmzentrale, Oslo, Tel. 02 - 34 16 00

Straße:	geschlossen von - bis:
5: Gaularfjellet	Ende Febr. - Ende April
7: Hardangervidda:	ganzjährig geöffnet*
13: Vikafjell	ganzjährig geöffnet*
45: Hunnedalsvegen	ganzjährig geöffnet*
51: Valdresflya	Ende Nov. - Mitte Mai
55: Sognefjellsvegen	Mitte Dez. - Mitte Mai
58: Geiranger	Anf. Dez. - Mitte Mai
63: Trollstigen	Mitte Nov. - Mitte Mai
95: Skarsvåg - Nordkap	Mitte Nov. - Ende Mai
98: Ifjordfjell	Anf. Dez. - Mitte Mai
220: Venabygdfjellet	Mitte Jan. - Mitte Mai
252: Tyin - Eidsbugarden	Ende Okt. - Mitte Juni
258: Gml.Strynefjellsvegen	Mitte Sept. - Mitte Juni
520: Sauda - Røldal	Mitte Dez. - Mitte Mai
882: Storvik - Bardines	ganzjährig geöffnet*
886: Vintervollen - Gr.Jakobselv.	ganzjährig geöffnet*

* = bei günstigen Witterungsverhältnissen (Einige dieser Straßen werden im Winter nur während der Nachtstunden gesperrt.)

INFORMATIONSTAFELN

Vor jedem größeren Ort finden Sie auf den Rastplätzen eine große Informationstafel, die Ihnen die Orientierung erleichtert. Man erhält zahlreiche nützliche Hinweise, so zum Beispiel die Lage des örtlichen Touristenbüros, wo Sie dann alle weiteren Informationen bekommen.

KARTEN

Beim Norwegischen Fremdenverkehrsamt sind folgende Karten für Busunternehmen kostenlos erhältlich:
- Karte mit zulässigen Achslasten
- Karte mit zulässigen Fahrzeuglängen
- Karte mit Tunneln und Unterführungen

Detaillierte Karten und Autoreiseführer stellen wir Ihnen auf den Seiten 230 ff. vor.

MASSBESTIMMUNGEN

Die auf norwegischen Fernstraßen genehmigte Wagenbreite beträgt 2,50 m, mit Ausnahme der folgenden Strecken:

Vest-Agder:
Str. 461, Konsmo - Kvås: .... 2,40 m
Str. 461, Moi - Førland: .... 2,40 m

Rogaland:
Str. 515, Skjoldastraumen bru: .... 2,40 m

Die Höchstbreite von Campingwagen ist in Norwegen auf 2,30 m begrenzt. Die Gesamtlänge von Campinggespannen darf 18,50 m nicht überschreiten. Außerdem wird darauf hingewiesen, daß einige norwegische Gebirgspässe und schmale Straßen für das Fahren mit Campingwagen und Bussen nicht geeignet sind (s. *Wohnwagen*).

MAUTGEBÜHR

Einige neue Bauprojekte (Tunnel, Brücken, Strassen) sind gebührenpflichtig (*bompenger*, zwischen NOK 5,- und 50,-). Es gibt auch eine Reihe von Privatstraßen, bei denen Sie Mautgebühr zahlen müssen.

PANNENHILFE

Die Straßenwachtfahrzeuge des norwegischen Automobilclubs NAF befahren vom 20. Juni bis Ende August die wichtigsten Hauptverkehrsstraßen - besonders die Paßstraßen. An den Gebirgsstraßen befinden sich auch die Notruf-Telefone des NAF. Die reine Pannenhilfe ist für Mitglieder u.a. des ADAC kostenlos, weitergehende Arbeiten werden gegen Rechnung von Vertragswerkstätten ausgeführt.
- NAF Alarmzentrale, Oslo, Tel. 02 - 34 16 00 (Tag und Nacht)

RÜCKSICHT AM STEUER

Nehmen Sie Rücksicht auf Kinder, die in Norwegen sehr viel im Freien sind. Besondere Vorsicht ist auch bei vierbeinigen Verkehrsteilnehmern geboten. Schafe, Kühe und Ziegen halten sich auch in Norwegen nicht an die Verkehrsregeln und sind hier weitaus häufiger auf der Straße anzutreffen als in Mitteleuropa.

Nehmen Sie aber bitte auch Rücksicht auf die Verkehrsteilnehmer, die - innerhalb der Geschwindigkeitsbegrenzung - schneller fahren wollen als Sie. Besonders Wohnwagengespanne und breite Wohnmobile sind oft langsamer als der normale Verkehr. Fahren Sie an den Ausweichstellen rechts an den Rand und geben Sie durch Blinkzeichen bekannt, daß Sie die Fahrbahn zum Überholen freigeben.

SPRACHHILFEN FÜR AUTOFAHRER

Blindvei .... Sackgasse
Bompenger .... Mautgebühr/Wegegeld
Bomvei .... Mautstraße
Dårlig veidekke .... Schlechte Fahrbahn
Fartsgrense .... Geschwindigkeitsbegrenzung
Forbikjøring forbudt .... Überholen verboten
Frostskade .... Frostschäden
Gjennomkjøring forbudt .... Durchfahrt verboten
Glatt veibane .... Straßenglätte
Kjør sakte .... Langsam fahren
Lekeplass .... Kinderspielplatz
Omkjøring .... Umleitung
Parkering forbudt .... Parken verboten
Parkeringsplass .... Parkplatz
Privat vei .... Privatweg
Sperret .... Gesperrt
Stopp .... Halt!
Stopp forbudt .... Halten verboten
Svake kanter .... Fahrbahnrand nicht befahrbar
Toll .... Zoll
Veiarbeid .... Baustelle, Straßenarbeiten

Wie komme ich nach ...?
.... Hvordan kommer jeg til...?
Wie weit ist das? .... Hvor langt er det?
Können Sie mir das auf der Karte zeigen?
.... Kan du vise meg det på kartet?
Wo ist die nächste Tankstelle?
.... Hvor er nærmeste bensinstasjon?
Darf ich hier parken? .... Kan jeg parkere her?
Es ist ein Unfall passiert! .... Det er skjedd et uhell.
Mein Auto hat eine Panne.
.... Bilen har en motorskade.
Der Motor springt nicht an.
.... Motoren vil ikke starte.
Mein Auto hat eine Reifenpanne.
.... Bilen har punktert.

Abblendlicht .... nærlys
Abschleppdienst .... redningstjeneste
Achse .... aksel
Anlasser .... selvstarter
Auspuff .... eksosrør
Auto .... bil
Autobahn .... motorvei
Autofähre .... bilferje
Autovermietung .... bilutleie
Batterie .... batteri
Benzin .... bensin
Blinker .... blinklys
Bremse .... bremse
Dichtung .... pakning
Ersatzrad .... reservehjul
Fehler .... feil
Fernlicht .... fjernlys
Frostschutzmittel .... frostvæske
Führerschein .... førerkort
Garage .... garasje
Getriebe/Gang .... gir
Handbremse .... håndbremse
Hupe .... horn
Keilriemen .... vifterem
Kofferraum .... bagasjerom
Kühler .... kjøler
Lenkrad .... ratt
Leihwagen .... leiebil
Moped .... moped
Motor .... motor
Motorrad .... motorsykkel
Öl .... olje
Panne .... uhell
Reifen .... dekk
Rücklicht .... baklys
Schalter .... bryter
Scheinwerfer .... frontlys
Sicherheitsgurt .... sikkerhetsbelte
Sicherung .... sikring
Straße .... gate
Unfall .... uhell
Ventil .... ventil
Vergaser .... forgasser
Verteiler .... fordeler
Warndreieck .... varseltrekant

Werkstatt .... bilverksted
Windschutzscheibe .... frontrute
Winterreifen .... vinterdekk
Zündkerze .... tennplugg
Zündschlüssel .... tenningsnøkkel
Zündung .... tenning
Zylinder .... sylinder
Zylinderkopfdichtung .... topp-pakning

TUNNELVERBINDUNGEN

Im folgenden finden Sie eine Auflistung der elf längsten Tunnelstrecken im norwegischen Straßennetz.
- Str. 17: Svartistunnel, Nordland .... 7.610 m
- Str. 13: Høyangertunnel, Sogn og Fjordane .... 7.522 m
- Str. 7: Vallaviktunnel, Hordaland .... 7.511 m
- Str. 625: Fjærlandstunnel, Sogn og Fjordane .... 6.381 m
- Str. 803: Tosentunnel, Nordland .... 5.800 m
- E 76: Haukelitunnel, Hordaland .... 5.688 m
- Str. 668: Flenjatunnel (Flåm - Undredal), Sogn og Fjordane .... 5.024 m
- Str. 14: Eikefettunnel, Hordaland .... 4.910 m
- E 76: Røldalstunnel, Hordaland .... 4.565 m
- Str. 15: Oppljostunnel, Sogn og Fjordane 4.500 m
- Str. 2: Berdalstunnel, Sogn og Fjordane . 4.300 m

WEGEGELD

Zur Finanzierung besonders kostspieliger öffentlicher Projekte (Brücken, Tunnel) wird an einigen Stellen Wegegeld verlangt.

Außerdem gibt es eine Reihe von privaten Brücken und Straßen, die gebührenpflichtig sind. Diese Verbindungen sind nicht Teil des öffentlichen Verkehrsnetzes. Das norwegische Wort für Straßengebühr heißt übrigens »bompenger«.

Einige der öffentlichen Straßen und Brücken auf denen Wegegeld verlangt wird:
- E 6: Mjøsabrua, Hedmark und Oppland (NOK 12,-)
- Autobahn E 18: durch Drammen, Buskerud (NOK 10,-)
- E 68: Sollihøya , Buskerud (NOK 10,-)
- E 18 bei Porsgrunn (NOK 15,-)
- Stadt Bergen, Hordaland (NOK 5,-)
- Str. 658: Tunnel Ålesund-Flughafen (NOK 30,-)
- E 6: um den Leirfjord, Nordland (NOK 35,-)
- Str. 19: Grimsøystraumen bru, Lofoten (NOK 15,-)
- Stadt Oslo, Hauptstraßen (NOK 10,-)
- E 6: Trondheim - Stjørdal (NOK 10,-)
- Stadt Trondheim (NOK 20,-)

Folgende Tunnel/Brücken ersetzen ehemalige Fähren, sind aber dennoch gebührenpflichtig:
- Altlanterhavsveien, Molde - Kristiansund (NOK 40,-)
- Str. 120: Inselgruppe Hvaler (NOK 130,- Hin- und Rückfahrt)
- Str. 457: Flekkerøya, bei Kristiansand (NOK 60,- Hin- und Rückfahrt)
- Str. 863: Ringvassøya, nördlich Tromsø (NOK 60,- Hin- und Rückfahrt)

An einigen Privatstraßen muß auch Wegegeld entrichtet werden. Meist befindet sich dort eine Schranke, die Sie selbst öffnen können. Auf einer Anschlagtafel finden Sie die Gebühr, die für die Durchfahrt entrichtet werden muß. Legen Sie den Betrag in einen dafür vorgesehenen Kasten, schreiben sich selbst eine Quittung aus und legen diese gut sichtbar auf das Armaturenbrett. Denken Sie daran, daß das Wegegeld dazu dient, Straßen instandzuhalten, die sonst für den öffentlichen Verkehr nicht zugänglich wären.

WOHNWAGEN

Der Zustand der norwegischen Straßen hat sich im Laufe der letzten Jahre entscheidend verbessert. Trotzdem sind noch längst nicht alle Strecken für Wohnwagengespanne befahrbar.

Das norwegische Straßenamt (Vegdirektoratet in Oslo) hat eine spezielle Karte herausgegeben, die Sie darüber informiert, welche Straßen für Wohnwagengespanne geeignet sind.
Diese Karte liegt unserem *Infopaket Nr. 9* bei (siehe S. 224/225).

Für Wohnwagengespanne nicht geeignete Straßen:

Vest - Agder
Str. 461: .... Førland - Moi, Kvås - Konsmo
Str. 465: .... Vanse - Kvinesdal

Rogaland
Str. 44: .... Hauge - Åna-Sira
Str. 501: .... Heskestad - Rekeland
Str. 504: .... Bue - Kartavoll
Str. 511: .... Skudeneshavn - Kopervik
Str. 513: .... Solheim - Skjoldastraumen
Str. 520: .... Hordalia - Sauda

Hordaland
Str. 13: .... Dale - Hamlagrøosen, Tysse - Eikelandsosen
Str. 550: .... Utne - Jondal
Str. 569: .... Stamnes - Dale

Sogn og Fjordane
Str. 5: .... von Eldalsosen in nördl. Richtung (nach Holsen)
Str. 258: .... die alte Straße Videseter (Ospeli bru) - Grotli (Oppland)
Str. 613: .... Tvinnerheim - Bleksvingen (nach Str. 15/60)

Folgende Straßen sollten Sie nur dann mit dem Wohnwagengespann befahren, wenn Sie ein geübter Fahrer sind:

Akershus
Str. 156: .... Fagerstrand - Tusse
Str. 180: .... Hurdal - Byrudstua

Vestfold
Str. 306: .... Nes - Odberg
Str. 317: .... Eplerød - Hillestad

Oppland
Str. 252: .... Eidsbugarden - Tyin
Str. 255: .... Skåbu - Svatsum

Aust - Agder
Str. 411: .... Bergendal - Bossvik
Str. 413: .... Bås - Myklandsdalen

Vest - Agder
Str. 460: .... Håland - Konsmo
Str. 467: .... Osen - Sirnes

Rogaland
Str. 13: .... Jørpeland - Oanes, Lauvvik - Hogstad
Str. 44: .... Åna-Sira - Flekkefjord (Vest-Agder)
Str. 45: .... Byrkjedal - Svartevatn (Vest-Agder)
Str. 503: .... Vikeså - Byrkjedal
Str. 506: .... Ålgård - Norheim
Str. 508: .... Høle - Oltedal

Hordaland
Str. 13: .... Bulken - Hamlagrøosen, Porsvikskar - Utåker, Skånevik - Håland, Vangsnes (S. og Fj.) - Vinje
Str. 14: .... Valevåg - Vestre Vikebygd
Str. 14: ...... Von Knarvik in nördlicher Richtung
Str. 46: .... Horda - Nesflaten (Rogaland)
Str. 47: .... Odda - Skarsmo, Odda - Maurset
E 68: .... Voss - Norheimsund
E 76: .... Steinaberg bru - Lauvareid, Steinaberg bru - Horda
Str. 541: .... Mosterhamn - Langevåg, Buarvåg - Smørsund
Str. 542: .... Indre-Håvik - Sakseid
Str. 543: .... Utbjoa - Ølensvåg
Str. 545: .... Sandvikvåg - Sagvåg
Str. 546: .... Hufthamar - Vik
Str. 547: .... Flatråker - Våge
Str. 547/13: .... Husa - Eikelandsosen
Str. 550: .... Utne - Odda
Str. 555/561: .... Klokkarvik - Solvik
Str. 562: .... Kleppestø - Skråmestø
Str. 563: .... Kleppestø - Ask
Str. 565: .... Rossnes - Knarvik
Str. 566: .... Haus - Lonevåg
Str. 567: .... Valestrandfossen - Tyssebotn
Str. 568: .... Leirvåg - Fonnes, Vågseidet - Sævråsvåg
Str. 572: .... Granvin - Bruravik

Sogn og Fjordane
Str. 5: .... Florø - Naustdal, Moskog - Holsen, Eldalsosen - Dragsvik
Str. 14: .... Anda - Sandane
Str. 15: .... Rognes - Kjøs
Str. 55: .... Sogndal - Krossbu (Sognefjell)
Str. 57: .... Storehaug - Rysjedalsvika, Rutledal - Sløvåg
Str. 60: .... Tomasgard - Kjellstadli
Str. 288: .... Aurlandsvangen - Hol (Buskerud)
Str. 601: .... Flåm - Aurland
Str. 602/13: .... Feios - Vinje (Hordaland)
Str. 604: .... Gaupne - Gjerde
Str. 606: .... Krakhella - Daløy
Str. 607: .... Flekke - Staurdal
Str. 610: .... Osen - Eldalsosen
Str. 611: .... Stavang - Naustdal
Str. 614: .... Svelgen - Hauka
Str. 615: .... Storebru - Holme
Str. 616: .... Oldeide - Smørhavn
Str. 617/15: .... Raudeberg - Nordfjordeid

Møre og Romsdal
Str. 58: .... Geirangerveien
Str. 63: .... Trollstigen
Str. 67: .... Vevang - Ørjavik
Str. 620: .... Stadlandet (S. og Fj.) - Åheim
Str. 651: .... Straumshavn - Austefjord
Str. 652: .... Lauvstad - Syvdsnes
Str. 655: .... Leknes - Tryggestad
Str. 661: .... Tomrefjord - Eidsvik
Str. 665: .... Angvik - Ødegård

Trøndelag
Str. 757: .... Volden - Vuku
Str. 758: .... Vuku - Sten

Nordland
Str. 73: .... Krutvatn - Hattfjelldal
Str. 801: .... Terråk - Årsandøy
Str. 803: .... Hommelstø - Tosbotn
Str. 812: .... Medby - Misvær, Tuv - Kodvåg
Str. 813: .... Vesterli - Tverrvik

Troms
Str. 857: .... Heia - Øverbygd

Finnmark
Str. 889: .... Snøfjord - Havøysund

ENTFERNUNGSTABELLE IN KM

	Bergen	Bodø	Fagernes	Hamar	Hammerfest	Kirkenes	Kristiansand	Kristiansund	Larvik	Lillehammer	Narvik	Oslo	Røros	Stavanger	Svinesund	Tromsø	Trondheim	Ålesund
Bergen	—	1.420	368	476	2.256	2.685	398	513	465	440	1.590	484	656	149	598	1.751	682	401
Bodø	1.420	—	1.132	1.160	953	1.389	1.611	930	1.374	1.098	296	1.277	892	1.557	1.396	556	738	1.166
Fagernes	368	1.132	—	135	1.966	2.397	477	437	278	114	1.302	186	358	436	299	1.563	394	422
Hamar	476	1.160	135	—	1.996	2.425	451	465	256	62	1.330	123	278	563	236	1.611	422	450
Hammerfest	2.256	953	1.968	1.996	—	497	2.447	1.766	2.210	1.934	666	2.113	1.728	2.393	2.232	442	1.574	2.002
Kirkenes	2.685	1.389	2.397	2.425	497	—	2.876	2.195	2.593	2.363	1.093	2.541	2.157	2.822	2.661	841	2.003	2.431
Kristiansand	398	1.611	477	451	2.447	2.876	—	916	198	513	1.781	328	729	256	296	2.042	873	901
Kristiansund	513	930	437	465	1.766	2.195	916	—	691	403	1.100	588	302	662	701	1.361	192	134
Larvik	465	1.374	278	256	2.210	2.593	198	691	—	291	1.544	131	517	443	112	1.805	636	678
Lillehammer	440	1.098	114	62	1.934	2.363	513	403	291	—	1.268	185	261	542	298	1.529	360	388
Narvik	1.590	296	1.302	1.330	666	1.093	1.781	1.100	1.544	1.268	—	1.447	1.062	1.727	1.566	261	908	1.336
Nordkap	2.306	1.002	2.018	2.044	164	501	2.497	1.816	2.260	1.983	739	2.163	1.778	2.443	2.282	464	1.624	2.052
Oslo	484	1.277	186	123	2.113	2.541	328	588	131	185	1.447	—	401	584	113	1.708	539	573
Røros	656	892	358	278	1.728	2.157	729	302	517	261	1.062	401	—	804	514	1.323	154	402
Stavanger	149	1.557	436	563	2.393	2.822	256	662	443	542	1.727	584	804	—	565	1.988	819	528
Svinesund	598	1.396	299	236	2.232	2.661	296	701	112	298	1.566	113	514	565	—	1.827	658	686
Tromsø	1.751	556	1.563	1.611	442	841	2.042	1.361	1.805	1.529	261	1.708	1.323	1.988	1.827	—	1.169	1.587
Trondheim	682	738	394	422	1.574	2.003	873	192	636	360	908	539	154	819	658	1.169	—	428
Ålesund	401	1.166	422	450	2.002	2.431	901	134	678	388	1.336	573	402	528	686	1.587	428	—

Informationen der regionalen und örtlichen Fremdenverkehrsämter und Touristenbüros in Norwegen

Unter jedem Bezirk finden Sie eine Übersicht über regionale und örtliche Fremdenverkehrsämter. Die regionalen Fremdenverkehrsämter sind das ganze Jahr über besetzt. Wenn Sie Informationen über den Bezirk oder unterschiedliche Gebiete innerhalb des Bezirks wünschen, wenden Sie sich an das regionale Fremdenverkehrsamt. Fast jeder Bezirk hat ein regionales Fremdenverkehrsamt.
Örtliche Fremdenverkehrsämter: Wünschen Sie Informationen über ein spezielles Gebiet, wenden Sie sich bitte an die örtlichen Fremdenverkehrsämter. Diese sind normalerweise das ganze Jahr über besetzt. Fast jede Gemeinde hat ein örtliches Fremdenverkehrsamt.
Zusätzlich gibt es viele Touristenbüros, die auf verschiedene Orte verteilt sind. Sie sind während der Hauptsaison geöffnet. Andere örtliche Fremdenverkehrsämter haben erweiterte Öffnungszeiten im Sommer. Diese Fremdenverkehrsämter werden mit einem * gekennzeichnet.

DAS OSLOFJORD-GEBIET

OSLO

Das regionale Fremdenverkehrsamt:
- Oslo Promotion, Grev Wedels plass 2, N-0151 Oslo 1, Tel. 02 - 33 43 86

Die örtlichen Fremdenverkehrsämter/ Touristenbüros:
- Oslo Pro. Kongresskontor, Tel. 02 - 33 43 86
- Touristeninformation im Rathaus, N-0037 Oslo Rådhus, Tel. 02 - 35 43 85
- Oslo Guide Service, N-0037 Oslo Rådhus, Tel. 02 - 41 48 63
- Touristeninformation im Hauptbahnhof, N-0154 Oslo, Tel. 02 - 17 11 24

Veranstaltungen 1991:
März:
8.-17.3. »die See für alle«, Internationale Bootsmesse und zeitgleich: Norwegische Handelsmesse.
8.-10.3. Weltcup im Biathlon, Holmenkollen.
15.-17.3.: »Holmenkollen Skifestival«.
April:
28.4.: »Zentrumslauf«, Straßenlauf.
Mai:
17.5.: Nationalfeiertag mit großem Festzug durch die Stadt.
Juni:
Mitte Juni - Mitte August: »Sommer in der Festung Akershus«, kulturelle Veranstaltungen.
11.-14.6.: »Nor-shipping«, Norwegische Handelsmesse.
Ende Juni - Anfang Juli: »Oslo Sommer Opera«.
Juli:
»Mobil Bislett Games«, Leichtathletik.
Ende Juli - Anfang August: »Norway-Cup«, größtes Fußballturnier der Welt, für Jugendliche aller Nationen.
August:
Anfang August: Kammermusikfestival.
Anfang August: Jazzfestival.
August - September: Internationales Ibsen-Festival, Nationaltheater.
September:
30.9.-3.10.: Modewoche.
Oktober:
»Ultima«, Festival der Gegenwartsmusik.

AKERSHUS

Das regionale Fremdenverkehrsamt:
- Akershus Reiselivsråd, Tullinsgt. 6, Postboks 6888, N-0130 Oslo 1, Tel. 02 - 36 56 00

Die örtlichen Touristenbüros:
- Trafikanten, Salgs- og Servicesenter, Jernbanetorget 1, N-0154 Oslo 1, Tel. 02 - 17 70 30
- Schulzt Tours, N-2151 Årnes, Tel. 06 - 90 19 40
- Tusenfryd Vergnügungspark, Turistinformasjonskontoret, N-1430 Ås, Tel. 09 - 94 63 63

Veranstaltungen 1991:
Juni:
Ende Juni: Kalvøya-Festival, Rock- und Popfestival, Bærum.
August:
Mitte August: »Gamle-Hvam-Tage«, traditionelles Fest, Gamle Hvam Museum, Romerike.
Mitte August: World Cup im Sommer-Skispringen, Marikollen, Rælingen.

ØSTFOLD

Das regionale Fremdenverkehrsamt (nur schriftliche Anfragen):
- Østfold Reiselivsråd, Fylkeshuset, N-1700 Sarpsborg, Fax: 09 - 11 71 18

(mündliche Anfragen):
- Turistinformasjonen SveNo E6, Svinesund, N-1760 Berg i Østfold, Tel. 09 - 19 51 52

Die örtlichen Fremdenverkehrsämter / Touristenbüros:
- Reisetrafikkforeningen for Fredrikstad og Omegn, Turistsenteret, N-1600 Fredrikstad, Tel. 09 - 32 03 30
- Guidekontoret i Gamlebyen, N-1600 Fredrikstad, Tel. 09 - 32 05 65
- Halden Reiselivslag, Postboks 167, N-1751 Halden, Tel. 09 - 18 24 87
- Moss Turistinformasjon, Chrystiesgt. 3, N-1500 Moss, Tel. 09 - 25 54 51
- Sarpsborg Turistinformasjon, Rådhuset, N-1700 Sarpsborg, Tel. 09 - 11 90 00
- Marker Reiselivsnemnd, Turistinformasjonen, N-1870 Ørje, Tel. 09 - 81 13 17
- Touristinformation an der schwed.-norw. Grenze, N-1870 Ørje, Tel. 09 - 81 15 16

Veranstaltungen 1991:
Mai:
19.-20.5.: »Fredrikstad-Cup«, Handballturnier für Jugendliche, Fredrikstad.
Ende Mai/ Anfang Juni: »Gleng Musikfestival«, Rock, Pop, Jazz, Volkslieder, Klassik von bekannten und unbekannten Künstlern, Sarpsborg.
Juni:
Juni-August: jeden Mittwoch Volkstanz in der Festung Fredriksten, Halden.
Juni-August: jeden Samstagabend »Ælvejazz«, Bootsfahrt mit der M/S Krabben und einer Jazzband auf dem Fluß Glomma, Sarpsborg.
29.6.-6.7.: Internationales Amateurtheater-Festival, Halden.
Juli:
29.7.: Olsokfest zum Andenken an St. Olav, den Gründer der Stadt, im Borgarsysselmuseum, Sarpsborg.
30.7.-4.8.: Norwegisches Orientierungslauf-Festival, Halden.
August:
Ende August: »Momarket«, Messe und kulturelle Veranstaltungen, Mysen.

VESTFOLD

Das regionale Fremdenverkehrsamt:
- Vestfold Reiselivsråd, Storgt. 55, N-3100 Tønsberg, Tel. 033 - 10 220

Die örtlichen Fremdenverkehrsämter:
- Horten og Borre Reiselivslag, Torget 6a, N-3190 Horten, Tel. 033 - 43 390
- Larvik Reiselivsforening, Postboks 200, N-3251 Larvik
- Sandefjord Turistkontor, Postboks 2025, N-3201 Sandefjord, Tel. 034 - 68 100
- Tønsberg og Omland Reiselivslag, Storgt. 55, N-3100 Tønsberg, Tel. 033 - 10 220

Touristenbüros/Informationen:
- Kulturkontoret, Tordenskjoldsgt. 5, N-3080 Holmestrand, Tel. 033 - 51 590 / 52 159
- Sommerinformasjonen i Horten, Biblioteket, Apotekergt. 10, N-3190 Horten, Tel. 033 - 43 390
- Sommerinformasjonen i Larvik, Storgt. 20, N-3251 Larvik, Tel. 034 - 82 623
- Turistinformasjonskiosken, N-3201 Sandefjord, Tel. 034 - 65 300
- Kulturkontoret, Åsgt. 24, N-3060 Svelvik, Tel. 02 - 77 20 76
- Sommerinformasjonen for Tønsberg og Omland, Honnørbryggen, N-3100 Tønsberg, Tel. 033 - 10 211

Veranstaltungen 1991:
Mai:
9.-23.5.: »Tønsbergmesse«, Heim- und Freizeitmesse mit Rahmenprogramm, Tønsberg.
25.5.: Tag der offenen Tür, Landwirtschaftsschule Vestfold, Melsom.
Juni:
Mitte Juni: »Tønsbergtag«, verkaufsoffener Abend, Musik, Veranstaltungen, Tønsberg.
24.6.-22.7.: Sommertheater im Sjøbo-Amphitheater.
29.6.-22.7.: Sommerausstellung, Gemäldegallerie Tønsberg.
30.6.: »Kristinalauf«, 5 oder 10 km für Kinder, Tønsberg.
Ende Juni: »Festspiele in Vestfold« in verschiedenen Orten.
Juli:
1.-31.7.: Verkaufsausstellung für Malerei und Kunsthandwerk, Tjøme.
2.-28.7.: Sommershow im Rica Havna Hotel, Tjøme.
5.-7.7.: »Jarlsberg Grand Prix« im Springreiten, internationales Turnier, Jarlsberg.
6.-22.7.: »Tjøme Kunst und Handwerk«, Sommerausstellung, Tjøme.
Mitte Juli - Ende August: Orgelkonzerte mit internationalen Künstlern in verschiedenen Kirchen, Tønsberg.
August:
Mitte August: Holzbootfestival, Tjøme.
23.8.: Norwegens größter Tanzabend, Slagenhalle, Tønsberg.

OSTNORWEGEN

BUSKERUD

Das regionale Fremdenverkehrsamt:
- Buskerud Reiselivsråd, Storgt. 4, N-3500 Hønefoss, Tel. 067 - 23 655

Die örtlichen Fremdenverkehrsämter / Touristenbüros:
- Drammen Kommunale Turistinformasjon, Rådhuset, N-3008 Drammen, Tel. 03 - 80 62 10 / 80 60 00
- Geilo Turistservice A/L, N-3580 Geilo, Tel. 067 - 86 300
- Gol Turistkontor, N-3550 Gol, Tel. 067 - 74 840 / 74 241
- Hemsedal Turistkontor, N-3560 Hemsedal, Tel. 067 - 78 156
- Hole og Ringerike Markedsføring A/S, Storgt. 4, N-3500 Hønefoss, Tel. 067 - 23 330
- Kongsberg og Numedal Turistkontor, Schwabesgt. 1, N-3600 Kongsberg, Tel. 03 - 73 15 26
- Hadding Info A/S, N-3540 Nesbyen, Tel. 067 - 70 170
- Turistkontoret for Midt-Buskerud, N-3516 Noresund, Tel. 067 - 46 611
- Numedal Turist- og Næringsservice, N-3630 Rødberg, Tel. 03 - 74 13 90
- Ål Turistkontor, N-3570 Ål, Tel. 067 - 81 060

Veranstaltungen 1991:
April:
27.4.: »Skarverennen«, Skirennen, Geilo.
Mai:
Anfang Mai: Fahrradtour für die ganze Familie, Drammen.
19.5.: Pferdeumzug mit Picknick im Stadtpark, Drammen.
30.5.-2.6.: Volksmusiktage, Ål.
Juni:
»Bygde-Musikfestival«, Krødsherad.
Anfang Juni: Musikfestival/ Festspiele Nesbyen.
Ende Juni: »Blaafarveværks-Marsch«, Åmot.
Juli:
Anfang Juli: Internationales Jazzfestival Kongsberg.
Anfang Juli: »Hallingdalmarkt«, Unterhaltung, Ausstellungen, Verkauf, Nesbyen.
20.7.: »Goltage«, Gol.
August:
»Drammenmesse« in der Drammenhalle.
Mitte August: »Sølvcup«, Handballturnier mit 2000 Teilnehmern, Kongsberg.
Ende August: »Drammentage«, Drammen.
September:
Anfang September: »Donald Duck Games«, Leichtathletik für Jungen und Mädchen, Kongsberg.
Anfang September: Europameisterschaft im Rallycross auf der Lyngåsbahn, Drammen.
Oktober:
Anfang Oktober: Internationaler Drammen-Marathon, Drammen.

HEDMARK

Das regionale Fremdenverkehrsamt:
- Hedmark Reiselivsråd, Grønnegt. 11, N-2300 Hamar, Tel. 065 - 29 006
Die örtlichen Fremdenverkehrsämter:
- Alvdal Reiselivslag, N-2560 Alvdal, Tel. 064 - 87 000
- Elverum Reiselivslag, Postboks 327, N-2401 Elverum, Tel. 064 - 10 300
- Engerdal Reiselivslag, Boks 64, N-2440 Engerdal, Tel. 064 - 58 107
- Folldal Reiselivslag, N-2580 Folldal, Tel. 064 - 90 268
- Reiselivskontoret for Hamarregionen, Boks 318, N-2301 Hamar, Tel. 065 - 21 217
- Solør-Odal Reiselivslag, Boks 124, N-2201 Kongsvinger, Tel. 066 - 11 300
- Stor-Elvdal Reiselivslag, N-2480 Koppang, Tel. 064 - 60 000
- Tolga Reiselivslag, N-2540 Tolga, Tel. 064 - 94 505
- Trysil Ferie og Fritid, Turistkontoret, N-2420 Trysil, Tel. 064 - 50 056
- Rendalen Reiselivslag, Rendalen Kommune, N-2530 Øvre Rendal, Tel. 064 - 69 245

OPPLAND

Das regionale Fremdenverkehrsamt:
- A/L Oppland Reiseliv, Kirkegt. 76, N-2600 Lillehammer, Tel. 062 - 55 700
Die örtlichen Fremdenverkehrsämter:
- Sør-Valdres Reiselivslag, N-2930 Bagn, Tel. 063 - 46 300
- Beitostølen Reiselivslag, N-2953 Beitostølen, Tel. 063 - 41 006
- Skjåk Reiselivslag, N-2692 Bismo, Tel. 062 - 14 024
- Lesja-Bjorli Reiselivslag, N-2669 Bjorli, Tel. 062 - 45 645
- Nordre Land Reiselivslag, Rådhuset, N-2870 Dokka, Tel. 061 - 10 200
- Dovre Reiselivslag v/Info-Nor, N-2660 Dombås, Tel. 062 - 41 444
- Etnedal Reiselivslag, N-2890 Etnedal, Tel. 061 - 21 000
- Midt-Valdres Reiselivslag, Postboks 288, N-2901 Fagernes, Tel. 063 - 61 720
- Valdres Turistkontor, Rådhuset, N-2900 Fagernes, Tel. 063 - 60 400
- Destinasjon Gjøvik, Kauffeldtgården, N-2800 Gjøvik, Tel. 061 - 71 688
- Vang Reiselivslag, N-2975 Grindaheim, Tel. 063 - 67 700 / 67 746
- Søndre Land Kommune, N-2860 Hov, Tel. 061 - 22 000
- Sør-Fron Reiselivslag, N-2647 Hundorp, Tel. 062 - 96 000
- Gran Reiselivslag, N-2770 Jaren, Tel. 063 - 28 400
- Jevnaker Reiselivslag, Postboks 70, N-3520 Jevnaker, Tel. 063 - 11 444
- Østre Toten Næringsråd, N-2850 Lena, Tel. 061 - 61 757
- Lillehammer Turistlag, Turisthotellveien 7, N-2600 Lillehammer
- Lillehammer Arrangement, Jernbanetorget, N-2600 Lillehammer, Tel. 062 - 60 601
- Turistinformasjonen Lillehammer, Jernbanegt. 2, Postboks 85, N-2600 Lillehammer, Tel. 062 - 59 299
- Lom-Jotunheimen Reiselivslag, N-2686 Lom, Tel. 062 - 11 286
- Nordseter Turist, N-2614 Nordseter, Tel. 062 - 64 012
- Prosjekt Nord-Gudbrandsdal, N-2670 Otta, Tel. 062 - 31 413
- Sel-Rondane Reiselivslag, Postboks 94, N-2671 Otta, Tel. 062 - 30 365 / 30 244
- Ringebu Reiseliv A/S, N-2630 Ringebu, Tel. 062 - 80 533
- Vaset Reiselivslag, N-2960 Røn, Tel. 063 - 63 000
- Sjusjøen Turist A/S, N-2612 Sjusjøen, Tel. 065 - 63 401
- Tisleidalen Ferie og Fritid, N-2923 Tisleidal, Tel. 063 - 64 041
- Nord-Fron Reiselivslag, Nedregt. 5a, N-2640 Vinstra, Tel. 062 - 90 166 / 90 518
- Vågå Reiselivslag, Brennvegen 1, N-2680 Vågåmo, Tel. 062 - 37 880
- Gausdal Reiselivslag, Boks 62, N-2621 Østre Gausdal, Tel. 062 - 20 066
- Øyer Turist, Boks 48, N-2636 Øyer, Tel. 062 - 78 950

Veranstaltungen 1991:
März:
17.3.: »Birkebeinerrennen«, Ski-Volkslauf, Lillehammer.
Mai:
1.5.: »Skisprung-Gala« mit einigen Weltstars, Gjøvik.
Juni:
Juni - Juli: Volkskunst- und Handwerkstage mit Verkaufsausstellung, Lesja.
Anfang Juni: Landwirtschaftstage, Valdres-Volksmuseum, Fagernes.
Anfang Juni: Gebirgsmarathon von Valdresflya nach Beitostølen.
Mitte Juni: »Olympic Day Run«, Lillehammer.
27.-30.6.: Norwegisches Liederfest, Vinstra.
Ende Juni: »Bjørnstjerne-Bjørnson-Tage«, Aulestad.
Ende Juni/ Anfang Juli: Musikwochenende, Segalstad.
Juli:
8.7.-11.8.: »Kultursommer in Vestre Slidre«
Mitte Juli: »Valdresmarken«, Markt und Unterhaltung, Fagernes.
Mitte Juli: Kulturwoche, Gjøvik.
Mitte Juli: Norwegische Schach-Meisterschaft, Gjøvik.
Ende Juli: »Jørn-Hilme-Treffen«, Volksmusik und Volkstanz, Valdres-Volksmuseum, Fagernes.
29.7.: »Olsokspiel«, Historienspiel mit Musik und großem Feuer, Østre Gausdal.
29.7.: Mitternachts-Fackelskirennen, Champagner und Buffett im Schnee auf dem Galdhøppigen.
Ende Juli: Landesfest alter Tanzmusik, Vågå.
August:
Norwegisches Gebirgs- und Seenfestival, Otta.
2.-4.8.: »Jo-Gjende-Treff«, jagd- und kulturhistorisches Treffen, Vågå.
2.-11.8.: »Peer-Gynt-Stevne«, Freilufttheater am See Golåvann, Vinstra.
Mitte August: »G & LT Off Road Cup«, Geländeradrennen, Golå.
17.8.: Tanzgala auf der Trabrennbahn Biri.
Ende August: Festspieltage, Gjøvik.

TELEMARK / SØRLANDET

TELEMARK

Das regionale Fremdenverkehrsamt:
- Telemark Reiser, Postboks 743 Hjellen, N-3701 Skien, Tel. 03 - 52 92 05
Die örtlichen Fremdenverkehrsämter:
- Kragerø Reiselivslag*, Postboks 176, N-3771 Kragerø, Tel. 03 - 98 23 30
- Kviteseid Reiselivslag, N-3848 Morgedal, Tel. 036 - 54 144
- Øst-Telemark Reiselivslag*, Storgt. 39, N-3670 Notodden, Tel. 036 - 12 633
- Rjukan og Tinn Reiselivslag*, N-3660 Rjukan, Tel. 036 - 91 290
- Skien Reiselivslag*, Postboks 493, N-3701 Skien, Tel. 03 - 52 82 27
Die örtlichen Touristenbüros:
- Brevik Næringsutvalg, Torvbakken 2, N-3950 Brevik, Tel. 03 - 57 02 00
- Bø Turistkontor, N-3800 Bø, Tel. 03 - 95 18 80
- Turistinformasjonen på Haukeligrend v/Rangvald Christenson, N-3895 Edland, Tel. 036 - 70 305
- Turistinformasjon i Fyresdal, N-3870 Fyresdal, Tel. 036 - 41 455
- Kviteseid Turistinformasjon, Tel. 036 - 54 173 (Morgedal), Tel. 036 - 56 302 (Vrådal)
- Turistinformasjonen i Nissedal v/ Søftestad Sølvsmie, N-3854 Nissedal, Tel. 036 - 47 233
- Porsgrunn Turistkontor, Østre Brygge, N-3900 Porsgrunn, Tel. 03 - 55 43 27
- Turistinformasjonen i Rauland v/Austbø Hotell, N-3864 Rauland, Tel. 036 - 73 106
- Turistinformasjonen i Seljord, N-3840 Seljord, Tel. 036 - 50 618
- Siljan Turistheim, N-3748 Siljan, Tel. 03 - 94 11 58
- Touristeninformation an der Heddal-Stabkirche
- Turistinformasjonen v/Telemark Sommerland, Tel. 03 - 95 16 99
- Turistinformasjonen v/Ulefoss Sluse, N-3745 Ulefoss, Tel. 03 - 94 54 60
- Vinje Turisthotell, N-3340 Åmot, Tel. 036 - 71 300

Veranstaltungen 1991:
Mai:
25.5.: »Barnas Dag«, die größte eintägige Veranstaltung für Kinder in Skandinavien, Porsgrunn.
Juni:
Mitte Juni - Mitte August: »Sommer in Brevik«, Konzerte, Ausstellungen, Regatten u.v.m., Brevik.
14.-16.6.: »Dalsmarken«, Volksfest, Dalen.
Juli:
1.-29.7.: »Vinjeausstellung«, Kunstgewerbe lokaler Künstler, Vinje.
Anfang Juli - Mitte August: Kunstausstellung, Rauland.
August:
31.8.-8.9.: Telemarks größte Handelsmesse mit kulturellem Rahmenprogramm, Skien
September:
1.-29.9.: Telemarks größte Kunst- und Kulturausstellung, Seljord.
6.-8.9.: »Dyrsku'n«, Volksfest, Seljord.

SØRLANDET

Die regionalen Fremdenverkehrsämter:
- Aust-Agder Fylkeskommune, Fylkeshuset, N-4800 Arendal, Tel. 041 - 17 300
- Vest-Agder Reiselivsråd, Vestre Strandgt. 23, Postboks 770, N-4601 Kristiansand S, Tel. 042 - 74 500
Die örtlichen Fremdenverkehrsämter / Touristenbüros:

Aust-Agder
- Sørlands INFO, Nedre Tyholmsvei 7B, N-4800 Arendal, Tel. 041 - 22 193
- Nedre Setesdal Reisetrafikklag, Postboks 146, N-4660 Evje, Tel. 043 - 31 056
- Hovden Ferieservice A/S, N-4695 Hovden, Tel. 043 - 39 630
- Risør Reiselivslag, Postboks 191, N-4951 Risør, Tel. 041 - 50 700 (Risør Hotel)
- Tvedestrand Turistkontor, Fritz Smithsgt. 1, N-4900 Tvedestrand, Tel. 041 - 61 101
- Valle og Rysstad Reiselivslag v/Frede Buen, N-4695 Valle, Tel. 043 - 37 312

Vest-Agder
- Eiken Turistinformasjon (Hægebostad), N-4596 Eiken, Tel. 043 - 48 349
- Farsund Turistinformasjon, Torvet, N-4550 Farsund, Tel. 043 - 90 839
- Flekkefjords Turistinformasjonskiosk, Brogt., N-4400 Flekkefjord, Tel. 043 - 24 254
- Kristiansand Turistkontor, Reiselivslaget for Kristiansand distrikt, Dronningensgt. 2, Postboks 592, N-4601 Kristiansand, Tel. 042 - 26 065
- Vestre Vest-Agder Reiselivslag, N-4480 Kvinesdal, Tel. 043 - 50 042
- Lyngdal Turistinformasjon, Alleen, N-4580 Lyngdal, Tel. 043 - 43 143
- Mandal Service- og Turistkontor, Mandalregionens Reiselivslag, Bryggegt., N-4500 Mandal, Tel. 043 - 60 820
- Sirdals Reiser, N-4440 Tonstad, Tel. 043 - 70 586
- Åseral Servicekontor, Kyrkjebygda, N-4540 Åseral, Tel. 043 - 83 287

Veranstaltungen 1991:
350jähriges Stadtjubiläum mit allerlei Aktivitäten den ganzen Sommer über, Kristiansand.
März:
13.-16.3.: Nordisches Film-Festival, Kristiansand.
Mai:
9.-12.5.: Sørlands-Bootsmesse, Arendal.
29.5.-2.6.: Internationales Volkskultur-Festival, Kristiansand.
Juni:
»Auswanderer-Festival«, Kvinesdal.
7.-9.6.. »Setesdalsmarkt«, Handelsmesse mit Rahmenprogramm, Rysstad.
14.-16.6.: »Frank-Shorter-Handels- und Kulturtage«, Grimstad.
15.-16.6.: »Trekkferge-Festival '91«, Oldtimer-Rennen u.a., Trysfjorden bei Søgne.
Mitte Juni - Mitte August: Sommeraktivitäten, Bykle.
Mitte Juni - Mitte August: »Valleausstellung«, Kunst- und Handwerksausstellung, Tveitetunet, Valle.
23.6.-7.7.: Festtage zum 350jährigen Stadtjubiläum, Kristiansand.
Juli:
»Bygdeausstellung«, jährliche Kunst- und Volkskunstausstellung, Åseral.
Anfang Juli: »Kaper-Tage«, kulturelle Veranstaltungen und Unterhaltung, Farsund.
2. Wochenende: »Setesdalsstevne«, traditionelles Festival mit Musik, Gesang und Tanz, Bygland.
7.-15.7.: »Storstevnet«, religiöses Treffen, Kvinesdal.
10.-14.7.: Musikfestival, Jazz, Rock, Pop, Folkore, Arendal.
12.-14.7.: »Kunstsommer in Risør«.
13.-20.7.: Nordisches Drachenfestival, Risør.
14.7.: »Hovdenmarsch«, Hovden.
15.-21.7.: »Küstenkulturwoche«, Tvedestrand.
29.7.: traditionelles Olsokfest mit Segelregatta, Lyngør.
29.7.: »Olsokspiel«, historisches Freilichttheater, Lyngdal.
August:
2.-4.8.: Internationales Holzbootfestival, Ausstellung und Verkauf alter und neuer Holzboote, Rahmenprogramm, Risør.
9.-11.8.: »Schalentierfest«, Mandal.
September:
Zusammentreiben von ca. 40.000 Schafen im Hochgebirge, zwei Wochen lang, Sirdalsfjellet.

WESTNORWEGEN

ROGALAND

Das regionale Fremdenverkehrsamt:
- Rogaland Reiselivsråd, Øvre Holmegt. 24, N-4006 Stavanger, Tel. 04 - 53 48 34
Die örtlichen Fremdenverkehrsämter/ Touristenbüros:
- Dalane & Sirdal Reiselivslag, Jernbaneveien, N-4370 Egersund, Tel. 04 - 49 08 19
- Karmøy Reiselivslag, Rådhuset, N-4250 Kopervik, Tel. 04 - 85 22 00
- Stavanger Reiselivslag, Postboks 11, N-4001 Stavanger, Tel. 04 - 53 51 00
- Sola Reiselivslag, Sola Kulturhus, N-4050 Sola, Tel. 04 - 65 15 75
- Reisetrafikkforeningen for Haugesund, N-5500 Haugesund, Tel. 04 - 72 52 55
- Sauda Reiselivslag, N-4200 Sauda, Tel. 04 - 78 39 88
- Strand Reiselivslag, N-4100 Jørpeland, Tel. 04 - 44 74 00 / 04 - 44 83 14
- Suldal Reiselivslag, N-4230 Sand, Tel. 04 - 79 72 84 / 79 74 11

Veranstaltungen 1991:
April:
15.-22.4.. WM im Luftpistolenschießen, Stavanger.
Mai:
30.5.-1.6.: »Skudesnestage«, Karmøy.
Juni:
Juni - August: Sommerkonzerte im Kloster Utstein auf der Insel Mosterøy.
5.-9.6.. »Karmøytage«, Karmøy.
15.-22.6.: »Norwegisches Auswandererfestival«, Kvinesdal.
23.6.: Mittsommerfest in Foreneset, Gem. Suldal.
29.6.: Angelfestival auf der Insel Finnøy.
Juli:
13.7.: Angelfestival auf der Insel Sjernarøy, Gem. Finnøy.
20.7.: Angelfestival auf der Insel Fogn.
25.7.-4.8.: Internationale Konferenz des CVJM/ YMCA, Stavanger.
Ende Juli: BTX - Weltmeisterschaft, Sandsnes.
August:
»Sildajazz«, Festival für Dixieland u.ä., Haugesund.
Internationales Norwegisches Filmfestival, Haugesund.
3.8.: »Finnviktag«, Finnvik.
8.-10.8.: Nordische Meisterschaft im Meeresangeln, Tananger.
30.8.-1.9.: »Finnøytage«, Finnøy.
September:
7.9.: Lachsfestival, Suldalslågen.
28.9.-6.10.: Weltmeisterschaft im Windsurfen, Sola.

HORDALAND

Das regionale Fremdenverkehrsamt:
- Hordaland og Bergen Reiselivsråd, Slottsgt. 1, N-5003 Bergen, Tel. 05 - 31 66 00
Die örtlichen Fremdenverkehrsämter:
- Bergen Reiselivslag, Postboks 4055 Dreggen, N-5023 Bergen, Tel. 05 - 31 38 60
- Eidfjord Reiselivslag*, Postboks 132, N-5783 Eidfjord, Tel. 054 - 65 177
- Etne Reiselivslag, N-5590 Etne, Tel. 04 - 75 69 26
- Nordhordland Reiselivslag*, N-5100 Isdalstø, Tel. 05 - 35 16 01
- Jondal Reiselivsnemd, N-5627 Jondal, Tel. 054 - 68 511 / 68 500
- Ullensvang Reiselivslag*, Postboks 73, N-5780 Kinsarvik, Tel. 054 - 63 112
- Osterøy Reiselivsnemnd, N-5250 Lonevåg, Tel. 05 - 39 21 00
- Kvam Reiselivslag, Postboks 180, N-5601 Norheimsund, Tel. 05 - 55 17 67
- Odda Reiselivslag, Postboks 147, N-5751 Odda, Tel. 054 - 41 297
- Bjørnefjorden Reiselivslag, N-5200 Os, Tel. 05 - 30 15 60
- Kvinnherad Reiselivslag, N-5470 Rosendal, Tel. 054 - 81 311
- Bømlo Reiselivslag, Postboks 130, N-5420 Rubbestadneset, Tel. 054 - 27 705
- Sund Reiselivsnemnd, N-5382 Skogsvåg, Tel. 05 - 33 75 00
- Stord Reiselivslag*, Postboks 443, N-5400 Stord, Tel. 054 - 11 211
- Sotra og Øygarden Reiselivslag, N-5353 Straume, Tel. 05 - 33 10 00
- Ulvik Reiselivslag*, Postboks 91, N-5730 Ulvik, Tel. 05 - 52 63 60
- Voss Reiselivslag*, Postboks 57, N-5701 Voss, Tel. 05 - 51 17 16
Touristenbüros:
- Turistinformasjonen, Torgalmenningen, N-5000 Bergen, Tel. 05 - 32 14 80
- Etne Turistinformasjon, Sæbøtunet, N-5590 Etne, Tel. 04 - 75 68 40
- Husnes Turistinformasjon, N-5460 Husnes
- Kinsarvik Turistinformasjon, N-5780 Kinsarvik, Tel. 054 - 63 112
- Norheimsund Turistinformasjon, N-5600 Norheimsund, Tel. 05 - 55 17 67
- NAF Turistinformasjon, Kvamskogen, N-5600 Norheimsund, Tel. 05 - 55 89 54
- Hardanger Feriesenter Turistinformasjon, N-5600 Norheimsund, Tel. 05 - 55 13 84
- Rosendal Turistinformasjon, N-5470 Rosendal, Tel. 054 - 81 328 / 81 311
- Strandebarm Fjordhotell Turistinformasjon, N-5630 Strandebarm, Tel. 05 - 55 91 50
- Øystese Turistinformasjon, N-5610 Øystese

Veranstaltungen 1991:
März:
22.-24.3.: »Vossa Jazz«, Internationales Jazzfestival, Voss.
April:
27.4.: »Skarverennen«, Skirennen im Hochgebirge, 37 km, von Finse nach Ustaoset.
Ende April: «Bergenser Bootsausstellung '91« mit Schwerpunkt auf Yachten und Segelbooten, Bergen.
Mai:
22.5.-2.6.: Internationales Musikfestival, Konzerte, Theater, Ballett, »Nachtjazz« mit internationalen Musikern, Bergen.
24.-26.5.: Musikfestival, Rosendal.
25.5.: »Vossastemna«, Treffen von Blaskapellen, Voss.
31.5.-3.6.: »Mostraspiel«, historisches Freilichttheater, Bømlo.
Juni:
Juni - August: jeden Donnerstag Konzerte in der Vangskirche, Voss.
7.-9.6.: »Husnestage«, Husnes.
13.6.: »Fjeldbergsundfestival«, Angelwettbewerb, Markt, Fjeldbergøy.
Mitte Juni: »Griegfestival«, Lofthus.
Mitte Juni: Kunsthandwerksmesse, Bergen.
Mitte Juni - Mitte August: »Bergenser Sommer« mit den verschiedensten Aktivitäten.
19.-23.6.: »Landskappleiken«, Norwegische Meisterschaft in den Sparten Volksmusik, Hardangerfiedel und Volkstanz, Voss.
20.-23.6.: »Uskedalstage«, Uskedalen.
20.6.-29.7.: »Sunnhordausstellung«, Kunstausstellung, Leirvik.
23.6.: »Jonsok«, Mittsommerfest mit Kindertaufen, Volkstanz und Feuer, Ullensvang.
30.6.: »Postvei-Marsch« auf der alten Poststrecke Etne - Skånevik.
Juli:
»Hardangerausstellung '91«, Kunstausstellung bekannter norwegischer Künstler, Lofthus.
jeden Freitag Konzerte im Herrenhaus Rosendal (1665).
Juli - September: Konzerte auf Troldhaugen, dem Haus Edvard Griegs, Bergen.
Anfang Juli: Musikfestival, Kabarett, Rock, Jazz, Bergen.
Anfang Juli: Angelfestival, Bergen.
18.-21.7.: »Baroniespiel«, Konzerte und Theater im Garten des Herrenhauses Rosendal.
Mitte Juli: Nordseefestival mit historischen Booten, Bergen.
27.7.-3.8.: 76. Weltkongreß für Esperanto, Bergen.
29.7.: »Olsokfeiern« mit Volkstanz und Feuern am Hardangerfjord.
August:
2.4.8.: Norwegische Leichtathletikmeisterschaft, Bergen.

SOGN OG FJORDANE

Das regionale Fremdenverkehrsamt:
- Sogn og Fjordane Reiselivsråd, Parkvegen 3, Postboks 299, N-5801 Sogndal, Tel. 056 - 72 300
Die örtlichen Fremdenverkehrsämter:
- Askvoll Reiselivslag v/Kåre Svarstad, N-6890 Askvoll, Tel. 057 - 30 571
- Aurland Reiselivslag, N-5745 Aurland, Tel. 056 - 33 313
- Balestrand og Fjærland Reiselivslag*, Postboks 53, N-5850 Balestrand, Tel. 056 - 91 255
- Gulen Reiselivslag v/ Tor Njøten, N-5966 Eivindvik, Tel. 057 - 84 342
- Flora Reiselivslag, Postboks 219, N-6901 Florø, Tel. 057 - 41 000
- Førde Reiselivslag, N-6800 Førde, Tel. 057 - 21 411
- Luster Reiselivslag, Rådhuset, N-5820 Gaupne, Tel. 056 - 81 211
- Solund Reiselivslag v/ Dagmar Ferøy Odeen, N-5980 Hardbakke, Tel. 057 - 87 373
- Hornindal Reiselivslag v/Hornindal Kommune, N-6790 Hornindal, Tel. 057 - 79 407
- HAFS Næringsråd*, N-5942 Hyllestad, Tel. 057 - 88 513
- Leikanger Reiselivslag*, N-5842 Leikanger, Tel. 056 - 54 055
- Lærdal og Borgund Reiselivslag*, N-5890 Lærdal, Tel. 056 - 66 509
- Eid Reiselivslag*, Postboks 92, N-6770 Nordfjordeid, Tel. 057 - 61 375
- Gloppen Reiselivslag*, Postboks 223, N-6860 Sandane, Tel. 057 - 66 100
- Gaular Reiselivslag*, N-6830 Sande i Sunnfjord, Tel. 057 - 16 131
- Vest-Kapp Reiselivslag, N-6740 Selje, Tel. 057 - 56 200
- Jølster Reiselivslag, v/Torill Vestad, Jølster Kommune, N-6850 Skei i Jølster, Tel. 057 - 28 126
- Sogndal Reiselivslag*, Postboks 222, N-5801 Sogndal, Tel. 056 - 71 161
- Stryn Reiselivslag, Postboks 18, N-6880 Stryn, Tel. 057 - 71 526 / 71 533
- Hyllestad Reiselivslag v/ Aud Våge Johannesen, N-5944 Sørbøvåg, Tel. 057 - 89 425 / 88 379
- Vik og Vangsnes Reiselivslag*, Postboks 213, N-5860 Vik i Sogn, Tel. 056 - 95 686
- Årdal Reiselivslag*, Postboks 126, N-5875 Årdalstangen, Tel. 056 - 61 177
Touristenbüros:
- Turistinformasjonen i Aurland, N-5745 Aurland, Tel. 056 - 33 323
- Turistinformasjonen i Florø, N-6900 Florø, Tel. 057 - 42 010
- Turistinformasjonen i Flåm, N-5743 Flåm, Tel. 056 - 32 106
- Turistinformasjonen i Førde, N-6800 Førde, Tel. 057 - 22 250

- Turistinformasjonen i Gaupne,
  N-5820 Gaupne, Tel. 056 - 81 588
- Turistinformasjonen i Loen,
  N-6878 Loen, Tel. 057 - 77 677
- Turistinformasjonen i Måløy,
  N-6700 Måløy, Tel. 057 - 50 850
- Turistinformasjonen i Olden,
  N-6870 Olden, Tel. 057 - 73 126
- Turistinformasjonen i Selje,
  N-6740 Selje, Tel. 057 - 56 606
- Turistinformasjonen i Skjolden,
  N-5833 Skjolden, Tel. 056 - 86 750
- Turistinformasjonen i Solvorn,
  N-5815 Solvorn, Tel. 056 - 84 611
- Turistinformasjonen i Stryn,
  N-6880 Stryn, Tel. 057 - 71 526

Veranstaltungen 1991:
März:
24.3.: »Rund um den Hafslovatn«, Skirennen, Hafslo.
28.3.: »Bärenrennen«, Skirennen im Jostedal. Abends Kostümball in Gaupne.
30.3.: »Turtagrørennen«, Skirennen auf dem Sognefjell, Turtagrø. Abends Osterball in Skjolden.
Mai:
Mitte Mai: Industrie- und Kulturtage, Ausstellungen, kulturelle Veranstaltungen, Folklore, Årdal.
25.5.: »Wikingerlauf«, Halbmarathon, Balestrand.
Ende Mai: »Vettislauf«, Årdal.
31.5.-2.6.: Kulturtage, Skjolden.
Juni:
Anfang Juni: Internationales Volksmusikfestival und »Førdewoche«, Musik, Theater, Kunstausstellungen, Sport, Førde.
7.-9.6.: »Lustratage«, kulturelle Veranstaltungen, Unterhaltung, Gaupne.
Mitte Juni: »Måløytage«, kulturelle Veranstaltungen, Angelwettbewerb u.a., Måløy.
Mitte Juni: »Kinnaspiel«, Theateraufführung mit 100 Amateuren, Florø.
Mitte Juni: »Båt i vest«, Bootsmesse, Florø.
14.-16.6.: Fußballturnier für Jungen und Mädchen zwischen 10 und 12 Jahren, Hafslo.
Ende Juni: Mittsommerfest, 10 Tage, Årdal.
Ende Juni: »die Førdemeile«, 10 km-Lauf, Førde.
29.6.: Angelfestival, Gulen.
Juli:
Anfang Juli: »Vestkappfestival«, Selje.
August:
Anfang August: »Kaptein-Linge-Cup«, große Segelregatta rund um die Insel Vågsøy.
Mitte August: Angelfestival, Hafslo.

MØRE OG ROMSDAL

Das regionale Fremdenverkehrsamt:
- Møre og Romsdal Reiselivsråd,
  Postboks 467, N-6501 Kristiansund, Tel. 073 - 73 977

Die örtlichen Fremdenverkehrsämter:
- Gjemnes Reiselivslag,
  N-6631 Batnfjordsøra, Tel. 072 - 90 116
- Averøy Reiselivslag,
  N-6550 Bremsnes, Tel. 073 - 11 598
- Eide Reiselivslag, Postboks 106,
  N-6490 Eide, Tel. 072 - 98 174
- Nesset Reiselivslag,
  N-6460 Eidsvåg, Tel. 072 - 32 711
- Aure Reiselivslag,
  N-6598 Foldfjorden, Tel. 073 - 45 142
- Kristiansund Reiselivslag*,
  Postboks 401, N-6501 Kristiansund N, Tel. 073 - 77 211

- Reiselivsforeningen i Molde*,
  Postboks 484, N-6401 Molde, Tel. 072 - 57 133
- Geiranger og Stranda Reiselivslag,
  N-6200 Stranda, Tel. 071 - 60 044
- Rindal og Surnadal Reiselivslag,
  Postboks 86, N-6650 Surnadal, Tel. 073 - 60 551
- Sunndal Reiselivslag*, Postboks 62,
  N-6601 Sunndalsøra, Tel. 073 - 92 552
- Hareid, Herøy og Ulstein Reiselivslag, Ullstein Kommune,
  N-6065 Ulsteinvik, Tel. 070 - 12 000
- Norddal Reiselivslag,
  Norddal Kommune,
  N-6210 Valldal, Tel. 071 - 57 570
- Vestnes Reiselivslag,
  N-6390 Vestnes, Tel. 072 - 80 500
- Volda Reiselivslag* v/Volda Turisthotell, N-6100 Volda, Tel. 070 - 77 050
- Ørsta Reiselivslag, Postboks 324,
  N-6151 Ørsta, Tel. 070 - 66 100
- Ålesund Reiselivslag*, Rådhuset,
  N-6025 Ålesund, Tel. 071 - 21 202
- Åndalsnes og Romsdal Reiselivslag*,
  Postboks 133, N-6301 Åndalsnes, Tel. 072 - 21 622

Touristeninformation/Touristenbüros:
- Eidsdal Turistinformasjon,
  N-6215 Eidsdal, Tel. 071 - 59 220
- Geiranger Turistinformasjon,
  N-6216 Geiranger, Tel. 071 - 63 099
- Hellesylt Turistinformasjon,
  N-6218 Hellesylt, Tel. 071 - 65 052
- Goksøyr Camping,
  N-6096 Runde, Tel. 070 - 85 905
- Stranda Turistinformasjon,
  N-6200 Stranda, Tel. 071 - 61 170
- Surnadal Hotell,
  N-6650 Surnadal, Tel. 073 - 61 544
- Sagafjord Hotell,
  N-6180 Sæbø, Tel. 070 - 40 260
- Ulsteinvik Turistinformasjon,
  N-6065 Ulsteinvik, Tel. 070 - 93 79 90
- Valldal Turistinformasjon,
  N-6210 Valldal, Tel. 071 - 57 767
- Ørsta Camping,
  N-6150 Ørsta, Tel. 070 - 66 477
- Horgheimseidet Turistinformasjon,
  Postboks 133, N-6301 Åndalsnes, Tel. 072 - 23 772

Veranstaltungen 1991:
Mai:
20.5.: »Rundemarsch«, 42 km, Runde.
Juni:
Mitte Juni: »Rindalstage«, Kulturwoche, Rindal.
21.-23.6.: »Trollstigrennen«, Alpinski, Åndalsnes.
Ende Juni: »Romsdalsmarsch«, Geländemarsch, Rauma.
Ende Juni: »Cruise-Festival«, Kristiansund.
Juli:
5.-7.7.: »Todalshelga«, Jugendfestival mit Fußballwettkampen, Geländelauf, Tanz u.a., Todalen.
15.-20.7.: Internationales Jazzfestival Molde.
20.-27.7.: Kunstgewerbemesse Valldal.
Ende Juli: »Aurefestival«, kulturelle Veranstaltungen, Angelwettbewerb, Aure.
Ende Juli: »Olsoklauf«, Sunndal.
August:
Mitte August: Sportfestival mit »Kapitän-Drejers-Erinnerungslauf«, »Sunndalsmarsch«, Radrennen, Sunndal.
September:
Mitte September: »Romsdalsmartna'n«, Jahrmarkt, Åndalsnes.

TRØNDELAG

Die regionalen Fremdenverkehrsämter:
- Sør-Trøndelag Reiselivsråd,
  Olav Tryggvasonsgt. 39-41
  N-7011 Trondheim, Tel. 07 - 52 15 31
- Nord-Trøndelag Reiselivsråd,
  Selfint, Seilmakergt. 3,
  N-7700 Steinkjer, Tel. 077 - 45 500

Die örtlichen Fremdenverkehrsämter / Touristenbüros:
Sør-Trøndelag:
- Berkåk Turistinformasjon,
  N-7391 Berkåk, Tel. 074 - 27 705
- Bjugn Turistinformasjon,
  Rådhuset, Sentrumsveien,
  N-7160 Bjugn, Tel. 076 - 28 101
- Ørland Turistinformasjon,
  Fosen Trafikklag,
  N-7130 Brekstad, Tel. 076 - 24 396
- Hitra Turistinformasjon,
  Postboks 83, N-7240 Fillan
  Tel. 074 - 41 100 / 41 279
- Haltdalen Turistinformasjon,
  Grøt. Auksjon, N-7487 Haltdalen, Tel. 074 - 16 530
- Kyrksæterøya Turistinformasjon,
  Kommunehuset, Hollaveien 3,
  N-7200 Kyrksæterøya,
  Tel. 074 - 51 011
- Melhus Turistinformasjon,
  Melhus Næringsforening,
  N-7080 Melhus, Tel. 07- 87 07 72
- Oppdal Turistinformasjon
  v/Oppdal Næringsforening,
  Postboks 50, N-7340 Oppdal,
  Tel. 074 - 21 760
- Orkanger Turistinformasjon,
  Kommunesentret, N-7300 Orkanger, Tel. 074 - 80 609
- Rissa Turistinformasjon,
  Fosen Trafikklag A/S,
  N-7100 Rissa, Tel. 076 - 51 290
- Roan Turistinformasjon,
  N-7180 Roan, Tel. 076 - 31 700
- Røros Turistinformasjon,
  Postboks 61, N-7461 Røros,
  Tel. 074 - 11 165 / 074 - 12 595
- Selbu Turistinformasjon,
  Selbu Hotell, N-7580 Selbu,
  Tel. 07 - 81 71 11 / 07 - 81 53 00
- Frøya Turistinformasjon,
  N-7260 Sistranda, Tel. 074 - 49 130
- Snillfjord Turistinformasjon,
  Snillfjord Kommune, N-7210 Snillfjord, Tel. 074 - 55 555
- Osen Turistinformasjon,
  Kommunehuset,
  N-7740 Steinsdalen, Tel. 076 - 77 180
- Støren Turistinformasjon,
  Midtre Gauldal Kommune, Rådhuset, N-7090 Støren, Tel. 074 - 31 302
- Trondheim Turistinformasjon,
  Munkegt. 19, Postboks 2102,
  N-7011 Trondheim,
  Tel. 07 - 51 14 66 / 07 - 51 00 01,
- Tydal Turistkontor,
  N-7590 Tydal, Tel. 07 - 81 54 52
- Åfjord Turistinformasjon,
  N-7170 Åfjord, Tel. 076 - 31 100
- Ålen Turistinformasjon,
  Vertshuset Kjempeplassen,
  N-7480 Ålen, Tel. 074 - 15 560

Nord-Trøndelag:
- Namsskogan Næringsforening,
  N-7896 Brekkvasselv, Tel. 077 - 34 962
- Frosta Reiselivsnemd,
  N-7633 Frosta, Tel. 07 - 80 71 00
- Grong Fritidssenter,
  N-7870 Grong, Tel. 077 - 31 550
- Høylandet Næringsforening,
  N-7977 Høylandet, Tel. 077 - 21 936
- Flatanger Nærings- og Reiselivslag,
  N-7840 Lauvsnes, Tel. 077 - 88 243

- Leka Reiselivslag,
  N-7994 Leka, Tel. 077 - 99 657
- Leksvik Kommune,
  N-7120 Leksvik, Tel. 076 - 57 100
- Levanger Næringsforum,
  Postboks 360, N-7601 Levanger, Tel. 076 - 82 060
- Røyrvik Reiselivslag,
  N-7894 Limingen, Tel. 077 - 35 224
- Verran Kommune,
  N-7720 Malm, Tel. 077 - 57 087
- Meråker Kommune,
  N-7530 Meråker, Tel. 07 - 81 02 61
- Mosvik Kommune,
  N-7690 Mosvik, Tel. 076 - 44 600
- Nærøy Reiselivslag,
  N-7980 Måneset, Tel. 077 - 97 128
- Namdalseid Kommune,
  N-7733 Namdalseid, Tel. 077 - 78 288
- Namsos og Omegn Reiselivslag,
  Kulturhuset,
  N-7801 Namsos, Tel. 077 - 74 166
- Lierne Næringsforening,
  N-7882 Nordli, Tel. 077 - 37 175
- Overhalla Reiselivslag,
  N-7863 Overhalla, Tel. 077 - 81 500
- Vikna Reiselivslag,
  N-7900 Rørvik, Tel. 077 - 90 900
- Inderøy Reiselivslag,
  N-7670 Sakshaug, Tel. 077 - 53 300
- Snåsa Næringsforening,
  N-7760 Snåsa, Tel. 077 - 51 164
- Steinkjer Servicekontor, Postboks 10,
  N-7701 Steinkjer,
  Tel. 077 - 63 495 / 63 824
- Stjørdal Reiselivslag,
  N-7500 Stjørdal, Tel. 07 - 82 42 11
- Verdal Reiselivslag,
  N-7650 Verdal, Tel. 076 - 78 500

Veranstaltungen 1991:
Mai:
Anfang Mai: »Tordenskiløpet«, 10-km-Lauf von Lade nach Ringve, Trondheim.
Juni:
»Brekkendagan«, norwegisch-schwedisches Volksmusik- und Volkstanztreffen, Røros.
»Mittsommerfest«, Reitertreffen, Hundeausstellung, Marathonlauf, Oppdal.
14.-22.6.: Musikfesttage Trondheim.
18.-20.6.: »Stormartnan«, Jahrmarkt, Trondheim.
23.6.: Mittsommerfest mit großem Feuer, Sørjær, Gem. Osen.
24.6.: »Bygdatundagen«, Theateraufführungen, Rennebu.
29.6.91: »Den store styrkeprøven« (»die große Kraftprobe«), berühmtberüchtigtes Radrennen von Trondheim nach Oslo, 540 km; jeder kann mitmachen.
Juli:
»Hopsjødagan«, verschiedene Veranstaltungen in der Kirche von Dolm, Insel Hitra.
Sommerfestival, »Kopparittet« (Radrennen), Røros.
5.-7.7.: Meeresangelwettbewerb, Setervik, Gem. Osen.
10.-13.7.: »St. Olavslauf«, Stafettenlauf von Östersund (Schweden) nach Trondheim.
19.7.: Mittsommerfest mit Karneval, Berkåk.
23.7.-4.8.: »Olavstage«, Trondheim.
Ende Juli: Konzert am Olsok-Tag, Stiklestad-Kirche.
Ende Juli: »Spiel um den Heiligen Olav«, Stiklestad.
August:
»Grubenmarsch« im Gebiet der alten Gruben, Røros.

»Bergmannsritt«, internationales Radrennen Røros - Bruksvallarna - Røros.
»Søvestregncup«, Handballturnier der Damen, Insel Hitra.
16.-18.8.: »Bygdemartnan«, traditioneller Kunsthandwerksmarkt, Rennebu.
Ende August: »Sagamarsch«, Stiklestad.
29.8.-1.9.: Herbstmesse, Trondheim.

NORDNORWEGEN

NORDLAND

Das regionale Fremdenverkehrsamt:
- Nordland Reiselivsråd
  Postboks 434, Storgaten 28
  N-8001 Bodø, Tel. 081 - 24 406 / 21 414

Die örtlichen Fremdenverkehrsämter / Touristenbüros:
- Bodø Arrangement A/S, Postboks 514, N-8001 Bodø, Tel. 081 - 26 000
- Torghatten Reiselivslag, N-8901 Brønnøysund, Tel. 086 - 21 688
- Salten Reiselivslag, Postboks 224, N-8201 Fauske, Tel. 081 - 43 303
- Polarsirkelen Reiselivslag, Postboks 225, N-8601 Mo i Rana, Tel. 087 - 50 421
- Narvik Reiselivslag, Postboks 318, N-8501 Narvik, Tel. 082 - 43 309
- Midt-Helgeland Reiselivslag, Postboks 603, N-8801 Sandnessjøen
- Vesterålen Reiselivslag, Postboks 243, N-8401 Sortland, Tel. 088 - 21 555
- Lofoten Reiselivslag, Postboks 210, N-8301 Svolvær, Tel. 088 - 71 053
- Meløy Reiselivslag, Postboks 172, N-8150 Ørnes, Tel. 081 - 54 888 / 54 011
(Z.T. besondere Touristeninformationen während der Saison. Die Fremdenverkehrsämter dienen auch als Touristeninformation das ganze Jahr über, falls nicht anders angegeben.)

Einige wichtige Verkehrsgesellschaften:

Boot/Fähre:
- Salten Dampskibsselskap, Postboks 14, N-8001 Bodø, Tel. 081 - 21 020
- A/S Torghatten Trafikkselskap (Fähre/Bus), Postboks 85, N-8901 Brønnøysund, Tel. 086 - 20 311
- A/S Lofoten Trafikklag, Postboks 190, N-8371 Leknes, Tel. 088 - 80 344
- Ofotens og Vesteraalens Dampskibsselskap A/S, Postboks 57, N-8501 Narvik, Tel. 082 - 44 090
- Nord-Ferjer A/S, Kongensgt. 52/54, N-8500 Narvik, Tel. 082 - 46 060
- Helgeland Trafikkselskap A/S, Postboks 603, N-8801 Sandnessjøen, Tel. 086 - 45 345 / 42 255
- Nordtrafikk A/S (Fähre/Bus), Postboks 314, N-8401 Sortland, Tel. 088 - 21 611

Bus:
- Andøy Trafikklag A/S, Tore Hundsgt. 7, N-8480 Andenes, Tel. 088 - 41 333
- Saltens Bilruter A/S, Postboks 104, N-8001 Bodø, Tel. 081 - 25 025
- Boldevins Bilruter A/S, Tore Føyensv. 5, N-8160 Glomfjord, Tel. 081 - 52 115
- Helgeland Bilruter A/S, C.M. Havigsgt. 45, N-8650 Mosjøen, Tel. 087 - 70 277
- Ofotens Bilruter A/S, Postboks 79, N-8501 Narvik, Tel. 082 - 46 480

Veranstaltungen 1991:
März:
Anfang März: »Winterfestivalwoche« zu Ehren der Arbeiter, die die Eisenbahn gebaut haben, Narvik.
Ende März: »Polar-Cup«, Skilanglaufwettbewerb, Bjerkvik.
Mai:
Anfang Mai: MelWy-Rallye, Meløy.
Ende Mai: »Lofot-Marsch« von Ramberg nach Å. 15 oder 35 km.
Ende Mai: »Malmrushen«, Marathon von Kiruna (Schweden) nach Narvik.
Juni:
Anfang Juni: »Petter-Dass-Tage«, kulturelle Veranstaltungen an vier Tagen, Alstahaug.
Mitte Juni: »Narvikspiele«, Sportwettbewerb für Kinder, Narvik.
Mitte Juni: »Alstahaug-Marathon«, Sandnessjøen.
Mitte Juni: «Bodø-Woche«, Handelsmesse und kulturelle Veranstaltungen, Bodø.
Mitte Juni: »Kjerringøy-Tage«, Volksfest, Kjerringøy.
Ende Juni: Internationales Fischereifest, Storjord, Gem. Tysfjord.
Ende Juni: Regatta für Nordlandboote, Terråk.
Ende Juni: »Vesterålen-Festival«, Handelsmesse und kulturelle Veranstaltungen, Sortland.
Juli:
Wöchentliche Konzerte im Dom zu Bodø und in der Kirche von Flakstad, Lofoten.
Anfang Juli: «Vestfjord-Regatta« von Bodø über Grotøy nach Svolvær.
Anfang Juli: Seefischereifest, Andenes.
Anfang Juli: Fischereifest, Bolga.
Anfang Juli: »Bjørnsmartnan«, traditioneller Markt seit 1745, Dønna.
Anfang Juli: »Leirfjord-Festival«, Leirfjord.
Mitte Juli: «Vega-Tage«, Fischereifest, kulturelle Veranstaltungen, Sportwettbewerbe, Regatta für Nordlandboote, Insel Vega.
Ende Juli: Fischereifeste und -wettbewerbe in Vik (Gem. Sømna), Hovden (Vesterålen) und Øynes (Gem. Fauske).
Ende Juli: »Olsok-Regatta« für Nordlandboote, Nevernes, Gem Brønnøy.
Ende Juli: »Sommer-Melbu«, internationales kulturelles Festival, Melbu.
Ende Juli: »Nordland-Musikfestwoche«, Bodø.
August:
Anfang August: Fischereifestival, Åbygda, Gem. Bindal.
Anfang August: »Sjøbergmarsch« von Visten nach Eiteradal, Südhelgeland.
Mitte August: »Øksnes-Tage«, Angelwettbewerb, kulturelle Veranstaltungen, Myre, Vesterålen.
Mitte August: »Torgfjord-Regatta« für Nordlandboote, Bronnøysund.
Ende August: »Beiarstevnet«, Lachsfischfest und Schützentreffen, Beiarn.
September:
Anfang September: »Narvik-Lauf«, Narvik.

TROMS

Das regionale Fremdenverkehrsamt:
- Troms Reiser A/S, Postboks 1077, N-9001 Tromsø, Tel. 083 - 10 000

Die örtlichen Fremdenverkehrsämter:
- Troms Adventure A/S, Andslimoen, N-9201 Bardufoss, Tel. 089 - 33 644
- Senja Tour A/S, Postboks 326, N-9301 Finnsnes, Tel. 089 - 41 090
- Harstad og Omland Arrangement A/S, Postboks 447, N-9401 Harstad, Tel. 082 - 63 235
- Nord-Troms Reiselivslag A/S, N-9080 Storslett, Tel. 089 - 65 011
- Tromsø Arrangement A/S, Postboks 1077, N-9001 Tromsø, Tel. 083 - 10 000

Die örtlichen Touristenbüros:
- Bardu Turistkontor, Salangsdalen, N-9250 Bardu, Tel. 089 - 85 150
- Bardu Turistkontor, Setermoen, N-9250 Bardu, Tel. 089 - 82 188
- Andselv Turistkontor, N-9200 Bardufoss, Tel. 089 - 34 225
- Finnsnes Turistkontor, Postboks 326, N-9301 Finnsnes, Tel. 089 - 41 828
- Gratangen Turistkontor, Øse, N-9470 Gratangsbotn, Tel. 082 - 20 300
- Harstad Turistkontor, Postboks 447, N-9401 Harstad, Tel. 082 - 63 235
- Tromsø Turistkontor, Postboks 1077, N-9001 Tromsø, Tel. 083 - 10 000

Veranstaltungen 1991:
Januar:
17.-20.1.: »Nordlichtfestival«, Tromsø.
Juni:
»Sagaspiele«, Aufführung alter Sagageschichten, Bjarkøy.
7.-9.6.: Sängerfest, Tromsø.
21.-29.6.: Festspiele in Nord-Norwegen, Harstad.
21.-29.6.: »Minifestspiele«, Ibestad.
22.6.: 100. Harstad-Regatta, Harstad.
Juli:
diverse Angelfeste auf der Insel Senja.
Mitte Juli: 25. Internationales Meeresangelfestival, Harstad.
Ende Juli: Finnsnes-Fest, Finnsnes.
August:
3.-11.8.: Nordnorwegen-Messe, Harstad.

FINNMARK

Das regionale Fremdenverkehrsamt:
- Finnmark Opplevelser A/S, Postboks 1223, N-9501 Alta, Tel. 084 - 35 444

Die örtlichen Fremdenverkehrsämter:
- Hammerfest og Omegns Reiselivsforening*, Postboks 226, N-9601 Hammerfest, Tel. 084 - 12 185
- Nordkapp Reiselivslag*, Postboks 34, N-9750 Honningsvåg, Tel. 084 - 73 543 / 72 599
- Karasjok Opplevelser A/S, Postboks 45, N-9730 Karasjok, Tel. 084 - 66 902
- AS Grensland, Postboks 8, N-9901 Kirkenes, Tel. 085 - 92 501
- Vadsø Turisme og Reiselivslag, N-9800 Vadsø, Tel. 085 - 53 773

nur im Sommer geöffnet:
- Alta Turistservice A/S, N-9500 Alta
- Kautokeino Reiselivslag, N-9950 Kautokeino
- Sør-Varanger Reiselivslag*, N-9900 Kirkenes
- Porsanger Reiselivslag, N-9700 Lakselv, Tel. 084 - 61 644
- Vardø Turistforening, N-9950 Vardø

Touristenbüros (nur im Sommer geöffnet):
- Alta Turistinformasjon, Postboks 80, N-9501 Alta, Tel. 084 - 35 041
- Bugøynes Turistinformasjon, N-9935 Bugøynes, Tel. 085 - 90 207
- Båtsfjord Turistinformasjon, N-9990 Båtsfjord, Tel. 085 - 83 430
- Kåfjord Turistinformasjon, N-9750 Honningsvåg, Tel. 084 - 72 235
- Kautokeino Turistinformasjon, N-9950 Kautokeino, Tel. 084 - 56 500
- Kirkenes Turistinformasjon, N-9900 Kirkenes, Tel. 085 - 92 544
- Lakselv Turistinformasjon, N-9700 Lakselv, Tel. 084 - 62 145
- Neiden Turistinformasjon, N-9930 Neiden, Tel. 085 - 96 201
- Skaidi Info-senter, N-9629 Skaidi, Tel. 084 - 16 280
- Tana Turistinformasjon, N-9845 Tana, Tel. 085 - 28 281
- Vadsø Turistinformasjon, N-9800 Vadsø, Tel. 085 - 51 839
- Nesseby Turistinformasjon, N-9820 Varangerbotn, Tel. 085 - 58 103
- Vardø Turistinformasjon, N-9950 Vardø, Tel. 085 - 88 270

Veranstaltungen 1991:
März:
3.-7.3.: Europas längstes Hundeschlittenrennen, Nome-Stil. 750 km auf der alten Poststrecke Alta - Levajok - Karasjok - Sousjavrre - Alta.
Ende März: Osterfestival, wichtiges samisches Fest mit Hochzeiten, Taufen, Konfirmation sowie Theater, Konzerten, Ausstellungen u.a.
Am 30.3. die jährlichen Rentierläufe, Anmeldung am Start, eigene Touristenklasse. Kautokeino und Karasjok.
Juni:
13.6.: Tag der »Royal and Ancient Polar Bear Society«, Hammerfest.
Mitte Juni: Nordkapfestival, Kultur, Ausstellungen, Konzerte, WM im Waschzuberweitwurf, Honningsvåg.
15.6.: Nordkapmarsch, von Honningsvåg zum Nordkap und zurück. 35 bzw. 70 km Strecke, 1.000 Teilnehmer aus aller Welt.
Mitte Juni: Båtsfjordmesse, Ostfinnmarks größte Messe mit Konferenzen und Konzerten, Angelfestival u.a., Båtsfjord.
Mitte Juni: Kulturwoche mit Musik, Theater, Sport und verschiedenen Ausstellungen, Kjøllefjord.
23.6.: »St.-Hans-Aften«, traditionelles Mittsommerfest mit Akkordeonmusik, Tanz und großem Feuer, Kongsfjord.
Juli:
13./14.7.: Lachsfestival, Angelwettstreit im Neidenelva. Ab Ende Juni »Gæepelæfiske« im Skoltefossen, Wadennetzfischen alle zwei Stunden rund um die Uhr, das jedes Jahr viele Zuschauer anzieht, Neiden.
20.7.: »Veien til Ishavet«, Wandermarsch von Bjørnevatn nach Grense Jakobselv, 10, 20 oder 30 km, Kirkenes.
21.7.: »Rußlandmarsch«, Wanderung längs der Grenze, 20 oder 30 km, Kirkenes.
Ende Juli: Meeresangelfestival, ausgerichtet vom nördlichsten Meeresangelclub der Welt, Sørvær.
Ende Juli: Meeresangelfestival, Bugøynes.
August:
»Kirkenestage«, Kulturelle Veranstaltungen, Messe, Kirkenes.
Mitte August: »Vadsøtage« und »Varangerfestival«, Messe und internationales Musikfestival (hauptsächlich Jazz), Vadsø.

Ortsregister

(Gemäß dem norwegischen Alphabet stehen die Buchstaben Æ, Ø und Å am Ende.)

A

Abenteuerroute 28-29
Adlerstraße 115
Akershus 17, 18
Alstahaug 110
Alta 104
Alvdal 129
Andenes 108
Arendal 36, 125
Askvoll 51
Astruptunet 115
Atlantikstraße 52
Aurland 50, 122
Aurlandsdal 50, 122
Aurlandsfjord 50, 122
Aust-Agder 32-36
Avaldsnes 127

B

Balestrand 117
Ballangen 106
Bardu 106
Bergen 41, 42, 111-112, 117, 135
Bergenbahn 78-81
Bjørkelangen 128
Blefjell 121
Bodø 60, 109
Bognes 106
Bolkesjø 121
Borgund 123
Borre 133
Brevik 125
Briksdalsbreen 48, 49, 115, 119
Brønnøysund 110
Bugøynes 105
Buskerud 27-29
Byglandsfjord 123, 124
Bykle 124
Byrkjelo 48, 115, 119

D

Dalane 126
Dalsnibba 115, 119
Dividalen 62, 106
Dombås 116
Dovrefjell 56, 116
Drammen 29, 121, 133
Drevsjø 129
Driva 115, 116
Drivadal 116
Drøbak 133

E

Egersund 126
Eggedal 123
Eidskog 128
Eidsvoll 17, 131
Eikesdal 52
Eivindvik 112
Elverum (Hedm.) 128-129
Elverum (Nordl.) 106
Evje 35, 123

F

Fagernes 25
Farsund 36, 126
Fauske 106
Femundsee 20, 129
Finnmark 65-68, 104-105
Finnmarksvidda 105
Finnskogen 20, 128
Finnsnes 107
Fjærland 114, 120
Flekkefjord 36, 126
Flesberg 122
Florø 51, 112
Flåm 29, 50, 122
Flåmbahn 29, 50, 122
Folldal 116
Fredrikstad 17, 133
Fyresdal 124
Førde 51, 112, 119

G

Galdhøpiggen 23, 114
Gaupne 120
Gaustatoppen 31
Geilo 29, 122
Geiranger 52, 115, 119
Geirangerfjord 52, 115, 119
Glomfjord 109
Glomma 128
Gol 28, 123
Golden Route 54, 115, 119
Grense Jakobselv 105
Grenseland 68
Grimstad 36, 125
Grip 52, 53, 113
Grotli 115
Grøvudal 52
Gudbrandsdal 24, 116, 136
Gudvangen 50, 120
Gulen 51

H

Hafslo 114, 120
Hafslotun 47, 114, 120
Halden 17, 133
Hallingdal 28, 123, 136
Hamar 20, 130-131
Hamarøy 106
Hammerfest 104
Hamningberg 67, 105
Hamnvik 107
Hardanger 43
Hardangerfjord 43
Hardangervidda 122, 124, 128
Hareid 112
Harpefoss 116
Harstad 61, 62, 107
Haugesund 111, 127
Haukeligrend 124
Heddal 30, 124
Hedmark 20-22
Hemsedal 123
Hinnøya 107
Hitra 113
Hjerkinn 116
Hol 28, 122
Holmestrand 133
Honningsvåg 104
Hordaland 41-44
Hornindal 48, 119
Horten 133
Hovden 124
Hyllestad 51
Hønefoss 123
Høvikodden 121
Høvringen 116
Høyanger 117

J

Jostedal 120
Jostedalsbreen 45, 114, 119, 120
Jotunheimen 23, 114
Junkerdal 60, 109
Juvasshytta 114
Jæren 126
Jølster 115
Jølstravatnet 115, 119
Jøssingfjord 126

K

Karasjok 66, 105
Karmøy 40, 127
Kaupanger 120
Kautokeino 66, 105
Kinsarvik 120
Kirkenes 67, 105
Kirkenær 128
Kjenndalsbreen 119
Kongsberg 29, 121, 124
Kongsvinger 27, 128
Kongsvoll 116
Kopervik 127
Korshamn 126
Kragerø 125
Kristiansand 36, 123, 126
Kristiansund 52, 53, 113
Krøderen 27, 123
Kvikne 129
Kvinnherad 121

L

Lakselv 104
Larvik 125
Leirvassbu 114
Leirvik 111
Leka 110
Leknes 108
Lillehammer 23, 24, 92-93, 130
Lillesand 36, 125
Lillestrøm 128
Lindesnes 126
Lista 36, 126
Loen 48, 49, 115, 119
Lofoten 60, 108, 136
Lofthus 121
Lom 114
Luster 47, 120
Lyngsalpen 61, 106, 107
Lysefjord 35, 37
Lærdal 122
Lævvajoki 105
Låtefoss 121

M

Mandal 36, 126
Mardalsfoss 52
Masi 105
Melbu 108
Midt-Troms 62
Mjøsa-See 17, 20, 130, 131
Mo i Rana 110
Molde 52, 113
Morgedal 124
Moskenes 108
Moss 133
Murmansk 68, 105
Myrdal 29, 50, 122
Møre og Romsdal 52-54
Målselv 62, 106
Måløy 48, 112

N

Namsos 110
Narvik 106
Nesbyen 28, 123
Nigardsbreen 120
Nisser 31, 124
Nordfjord 48, 49, 119
Nordfjordeid 48, 119
Nordkap 67, 104, 136
Nordkjosbotn 106
Nordland 59-60
Nordseter 26
Nord-Troms 63
Nord-Trøndelag 57
Norefjell 123
Notodden 124
Numedal 121
Nærøyfjord 50, 120

O

Odda 121
Olden 48, 115, 119
Olderdalen 106
Oldtidsveien 18, 133
Oppdal 56, 115-116
Oppland 23-26
Orkanger 113
Oslo 15-16, 131-133, 134-135
Oslofjord 17-19, 131-133
Osøyro 111
Otta 114

P

Peer-Gynt-Veien 130
Polarkreis 59, 109
Porsanger 104
Porsgrunn 125
Preikestolen 37, 38

R

Rauland 124
Reisadal 106
Ringebu 26, 116, 130
Risør 36, 125
Rjukan 31
Rogaland 37-40
Rognan 109
Rondane 26, 116
Rondeveien 26, 116, 130
Rosendal 121
Runde 52, 112
Ryfylke 38
Rødberg 29, 122
Røldal 128
Røros 55, 56, 129

S

Salten 60
Saltstraumen 109
Sand 38, 128
Sandane 48, 119
Sande 51
Sandefjord 17, 18, 133
Sandnes 126
Sandnessjøen 110
Sauda 128
Seljord 124
Senja 63, 107
Setesdal 32, 35, 123
Skaidi 104
Skjeberg 133
Skudeneshavn 40, 127
Smøla 113
Sogn og Fjordane 45-51
Sogndal 114, 120
Sognefjell 114
Sognefjord 45, 112
Solund 51, 112
Solvorn 114
Solør 128
Sortland 107
Spitzbergen 69-70, 87-89, 240
Stadlandet 48, 112
Stadsbygd 110
Stalheimskleiva 50, 120
Stavanger 37, 39, 127, 134
Stavern 18
Stiklestad 57
Stjørdal 110
Stokmarknes 108
Stord 111
Storsteinnes 107
Stranda 119
Strömstad 133
Stryn 48, 49, 115, 119
Suldal 40, 128
Suldalslågen 40, 128
Sulitjelma 109
Sunndalsøra 115
Sunnfjord 51
Sunnhordland 44
Svalbard 69-70, 87-89, 240
Svartisen 109
Svinesund 133
Svolvær 108
Søgne 126
Sørfjord 121
Sørlandet 32-36
Sørreisa 62, 107
Sør-Trøndelag 55-56
Sørumsand 128
Sør-Varanger 68, 105

T

Tana 104
Telemark 30-31, 136
Telemarkkanal 30, 31
Tjøme 133
Tjøtta 110
Torghatten 110
Tresfjord 113
Trollstigen 52, 54, 115
Trollveggen 52, 54
Troms 61-64
Tromsø 61, 107, 136
Trondheim 55, 56, 64, 110, 113, 135
Trysil 129
Trysilelva 129
Turtagrø 114, 120
Tvedestrand 36, 125
Tynset 129
Tyrifjord 27
Tysfjord 106
Tønsberg 17, 18, 133

U

Ulsteinvik 112
Undredal 50
Urnes 47, 114
Utne 120-121
Uvdal 122

V

Vadsø 67, 105
Valdres 25
Valle 123-124
Varangerbotn 105
Vardø 105
Venabygdsfjell 130
Vest-Agder 32-36
Vesterålen 60, 108
Vestfold 18
Vettisfossen 50
Vinstra 116
Voss 43, 120
Vrådal 124
Vågåmo 114

W

Westkap 48, 112

Y

Ytre Sogn 51

Ø

Ørnevegen 54, 115
Ørsta 119
Østerdal 129-130
Østfold 18
Øvre Årdal 50, 120
Øyer 130
Øystese 44

Å

Å 108
Åkrafjord 121
Åkrehamn 127
Ål 28
Ålesund 52, 112-113, 119
Ålgård 126
Åndalsnes 54, 115
Årdalstangen 50, 120
Åsgårdstrand 133

Sachregister

A

Abenteuerparks 235
Achslast 241
Alkohol am Steuer 241
Alkohol 235
Alleinreisende 235
Angeln 137
Anschnallpflicht 241
Apotheken 235
Arbeitserlaubnis 235
Ärztliche Versorgung 235
Aufenthaltserlaubnis 235
Autofähren 241
Automobilclubs 241
Autovermietung 235, 241

B

Baden 141
Bahnverkehr 235
Banken 235
Beeren sammeln 155
Benzinpreise 241
Bergsteigen 142
Bergwandern 142
Bücher 236
Busverkehr 236

C

Camping 236
Camping Gaz 241
CB-Funk 236

D

Devisen 237
Diebstahl 236
Diplomatische Vertretungen 236

E

Einreisebestimmungen 237
Elektrizität 237
Entfernungen 241
Entfernungstabelle 243

F

Fahren mit Licht 241
Fahrradfahren 147, 237
Feiertage 237
Ferienhäuser 237
Ferientermine 237
Feuer im Freien 237
FKK-Strände 237
Flugverbindungen 237
Freizeitparks 235

G

Geld 237
Geschwindigkeitsbegrenzungen 241
Gletscherwandern 148

Goldwaschen 149
Golf 149

H
Haustiere 237
Hochgebirgsstraßen 241
Höhlenwandern 150
Hotels 237
Hundeschlittenfahren ... 150
Hurtigruten 168, 237
Hütten- und
  Wohnungstausch 237

I
Information 224-225, 238
Informationstafeln 242

J
Jagd 150
Jedermannsrecht 238
Jugendherbergen 238

K
Kanu 151
Karten 238, 242
Klima 238
Körperbehinderte 238
Kurzrundreisen 136

L
Luftsport 153

M
Mahlzeiten 238
Maßbestimmungen 242
Mautgebühr 242
Mineralogie 154
Mitternachtssonne 238
Mitternachtssonnen-
  Flüge 136
Motorsport 154

N
Nationalparks 239

Norwegische Produkte . 239
Notruf 239

O
Öffnungszeiten 239
Orientierungslauf 154
Ornithologie 155

P
Pannenhilfe 242
Pilze sammeln 155
Post 239

R
Rafting 155
Rauchverbot 239
Reiten 156
Rentier-Safari 157
Rorbu 239
Rücksicht am Steuer ... 242
Rundfunk 239

S
Schiffsverbindungen 239
Segeln 157
Sommerkurse 240
Sommerski 160
Sommerzeit 240
Souvenirs 240
Sprache 240
Sprachhilfen für
  Autofahrer 242
Städtetouren 134
Surfen 160

T
Tauchen 160
Tax-Free 240
Telefonieren 240
Tennis 161
Tierparks 235
Tiersafaris 161
Trabsport 162
Trinkgeld 240
Tunnelverbindungen 242

U
Übernachtung 240

W
Wanderkurzreisen 135
Wegegeld 242
Wildnis-Ferien 162
Wildwasserfahren 155
Wohnwagen 242

Z
Zeitungen 240
Zoll 240

Firmenregister

A
Hotel Alexandra 49

B
Bergsjø Høyfjellshotell . 194
Best Western Hotels
  Norwegen 193
Braathens SAFE 180
Briksdalsbre Fjellstove .. 49

C
Color Line 176, 222

D
Dale A/S 198, 229
Herm. G. Dethleffsen
  GmbH & Co 199, 251
Deutsche Lufthansa AG 207

E
Hotel Europa 194

F
Fjellheisen A/S 64
Fjord Tours a/s 191

Fjordhytter 187
Fjordprofil
  Vertriebsges. mbH 229
FJORDTRA Handelsges.mbH
  47, 118, 146, 183, 216-217
franks Charter 159
Fred. Olsen Lines .. 172, 226
Fylkesbaatane i
  Sogn og Fjordane 46
Fyresdal Turisthotell 234

G
Grieben Verlag GmbH ... 230

H
Haman Scandinavia 219
Hardangerfjord Hotel 44
Heideker Reisen 215
Hemming Reisen 205

I
Inter Nor Hotels A/L 190

J
Juhls Silvergallery 197

K
Kneissl Touristik
  Ges.m.b.H. 214

L
Langseth Hotell 189
Larca Sportartikel
  GmbH 210
Larvik Line 174, 221
Lausmann, R. 215
Lillehammer Gruppen
  A/S 26

M
Maristuen Apartement . 194
Mitt Hotell 19
Möller's Reisedienst 215

N
Namsskogan
  Familiepark A/S 57
Neset Camping 184
Nordfjord Booking 49
NORDIS Buch- und
  Landkartenhandel 231
NORDIS distribution
  GmbH 232
NORDIS Holding GmbH 233
Nordlichtplanetarium 64
Norsk Olje a.s 202
Norsk Stålpress
  A/S 198, 229
Den Norske Hytte-
  formidling A.S. 186
De Norske Hytte-
  spesialistene A/S 188
Norske Statsbaner
  (NSB) 179
Den Norske
  Turistforening 143
Norske Vandrerhjem 185
NORTRA Marketing
  GmbH 58, 224-225
NOR-WAY
  Bussekspress 182
Norwegische
  angelferie a.s 139
Norwegisches
  Lachs-Center 203, 228
NSA Norwegische Schiff-
  fahrts-Agentur 168, 172, 226
Nye Polarsirkelen
  Høyfjellshotell A/S ... 189
Nystuen Høyfjellshotell 194

O
Olavsgaard Hotell 19

P
Peer Gynt Hotellene 185
Polarkreis Reisebüro 214
Postens Frimerketjeneste . 2

R
Ranten Hotell 193
Reenskaug Hotel 19
Reisebüro Binder GmbH 208
Reisebüro Norden
  GmbH 209
Reisebüro »Norwegen« 204
Restaurant »Sydvesten« 189
Rica Hotell- og
  Restaurantkjede A/S . 192
Royal Christiania Hotel . 192

S
SAS 181
Savoy Hotel 194
Scandi Line 178
Scandinavian
  Seaways 170, 213
Scandinavian
  Tours 171, 208
Silk Hotels A/S 194
Spitsbergen Reisebyrå 70
Stena Line 166, 218
Stiftelsen Fullriggeren
  »Sørlandet« 158
Stryn Sommerskisenter .. 49
Svalbard Polar Travel
  A/S 70

T
Tregaardens Julehus 19
Troll Tours GmbH 210
Tromsø Museum 64
Turistfondet/Handelens
  Hovedorganisasjon 200

V
Vassfarfoten a.s. 189

W
Widerøe 182
Wikinger Reisen GmbH 210
Wolters Reisen GmbH .. 223

Fotonachweis

Titelbild:
  Nærøyfjord, Husmofoto
  Bünte, Npp (2); Bratlie, Npp (1)
  (Npp = NORDIS picture pool GmbH)

Aurland RL: 50
Aust-Agder RR: 35 u, 36
Bach: 80 u
Bergen RL: 42 or
Bergin: 57 o
Best Western: 193 o
Braathens SAFE: 180
Bratlie, Npp: 13 ur, 126
Bünte, Npp: 4 o, 5 u, 7 M, 8 ur,
  9, 15, 16 o, 20 u, 32, 32/33,
  38 r, 47 alle, 55 u, 56 o, 57 u,
  59 l, r, 61 u, 65, 75 alle, 82,
  83 alle, 105, 110, 116, 118,
  120, 122, 123, 124, 129, 131,
  132, 134, 136, 164 alle, 168,
  169 o, Ml, Mr, 171 o, u, 183 u,
  184 o, 195 o
Color Line: 176 alle, 177 alle
Dahl: 94
Dale A/S: 198 M
DNT: 143
Edvardsen: 68
Eid RL: 48

Eide Studio: 53 o
Evensen: 5 o, 96, 97 alle, 98 M,
  99 u, o
Finnmark Travel Ass.: 66 r, 67
Fjellanger Widerøe A/S: 184 u
Fjord Tours: 191 alle
Fjordhytter: 187 alle
FJORDTRA A/S: 188 u
Franks Charter: 159 alle
Fredriksen: 30 o
Friestad: 39 alle
Fylkesbaatane: 46
Geiranger/Stranda RL: 114
Goese: 98 u
Golå Høyfjellshotel: 185 u
Gurke: 172 u, 173 alle
Høvikodden Kunstsenter: 18 o
Haafke, Npp: 171 M
HAFS Turistkontor: 51 o
Haraldsen, Npp: 5 M, 6, 7 ur, 8 l,
  43 u, 44 o
Hart, Npp: 4 u, 87, 89, 95 o
Haug: 21 o
Hedmark RR: 21 u, 22
Herheim-Foto: 43 o
Hermansen, Npp: 6/7, 11 ul, 12/13
Hotel Europa: 194 or
Husmo-Foto: 49 M
Hyttespesialistene: 188 o
Imbeck: 74 alle
Inter Nor: 190 alle

Jalland: 189 or
Karlsen: 63 u
Karmøy Kommune: 40 o
Klatt: 42 ur
Knudsen: 18 ul
Krøvel-Velle: 8 o, 13 or, 28, 29 alle
Kreuzenbeck, Npp: 41, 113
Kristiansund RL: 53 u
Kürtz, Npp: 196/97
Larvik Line: 174 alle, 175
LillehammerGruppen: 26 ul, ur
LOOC: 93 u
Møre og Romsdal RR: 52
Mader, Npp: 69
Marschel, Npp: 4 M, 8/9, 10,
  11 ur, 37, 42 M, 45, 55 o, 61 o,
  71, 72, 78, 79, 80 o, M, 107,
  111, 119, 125, 127 or, u, 130,
  133, 135, 179 o alle, 183 o
Mayr, Npp: 10/11
Mitt Hotell: 19 M
Museet for Samtidskunst:
  84, 85 alle, 86
Myrberget: 16 l
Nepstad: 44 (2)
Nor-Way-Buss: 182 u alle
Nordlichtplanetarium: 64 u
Norsk Olje: 202
Norsk Stålpress: 198 u
Norske Hytteformidling: 186 alle
Norske Vandrerhjem: 185 o

North Cape Hotels: 104
Norwegische angelferie: 139 alle
Nowak, Npp: 197 or
NSB: 179 u alle
Nye Polarsirkelen Høyfjellshotel:
  189 u alle
Næringskontoret Askvoll: 51 u
Olavsgaard Hotell: 19 o
Oppdal Turistkontor: 56 M, u, 115
Oslo Pro: 16 u, 18 uM, r
Papentin, Npp: 109
Polar Travel: 70 u
Puls: 76 alle, 77
Puntschuh, Npp: 146
Røe Foto: 11 or, 63 o, 64 o, 95 u
Rabben: 44 (2)
Ranten Hotell: 193 u
Rapp: 66 o, u
Rauland RL: 12, 13 l
Reenskaug Hotell: 19 ul
Reinke-Kunze: 88 M
RICA: 192 o alle
Ringebu RL: 26 ol, or, 99
Ringstad-Foto: 49 l
Rogaland RR: 40, 127 ol
Rolseth: 23 l, r, 24, 93 o
Rosenberg: 38 o
Royal Christiania Hotel: 192 u alle
Sagerup: 62 u
SAS: 181 alle
Savoy Hotel: 194 uM

Scand. Seaways: 165 alle, 170 alle
Scandi Line: 178
Schröder: 73 alle
Schüring, Npp: 17, 98 o
Silk Hotels: 194 o alle
Skylstad: 54 o
Spitra: 70 o
Stena Line: 166/167
Stiftelsen »Sørlandet«: 158
Storvik, Npp: 60 alle, 88 o, u
Stranger: 108
Telemark Reiser: 30 u, 31 o
TFDS: 169 u
Tinn Kommune: 31 u
To-Foto: 62 o
Tregaardens Julehus: 19 ur
Trobitzsch, Npp: 90, 195 u
Turistkontor. f. Kongsberg og
  Numedal: 27
Tønning: 49 r
Ulvik RL: 121
Utvandrermuseum Hamar:
  100, 101, 102
Valdres Turistkontor: 25
Vassfarfoten a.s: 189 ol, oM
Vest-Agder RR: 34, 35 o
Vesterålen RL: 60 M
Widerøe: 182 o alle
Wisniewski: 90 u, 91 alle
Worsøe: 38 ul
Yrkesfoto: 60 o

250